闽南地区宋至清代制瓷手工业遗存研究

孟原召　著

文物出版社

图书在版编目（CIP）数据

闽南地区宋至清代制瓷手工业遗存研究 / 孟原召著. -- 北京：文物出版社, 2017.6

ISBN 978-7-5010-5111-3

Ⅰ. ①闽… Ⅱ. ①孟… Ⅲ. ①瓷窑遗址—研究—福建—宋代-清代 Ⅳ. ①K878.54

中国版本图书馆CIP数据核字（2017）第129400号

闽南地区宋至清代制瓷手工业遗存研究

著　　者：孟原召

版式设计：秦　彧
责任编辑：秦　彧
责任印制：梁秋卉

出版发行：文物出版社
社　　址：北京市东直门内北小街2号楼
邮　　编：100007
网　　址：http: //www.wenwu.com
邮　　箱：web@wenwu.com
经　　销：新华书店
印　　刷：北京荣宝燕泰印务有限公司
开　　本：889mm×1194mm　1/16
印　　张：22.5
版　　次：2017年6月第1版
印　　次：2017年6月第1次印刷
书　　号：ISBN 978-7-5010-5111-3
定　　价：260.00元

Research on Archaeological Remains of Porcelain Industry in Minnan Area from the Song to Qing Period

by

Yuanzhao MENG

Cultural Relics Press

内容摘要

闽南地区地处东南沿海，制瓷原料丰富，烧窑燃料充足，交通条件便利。宋代以来，制瓷手工业发展迅速，窑场数量激增，生产规模不断扩大。根据闽南地区自然地理环境及宋至清代制瓷手工业面貌的差异，该区域可分为泉州沿海、泉州内陆、漳州地区三个区域性特点鲜明的小区，并从器物型制、制作工艺和烧成技术三个方面对各区典型遗存进行考古学分析。在此基础上，对三个区域做了分期研究：泉州沿海地区可分为北宋早中期、北宋晚期至南宋早期、南宋中晚期和元代四期，以烧造青釉、青白釉、黑釉和绿釉瓷器为主；泉州内陆地区则分为北宋晚期至南宋早期、南宋中晚期、元代、明代早中期、明代晚期至清代早期和清代中晚期六期，先后烧造青白釉、白釉、青花瓷器，尤以白瓷最具代表性；漳州地区亦分为北宋晚期至南宋早期、南宋中晚期、元代、明代早中期、明代晚期至清代早期和清代中晚期六期，产品有青白釉、青釉、青花、五彩、素三彩瓷器等，其中第五期的青花瓷器最为兴盛。对比三区的分期结果，又将闽南地区宋至清代的制瓷手工业遗存总体归纳为七期，即北宋早中期、北宋晚期至南宋早期、南宋中晚期、元代、明代早中期、明代晚期至清代早期、清代中晚期，具有明显的阶段性特征。从整体来看，这七期遗存中，宋元、明清时期的制瓷面貌迥异，可将其归纳为两个大的发展阶段。

通过闽南地区窑场分布的考察可知，其主要建于晋江、九龙江及其支流溪畔的山坡或台地上，且三区内各自形成了具有代表性、分布密集的中心窑场，即泉州沿海的晋江磁灶窑、南安南坑窑，泉州内陆的德化窑、安溪窑，漳州地区的平和南胜和五寨窑、华安和南靖的东溪窑。这些窑场在总体上则呈现出由沿海地区沿着河流渐向内陆地区转移的趋势，中心区域也随之变化，并先后出现了南宋中晚期、明代晚期至清代早期两次生产高峰，反映了该地区制瓷手工业格局及其变迁。

根据闽南地区内部及与周边地区制瓷技术的对比分析，其最为突出的特点是仿烧和独创相结合，这可从以下三个方面来说明。其一，各阶段瓷器受到了当时名窑产品的影响，主要是北宋早期的仿越窑青瓷、北宋晚期至元代的仿景德镇窑青白瓷、南宋中晚期至元明时期的仿龙泉窑青瓷、明代中期以来的仿景德镇民窑青花和五彩瓷，均为当时的主流产品，而这种模仿多是仅限于器物的品种、造型、装饰方面。其二，泉州内陆地区的德化窑白釉瓷器，自南宋晚期创烧以来，经元代的快速发展而逐渐形成独特的风格，至明代晚期达到鼎盛，尤其是瓷塑，因造型精巧、釉色莹白而享誉海内外，其对欧美地区瓷器的烧制成功也有着积极的影响。其三，闽南地区的烧成技术则是在本地传统的基础上发展、演变的，分室龙窑、阶级窑、横室阶级窑一脉相承，并影响到周边一些地区及海外的朝鲜半岛、日本等地。

通过闽南地区瓷器行销的探讨，可知海外地区是其主要消费市场。宋代以来，该地区产品藉港口之便而广销日本、朝鲜半岛、东南亚、中东、非洲各地，尤其是日本和东南亚，明清时期还大量输往欧美地区，是中国古外销陶瓷的重要组成部分，也是古代海上丝绸之路的重要贸易商品之一。

从这一点来看，其不仅丰富和改变了当地的社会生活用器，也刺激和带动了以泉州、漳州等沿海港口为依托的制瓷手工业的发展，并影响了瓷器的生产规模、产品特征。

总体而言，闽南地区宋至清代的制瓷手工业，作为当时海外贸易体系的“腹地”经济支撑之一，经历了一个从兴起、繁荣到收缩、衰落的过程，并形成了独具特色的外向型瓷器生产格局。这一发展历程，是一个生产与市场之间相互作用的过程，而连接生产与市场的中间环节——贸易则是其得以完成的重要条件。据此分析，以南安窑、磁灶窑、德化窑、漳州窑等为代表的制瓷手工业遗存，海域沉船与海外地区闽南瓷器的发现和使用，以泉州、月港、厦门以及福州、广州等港口和航海技术为依托的海外贸易，三个方面共同反映了闽南地区宋至清代制瓷手工业的面貌，从而构成了作为商品的瓷器从生产到贸易、再至消费的完整过程，并形成了该地区独特的手工业生产贸易模式。

Abstract

The Minnan region is located on the southeast coast of China, where there are abundant raw materials for porcelain-making and sufficient firewood for kiln-firing. The geographic location facilitates transportation and communication. Minnan witnessed a rapid development of ceramic industry beginning from the Song dynasty, which is indicated by the remarkably increasing number of kiln workshops and the increasing scale of production. The complexity of porcelain production exhibits a regional variety in the coastal area of Quanzhou, the inland Quanzhou and Zhangzhou. These areas are identified as the distinctive centers of porcelain production within Minnan. The current thesis examines the type of porcelain, the manufacturing technique, and the ware-firing technique based on the typical archaeological remains from the three areas mentioned above. A chronological sequence of the porcelain remains is followed in each area. The development of porcelain production in the coastal area of Quanzhou is divided into four phases: early to middle Northern Song, late Northern Song to early Southern Song, middle to late Southern Song, and the Yuan dynasty. This area is characterized by celadon, Qingbai ware, black glazed ware and green glazed ware. Six phases are identified in the inland Quanzhou, including late Northern Song to early South Song, middle and late South Song, the Yuan dynasty, early and middle Ming, late Ming to early Qing, and middle to late Qing. Qingbai ware, white glazed ware and blue and white ware were successively the main products throughout these six phases, and white ware was most prevalent. The development phases of porcelain production in Zhangzhou are the same to those of inland Quanzhou, but the main products in Zhangzhou were Qingbai ware, celadon, blue and white ware, 'Wu Cai' ware and 'Su San Cai' ware. To be noted, blue and white ware was a remarkable type and its production reached a peak from the late Ming to early Qing. Based on the periodization of these areas, a seven-phase chronology for the development of porcelain production in Minnan region, that is, the early to middle Northern Song, late Northern Song to early Southern Song, middle to late Southern Song, the Yuan dynasty, early to middle Ming, late Ming to early Qing, and the middle to late Qing. Generally speaking, the seven phases can be grouped into two major stages- Song to Yuan, and Ming to Qing.

Investigation on the geographic distribution of the kilns shows that they were mainly located on hillsides or table lands along to Jinjiang River, Jiulongjiang River and their tributaries. The centers of porcelain production are identified in the following places according to the high concentration of kilns: the Cizao kilns (in Jinjiang) and Nankeng kilns (in Nan'an) in the coastal area of Quanzhou, the Dehua kilns and Anxi kilns in inland Quanzhou, and the Nansheng kilns, Wuzhai kilns (in Pinghe) and Dongxi kilns (in Hua'an and Nanjing) in Zhangzhou. In the earlier period, the kiln workshops in southern Fujian were mainly located along the rivers, but they gradually moved toward inland and thus the distribution of central kilns changed as well. Additionally, the most intensified and flourished porcelain production took place in the middle to late Southern Song, and from the late Ming to early Qing. Such observations indicate the changing pattern of porcelain production in Minnan region.

This thesis compares the technology of porcelain production in Minnan region with that from its surrounding areas. It shows that both imitation techniques and innovative techniques were adopted in Minnan region. Firstly, the well-known kilns were leading in porcelain type, shape and decoration. In the early Northern Song, celadon from the Yue kilns were imitated; from the late Northern Song to the Yuan dynasty, Qingbai ware produced in Jingdezhen kilns was widely imitated; celadon from Longquan kilns in mid-to-late Southern Song to the Ming was a main model; while since the middle Ming, blue and white ware and 'Wu Cai' ware from Jingdezhen were imitated. The imitation ware became the mainstream of product in the periods mentioned above. Secondly, the technique of making white ware in Dehua kilns of inland Quanzhou, which was invented in the late Southern Song, rapidly developed into a distinctive technological style in Yuan dynasty, and subsequently flourished in the late Ming. Delicate figurines as an important category of white porcelain were well-known abroad. The technique of producing such white ware was widely spread from China to Europe and the Americas, and made a significant contribution to local porcelain production. Thirdly, ware-firing technique in Minnan region locally evolved based on the changing kiln structure, from the 'partitioned-chamber' Long kiln to the ascending kiln which further developed into the 'cross-chamber' ascending kiln. The techniques adopted in Minnan also influenced the neighbor regions in China, the Korean Peninsula and Japan.

This thesis explores the porcelain trade of Minnan region and it shows that products were mainly exported to overseas markets. Porcelain was widely sold from the ports of Minnan region to Japan, the Koran Peninsula, Southeast Asia, Middle East and Africa during the Song and Yuan period, with Japan and Southeast Asia being two major overseas markets. In the Ming and Qing period, Europe and the Americas became important markets as well. Therefore, porcelain was also one of the important trade goods along the Maritime Silk Route and part of exported porcelain in ancient China. The worldwide porcelain trade, on the one hand, enriched and transformed local daily objects; on the other, demand from overseas markets stimulated porcelain production in Quanzhou and Zhangzhou, places that had geographic advantages in export because of the ports and had influenced the production scale and types of product.

Above all, this thesis presents the developing trajectory of porcelain production in Minnan region from the Song to Qing period as one of the economic supports in overseas trade network, during which the export-oriented production gradually appeared. The development of porcelain industry was a process of interaction between production and marketing. As analyzed above, the scenario of such development and the system of porcelain production, trade and consumption is revealed by (1) remains of artifacts from Nan'an, Cizao, Dehua and Zhangzhou kilns; (2) shipwrecks and overseas discoveries of Minnan porcelains; (3) records of ports in Quanzhou, Yuegang, Xiamen, Fuzhou and Guangzhou, as well as overseas trade supported by navigation techniques.

前　言

20世纪20年代，现代考古学引入中国，与中国古代历史文化研究相结合，以解决中国考古学的实际问题[1]。在此背景下，陶瓷考古也逐渐发展起来。20世纪20年代以来，以陈万里为代表的一些学者突破了古代陶瓷器收藏和鉴赏的研究范畴，“走出书斋”，将传统古器物学中的陶瓷器与瓷窑遗址的考古调查结合起来，逐渐成为中国古陶瓷研究的新视角，开创了陶瓷考古研究新领域[2]。新中国成立后，大规模瓷窑遗址的考古调查陆续开展并持续进行，考古工作者对耀州窑、磁州窑、定窑、钧窑、汝窑、洪州窑、景德镇窑、长沙窑、越窑、龙泉窑、德化窑、建窑、漳州窑等一批具有代表性的瓷窑遗址做了考古发掘，取得了一系列突破性的学术成果，为中国古代制瓷手工业研究提供了丰富的实物资料。

瓷器作为中国伟大的发明，在古代中外贸易往来和文化交流中占有重要地位。因而，中国古外销陶瓷研究也是陶瓷考古的重要学术课题之一，而这一问题的探讨又和“海上丝绸之路”的提出与研究密不可分。“海上丝绸之路”的概念源于德国地理学家李希霍芬提出的“丝绸之路”[3]。1903年，法国汉学家沙畹在其所著《西突厥史料》中提出：“中国之丝绢贸易”有一为“通印度诸港之海道”[4]。此后，“丝绸之路”之“海道”遂为一些学者沿用[5]。但是，“海上丝绸之路”一词则是日本学者在探讨中国陶瓷的海外贸易之路时首先使用的。1968年，日本学者三杉隆敏在《探索海上丝绸之路》一书使用了“海上丝绸之路”这一名称[6]，其立意和出发点便是东西方之间的陶瓷贸易与交流史，这在其另一部著作《海上丝绸之路——中国瓷器的海上运输与青花编年研究》中体现得更为明显[7]。与此同时，日本学者三上次男则以中国陶瓷在海外各地的流布情况为基础，提出了“陶瓷之路”[8]，这既是“海上丝绸之路”一类重要商品的贸易之路，又是中国陶瓷器广泛行销海外地区的生动写照，这一研究思路和学术视野对中国古外销陶瓷研究影响极为深远。因此，可以说，

[1] 徐苹芳：《中国现代考古学的引进及其传统》，《中国文物报》2007年2月9日第7版。

[2] 陈万里：《陈万里陶瓷考古文集》，北京：紫禁城出版社，1997年第2版。

[3] 19世纪70年代，德国地理学家李希霍芬（Fendinand Von Richthefen）在《中国：我的旅行与研究》一书最早使用“丝绸之路”一词。参看（德）费迪南德·冯·李希霍芬著，（德）E.蒂森选编，李岩、王彦会译：《李希霍芬中国旅行日记》，北京：商务印书馆，2016年。

[4] Édouard Chavannes, *Documents sur les Tou-kiue (Turks) occidentaux (Documents on the Western Turks)*, 1903. 中文译本：（法）沙畹著，冯承钧译：《西突厥史料》，上海：商务印书馆，1932年初版，北京：中华书局，2004年新1版。

[5] 1974年，香港学者饶宗颐在《蜀布与Cinapatta——论早期中、印、缅之交通》一文的《附论：海道之丝路与昆仑舶》一节中论述了六朝时候罗马与中东国家“特别开辟海道作为丝路运输的航线”，并指出“海道的丝路是以广州为转口中心。近可至交州，远则及印度。”此文刊载于《“中研院”历史语言研究所集刊》第45本第4分，第561~584页。

[6]（日）三杉隆敏：《海のシルクロードを求めて》，大阪：創元社，1968年。

[7]（日）三杉隆敏：《海のシルクロード——中国磁器の海上運輸と染付編年の研究》，東京：恒文社，1977年。

[8]（日）三上次男：《陶磁の道と東西文化の交流》，《中央公論》1966年10月号。这是其在埃及考察出土陶瓷的基础上撰写而成，明确提出了“陶瓷之路”。其后，三上氏通过对陶瓷贸易及其对社会和文化影响的研究，指出“这是连接中世纪东西两个世界的一条很宽阔的陶瓷纽带，同时又是东西文化交流的一座桥梁”，这条海上通路即是“陶瓷之路”，而且陶瓷只是贸易商品中的象征之一。参看（日）三上次男：《陶磁の道——東西文明の接点をたずねて》，東京：岩波書店，1969年。

中国古外销陶瓷的发现与研究是学者们提出“海上丝绸之路”的重要参考和直接依据。这也是古代沟通东西方贸易往来与文化交流的网络。

在这一学术背景下，20世纪70年代以来，藉由泉州湾后渚港宋代海船发现之契机，学术界掀起了海外交通史和古外销陶瓷研究的热潮，中国海外交通史研究会的成立和泉州海外交通史博物馆（泉州湾古船陈列馆）的建成开放、中国古外销陶瓷研究会的成立和古外销陶瓷研究资料的翻译和编印即是其突出表现。随着陶瓷考古新发现和中外学术交流的增多，一批海外发现的中国陶瓷器（包括沉船出水瓷器）被引介到国内，同时国内的瓷窑遗址考古工作也为海外学者所了解，这便为古外销陶瓷研究提供了多角度的实物资料。窑址（产地）、港口、沉船和海外市场构成了探讨外销瓷生产和贸易的基础。由于泉州港、月港和厦门港的历史地位与时代变迁，以此为基础的瓷器外销问题备受关注。

闽南地区是中国古代瓷器的重要生产区域之一，窑场数量多，分布范围广。其产品以外销为主，日本、朝鲜半岛、东南亚、南亚、西亚、非洲、欧洲、美洲均出土或发现了该地区宋至清代烧造的瓷器，引起了中外古陶瓷研究者的高度关注。闽南地区古代制瓷手工业遗存的研究，已成为国际性很强的陶瓷考古研究的前沿课题。然而，这一问题的深入开展面临着一系列挑战：历史文献记载零星少见，仅能提供“碎片化”的历史认知；海外考古工作有限或资料获取困难，无法取得细化和具象认知；瓷窑遗址数量众多，面貌复杂，综合性认识欠缺，等等。这也恰为本书的研究提供了明晰的思路：从考古发现的制瓷手工业遗存出发，探讨闽南地区宋至清代瓷器生产面貌与演变、贸易和消费状况。基于此，本书通过考古学分析，建立起了闽南地区宋至清代制瓷手工业的发展序列和遗存的年代标尺（三区、七期），揭示了其兴起、繁荣、收缩至衰落的发展历程；通过对窑场遗址分布的考察，确定了各区的中心窑场和各时期的中心区域，阐述了闽南地区宋至清代制瓷手工业的格局和中心区域变动的规律；通过对窑场、产品、技术、销售、使用者的分析，探讨了其从生产到贸易再到使用者的一些史实；对闽南地区的制瓷技术交流、仿烧与独创、外向型生产等问题作了比较全面的分析，探讨了该地区宋至清代制瓷手工业发展的动因。

从产品的消费市场来看，闽南地区宋至清代制瓷手工业为外向型生产，制瓷技术中既多仿烧又有独创，产品既有传统特色又不乏异域风情，其可谓是中国古外销陶瓷的生产—贸易—消费模式的一个缩影。闽南地区的陶瓷器作为中国古代陶瓷海外贸易的重要货品之一，是宋代以来海外贸易中不可缺少的一环。因之，探讨中国古外销陶瓷，仍应将其看作当时常见的一类海外贸易“商品”，从商品生产和贸易的经济史角度来分析其瓷业面貌、窑场分布格局与历史变迁、海外市场与贸易途径、消费群体与使用方式等问题。这也是古代海外贸易体系下的外销瓷研究的重要视角，以此可以窥见海外贸易政策影响下的“海上丝绸之路”的“腹地”经济模式之一斑。

本书正是在此研究思路下，以闽南地区这个小区域瓷业遗存为基础的一个尝试。

目　录

Contents

插图目录

第一章　绪论

第一节　地理环境与历史沿革

一　地理环境

闽南地区地处中国东南沿海，地势西高东低（图 1–1）。西部为闽中大山带，其斜贯福建省中部，呈东北—西南走向绵延，大致与东部的海岸平行。位于南部的九龙江，将闽中大山带南段截为两部分，其中九龙江以南为博平岭，九龙江与闽江之间称戴云山。它们与闽江干流以北的鹫峰山一起，共同构成了福建省中部大山带的地貌骨架。戴云山脉的山势最高，山体最宽，其中德化境内的戴云山主

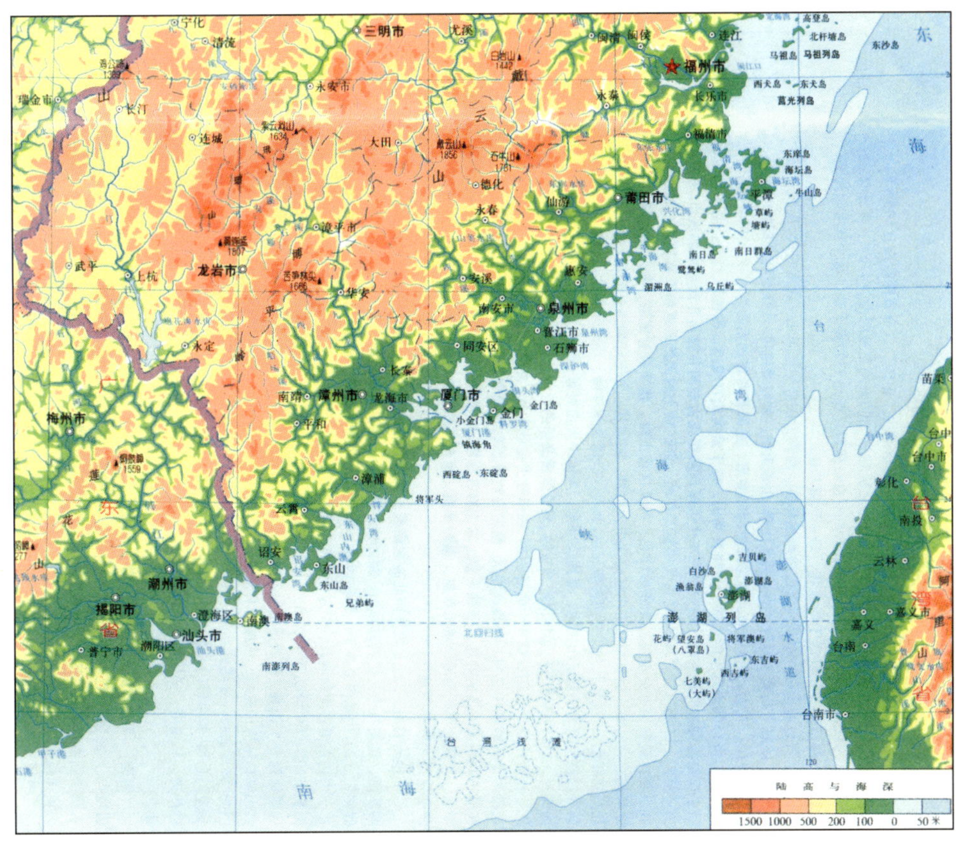

图 1–1　闽南地区地形图

（引自高秀静主编：《福建省地图册》，北京：中国地图出版社，2004 年）

峰，海拔1856米，是闽中大山带的最高峰。九龙江以南的博平岭主峰苦笋林尖，海拔1666米，山势也颇为险峻。以大山带的主要山脉为脊干，向四面延伸出许多支脉，形成了纵横交错的峰岭。山地外侧与沿海地带，广泛分布着高低起伏的丘陵，绵延于山地东侧和河流两岸。东部沿海地区，地势较为平坦，河海交互堆积，形成了多级不同高度的台地以及大小不同的冲积、海积平原，主要分布于晋江、九龙江等河流的下游，著名的有泉州平原、漳州平原。这样，就形成了闽南地区由戴云山—博平岭山带，再到沿海丘陵、平原和海湾的倾斜状分布的地形[1]。

闽南地区的河流以九龙江、晋江等为主，大小溪流穿梭于山脉、丘陵、平原之间，随山势、地形蜿蜒而行（图1–2）。源于戴云山脉的东溪、西溪等向东南汇流而成晋江，九龙江、西溪、船场溪等汇流于九龙江，南部丘陵地带的溪流也向东南流入大海。这些河流多源自中部大山带，支流密布，自成流域，由山地丘陵地带，流经泉州平原、漳州平原，至东南海湾入海。山地、丘陵地形复杂，多数河流的流程较短，且含沙量小，这就使得由山区至东部海滨地区可沿河流而行，水路交通较为通畅、便捷，河流航道发达，尤其是九龙江水系航道达500多千米。因此，闽南地区以九龙江、晋江为主的河流水系，使得产自河流中上游山区的瓷器可随之顺流而下，到达滨海港湾。同时，处于河流下游的沿海地区，由于长期的河流冲刷、海水侵蚀，形成了山地型海岸，自然曲折，岛屿港

图1–2　闽南地区河流和港湾图

[1] 据高秀静主编：《福建省地图册》，北京：中国地图出版社，2004年。

湾众多，以金门岛、厦门岛和东山岛较大，湄洲湾、泉州湾、深沪湾、厦门湾、浮头湾、东山内澳、诏安湾等，北接平潭岛、兴化湾，南连南澳岛、汕头港。在此基础上，出现了泉州港、厦门港、月港等著名的海外贸易港口，并与其北的福州港、明州港，其南的汕头港、广州港等相呼应，共同促进了东南沿海地区繁盛发达的海外贸易。从这些港口出发，循海路，近可抵台澎地区，北可达朝鲜半岛、日本等地，向南则可到南中国海东南亚各地，直至南亚、西亚、非洲、欧洲、美洲等地。这样，发达、便利的河流运输和海上交通，为闽南地区瓷器产品的销售提供了可靠的交通运输保障，也是这一地区制瓷手工业发展的重要条件之一。

闽南地区地处东南沿海的山区丘陵地带，植被茂盛，林木密集，山林覆盖率高，这便为南方地区制瓷手工业发展提供了所必需的大量的燃料资源（图 1–3）。同时，该地区蕴藏着极为丰富的矿土资源[1]。在温湿气候和强烈的燕山期地质构造活动中[2]，各种中酸性火成岩十分发育，并在风化等多种表生作用下，形成了“分布广泛的各种风化残余型和沉积型高岭土矿藏”[3]。高岭土矿以风化残余型为主[4]，储量丰富，分布广泛，德化、永春、龙海、同安、晋江、南安、惠安等地均有这种矿床[5]，尤其是德化阳山、观音岐高岭土矿[6]，同安郭山、东坑高岭土矿[7]，南安东田高山—南坑、水头康龙高岭土矿[8]，平和崎岭、霞寨高岭土矿[9]，龙海榜山观音山、角美龙江高岭土矿[10]。附近还有

图 1–3　南安蓝溪窑址周边地理环境

（图为南安蓝溪寮仔窑发掘现场，山林环绕其间，下有溪流，福建博物院栗建安先生供图）

[1] 王振民等：《福建省矿物志》，福建省地质矿产勘查开发局，福州：福建省地图出版社，2001 年。

[2] 鄢明才、迟清华：《中国东部地壳与岩石的化学组成》，北京：科学出版社，1997 年。

[3] 江锦明、郑国良、李国镇：《福建高岭土及其应用的研究》，《中国陶瓷》1990 年第 1 期，第 18~24 页。

[4] 陆志刚等：《中国东南大陆火山地质及矿产》第十八章《高岭土矿床成因类型、形成条件与应用方向》，北京：地质出版社，1997 年；Qiu Guodong, Kaolin Deposits in Eastern Fujian, China, Ho Chuimei ed., *Ancient Ceramic Kiln Technology in Asia*, Centre of Asian Studies, University of Hong Kong, 1990, pp.103-109.

[5] 张锡秋、胡立勋：《福建省陶瓷原料考察纪实及对其发展的探讨》，《中国陶瓷》1987 年第 4 期，第 10~18 页。

[6] 徐本章、叶文程：《德化瓷史与德化窑》，香港：华星出版社，1993 年，第 110~217 页。

[7] 厦门市地方志编纂委员会编：《厦门市志》第一册，卷二第一章第五节，北京：方志出版社，2004 年，第 126 页；同安县地方志编纂委员会编：《同安县志》上册，卷二第七章第四节《矿产资源》，北京：中华书局，2000 年，第 144 页。

[8] 福建省南安县地方志编纂委员会编：《南安县志》，卷二《自然地理》第一章《地质》第四节《矿藏》，南昌：江西人民出版社，1993 年，第 80 页。

[9] 漳州市地方志编纂委员会编：《漳州市志》第一册，卷二第一章第六节《矿藏》，北京：中国社会科学出版社，1999 年，第 171 页。

[10] 福建省龙海县地方志编纂委员会编：《龙海县志》，卷二《自然环境》第一章《地质》第四节《矿藏》，北京：东方出版社，1993 年，第 42、43 页。

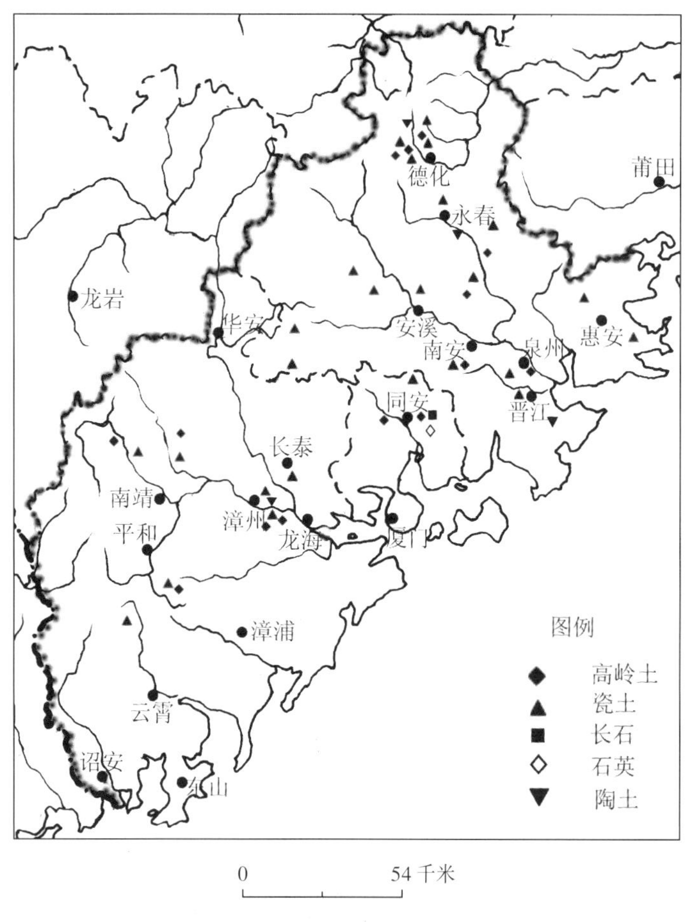

图1-4　闽南地区主要陶瓷原料分布图

（根据陶瓷原料分布情况和张锡秋、胡立勋:《福建省陶瓷原料考察纪实及对其发展的探讨》图1改绘,《中国陶瓷》1987年第4期, 第11页）

优质的龙岩高岭土矿[1]、仙游钟山高岭土矿[2]。此外，其他的陶瓷原料，瓷土、陶瓷黏土、长石、石英类原料等分布也很广，储量大，如南安南坑、芸溪瓷土，惠安白琳瓷土，永春白溪、四斑瓷土，德化红星、阳头、林场瓷土[3]，龙海岭口的陶瓷黏土[4]等（图1-4）。值得注意的是，德化的制瓷原料，“泥产山中，穴而伐之，绠而出之”[5]，类别丰富，有高岭土、瓷土、长石、石英、耐火黏土等，分布极广，遍及全境[6]（图1-5）。德化瓷土质地极佳，“皆由石英斑岩或长英岩等富含长石之岩石风化而成。多呈脉状或其他不规则之形状，大都生于白垩纪火山岩系中”[7]，可根据风化程度的深浅，将其用作胎土或者瓷釉，细腻、柔软，颜色洁白，不需调和其他原料，即可直接制坯作器。闽南地区的这些矿土多分布于山岭、溪流之间（图1-6），古瓷窑场环于其间，制瓷原料一般都是就近取用，避免了长距离运输，相对比较方便。这就为该地区制瓷手工业的发展和繁荣，提供了丰富的原料这一基本前提。

总之，闽南地区地形复杂，山地丘陵绵延，生态环境多样，制瓷原料丰富，山溪河流密布，沿海港湾发达。因此，在此自然地理环境之下，这一地区也就具备了瓷器生产的两个基本要素——原料和交通[8]，加之早期的制瓷传统[9]，最终促成了闽南地区宋至清代制瓷手工业的发展与繁荣。

---

[1] 王登其:《福建龙岩土在日用细瓷坯料中的应用》,《中国陶瓷》1996年第2期, 第22~24页。

[2] 莆田市地方志编纂委员会:《莆田市志》第一册, 卷二第一章第六节, 北京: 方志出版社, 2001年, 第179、180页。

[3] 张锡秋、胡立勋:《福建省陶瓷原料考察纪实及对其发展的探讨》,《中国陶瓷》1987年第4期, 第10~18页。

[4] 漳州市地方志编纂委员会编:《漳州市志》第一册, 卷二第一章第六节《矿藏》, 北京: 中国社会科学出版社, 1999年, 第171页。

[5]（清）鲁鼎梅主修, 王必昌主纂:《德化县志》卷之四《山川志》附《物产·货之属》,“磁器”条, 乾隆十二年, 福建省德化县地方志编纂委员会整理, 1987年, 第114页。

[6] 德化县志编纂委员会编:《德化县志》, 第二篇第七章第二节《非金属矿藏》, 北京: 新华出版社, 1992年, 第90页; 德化县地方志编纂委员会编纂:《德化陶瓷志》, 第一章第一节《矿物》, 北京: 方志出版社, 2004年, 第30~33页。

[7] 高振西:《福建永春、德化、大田三县地质矿产》, 福建省地质土壤调查所编印:《地质矿产报告》第三号, 1941年, 第37~41页。

[8] 权奎山:《试论南方古代名窑中心区域移动》,《考古学集刊》第11集, 北京: 中国大百科全书出版社, 1997年, 第276~288页。

[9] 这是考虑到泉州沿海地区制瓷业的发展是自南朝、隋唐、五代一直延续而来, 也就具备了制瓷手工业发展的先决条件——生产传统。

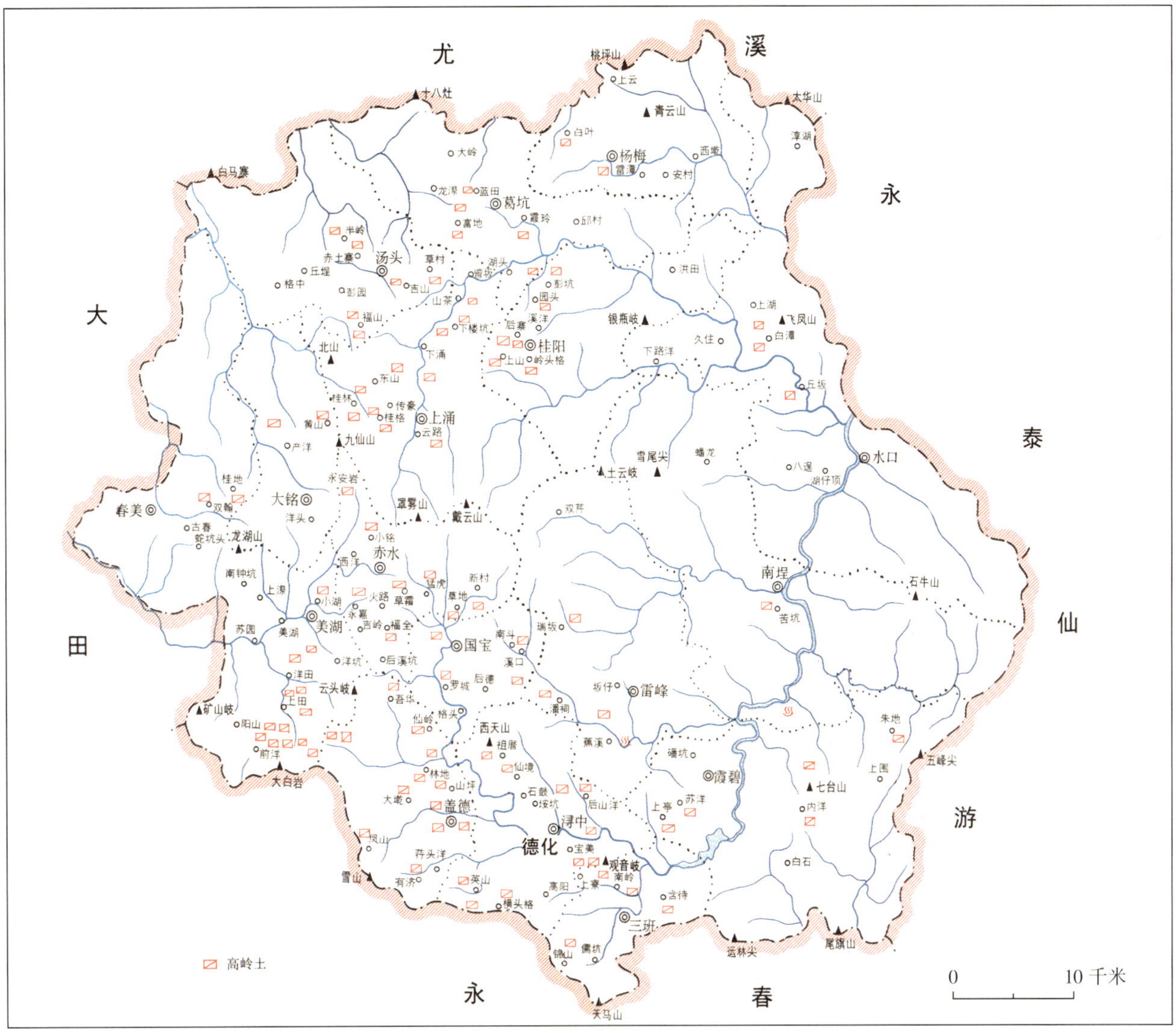

图 1–5　德化高岭土矿分布图

（据德化陶瓷博物馆资料）

二　历史沿革

闽南地区位于福建省的东南部，西边大体以闽中大山带中南部的戴云山主峰、博平岭最高峰苦笋林尖一线为界，北侧大体以戴云山、石牛山为北界，向东延伸至海，东南部濒临东海，以天然海岸线为界。这样，闽南地区恰好形成一个相对独立的地域单元，西部以山为界，多山区、丘陵，东部以海为边，多平原、低地。而在这个区域内，主要

图 1–6　南安南坑窑附近瓷土矿藏

有晋江、九龙江及其支流形成的两条水系，由山区通往大海。北宋至清代，这一区域大体上包括泉州、漳州两地，沿革有序，建置、方域略有变化。

闽南泉、漳地区在秦代属闽中郡，西汉初为闽越王国辖地，后属会稽郡。三国东吴隶属建安郡，归东安县。西晋太康三年（282年），分建安郡而置晋安郡，此地属晋安、同安二县[1]。南朝宋属江州晋安郡，于泉地设晋安县[2]；梁天监中，析晋安郡地，置南安郡[3]；陈因之，辖晋安、龙溪、兰水县。隋代，属建安郡，其地设南安、龙溪二县，于开皇十二年（592年），将兰水县、义安郡之绥安县并入龙溪县[4]，遂奠定了后世泉、漳二州地域边界的基础。

泉州之地居北，自唐景云二年（711年）以武荣州为泉州，后世泉州乃始于此，时领南安、莆田、龙溪、清源四县。开元八年（720年），析南安东南地置晋江县，泉州领晋江、南安、莆田、龙溪、清源五县[5]。开元二十九年，领县四，析龙溪属漳州[6]。五代时，仍领南安、莆田、仙游、晋江四县，渐增置同安、德化、永春[7]。宋初太平兴国三年（978年）"改平海军"[8]，"四年以莆田、仙游二县隶兴化军，五年以长泰县隶漳州，六年析晋江地置惠安县"[9]，时领七县：晋江、南安、同安、惠安、永春、清溪、德化[10]，治晋江。宋宣和三年（1121年）改清溪为安溪县[11]。元至元十五年（1278年），升泉州为泉州路总管府[12]，辖晋江、南安、惠安、德化、安溪、同安、永春七县。大德元年（1297年）置福建平海行中书省，三年省废，改行中书为宣慰使元帅府。至正十八年（1358年）复立泉州分省[13]。明洪武元年（1368年）改为泉州府，领县七：晋江、南安、同安、惠安、安溪、永春、德化[14]。清初因之，领县七。雍正十二年（1734年），升永春为直隶州，割德化隶之[15]。

漳州居泉州之南，垂拱二年（686年）析福州西南境置州，以南有漳水为名，并置漳浦、怀恩二县，

---

[1]（唐）房玄龄等撰：《晋书》卷十五《志第五·地理下》，北京：中华书局，1974年。

[2]（梁）沈约撰：《宋书》卷三十六《志第二十六·州郡二》，北京：中华书局，1974年。

[3]（明）黄仲昭修纂：《八闽通志》卷之一《地理·建置沿革》，据弘治庚戌（1490年）刊本整理，福建地方志丛刊，福建省地方志编纂委员会主编，福州：福建人民出版社，2006年第2版。

[4]（唐）魏征、令狐德芬撰：《隋书》卷三十一《志第二十六·地理下》，北京：中华书局，1973年。

[5]（后晋）刘昫等撰：《旧唐书》卷四〇《志第二十·地理志三》，"江南道"条，北京：中华书局，1975年；（宋）欧阳修、宋祁撰：《新唐书》卷四一《志第三一·地理志五》，"江南道"条，北京：中华书局，1975年。据载，圣历二年（699年），分泉州之南安、莆田、龙溪三县，置武荣州，治南安；复析莆田，增置清源县。三年，州废，诸县还泉州。久视元年（700年），又以四县置武荣州，隶闽州都督府。景云二年（711年），改为泉州。天宝元年（742年），改清源县为仙游县。

[6]（明）何乔远编撰：《闽书》卷之七《方域志·泉州府》，福州：福建人民出版社，1994年，第153页。

[7]据《八闽通志》卷之一，《地理·建置沿革·泉州府》记载："永春县：本隋南安县之桃林场。五代时，闽置桃源县。后唐长兴初，改为永春县，属泉州。宋、元仍旧，国朝因之。"（明）黄仲昭修纂：《八闽通志》，据弘治庚戌（1490年）刊本整理，福州：福建人民出版社，2006年第2版，第15页。

[8]（宋）欧阳忞撰：《舆地广记》，李勇先、王小红校注本，卷三十四，成都：四川大学出版社，2003年，第1060~1062页（此以台湾文海出版社"曝书亭藏宋刻初本、吴门士礼居重雕"本为底本校注）；（宋）乐史撰：《太平寰宇记》卷一百二，"泉州"条，日本国宫内厅书陵部藏宋本，北京：中华书局，2000年，第129页。

[9]（宋）王存等撰：《元丰九域志》卷九，王文楚、魏嵩山点校本，北京：中华书局，1984年，第402、403页。

[10]（元）脱脱等撰：《宋史》卷八十九《地理志五》，北京：中华书局，1977年，第2208页；（宋）王象之撰：《舆地纪胜》卷一百三十，"泉州"条，文选楼影宋抄本（道光二十九年秋八月刊），北京：中华书局，1992年，第3723~3760页；（宋）祝穆撰、祝洙增订：《方舆胜览》卷十二，施和金点校本，北京：中华书局，2003年，第206~216页。

[11]（明）何乔远编撰：《闽书》卷之七《方域志·泉州府》，福州：福建人民出版社，1994年，第153页。

[12]（明）宋濂撰：《元史》卷六十二《地理五》载："泉州路，唐置武荣州，又改泉州。宋为平海军。元至元十四年，并行宣慰司，兼行征南元帅府事。十五年，改宣慰司为行中书省，升泉州路总管府……领司一、县七。"北京：中华书局，1976年，第1505页。

[13]（明）黄仲昭修纂：《八闽通志》卷之一，《地理·建置沿革·泉州府》，据弘治庚戌（1490年）刊本整理，福州：福建人民出版社，2006年第2版，第14页。

[14]（清）张廷玉等撰：《明史》卷四十五《志第二十一·地理六》，北京：中华书局，1974年。

[15]赵尔巽等撰：《清史稿》卷七十《志第四十五·地理志十七》，北京：中华书局，1977年。

初治漳浦[1]。天宝元年（742年），改为漳浦郡[2]，属县二：漳浦、龙溪。乾元元年（758年），复为漳州[3]。大历十二年（777年），析汀州龙岩县来属，领县三。五代时，仍领龙溪、漳浦、龙岩三县[4]。后晋开运中，留从效据漳、泉二州，附于南唐[5]，后改漳州为南州。后汉乾祐二年（949年），南唐升泉州为清源军节度，漳州属之。宋初建隆三年（962年），始属宋。乾德四年（966年），复以南州为漳州[6]。太平兴国五年（980年），析泉州长泰县来属，遂领县四：龙溪、漳浦、龙岩、长泰[7]，治龙溪，时为漳州辖地最广时期。元至元十六年（1279年），升漳州路，领县如旧[8]。至治中，析龙溪、漳浦、龙岩三县地，置南胜县，合长泰，领县五：龙溪、漳浦、龙岩、长泰、南胜。至正八年（1348年），立漳州分元帅府。十六年，改南胜为南靖。明洪武元年（1368年），改为漳州府，领县如故。成化四年（1468年），析龙岩地，置漳平县[9]。正德十二年（1517年），析南靖地，置平和县。嘉靖八年（1529年），析漳浦地，置诏安县。四十四年，析龙岩及延平府大田、永安地，置宁洋县。隆庆元年（1567年），析龙溪、漳浦地，置海澄县[10]。至此，漳州府领县十：龙溪、漳浦、龙岩、长泰、南靖、漳平、平和、诏安、宁洋、海澄[11]。清初因之，领县十，如故[12]。雍正十二年（1734年），升龙岩为直隶州，漳平、宁洋割隶之。嘉庆元年（1796年），析平和、诏安地增置云霄，时领县七：龙溪、海澄、南靖、漳浦、平和、诏安、云霄[13]。

从上述泉州、漳州的历史建置与沿革来看，自隋唐以来其主体地域范围基本相同，又因这一地区相对比较独立的地理风貌和人文环境[14]，包括宋至清代的制瓷手工业，后世一般称该地区为闽南地区。结合历史上的地理区划[15]，本文所要论及的闽南地区，主要是指宋至清代的泉州、漳州（图1–7），包括了今之泉州、厦门和漳州地区（图1–8）[16]。

[1]（宋）欧阳修、宋祁撰：《新唐书》卷四一《志第三一・地理志五》，北京：中华书局，1975年。

[2]（后晋）刘昫等撰：《旧唐书》卷四〇《志第二十・地理志三》，"江南道"条，北京：中华书局，1975年。

[3]（后晋）刘昫等撰：《旧唐书》卷四〇《志第二十・地理志三》，"江南道"条，北京：中华书局，1975年。

[4]据《八闽通志》卷之一《地理・建置沿革・漳州府》记载："永春县：本隋南安县之桃林场。五代时，闽置桃源县。后唐长兴初，改为永春县，属泉州。宋、元仍旧，国朝因之。"（明）黄仲昭修纂：《八闽通志》，据弘治庚戌（1490年）刊本整理，福州：福建人民出版社，2006年第2版，第15页。

[5]（宋）王象之撰：《舆地纪胜》卷一百三十一《福建路・漳州》，文选楼影宋抄本（道光二十九年秋八月刊），北京：中华书局，1992年，第3763页。

[6]（宋）王存等撰：《元丰九域志》卷第九《福建路》，王文楚、魏嵩山点校本，北京：中华书局，1984年，第405页。

[7]（元）脱脱等撰：《宋史》卷八九《志第四十二・地理五》，北京：中华书局，1977年；《方舆胜览》卷之十三，《福建路・漳州》，第223页。

[8]（明）宋濂撰：《元史》卷六二《志第十四・地理五》，北京：中华书局，1976年。

[9]（明）黄仲昭修纂：《八闽通志》卷之一《地理・建置沿革・漳州府》，据弘治庚戌（1490年）刊本整理，福州：福建人民出版社，2006年第2版，第16、17页。

[10]（明）何乔远编撰：《闽书》卷之二十八《方域志・漳州府》，福州：福建人民出版社，1994年，第667页。

[11]（清）张廷玉等撰：《明史》卷四十五《志第二十一・地理六》，北京：中华书局，1974年。

[12]（清）顾祖禹撰：《读史方舆纪要》卷九十五《福建一・泉州府》，贺次君、施和金点校，北京：中华书局，2005年，第4368页。

[13]赵尔巽等撰：《清史稿》卷七十《志第四十五・地理志十七》，北京：中华书局，1977年。

[14]泉、漳二州，如前所述，西山东海，地处相对独立的一个地域单元，上衔福、明州，下接潮、广州。明清时期，因福建辖有八府，故有"八闽"之称，泉、漳二府位于福建的南部，居其二。在历史发展过程中，这一地区逐渐形成了独特的风俗习惯、语音方言等。一般来讲，这一地区被后世称为闽南地区，即相当于历史上的泉、漳二地。因制瓷手工业与原料、交通等关系密切，这个范围的选取是同当时的区划是相合的。此可参阅：苏基朗：《唐宋时代闽南泉州史地论稿》，台北：台湾商务印书馆，1991年。

[15]汉唐的全国地理分区一脉相承，奠定了我国古代地理分区的基础，宋元时期亦仅在局部分界少有变动，格局却是遵汉唐以来的区划，明清时期基本因袭之。这一区划，对中国历史考古学文化的分区具有重要的参考意义。可参考徐苹芳：《中国历史考古学分区问题的思考》，《考古》2000年第7期，第81~87页。

[16]主要有泉州、晋江、南安、惠安、永春、安溪、德化，厦门、同安，漳州、龙海、平和、南靖、诏安、漳浦、华安、长泰、云霄、东山等。

1. 南宋嘉定元年（1208 年）

2. 元代至顺元年（1330 年）

3. 明代万历十年（1582 年）

4. 清代嘉庆二十五年（1820 年）

图 1–7　宋至清代泉漳二州区域变化图

（引自谭其骧主编：《中国历史地图集》第六［宋辽金］、七［元明］、八册［清］，北京：中国地图出版社，第 67~68、27~28、70~71、42~43 页）

第二节　发现与研究简史

目前的考古发现与研究资料表明，闽南地区早在商周时期就已开始烧造原始青瓷，经南朝、晚唐五代的发展，至宋元时期制瓷手工业空前繁荣，明清时期又有了新的发展。然而，闽南地区宋至清代制瓷手工业的有关历史记载相对较少，而 20 世纪前半叶的考古发现和研究也不多，随着 20 世纪后半叶考古工作的渐次展开，其相关研究也逐渐增多起来。从古代文献记载、考古发现与研究的角度，本文将其研究史大体分为四个阶段：早期的文献记载、20 世纪前半叶的认识、20 世纪 50~80 年代的考古工作和认识、20 世纪 90 年代以来的考古工作和研究。

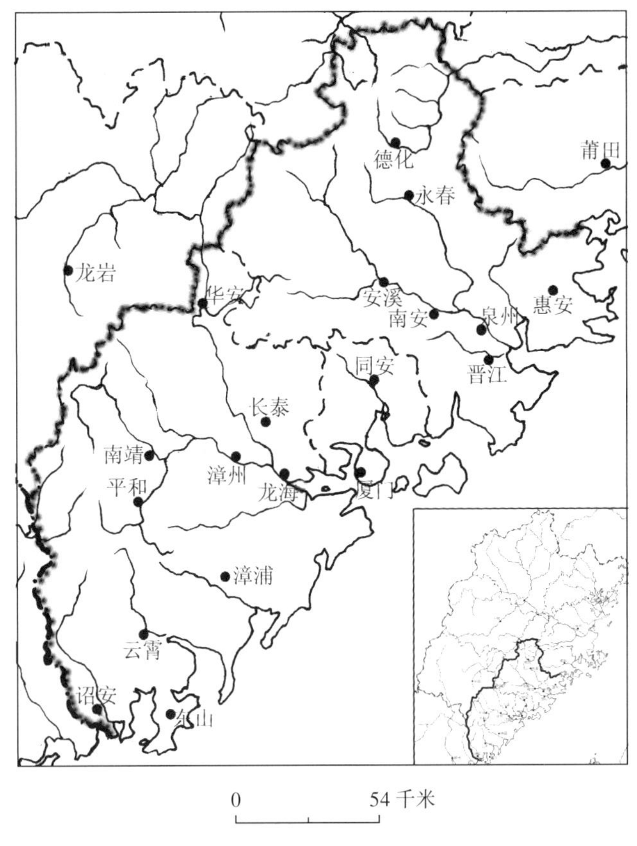

图 1–8　闽南地区区域范围图

一　早期的文献记载

中国古代的文献浩如烟海，陶瓷方面的记载却不多，涉及到宋至清代闽南地区的资料更是微乎其微。这一地区制瓷业的记载，最早可追溯到《龙浔泗滨颜氏族谱》，记述有唐末五代初的颜化綵（864~933 年）曾“著《陶业法》、绘梅岭图”[1]，以传习陶瓷工艺，惜书、图已散佚。此为后世族谱所记，仅备一说。

闽南地区有关陶瓷的记载较多且较为著名的是德化窑，其以生产“白建”闻名于世[2]。而其他陶瓷则是不为世人所知的；其记载则大多散见于地方志和当时的海外贸易资料中。下面分别来说明。

1．中外交通史籍中的记载

宋元明时期中外交通史料中，保留了一些陶瓷器外销的珍贵资料，其中有个别是涉及到闽南地区瓷器的。

马可波罗在其游记中说，“刺桐城附近有一别城，名称迪云州（Tiunguy）。制造碗及磁器，既多且美。除此港外，他港皆不制此物，购价甚贱”[3]。14 世纪穆斯林旅行家伊本·白图泰谈到中国的瓷器时谓，“只在刺桐和隋尼克兰城制造。……瓷器价格在中国，如陶器在我国一样或更为价廉。这种瓷器运销印度等地区，直至我国马格里布。这是瓷器种类中最美好的”[4]。这是当时外国人对泉州瓷器的记述。

---

［1］颜清滥编辑：《福建德化泗滨志》，福建省德化县泗滨志编纂董事会编，2000 年。卷二为《龙浔泗滨颜氏族谱》，按民国十六年（1927 年）泗滨谱局所编族谱原貌再版，旧谱自宋初始修，至民国十六年为第八次续修，颜应时等主编，其中《传·唐国子博士化綵公传》对此其事迹有记述，可参考德化陶瓷博物馆展览资料。

［2］“建窑”之名，在文献中所载略有差异，本应为建盏产地之“建窑”，可后来因有采用“福建”简称之说，故“建窑”在德化之说，亦即文献所记的“白建”。参考李民举：《建窑初论稿》，北京大学考古学系编：《“迎接二十一世纪的中国考古学”国际学术讨论会论文集》，北京：科学出版社，1998 年，第 327~342 页。

［3］（法）沙海昂注、冯承钧译：《马可波罗行纪》第 2 卷第 156 章，北京：中华书局，2004 年新 1 版，第 609 页。刺桐，即泉州，马可波罗所说的迪云州，可能即为德化。

［4］（摩洛哥）伊本·白图泰著，马金鹏译：《伊本·白图泰游记》（校订本），银川：宁夏人民出版社，2000 年，第 540 页。刺桐，泉州；隋尼克兰，广州。

南宋赵汝适《诸蕃志》中提到“瓷器”、“青白瓷器”、“青瓷器”等[1]，元人汪大渊《岛夷志略》叙及各国习俗时亦多次谈及贸易之用“青器”、“粗碗”、“青瓷器”等[2]，这些都是在海外所能看到的外销瓷器，但并不能确定为闽南窑场烧制的[3]。具体到泉州瓷器的记载，则有元代周达观《真腊风土记》之二十一《欲得唐货》：“以唐人金银为第一，五色轻缣帛次之；其次如真州之锡镴、温州之漆盘、泉处之青瓷器……”[4]，明确提到了泉州和处州（龙泉窑）的“青瓷器”。

明代费信《星槎胜览》记载有各国“磁器”、“青器”、“青白磁器”、“大小磁器”、“大小磁瓮”等作为贸易之货用[5]；马欢《瀛涯胜览》[6]、巩珍《西洋番国志》[7]中则有“用”、“喜”中国“磁器”、“青磁盘碗”的记载；严从简《殊域周咨录》中也记有贸易货用“青白磁器”、“大小磁瓮”等[8]。这些记载有些是传抄而来，或源自《诸蕃志》、《岛夷志略》，或相互引录，但所记的瓷器中或有闽南地区所产。张燮《东西洋考》则详细记述和考证了明代后期开放海禁后海外贸易的东西洋列国、饷税、税珰、舟师、艺文、逸事[9]，尤其是泉、漳地区对外贸易状况，包括月港、德化瓷等，弥足珍贵。

2．明清时期地方史志中的记述

明清时期的通志、省志、府志及县志中谈到物产的货品时，对出产瓷器一般有所涉及。

明代黄仲昭撰《八闽通志》卷二十六《食货·物产·泉州府·货之属》载：“白磁器，出德化县。”[10]万历重修《泉州府志》卷三《舆地志下·物产·货之属》中提到了晋江磁灶窑、安溪窑、德化窑三地窑场：“磁器，出晋江甆灶地方。又有色白、次于饶磁，出安溪崇善、龙兴、龙涓三里。又有白甆器出德化程寺后山中，洁白可爱。”[11]《漳州府志》还记载有市舶、商舶贸易及课税等情况：“市舶者，诸夷舶泊吾近地，与内地民互为市，若广之濠镜澳然。商舶则土著民醵钱造舟，装土产，径往东西洋而去，与海岛诸夷相贸易；其出有时，其归有候。”[12]

清乾隆《晋江县志》卷一《舆地志·物产·货之属》：“瓷器，出磁灶乡。取地土开窑，烧大小钵子、缸、瓮之属。甚饶足，并过洋。”[13]天一阁藏明嘉靖《安溪县志》卷一《土产·磁器》：“色白而带浊。昔时只作粗青碗，近则制花，又更青，次于饶磁。出崇善、龙兴、龙涓三里，皆外

---

[1]（宋）赵汝适撰：《诸蕃志》，杨博文校释本，北京：中华书局，2000年。

[2]（元）汪大渊撰，苏继庼校释：《岛夷志略校释》，北京：中华书局，1981年。

[3]我们并不能据此直接说这些瓷器乃闽南所产，考虑到两书作者的经历，以及从泉州到东南亚等各地的便利，可以说明这些瓷器中当有闽南地区制造的。故从中亦可窥知闽南地区陶瓷的一些情况。

[4]（元）周达观撰：《真腊风土记》，夏鼐校注本，北京：中华书局，2000年，第148页。

[5]（明）费信：《星槎胜览》，冯承钧校注本，北京：中华书局，1954年。

[6]（明）马欢著，万明校注：《明钞本〈瀛涯胜览〉校注》，北京：海洋出版社，2005年。

[7]（明）巩珍：《西洋番国志》，向达校注本，北京：中华书局，2004年。

[8]（明）严从简：《殊域周咨录》，余思黎点校本，北京：中华书局，1993年。

[9]（明）张燮：《东西洋考》，谢方点校本，北京：中华书局，2000年。首刊于万历四十五年（1617年）。

[10]（明）黄仲昭撰：《弘治八闽通志》卷二十六，影印明弘治四年（1491年）刊本，台北：台湾学生书局，1987年，第1322页。

[11]（明）阳思谦修，黄凤翔纂，徐敏学、伍维新纂：《万历重修泉州府志》卷三，明万历四〇年（壬子，1612年）刊本，刘兆祐主编：《中国史学丛书三编》（第四辑），台北：台湾学生书局，1987年，第268页。

[12]（明）罗青霄等修：《漳州府志》，《中国史学丛书》，台北：台湾学生书局，1965年。

[13]（清）方鼎等修，朱升元等纂：《晋江县志》，乾隆三十年（乙酉，1765年）刊本，奎阁藏版，台北：成文出版社，1977年，第43页；（清）胡之锃修，周学曾等纂修：《晋江县志》卷之七十三《物产志·货之属》的记载与之相同，道光十年（1830年）修纂，据福建省博物馆藏本点校，福建地方志丛刊，福州：福建人民出版社，1990年。

县人氏业作之云。”[1]乾隆《德化县志》卷四《山川志·观音崎》记曰：“一名白泥崎，产磁土”，可见观音崎所产瓷土盛名已久；同卷《物产·货之属·磁器》载：“泥产山中，穴而伐之，绠而出之。碓极细滑，入水飞澄，淘净石渣，倾于石井以漉其水，乃塼埴为器。烈火煅炼，厚则绽裂，薄则苦窳。罂瓶罐瓿，洁白可爱。饮食之器，多粗拙。虽有细者，较之饶州所作，终不能及。”[2]这条文献详细记录了德化窑瓷器所用原料及加工方法、器物特征、产品质量等，并为乾隆版《永春州志》卷七《风土志·物产附》中“磁器”条所引用，且“……出德化，永春间亦有之”[3]。清代《安平志》中也有“白瓷出德化，元时上供”的记录[4]。民国时期《同安县志》卷十一《物产志·货属》载：磁器“如缸、瓮、罈、瓴、瓦砖之类，则有浯溪头、后洋、大路尾皆有瓦窑、磁窑，随处烧造，然粗而不精”[5]。清道光《厦门志》记载了厦门通洋贸易情况，并言“出洋货物则漳之丝绸纱绢，永春窑之磁器”[6]。

3．明清时期陶瓷专论专著中的记载

明清时期，随着金石学和收藏风气的发展[7]，涌现了一些古物赏鉴和研究方面的专著，其中有不少古陶瓷专论，如明初曹昭《格古要论·古窑器论》[8]，并出现了陶瓷专著。这些专门的陶瓷文献，对闽南地区陶瓷所涉及甚少，往往也只是叙及德化窑白瓷。

明末崇祯时期刊行的宋应星《天工开物·陶埏》中所记“白瓷”提到“南则泉郡德化（土出永定，窑在德化）”，“德化窑，惟以烧造瓷仙、精巧人物、玩器，不适实用”[9]。并且在论述瓷釉时指出：“泉郡瓷仙用松毛水调泥浆。”这是从工艺的角度记载了德化窑白瓷的特征。

清康熙时期程哲撰《蓉槎蠡说》卷十一《窑器说》中记载：“建窑，出福建泉州府德化县，其色有甜白、青色，深浅不同。古建瓷，薄者绝类宋瓷。碗盏多是撇口，色黑滋润，有黄兔斑、滴珠，大者真。体厚者多，少见薄者。惟佛像最佳。”[10]此条将这一时期的德化窑名之为“建窑”，并称宋元时期所言“建窑”为“古建瓷”，以示区别。程哲的行文格式采诸明初曹昭《格古要论》，对

[1]嘉靖八年（1529年），知县黄怿聘莆田林有年编纂《安溪县志》，未刊行；至三十一年（1552）知县汪瑀续修成书，即现存嘉靖《安溪县志》，宁波天一阁藏明嘉靖刻本，上海：上海古籍出版社影印，1963年；另康熙十三年（1674年），《安溪县志》之《货品·磁器》：“色白而带浊，昔时只作粗青碗，近则制花，又更青，其精不及饶磁。”（清）谢宸荃总辑，洪龙见纂，1987年安溪县志编委会据北京图书馆藏清康熙刻本影印。乾隆二十二年（1757年），《安溪县志》卷四《物产·货之属》：“瓷器，出龙兴、龙涓、崇善、崇信等里，质粗不及德化。”（清）庄成修，沈钟、李畴纂修，据复旦大学图书馆藏清乾隆二十二年重修本影印。

[2]（清）鲁鼎梅主修，王必昌主纂：《德化县志》，乾隆十二年（1747年）刊本，福建省德化县地方志编纂委员会整理，1987年，第114页。

[3]（清）郑一崧修，颜璹等纂：《永春州志》，影印康熙五十二年（1713年）刊本，《中国方志丛书》华南地方第222号，台北：成文出版社，1974年；另万历版《永春县志》卷三《物产·货之属》载：“瓷器，色微绿而粗，出县北十九都，皆龙岩人业作之。”

[4]（清）柯琮璜纂修：《诒经堂重修安平志》，清道光十五年（1835年）纂修，据福建省图书馆藏抄本影印，《中国地方志集成·乡镇志专辑》26，上海：上海书店，1992年。

[5]林学增等修，吴锡璜纂：《同安县志》，1929年铅印本，引清康熙五十二年（1713年）、乾隆三十二年（1767年）、嘉庆三年（1798年）的《同安县志》，记载相类，台北：成文出版社，1977年，第343、344页。

[6]（清）周凯纂修：《厦门志》，清道光十九年（1839年）刻本，《中国方志丛书》第80号，台北：成文出版社，1967年。

[7]陶瓷器的鉴赏大概始于元明之际，是随着古物赏鉴、收藏之风而兴起的。但即便如此，当时的记载也多是古代名窑产品为主，故偏于一隅的闽南地区陶瓷当然更不为文人雅士所重。这方面首推明代曹昭《格古要论·古窑器论》。明清时期所引、所论，大多沿袭前人记载；而所谓的学术研究则是近现代才产生并发展起来的。因此，这阶段记载之少也是不难理解的。

[8]（明）曹昭撰：《格古要论·古窑器论》，《文渊阁四库全书》子部，第871册，台北：台湾商务印书馆，1986年；（明）曹昭撰，舒敏、王佐增：《新增格古要论》，影印明刊本，北京：中国书店，1987年。

[9]（明）宋应星：《天工开物》卷中《陶埏》第七卷，上海：商务印书馆，1954年重印，第138页。下句瓷釉引自第139页。

[10]（清）程哲：《蓉槎蠡说》卷十一《窑器说》，清康熙五十年（1711年）刊本，《美术丛书初集》（第三辑），台北：台北艺文印书馆，1975年。

于“古建瓷”的内容也是几乎全部抄录[1]，唯其所增部分为德化窑，包括了窑场所在（“出福建泉州府德化县”）、釉色特色（“其色有甜白、青色，深浅不一”）、典型类别（“惟佛像最佳”）。这是第一次将建窑明确分为古建（黑釉）、白建，而白建即为明清之德化窑，并以所制佛像为最佳。此说为后世文献广为抄录。

清乾隆时期朱琰《陶说》卷二《说古·古窑考》中“建窑”条所记与程哲《窑器说》基本相同[2]，对“旧建瓷”的记载亦是采之于《格古要论》；同书卷五《说器中·宋器》中“瓷箫”条[3]，转引自陆廷灿《南村随笔》，二者实均是引自周亮工《闽小记》。其后，乾嘉时期的梁同书所撰《古窑器考·古今诸窑》中“建窑”对此亦全然抄录[4]。

清嘉庆时期蓝浦《景德镇陶录》卷七《古窑考》所附的《各郡县窑考》中，单列出了“德化窑”条目，记曰：“德化窑：自明烧造，本泉州府德化县，今改属永春州。碗盏多撇口，称白瓷，颇滋润，但体极厚，间有薄者。惟佛像殊佳。今之建窑在此，盖不类旧建瓷矣。”[5]此书同卷《古窑考》中记有“建窑”，为宋代建窑。这样，就将德化窑从与建窑的混杂叙述中独立出来，指出其“称白瓷，颇滋润”，并明确德化窑是“今之建窑”，而“不类旧建瓷”；但其所记仍旧出于以前记载，如“碗盏多撇口”、“体极厚，间有薄者”则仍为旧建窑特征。清人佚名人所辑《历代磁器谱》卷之三所记“德化窑”即抄录自此[6]。

4．时人文集杂著中的零散资料

当时能够留下有关闽南陶瓷零星记录的文集、杂著很少，其中流传较广、被后世陶瓷专著引用颇多的依然是德化窑的资料，主要有两条：一是《泉南杂志》中所记德化白瓷，一是《闽小记》中对德化瓷箫笛、瓷茶碗的记载。

明万历陈懋仁《泉南杂志》卷上：“德化县白甆，即今市中博山佛像之类是也。其坯土产程寺后山中，穴而伐之，绠而出之，碓极细滑，淘去石渣，飞澄数过，倾石井中，以漉其水，乃塼埴为器，石为洪钧，足推而转之。薄则苦窳，厚则绽裂，土性然也。初似贵，今流播多，不甚重矣。或谓开窑时，其下多藏白甆，恐伤地脉，复掩之。”[7]详细记述了德化白瓷炉、佛像等器类，以及瓷土原料的来源、

[1]（明）曹昭：《格古要论》卷之下《古窑器论·古建器》：“建碗盏，多是撇口，色黑而滋润，有黄兔毫斑、滴珠。大者真，但体极厚，俗甚，少见薄者。”（明）周履靖辑刊：《夷门广牍》，明万历刻本，上海涵芬楼影印，台北：台湾商务印书馆，1969年。至明中期王佐增补本，略有差异，（明）曹昭撰，王佐补：《新增格古要论》卷之七《古窑器论·古建窑》：“建碗器出福建。其碗盏多是撇口，色黑而滋润，有黄兔斑、滴珠。大者真，但体极厚，俗甚，少见薄者。”影印明刊本，北京：中国书店，1987年。

[2]（清）朱琰：《陶说》卷二《说古·古窑考》中“建窑”条记载：“在福建泉州府德化县。《格古要论》：碗盏多是撇口，色黑而滋润。有黄兔斑、滴珠，大者真，但体极厚，少见薄者。旧建瓷有薄者，绝类宋器。佛像最佳。”首刊于乾隆三十九年（1774年），傅振伦译注本，北京：轻工业出版社，1984年，第90页。

[3]（清）朱琰：《陶说》卷五《说器中·宋器》中“瓷箫”引，“德化瓷箫，色莹白，式亦精好，但百枝中无一二合调者。合则其声凄朗，远出竹上。”傅振伦译注本，第211页。

[4]（清）梁同书：《古窑器考·古今诸窑》：“建窑：出福建泉州府德化县，碗盏多是撇口，色黑而滋润，有黄兔斑、滴珠，大者真，但体极厚。旧建瓷有薄者，绝类宋器，而今罕矣。佛像最佳。按：宋时茶尚撇碗，以建安兔毫盏为上品，价亦甚高。”《古铜瓷器考古窑器考》，铅印本，邓实等编，黄宾虹续编：《美术丛书》第四集三十四辑，第19册，上海：神州国光社，1928年。

[5]（清）蓝浦撰，郑廷桂补：《景德镇陶录》，嘉庆二十年（1815年刊），同治九年（1870年）刻本影印，《中国陶瓷名著汇编》，北京：中国书店，1991年，第56、57页。

[6]（清）佚名辑：《历代磁器谱》卷之三：“德化窑，明代烧造，出泉州府德化县，今改为永春州是也。烧造皆碗盏，亦多撇口。称白磁，惟佛像殊佳。今之建窑磁器是也。”此书抄自《景德镇陶录》、《陶录续论》卷四及《陶说》卷一、五、六，影印国家图书馆藏本《中国古陶瓷文献集成》第1册，全国图书馆文献微缩复制中心，2003年。

[7]（明）陈懋仁：《泉南杂志》，影印明万历绣水沈氏刻宝颜堂秘笈本，《四库全书存目丛书》史部第247册，济南：齐鲁书社，1996年，第841页。

加工和瓷器的特征及价值，为后来《德化县志》所采引。

明末清初周亮工《闽小记》卷下[1]："德化磁箫：德化磁箫笛，色莹白，式亦精好，但累百枝无一二合调者。合则声凄朗，远出竹上。云梦柯亭之外，又有此异种，入李謩手即至入破，当不患骋然中裂矣"；"闽德化磁茶瓯，式亦精好，类宣之填白。予初以泻茗，黯然无色，责童子不任茗事。更易他手，色如故。谢君语予曰：'以注景德瓯则嫩绿有加矣。'试之良然。乃知德化窑器不重于时者，不独嫌其胎重，粉色亦足贱也。相传景镇窑，取土于徽之祁门，而济以浮梁之水，始可成。乃知德化之陋劣，水土制之，不关人力也。"记载了德化所制白瓷箫、茶瓯的特征，多为后世文献所引，尤其是白瓷箫，清人陆廷灿《南村随笔》引用后[2]，又被朱琰《陶说》转引。

清初叶梦珠《阅世编》卷七："又有一种素白建窑，昔虽有之，而今为最广，体制花巧，价亦不甚贵，酒器最多，亦最宜，所值比楚窑稍浮，用者便之。"[3]此条首次提到了"素白建窑"，亦即后世所言"白建"之始。这里所指为德化窑，出于福建，以白瓷闻名，故名。

康熙时期王棠《燕在阁知新录》卷二十五"明代窑器"条记载："建窑，出福建泉州府德化县，其色有甜白、青色，深浅不同。古建瓷薄者，绝类宋瓷，碗盏多是撇口，色黑滋润，有黄兔斑、滴珠，大者真。体厚者多，少见薄者。惟佛像最佳。"[4]这条记载基本上全部采录与其同时代的程哲《蓉槎蠡说》卷十一《窑器说》。

乾嘉年间连士荃《龙浔竹枝词》："郁其窑烟素业陶，瑶台一望震松涛。白磁声价通江海，谁悯泥涂穴取劳。"生动描述了德化龙浔窑业生产及白瓷广销江海内外的盛况。清末光绪时期，张金鉴辑《礼塔龛考古偶编》记："建窑，在福建泉州府德化县，色白如玉，滋润莹厚，略带红色，坯骨重者为上，紫色、黑色者次之，五彩者又次之。"[5]不仅提到了白瓷，还有紫色、黑色、五彩瓷器的记载。

此外，清末郭柏苍《闽产异录》卷一《货属》："德化窑，皆白磁器，出德化县。顺治以前老窑，所制佛像、尊、罍、瓶、盘、盏、斝皆精致古雅。其色洁白中现出粉红，至今价翔矣。然佛像不及荷台，瓶盘不及南北定。近胎地厚而粗，釉水莹而薄，渐不足贵"；"漳窑，出漳州，明中叶始制白釉米色窑，其纹如冰裂。旧漳琢器虽不及德化，然尤可玩，惟退火处略黝，越数年，黝处又复洁净。近制者釉水胎地俱松。"[6]文中记载了德化窑、漳窑新旧瓷器的特征、差异及价值，较为详细。

从上述20世纪以前的古代文献来看，这些记载包括以下几个方面的内容：一，窑场位置，有德化、晋江、安溪、漳州等；二，窑及瓷器的年代，早者可至宋、元，大多数为明、清，外国人亦记有元代的瓷器等；三，瓷器类别、特征及制作工艺，器形、釉色、工艺流程等，大多较为简单；四，瓷器的品质，多粗劣，也有"洁白可爱"、"惟佛像殊佳"等评价；五，瓷器的消费市场，既有本地使用者，又有"通江海"、与海外诸国"出洋"贸易"货用"之瓷器，还有国外订货、为洋人所

[1]（清）周亮工：《闽小记》，影印乾隆年间刊刻本，《中国方志丛书》华南地方第241号，台北：成文出版社，1975年。

[2]（清）陆廷灿：《南村随笔》卷二："德化磁箫，色莹白，式亦精好，但百枝中无一二合调者。合则其声凄朗，远出竹上。不意云梦柯亭之外，有此异种。"影印雍正十三年陆氏寿椿堂刻本，《四库全书存目丛书》子部第116册，济南：齐鲁书社，1995年，第260页。

[3]（清）叶梦珠：《阅世编》，来新夏点校本，北京：中华书局，2007年，第187页。

[4]（清）王棠：《燕在阁知新录》，影印清康熙五十六年（1717年）刻本，《续修四库全书》子部第1147册，上海：上海古籍出版社，1995年，第173页。

[5]（清）张金鉴辑：《礼塔龛考古偶编》，清光绪三年（1877年）刻本，长洲张氏出版。

[6]（清）郭柏苍：《闽产异录》，光绪十二年（1886年）刻本。

购的记录，并有与之相关的贸易国家、航线、课税等一系列资料。

古代文献中的闽南地区瓷器，大多是以地方物产和贸易货品的形式记录的，且集中于明清时期的德化窑。这些记载，只能算是时人或后人零散的只言片语，从中无法全面了解当时闽南地区的制瓷手工业状况。在古陶瓷及其生产尚未成为专门学术研究范畴的背景下，这也是由当时人们对其的认识所决定的。

二 20世纪前半叶的认识

20世纪前半叶，闽南地区陶瓷的认识可以从三个方面来说明。

1. 国内学者的进一步总结与初步研究

清末、民国时期，随着古陶瓷器收藏与鉴赏的发展，在原有认识的基础上，一些研究者尝试总结中国古代陶瓷的生产及特征，但鉴赏价值不高的闽南地区陶瓷，仍然仅限于德化窑，其认识也多承前人之说。

民国寂园叟《匋雅》卷下记曰："建窑原系建宁，乃黑色兔毫盏也。后以属之德化，则皆白瓷矣"，并有"有紫建，有乌泥建，有白建"之称，"明建窑之白地者，瓷质颇厚，而映日照之，能见指影在外闪动着，非雁鼎也。"[1]已将建窑分为三，还记有德化白瓷罐、观音像的特征。

邵蛰民辑、余戟门增补《增补古今瓷器源流考》卷三《出处》记：德化窑"泉州德化县所造，碗盏多撇口，瓷颇滋润，但质极厚，间有薄者，惟佛像殊佳"；卷五《器式》所言更详："德化窑自明烧造，碗盏多撇口，质颇滋润，有如洁白之象牙。体厚质坚，以佛像为最佳，清宫所藏，一罗汉像，一天鹅像，皆为精品，原题为建窑，实误。盖建窑，乃指建宁窑而言，宋时已烧造，以兔毫盏最有名。德化窑，则明时始置，而瓷质色釉亦全不相同，何能混而为一。"[2]这就纠正了以前将德化窑与建窑统称为"建窑"的说法，并细述了德化窑瓷器的主要特征。

许之衡《饮流斋说瓷》也将"建窑"分为三："建窑在福建，初设建安，后迁建阳，始自宋代。……又名乌泥窑。后制者出德化，色甚白，而颇莹亮，亦名福窑。因有紫建、乌泥建、白建三种。白者颇似定，惟无开片。佳者瓷质颇厚，而表里能映见指影焉。以白中闪红色者为贵，有凸花及雕字者。然花多不甚工细，比之粉定则小巫见大巫矣，故价值亦逊。至今闽省制器尚盛。"[3]

黄裔编《瓷史》卷下《大明》"建窑"条详述了德化窑"象牙白"瓷器的特征[4]，所论甚是；还有清代德化窑以白瓷器作为土贡的记载。

20世纪30年代吴仁敬、辛安潮著《中国陶瓷史》，福建则仅论及建窑，总结了前人之说，并

[1] 寂园叟：《匋雅》卷下，书前光绪三十二年（丙午，1906年）作者《原序一》称之"《匋雅》，初名《瓷学》"，并有宣统二年（庚戌，1910年）著者《原序二》，书贵山房重刻本，《中国陶瓷名著汇编》，北京：中国书店，1991年，第129、130页。

[2] 邵蛰民辑、余戟门增补：《增补古今瓷器源流考》，1921年排印，1931年重印本，《中国古陶瓷文献集成》影印本第8册。

[3] 许之衡：《饮流斋说瓷》卷二《说窑》，《中国陶瓷名著汇编》，北京：中国书店，1991年，第144页。另有上海朝记书庄印行、上海中华书局代印的民国十三年初版铅印本，1924年，《中国古陶瓷文献集成》影印本第8册。

[4] 黄裔编：《瓷史》卷下《大明》："建窑，开于福建永春州之德化县，与宋之建窑在建安者有别，古瓷评称其以象牙白著于世。象牙白者，言其色纯白微带黄，有若象牙也。瓯碗甚薄，谓之蛋壳瓷，尤多，佛像真明造者今亦罕有。"1927刊，另有1930年刻本，《中国古陶瓷文献集成》影印本第5册。

结合当时国外研究和认识，从产地、胎质、釉水、佛像等方面着重论述了德化窑之“白建”产品，给予了“中国瓷器之上品”的评价[1]。因此，可以说这是当时对建窑，尤其是闽南德化白瓷的综合性总结。

此外，施景琛《泉山古物编》[2]、郭葆昌《瓷器概说》[3]、江思清《景德镇瓷业史》[4]、赵汝珍《古玩指南》[5]等对德化窑均有涉及。一些相关的中国陶瓷工业、福建工业生产现状的概述中，对近代德化窑的延续也有报导[6]。

萨嘉榘《建窑考》[7]则对文献中所见的三种“建窑”（紫建、乌泥建、白建），分别从类、地、时、物方面做了较为详细的考证，并对其迭相盛衰的原因作了分析，如泉州港海外贸易等，实为研究建窑（包括德化窑）的专论，多有新意。

2．国外地区的收藏、发现与相关研究

20 世纪前半叶，一些欧洲国家的公私博物馆藏品受到广泛的重视，其中的不少瓷器是明确记载由德化订制而来，但也有不少瓷器，比如产自漳州的青花瓷器等并未被当时学者分辨出来。同时，一些日本遗址的考古调查和发掘中，常出土有宋元青瓷、青白瓷[8]和明清白瓷、青花、五彩瓷器，有些则是自古传承下来而入公立或私人博物馆，但此时尚未完全弄清其产地和窑口，其中一些后来被证明产自泉州、漳州等地。因此，这一时期在不了解全国瓷窑面貌的情况下，海外发现的中国陶瓷仍不能确切知道其具体产地。

这时期，中国古代瓷器逐渐作为一种艺术品，退出了日常生活的实用舞台，成为博物馆藏品。国外学者对其研究产生了浓厚的兴趣，结合国外各大博物馆等所藏瓷器，开始从艺术史、工艺技术

---

[1] 吴仁敬、辛安潮：《中国陶瓷史》：“建窑初在建安，后移建阳，宋时已陶，至明，则更有新意，迥非旧志制。其器，有紫建，乌泥建，白建三种之别，皆甚精美，而以白建为最佳。昔年法人呼之为‘不兰克帝支那’（Blanc de China，不兰克帝支那，译言中国之白）。可谓为中国瓷器之上品。白建，似定窑，无开片，质若乳白之滑腻，宛若象牙，光色如绢，釉水莹厚，以善制佛像著名，如如来、弥勒、观世音、菩提、达摩等，皆精品也。碗盏之类，多撇口，颇滋润，但体极厚，不过间有薄者耳。乌泥建，除保有宋时之兔毫斑、鹧鸪斑等窑化之斑纹外，又有新窑变之斑纹，名为油滴，菊花，禾芒。此种名器，明季，自宁波流入日本，日本富人，至不惜以万金争购之，足见其精美。”北京：商务印书馆，1998 年影印 1936 年第 1 版。

[2] 施景琛撰：《泉山古物编》，记载了明代德化窑青花刻龙纹觚、白瓷观音像、文殊菩萨像等，1924 年铅印本。

[3] 郭葆昌：《瓷器概说》：“明别有德化窑突起于福建之泉州（在今德化县，现在仍存，通称建窑），其所制器，品质并佳。”写于 1935 年 2 月，《中国古陶瓷文献集成》影印本第 6 册。

[4] 江思清：《景德镇瓷业史》第一编：“德化窑，明时烧造。……现德化有制瓷产三十余家，内以模范瓷业公司规模最大。制品以花瓶、花盆、碗碟等为最多，绘画多花卉，彩色素雅。”上海：中华书局，1936 年，第 22 页。

[5] 赵汝珍编述：《古玩指南》第三章《瓷器》：“建窑，初在建安，后移建阳，今之福建建瓯县也。其器有紫建、乌泥建、白建三种，皆甚精美。而以白建为最佳，似定器，无开片，若乳白之滑腻，宛如象牙，光色如绢，细（釉）水莹厚，多作神佛像。”影印 1942 年刊本，北京：中国书店，1984 年。

[6] 陈文涛编：《福建近代民生地理志》：“德化业磁者有数百家，专业者居少数，余皆多于农隙兼营。其县之林家山及观音岐山，皆产上等土，所制之器洁白有丝光，但因风水迷信，多禁不许人开采。釉药用瓷土掺石灰及糟糠灰三合而成。”（福州：远东印书局，1929 年）冯和法：《中国陶瓷业之现状及其贸易状况》：“福建省陶瓷类为白色素地，据专家考察，其品质为全国第一，惟制品多属花瓶一类，其价甚昂，德化县所产，类似宜兴白泥，制品以花瓶、花盆、饭碗等为最多，茶碗一类绘松竹梅等画，光泽适宜，与他省所产者异趣。”（《国际贸易导报》第三卷，第二、三、四号合刊，实业部上海商品检验局出版，1932 年 4 月 10 日）以上二条均参考叶文程、徐本章编：《德化瓷器史料汇编》（下册），1980 年油印本，第 15~16、21 页。

[7] 萨嘉榘：《建窑考》，影印稿本，《中国古陶瓷文献集成》影印本第 8 册。

[8]（日）亀井明德、矢部良明：《宋代の输出陶磁》，（日）长谷部乐尔编集：《世界陶磁全集 12・宋》，东京：小学馆，1977 年，第 266~292、294~296 页；（日）佐佐木达夫著，李天送译：《日本海的陶瓷贸易》，载：《中国古外销陶瓷研究资料》第三辑，1983 年，第 114~137 页。

等方面勾勒中国陶瓷发展简史。这些著作中，具有代表性的有英国布谢尔著《中国美术》[1]、日本上田恭辅的《支那陶磁の时代的研究》[2]等，书中均有德化窑瓷器特征的论述，还记述了德化白瓷在欧洲贵族阶层中受欢迎和流行的情况。这些著作被引介到中国，由于里面较为详细地结合了欧洲、日本等地收藏和使用的中国瓷器，因此，其对中国学者的古陶瓷研究具有较高的参考价值，起到了一定的促进作用，如吴仁敬、辛安潮所著《中国陶瓷史》德化窑部分即参考了布谢尔《中国美术》中的论述。

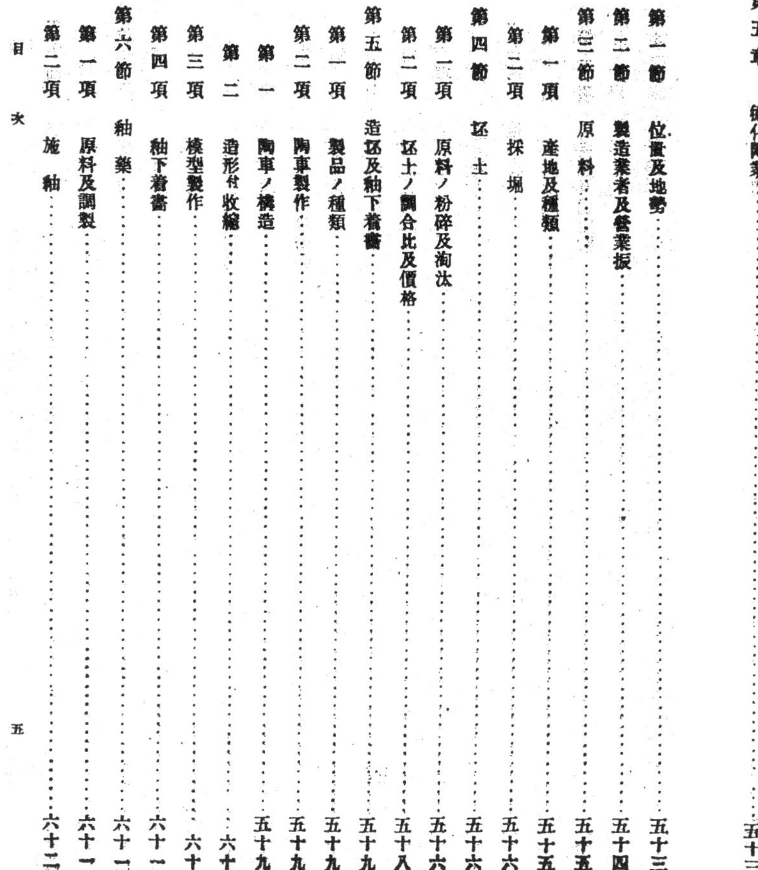

目次　五

图1–9　《清国窑业调查报告书》所记“德化陶业”目次（部分）

（引自北村弥一郎：《清国窑业调查报告书》，（日本）农商务省商工局，1908年）

3. 瓷业遗存的实地访察与瓷土资源的地质调查

20世纪之初，已有外国技师对中国制瓷手工业进行实地考察，其中就将泉州地区的德化窑作为这一时期重要的制瓷手工业窑场之一。日本农商务省于明治四十年（1907）派技师北村弥一郎赴中国调查制瓷手工业，并于次年出版了《清国窑业调查报告书》[3]，较为系统地考察了当时景德镇、德化、石湾陶瓷业生产与经营状况。其中，关于德化陶瓷业（图1–9），不仅考察了地理环境、制瓷原料、坯土、造坯及釉下着画、釉药、釉上着画等制瓷工艺技术，也对窑炉、匣钵、烧成等烧成技术方面作了详细记述，还对从业人员、制瓷费用与利润、陶工工钱、制品价格、产量与销路、既往及将来等一系列

[1]（英）布谢尔（Bushell, Stephen Wootton）：《中国美术》卷下第七篇：德化窑“其窑厂建于明初，延及于今。其窑之特品为白瓷，昔日法人呼之为‘不兰克帝支那’（Blanc de China）（按：不兰克帝支那，译言中国之白地）；乃中国瓷器之上品也。与其他之东方各瓷，迥不相同。质滑腻如乳白，宛似象牙。釉水莹厚，与瓷体密贴，光色如绢，若软瓷之面泽然。此窑在明代以善造佛像著名。如如来、弥勒佛，如观世音，如菩提、达摩，及其他各种神仙肖像，多皆此窑之制品也。”戴岳译，上海：商务印书馆，1923年（*Chinese art*, London : Printed for H.M. Stationery Off. by Wyman, 1905-1906; 2nd ed. London : Printed For H.M. Stationery off. by Eyre and Spottiswoode, Limited, 1909; New Delhi : Cosmo Publications, 1985）。

[2]（日）上田恭辅著：《支那陶磁の时代的研究》，东京：大阪屋号书店，昭和四年（1929年）五月印刷发行，后昭和十五年（1940年）4月再版。

[3]（日）北村弥一郎：《清國窯業調查報告書》，东京：农商务省商工局，明治四十一年（1908年）印刷发行。此书以前研究者关注颇少，近年方有介绍，该书实为研究清末陶瓷业的重要文献，北村氏立足于实地调查，且对制瓷手工业的生产、销售、使用的各个角度均有涉及，殊为可贵。

问题进行了考察，并有一定的评述，具有很高的参考价值[1]。尤为可贵的是，北村氏对当时德化窑所使用的横式连房窑炉进行了测绘（图1–10），这应是为我们留下最早的德化窑窑炉实测图。

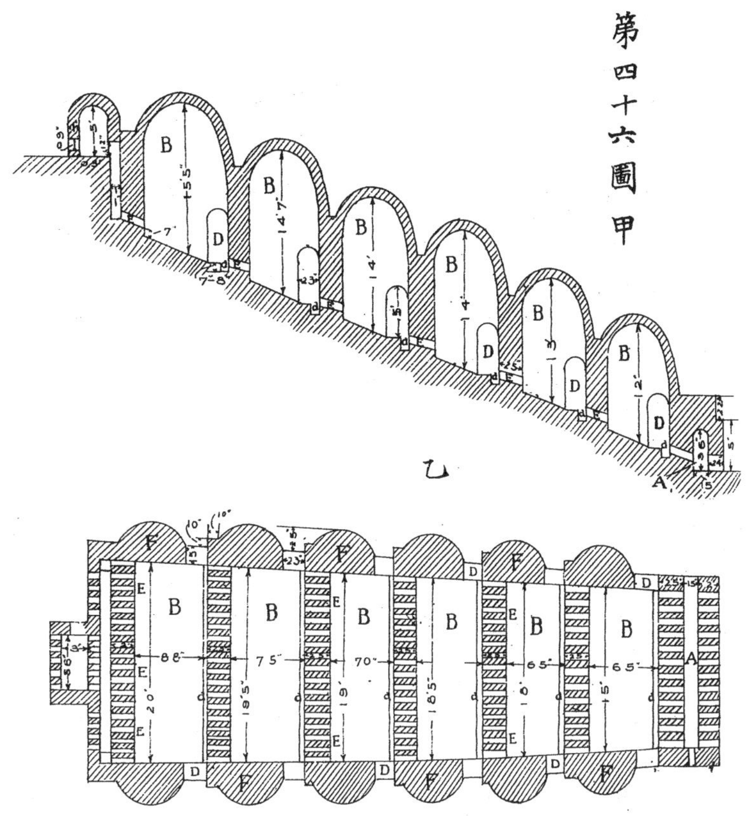

图 1–10　北村弥一郎调查的德化窑窑炉实测图

（引自北村弥一郎：《清国窑业调查报告书》插图第四十六甲、乙，（日本）农商务省商工局，1908 年）

随着考古学在中国的起步，20 世纪 20 年代以来，把文献记载和收藏的陶瓷器同窑址结合起来逐渐成为古陶瓷研究新的视角[2]。1926~1927 年，陶瓷考古的先行者陈万里曾游访闽南厦门、泉州、漳州，考察了该地的造像、寺观等古迹，也看到一些古瓷器。其时所见瓷器较多者是德化窑佛像、酒杯等，还有“牛乳白”何朝宗制观音像，但并未对窑址进行调查，对闽南瓷器的了解也是制作较为精美的德化瓷[3]。之后因国内政局动荡，有关闽南陶瓷的考察和认识陷入了沉寂。这阶段，闽南地区窑址的考古调查与发掘尚未展开。

此外，20 世纪 30~40 年代，福建的地质工作者对闽南一些地区的地质矿产资源等做了一系列调查，如安溪、同安、南安、晋江[4]、永春、德化、龙岩、宁洋[5]等，发现了多处可用于瓷器生产的瓷土矿。特别是德化瓷土，“皆由石英斑岩或长英岩等富含长石之岩石风化而成，多呈脉状或其他不规则之形状。大都生于白垩纪火山岩系中。……近地表者，风化程度甚深，可作瓷土。深处之新鲜部分，可为瓷釉，盖取其长石成分，此亦可间接证明其成因矣。德化瓷土，磨细漂净，即可直接制坯，不需调和其他原料。大都较软，不需太高温度，即可成瓷。颜色洁白，可省漂制手续，均其优点。但

[1] 这是研究近代中国制瓷手工业的重要历史文献，书中关于当时最具代表性的景德镇、德化、石湾三地陶瓷业生产与经营状况等内容记录甚详。近些年始有学者重视这一文献资料，如：陈建中、陈丽华、陈丽芳：《中国德化瓷史》，上海：上海交通大学出版社，2011 年，书后《附录一》即收录并翻译了其中的《德化窑业》一章，林天宝、松尾郁子译，第 259~272 页；陈丽芳、陈默之：《清末日本对德化窑业的调查报告——〈清国窑业调查报告书〉及其他》，《福建文博》2014 年第 2 期，第 36~39 页。

[2] 陶瓷考古的发端，可以追溯到 20 世纪 20 年代以来的陈万里浙江之行、周仁杭州南宋官窑之发掘等。

[3] 1926 年 10 月，陈万里赴厦门大学执教。同年 10 月 31 日至 11 月 3 日，厦门大学国学研究院教授陈万里、张星烺，哲学系教授德国人艾锷风（即艾克）到泉州考察文物古迹。此陈氏第一次访泉州，其成果由陈万里撰写《泉州第一次游记》，《厦门大学国学研究院周刊》1927 年刊出；张星烺撰写《泉州访古记》，发表于《史学与地学》1928 年第 4 期。其后，陈氏又两访泉州。1930 年，陈氏发表《闽南游记》，开明出版社。可参看陈万里：《陈万里陶瓷考古文集》，北京：紫禁城出版社，1997 年第 2 版，第 406~429 页。

[4] 高振西、王宠：《福建安溪同安南安晋江等县地质矿产》，《地质矿产报告》第五号，福建省地质土壤调查所出版，1942 年。

[5] 周仁沾、陈培源、杨锡光：《福建龙岩宁洋两县地质矿产》，《地质矿产报告》第十三号，福建省地质土壤调查所印行，1950 年，第 47 页。

因质软，故易变形。烧制盘碗，口径在八寸以上者，每多拗曲，较小者亦不能太薄。致成品稍嫌笨重，不甚精巧。”[1]这是运用由西方引入的地质学方法，所展开的科学调查、测试，为制瓷原料的考察奠定了基础。

这一阶段，对闽南地区陶瓷的认识仍仅限于德化窑，也有了一些新的认识，特别是一些学者或研究者开始关注田野实地调查与制瓷工艺技术。日本人北村弥一郎对清末陶瓷业状况的系统调查颇为突出，德化窑即为其中之一。国外学者的研究和认识，主要源自当地博物馆收藏和遗址出土资料，具有一定的局限性，而所发现的不少瓷器尚不能对应产地。

三　20世纪50~80年代的考古工作和认识

中华人民共和国建立以后，各地的考古工作全面展开，陶瓷考古也随之蓬勃发展[2]。古陶瓷研究者除了关注名窑、名瓷之外，逐渐转向科学探索中国古代制瓷手工业面貌。于是，闽南地区宋至清代瓷窑的调查与研究渐入学术领域。经过多次的调查发掘，对此也有了新的认识。同时，日本、东南亚、欧洲等地遗址的考古调查和发掘中，还出土了丰富的闽南地区陶瓷，尤以泉州窑、德化窑、漳州窑等数量最多。国外地区公私博物馆收藏的闽南地区陶瓷逐渐增多，并有不少学者对其有了较为深入的研究。这些新资料的发现，推动了对闽南地区制瓷业的进一步研究。这一阶段的考古工作和认识，可从以下几个方面说明。

1．一批窑址的发现和考古调查与发掘

20世纪50~80年代，闽南地区瓷窑遗址的发现、调查与发掘简况，列表如下（表1-1）：

表1-1　20世纪50~80年代闽南地区窑址的调查与发掘简况

时间	单位	窑址	概况
1953年	陈万里	东门窑	泉州东门外碗窑乡，几处瓷片和窑具堆积1。
1954年	华东文物工作队福建组	东门窑、德化窑	泉州有“南窑”、“北窑”，可见大量的瓷片、匣钵、托圈等；德化的奎斗宫、后窑、洞上窑、祖龙宫，发现有白瓷片、带“月记”款的青花瓷片（洞上窑）、匣钵等2。这是闽南地区古代窑址发现的开始。
1956年10月	福建省文管会	汀溪窑	在同安汀溪水库上埔村调查发现窑址，划花青瓷，壶、执壶、炉、碗、碟、器盖等，这是汀溪窑的第一次调查，便是通常所说的“汀溪窑”或“同安窑”3。
1956年冬	陈万里、冯先铭、李辉柄、谢之瑞	碗窑乡窑、磁灶窑、汀溪窑、德化窑	泉州东门外的碗窑乡窑的白釉、青白釉、青釉瓷器；磁灶窑的许山、蜘蛛山、宫仔山、庵尾山窑址，采集了一些陶瓷器及窑具，有青釉碗（莲瓣、篦纹）、黑釉碗、炉、青釉碟等；同安汀溪水库坝头山、汀溪山、后山三处，堆积丰富，有青釉、黄釉、灰白釉几种釉色，碗数量较多；德化新厂、屈斗宫、后所、十排格等宋元明窑址，多是白釉瓷器4。

[1]高振西：《福建永春、德化、大田三县地质矿产》，《地质矿产报告》第三号，福建省地质土壤调查所出版，1941年，第37~41页。

[2]中国硅酸盐学会编：《中国陶瓷史》，北京：文物出版社，1982年；冯先铭：《三十年来我国陶瓷考古的收获》，《故宫博物院院刊》1980年第1期，第3~27、50页；李辉柄：《略谈中国陶瓷考古的主要收获》，《故宫博物院院刊》1989年第4期，第37~43页；马文宽：《中国古瓷考古与研究五十年》，《考古》1999年第9期，第83~89页。

时间	单位	窑址	概况
1957年1、3月	福建省文管会	南安窑	在南安石壁水库调查发现窑址1处；试掘清理龙窑1座，出土有碗、盘、杯、钵、盒等，釉色以青釉居多[5]。
1957年1月	福建省文管会	漳浦窑	在漳浦祖妈林水库调查发现窑址1处，采集有壶、炉、执壶、碗、碟等青白釉瓷器[6]。
1958年3月	福建省文管会	汀溪窑	调查清理了许坑窑址，并调查了新民乡大墩、桥头、寨仔内、山坪窑址4处；青瓷器和窑具[7]。
1963、1964年	厦门大学人类博物馆	磁灶窑	晋江磁灶窑的蜘蛛山、土尾庵、许山和宫仔山等窑址，采集有青、黄、绿、黑、酱等色釉的军持、青釉碟、长颈瓶、长颈壶等器物和一些粗陶器，并认为这些器物主要是输往东南亚诸国的[8]。
1963年12月	厦门大学人类博物馆等	德化窑	调查屈斗宫等窑址，青白釉、白釉、青花、酱釉瓷器和各类窑具，断定屈斗宫窑址年代为宋明清[9]。
1971年10月	泉州海外交通史博物馆	南安四都圆峰、前窑窑址	调查二窑址，并认为在器形、胎骨、釉色等方面和宋元时代泉州东门窑所烧制的基本相同[10]。
1973年2~3月	福建省博物馆等	磁灶窑	调查磁灶窑址，并试掘了蜘蛛山和童子山两个窑址，发现龙窑遗迹，并获得大量青釉、黑釉等陶瓷器标本[11]。
1974年3月	安溪县文化馆	桂瑶窑址、魁斗窑址	调查了桂瑶窑、魁斗窑、吉山沙坑窑、福昌窑（内窑）、银坑窑、翰苑窑、珠塔姚窑等几处宋元时期的青瓷、青白瓷和明清青花瓷窑址[12]。
1976年3月	晋江县文化馆、晋江地区文管会	磁灶窑	对磁灶进行普查，共查出古窑址19处[13]。
1976年4~5月	厦门大学历史系考古专业等	德化窑	进行了较为全面的调查，发现宋至清代窑址100余处，主要有盖德、三班、浔中窑址[14]。
1976年5月	晋江地区文物普查队	德化窑	调查了杨梅窑址[15]。
1976年4~10月	福建省博物馆等	德化盖德碗坪崙、浔中屈斗宫窑址	对德化盖德碗坪崙窑址和浔中屈斗宫窑址做了较大规模的发掘，共揭露面积1102.25平方米，发掘出土北宋、南宋和元代的窑炉遗迹3座、瓷器（片）15000余件，还有各类匣钵、垫饼、垫环、伞状窑具等[16]。这是此阶段闽南地区窑址发掘的典型代表，其也成为该地区古陶瓷研究的焦点。
1976年11~12月	晋江地区文物普查队	德化窑	全面调查了汤头、溪洋、上涌、三班、葛坑、霞碧、大铭、双汉、浔中等地窑址[17]。这次普查，发现了宋元明清历代古瓷窑址达175处，实地普查其中的141处，采集各类瓷器标本4083件（片），为研究德化窑的烧造历史、制瓷工艺等提供了丰富的资料[18]。
1978年5~6月	泉州海外交通史博物馆	磁灶窑	磁灶窑进行全面调查，并选择溪口山、蜘蛛山、土尾庵和童子山一号窑进行局部试掘[19]。
1979年9月、1980年	晋江县文管会	磁灶窑	复查并考证出南朝窑址1处、唐代窑址5处、唐宋混叠窑址1处、宋元窑址12处；新发现清代窑址7处[20]。
1980年5月、1981年5月	厦门大学考古专业	汀溪窑；厦门东窑、后溪碗窑	发现龙窑5座，出土有青釉、淡青釉的碗、洗、碟、壶、杯等[21]；残存几处龙窑，碗类为主，也有洗、盅、壶、盒等器物，青釉可分为淡青、青釉闪黄[22]。
1982年底	福建省博物馆	漳浦窑	对漳浦县的沙西北旗窑、赤岭南坑窑、城关英山窑和石榴坪水窑做了调查，发现一批宋元时期青瓷、白瓷和明代中晚期青花瓷（坪水窑）等[23]。
1983年12月、1984年11~12月	福建省博物	银厝尾窑址	调查并发掘惠安银厝尾窑址，清理龙窑1座（即Y1），出土有四系罐、碟、壶、罐、盆、窑具等，釉色有青、白和青白[24]。

时间	单位	窑址	概况
1985 年 9~10 月	福建省博物馆等	诏安窑	对诏安官塘山、龙江山、肥窑、侯山宋元窑址做了调查[25]。
1985、1986 年秋冬	王文径等	漳浦窑	对漳浦宋元窑址做了多次调查，发现竹树山、南山、罗宛井、南门坑、仙洞等 5 处窑址，瓷器以青瓷、青白瓷、白瓷为主[26]。
1988 年	王文径等	漳浦赤土窑	调查发现窑炉遗迹 9 处，采集了一批青釉、黑釉、黄釉、白釉等瓷片及各类窑具标本[27]。

资料出处：

1. 陈万里：《中国青瓷史略》之九，《闽粤方面烧造青釉器的新发现》，上海：上海人民出版社，1956 年，第 46 页。

2. 宋伯胤：《华东文物工作队福建组调查晋江、德化等处古窑址》，《文物参考资料》1954 年第 5 期，第 98、99 页。

3. 福建省文物管理委员会：《同安县汀溪水库古瓷窑调查记》，《文物参考资料》1958 年第 2 期，第 32~33 页。

4. 陈万里：《调查闽南古代窑址小记》，《文物参考资料》1957 年第 9 期，第 56~59 页；陈万里、冯先铭：《故宫博物院十年来对古窑址的调查》，《故宫博物院院刊》1960 年总第 2 期，第 123 页；冯先铭：《新中国陶瓷考古的主要收获》，《文物》1965 年第 9 期，第 38 页。

5. 黄炳元：《福建南安石壁水库古窑址试掘情况》，《文物参考资料》1957 年第 12 期，第 53~55 页。

6. 福建省文管会：《漳浦县祖妈林水库古窑址调查记》，《福建省古窑址资料汇编》（油印本），福建省文物管理委员会编印，1959 年，第 25、26 页。

7. 黄汉杰：《同安宋代窑址》，福建省文物管理委员会：《福建省最近发现的古代窑址》，《文物》1959 年第 6 期，第 62~64 页。

8. 叶文程、苏垂昌、黄世春:《晋江磁灶窑的发展及其外销》,《中国古代陶瓷的外销——1987 年晋江年会论文集》, 北京: 紫禁城出版社, 1988 年，第 61~65 页。

9. 厦门大学人类博物馆：《德化屈斗宫窑址的调查发现》，《文物》1965 年第 2 期，第 26~35 页。

10. 泉州海外交通史博物馆：《福建南安四都发现新石器时代遗址和宋瓷窑窑址》，《文物》1973 年第 1 期，第 63 页。

11. 福建省博物馆：《晋江磁灶古窑址调查、发掘工作简报》，《晋江地区陶瓷史料选编》（油印本），福建省晋江地区文物管理委员会编，1976 年，第 51~53 页。

12. 安溪县文化馆：《福建安溪古窑址调查》，《文物》1977 年第 7 期，第 58~67 页。

13. 叶文程、苏垂昌、黄世春:《晋江磁灶窑的发展及其外销》,《中国古代陶瓷的外销——1987 年晋江年会论文集》, 北京: 紫禁城出版社, 1988 年，第 61~65 页。

14. 厦门大学历史系考古专业、德化县文化馆：《德化新近发现的一批古瓷窑址》，叶文程、徐本章编：《德化瓷器史料汇编》（上册），厦门大学历史系、德化县科学技术协会、德化县文化馆印，1980 年，第 37~58 页。

15. 晋江地区文物普查队杨梅组：《德化县杨梅公社古瓷窑址调查报告》，《德化瓷器史料汇编》（上册），第 58~65 页。

16. 福建省博物馆：《德化窑》，北京：文物出版社，1990 年；德化古瓷窑址考古发掘工作队：《福建德化屈斗宫窑址发掘简报》，《文物》1979 年第 5 期，第 51~61 页；梅华全：《德化窑考古发掘的新收获》，《福建文博》1979 年第 1 期，第 7~9 页；王振镛：《宋元德化窑考古的收获》，《福建文博》1993 年第 1、2 期，第 88~94 页。

17. 晋江地区文物普查队：《德化汤头公社文物普查工作的简报》，第 65~68 页；《德化县溪洋公社古瓷窑址普查报告（草稿）》，第 69~77 页;《德化县上涌公社古瓷窑址普查报告(初稿)》, 第 77~92 页;《德化县三班公社古瓷窑址普查情况简报(草稿)》, 第 93~98 页;《普查工作报告（初稿）》，第 99~105 页；《德化县霞碧公社文物普查报告（草稿）》，第 105~107 页；《德化大铭、双汉公社文物普查报告（草稿）》，第 108~110 页；《德化县浔中公社古瓷窑址调查简报》，第 110~126 页，均载于《德化瓷器史料汇编》（上册）。

18. 福建省晋江地区文物普查工作队：《德化县古瓷窑址普查工作简报（草稿）》，《德化瓷器史料汇编》（上册），第 127~204 页。

19. 陈鹏、黄天柱、黄宝玲:《福建晋江磁灶古窑址》,《考古》1982 年第 5 期, 第 490~498、489 页; 福建省泉州海外交通史博物馆调查组:《晋江县磁灶陶瓷史调查记》，《海交史研究》1980 年总第 2 期，第 29~34 页。

20. 叶文程、苏垂昌、黄世春:《晋江磁灶窑的发展及其外销》,《中国古代陶瓷的外销——1987 年晋江年会论文集》, 北京: 紫禁城出版社, 1988 年，第 61~65 页。

21. 丁炯淳：《同安汀溪窑址调查的新收获》，《福建文博》1987 年第 2 期，第 56~60 页。

22. 叶文程、丁炯淳、芮国耀:《福建南部的几处青瓷窑址》,《中国考古学会第三次年会论文集》(1981), 北京: 文物出版社, 1984 年，第 165~169 页。

23. 福建省博物馆：《福建漳浦县古窑址调查》，《考古》1987 年第 2 期，第 119~123、108 页。

24. 福建省博物馆：《福建惠安银厝尾古窑址发掘简报》，《考古》1993 年第 1 期，第 37~41 页。

25. 福建省博物馆、厦门大学人类学系：《福建诏安考古调查简报》，《福建文博》1987 年第 1 期，第 3~10 页。

26. 王文径:《福建漳浦宋、元窑址》,《中国古代陶瓷的外销——1987 年晋江年会论文集》, 北京: 紫禁城出版社, 1988 年, 第 106~110 页。

27. 王文径：《福建漳浦县赤土古窑址调查》，《考古》1993 年第 3 期，第 248~253 页。

从表中可以看出，这一阶段的考古工作主要是窑址的发现、调查。大体而言，20 世纪 50~60 年代集中于泉州沿海地区，70 年代则以德化窑为主，80 年代逐渐转向漳州地区漳浦窑等。在考古调查工作中，早期多为个别窑址的零星调查，至 70 年代则进行了较为系统的瓷窑遗址普查，并取得了较多新发现。这些窑址中，个别做了简单的试掘，而正式的考古发掘则以德化窑（盖德碗坪崙、浔中屈斗宫窑址）为代表，也是中国瓷窑遗址考古发掘的早期代表之一。

2．同安窑青瓷与德化窑白瓷的研究

这阶段，结合新发现的窑址与考古资料，闽南地区陶瓷器的研究初步展开，已经看到闽南陶瓷的多样性面貌，其中讨论最多的泉州窑、同安窑青瓷与青白瓷、德化窑白瓷。

（1）“土龙泉”、“同安窑系青瓷”与“青白瓷窑系”概念的提出

1956 年冬，陈万里调查泉州东门外的碗窑乡窑时指出，青釉瓷器中“另有一种色深绿”的“以往一般古董商去泉州购的所谓土龙泉”[1]。由此可见，“土龙泉”一词是过去古董商对泉州所产的釉色类似于龙泉窑瓷器的称呼，自此而被用于窑址出土的瓷器。这一名称将泉州的青釉瓷与龙泉窑青瓷做了比较笼统的比对，并知其是对龙泉窑瓷器较粗糙的模仿。

20 世纪 60 年代初，李硕卿提出土龙泉瓷器出自泉州碗窑乡窑[2]。1964 年，庄为玑在泉州体育场南宋文化层中发现“龙泉”与“土龙泉”共存的现象，后在其《浙江龙泉与福建的土龙泉》一文中指出，“所谓‘土龙泉’，指福建仿制的龙泉青瓷”；并进一步论述了二者在质地、造型、釉色、纹饰等方面的区别，认为土龙泉仿自龙泉，“绝大部分是相同的，但精粗不同，仍可区分”，这即将“土龙泉”的概念扩大到闽南地区宋元窑址所产瓷器[3]。通常意义上的福建“土龙泉”，是指福建地区烧造的仿龙泉窑青瓷的瓷器，主要是从釉色上讲的，而且地域也并不局限于闽南。

李辉柄根据同安窑调查资料，指出“同安窑烧制青瓷与青白瓷两大类，以青瓷为最多”，并论证了同安窑年代为北宋至元代[4]。此时尚无明确的“窑系”之说，故仅将其称为“同安窑”，这也是通常的瓷窑遗址命名法。

20 世纪 70 年代，为配合《中国陶瓷史》的编写，各地做了较大规模的瓷窑遗址调查与试掘，提出了“窑系”这一概念[5]，来概括面貌相近的瓷窑，其中宋代南方较为著名的有以景德镇为代表的“青白瓷窑系”和以龙泉窑为代表的“龙泉窑系”[6]。书中明确指出福建德化窑、泉州碗窑乡窑、永春窑、安溪窑、同安窑、南安窑均是属于青白瓷窑系，主要烧造青白瓷和青瓷。这种兼烧的窑址仍被归为“青白瓷窑系”；实际上，每一处具体窑场所烧造的主导产品是不同的，有的青瓷为主，有的青白瓷为主。“同安窑系青瓷”一词即是在这一背景下提出的。

---

[1] 陈万里：《调查闽南古代窑址小记》，《文物参考资料》1957 年第 9 期，第 56 页。

[2] 李硕卿：《泉州东门外碗窑乡古窑址调查研究情况》，原载《泉州海外交通史资料汇编》，1960 年第 6 期；引自福建省晋江地区文物管理委员会编：《晋江地区陶瓷史料选编》，1976 年，第 55~60 页。

[3] 庄为玑：《浙江龙泉与福建的土龙泉》，《中国考古学会第三次年会论文集》（1981），北京：文物出版社，1984 年，第 177~181 页；叶文程、丁炯淳、芮国耀：《福建南部的几处青瓷窑址》，《中国考古学会第三次年会论文集》（1981），北京：文物出版社，1984 年，第 165~169 页。

[4] 李辉柄：《福建省同安窑调查纪略》，《文物》1974 年第 11 期，第 80~84 页。

[5] “窑系”是瓷窑体系的简称，众多瓷窑中，“以一个窑口为代表，产品的胎釉成分、工艺、造型、釉色、装饰诸方面相同或相近的一批瓷窑”，各个窑系的产品“多以一个品种为主”，参看冯先铭主编：《中国古陶瓷图典》，北京：文物出版社，1998 年，第 267 页。

[6] 中国硅酸盐学会编：《中国陶瓷史》第六章《宋、辽、金陶瓷》第三节《青白瓷与龙泉窑系诸窑》，北京：文物出版社，1982 年，第 264~277 页。

从考古资料来看，在这些闽南地区宋元窑址中，至少包含了两类风格不同的瓷器——青瓷和青白瓷。在这种情况下，加上以前对闽南地区青瓷的独特称呼，即“珠光青瓷”[1]、“土龙泉”，而其典型代表是同安汀溪窑，于是形成了一个小范围内的名称——“同安窑系”。1983年，李知宴、陈鹏在《泉州的海外贸易和陶瓷输出》一文中明确提出，“同安窑系是宋元时期兴起的一个巨大的，有独特风格的青瓷体系”，并说“这个瓷系的窑址最先发现在福建的同安汀溪水库，可以称为同安瓷系”，进一步指出其“生产地域以福建泉州为中心的沿海地区”，主要是闽南地区，兴起于南宋，元代生产数量大，以后衰落[2]。其后，《宋元时期泉州港的陶瓷输出》一文对“同安窑系”的内涵、地域、年代等又做了详尽的论述[3]。这也是“同安窑系”一词最早见诸于文，其形成可能更早些。1987年，叶文程在描述宋元时代泉州地区海外交通贸易的著名窑场时指出，“同安窑系的篦划纹青瓷，也在同安、泉州、南安、安溪、厦门等地发展起来”[4]，而丁炯淳《同安汀溪窑址调查的新收获》采用了“同安窑系的青瓷器”和“同安汀溪窑或同安窑型的外销品种”两个称呼[5]。自此，“同安窑系”则主要是指这一地区的篦划纹青瓷。

值得一提的是，这一地区的青白瓷生产是十分发达的，而总体上将这些瓷器都归入到了景德镇青白瓷窑系这一概念之中。

（2）德化窑尤其是白瓷的研究

德化窑的研究较多，并随着20世纪70年代碗坪嵛、屈斗宫窑址的考古发掘而逐渐深入，这也与较多的历史文献记载、独特的瓷器特征、国外的丰富收藏有着密切关系。

宋伯胤《谈德化窑》一文从有关文献记载、窑址调查出发，对德化窑瓷器的器类、釉色、胎料、装饰、制法等做了较为系统的研究，并对其年代做出了判断[6]。傅振伦[7]、陈万里[8]、张子高[9]、《中国的瓷器》[10]等对其烧造时间、器形与胎釉特征等也做了相应的论述。

曾凡对德化屈斗宫窑的断代、佛教瓷器、窑炉进行了研究[11]，其后又做了详细的研究和补充[12]；李辉柄结合屈斗宫窑址的考古发现与海外发现的德化窑瓷器，对其年代、特征、外销等做了阐述[13]。

国外学者对德化窑的关注较多，举办了有关德化窑的一些专题展览，并作了相应的研究。其中，

[1] 日本学者一般称这类青釉瓷器为“珠光青瓷”，参考（日）稻垣正宏著，新保辰夫、丰田裕章译：《两种珠光茶碗》，《海交史研究》1997年第1期，第110~113页。

[2] 李知宴、陈鹏：《泉州的海外贸易和陶瓷输出》，《景德镇陶瓷》1983年总第21期（《中国古陶瓷研究专辑》第一辑），第141~149页，引文见第143页。

[3] 李知宴、陈鹏：《宋元时期泉州港的陶瓷输出》，《海交史研究》1984年总第6期，第39~48页。其中论述“同安窑系”的论述见第41页。

[4] 叶文程：《从澎湖发现的宋元陶瓷看宋元时期福建陶瓷器的发现与外销》，《福建文博》1987年第2期，第43页。

[5] 丁炯淳：《同安汀溪窑址调查的新收获》，《福建文博》1987年第2期，第59页。

[6] 宋伯胤：《谈德化窑》，《文物参考资料》1955年第4期，第55~71页。

[7] 傅振伦：《中国伟大的发明——瓷器》三，《明代民窑的出品》六，《建窑、德化窑》，北京：生活·读书·新知三联书店，1955年。

[8] 陈万里：《调查闽南古代窑址小记》，《文物参考资料》1957年第9期，第56~59页。

[9] 张子高编著：《中国化学史稿（古代之部）》，北京：科学出版社，1964年。

[10] 江西省轻工业厅景德镇陶瓷研究所编著：《中国的瓷器》，北京：中国财政经济出版社，1963年；轻工业部陶瓷工业科学研究所编著：《中国的瓷器》（修订版），北京：轻工业出版社，1983年。

[11] 曾凡：《关于德化屈斗宫窑的几个问题》，《文物》1979年第5期，第62~65页。

[12] 曾凡：《关于德化窑的几个问题》，中国硅酸盐学会：《中国古陶瓷论文集》，北京：文物出版社，1982年，第245~262页；曾凡：《再谈关于德化窑的问题》，《德化窑》附录一，北京：文物出版社，1990年，第136~152页。

[13] 李辉柄：《关于德化屈斗宫窑的我见》，《文物》1979年第5期，第66~70页。

最具代表性、成就最为卓著的是英国人唐纳利（P. J. Donnelly）的研究——《中国白——福建德化瓷》[1]，是有关德化窑研究的第一部专著。书中结合文献记载、考古调查，特别是国外公私博物馆中收藏的德化白瓷资料，对德化窑的窑炉、生活用器、佛像、外销和国外影响、款识、工匠等诸多问题进行了较为全面、深入的研究，具有很高的学术价值[2]。

此外，也有学者对闽南地区其他一些窑址瓷器做了初步的研究和论述，如泉州古瓷窑的兴盛与变迁[3]、安溪[4]和德化[5]的青花瓷器等。

因此，学界对闽南宋至清代窑址的认识，是随着陶瓷考古的发现而逐步深入的。

3．窑炉结构的初步探索

随着瓷窑遗址的考古调查与发掘，烧成技术逐渐纳入到古陶瓷研究领域中。闽南地区窑炉结构的考察与研究可以追溯到20世纪50年代。日本铃木已代三所著的《窑炉》一书中认为日本的“横室型”串窑“间接的从中国福建省流传过来”，并将“福建省的德化窑估计为串窑的始祖”[6]，也就是后来所说的横室阶级窑，其德化窑“串窑”资料应源于清末日本人北村弥一郎的窑业调查。刘振群对龙窑和阶级窑的热工做了较为系统的研究[7]，包括了闽南地区的窑炉。

针对德化屈斗宫的窑炉，曾凡认为其为“分室龙窑”[8]。刘振群对古代窑炉的发展进行了综合研究，指出“阶级窑的最初形式（由龙窑过渡到阶级窑的形式）为分室龙窑。在龙窑内砌分隔墙，隔墙到顶，而下部留有一排通火孔。福建德化屈斗宫元代分室龙窑……等都属于这种形式。后来逐渐演变，到明代已是一个个窑室单独砌筑，从外形上看已非龙窑，就成了正式的德化阶级窑”，并进一步认为“阶级窑是为焙烧含氧化钾高的建白瓷和青花釉瓷而创造的”[9]。朱伯谦认为“阶级窑是龙窑的子弟窑”，“是由龙窑发展演变而成的”，指出屈斗宫窑炉内的“挡火墙已将统室龙窑演进成多室龙窑……并且将窑内的火焰由平焰转变为倒焰”[10]。李国桢、郭演仪对此亦有论述[11]。叶文程则认为其当为“鸡笼窑”，并认为该地区窑炉发展序列为“龙窑—鸡笼窑—阶级窑”[12]。这些发现、讨论和研究，开辟了窑炉结构探索的新线索，但其进一步研究尚有待于考古的新发现。

---

[1] P. J. Donnelly, *Blanc de Chine*, London: Faber & Faber, 1969.

[2] 中译本：（英）唐・纳利著，吴龙清、陈建中译：《中国白——福建德化瓷》，福州：福建美术出版社，2006年。

[3] 黄天柱：《漫谈泉州古瓷窑的兴盛与变迁》，《福建文博》1987年第1期，第62~66页。

[4] 叶清琳：《安溪青花瓷器的初步研究》，《东方文化》1985年第2期，香港大学亚洲研究中心刊行；张仲淳：《明清时期的福建安溪青花瓷器》，《考古》1989年第7期，第617~623页。

[5] 徐本章：《试谈德化窑青花瓷器装饰艺术及其影响》，《东方文化》1985年第2期，香港大学亚洲研究中心刊行。

[6]（日）铃木已代三著，刘可栋、谢宗辅合译：《窑炉》（陶瓷器、耐火材料、砖瓦、研磨材料等用），北京：建筑工程出版社，1959年，第133页。

[7] 刘振群：《中国龙窑及阶级窑的热工研究》，《华南化工学院学报》1958年第1期；另以《中国龙窑及阶级窑（陶瓷烧成窑）的热工研究》为题收入刘氏：《陶瓷窑炉与热工研究》一书，广州：华南理工大学出版社，1992年，第3~12页。

[8] 曾凡：《关于德化屈斗宫窑的几个问题》，《文物》1979年第5期，第62~65页；曾凡：《关于德化窑的几个问题》，中国硅酸盐学会：《中国古陶瓷论文集》，北京：文物出版社，1982年，第245~262页；曾凡：《再谈关于德化窑的问题》，《德化窑》附录一，北京：文物出版社，1990年，第136~152页。

[9] 刘振群：《窑炉的改进和我国古陶瓷发展的关系》，《中国古陶瓷论文集》，北京：文物出版社，1982年，第162~172页，引文见第167、168页。

[10] 朱伯谦：《试论我国古代的龙窑》，《文物》1984年第3期，第57~62页。

[11] 李国桢、郭演仪：《中国名瓷工艺基础》第四章，上海：上海科学技术出版社，1986年，第61、62页。

[12] 叶文程：《略谈福建古代陶瓷窑炉类型的发展》，《厦门大学学报》（哲学社会科学版）1988年第1期，第124~128页。该文认为福建窑炉发展序列为“龙窑—鸡笼窑—阶级窑”，其所指“鸡笼窑”实为通常所说德化屈斗宫的“分室龙窑”。

4．制瓷工艺研究中科学技术方法的应用与分析

20世纪20年代，周仁创办陶瓷试验场[1]，开创了古陶瓷研究的新领域。其后，制瓷工艺的研究中逐渐应用了科学技术手段。周仁、李家治中国历代名窑陶瓷工艺的研究中，选取了2件德化窑白瓷标本，测试了其胎釉的化学组成、烧成温度、物理性能等[2]。德化屈斗宫窑址发掘之后，郭演仪、李国桢选取了碗坪崙、屈斗宫、祖龙宫窑址和清代、现代样本及德化四班、褒美两地的瓷石做了测试，通过对比，总结了德化白瓷的胎釉特征和变化规律、显微结构、烧成技术的变化等[3]。李家治、郭演仪还对中国古代白瓷进行了系统的科学技术研究，其中就包括了对德化白瓷的分析[4]。

此外，叶喆民《中国古陶瓷科学浅说》指出象牙白色的釉是“用氧化焰烧成的”，而清代淡青色的白釉则是“用中性焰烧成的”，并认为这是由于“时代不同，窑的结构改变，同时焰的性质有所变化的缘故”[5]。这也属于烧成技术方面的探讨。

这阶段，闽南地区古陶瓷的科学技术研究刚刚起步，主要从胎釉成分、显微结构、物理性能等方面入手进行分析，所做工作比较少，研究对象仅限于德化窑白瓷。

5．国外地区闽南瓷器的发现与古外销瓷研究

不仅日本[6]、东南亚[7]、非洲东海岸[8]、欧美[9]等地的一些遗址中，有闽南瓷器的发现，而且环中国海域沉船中也多有发现。沉没于泉州湾后渚沉船[10]、法石沉船[11]，南海地区西沙、南沙沉船[12]，菲律宾海域皇家舰长号、皇家舰长暗沙二号沉船[13]、苏禄海格里芬号沉船[14]，吕宋岛

[1] 周仁：《陶瓷试验场工作报告》，原刊于1930年中研院工程研究所专刊，参看周仁等《中国古陶瓷研究论文集》，北京：轻工业出版社，1982年，第1~21页。

[2] 周仁、李家治：《中国历代名窑陶瓷工艺的初步科学总结》，《考古学报》1960年第1期，第89~104页；《中国古陶瓷论文集》，北京：文物出版社，1982年，第287~306页。

[3] 郭演仪、李国桢：《历代德化白瓷的研究》，《硅酸盐学报》1985年第13卷第2期，第198~207页；另见《德化窑》附录二，第153~160页；亦参李国桢、郭演仪：《中国名瓷工艺基础》第六章，第114~119页。

[4] 李家治、郭演仪：《中国历代南北方著名白瓷》，《中国古代陶瓷科学技术成就》，上海：上海科学技术出版社，1985年。

[5] 叶喆民：《中国古陶瓷科学浅说》，北京：轻工业出版社，1960年，第47、48页。

[6]（日）东京国立博物馆编：《日本出土の中国陶磁》，东京，1975年；（日）长谷部乐尔、今井敦编：《日本出土の中国陶磁》，《中国の陶磁》第12卷，东京：平凡社，1995年；（日）佐佐木达夫著，李天送译：《日本海的陶瓷贸易》，《中国古外销陶瓷研究资料》第三辑，1983年，第114~137页；（日）楢崎彰一著，杨琮、范培松译：《日本出土的宋元陶瓷和日本陶瓷》，《江西文物》1990年第3期，第109~115页。

[7] 韩槐准：《南洋遗留的中国古外销陶瓷》，新加坡：青年书局，1960年；苏来曼著，傅振伦译：《东南亚出土的中国外销瓷器》，《中国古外销陶瓷研究资料》第一辑，1981年，第68~75页；（日）龟井明德译：《东南アジアの陶磁遗迹出土地名》（第一稿），《贸易陶磁の研究》第9集，1989年，第161~192页。

[8] 马文宽：《非洲出土的中国瓷器及其意义》，《考古学集刊》第5集，北京：文物出版社，1987年；马文宽、孟凡人：《中国古瓷在非洲的发现》，北京：紫禁城出版社，1987年。

[9]（英）哈里·加纳著，叶文程、罗立华译：《东方的青花瓷器》，上海：上海人民美术出版社，1992年；（英）唐·纳利著，吴龙清、陈建中译：《中国白——福建德化瓷》，福州：福建美术出版社，2006年；龚国强：《牙买加发现的德化“中国白”》，《中国古陶瓷研究》第三辑，北京：紫禁城出版社，1990年，第108~113页。

[10] 福建省泉州海外交通史博物馆编：《泉州湾宋代海船发掘与研究》，北京：海洋出版社，1987年。

[11] 中国科学院自然科学史研究所、福建省泉州海外交通史博物馆联合试掘组：《泉州法石古船试掘简报和初步探讨》，《自然科学史研究》1983年第2卷第2期，第164~172页。

[12] 广东省博物馆：《广东省西沙群岛文物调查简报》，《文物》1974年第10期，第1~29页；广东省博物馆编：《西沙文物——中国南海诸岛之一西沙群岛文物调查》，北京：文物出版社，1975年；广东省博物馆等：《广东省西沙群岛第二次文物调查简报》，《文物》1976年第9期，第9~27页；何纪生：《遗留在西沙群岛的古代外销陶瓷器》，《古陶瓷研究》第一辑，1982年，第132~136页。

[13] Franck Goddio, *Discovery and Archaeological excavation of a 16th century trading vessel in the Philippines*, World Wide First, 1988.

[14] C. Dagget, E. Jay, F. Osada, The Griffin, An English East Indiaman Lost in the Philippines in 1761, *IJNA*, 1990, vol.19 (1), pp.35-41.

圣安东尼奥沉船[1]、维达号沉船[2]，泰国湾帕提亚沉船[3]、阁昌岛一号沉船[4]，印度尼西亚海域中国帆船号沉船[5]，马六甲海域沉船[6]；大西洋海域的瑞典东印度公司哥德堡号沉船[7]，法国东印度公司康迪王子号沉船[8]，荷兰东印度公司毛里求斯号沉船[9]、白狮号沉船[10]、奈伦约号沉船[11]等；印度洋[12]、太平洋[13]海域也有装载中国瓷器的沉船发现。这些沉船的年代宋元明清均有，中国沿海地区多为宋元时期沉船，装载的闽南瓷器有德化窑、泉州窑、磁灶窑等；南中国海、东南亚、大西洋等海域沉船以明清时期为多，出水瓷器中闽南地区的有德化窑白瓷、安溪窑、漳州窑青花瓷、闽南仿龙泉窑青瓷等。然而，这阶段能够辨识的瓷器主要有德化窑瓷器、泉州窑瓷器，其中以明清德化窑白瓷最易辨认，而尚有一些无法确认产地，这与当时窑址调查与发现情况关系密切。

日本一些遗址中所出土的被称为"珠光青瓷"的瓷器，有的称为"宋代汝窑工人南渡后在南方中国所烧造的划花器物"，也有的说是"浙江省德清后窑的作品"[14]，对其具体产地一直无科学依据。1956年陈万里在同安汀溪水库调查时，发现青釉碗的外面"大多有直线的篦形纹，碗里外侧有浅刻草花纹，花草间有用竹竿或竹篦所划成的条纹样的联续细点"，"此次却在同安发现，实出意外"[15]，这就第一次提出并用实物证明了日本"珠光青瓷"的产地之一在福建同安。1974年，李辉柄又论证了这一观点，并根据日本镰仓时代遗址中出土的大量遗物及共存关系，结合龙泉窑瓷器特征，指出同安窑青白瓷可能早到北宋，青瓷深腹碗则在南宋至元代[16]。

此外，在东南亚发现的一些制作粗糙的陶瓷器[17]，很多可与晋江磁灶窑址发现的标本相对应[18]，由此断定这些陶瓷器当来自晋江磁灶窑。

---

[1] Paul Clark, Eduardo Conese, Norman Nicolas, Jeremy Green, Philippines Archaeological site survey, February 1988, *IJNA*, 1989, vol.18 (3).

[2] Paul Clark, Eduardo Conese, Norman Nicolas, Jeremy Green, Philippines Archaeological site survey, February 1988, *IJNA*, 1989, vol.18 (3).

[3] Jeremy Green and Vidya Intakosai, The Pattaya wreck site excavation, Thailand, An interim report, *IJNA*, 1983 vol.12 (1), pp.3-13; Jeremy Green and Rosemary Harper, *The excavation of the Pattaya Wreck site and survey of three other sites, Thailand*, Australian Institute for Maritime Archaeology Special Publication, No.1, 1983.

[4] Jeremy Green and Rosemary Harper, *The excavation of the Pattaya wreck site and survey of three other sites, Thailand*, Australian Institute for Maritime Archaeology Special Publication No.1, 1983; Jeremy Green etc., The Pattaya wreck site excavation, Thailand, An interim report, *The International Journal of Nautical Archaeology (IJNA)*, 1983, vol.12 (1); Jeremy Green etc., The Kosichang one shipwreck excavation 1983-1985, A progress report, *IJNA*, 1986, vol.15 (2).

[5] 黄时鉴：《从海底射出的中国瓷器之光——哈契尔的两次沉船打捞业绩》，《东西交流论谭》，上海：上海文艺出版社，1998年，第466~480页。

[6] 袁随善译：《关于在南中国海发现的四艘明代沉船的消息披露》，《船史研究》1997年总第11、12期，第291~299页。

[7] Berit Wastfelt, Bo Gyllenevard, Jorgen Weibull, *Porcelain from the East Indiamen Gotheborg*, Forlags AB Denmark, 1991; 辛元欧：《瑞典的航海船舶博物馆与水下考古事业》，《船史研究》1997年总第11、12期，第200~214页；龚缨晏：《哥德堡号沉船与18世纪中西关系史研究——读〈对华贸易的黄金时代〉》，《东西交流论谭》，上海：上海文艺出版社，1998年，第380~395页。

[8] M. L'Hour and F. Richez, An 18th century French East Indiaman: the Prince de Conty (1746), *IJNA*, 1990, vol.19 (1), pp.75-79.

[9] M. L'Hour and L. Long, The wreck of an 'experimental' ship of the 'Oost-Indische Companie': The Mauritius (1609), *IJNA*, 1990, vol.19 (1), pp.63-67.

[10] C. L. van der pijl-Ketel, ed., *The Ceramic Load of the 'Witte Leeuw' (1613)*, Amsterdam, Rijksmuseum, 1982.

[11] Robert Allan Lightley, an 18th century Dutch East Indiaman, Found at Cape Town, 1971, *IJNA*, 1976, vol.5 (4), pp.201-219.

[12] A. Raban, The Shipwreck off Sharm el-Sheikh, *Archaeology*, 1971, vol.24 (2), pp.146-155; Cheryl Haldane, Sadana Island Shipwreck, Egypt: Preliminary report, *IJNA*, 1996, vol.25 (2), pp.83-94.

[13] 吴春明：《环中国海沉船——古代帆船、船技与船货》，南昌：江西高校出版社，2003年，第50~52页。

[14] 李辉柄：《福建省同安窑调查纪略》，《文物》1974年第11期，第80~84页。

[15] 陈万里：《调查闽南古代窑址小记》，《文物参考资料》1957年第9期，第58页。

[16] 李辉柄：《福建省同安窑调查纪略》，《文物》1974年第11期，第80~84页。

[17] （日）龟井明德译：《东南アジアの陶磁遗迹出土地名》（第一稿），《贸易陶磁の研究》第9集，1989年，第161~192页。

[18] 陈鹏、黄天柱、黄宝玲：《福建晋江磁灶古窑址》，《考古》1982年第5期，第490~498、489页；叶文程、苏垂昌、黄世春：《晋江磁灶窑的发展及其外销》，《中国古代陶瓷的外销——1987年晋江年会论文集》，北京：紫禁城出版社，1988年，第61~65页。

20世纪70~80年代，陶瓷考古的新发现与中外交往的增多，掀起了古外销陶瓷研究的热潮。这一研究，受到海外中国陶瓷大量发现的影响，特别是日本；而国内一些窑址的调查与发掘也为这种研究提供了科学的对照。三上次男[1]、三杉隆敏[2]、龟井明德[3]、阪井隆夫[4]、陈万里[5]、冯先铭[6]、韩槐准[7]、马文宽[8]、叶文程[9]等学者，根据出土资料，结合文献记载，考证了外销瓷器品种与类别、行销路线及国家等问题，对中国古代陶瓷贸易的情况进行了综合性探讨。同时，还成立了古外销陶瓷研究会、编印了古外销陶瓷研究资料等[10]，拓宽了古陶瓷研究的领域。

这些古外销瓷研究中，涉及到闽南地区的窑场主要有德化窑[11]、泉州窑[12]、磁灶窑[13]、安溪窑[14]、同安窑等，探讨了其产品及外销概况，并对其年代做出了推断，大多笼统地归为宋元、明清时期。这些窑场主要集中于晋江流域，这也构成了以泉州港为中心的古外销陶瓷研究。这些讨论既体现了闽南地区陶瓷考古的新发现，又反映了海域沉船及海外地区同类产品的不断发现。

此外，1954年出版的荷兰沃尔克《瓷器与荷兰东印度公司》一书，根据荷兰东印度公司的巴达维亚日记簿为第一手材料，详细叙述了中国外销瓷器的过程，其中就有17世纪即明末清初阶段，闽南地区德化窑、漳州窑瓷器订烧和交易的盛况[15]。朱培初《明清陶瓷和世界文化的交流》，对闽南青花瓷器、德化窑白瓷的外销做了较为全面的论述，并介绍了欧洲各国仿制德化白瓷的概况等[16]。

总体来说，这一阶段考古发现和研究工作主要围绕窑址发现与调查、海外发现瓷器的窑口对应和古外销陶瓷等问题展开，并对烧成技术、古陶瓷的科技方法应用等有了初步探索与研究，而对瓷窑遗址整体面貌、外销瓷生产贸易模式、闽南地区宋至清代陶瓷的分期等尚无全面综合的了解和认识。

---

[1]（日）三上次男著，李锡经、高喜美译：《陶瓷之路》，北京：文物出版社，1984年。

[2]（日）三杉隆敏著，白英译：《探索海上丝绸之路的中国瓷器》，《中国古外销陶瓷研究资料》第三辑，1983年，第92~109页。

[3]（日）龟井明德、矢部良明：《宋代の输出陶磁》，（日）长谷部乐尔编集：《世界陶磁全集12·宋》，东京：小学馆，1977年，第266~292、294~296页；John S. Guy: *Oriental Trade Ceramics in South-East Asia Ninth to Sixteenth Centuries: With a Catalogue of Chinese, Vietnamese and Thai Wares in Australian Collections*, Singapore, Oxford University Press, 1986.

[4]（日）阪井隆夫：《遺品に基づく：贸易古陶磁史概要》，京都：株式会社京都书院，1989年。

[5]陈万里：《宋末——清初中国对外贸易中的瓷器》，《文物》1963年第1期，第20~24页；陈万里：《再谈明清两代我国瓷器的输出》，《文物》1964年第10期，第33~36页。

[6]冯先铭：《元以前我国瓷器销行亚洲的考察》，《文物》1981年第6期，第65~74页。

[7]韩槐准：《谈我国明清时代的外销瓷器》，《文物》1965年第9期，第57~59页。

[8]马文宽、孟凡人：《中国古瓷在非洲的发现》，北京：紫禁城出版社，1987年。

[9]叶文程：《宋元时期中国东南沿海地区陶瓷的外销》，《海交史研究》1984年总第6期，第32~38页；叶文程：《中国古外销瓷研究论文集》，北京：紫禁城出版社，1988年。

[10]中国古外销陶瓷研究会编印：《中国古外销陶瓷研究资料》第一辑，1981年；（日）三上次男著，庄景辉、胡金定、黄东毅译：《陶瓷之路——访东西文明的接点》，《中国古外销陶瓷研究资料》第二辑，1981年；中国古陶瓷研究会、中国古外销陶瓷研究会编：《中国古外销陶瓷研究资料》第三辑，1983年；中国古陶瓷研究会、中国古外销陶瓷研究会编：《古陶瓷研究》第一辑，1982年。

[11]徐本章、苏光耀、叶文程：《略谈德化窑的古外销瓷器》，《考古》1979年第2期，第149页；徐本章、叶文程：《再谈德化窑的古外销瓷器》，《古陶瓷研究》第一辑，1982年，第88~99页；（英）唐·纳利著，吴龙清、陈建中译：《中国白——福建德化瓷》，福州：福建美术出版社，2006年。

[12]叶文程：《晋江泉州古外销陶瓷初探》，《厦门大学学报》（哲学社会科学版）1979年第1期，第105~111页；林文明：《泉州陶瓷外销问题的探讨》，《古陶瓷研究》第一辑，1982年，第71~79页；许清泉：《宋元泉州陶瓷生产与外销》，《古陶瓷研究》第一辑，1982年，第80~87页。

[13]叶文程、苏垂昌、黄世春：《晋江磁灶窑的发展及其外销》，《中国古代陶瓷的外销——1987年晋江年会论文集》，北京：紫禁城出版社，1988年，第61~65页；叶文程：《福建晋江县古外销陶瓷探讨》，《中国古陶瓷研究》创刊号，北京：紫禁城出版社，1987年，第84~89页。

[14]叶清琳：《安溪古代瓷业与外销初探》，《古陶瓷研究》第一辑，1982年，第109~112页。

[15]T. Volker, *Porcelain and the Dutch East India Company (1602-1682)*, Leiden, Holland: Rijksmuseum voor Volkenkunde, 1954.

[16]朱培初：《明清陶瓷和世界文化的交流》，北京：轻工业出版社，1984年。

四 20世纪90年代以来的考古工作和研究

20世纪90年代以来，闽南地区制瓷手工业遗存的考古发掘和研究进入一个新的阶段。一方面，一些具有代表性的窑址做了较为科学的考古发掘工作；另一方面，有关闽南宋元明清时期陶瓷的研究逐渐深入。

1．一些具有代表性窑址的考古调查与发掘

这一阶段，闽南地区窑址的考古工作，列表如下（表1-2）：

表1-2 20世纪90年代以来闽南地区窑址的调查与发掘简况

时间	单位	窑址	概况
1990年3月	福建省博物馆等	平和南胜、五寨窑	对南胜窑仔山、五寨垅仔山、巷口山窑址做了调查，采集标本以青花瓷器为主，还有少量青瓷、白瓷[1]。
1990年9月	漳州市文化局等	华安东溪窑	调查发现一些窑炉遗迹和一批青花瓷器等[2]。
1991年10月	厦门市文物管理委员会等	厦门海沧囷瑶、上瑶窑址	发掘清理窑炉各1座，产品主要为青瓷，简报认为年代约北宋早期至南宋初年，盛烧于北宋中晚期[3]。
20世纪90年代	厦门市博物馆	厦门窑址	对厦门宋元窑址再次做了调查，包括碗窑、垄仔尾、磁窑、后田、汀溪、东瑶及周瑶窑址等，其以烧造青瓷为主，兼烧青白瓷[4]。
1992年冬	福建省博物馆考古部等	华安东溪窑	调查发现了15处窑址，计有16座窑炉遗迹、1处作坊遗迹，采集青花、白釉、青釉、五彩等瓷器标本，时代约为明清时期[5]。
1993年12月	福建省博物馆考古部	平和南胜、五寨窑	调查了南胜、五寨10处窑址，发现窑炉遗迹、青花和白瓷标本等[6]。在此前后，平和县博物馆对南胜窑址做了调查，采集有青花、五彩瓷器等[7]。
1994年11月~1995年1月	福建省博物馆等	平和南胜、五寨窑	发掘清理了南胜花仔楼、五寨大垅、二垅阶级窑遗迹5座，出土了一批青花、五彩瓷器；并调查了一些漳州地区明末清初瓷窑遗址多处[8]。
1995年10月	福建省博物馆考古部	晋江磁灶土尾庵窑	抢救性发掘，清理窑炉1座，出土有青釉、酱黑釉和黄绿釉三大类，有碗、盘、盏、碟、盏托、钵、小罐、鸟食罐、急须、执壶、军持、水注、瓶、炉等器物[9]。
1996年	福建省博物馆、平和县博物馆	平和田坑窑	对平和田坑素三彩窑址做了调查，发现了华南地区烧造“素三彩”瓷盒的窑址，多数为半成品[10]。
1997年秋	福建省博物馆	平和田坑窑	发掘清理出窑炉、作坊遗迹多处，出土了一批窑具、模具、素三彩瓷器，其年代应为明代末期[11]。
1997年11月	汤毓贤	云霄火田窑	调查了云霄火田水头窑，产品主要有青釉、青白釉瓷器[12]。
1998年5~6月	福建省博物馆	平和五寨洞口窑址	考古发掘，其中窑山窑址出土有青花瓷盒、碗、盘、瓶、罐炉、器盖等；陂沟窑址清理窑炉遗迹2座，出土瓷器以青花为主，有盒、盘、碟、碗、罐、炉、瓶等[13]。
1990年代末	平和县博物馆	平和官峰窑	调查发现4处窑址，采集了一些青花瓷器等遗物[14]。

时间	单位	窑址	概况
1999 年 7 月	福建省博物馆	漳浦罗宛井窑	抢救性发掘，清理窑炉遗迹 2 座，调查窑炉 1 座，出土有青釉、白釉、青白釉瓷器和各类窑具等，时代约为北宋中晚期～南宋早期[15]。
1999 年底	福建省博物馆等	华安东溪窑	调查了东溪窑的 4 个地点，发现一些阶级窑窑炉遗迹和青花、米黄釉、青釉瓷器等[16]。
2001 年 5~6 月	福建省博物馆考古部等	德化甲杯山窑址	抢救性发掘，清理相互叠压打破的窑炉遗迹 3 座，出土一大批元、明时期瓷器、窑具等，白瓷器类以杯、碗、盘、盒、炉等为主[17]。
2001 年 6 月	福建省博物馆、厦门市博物馆	厦门集美后溪碗窑	抢救性发掘，清理龙窑 1 座，青白瓷和青瓷，碗为大宗，约占 70%，其次为盘、壶、盒、瓶、罐、盏、杯、枕、灯等，约北宋后期至南宋[18]。
2002 年 1 月	福建省博物馆、厦门市博物馆	汀溪窑	发掘清理窑炉 3 座（汀溪窑 Y1、Y2、Y3），采集了各种窑具，以及大量的青、青黄、青白、青灰、灰白等釉色的碗、盘、碟、炉、钵、瓶、罐、洗、杯、壶、砚台、水注、盒、盅、鸟食罐、灯盏、器盖等[19]。
2002 年 2 月	霍洁娜等	东山后壁山窑址	调查发现了龙窑遗迹 1 座，产品以青釉瓷碗为主，时代约南宋至元代[20]。
2002 年 5 月~2003 年 6 月	福建博物院考古研究所等	晋江磁灶金交椅山窑址	先后三次考古发掘，清理出龙窑遗迹 4 座、作坊 1 处，青釉、酱釉、黑釉瓷，有执壶、碗、罐等[21]。
2003 年 8~9 月	福建博物院等	南安南坑窑	发掘南坑格仔口、仑坪圹、蓝溪寮仔 3 处窑址，清理龙窑遗迹 3 座，出土了大量窑具、青白釉和青釉瓷器标本，有碗、盘、碟、瓶等；并对附近 10 余处窑址进行了考古调查[22]。
2004 年	福建博物院等	德化祖龙宫窑、杏脚窑	发掘清理了明清时期的窑炉遗迹 2 处，出土一批元明清时期的白釉瓷器、青花瓷器、各类窑具等标本，并对一些窑址进行了调查[23]。
2005 年 6 月	中国水下考古队	东山窑址	调查了东山县后壁山、后劳山古窑址，采集一些青釉碗、碟、执壶、瓶、罐等日常生活用器，多数有刻划、篦划纹装饰，时代约为南宋时期[24]。
2006 年	漳州市博物馆	平和、华安、南靖窑址	再次调查了平和考塘、杉仔下、欧寮蝙蝠洞、洞口窑址，华安沙建宝山、上樟窑址，南靖通坑、东坑内窑址等，采集标本有青花、五彩、白釉、蓝釉、酱釉、青釉、素烧瓷器等，年代约为明末清初、清代中晚期[25]。
2007 年 1~2 月	福建博物院等	华安东溪窑	发掘清理了马饭坑、下洋坑（上虾形）两处窑址，揭露出 4 座横室阶级窑窑炉遗迹，出土了一批明代晚期至清代中期的青花、白釉、酱釉瓷器和各类窑具等遗物[26]。
2015 年 1~2、4~5 月、2016 年	福建博物院等	南靖封门坑窑	发掘清理了南靖封门坑窑，揭露出 4 座具有叠压打破关系且保存较好的横室阶级窑窑炉以及 1 处制瓷作坊、1 处居住址等遗迹，出土了一批明代晚期至清代晚期的青花、白釉、酱釉瓷器标本和各类窑具等遗物[27]。
2015 年 12 月	福建博物院等	南靖碗窑坑窑	发掘清理了碗窑坑一号、二号、七号窑址及作坊遗迹，出土一批明代晚期、清代晚期的青花、白釉瓷器、窑具等标本[28]。
2016 年 9~11 月	福建博物院等	华安下洋坑窑、马饭坑窑	对下洋坑（上虾形）窑址进行了第二次考古发掘清理，揭露出保存较好的横室阶级窑窑炉遗迹等[29]。
2015~2016 年	福建博物院等	南靖、华安东溪窑	在发掘清理南靖封门坑窑、碗窑坑窑、华安下洋坑窑期间，对南靖下窑碗坑、洲仔尾、冲顶坑、华安扫帚石等 10 余处窑址进行了较大规模的考古调查，采集一批具代表性的明代中晚期至清代晚期的瓷器、窑具标本[30]。

资料出处：

1. 福建省博物馆考古部、平和县博物馆：《平和县明末清初青花瓷窑址调查》，《福建文博》1993 年第 1、2 期，第 162~167 页。

2. 林焘、曾五岳、王文径：《华安东溪头窑和漳瓷》，《漳州师院学报》1993 年第 1 期；林焘、叶文程、唐杏煌、罗立华：《福建华安下东溪头窑址调查简报》，《东南文化》1993 年第 1 期，第 229~236 页。

3. 厦门市文物管理委员会：《厦门海沧宋代窑址发掘简报》，《南方文物》1999 年第 2 期，第 11~22 页。

4. 郑东：《厦门宋元窑址调查及研究》，《东南文化》1999 年第 3 期，第 35~43 页；厦门市文物管理委员会、厦门市文化局编：《厦门文物志》第二章，《古遗址》第二节，《窑址》，北京：文物出版社，2003 年，第 52~56 页。

5. 栗建安：《东溪窑调查纪略》，《福建文博》1993 年第 1、2 期，第 138~150 页。

6. 福建省博物馆、平和县博物馆：《福建平和县南胜、五寨古窑址 1993 年度调查简报》，《福建文博》1995 年第 1 期，第 74~82 页。

7. 朱高健、李和安：《平和南胜窑调查报告》，《福建文博》1996 年第 2 期，第 152~155、89 页。

8. 福建省博物馆：《漳州窑——福建漳州地区明清窑址调查发掘报告之一》，福州：福建人民出版社，1997 年。

9. 福建省博物馆：《磁灶土尾庵窑发掘简报》，《福建文博》2000 年第 1 期，第 25~35 页；福建博物院、晋江博物馆：《磁灶窑址：福建晋江磁灶窑址考古调查发掘报告》，北京：科学出版社，2011 年。

10. 平和县博物馆、福建省博物馆：《福建平和县田坑素三彩窑址调查》，《福建文博》1997 年第 1 期，第 11~18 页。

11. 福建省博物馆：《福建平和县南胜田坑窑址发掘报告》，《福建文博》1998 年第 1 期，第 4~30 页。

12. 汤毓贤：《福建云霄火田水头窑调查》，《福建文博》1999 年增刊总第 35 期，第 144~148 页。

13. 福建省博物馆：《平和五寨洞口窑址的发掘》，《福建文博》1998 年增刊总第 32 期，第 3~31 页。

14. 平和县博物馆：《平和官峰窑址调查报告》，《福建文博》1998 年增刊总第 32 期，第 32~35 页。

15. 福建省博物馆：《漳浦罗宛井窑抢救发掘的主要收获》，《福建文博》2001 年第 2 期，第 70~76 页。

16. 福建省博物馆、漳州市博物馆：《华安东溪窑 1999 年度调查》，《福建文博》2001 年第 2 期，第 50~69 页。

17. 栗建安：《德化甲杯山明代窑址的发掘与收获》，《福建文博》2004 年第 4 期，第 26~32 页；福建博物院、德化县文物管理委员会、德化陶瓷博物馆：《德化明代甲杯山窑址发掘简报》，《福建文博》2006 年第 2 期，第 1~15 页。

18. 福建博物院、厦门市博物馆：《厦门集美后溪碗窑窑址发掘简报》，《福建文博》2004 年第 2 期，第 42~51 页。

19. 此次考古发掘的资料目前尚在整理中，部分材料可参考傅宋良、林元平：《中国古陶瓷标本·福建汀溪窑》，广州：岭南美术出版社，2002 年。

20. 霍杰娜、林立：《福建东山岛宋元窑址调查报告》，《南方文物》2004 年第 1 期，第 11~15 页。

21. 福建博物院：《晋江磁灶金交椅山窑址发掘简报》，《福建文博》2005 年第 2 期，第 26~46 页；福建博物院、晋江博物馆：《磁灶窑址：福建晋江磁灶窑址考古调查发掘报告》，北京：科学出版社，2011 年。这是本文所用磁灶窑的基本材料，包括土尾庵窑址发掘资料。

22. 福建博物院、南安市文管办、泉州市文保中心：《南安寮仔窑发掘简报》，《福建文博》2008 年第 4 期，第 1~11 页。笔者承蒙栗建安先生关照有幸参加田野发掘及 2004 年 8~9 月的室内整理，报告待刊。这是本文所论泉州沿海地区青瓷和青白瓷的基础资料。

23. 栗建安：《德化清代窑址的发现及其意义》，《'05 古陶瓷科学技术 6 国际讨论会论文集》，上海：上海科学技术文献出版社，2005 年，第 461~463 页。承蒙栗建安先生安排，笔者曾参与 2006 年 10~12 月德化窑甲杯山、祖龙宫窑址发掘资料的整理工作，报告待刊，这是本文所论德化窑白瓷所用的基本材料。

24. 中国水下考古研究中心、福建博物院、东山县博物馆：《东山县古窑址调查报告》，《福建文博》2007 年第 4 期，第 8~17 页。

25. 漳州市博物馆：《2006 年度漳州市古窑址调查报告》，《福建文博》2007 年第 4 期，第 18~21 页。

26. 福建博物院、华安县博物馆：《华安东溪窑 2007 年发掘简报》，《福建文博》2016 年第 2 期，第 2~13 页。

27. 福建博物院、南靖县文物保护中心：《南靖县东溪窑封门坑窑址 2015 年发掘简报》，《福建文博》2015 年第 3 期，第 2~15 页。

28. 羊泽林：《东溪窑考古调查与发掘》，"海丝·东溪窑学术研讨会"论文，南靖，2017 年 3 月 18 日。

29. 羊泽林：《东溪窑考古调查与发掘》，"海丝·东溪窑学术研讨会"论文，南靖，2017 年 3 月 18 日。

30. 羊泽林：《东溪窑考古调查与发掘》，"海丝·东溪窑学术研讨会"论文，南靖，2017 年 3 月 18 日；栗建安：《华安东溪窑遗址考古回顾与展望》，福建省华安县人民政府编：《华安东溪窑学术研究论文集》，北京：文物出版社，2016 年，第 13~21 页。

这一阶段的考古工作不再是简单的瓷片采集，而是从考古学的角度出发对该地区具有代表性的瓷窑遗址即德化窑、汀溪窑、南坑窑、磁灶窑、平和窑、东溪窑等做了较为系统、科学的发掘，清理出窑炉、作坊等遗迹，采集了丰富的瓷器、窑具、制瓷工具等标本。因此，这些发掘不仅有助于弄清各窑的产品面貌和特征，也为我们进一步探讨窑业技术与交流、分期与年代等提供了较为科学的材料。

2．制瓷面貌的区域性总结与专题研究的展开

经过几十年的瓷窑考古调查和发掘，一些学者开始对各时期制瓷面貌作区域性的总结，当然要涉及到闽南地区宋至清代的制瓷业。其中福建地区综合性的总结主要有《福建古瓷窑考古概述》[1]、

[1] 栗建安：《福建古瓷窑考古概述》，福建省博物馆编：《福建历史文化与博物馆学研究——福建省博物馆成立四十周年纪念文集》，福州：福建教育出版社，1993 年，第 175~181 页。

《福建陶瓷》[1]、《福建省古窑迹出土陶瓷器の研究》[2]、《福建古窑址考古五十年》[3]、《福建陶瓷考古概论》[4]等，都对闽南地区陶瓷生产及其面貌做了概括。此外，还有一些学者根据以往考古调查、发掘资料所作的较小范围内宋元或明清时期制瓷业的总结[5]。

闽南地区制瓷手工业的专题性研究这一时期也得以展开并逐渐深入，包括陶瓷产品[6]、装饰工艺[7]、技术来源[8]、生产组织[9]、兴衰原因[10]等方面。其中，这阶段研究的焦点主要集中于仿龙泉窑青瓷、德化窑、漳州窑，而最为突出的是漳州窑的研究。

（1）仿龙泉窑青瓷的研究

“同安窑系”的概念自上个阶段形成以来，研究者一直沿用，又被称为“珠光青瓷”[11]。《同安窑系青瓷的初步研究》一文对此做了进一步论述[12]，限定了这一词的青瓷内涵，即“同安窑系青瓷”，是“宋元时代，受龙泉窑传统工艺技术的影响，在福建地区烧制的，以同安窑为代表的，具有地方特色的青瓷”；文中还对其产品工艺、年代、外销以及与龙泉窑的区别等作了论述。这即将“同安窑系青瓷”界定为福建地区受龙泉窑传统工艺技术影响的青瓷，既有别于以前所说的“土龙泉”，也不同于日本所称“珠光青瓷”之范围。其后，栗建安《福建仿龙泉青瓷的几个问题》一文对此作了深入探讨[13]，从窑业类型（烧成技术）和产品类型的角度分析不宜将“同安窑系”扩大为整个福建地区青瓷的范围，而“仅仅是仿龙泉青瓷中的一种产品类型”；并对“土龙泉”、“珠光青瓷”和“同安窑系青瓷”作了分析，指出“土龙泉”概括了福建的仿龙泉青瓷，而“珠光青瓷”仅仅是“同安窑系青瓷”的前期或前段。此外，关于这类窑业遗存，尚有“汀溪窑”、“汀溪类型”之说[14]。在此基础上，刘净贤则根据窑址及海外资料综合探讨了福建仿龙泉青瓷及其外销状况[15]。

---

[1] 叶文程、林忠干：《福建陶瓷》，福州：福建人民出版社，1993年。

[2]（日）亀井明德：《福建省古窑迹出土陶瓷器の研究》，东京：文明堂，1995年。

[3] 栗建安：《福建古窑址考古五十年》，《陈昌蔚纪念论文集·陶瓷》，台北：财团法人陈昌蔚文教基金会，2001年，第9~38页。

[4] 曾凡：《福建陶瓷考古概论》，福州：福建省地图出版社，2001年。

[5] 郑东：《福建闽南地区古代陶瓷生产概况》，《东南文化》2002年第5期，第56~62页；陈鹏：《宋元时期泉州陶瓷业与产品外销》，陈世兴主编：《泉州学研究》，福州：福建教育出版社，2002年，第359~375页；郑东、蔡鸿涌：《厦门古代瓷业及其年代分期》，《福建文博》1999年增刊总第35期，第156~161页；栗建安：《宋元时期漳州地区的瓷业》，《福建文博》2001年第1期，第53~55页；郑晓君：《宋元时期环九龙江口的窑业》，《福建文博》2006年第4期，第48~52、62页。

[6] Ye Wencheng, A Preliminary Discussion of Fujian Wares Made in Imitation of Zhejiang Green Glazed Wares, Ho Chuimei ed. *New Light on Chinese Yue and Longquan Wares: Archaeological Ceramics Found in Eastern and Southern Asia, A.D. 800-1400*, Centre of Asian Studies the University of Hong Kong, 1994, pp.120-128；梅华全：《福建平和田坑窑素三彩瓷器的工艺特色与来源》，《福建文博》1999年第2期，第55~60页。

[7] 栗建安：《福建磁灶土尾垵窑址瓷器的装饰工艺》，《中国古陶瓷研究》第4辑，北京：紫禁城出版社，1997年，第109~115页；郑东：《试析闽南古代瓷器装饰技法》，《中国古陶瓷研究》第11辑，北京：紫禁城出版社，2005年，第355~366页；孟原召：《试析闽南地区宋元时期陶瓷器的装饰工艺》，《福建文博》2010年第2期，第36~46页；张仲淳：《明末清初漳州窑瓷器的装饰艺术》，《福建文博》2005年第3期，第91~96页。

[8] 孟原召：《宋元时期泉州沿海地区制瓷业的兴盛与技术来源试探》，《海交史研究》2007年第2期，第75~89页。

[9]（美）何翠媚：《试论宋元时期闽南陶瓷之工业发展及组织》，《福建文博》1999年第1期，第51~57页。

[10] 郑东：《厦门古陶瓷生产兴衰原因探析》，《南方文物》2001年第1期，第74~80页；林元平：《平和窑业兴衰原因探析》，《福建文博》1999年增刊总第35期，第68~71页；陈建标：《浅析宋元时期同安瓷业的成因》，《南方文物》2004年第4期，第67~69页。

[11] 叶文程、欧阳宗俊：《试论“珠光青瓷”及外销》，《河北陶瓷》1991年第4期，第41~45页。

[12] 林忠干、张文崟：《同安窑系青瓷的初步研究》，《东南文化》1990年第5期，第391~397、390页。

[13] 栗建安：《福建仿龙泉青瓷的几个问题》，浙江省博物馆编：《东方博物》第三辑，杭州：浙江大学出版社，1999年，第79~83页。

[14] 傅宋良、林元平：《中国古陶瓷标本·福建汀溪窑》，广州：岭南美术出版社，2002年，第9、10页。

[15] 刘净贤：《福建仿龙泉青瓷及其外销状况初探》，《故宫博物院院刊》2013年第5期，第50~56页。

事实上，用“窑系”一词来形容一定范围内某一类产品的窑业类别有其合理的依据[1]，但近年来随着对窑址的深入了解，发现许多窑址并非烧造同一类瓷器[2]，同安窑即是如此。同安窑所烧造除了青瓷之外，还有大量的青白瓷，故“同安窑系青瓷”不能概括这一时期该地瓷窑面貌。同时，这类青瓷在闽南地区其他窑场也有烧造，如南安窑[3]、漳浦窑[4]。因此，用“珠光青瓷”、“同安窑系”来形容这一地区青瓷和瓷业类型，既不全面，又有不同的内涵理解，都是欠妥的，不如直接以青瓷称之，并以不同窑场作区别。

（2）德化窑瓷器的研究进一步深入

继上阶段德化盖德碗坪崙、浔中屈斗宫宋元时期窑址发掘之后，这阶段又对甲杯山、祖龙宫、东头杏脚明清时期窑址进行考古发掘，并结合之前德化窑的田野调查资料，研究者对窑场分布及制瓷业发展等做了总体概述和综合分析[5]。

一些关于德化窑的专题性研究有了新的发展。不仅涉及到德化窑的年代与分期——创烧时间[6]、宋元时期的分期与断代[7]、明清时期的发展[8]，也有德化窑瓷器品种的研究——黑瓷[9]、青白瓷[10]、白瓷[11]、青花瓷[12]；还有研究者探讨德化窑纪年瓷器[13]、白瓷雕塑[14]、装饰工艺[15]、生产与外销[16]、兴起与发展原因[17]等问题，并对德化白瓷的收藏[18]及其对欧洲制瓷业的影响[19]做了分析。

此外，国外学者结合窑址考古、海外沉船的新发现以及国外博物馆的收藏，对德化窑也做了系统、

[1] 刘毅：《论“窑系”》，《中国古陶瓷研究》第8辑，北京：紫禁城出版社，2002年，第155~166页。

[2] 一方面，这种划分将各地瓷窑做了概括和总结；另一方面，却忽略了有些窑址的多元化面貌。参看秦大树：《论“窑系”概念的形成、意义及其局限性》，《文物》2007年第5期，第60~66页。

[3] 杨小川：《南安市篦点划花青瓷介述》，《福建文博》1996年第2期，第169~172页。

[4] 陈建标：《漳浦窑“珠光青瓷”与同安汀溪窑的关系及相关问题》，《福建文博》1999年增刊总第35期，第142、143、195页。

[5] 德化县文物管理委员会编：《德化县文物志》，德化县文物志编纂委员会编印，1996年；陈建中、陈丽华：《中国古陶瓷标本·福建德化窑》，广州：岭南美术出版社，2003年。

[6] 陈建中：《德化窑始烧年代考》，《福建文博》1999年增刊总第35期，第133、134、141页。

[7] 林忠干、张文崟：《宋元德化窑的分期断代》，《考古》1992年第6期，第559~566页。

[8] 林忠干：《论“中国白”——明清德化瓷器》，《东南文化》1993年第5期，第159~171页。

[9] 陈建中：《浅谈德化碗坪仑窑的黑釉器》，《福建文博》1996年第2期，第67~69页。

[10] 郑晓君、苏维真：《浅谈德化窑宋元青白瓷器》，厦门博物馆编：《闽南古陶瓷研究》，福州：福建美术出版社，2002年，第97~104页。

[11] 叶文程：《试论明代德化的白釉瓷器》，《东南考古研究》第一辑，厦门：厦门大学出版社，1996年，第123~131页；刘幼铮：《中国德化白瓷研究》，北京：科学出版社，2007年。

[12] 陈建中：《德化民窑青花》，北京：文物出版社，1999年；林长程：《谈德化窑青花瓷器》，《福建文博》2007年第4期，第27~31页；叶文程、罗立华：《德化窑青花瓷器几个问题的探讨》，《中国古陶瓷研究》第5辑，北京：紫禁城出版社，1999年，第199~206页。

[13] 陈建中、陈丽芳、陈仁杰：《纪年德化瓷珍品鉴赏》，《福建文博》2004年第4期；陈建中、陈丽芳：《德化佳春岭窑纪年器的最新发现》，《中国古陶瓷研究》第9辑，北京：紫禁城出版社，2003年，第273~278页；陈建中、陈丽芳：《福建德化佳春岭窑出土的陶瓷器》，《文物》2005年12期，第82~88页。

[14]（新加坡）郭勤逊著，吴毅慧译：《略论德化瓷塑的制作工艺》，《福建文博》2004年第4期，第11~13页；叶碧峰：《论明代德化瓷雕艺术》，《福建文博》2004年第4期，第75~78页。

[15] 黄汉杰、徐国芬、卢金钊：《德化古瓷装饰艺术》，《福建文博》1993年第1、2期，第108~121页。

[16] 叶文程：《略论德化古代陶瓷的生产与外销》，《福建文博》2004年第4期，第1~9页。

[17] 王文强：《德化窑兴起与发展的原因探析》，《中国古陶瓷研究》第5辑，北京：紫禁城出版社，1999年，第136~140页；黄卫文：《略论德化青花瓷兴起和发展的原因》，《中国古陶瓷研究》第13辑，北京：紫禁城出版社，2007年，第266~270页。

[18] 吕成龙：《故宫博物院藏明代德化窑瓷器选介》，《福建文博》2004年第4期，第44、45页；蔡奕芝：《广东省博物馆藏德化瓷器》，《福建文博》2004年第4期，第48~61页；曾伟希：《福建博物院藏德化瓷器》，《福建文博》2004年第4期，第65~67页。

[19]（德）埃娃·施特勒伯：《德累斯顿奥古斯都大帝藏品中的德化瓷器和宜兴紫砂器》，上海博物馆编：《中国古代白瓷国际学术研讨会论文集》，上海：上海书画出版社，2005年，第519~536页。

深入的论述，尤其是“中国白”瓷器的研究[1]。

（3）漳州窑瓷器的研究成果显著

随着漳州窑遗址的考古调查与发掘，漳州窑瓷器的研究成为这阶段最为突出的焦点[2]。

针对考古发现的漳州窑址出土的面貌复杂的瓷器，研究者对漳州窑的命名问题提出了不同看法[3]，并对青花[4]、五彩[5]、米黄釉[6]、素三彩瓷器[7]等做了研究，尤以漳州窑青花瓷器最受关注。这些研究包括器物类型、工艺特征、装饰艺术等方面，一些研究者还就漳州窑与江西明清窑址的关系[8]、漳州窑对日本陶瓷的影响[9]等问题做了初步研究。

一些学者结合沉船出水瓷器、博物馆藏品等对漳州窑瓷器进行了一系列综合性研究[10]，辨识其产地，探讨其编年与贸易盛况[11]，以及其在国外的流布[12]。

在漳州窑研究影响下，还有学者对福建地区青花瓷器做了综合性探讨[13]，也有明清时期闽南地区或泉州、安溪等地青花瓷器[14]、闽南地区彩瓷的研究[15]。这些研究一般也都涉及到瓷器的生产

[1] Robert H. Blumenfied, *Blanc de Chine: The Great Porcelain of Dehua*, California: The Speed Press, 2002; Rose Kerr & John Ayers ed., *Blanc de Chine: Porcelain from Dehua*, Stanford: Curzon Press, 2002; John Ayers & Yuan Binglin, *Blanc de Chine: Divine Images in Porcelain*, New York: China Institute, 2002;（英）霍吉淑著，王芳译：《谈明代德化窑瓷器》，《福建文博》2004年第4期，第14~25页。

[2] 栗建安：《漳州窑研究》，《陈昌蔚纪念论文集》第四辑，台北：财团法人陈昌蔚文教基金会，2009年，第17~68页。

[3] 叶文程、罗立华：《关于“漳州窑”命名的讨论》，《福建文博》1996年第2期，第133~135页；栗建安：《漳州窑的初步研究》，福建省博物馆：《漳州窑——福建漳州地区明清窑址调查发掘报告之一》第四章，福州：福建人民出版社，1997年，第96~111页。

[4] 傅宋良、朱高健、彭景元：《漳州窑青花与景德镇民窑青花》，《福建文博》1999年增刊总第35期，第29~33、123页；周丽丽：《明末清初漳州窑青花瓷器刍议》，《中国古陶瓷研究》第13辑，北京：紫禁城出版社，2007年，第232~246页。

[5] 吴其生：《明清时期漳州五彩瓷器调查》，厦门市博物馆编：《闽南古陶瓷研究》，福州：福建美术出版社，2002年，第141~150页；戴鸿文：《日本收藏漳州窑五彩瓷器选介——兼谈漳州窑五彩器对日本瓷器风格的影响》，《福建文博》1999年增刊总第35期，第23~28页。

[6] 傅宋良：《福建漳窑米黄釉瓷研究》，《中国古陶瓷研究》第8辑，北京：紫禁城出版社，2002年，第57~68页；吴其生：《中国古陶瓷标本·福建漳窑》，广州：岭南美术出版社，2002年。

[7]（日）茶道资料馆编辑：《交趾香盒　福建省出土文物与日本的传世品》（特别展），京都：茶道博物馆，MOA美术馆，福建省博物馆，朝日新闻社，1998年；陈龙：《福建平和田坑窑素三彩造型和装饰艺术》，《南方文物》1998年第3期，第82~89页；陈娟英：《福建漳州窑素三彩瓷初探》，《中国古陶瓷研究》第10辑，北京：紫禁城出版社，2004年，第301~314页。

[8] 徐菁、刘慧中：《江西与平和窑青花瓷关系探微》，《福建文博》1999年增刊总第35期，第44~46页；蔡毅、刘伟：《从福建地区青花发展看景德镇青花影响》，《中国古陶瓷研究》第13辑，北京：紫禁城出版社，2007年，第279~285页。

[9]（日）森村健一著，曹建南译：《志野陶器源于对漳州窑白瓷、青花的模仿》，《福建文博》1999年增刊总第35期，第41~43页；（日）楢崎彰一著，曹建南译：《漳州窑陶瓷和美浓桃山陶瓷》，《福建文博》1999年增刊总第35期，第15~22、14页；张仲淳：《漳州窑系瓷器的特征、年代及对日本的影响》，厦门博物馆编：《厦门博物馆建馆十周年成果文集》，福州：福建教育出版社，第151~156页。

[10] Sumarah Adhyatman, *Zhangzhou (Swatow) Ceramics Sixteenth to Seventeenth Centuries Found in Indonesia*, Jakarta, 1999;（法）莫尼克·科里克著，王芳译，楼建龙校：《界定“汕头器”的年代——1600年11月4日，“圣迭戈”号大帆船》，《福建文博》2001年第1期，第46~52页；张仲淳：《日本博物馆藏明末清初漳州窑瓷器的分类与断代》，《中国古陶瓷研究》第13辑，北京：紫禁城出版社，2007年，第220~231页。

[11]（日）森村健一著，曹建南译：《福建省漳州窑系青花、五彩、琉璃地的编年和贸易——明末清初的汕头器》，《福建文博》1996年第2期，第136~138页。

[12]（日）金泽阳：《埃及出土的漳州窑瓷器——兼论漳州窑瓷器在西亚的传播》，《福建文博》1999年增刊总第35期，第38~40页。

[13] 罗立华：《福建青花瓷器的初步研究》，《东南考古研究》第一辑，厦门：厦门大学出版社，1996年，第92~122页；叶文程：《福建地区青花瓷的生产与外销》，《中国古陶瓷研究》第13辑，北京：紫禁城出版社，2007年，第182~195页；栗建安：《从考古发现看福建古代青花瓷的生产与流通》，《中国古陶瓷研究》第13辑，北京：紫禁城出版社，2007年，第196~206页。

[14] 傅宋良、朱高健、秦晓阳：《闽南明代青花瓷器的探讨》，《文物研究》第十期，合肥：黄山书社，1995年，第173~184页；罗立华：《浅论闽南明清青花瓷器断代依据》，《福建文博》1999年增刊总第35期，第124、125页；庄景辉、刘小艳：《明清泉州青花瓷论略》，《福建文博》1993年第1、2期，第126~128页；陈建中、曾萍莎：《福建泉州窑青花瓷及相关问题的探讨》，《中国古陶瓷研究》第13辑，北京：紫禁城出版社，2007年，第207~219页。

[15] 郑东：《试论闽南古代彩瓷的生产与外销》，《南方文物》2004年第1期，第56~64页。

与使用两个领域。

这些总结和专题性研究的进行，离不开以前很长一段时间内考古材料的积累，同时这些研究也是随着新材料的发现和研究思路的变化逐渐深入的。

3．烧成技术发展轨迹的进一步探索

这阶段，随着闽南地区宋至清代瓷窑遗址的考古发掘，研究者对制瓷技术中的烧成技术进一步探索，并有了新的认识，这主要体现于对该地区窑炉形制、窑具和装烧方法及其演变的总结。

这一点，前面所述栗建安对福建古窑址考古的总结中均有论述。陈文对闽南地区窑炉、烧瓷技术做了类型学考察[1]，孟原召结合考古新资料探讨了闽南地区制瓷窑炉的形制及其演变[2]。刘振群指出，窑炉的改革对制瓷手工业的发展有很大贡献[3]。

此外，熊海堂[4]、栗建安[5]还对漳州窑窑炉的形制、窑具及装烧工艺等做了具体分析，并详细探讨了其源流及对周边地区的影响等问题。

这一时期对烧成技术的进一步研究，得益于新的窑址考古材料，除对本地区烧成技术演变的探讨外，还注意到了该地区不同窑址、与周边地区以及日本、朝鲜半岛等地之间的技术交流和影响关系。

4．制瓷工艺的科学技术分析与研究

这方面的研究并不多，仅有漳州窑和德化窑瓷器的科技分析，且主要是成分分析。其中，漳州平和五寨垅子山窑址出土的青花瓷片做了胎、釉的结构和化学组成成分的测试[6]，这为进一步确定这类瓷器的产地提供了参照，但测试标本较少，尚不能建立起漳州窑青花瓷器的标尺；并对平和田坑窑出土素三彩瓷器的胎、瓷土、色釉，利用电子探针显微分析仪进行化学成分测试[7]。

李家治等对德化窑白釉瓷的原料，胎釉的化学组成、显微结构，及其窑炉、烧成温度和气氛等烧制工艺做了较为系统的总结[8]。香港城市大学等对德化窑唐宋元明时期的青釉、青白釉、白釉瓷器样本，采用X荧光分析仪进行瓷胎化学成分组成分析，不仅包括了常量元素，还测定了一些微量元素，从而对历代德化窑瓷器胎的成分和结构有了较为全面的认识，最后还分析了窑炉结构、烧成

---

[1] 陈文：《闽南古代瓷窑的类型学考察》，厦门市博物馆编：《闽南古陶瓷研究》，福州：福建美术出版社，2002年，第81~87页；陈文：《试论闽南古代烧瓷技术成就》，《福建文博》2003年第1期，第92~97页。

[2] 孟原召：《试析闽南地区宋至清代窑炉形制及其演变》，吕章申主编：《纪念国博百年考古文集》，北京：科学出版社，2012年，第304~321页。

[3] 刘振群：《闽粤古陶瓷与烧成窑炉的关系》，Ho Chuimei ed., *Ancient Ceramic Kiln Technology in Asia*, Centre of Asian Studies, University of Hong Kong, 1990, pp.99-102.

[4] 熊海堂：《华南沿海对外陶瓷技术的交流和福建漳州窑发现的意义》，《福建文博》1995年第1期，第9~21、43页；熊海堂：《东亚窑业技术发展与交流史研究》，南京：南京大学出版社，1995年。

[5] 栗建安：《漳州窑的初步研究》，福建省博物馆：《漳州窑——福建漳州地区明清窑址调查发掘报告之一》第四章，福州：福建人民出版社，1997年，第97~102页；栗建安：《明清福建漳州地区的窑业技术》，《福建文博》1999年增刊总第35期，第8~14页；栗建安：《漳州窑的窑炉技术及相关问题》，饶宗颐主编：《华学》第九、十辑，上海：上海古籍出版社，2008年，第585~591页；栗建安：《华安东溪窑址的横室阶级窑》，罗宏杰、郑欣淼主编：《'09古陶瓷科学技术7：国际讨论会论文集（ISAC'09）》，中国科学院上海硅酸盐研究所，上海：上海科学技术出版社，2009年，第707~711页。

[6] 福建省博物馆：《漳州窑——福建漳州地区明清窑址调查发掘报告之一》，福州：福建人民出版社，1997年，第104、105页。

[7] 福建省博物馆：《福建平和县南胜田坑窑址发掘报告》附表二，《福建文博》1998年第1期，第30页。

[8] 李家治主编：《中国科学技术史·陶瓷卷》第十章第二节《德化窑白釉瓷》，北京：科学出版社，1998年，第350~363页。

气氛对瓷器品质的影响[1]。这就为德化窑瓷器窑口、年代的判断提供了科学参考。此外，还有对屈斗宫白瓷的研究[2]。

制瓷工艺的科学技术分析与研究，已经成为古陶瓷研究中的重要方法。目前，闽南地区陶瓷的科技研究尚比较薄弱，主要体现在三个方面：第一，所测试的窑口和标本数量、类别均比较有限，这对于建立较为完善的科学数据库尚有很大距离；第二，所用的测试技术与方法也有限，中子活化分析方法（INAA）、X射线荧光分析方法（XRF）、电感耦合等离子质谱仪（ICP-MS）等方法均可测试陶瓷的化学组成；第三，一般仅有化学组成、烧成温度方面的物理性能测试，还缺乏对瓷釉显微结构、呈色机理等方面的分析。这些对于判断和研究瓷器的窑口、年代有着较高的参考价值，也具有较好的研究前景。

5．外销陶瓷的新发现与生产贸易模式的探讨

这一阶段，中国古代陶瓷在日本[3]、东南亚的菲律宾[4]、印度尼西亚[5]、越南[6]、柬埔寨[7]等，非洲[8]、欧洲[9]、美洲[10]一些遗址中大量出土；同时，海域沉船也出水了数量众多的中国外销瓷器[11]，如广东海域的南海Ⅰ号沉船[12]，南海海域西沙群岛华光礁一号沉船及其附近沉船[13]，印度尼西亚海域泰兴号沉船[14]，菲律宾海域西班牙圣迭戈号沉船[15]、潘达南岛沉

[1] 李国清、梁宝鎏、彭子成：《中世纪“陶瓷之路”上的德化瓷及其科技分析》，《海交史研究》1999年第2期，第60~73页。

[2] 黄瑞福等：《德化屈斗宫白瓷的研究》，《古陶瓷科学技术5——国际讨论会论文集（ISAC'02）》，上海：上海科学技术文献出版社，2002年，第252~262页。

[3]（日）长谷部乐尔、今井敦编：《日本出土の中国陶磁》，《中国の陶磁》第12卷，东京：平凡社，1995年；（日）田中克子：《日本博多（Hakata）遗址群出土的贸易陶瓷器及其历史背景——九世纪至十七世纪早期》，栗建安主编：《考古学视野中的闽商》，中华书局，2010年，第151~172页。

[4] The Oriental Ceramic Society of the Philippines: *Chinese and South-East Asian White Ware Found in the Philippines*, Oxford University Press, Singapore, 1993;（菲）庄良有（Rita Ching Tan）, *Song Wares Found in the Philippines*（在菲律宾发现的宋瓷），陈康顺编：《中国古代贸易瓷国际学术研讨会论文集》，台北：历史博物馆，1994年，第317~344页；（菲律宾）庄良有：《菲律宾出土的十四至十五世纪中国青花瓷》，江西省博物馆、香港中文大学文物馆：《江西元明青花瓷》，香港：香港中文大学，2002年，第50~57页。

[5] Sumarah Adhyatman, *Zhangzhou (Swatow) Ceramics Sixteenth to Seventeenth Centuries Found in Indonesia*, Jakarta, 1999.

[6]（日）菊池诚一：《越南中部会安出土的陶瓷器》，《福建文博》1999年增刊总第35期，第93~96页；广西壮族自治区博物馆：《海上丝绸之路遗珍——越南出水陶瓷》，北京：科学出版社，2009年。

[7] 黄慧怡：《简介柬埔寨吴哥地区出土的福建宋元陶瓷》，栗建安主编：《考古学视野中的闽商》，北京：中华书局，2010年，第128~150页。

[8]（日）金泽阳：《埃及出土的漳州窑瓷器——兼论漳州窑瓷器在西亚的传播》，《福建文博》1999年增刊总第35期，第38~40页。

[9]（德）杨恩霖：《十七、十八世纪中国输出欧洲的外销瓷》，《福建文博》1999年第1期，第58~65页。

[10]（美）卡尔·罗伯特·奎梅兹著，彭维斌译：《北美太平洋海岸出土的中国瓷器》，厦门市博物馆编：《闽南古陶瓷研究》，福州：福建美术出版社，2002年，第189~191页。

[11] Roxanna Maude Brown, *The Ming Gap and Shipwreck Ceramics in Southeast Asia*, Ph.D. dissertation, University of California, Los Angeles, 2004.

[12] 张威：《南海沉船的发现与预备调查》，《福建文博》1997年第2期，第28~31页；任卫和：《广东台山宋元沉船文物简介》，《福建文博》2001年第2期，第80~84页。

[13] 中国国家博物馆水下考古研究中心、海南省文物保护管理办公室编著：《西沙水下考古（1998~1999）》，北京：科学出版社，2006年。

[14] Fritz Nagel, *Nagel Auctions: Tek Sing Treasures*, Stuttgart: Stuttgarter Kunstauktionshaus, 2000. Nigel Pickford and Michael Hatcher, *The Legacy of the Tek Sing*, Cambridge: Granta Editions, 2000; 郑炯鑫：《从“泰兴号”沉船看清代德化青花瓷器的生产与外销》，《文博》2001年第6期，第49、50页。

[15] Cynthia Ongpin Valdes, Allison I. Diem, *Saga of the San Diego(AD1600)*, National Museum, Inc. Philippines,1993; Franck Goddio, *Treasures of the San Diego*, Paris, 1996;（日）森村健一著，曹建南译：《菲律宾圣迭戈号沉船中的陶瓷》，《福建文博》1997年第2期，第70~73页；（法）莫尼克·科里克著，王芳译，楼建龙校：《界定“汕头器”的年代——1600年11月4日，“圣迭戈”号大帆船》，《福建文博》2001年第1期，第46~52页。

船[1]，泰国湾富国岛沉船[2]、越南海域头顿沉船[3]、平顺沉船[4]，马六甲海域沉船[5]。通过与闽南地区窑址出土陶瓷的对比，可知这些出土或出水瓷器中，有不少是产自闽南地区的，有磁灶窑、南安窑、汀溪窑、德化窑、漳州窑等[6]。这些资料为探讨闽南地区陶瓷的海外市场提供了丰富的实物资料[7]。

随着新的发现和发掘工作的开展，闽南地区外销陶瓷的研究有了新的进展。

一方面，外销瓷的传统研究思路延续，广度和深度均有了发展，包括外销瓷生产概况、外销产品、海外交通与行销地区等角度的讨论[8]，其中有晋江磁灶窑[9]、德化窑[10]、漳州窑[11]，并将窑场的兴衰与外销联系起来[12]。

另一方面，一些学者，包括国外学者，在探讨陶瓷生产的同时，也逐渐开始考虑贸易和消费问题[13]，从陶瓷生产和消费群体两个方面来论述贸易问题[14]，并注意到不同的瓷器存在着不同的消

[1] Alya B. Honasan, The Pandanan Junk: The wreck of a Fifteenth-century junk is found by chance in a pearl farm off Pandanan island; Eusebio Z. Dizon, Anatomy of a shipwreck: archaeology of the 15th century Pandanan shipwreck; Allison I. Diem, Relics of a lost Kingdom: ceramics from the Asian maritime trade, *The Pearl Road, Tales of Treasure ships in the Philippines*, Christophe Loviny, 1996.

[2] Warren Blake and Michael Flecker, A Preliminary Survey of a South-East Asian Wreck, Phu Quoc Island, Vietnam, *IJNA*, Vol.23(2), pp.73-91, 1994.

[3] Michael Flecker, Excavation of an oriental vessel of c. 1690 off Con Dao, Vietnam, *IJNA*, Vol.21(3),pp.221-244, 1992; Christiaan J. A. Jörg & Michael Flecher, Porcelains from the Vung Tau Wreck, *Oriental Art*, XLV, 1, 1999; Christiaan J. A. Jörg & Michael Flecher, Porcelain from the Vung Tau Wreck, New York: Oriental Art Publications, 2001;（日）阿部百里子：《从越南 Buntau 沉船打捞出的中国陶瓷器》，《福建文博》1999 年增刊总第 35 期，第 90~92 页。

[4] 刘朝晖：《越南平顺沉船出土的漳州窑青花瓷器》，《中国古陶瓷研究》第 13 辑，北京：紫禁城出版社，2007 年，第 247~259 页。

[5] Michael Flecker, Magnetomter Survey of Malacca Reclamation site, *IJNA*, Vol. 25(2), pp.122-134, 1996.

[6] 栗建安：《从水下考古的发现看福建古代瓷器的外销》，《海交史研究》2001 年第 1 期，第 98~106 页；栗建安：《福建地区的宋元陶瓷器》，《历史文物》第 13 卷第 11 期，台湾，2003 年，第 9~25 页；栗建安：《福建陶瓷外销源流》，《文物天地》2004 年第 5 期，第 12~22 页；栗建安：《福建地区宋元时期外销瓷研究的若干问题》，《十二至十五世纪中国外销瓷与海外贸易国际研讨会论文集》，香港中华书局，2005 年，第 30~46 页。

[7] 孟原召：《论闽南地区宋至清代瓷器的海外市场》，中国国家博物馆水下考古研究中心编：《水下考古学研究》第 1 卷，北京：科学出版社，2012 年，第 271~300 页。

[8] 陈鹏：《宋元时期泉州陶瓷业与产品外销》，陈世兴主编：《泉州学研究》，福州：福建教育出版社，2002 年，第 359~375 页；叶文程：《闽南古代陶瓷的工艺及外销初探》，《福建文博》1999 年第 1 期，第 43~50 页；傅宋良：《闽南明代青花瓷器的生产与外销》，厦门博物馆编：《厦门博物馆建馆十周年成果文集》，福州：福建教育出版社，第 128~144 页；陈建标：《闽南清代陶瓷生产与厦门港对外贸易》，《厦门博物馆建馆十周年成果文集》，第 145~150 页；林忠干：《月港兴衰时期的东西方贸易与闽南陶瓷》，《厦门博物馆建馆十周年成果文集》，第 157~171 页；孟原召：《宋元时期泉州沿海地区瓷器的外销》，《边疆考古研究》第 5 辑，北京：科学出版社，2006 年，第 137~156 页；（日）森达也：《从出土陶瓷来看宋元时期福建和日本的贸易路线》，栗建安主编：《考古学视野中的闽商》，北京：中华书局，2010 年，第 173~187 页；刘淼、羊泽林：《明清华南瓷业的生产及外销》，《考古与文物》2016 年第 6 期，第 146~157 页。

[9] 黄世春：《晋江古代陶瓷业与海外交通》，《福建文博》2000 年第 1 期，第 78~81 页；黄天柱：《晋江磁灶古窑及其历史与外销概谈》，《福建文博》1999 年增刊总第 35 期，第 116~118 页。

[10] 叶文程：《略论德化古代陶瓷的生产与外销》，《福建文博》2004 年第 4 期，第 1~9 页；陈建中：《泉州的陶瓷贸易与东西方文化互动：以德化窑外销瓷为例》，《海交史研究》2004 年第 1 期，第 94~104 页。

[11] 栗建安：《漳州窑与东南亚》，《海交史研究》1997 年第 2 期，第 33~37 页。

[12] 肖发标：《中葡早期贸易与漳州窑的兴烧》，《福建文博》1999 年增刊总第 35 期，第 50~53 页；林元平：《平和窑业兴衰原因探析》，《福建文博》1999 年增刊总第 35 期，第 68~71 页；孟原召：《宋元时期泉州沿海地区制瓷业的兴盛与技术来源试探》，《海交史研究》2007 年第 2 期，第 75~89 页。

[13] 栗建安：《福建仿龙泉青瓷的几个问题》，浙江省博物馆编：《东方博物》第三辑，杭州：浙江大学出版社，1999 年，第 82、83 页；So Kee-long, The trade ceramics industry in Southern Fukien during the Sung, *Journal of Song Yuan Studies*, No.24, 1994, pp.1-19.

[14] Ho Chuimei, The Ceramic Boom in Minnan during Song and Yuan Times, Angela Schottenhammer ed. *The Emporium of The World: Maritime Quanzhou,1000-1400*, Koninklijke Brill NV, Leiden, The Netherlands, 2001, pp.237-282;（日）坂井隆：《东南アジア群岛部の陶磁器消费者》，《国立历史民俗博物馆研究报告》第 94 集，2002 年，第 159~249 页。

费群体[1]，以及生产—贸易—消费模式的探讨[2]，还注意到了沿海港口和海外贸易的兴盛与陶瓷生产的关系[3]等问题。

此外，一些学者开始从更大空间上探讨外销瓷的生产空间模式[4]，也有学者从海洋发展史的角度探讨沿海地区制瓷手工业的发展[5]。这样，就为闽南宋元明清时期外销陶瓷的研究提供了更为广阔的思路，促进了外销瓷研究的深入。

由上可知，这一阶段的考古工作和研究较前一阶段有了较大的突破，对制瓷手工业面貌及窑址分布与保存现状有了较为清晰的认识，学术研究也逐渐转向区域性的综合研究，如制瓷手工业分期、工艺技术，制瓷业发展与外销模式等方面。但是，从中我们也可看出，该地区系统、综合性的制瓷手工业分期、工艺技术、以港口为中心的生产—贸易—消费模式等方面尚显薄弱，仍需进一步探讨。

综上所述，闽南地区宋至清代瓷业遗存的认识和学术研究是随着考古新发现而不断完善、深入的；而具代表性瓷窑遗址的考古发掘和不同角度的专题研究则为综合研究提供了丰富的资料和学术基础，并逐渐纳入了古代海外贸易体系的研究视野。

第三节　选题依据与研究方法

一　选题依据

根据前述闽南地区古代陶瓷的文献记载、考古发现和研究历程，从中大体可知，早期记载较少，多是与港口贸易及海外见闻相关的零散记录，而明清时期陶瓷类文献对闽南陶瓷的记载大多仅限于德化窑，其他窑场或陶瓷一般只简单出现于地方史志中，然而当时人的认识颇为有限，以此无法复原其制瓷业全貌，但这些内容仍为我们研究德化窑为主的瓷业遗存以及时人的认识等提供了“碎片化”的历史记忆，这也是相关学术研究的起点。20世纪前半叶，所记寥寥，该地瓷窑的考古调查尚未开始。进入50年代以后，随着考古调查与发掘工作的开展，研究者们逐渐把所见陶瓷器与具体窑址结合起来进行考察和研究，逐步揭开了闽南地区宋代以来瓷业遗存的面貌，而且渐趋明晰。闽南地区的陶瓷研究步入了新的轨道，各地窑址的调查、以港口为中心的外销陶瓷研究、海外遗物窑口的辨识等

[1] 刘净贤：《福建仿龙泉青瓷及其外销状况初探》，《故宫博物院院刊》2013年第5期，第50~56页。

[2] 栗建安：《从山林到海洋——贸易全球化中的福建陶瓷生产与外销》，栗建安主编：《考古学视野中的闽商》，北京：中华书局，2010年，第1~67页；李旻：《早期全球贸易与福建陶瓷考古：太平洋航线上的漳州窑陶瓷》，《考古学视野中的闽商》，北京：中华书局，2010年，第68~99页。

[3] 陈鹏鹏：《十二至十五世纪泉州陶瓷贸易》，第47~57页；Rita Ching Tan, Prosperity in Quanzhou During the 12th-14th Centuries and Its Impact on the Ceramic Industry of Fujian with Reference to Philippine Finds, 第230~252页；Roxanna Brown, Ming Ban-Ming Gap: Southeast Asian Shipwreck Evidence for Shortages of Chinese Trade Ceramics, 第78~104页，上三文均载《十二至十五世纪中国外销瓷与海外贸易国际研讨会论文集》，香港中华书局，2005年；陈建标：《闽南清代陶瓷生产与厦门港对外贸易》，第145~150页；林忠干：《月港兴衰时期的东西方贸易与闽南陶瓷》，第157~171页，上二文均载：《厦门博物馆建馆十周年成果文集》，福州：福建教育出版社，1998年。

[4] 苏基朗：《两宋闽南、广东、浙东外贸瓷产业空间模式的一个比较分析》，李伯重、周生春主编：《江南城市工业化与地方文化（960~1850）》，北京：清华大学出版社，2004年，第141~192页。

[5] 吴春明：《古代东南海洋性瓷业格局的发展与变化》，《中国社会经济史研究》2003年第3期，第33~41页；王新天、吴春明：《论明清青花瓷业海洋性的成长——以“漳州窑”的兴起为例》，《厦门大学学报》（哲学社会科学版）2006年第6期，第61~68页；吴春明：《环中国海沉船——古代帆船、船技与船货》，南昌：江西高校出版社，2003年；刘森、胡舒扬：《沉船、瓷器与海上丝绸之路》，北京：社会科学文献出版社，2016年。

渐次展开。特别是20世纪90年代以来，以具有代表性的德化窑、南安窑、磁灶窑、平和窑、东溪窑等窑址为基础的区域调查和考古发掘，为研究本地区瓷业遗存提供了第一手实物资料，对揭示该地区制瓷技术的发展具有关键意义，也促进了闽南地区制瓷业研究逐步走向深入，其中尤以德化窑和漳州窑的研究最为活跃。

从闽南地区制瓷手工业遗存的发现来看，宋代以来，在泉州、漳州及其附近地区，兴起了一批以外销为主要目的的窑场，其瓷业遗存的突出特点是外向型生产，如宋元时期的南安南坑窑、晋江磁灶窑、厦门汀溪窑、德化窑等，明清时期的德化窑、漳州窑。这些窑场的产品具有比较明显的共同特征，其中许多是模仿当时的龙泉窑青瓷、景德镇窑青白瓷、青花和五彩瓷器等名窑产品，而晋江磁灶窑、元明清德化窑则独具特色。同时，各窑群、窑场之间的产品类别、工艺特征等制瓷技术又存在着差异，这又为生产分工等微观研究提供了丰富的材料。

随着20世纪70年代古外销陶瓷研究热潮的兴起，逐渐成为一大学术热点。这可以从两个方面来理解：其一，随着考古工作的不断开展，海外所发现的大量陶瓷器的产地得以确认，其中即包括德化窑、南安窑、磁灶窑、安溪窑、平和窑、东溪窑等；其二，对该地区陶瓷器的消费市场有了新的认识，海外遗址考古与瓷器有序流传、水域沉船的发现也就构成了闽南地区陶瓷的海外贸易网络。可以说，闽南地区宋代以来的制瓷手工业也是中国古外销陶瓷的生产—贸易—消费模式的一个缩影。然而，据前所述，目前这一地区制瓷手工业的发现与研究主要是围绕外销这一关键点展开的，集中于各处窑址的考古发掘与个案研究、区域性的综合性概述、国外遗址及水下考古中发现的相关瓷器介绍与产地的初步研究等；而缺乏对闽南地区宋至清代制瓷手工业遗存的综合性研究，对其自身发展序列、工艺技术、窑场的时空分布等尚缺乏系统的认识。这即是本文选题的基本依据。

闽南地区古外销陶瓷研究的兴起和活跃，是中国古代陶瓷贸易的重要内容，也是宋至清代海外贸易中不可缺少的一环。从目前考古资料来看，闽南地区的陶瓷器广泛见于日本、东南亚、西亚、非洲东海岸等地区，尤其是日本、东南亚各地，数量很多，明、清时期的德化窑、漳州窑瓷器还广销欧洲，甚至美洲。这些海外发现的闽南地区陶瓷，是探讨闽南陶瓷海外消费市场的基础资料，也是研究闽南地区宋至清代制瓷手工业的重要内容。本文将以此为参照，论述闽南地区陶瓷器的海外市场等问题。

总之，在渐趋丰富的考古材料基础上，闽南地区宋至清代制瓷手工业的综合研究，包括瓷业面貌变化、窑场分布格局与历史变迁、海外市场与贸易途径的探讨、消费群体与使用方式的研究等内容，已逐渐成为古外销陶瓷研究的主要趋势。这也是探讨古代海外贸易体系下的陶瓷生产与贸易的重要研究视角。

基于此，本文的研究对象是闽南地区宋至清代制瓷手工业遗存，从考古发现的制瓷手工业遗存出发，探讨闽南地区宋至清代瓷器生产面貌与演变、贸易状况。

二 资料来源

本文所用的基本资料是闽南地区宋至清代瓷窑遗址出土的遗迹和遗物，这是探讨其他相关问题的前提。因这一地区窑址资料十分丰富，本文选取了闽南地区具有代表性的、经过考古发掘的瓷窑遗址材料，作为主体资料。这些资料有：

（1）以晋江金交椅山、土尾庵窑址为代表的磁灶窑[1]，代表了泉州沿海地区面貌独特的磁灶窑瓷器，有青瓷、黑瓷和黄绿釉瓷等。

（2）以南安南坑格仔口、仑坪扩、蓝溪寮仔窑址为代表的南安窑[2]，主要是青白瓷和青瓷。

（3）以德化盖德碗坪崙、浔中屈斗宫、甲杯山、祖龙宫、杏脚窑址为代表的德化窑[3]，包含了青白瓷、白瓷等。

（4）以平和、华安、南靖为中心的漳州窑[4]，以青花、五彩瓷器为主。这是本文分期研究的基础资料[5]。

此外，文中也将用到部分已发表的闽南地区其他窑址材料，作为补充。结合福建其他地区及外地窑址资料，包括越窑、龙泉窑、景德镇窑等，用作比对，从而进一步探讨这一地区、这一时期制瓷手工业生产的特征。

本文的制瓷手工业遗存资料还包括了已发表的窑址以外的国内外遗址资料，尤其是海外发现的闽南地区陶瓷、海域沉船出水瓷器；还有收藏来源明确的馆藏瓷器，以明清时期的德化窑、漳州窑瓷器较为多见。

文中在探讨贸易等相关问题时，将结合有关古代文献史料（正史、典章制度、地理志、方志、笔记史料、交通史料、时人游记等）和历史、考古类研究资料，作为论述当时社会经济生活、海外贸易、港市变迁等问题的依据。

三　研究方法

本书以探讨闽南地区宋至清代制瓷手工业的发展脉络为主线，分析其区域性特征与阶段性特点及相关问题。

由于该地区瓷业遗存的综合性分期尚有欠缺，故本书首先通过考古学研究方法，对闽南地区宋至清代制瓷手工业遗存进行分期研究，从瓷器产品和烧成技术两方面入手展开论述。关于器物群组的演变情况，本书按瓷器品种展开分析[6]，从器形、胎、釉、装饰等方面，用类型学原理对其进行

[1] 福建博物院：《晋江磁灶金交椅山窑址发掘简报》，《福建文博》2005年第2期，第26~46页；福建省博物馆：《磁灶土尾庵窑发掘简报》，《福建文博》2000年第1期，第25~35页；福建博物院、晋江博物馆：《磁灶窑址：福建晋江磁灶窑址考古调查发掘报告》，北京：科学出版社，2011年。本文所用磁灶窑资料，均引自磁灶窑报告。

[2] 福建博物院发掘资料，报告待刊。本文所用南安窑发掘与调查资料，均出于此。其中，寮仔窑资料可参考：福建博物院、南安市文管办、泉州市文保中心：《南安寮仔窑发掘简报》，《福建文博》2008年第4期，第1~11页。

[3] 书中所用盖德碗坪崙、浔中屈斗宫窑资料，引自福建省博物馆：《德化窑》，北京：文物出版社，1990年；所用的甲杯山、祖龙宫、杏脚窑资料，为福建博物院考古发掘资料，待刊。

[4] 书中所用平和南胜花仔楼、五寨大垅、二垅窑发掘及漳州其他窑址调查资料，出自福建省博物馆：《漳州窑——福建漳州地区明清窑址调查发掘报告之一》，福州：福建人民出版社，1997年。洞口窑资料见福建省博物馆：《平和五寨洞口窑址的发掘》，《福建文博》1998年增刊总第32期，第3~31页。田坑窑资料见福建省博物馆：《福建平和县南胜田坑窑址发掘报告》，《福建文博》1998年第1期，第4~30页。平和官峰窑资料出自平和县博物馆：《平和官峰窑址调查报告》，《福建文博》1998年增刊总第32期，第32~35页。华安东溪窑资料见栗建安：《东溪窑调查纪略》，《福建文博》1993年第1、2期，第138~150页；福建省博物馆、漳州市博物馆：《华安东溪窑1999年度调查》，《福建文博》2001年第2期，第50~69页；福建博物院、华安县博物馆：《华安东溪窑2007年发掘简报》，《福建文博》2016年第2期，第2~13页。南靖东溪窑资料参考福建博物院、南靖县文物保护中心：《南靖县东溪窑封门坑窑址2015年发掘简报》，《福建文博》2015年第3期，第2~15页。漳浦罗宛井窑资料引自福建省博物馆：《漳浦罗宛井窑抢救发掘的主要收获》，《福建文博》2001年第2期，第70~76页。

[5] 本书所用窑址标本、遗迹等资料，均引于此，下文不再一一列出。

[6] 这里的瓷器品种，通常是以釉、彩来区分的，即青釉、青白釉、黑釉、青花、五彩、素三彩等。

系统的梳理，以作分期研究，总结其发展、变化及各期、各区的特征，构建其演变序列。

在此基础上，探讨其制瓷技术的发展脉络以及与周边地区的技术交流问题，这属于生产领域；并分析产品的行销情况，尤其是“陶瓷之路”上的闽南地区瓷器，这是流通领域；进而探讨瓷器的使用者，分析其具体使用情况，这是消费领域的内容。本书试图通过对瓷器生产、贸易的分析，来阐述、构建闽南地区的陶瓷生产与贸易及使用情况，以期达到区域性的专门经济史研究的目的。

总体来说，本书利用考古材料，对闽南地区宋至清代制瓷手工业遗存进行综合性研究，力图揭示该地区制瓷手工业发展中的不同环节，并进一步探讨这一时期作为重要外销商品的瓷器的生产—贸易—消费模式。基于这一研究思路，本书拟从以下几个方面进行论述：

（1）根据瓷业遗存的考古学分析，进行分区、分期研究，以建立闽南地区宋至清代制瓷手工业的发展演变序列，进而论述该地区的制瓷手工业面貌。

（2）通过对窑场具体分布情况的考察，结合相关经济生产形式的分析，初步探索闽南地区制瓷手工业的生产格局及变迁。

（3）通过对制瓷技术的分析，探讨闽南地区内部及其与周边地区制瓷技术交流，并论述该地区瓷器生产的特征。

（4）通过对瓷器消费地和使用者的考察和分析，论述闽南地区陶瓷器的行销区域、路线，以及在社会生活中的地位与作用，重点揭示其外向型瓷器生产特征与海外贸易状况。

（5）从这一生产—贸易—消费各环节的综合考察中，思考当时商品经济下闽南地区贸易陶瓷的经济学意义。

第二章　典型遗存的考古学分析

根据前文所述的考古调查和发掘材料，可知闽南地区宋至清代制瓷手工业遗存内涵十分丰富，面貌复杂多样。通过瓷业遗存资料的初步分析，结合水系分布情况，这一地区大体可分为三个相对不同的区域——泉州沿海地区、泉州内陆地区和漳州地区。

从地理环境上来讲，三个区域各不相同，泉州沿海地区位于晋江流域中下游，毗邻入海口，地势低缓；泉州内陆的德化，西部、北部分别连接戴云山、石牛山，其地山岭绵延；漳州地区主要处于九龙江流域，地势较缓。更为重要的是，从这些窑址发现的遗迹、遗物等方面来看，这三个区域瓷业遗存面貌各异，且其发展自成体系。因此，本章据此将其分为泉州沿海、泉州内陆和漳州三个小区域进行考古学分析。

需要指出的是，本章的制瓷手工业遗存包括窑址考古发现的遗迹和遗物，因数量众多，本文选取该地区具有代表性的典型遗存进行研究。一般而言，制瓷手工业的生产面貌可以通过以下几个方面来说明：

（1）瓷器的类型，包含器类、器形特征及其演变。

（2）瓷器的制作工艺[1]，包含胎及成型工艺、釉及施釉工艺、装饰工艺等。

（3）烧成技术，包括窑炉、窑具、装烧方法等。

同时，根据该地区窑址考古发掘的地层关系、各地墓葬等遗址出土瓷器的纪年资料以及目前相关的研究成果，得出各区内典型遗存在器物形制、制瓷工艺、烧成技术各方面的早晚关系，即演变序列。在此基础上，由各类器物的演变情况，地层相同、工艺特征相近的器物可划分为同一组，这一点于下文器物图中予以体现。因此，下文典型遗存的考古学分析将依此分别进行论述。

第一节　泉州沿海地区

泉州沿海地区包括泉州、晋江、南安、惠安等地，窑址以晋江磁灶窑、南安南坑窑、蓝溪窑为代表，下文即依此为基础进行分析。

[1] 瓷器的制作工艺，包含瓷器由原料、成型、施釉、装饰、装烧直至成品等各个方面，这一过程中，最为突出的是瓷器本身的制作，即胎及成型工艺、釉及施釉工艺、装饰工艺等，下文所论瓷器的制作工艺主要就是这几个方面。瓷器的烧成技术通常是指瓷器由坯体到成品的工艺过程，有学者称为“窑业技术”（如熊海堂：《东亚窑业技术发展与交流史研究》，南京：南京大学出版社，1995年），这是制瓷手工业中至为重要的一个方面，包括窑炉结构、装烧方法、烧窑方式、烧造过程等多个方面，而且其自成体系，为突出其重要性，这里单独将其作为一个角度进行阐述。

一　瓷器的类型学分析

泉州沿海地区瓷器的品种主要有青釉、黑釉、酱釉、青白釉、绿釉、黄釉、素胎等，下文根据晋江磁灶金交椅山和土尾庵窑址、南安南坑格仔口（下文标本记为03NNG者）、仑坪扩和蓝溪寮仔（下文标本记为03NLL者）窑址的发掘资料，选取形制演变较快的典型器类分别进行排比。

（一）青釉瓷器

泉州沿海地区青瓷的器类有碗、盏、盘、碟、钵、盆、杯、盒、罐、灯、炉、执壶、瓶等，这里选碗、盘、罐、执壶做以分析。

1．碗

根据口沿及腹部形状，大体分四型。

A型　花口，侈口，腹壁斜弧，碗底部胎较厚。口沿一般为四出花口状。分两式，标本如图（图2-1，1、2）。

Ⅰ式　标本金交椅山T2：48。

Ⅱ式　标本金交椅山F1：6。

口沿外侈幅度增大；腹由深渐浅，腹壁由较斜直而趋微弧；圈足由矮渐高。

B型　侈口，弧腹，圈足。分五式，标本如图（图2-1，3~7）。

Ⅰ式　标本金交椅山Y2：31。

Ⅱ式　标本金交椅山Y2：24。

Ⅲ式　标本03南坑顶南埔窑采集：2。

Ⅳ式　标本03南坑顶南埔窑采集：14。

Ⅴ式　标本03NNGT01③：6。

口部外侈幅度较小，腹壁由斜直趋弧，圈足由大变小，渐增高。

C型　口部略内收（束口），弧腹，矮圈足。分四式，标本如图（图2-1，8~11）。

Ⅰ式　标本蜘蛛山：22。

Ⅱ式　标本03NNGT03②：87。

Ⅲ式　标本03NNGT01③：18。

Ⅳ式　标本03南坑牛路沟窑采集：5。

口部内收幅度减小；腹由深渐浅，渐显斜直；挖足由浅渐深，逐渐草率，足外底心由较为平整逐渐出现中心凸起。

D型　敞口，弧腹，矮圈足。分四式，标本如图（图2-1，12~15）。

Ⅰ式　标本金交椅山Y2：25。

Ⅱ式　标本03NNGT01①：67。

Ⅲ式　标本03南坑牛路沟窑采集：3。

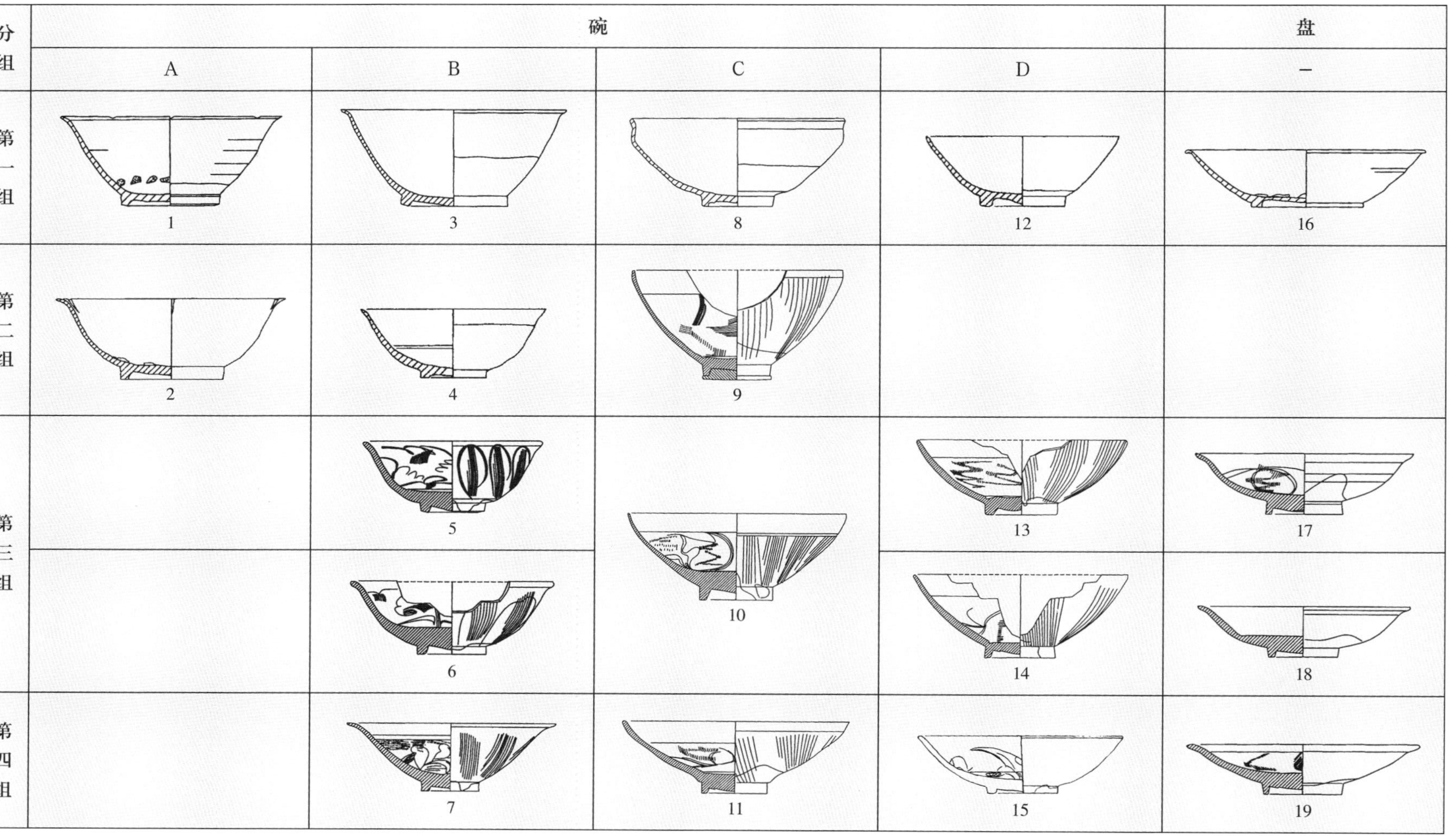

图 2–1　泉州沿海地区青釉碗和盘

1. 金交椅山 T2：48　2. 金交椅山 F1：6　3. 金交椅山 Y2：31　4. 金交椅山 Y2：24　5. 03 南坑顶南埔窑采集：2　6. 03 南坑顶南埔窑采集：14　7. 03NNGT01 ③：6　8. 蜘蛛山：22　9. 03NNGT03 ②：87　10. 03NNGT01 ③：18　11. 03 南坑牛路沟窑采集：5　12. 金交椅山 Y2：25　13. 03NNGT01 ①：67　14. 03 南坑牛路沟窑采集：3　15. 03 南坑顶南埔窑采集：29　16. 金交椅山 F1：5　17. 03NNGT01 ③：74　18. 03 南坑牛路沟窑采集：8　19. 03 南坑新田窑采集：9

Ⅳ式　标本 03 南坑顶南埔窑采集：29。

口沿外敞幅度增大；腹由深渐浅；圈足由较高直变矮，且略外撇，外部底心由平整而逐渐出现乳状凸起，制作由精细而逐渐草率。

2．盘

侈口，弧腹较浅，矮圈足。分四式，标本如图（图 2–1，16~19）。

Ⅰ式　标本金交椅山 F1：5.

Ⅱ式　标本 03NNGT01 ③：74。

Ⅲ式　标本 03 南坑牛路沟窑采集：8。

Ⅳ式　标本 03 南坑新田窑采集：9。

口部外侈幅度增大；腹部变浅，腹壁由斜直趋微弧；圈足由大变小，渐增高。

3．执壶

执壶是泉州沿海地区窑场，尤其是晋江磁灶窑的常见器类之一，其形制多样、演变清晰。根据执壶口、颈部形制，大体分三型。

A 型　喇叭形口。口部外敞，颈部与口呈喇叭状，中间略束，尖唇或略卷沿，鼓腹，平底略出矮台。有的执壶肩部饰有双系小钮或小印花状的牌形小耳。分五式，标本如图（图 2–2，1~5）。

Ⅰ式　标本金交椅山 Y1：1。

Ⅱ式　标本金交椅山 Y1：2。

Ⅲ式　标本金交椅山 Y2：6。

Ⅳ式　标本金交椅山 Y4：17。

Ⅴ式　标本金交椅山 T2：5。

口部外敞幅度增大；颈部由细长逐渐变粗短；执壶柄随之变小，并有捏划装饰；腹由略椭圆而变圆鼓；平底出台，略内凹或稍外撇呈假圈足状。

B 型　盘口，长颈。浅盘形口，喇叭形长颈，鼓腹，平底或圈足。分四式，标本如图（图 2–2，6~9）。

Ⅰ式　标本金交椅山 Y2：10。

Ⅱ式　标本金交椅山 Y2：2。

Ⅲ式　标本金交椅山 Y4：29。

Ⅳ式　标本金交椅山 Y2：142。

盘形口渐浅，口部外敞幅度渐大；颈部由细长逐渐变粗短；执壶柄随之变小，并有捏划装饰；腹由椭圆而变圆鼓，渐呈浑圆形；平底出台或矮圈足。

C 型　直口，长颈。直筒形，长颈，曲流，鼓腹，有的呈瓜棱形，平底，有的出台。分五式，标本如图（图 2–2，10~14）。

Ⅰ式　标本金交椅山 Y4：12。

Ⅱ式　标本金交椅山 Y4：4。

Ⅲ式　标本金交椅山 Y2：141。

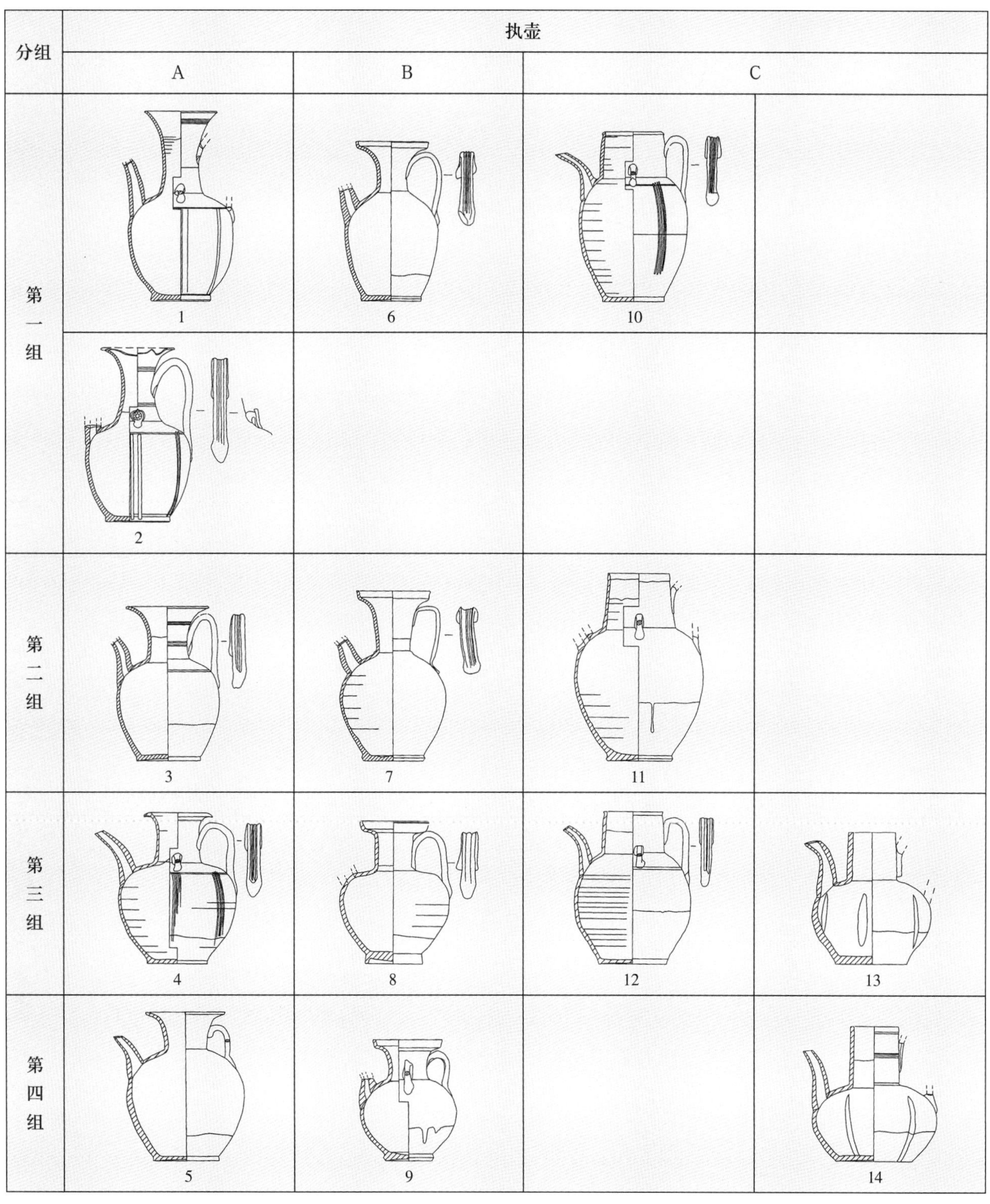

5、8、9、13、14 0 12 厘米 余 0 18 厘米

图 2-2 泉州沿海地区青釉执壶

1. 金交椅山 Y1：1 2. 金交椅山 Y1：2 3. 金交椅山 Y2：6 4. 金交椅山 Y4：17 5. 金交椅山 T2：5 6. 金交椅山 Y2：10 7. 金交椅山 Y2：2 8. 金交椅山 Y4：29 9. 金交椅山 Y2：142 10. 金交椅山 Y4：12 11. 金交椅山 Y4：4 12. 金交椅山 Y2：141 13. 金交椅山 Y2：17 14. 金交椅山 Y2：15

Ⅳ式　标本金交椅山 Y2：17。

Ⅴ式　标本金交椅山 Y2：15。

直口、长直颈由粗逐渐变细；腹部由椭圆逐渐圆鼓，再扁圆。

4．罐

根据器形，大体分两型。

A 型　四系罐。卷沿，高领，溜肩，鼓腹，平底微内凹。分两式，标本如图（图 2–3，1、2）。

Ⅰ式　标本金交椅山 Y1：16。

Ⅱ式　标本土尾庵 T04：39。

口部变大，领部略变高，腹部由椭圆趋矮而鼓，底部微出台。

B 型　直阔口，高领，丰肩，鼓腹，平底。分两式，标本如图（图 2–3，3、4）。

Ⅰ式　标本金交椅山 Y4：38。

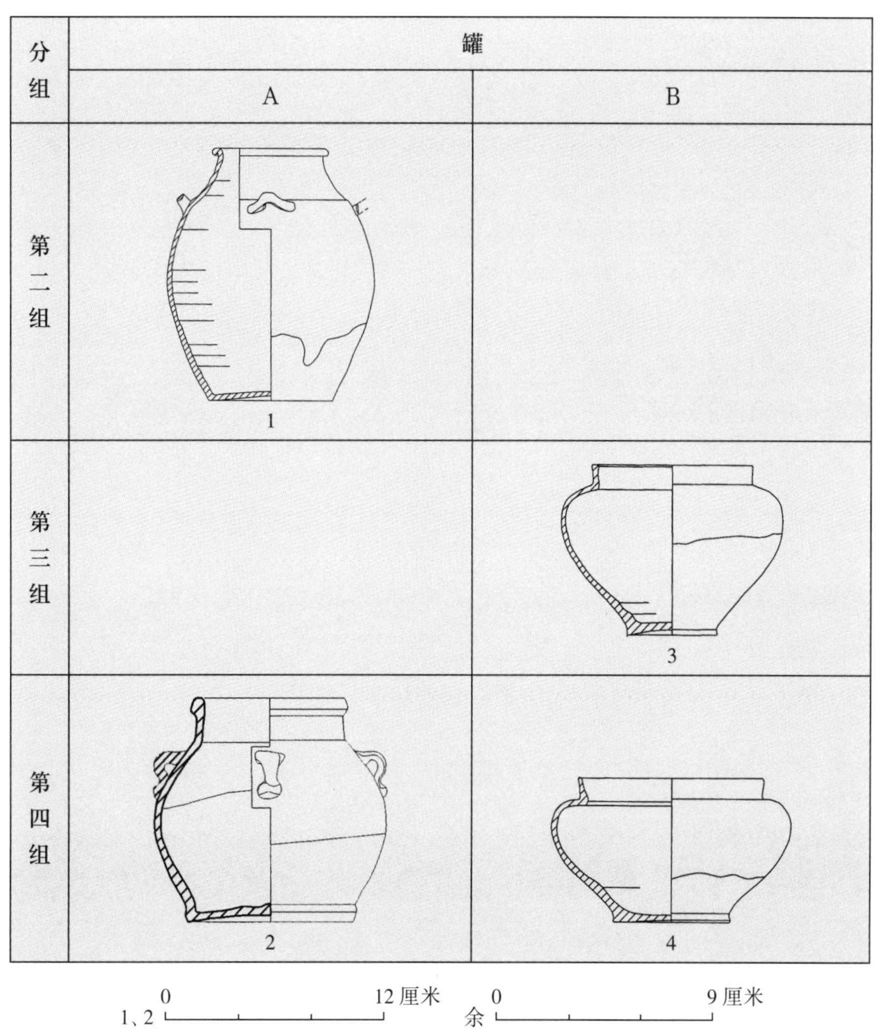

图 2–3　泉州沿海地区青釉罐

1. 金交椅山 Y1：16　2. 土尾庵 T04：39　3. 金交椅山 Y4：38　4. 金交椅山 Y4：34

Ⅱ式　标本金交椅山 Y4：34。

口部变大，微外侈；上腹圆鼓，下腹弧收，腹部变浅，而略显矮扁。

（二）黑釉瓷器

泉州沿海地区黑釉瓷器有碗、盏、盏托、碟、罐、灯、炉、执壶、瓶、军持等，这里选盏托、罐、瓶、军持做以分析。

1．盏托

托口为直口或微敛，尖唇，弧腹，腹底部与托盘相连，盘腹浅；盘高圈足，足壁外直内斜，足内中空。分四式，标本如图（图 2–4，1~4）。

Ⅰ式　标本金交椅山 Y3：52。

Ⅱ式　标本金交椅山 Y2：121。

Ⅲ式　标本土尾庵 T04：61。

Ⅳ式　标本土尾庵 T04：124。

托口口部由微敛而趋直，腹部变浅，外壁由弧渐直；托盘由斜直腹而变为直口折腹，且渐浅；圈足趋高。

2．罐

根据器形，大体分为两型。

A 型　直口，高领，圆肩，鼓腹，平底出台。分三式，标本如图（图 2–4，5~7）。

Ⅰ式　标本金交椅山 Y4：44。

Ⅱ式　标本金交椅山 Y4：40。

Ⅲ式　标本金交椅山 Y3：35。

口部变大，领变矮；腹部由圆鼓变得扁圆，下腹弧收幅度变大。

B 型　小口，口沿略外撇；广肩，鼓腹，平底微内凹。分两式，标本如图（图 2–4，8、9）。

Ⅰ式　标本土尾庵 T04：65。

Ⅱ式　标本土尾庵 T04：118。

口部略变大，腹部由较圆鼓而趋扁圆，整体变矮。

3．瓶

根据器形，大体分为两型。

A 型　小口，卷沿，丰肩，腹略呈筒形，下腹斜收，平底。分三式，标本如图（图 2–5，1~3）。

Ⅰ式　标本金交椅山 Y1：23。

Ⅱ式　标本金交椅山 Y4：51。

Ⅲ式　标本金交椅山 Y1：24。

口部微变大，口沿变矮；肩部变阔；下腹斜收幅度变大，底部趋小，制作由规整而渐趋草率。

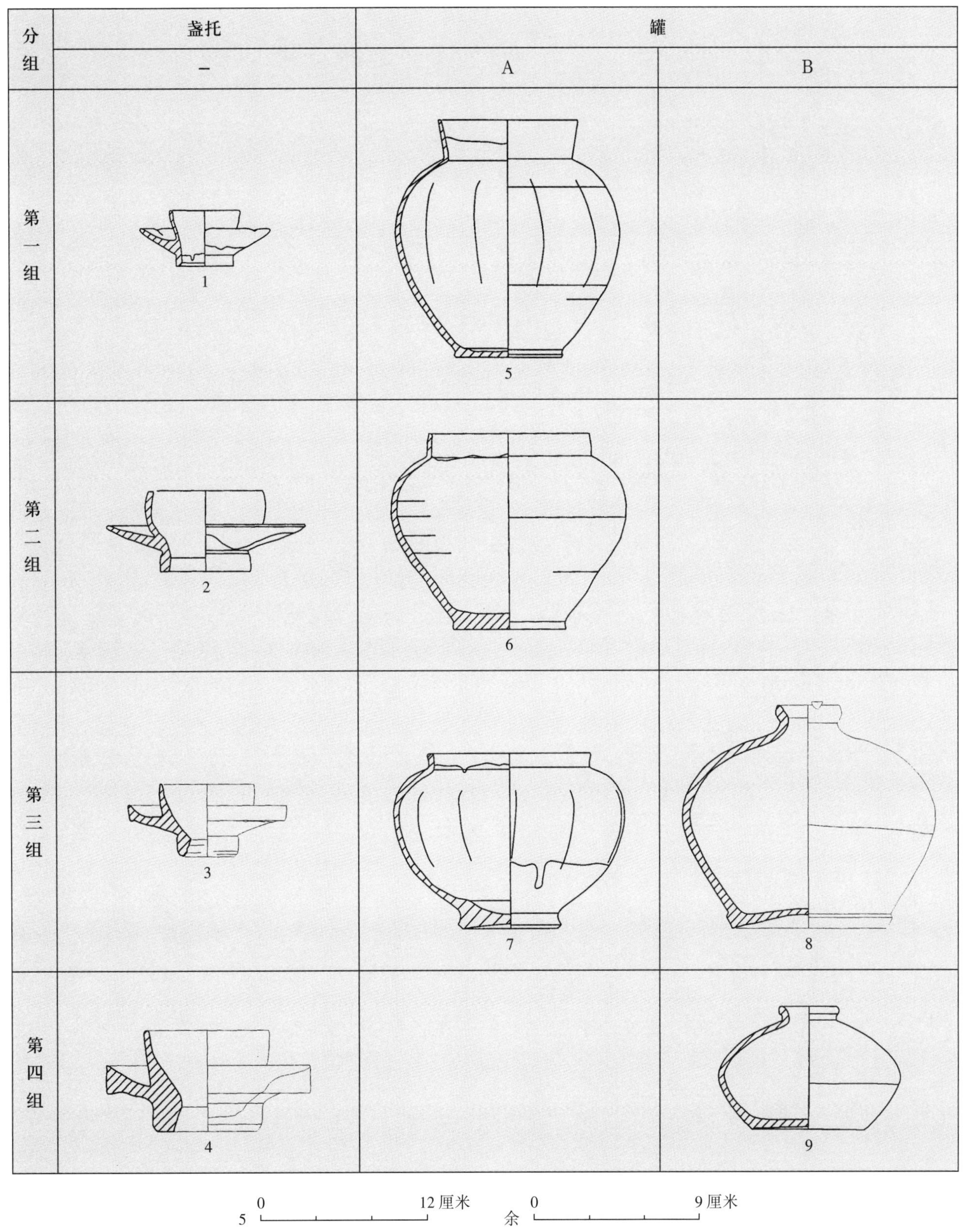

图 2-4　泉州沿海地区黑釉盏托和罐

1. 金交椅山 Y3：52　2. 金交椅山 Y2：121　3. 土尾庵 T04：61　4. 土尾庵 T04：124　5. 金交椅山 Y4：44　6. 金交椅山 Y4：40　7. Y3：35　8. 土尾庵 T04：65　9. 土尾庵 T04：118

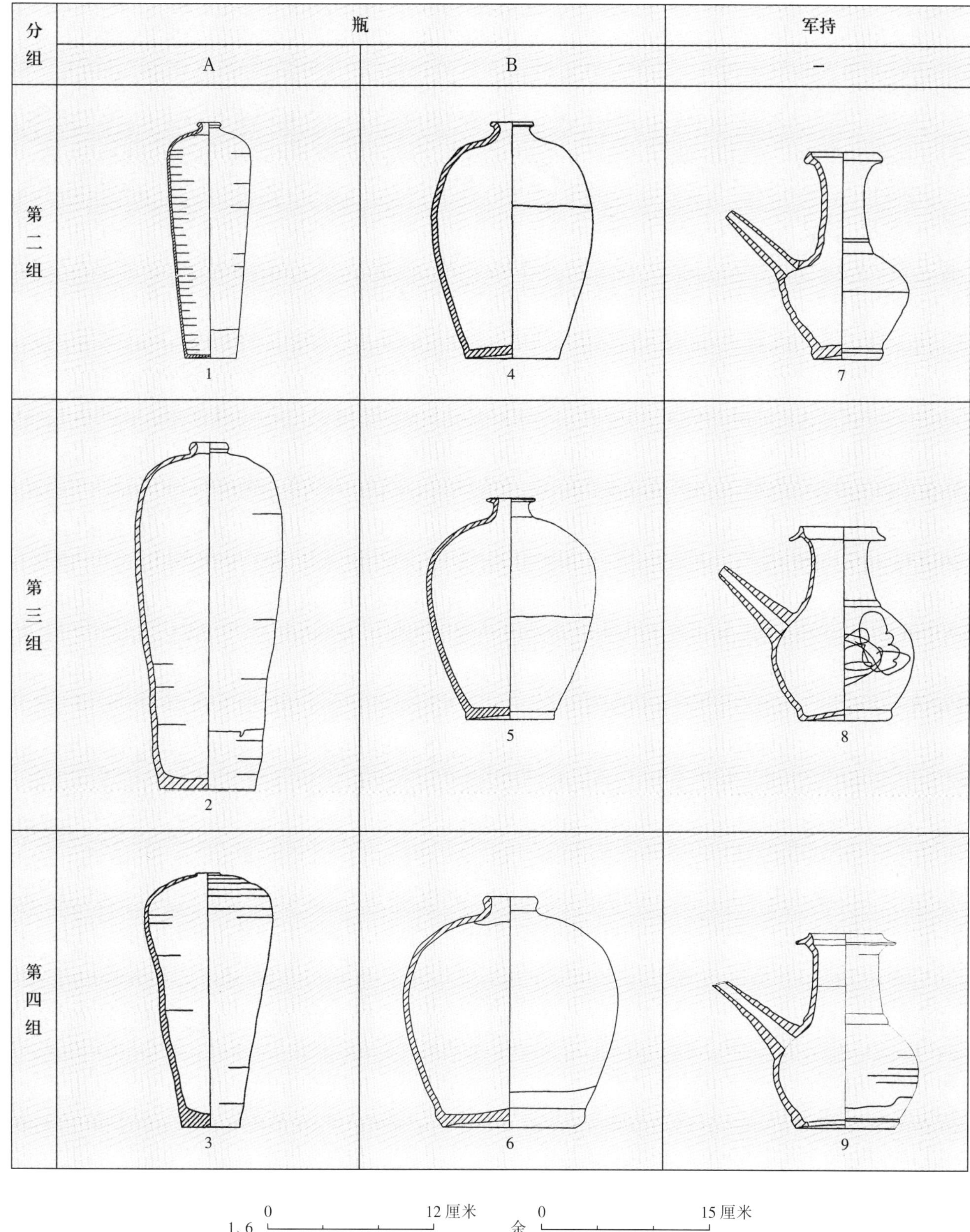

图 2-5 泉州沿海地区黑釉瓶和军持

1. 金交椅山 Y1：23 2. 金交椅山 Y4：51 3. 金交椅山 Y1：24 4. 金交椅山 Y2：22 5. 金交椅山 Y2：21 6. 土尾庵 T04：263 7. 许山窑：2 8. 土尾庵 T04：40 9. 土尾庵 T04：136

B 型　小口，圆肩，鼓腹，平底微内凹。分三式，标本如图（图 2–5，4~6）。

Ⅰ式　标本金交椅山 Y2：22。

Ⅱ式　标本金交椅山 Y2：21。

Ⅲ式　标本土尾庵 T04：263。

口部微变大，肩部变阔；腹部由长圆而趋于圆鼓，整体变矮。

4．军持

浅盘口，尖唇，长颈微束，溜肩，鼓腹，平底微内凹；长流斜直[1]。分三式，标本如图（图 2–5，7~9）。

Ⅰ式　标本许山窑：2。

Ⅱ式　标本土尾庵 T04：40。

Ⅲ式　标本土尾庵 T04：136。

口部由浅盘口而渐出现折沿；颈部由细长而趋于粗短，且渐直；腹部由圆鼓而渐趋扁圆，器形变矮。

（三）青白釉瓷器

泉州沿海地区青白瓷器类有碗、盏、盘、碟、钵、盆、杯、盒、罐、灯、炉、执壶、净瓶、瓶等，这里选碗、盘、碟、盒、炉做以分析。

1．碗

根据口沿及腹部形状，分四型。

A 型　大敞口，尖唇，腹部斜直，呈斗笠状，圈足较矮小，挖足较浅。碗内底心均有一圆形突起，为拉坯时形成。分五式，标本如图（图 2–6，1~5）。

Ⅰ式　标本 03NLLY1 ②：10。

Ⅱ式　标本 03NNGT01 ④：25。

Ⅲ式　标本 03NNGT01 ③：91。

Ⅳ式　标本 03 南坑后垄山窑采集：8。

Ⅴ式　标本 03NNGT01 ③：60。

口部外敞幅度趋小，腹部由斜直向略弧演变，圈足渐高，挖足趋深，足外底心由较平逐渐出现乳状凸起。

B 型　口沿作多出花口状，一般为四出、六出或多曲菊瓣。侈口，弧腹，碗底部胎较厚，圈足。分五式，标本如图（图 2–6，6~10）。

Ⅰ式　标本 03NNGT03 ②：82。

Ⅱ式　标本 03NNGT01 ④：4。

Ⅲ式　标本 03NLLT01 ①：64。

[1] 窑址发现多为素胎，属于半成品，这类器物一般是施低温绿或黄釉，也有的施黑釉或酱釉。本文在黑釉之下列出军持，主要是为了说明这类器物的器形演变情况，而并未强调其釉色。

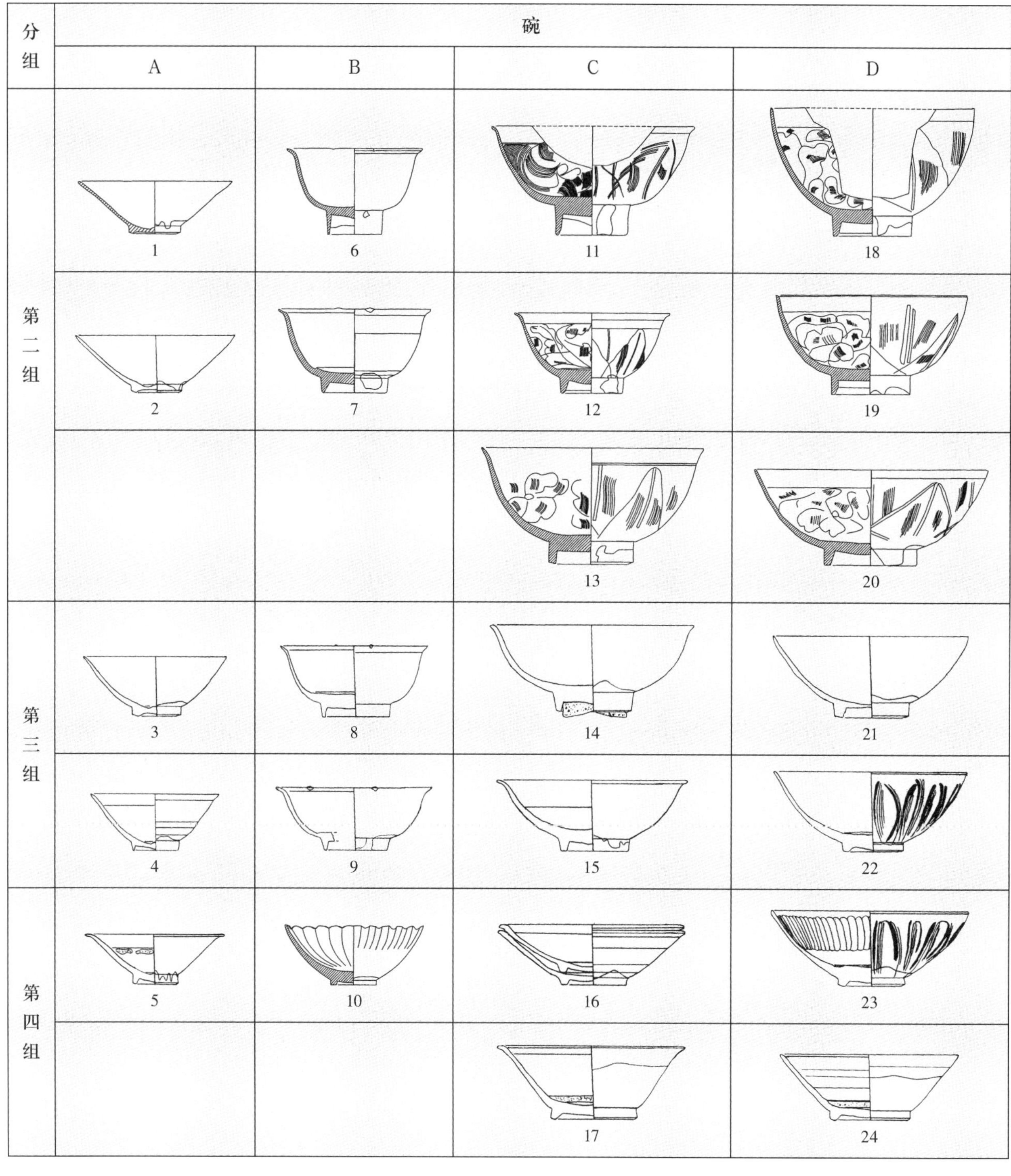

图 2–6　泉州沿海地区青白釉碗

1. 03NLLY1 ②：10　2. 03NNGT01 ④：25　3. 03NNGT01 ③：91　4. 03 南坑后垄山窑采集：8　5. 03NNGT01 ③：60　6. 03NNGT03 ②：82　7. 03NNGT01 ④：4　8. 03NLLT01 ①：64　9. 03NLLT01 ①：62　10. 03 南坑顶南埔窑采集：1　11. 03NNGT03 ②：96　12. 03NNGT04 ②：45　13. 03NLLY1 ②：34　14. 03NLLT01 ①：58　15. 03 南坑牛路沟窑采集：11　16. 03 南坑牛路沟窑采集：7　17. 03 南坑顶南埔窑采集：38　18. 03NLLY1 ②：20　19. 03NLLY1 ②：19　20. 03NLLY1 ②：28　21. 03NNGT01 ③：13　22. 03 南坑顶南埔窑采集：46　23. 03 南坑顶南埔窑采集：50　24. 03 南坑顶南埔窑采集：47

Ⅳ式　标本 03NLLT01 ①：62。

Ⅴ式　标本 03 南坑顶南埔窑采集：1。

口部变大，腹部逐渐变浅，圈足由高变矮，挖足渐浅，足沿由窄变宽。

C 型　侈口，弧腹，圈足。分七式，标本如图（图 2–6，11~17）。

Ⅰ式　标本 03NNGT03 ②：96。

Ⅱ式　标本 03NNGT04 ②：45。

Ⅲ式　标本 03NLLY1 ②：34。

Ⅳ式　标本 03NLLT01 ①：58。

Ⅴ式　标本 03 南坑牛路沟窑采集：11。

Ⅵ式　标本 03 南坑牛路沟窑采集：7。

Ⅶ式　标本 03 南坑顶南埔窑采集：38。

口部外侈幅度增大；腹部由深渐浅，并趋显斜直；圈足由小而高变为大而矮，挖足渐浅，并出现涩圈，制作渐趋草率。

D 型　敞口，尖唇，弧腹，圈足。分七式，标本如图（图 2–6，18~24）。

Ⅰ式　标本 03NLLY1 ②：20。

Ⅱ式　标本 03NLLY1 ②：19。

Ⅲ式　标本 03NLLY1 ②：28。

Ⅳ式　标本 03NNGT01 ③：13。

Ⅴ式　标本 03 南坑顶南埔窑采集：46。

Ⅵ式　标本 03 南坑顶南埔窑采集：50。

Ⅶ式　标本 03 南坑顶南埔窑采集：47。

口部外敞幅度增大；腹部由深而渐为浅，并趋显斜直；圈足由小而高变为大而矮，且略外撇，挖足渐浅，并出现涩圈，外部底心亦由平整而逐渐出现乳状凸起，制作由精细而逐渐草率。

2．**盘**

根据口沿不同，分三型。

A 型　口部呈花瓣状，一般为六瓣，也有四瓣或多瓣者。敞口或微敞，腹部略弧，较浅，圈足。分五式，标本如图（图 2–7，1~5）。

Ⅰ式　标本 03NNGT02 ⑤：9。

Ⅱ式　标本 03NLLY1 ②：17。

Ⅲ式　标本 03NLLT01 ②：30。

Ⅳ式　标本 03NLLT01 ②：29。

Ⅴ式　标本 03 南坑顶南埔窑采集：17。

花口挤压逐渐简化，外敞幅度增大；腹部由较深渐变浅，由弧渐趋斜直；圈足渐小，挖足趋于草率。

B 型　敞口，弧腹较浅，圈足。分四式，标本如图（图 2–7，6~9）。

Ⅰ式　标本 03NLLT01 ②：57。

Ⅱ式　标本 03NLLT01 ②：36。

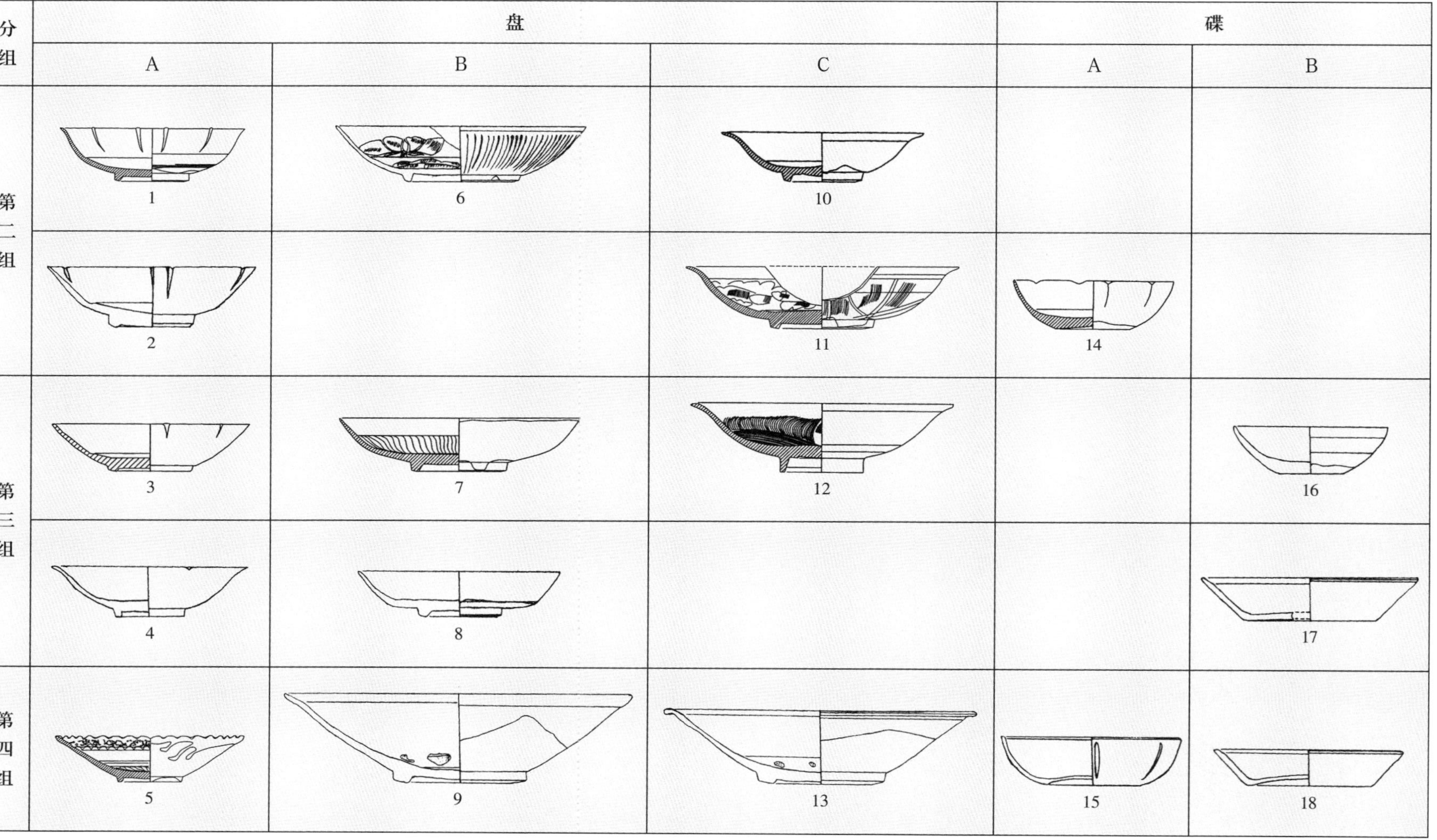

图 2-7 泉州沿海地区青白釉盘和碟

1. 03NNGT02 ⑤：9 2. 03NLLY1 ②：17 3. 03NLLT01 ②：30 4. 03NLLT01 ②：29 5. 03 南坑顶南埔窑采集：17 6. 03NLLT01 ②：57 7. 03NLLT01 ②：36 8. 03NLLT01 ②：38 9. 03 南坑顶南埔窑采集：31 10. 03NNGT01 ④：14 11. 03NNGT02 ⑥：22 12. 03NNGT03 ②：87 13. 03 南坑顶南埔窑采集：37 14. 03NNGT01 ③：11 15. 03 南坑新田窑采集：5 16. 03 南坑后垄山窑采集：5 17. 03 南坑顶南埔窑采集：42 18. 03 南坑顶南埔窑采集：16

Ⅲ式　标本 03NLLT01 ②：38。

Ⅳ式　标本 03 南坑顶南埔窑采集：31。

口部外敞幅度增大，腹部逐渐变浅，腹壁由弧逐渐斜直，内底渐平，圈足由高渐矮，挖足渐趋草率。

C 型　侈口，弧腹较浅，圈足。分四式，标本如图（图 2–7，10~13）。

Ⅰ式　标本 03NNGT01 ④：14。

Ⅱ式　标本 03NNGT02 ⑥：22。

Ⅲ式　标本 03NNGT03 ②：87。

Ⅳ式　标本 03 南坑顶南埔窑采集：37。

口部外侈幅度增大，腹由微弧逐渐斜直，由深变浅，圈足变小，趋于草率。

3．碟

器形似盘，而较小。敞口，平底。根据腹部形状，分两型。

A 型　口、腹作六瓣瓜棱形，为挤压或刻划而成。弧腹，盘底略内凹。分两式，标本如图（图 2–7，14、15）。

Ⅰ式　标本 03NNGT01 ③：11。

Ⅱ式　标本 03 南坑新田窑采集：5。

器趋轻薄，瓜棱形腹制作渐趋草率，底由平逐渐内凹。

B 型　平口。弧腹或斜直腹，平底或微内凹。分三式，标本如图（图 2–7，16~18）。

Ⅰ式　标本 03 南坑后垄山窑采集：5。

Ⅱ式　标本 03 南坑顶南埔窑采集：42。

Ⅲ式　标本 03 南坑顶南埔窑采集：16。

口部外敞幅度增大，腹部由微弧演变为斜直腹，平底逐渐内凹；胎壁逐渐变轻薄，且口部抹釉而芒口。

4．盒

盒是南安各处窑址中出土数量最为丰富的器类之一，其大小不同、形制多样。盒分盒身与盖，其身、盖的搭配基本上是固定的，故这里一并进行分析。根据盒造型的不同，大体分四型。

A 型　子母口，子口较高。盒身、盒盖均呈六瓣瓜棱形，用工具刻划而成。盒身、盖的中部较直，而盖的顶部与身的底部向内折收，有分成上、下两段的折棱，并在盒盖、身的折收部分刻划出象征性的瓜棱状。盒盖一般有瓜蒂形小纽，不实用。盒平底，有的微内凹。分三式，标本如图（图 2–8，1~6）。

Ⅰ式　标本 03NLLT01 ①：40、03NNGY1 ②：27。

Ⅱ式　标本 03NLLT01 ②：124、03NLLT01 ②：95。

Ⅲ式　标本 03NLLT01 ②：110、03NLLT01 ②：100。

盒整体上趋于矮扁。

B 型　六瓣瓜棱形盒，与 A 型的区别在于盒身、盖没有折棱，瓜棱形做法纵贯盒上下。器形其他特征及变化与 A 相同。这类盒是泉州盒类器物中数量较多的一种，有大、中、小之分，大者口径

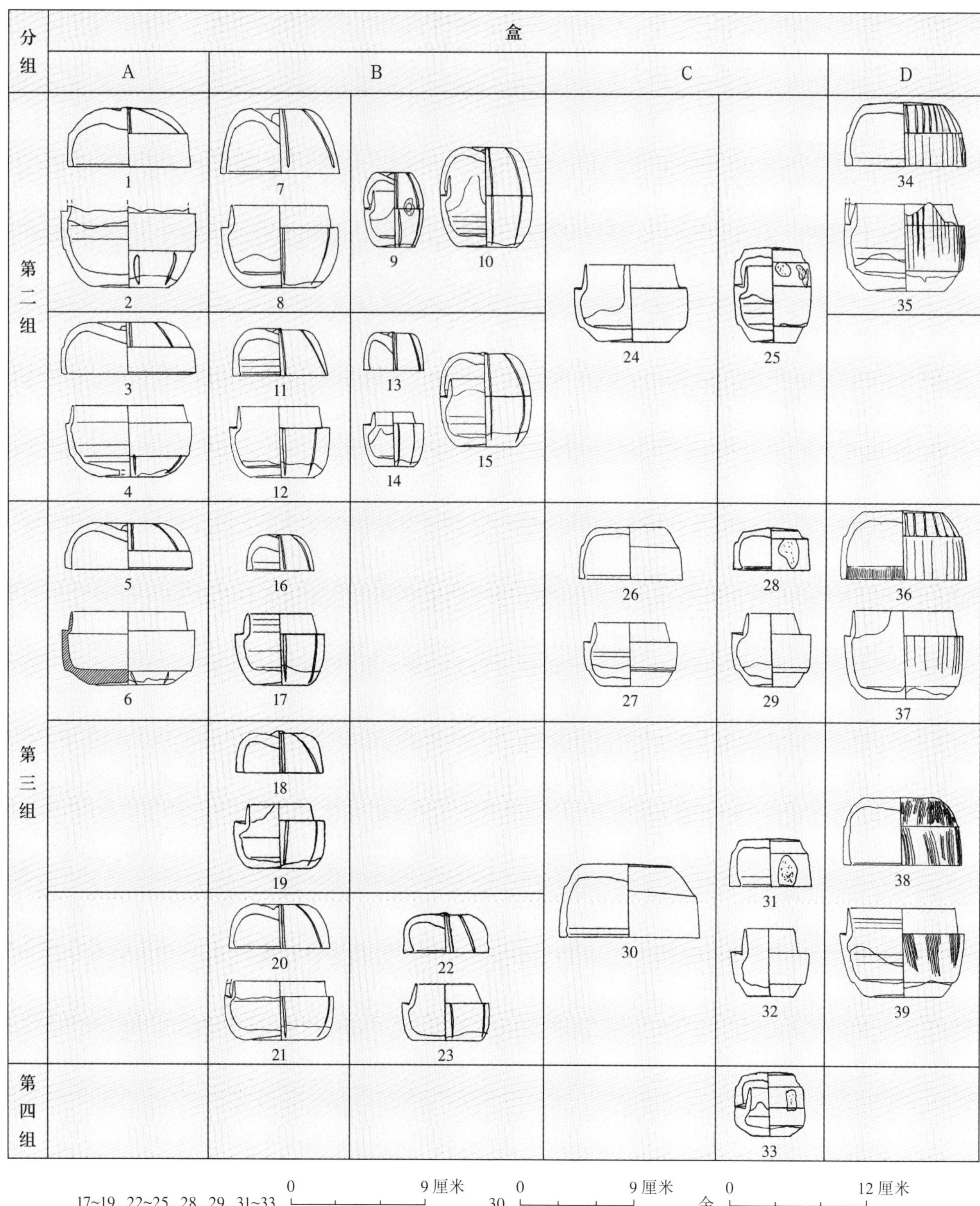

图 2-8 泉州沿海地区青白釉盒

1. 03NLLT01①：40 2. 03NNGY1②：27 3. 03NLLT01②：124 4. 03NLLT01②：95 5. 03NLLT01②：110 6. 03NLLT01②：100 7. 03NNGT01④：31 8. 03NNGT02⑥：4 9. 03NNGY1②：18 10. 03NNGY1②：26 11. 03NNGT01③：93 12. 03NLLT01②：98 13. 03NNGT01②：66 14. 03NNGT01②：65 15. 03NNGT01①：190 16. 03NNGT04②：104 17. 03NNGT04②：55 18. 03NLLT01②：122 19. 03NNGT03②：234 20. 03NNGT01②：117 21. 03NLLT01②：99 22. 03NNGT01②：120 23. 03NLLT01②：106 24. 03NNGY1②：20 25. 03NNGY1②：14 26. 03NNGT01③：62 27. 03南坑仑坪扩Y2采集：6 28. 03NNGY1①：025 29. 03NNGY1①：087 30. 03NNGT03②：130 31. 03NNGT03②：176 32. 03NNGT03②：151 33. 03NNGT02⑤：26、03NNGT02④：2 34. 03NNGT03②：120 35. 03NNGT01③：58 36. 03NNGT03②：185 37. 03NNGT03②：124 38. 03NNGT03②：125 39. 03NNGT03②：135

10、通高 12 厘米；小者口径 2.4、通高 4 厘米。大致分五式，标本如图（图 2–8，7~23）。

Ⅰ式　标本 03NNGT01 ④：31、03NNGT02 ⑥：4、03NNGY1 ②：18、03NNGY1 ②：26。

Ⅱ式　标本 03NNGT01 ③：93、03NLLT01 ②：98、03NNGT01 ②：66、03NNGT01 ②：65、03NNGT01 ①：190。

Ⅲ式　标本 03NNGT04 ②：104、03NNGT04 ②：55。

Ⅳ式　标本 03NLLT01 ②：122、03NNGT03 ②：234。

Ⅴ式　标本 03NNGT01 ②：117、03NLLT01 ②：99、03NNGT01 ②：120、03NLLT01 ②：106。

盒的形制变化同 A 型。

C 型　器身拉坯成形，无刻划装饰。盒身底部、盖顶部均向内折收，顶、底均较平。器物有大、小之别。分四式，标本如图（图 2–8，24~33）。

Ⅰ式　标本 03NNGY1 ②：20、03NNGY1 ②：14。

Ⅱ式　标本 03NNGT01 ③：62、03 南坑仑坪扩 Y2 采集：6、03NNGY1 ①：025、03NNGY1 ①：087。

Ⅲ式　标本 03NNGT03 ②：130、03NNGT03 ②：176、03NNGT03 ②：151。

Ⅳ式　标本 03NNGT02 ⑤：26、03NNGT02 ④：2。

器身由高变矮。

D 型　形制与 C 型相近，而盒的外壁刻划出多条成组划纹，其中盒盖上部折收部分如多瓣瓜棱，划纹亦较为稀疏，制作精细；后来以篦类工具划出成组的篦划纹代替，制作逐渐草率。此型盒的器形一般较大，口径约 8.8、通高 11.4 厘米。分三式，标本如图（图 2–8，34~39）。

Ⅰ式　标本 03NNGT03 ②：120、03NNGT01 ③：58。

Ⅱ式　标本 03NNGT03 ②：185、03NNGT03 ②：124。

Ⅲ式　标本 03NNGT03 ②：125、03NNGT03 ②：135。

盒逐渐变矮，器身的划纹渐趋草率。

5．炉

炉身为杯形，圈足；身、足一般分制粘接而成。炉内多不施釉，这是其典型特征。根据足的形制分五型。

A 型　高圈足作覆盅形，足沿略外卷。分四式，标本如图（图 2–9，1~6）。

Ⅰ式　标本 03NNGT04 ②：122。

Ⅱ式　标本 03NNGT04 ②：120。

Ⅲ式　标本 03NNGT02 ⑤：4、03NLLY1 ②：31。

Ⅳ式　标本 03NNGT01 ①：192、03NLLT01 ②：146。

壁由直渐弧，且腹变浅；圈足外卷程度增加，逐渐变矮，由规整到草率。

B 型　高圈足作喇叭形，外撇，沿部略上翘。分三式，标本如图（图 2–9，7~9）。

Ⅰ式　标本 03NLLY1 ②：30。

Ⅱ式　标本 03NLLT01 ②：133。

Ⅲ式　标本 03NLLT01 ②：134。

图 2-9 泉州沿海地区青白釉炉

1. 03NNGT04②：122 2. 03NNGT04②：120 3. 03NNGT02⑤：4 4. 03NLLY1②：31 5. 03NNGT01①：192 6. 03NLLT01②：146 7. 03NLLY1②：30 8. 03NLLT01②：133 9. 03NLLT01②：134 10. 03NNGT02⑤：31 11. 03NNGT03②：240 12. 03NNGT03②：242 13. 03NNGT01①：240 14. 03南坑顶南埔窑采集：4 15. 03南坑顶南埔窑采集：55 16. 03NNGT03②：239 17. 03NNGT01①：194

壁由直渐弧，且腹变浅。

C型　圈足作台阶状，一般为三阶，凸棱明显，下端外撇。分三式，标本如图（图2–9，10~13）。

Ⅰ式　标本03NNGT02⑤：31。

Ⅱ式　标本03NNGT03②：240、03NNGT03②：242。

Ⅲ式　标本03NNGT01①：240。

炉身变化同A型。

D型　矮圈足，炉壁较斜直，近底处折收。内不施釉，外刻划浅浮雕莲瓣纹。分两式，标本如图（图2–9，14、15）。

Ⅰ式　标本03南坑顶南埔窑采集：4。

Ⅱ式　标本03南坑顶南埔窑采集：55。

口部由敞而微敛，圈足渐高。

E型　圈足，外撇，作莲瓣状。由身和底座两部分组成，炉腹底端浮雕莲瓣纹，身为仰莲、座为覆莲，上下衔接，身作八棱形。分两式，标本如图（图2–9，16、17）。

Ⅰ式　标本03NNGT03②：239

Ⅱ式　标本03NNGT01①：194。

胎壁由厚变薄，制作由精细逐渐变得草率。

二　瓷器的制作工艺

（一）胎及成型工艺

泉州沿海地区制瓷原料蕴藏丰富[1]，同安、晋江、南安、惠安等地均分布有高岭土矿床，如同安郭山、东坑高岭土矿；其他的陶瓷原料储量也较大，如南安南坑、芸溪瓷土，惠安白琳瓷土等。该地烧造的瓷器所用胎土一般为就地取材，因土质的地域差异其胎略有不同，即使同一区域的不同窑场、同一窑场的不同时期，其胎土加工、淘洗粗细也多不相同。据此，可将这一地区瓷器的胎简要进行分类，并依据地层关系和上述器形演变情况大致得出其变化简表（表2–1）。

表2–1　胎的特征及演变

阶段	胎色	胎料选取与加工	胎质	成型及修坯工艺	圈足制作
早 ↓ 晚	细白/白/灰白 ↓ （色调加深） ↓ 灰白/灰/青灰	精细 ↓ （就地取料/淘洗渐粗/加工简化） ↓ 粗糙	细 ↓ （夹杂颗粒渐增多/胎内气孔增多） ↓ 粗	轮制法为主 ↓ 渐出现模制法 ↓ 修坯渐草率	规整 ↓ （由高变矮/切削由讲究到马虎） ↓ 草率

[1] 张锡秋、胡立勋：《福建省陶瓷原料考察纪实及对其发展的探讨》，《中国陶瓷》1987年第4期，第10~18页。

胎色大体可分为细白、灰白、灰、青灰、褐等。胎色主要是由制瓷原料决定的，同时其变化与制瓷工艺也是密不可分的[1]。从前述器物演变来考察，胎料的加工、淘洗明显可以看出由精细到粗糙，这就导致胎质由细逐渐变粗，胎中夹杂颗粒也逐渐增多；因练泥过程的简化使得胎中气孔增多。在这些不同环节制坯工艺的影响下，胎质便有了较大差异。胎料的成分含量（主要影响色调深浅的是铁元素）不同，胎的色调也显差异，胎色由白、灰白向灰、青灰色等转变。

制瓷过程中影响器物造型的因素主要是成型及修坯工艺。该地区这一时期圆器的成型主要为轮制法。器形上的变化，侧面反映了技术上的不同，也表明了制瓷工艺上不同的传统与变化。一些器物的某些部件则是通过粘接而成，如器物的流、柄、盖钮等，先经过堆捏等工序做成部件，然后根据器形需要接成整器，并作修整。磁灶窑晚期遗存中还出土有模制成型的器物，较大器物多是分开模制，而后粘接而成；器物的各种装饰部件有的也是模制的。

泉州沿海所出土大量的碗、盘类圈足器的圈足，是在拉坯过程中成型，而后在修坯工序中挖足。这类器物的圈足本身是区别制瓷工艺及其发展的一个重要标志。不同地域（窑场）的圈足因挖足过程中窑工所用技法的不同而不同，即使同一地区（窑场）的不同窑工所用技法也会有所差异，不同器物的挖足也会略有差异[2]。从泉州沿海地区窑址出土标本来看，其挖足方式总体而言由讲究逐渐马虎，由规整到草率，由多次削足修整到一次挖足而成，这跟整个器物的演变规律是一致的[3]。

（二）釉及施釉工艺

泉州沿海地区瓷器的釉色可分为青、青白、酱黑等几大类；各类中因色调的不同又可细分。青釉包括青、青黄、青灰，青白釉又有泛白、泛灰等，酱黑釉有黑、酱褐、酱黄等。此外，晋江磁灶窑较晚的地层中还有一些绿釉、黄釉、白釉等瓷器。一般而言，釉层较薄，釉面光洁，有的开有细碎纹片。

根据地层关系和遗物共存情况，这些瓷器釉色也是存在着一定的演变关系[4]。根据南安南坑仑坪扩窑发掘资料[5]，青瓷中的青黄、青灰色调的瓷器即通常所称的“珠光青瓷”，青白瓷叠压在这类瓷器之下[6]。据此，基本弄清了青黄、青灰釉瓷器要晚于青白釉瓷器。同时，与青黄、青灰釉瓷器共出的也还有青白釉瓷器。可见，青白釉瓷器的烧造延续时间比较长。根据晋江磁灶窑考古资料，也存在着地层上的早晚关系，青釉、酱黑釉瓷器共出，其上叠压的有黑釉、绿釉、黄釉、白釉等多

[1] 器物坯体的制成，需要经过选料、胎料粉碎、淘洗、陈腐、练泥、成型、修坯等一系列工序。胎土原料不同，成型后胎的色调亦不相同；而每一道工序加工的粗细直接影响到成型后坯的质感。有关制瓷工艺可参考：冯先铭主编：《中国古陶瓷图典》之七《工艺技术·成型工艺》，北京：文物出版社，1998年，第365~369页；西北轻工业学院等编：《陶瓷工艺学》第四章《坯料制备》，北京：中国轻工业出版社，1980年，第176~204页；李家驹主编：《陶瓷工艺学》第六章《坯、釉料制备》第四节《坯、釉料制备的主要工序及设备》，北京：中国轻工业出版社，2001年，第314~328页。

[2] 总体上讲，这种差异是绝对的，不同人的挖足方式不同，即使同一个人不同器物也会有差异。但一般而言，一定时期、一定地域范围内，足的做法和挖足技法是基本相同的，正是这种共性，是我们用于区分其时代性和地域性的标准。

[3] 这部分器物图可参看前文器形分析中碗、盘类器物图。

[4] 同一地区不同时期瓷釉可通过成分测量数据进行科学的聚类和判别分析，以此来构建该地区瓷釉的演变轨迹。这种方法需要较多测试数据的支持，泉州沿海地区瓷器目前尚不能进行详细的分析，只能从外观色调来考察；但这作为一种分析方法，我们应当考虑到它的应用。可参看罗宏杰编：《中国古陶瓷与多元统计分析》，北京：中国轻工业出版社，1997年。

[5] 2003年福建博物院南安南坑窑址发掘资料，待刊。

[6] 栗建安：《福建陶瓷外销源流》中提到这一地层叠压关系：《文物天地》2004年第5期，第12~22页；栗建安：《福建地区的宋元陶瓷器》，台北，《历史文物》第13卷第11期，2003年，第9~25页。

种瓷器[1]。这种瓷器品种的早晚地层关系，为我们了解整个窑址瓷器生产的前后发展序列提供了科学依据。各类釉色瓷器的并存、延续关系可用表简要说明（表 2–2）。从表中可以看出，泉州沿海地区占大宗地位的器物群釉色具有明显的阶段性变化，大致为：青釉为主→青白釉为主→青黄 / 青灰釉为主→多种釉色。

表 2–2　泉州沿海地区瓷器主要釉色分类演变简表

釉色	青釉	青白釉	酱黑釉	白釉	绿釉
早	青泛黄	青白泛白	酱黄 / 酱黑	白泛淡青 / 白	
	↓	↓	↓		
	青 / 青泛黄	青白泛青 / 青白泛灰	酱黑		
↓	↓	↓	↓	↓	
	青黄 / 青灰	青白泛灰	黑 / 酱黑		
晚	↓	↓	↓		
	青黄 / 青灰	青白泛灰 / 青白泛黄	黑 / 酱黑 / 酱黄	白	绿

施釉是瓷器生产过程中的重要工序，其工艺特点与地域和器形密切有关，不同窑场、不同器类会有不同的施釉方法，而与釉色的关系较小。泉州沿海地区瓷器的施釉多为蘸釉和荡釉（多用于口较小的器物内部），有的全部施釉[2]，有的则施半釉，圈足底心一般不施釉[3]。同一窑址器物的演变规律与器形演变相近，大体也是由规整逐渐变得草率，并且大多器物有不同程度的流釉痕迹（参看前文器物图）。主要器类的施釉方法与特征及其变化如表所示（表 2–3）。

表 2–3　泉州沿海地区瓷器主要器类的施釉工艺和特征及变化表

器类	碗 / 盏	盘 / 碟	盒	杯	炉
	蘸釉 / 半釉 / 流釉	蘸釉 / 多半釉 / 流釉	蘸釉 / 多半釉 / 足（底）无釉		
	↓	↓	↓		
早	蘸釉 / 全部施釉 / 满釉 / 少有流釉	蘸釉 / 多满釉 / 少有流釉	盒外蘸釉 / 盒内荡釉 / 多半釉 / 盖内无釉 / 足（底）无釉	蘸釉 / 满釉 / 流釉	蘸釉 / 外满釉 / 内釉仅施口沿 / 流釉
	↓	↓	↓	↓	↓
↓	蘸釉 / 满釉减少 / 半釉较多 / 有流釉	蘸釉 / 满釉或半釉 / 有流釉	盒外蘸釉 / 盒内荡釉 / 多半釉 / 盖内无釉 / 足（底）无釉	蘸釉 / 满釉 / 流釉	蘸釉 / 外釉不及足跟 / 内釉仅施口沿 / 流釉
晚	↓	↓	↓		↓
	蘸釉 / 多半釉 / 满釉较少 / 流釉 / 出现芒口	蘸釉 / 多半釉 / 流釉 / 出现芒口	盒外蘸釉 / 盒内荡釉 / 多半釉 / 盖内无釉 / 足（底）无釉		蘸釉 / 外釉施至器腹底部 / 内无釉

[1] 福建博物院、晋江博物馆：《磁灶窑址：福建晋江磁灶窑址考古调查发掘报告》，北京：科学出版社，2011 年。

[2] 圈足外墙施釉，有的甚至足沿有釉，而圈足内墙及外底一般无釉，这是一匣一器的圈足内置垫饼支烧的装烧方法所决定的，与北方很多窑场有着很大的区别。南安窑的一些青白瓷器的圈足外墙可明显看到五个手指痕迹，这当是手握器物蘸釉所留痕迹。

[3] 这与该地区通用的装烧方法是一致的。圈足器的装烧多为一匣一器的单匣装烧，器、匣之间以泥质的垫饼或垫圈间隔，置于圈足内，故圈足底心一般不施釉。

值得注意的是，胎、釉作为瓷器的两个基本要素，二者之间相互影响。

一方面，胎质、胎色对器物釉的色调具有重要作用[1]，这是其主要表现。通过前面对泉州沿海地区瓷器胎和釉的分析，尤其是南安窑址的青白瓷和青瓷，从中可以看出，瓷器胎的变化对釉的呈色有着一定的影响[2]：胎质细腻，胎色泛白，相应的釉色（这里指同类釉色）较为纯净、釉面光洁，尤其是青白釉和青釉，即泛白、泛青；相反，胎质较为粗糙、气孔较多，胎色泛灰暗，釉色便显灰暗，青白釉一般泛灰，青釉泛青黄、青灰。

另一方面，釉色的深浅和施釉的厚度对于掩盖胎质、胎色也具有一定的作用，这一点可以弥补胎质较差的部分缺陷。有的器物则在胎上施加了一层化妆土，其目的也是为了弥补胎色较深和胎的粗糙，以增加器物釉色的莹润感。

此外，釉层的厚度也是影响釉色调的一个因素。釉层较厚则釉色较深，青白瓷泛青，酱黑釉则泛黑；釉层薄则青釉泛白、酱黑釉泛酱黄。具有积釉或流釉现象的同一器物，釉的色调深浅的差异，比较明显地说明这一点。

（三）装饰工艺

器物的造型是装饰的前提和依托[3]，而有些器物的造型本身就属于一种装饰[4]。瓷器的装饰包括装饰技法和装饰纹样两个方面[5]，二者是相辅相成、不可分割的一个整体。下面举例说明该地区瓷器装饰工艺的特征及演变。

泉州沿海地区瓷器素面无纹的占一定的比重，这一点可从南安寮仔窑的统计数据中看出（表2-4），但也有很多带有纹饰的器物，其装饰技法多样，纹饰内容较为丰富。磁灶窑器物也多见装饰[6]。

根据南安窑和磁灶窑的考古发掘和调查资料，我们可以将泉州沿海地区瓷器的装饰技法分为胎体装饰和釉、彩装饰两大类[7]，其中以前者为主。胎体装饰主要包括刻花和划花，还有戳印、印花、剔花、贴花、堆塑等；釉、彩装饰有色釉和釉上彩绘，属于较晚出现的两种装饰手法。

刻花主要出现在两大类器物之上（图2-10）。一类是碗、盘类器物（表2-5），其外腹呈菊瓣状的多棱刻花，以锐器自器物上部向下刻至圈足部，有的在圈足上还留有刻刀痕迹，满布外腹；也

[1] 釉色的差别，其中釉料及其成分是首要的决定因素，这一点可以通过釉成分的科学测试来证明。谈及胎、釉二者之间的关系，这里则仅从器物直观的特征即胎质、胎色入手进行分析。

[2] 釉的呈色是一个复杂的过程，这里是从可以观察的方面做了简要分析。另外，烧成技术包括窑炉结构、烧成温度、烧成气氛对釉的呈色都具有不可忽略的作用。参考西北轻工业学院等编：《陶瓷工艺学》，北京：中国轻工业出版社，1980年；李家驹主编：《陶瓷工艺学》，北京：中国轻工业出版社，2001年。

[3] 造型与装饰的关系属艺术学范畴，可参考李砚祖：《造物之美——产品设计的艺术与文化》第二章《设计与艺术》第三节《造型与装饰》，北京：中国人民大学出版社，2000年，第55~76页。

[4] 这类装饰属于造型装饰，包括人物或动物雕塑、仿动物形或植物形器物（如花瓣或瓜棱身器物）等。

[5] "装饰是工艺的适应方式与形式"，而所谓的"装饰工艺"是指"具有技术性特征，表现为一种装饰性技术的存在"。这里所说的"装饰"同样适用于作为"工艺"生产的陶瓷器，包括装饰技法和纹样两方面。参看李砚祖：《装饰之道》，北京：中国人民大学出版社，1993年，第134页。

[6] 栗建安：《福建磁灶土尾庵窑址瓷器的装饰工艺》一文将晋江磁灶土尾庵窑址出土瓷器的装饰分为刻划、剔花、贴塑、模印、彩釉、彩绘六类，比较恰当地概括了磁灶窑晚期地层和窑址产品的装饰工艺。文载《中国古陶瓷研究》第4辑，北京：紫禁城出版社，1997年，第109~115页。

[7] 胎体装饰是指对胎本身所做的装饰，它是与釉彩装饰相对，主要包括制坯、修坯过程的压印、刻划、贴塑等。胎装饰这一概念，可参考水既生关于山西古陶瓷装饰工艺的论述，见水既生：《山西古代陶瓷装饰技法及其应用》，《河北陶瓷》1980年第4期，第37~49页。

表 2–4　南安寮仔窑 Y1 出土主要器类装饰统计表

器类 / 装饰	素面	花瓣形器（口 / 身）	刻划花（莲瓣 / 菊瓣等）叶纹	弦纹	总数
碗	3157 69.861	32 0.708	1330 29.431	—	4519 100.000
盘碟	13 20.313	9 14.062	42 65.625	—	64 100.000
盒盖	9 2.118	415 97.647	1 0.235	—	425 100.000
盒身	2 0.436	457 99.564	—	—	459 100.000
炉	44 63.768	6 8.696	—	19 27.536	69 100.000
杯	175 86.207	12 5.911	16 7.882	—	203 100.000

备注：统计的每格数据中，上面的数字为标本数量（件），下面的数据为这种装饰占该器类总数的百分比（%）。

表 2–5　南安寮仔窑 Y1 出土碗盘的装饰组合

纹样	花瓣状口（身）	内壁刻划花卉纹，外壁素面	内壁刻划花卉纹，外壁刻多棱菊瓣纹	内壁刻划花卉纹，外壁刻划莲瓣（或蕉叶）纹	配合花瓣、叶脉装饰的篦划纹
碗	较少	多见	多见	数量最多	普遍使用
盘	较少	较少	多见	较多	普遍使用

有的在外腹刻出变形莲瓣纹或蕉叶纹的轮廓，配合细部划花装饰。一般而言，这类器物内腹及内底部大多都有刻花与划花相结合刻划出花卉纹样，底心刻划 5~7 瓣花卉纹，内腹则刻划花叶纹，二者浑然一体，似一朵盛开的花朵。另一类是盒，装饰也颇为单一，即是将盒身和盒盖均刻出六瓣瓜棱之形状，分别相对较为均匀，这也是为塑造六瓣瓜棱的造型而特有的简略形式。此外，有的炉腹外部刻出浅浮雕式的莲瓣纹或变体莲纹。

划花因线条较细，其纹样细腻，多是配合刻花技法的细部装饰。这类装饰多为弦纹和花叶纹。有的碗在口沿处（内、外者均有）刻划出一条或多条凹弦纹，一些碗或执壶腹部划出纵向的成组凹弦纹，有的器物颈部也划出几条凹弦纹，等等。多数的划花纹饰是为了配合线条稍粗的刻纹的，尤其是蕉叶纹、花卉纹、草叶纹等刻纹轮廓线内的细纹装饰都是属于这一类（图 2–10，5~8）。

这一地区最有特色的划花装饰是成束、成组的“篦划纹”。篦划纹是划花的一种，是结合其划花所用工具而命名的，它用类似于“篦子”的工具直接在胎体上划出各式花纹[1]，这类装饰在南北

[1] 卢泰康：《宋元陶瓷篦纹装饰研究——兼论台澎地区的篦划纹陶瓷》，《陈昌蔚纪念论文集·陶瓷》，台北：财团法人陈昌蔚文教基金会，2001 年，第 125~173 页。

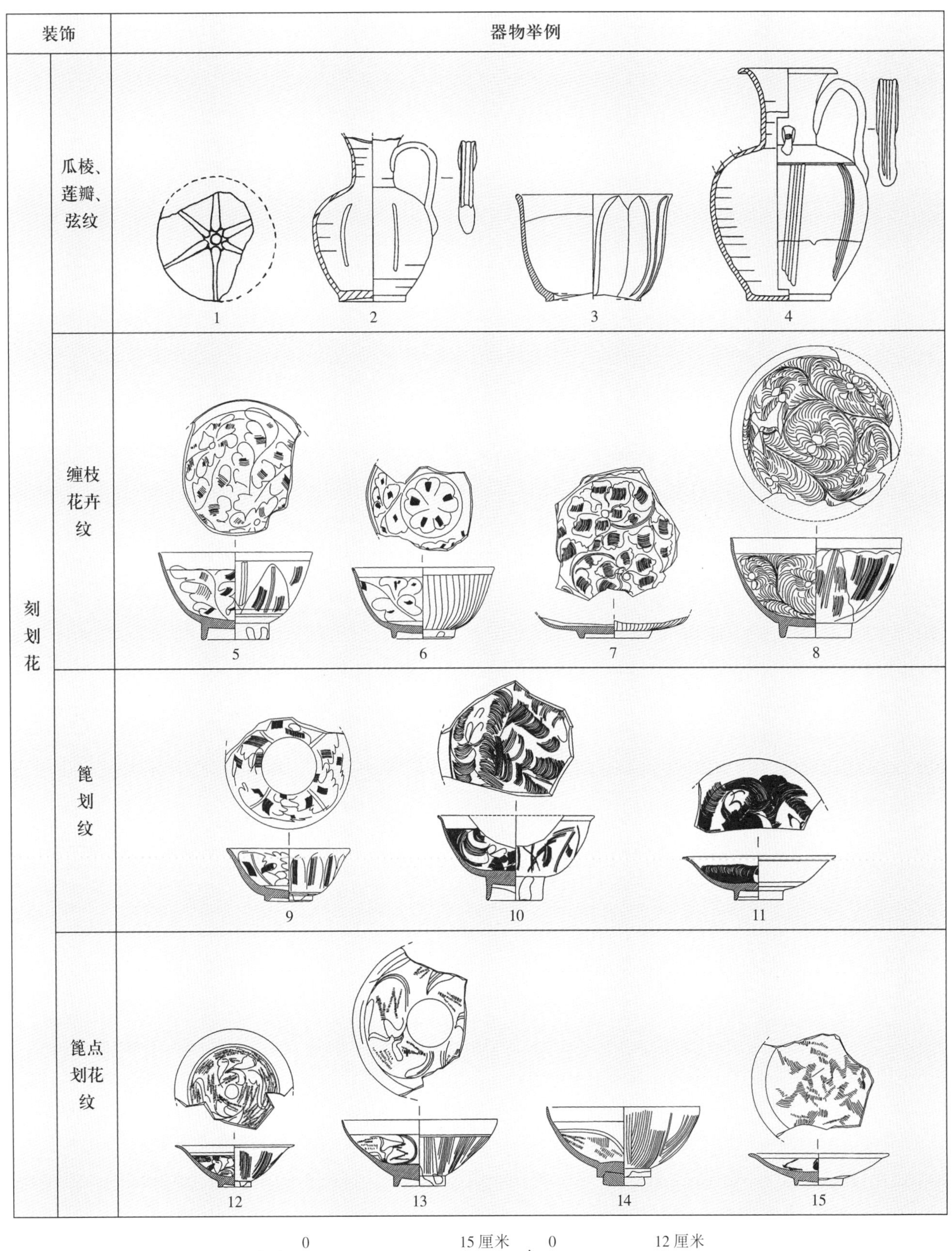

图 2–10　泉州沿海地区装饰之刻划花

1. 03NNGT02 ⑥：11　2. 金交椅山 Y4：23　3. 03NNGT02 ⑤：23　4. 金交椅山 Y4：16　5. 03NLLY1 ②：1　6. 03NLLY1T01 ①：43　7. 03NLLY1T03 ①：11　8. 03NLLY1 ②：20　9. 03 南坑顶南埔窑采集：56　10. 03NLLGT03 ②：96　11. 03NLLGT03 ②：87　12. 03NLLGT01 ③：6　13. 03NLLGT01 ③：18　14. 03 南坑后垅山窑采集：12　15. 03 南坑新田窑采集：9（1. 盒盖，2、4. 执壶，3. 炉，5、6、8~10、12~14. 碗，7、11、15. 盘；1、3、5~8、10、11. 青白釉，2、9、12~15. 青釉，4. 酱釉）

方地区的很多窑场都被采用[1]。泉州沿海地区的篦划纹最初的形式就是填充花卉、草叶纹轮廓线内花瓣和叶脉的成组细纹。随着这种装饰应用的推广和演化，逐渐成为一种独立的装饰，不再是辅助纹饰，而成为主体纹饰，很多盒子外部即划出多组成束的篦划纹。此时的篦划纹逐渐草率，在整个器身上的分布逐渐不均匀。更晚的地层中，则多用于青黄釉瓷器的装饰，并发展为“篦点划花纹”，主要是碗类器物（图 2–10，12~15）。碗外腹部刻划出几组成束的稍深的篦划纹，内部则多以“篦”划出类似于花卉纹的变形纹样，起点和中间转弯处多有停顿，可见有成排的“点”痕，即形成了十分流行的“篦点划花纹”。这种纹样还是倾向于划出花卉纹的整体轮廓，强调花纹的整体性，而花朵之间又是属于二方连续式布局。

印花、戳印、剔花、贴花、堆塑等几类装饰较之上述刻花、划花，相对较少。有的花瓣形口或身器物则是用捏压的方式达到装饰效果的。

印花多见于磁灶窑晚期遗存的模制器物，南安窑调查采集中也见有少量印花装饰（图 2–11）。这里包括模制成型过程中的印花装饰和成型后修坯过程中的模印花纹两大类，其工序不同。印花纹样有花叶纹、莲瓣纹、云雷纹、连环钱纹，以及龙、凤、龟、兔、蟾蜍等动物纹样。戳印纹则多是标记性装饰，比较少见，如磁灶窑执壶小耳的戳印标记（图 2–11，15、16）。

剔花，有黑釉剔花、白釉剔花，这类器物制作较为粗糙。内容有文字、莲瓣、圆圈、不规则几何形、花瓣等较为草率的纹样（图 2–12，1~6）。

贴花，主要有一些罐、瓮、军持上粘贴的菱花、牡丹和游龙等图案，还包括一些器物如双耳瓶、执壶等上的装饰部件（图 2–12，7~10）。堆塑与贴花在技法上相近，只不过可以独立成器，多是动物形状的小件玩物（图 2–12，11~15）。

釉、彩装饰多见于较晚的堆积地层中，包括色釉装饰和釉下彩绘两类。

色釉，这里是指由釉色构成的器物色彩装饰，多属低温釉。主要见于磁灶土尾庵窑址，黄、绿釉居多，单色绿釉和黄釉的色调又有层次差别（图 2–13，1~4）。有的器物两种或两种以上釉色一起构成多彩釉的装饰，这多是和器物的造型相结合的，如龙柄军持、龙纹瓮、瓷枕、环耳瓶等。这种工艺突出瓷器纹样与底色的色彩对比。

釉下彩绘，先在素胎上施化妆土，再在化妆土上用褐色颜料绘画，然后再施一层青黄色透明釉。常见纹样有点彩、花草、鱼龙及文字等。这一地区的釉下彩绘亦是出现于较晚的磁灶窑（图 2–13，5~10）。

综合前述，可以把泉州沿海地区以南安窑址和磁灶窑址为代表的瓷器装饰工艺用下表说明（表 2–6）。

结合南安窑和磁灶窑出土资料的地层及前文所述器形的变化情况，我们可以将泉州沿海地区瓷器的装饰工艺的演变情况及共存关系列表说明（表 2–7）。

通过前面我们对泉州沿海地区瓷器装饰工艺的分析，进一步说明了装饰技法和纹样是不可分的，尤其是堆塑、模印等立体装饰。每一种技法均有其独特的纹样内容和布局，并有其相对固定的器类。

---

[1] 如耀州窑、越窑、景德镇窑、龙泉窑等，参考陕西省考古研究所、耀州窑博物馆：《宋代耀州窑址》，北京：文物出版社，1998 年；浙江省文物考古研究所、北京大学考古文博学院、慈溪市文物管理委员会：《寺龙口越窑址》，北京：文物出版社，2002 年；江西省文物考古研究所等：《景德镇湖田窑址——1988~1999 年考古发掘报告》，北京：文物出版社，2007 年；浙江省文物考古研究所：《龙泉东区窑址发掘报告》，北京：文物出版社，2005 年。

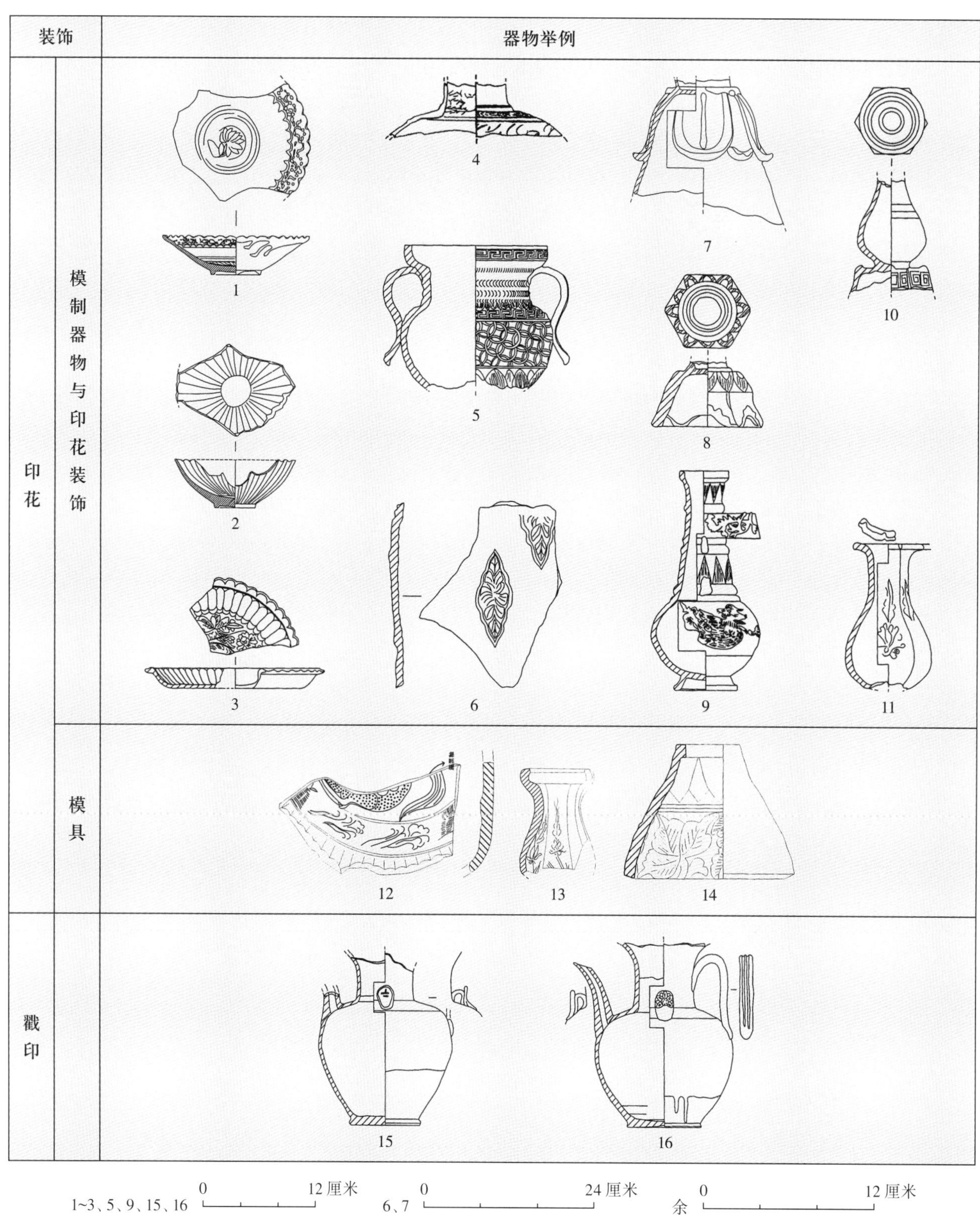

图 2–11 泉州沿海地区装饰之印花

1. 03 南坑顶南埔窑采集：17 2. 03 南坑顶南埔窑采集：15 3. 土尾庵 T04：322 4. 03 南坑顶南埔窑采集：36 5. 土尾庵 T04：291 6. 土尾庵 T04：311 7. 土尾庵 T04：316 8. 土尾庵 T04：303 9. 土尾庵 T04：29 10. 土尾庵 T04：301 11. 土尾庵 T04：288 12. 土尾庵 T04：106 13. 土尾庵 T02：2 14. 土尾庵 T04：109 15. 金交椅山 Y4：7 16. 金交椅山 Y4：2 （1、3. 盘，2. 碗，4. 罐，5. 炉，6. 缸，7. 器座，8. 瓶座，9~11. 瓶，12~14. 模具，15、16. 执壶；1、2、4. 青白釉，3、5、7~14. 素胎，6. 酱釉，15、16. 青釉）

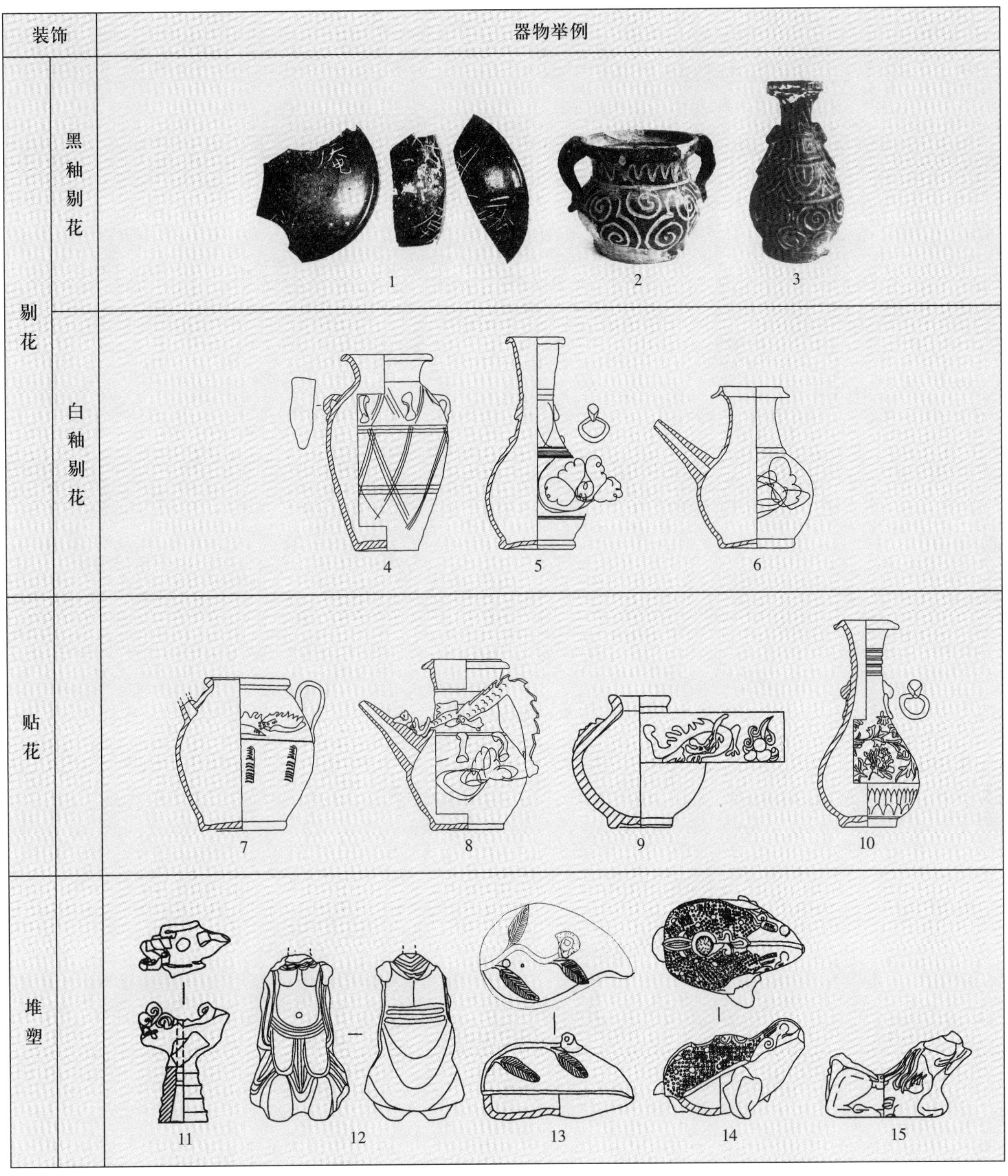

图 2–12　泉州沿海地区装饰之剔花贴花和堆塑

1. 土尾庵窑址出土　2. 磁灶窑采集　3. 磁灶窑采集　4. 土尾庵 T04：50　5. 土尾庵 T04：48　6. 土尾庵 T04：40　7. 土尾庵 T04：247　8. 土尾庵 T04：53　9. 土尾庵 T04：31　10. 土尾庵 T04：289　11. 03NLLY1T01②：142　12. 土尾庵 T04：152　13. 土尾庵 T04：73　14. 土尾庵 T04：74　15. 土尾庵 T04：281　（1. 碗，2、4、9. 罐，3、5、10. 瓶，7. 注子，6、8. 军持，11. 鸡首瓶口颈，12. 塑像，13~15. 水注；1~3. 黑釉，4. 青釉，5、6、8~10、12~14. 素胎，7. 酱釉，11. 青白釉，15. 绿釉）

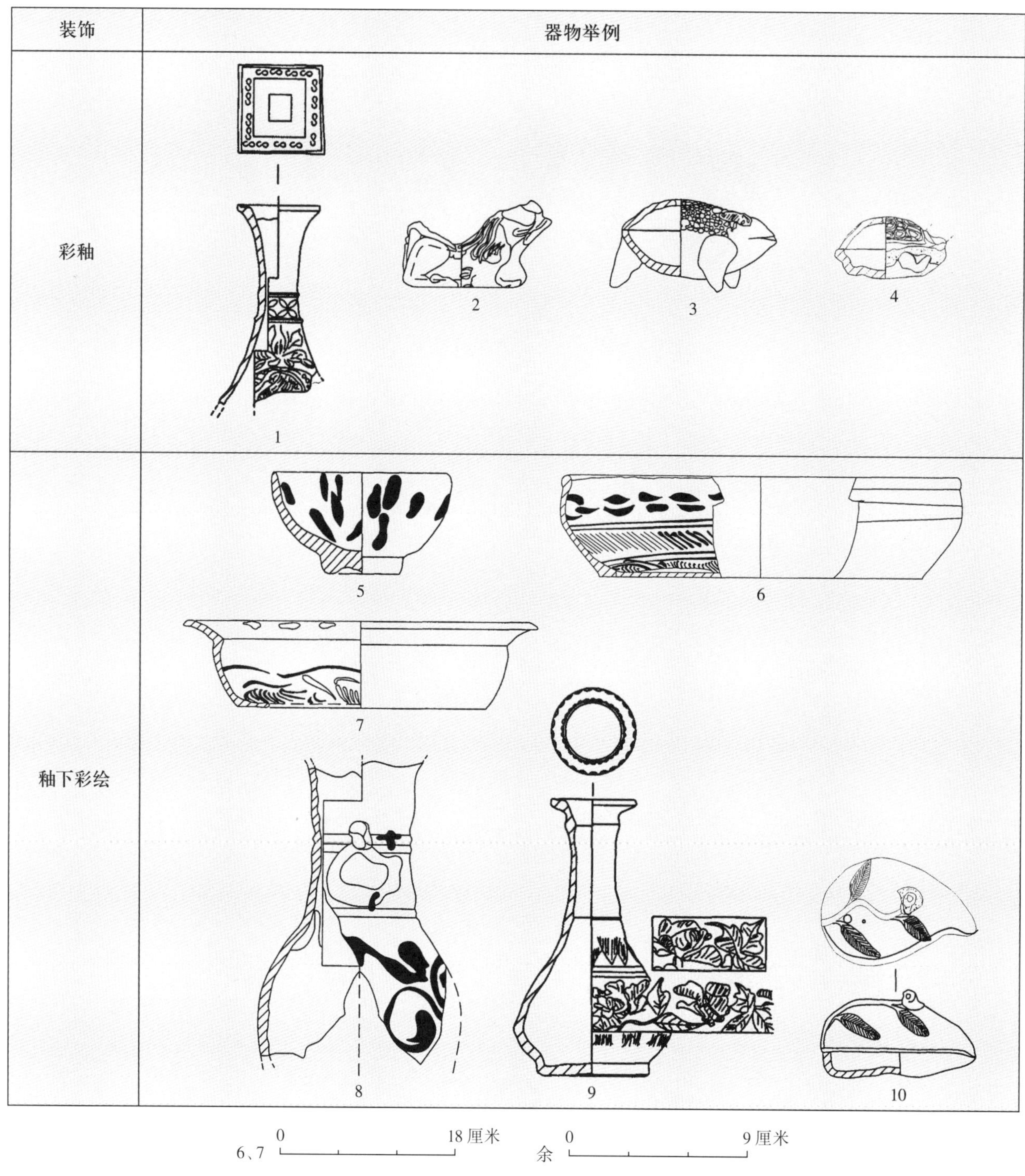

图 2-13 泉州沿海地区装饰之彩釉和釉下彩绘

1. 土尾庵 T04：290 2. 土尾庵 T04：281 3. 土尾庵 T04：280 4. 土尾庵 T04：279 5. 土尾庵 T04：14 6. 童子山：27 7. 童子山：4 8. 土尾庵 T04：273 9. 土尾庵 T04：230 10. 土尾庵 T04：73 （1、8、9. 瓶，2~4、10. 水注，5. 碗，6、7. 盆；1. 黄绿釉，2、4. 绿釉，3. 黄釉，5~8. 青釉褐彩，9、10. 素胎）

装饰技法是纹样内容的基础，属于技术层面，是制瓷手工业中生产领域内生产者的体现；而纹样内容是技法的应用和表现形式，是外在的，更主要的取决于瓷器使用者的选择。这是本文在探讨装饰工艺时对其进行区分的依据，其共同构成了制瓷手工业面貌中的一个方面。

表 2–6　泉州沿海地区瓷器装饰工艺一览表

装饰技法		装饰纹样
胎体装饰	刻花	花卉、莲瓣、蕉叶、缠枝、菊瓣、团花、六瓣瓜棱等
	划花	花卉纹、草叶纹、成组的弦纹、篦点划花纹等
	印花	花叶纹、莲瓣纹、云雷纹、连环钱纹，龙、凤、龟、兔、蟾蜍等动物纹样
	戳印	标记性装饰，文字、花瓣、几何纹饰等
	剔花	白釉剔花、黑釉剔花；文字、莲瓣、圆圈、不规则几何形、花瓣等
	贴花	罐、瓮、军持等上粘贴的器物构件，菱花、牡丹、游龙、凤及其他饰件
	堆塑	动植物形状的小件玩物，如狗等
	捏压	花瓣状口或瓜棱形身，造型装饰
釉、彩装饰	彩釉	黄、绿釉，层次差别，据造型使用不同色釉
	釉下彩绘	胎上施化妆土，其上彩绘图案，再施釉；点彩、花草、鱼龙、文字等

表 2–7　泉州沿海地区瓷器装饰工艺演变简表

阶段	装饰技法	装饰纹样
早 ↓ 晚	刻花为主 ↓ 刻、划花流行，辅以篦划纹， 有少量戳印、堆塑、贴花 ↓ 篦点划花盛行，也有刻花、堆塑、贴花、 捏压技法，出现少量印花 ↓ 刻、划花减少，印花、贴花、剔花、堆塑流行， 彩釉和釉下彩绘出现并流行于磁灶窑址	弦纹、花瓣口（身） ↓ 花卉纹、草叶纹为主，尤其是莲瓣纹、 菊瓣纹，少量篦划弦纹 ↓ 篦点划花卉纹为主，成组篦划弦纹较多见 ↓ 粗莲瓣纹，菊瓣纹，成组篦划弦纹； 文字、几何纹、龙凤等动物形造型纹饰

三　烧成技术

烧成技术是古代制瓷手工业中的重要环节[1]，主要包括窑炉、窑具和装烧方法三个方面[2]。下面便从这三个方面说明该区域的烧成技术概况。

（一）窑炉遗迹

从考古调查和发掘资料来看，泉州沿海地区窑炉，是在唐五代时期龙窑的基础上，改进窑炉的

[1] 熊海堂：《中国古代的窑具与装烧技术研究》（前编），《东南文化》1991 年第 6 期，第 85~113 页；熊海堂：《中国古代的窑具与装烧技术研究》（后编）1992 年第 1 期，第 222~238 页；熊海堂：《东亚窑业技术发展与交流史研究》，南京：南京大学出版社，1995 年。

[2] 因三个区域烧成技术诸方面的内容、行文思路和结构安排都是一致的，故在此略作简短的文前说明，其后不再赘述。

长度、坡度、弯曲度等，使之更加合理。窑炉形制前后发展变化不大，仅是在龙窑长度上略有差异，或因地势不同，其窑炉稍作弯曲或坡度不同，并未构成形制上的演变。因此，这一区域的窑炉均属于一般龙窑，为长条形斜坡龙窑，依山而建，窑炉由火膛、窑室、窑门、出烟室、护窑墙等部分组成，窑室以楔形或长方形砖垒砌而成。窑炉长度不一，每座窑炉的宽度、坡度前后也多有差异。下面以南安蓝溪寮仔窑（Y1）和晋江磁灶金交椅山窑（Y2）为例，对泉州沿海地区窑炉遗迹进行介绍。

1．南安蓝溪寮仔窑址 Y1

窑炉前段残（图 2–14）。窑头朝向西南，方向 203°。整个窑炉残长 43.30 米，宽 1.80~2.50 米。窑底坡度不一，前段与后段稍平缓，中段稍陡，平均坡度约 20°。窑壁残存高 0.30~0.75 米。出烟室与窑室以匣钵柱相隔，宽 0.10~0.50 米。窑尾部分利用山体基岩，其余均是红砖砌成，窑砖绝大多数为楔形砖，仅少数为长方形。两侧有护窑墙 3 个、磉墩 8 个、窑门 5 个及道路遗迹等，其中磉墩有方形和圆形两种，方形磉墩均由砖块砌成，圆形磉墩则由石块和砖砌成，道路路面铺有垫饼和匣钵残片等。窑床底部铺沙，上置固定的垫底匣钵。窑炉前、后不同部位的匣钵形制和大小不同，前部和尾部为口径较小的漏斗形或筒形匣钵，中间窑位则以较大的匣钵为主，说明其烧造的器物不同。由此可知，窑炉的不同窑位所烧造的器类有一定差异。

2．晋江磁灶金交椅山窑址 Y2

窑炉尾段残（图 2–15）。窑头朝北偏西，方向 333°。窑炉残斜长 60.88 米，水平长 58.78 米，前端宽 0.78~0.88 米，中段宽 1.54~1.64 米，后段宽 2.10~2.28 米，依次递增，前窄后宽。窑底坡度前中段约 16° 左右，后段则由 13° 至 4° 渐减。窑壁残高 0.04~0.68 米。窑室两侧分设 9 个和 4 个窑门。窑墙外砌有护窑墙，窑旁还有磉墩、道路等遗迹。窑炉内部后段清理出支具类的支柱窑具，数量较多。这座窑炉存在三组叠压打破关系的遗迹，共用一个火膛，窑尾部分渐次前移，窑炉的长度随之缩短。

（二）窑具

这里所论窑具包括匣钵（含匣钵盖）、间隔具、支具、火照等几类。

1．匣钵

匣钵一般为红褐色夹砂耐火土制成，质地较粗，可多次使用[1]。有的匣钵可看到过烧痕迹，部分匣钵外侧还带有一层光润的青褐色“自然釉”[2]。

根据匣钵的形状，可分为平底筒形匣钵、凸底漏斗形匣钵和凹底 M 形匣钵。筒形匣钵和漏斗形匣钵较为常见，并且叠摞的最上端一件盖有匣钵盖。各类匣钵之间的形制差异，主要是由装烧的器物类别的不同所决定的，本文对其不做细致的区分。

筒形匣钵，因略呈直筒状而得名。口部略小于底部，并且腹壁由上而下至底部逐渐增厚，这主要是考虑到匣钵在窑炉内叠摞放置时的稳定性而设计的。据腹部深浅不同，可分深腹、浅腹两类。

---

[1] 有的匣钵口沿处粘贴有泥块，一方面是放平匣钵，便于上部摞烧；一方面也是多次使用后再作修整的痕迹。

[2] 这种釉并不是有意施加的，而是在烧造过程中，窑炉内柴灰等物质流动以及烧成气氛等因素影响下自然形成的。

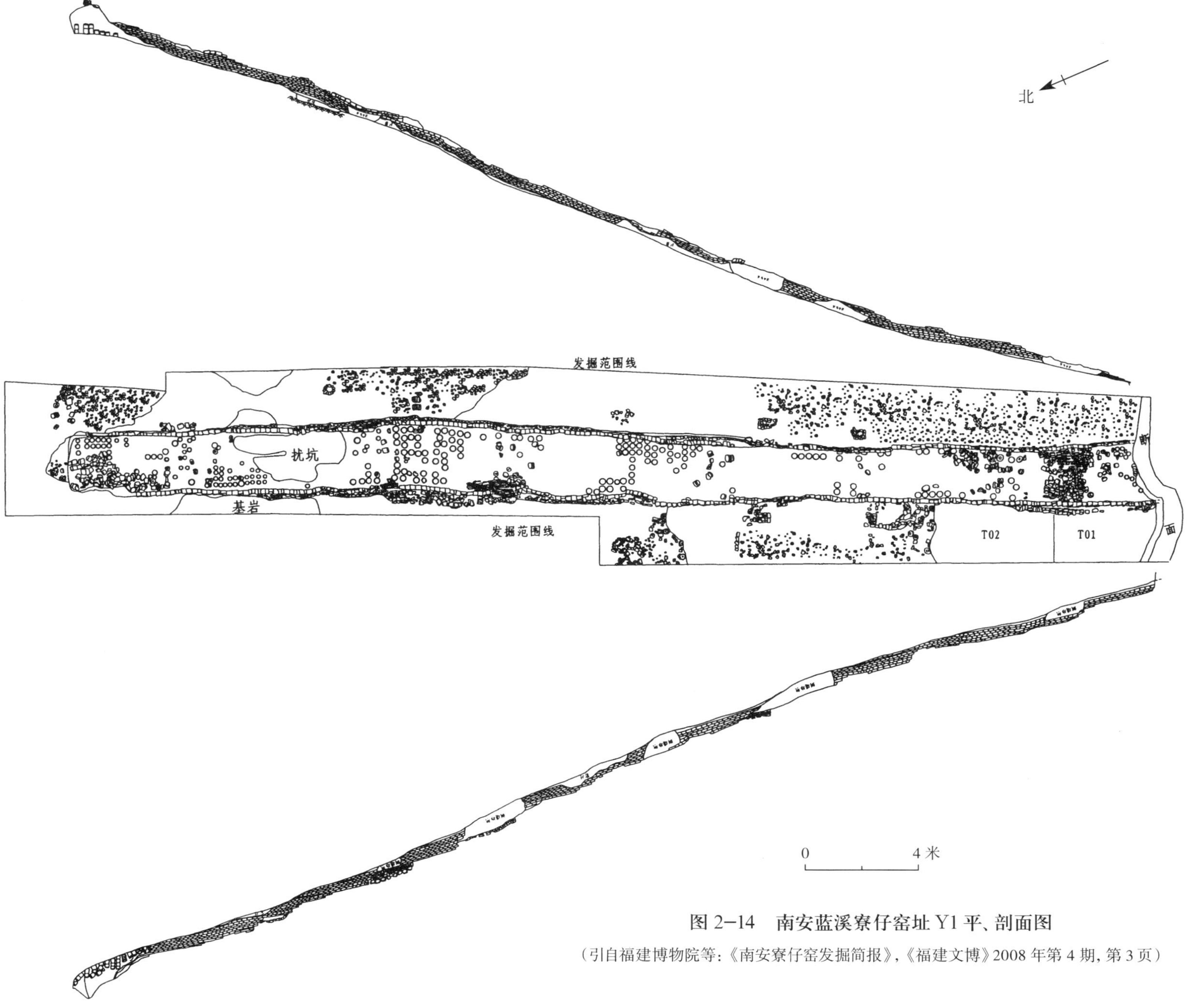

图 2-14　南安蓝溪寮仔窑址 Y1 平、剖面图
（引自福建博物院等：《南安寮仔窑发掘简报》，《福建文博》2008 年第 4 期，第 3 页）

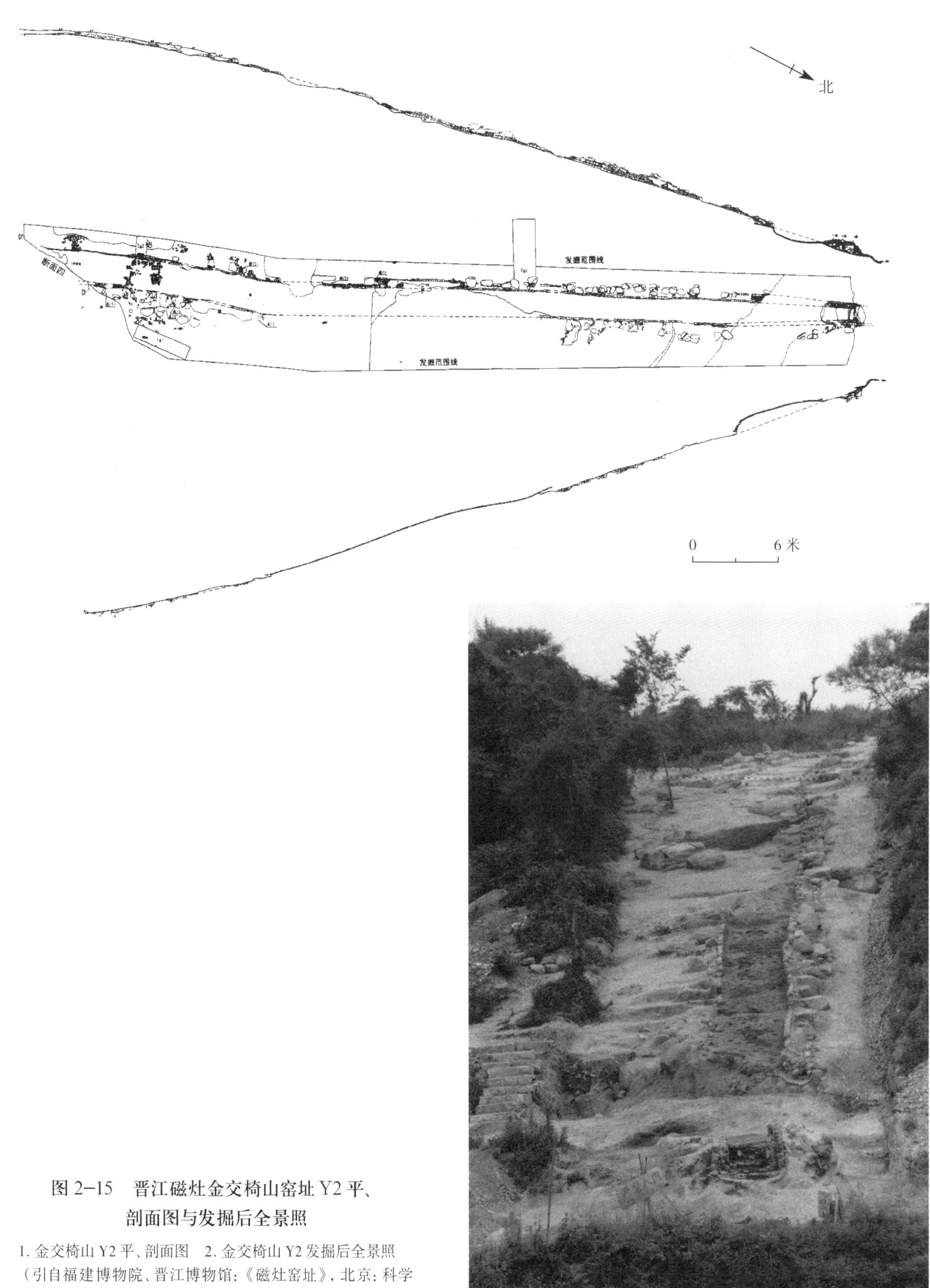

图 2–15 晋江磁灶金交椅山窑址 Y2 平、剖面图与发掘后全景照

1. 金交椅山 Y2 平、剖面图 2. 金交椅山 Y2 发掘后全景照（引自福建博物院、晋江博物馆：《磁灶窑址》，北京：科学出版社，2011 年，图一二八、一三〇、一三一，图版七一）

漏斗形匣钵，上下断面似漏斗。上部较直或口部略内敛，下部斜弧，底部外凸。上下比例、深浅各异，有的漏斗处有一通气孔。据腹部深浅，可分深腹、浅腹两类。

M 形匣钵，断面呈 M 形。这一区域主要见于磁灶窑晚期地层，多件匣钵摞烧，匣钵上面放置器物，利用叠摞其上的另一件匣钵保护这件器物。据腹部深浅，可分深腹、浅腹两类。

各种匣钵大小、形制的差异是因装烧不同器物的需要引起的，口径 15~34 厘米不等，不同器类使用不同的匣钵装烧，匣钵与器类是密不可分的[1]，二者的对应关系将在下文装烧技术中详论。各类匣钵及盖的类型如图所示（图 2–16）。

2．间隔具

这里的间隔具是指器物与器物之间、器物与匣钵之间起间隔作用的窑具，而并排两匣钵之间起间隔、固定作用的垫柱也属此类。

间隔具的类型有支钉、垫饼、垫圈、垫柱等，胎质一般较细密，也有的支钉由瓷土制成。

支钉形状比较随意，大小差异也较大，为器物与器物之间的间隔用具，多为土质较细的泥点，一般 6~8 枚，也有的用砂粒作间隔。

垫饼和垫圈是用于器物与匣钵之间的一种间隔具，其厚薄、大小是依据器物需要随手用泥捏制而成，垫饼形状多为圆形，垫圈则为稍大的环形。

垫柱是随意以手捏制而成的泥柱，用于间隔和固定两平行匣钵。

各种间隔具如图所示（图 2–17）。

3．支具

支具是与支烧工艺有关的一类窑具，它是直接放于窑床之上用来支撑器物或匣钵，包括支座和支圈（图 2–18，1~17）。

支座，一般较高，为圆柱形或圆筒形，上置器物或匣钵。

支圈，形制较小，随器物大小决定其直径，为环形，有沟槽以放置器物。这类支具是支圈覆烧工艺中使用的，烧造的器物口沿无釉，而呈为“芒口”。

4．火照

火照是用来测试窑炉火候的窑具，因此窑址中出土有不少生烧或过烧的，反映了不同程度的火候和温度。火照一般不是刻意生产的，多是利用未烧的器物残片制成，如碗、盒等，形状多样且不规则，其上挖有一孔，以便从窑炉中勾取（图 2–18，18~24）。

（三）装烧方法

通过对南安窑和晋江磁灶窑调查、发掘资料的考察，泉州沿海地区瓷器的装烧方法可分为明火裸烧、匣钵装烧、支圈覆烧三大类（图 2–19）。

[1] 这涉及到一个装烧方法方面的问题，即匣钵与器物之关系。匣钵的使用是为了在烧造过程中保护器物，与罐套烧工艺密切相关。参看权奎山：《从洪州窑遗址出土资料看匣钵的起源》（北京大学中国传统文化研究中心编：《文化的馈赠——汉学研究国际会议论文集》（考古学卷），北京：北京大学出版社，2000 年，第 199~204 页）。

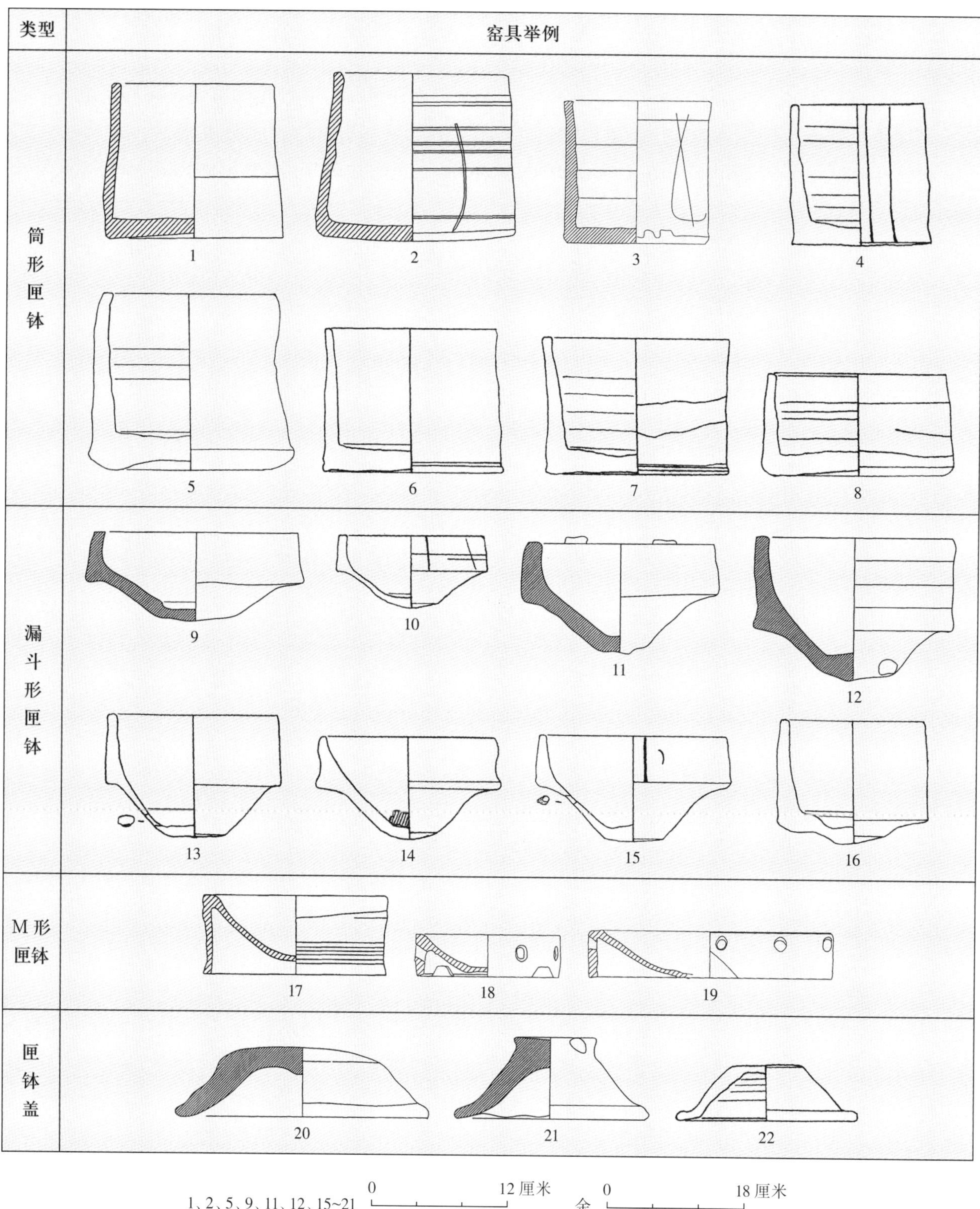

图 2-16　泉州沿海地区窑具之匣钵

1. 03NLLY1T01 ①：123　2. 03NLLY1T01 ①：122　3. 03NLLY1T01 ①：121　4. 03NLLGY1 采集：20　5. 03NLLGY1 采集：23　6. 03NLLGY1 采集：16　7. 03NLLGY1 采集：15　8. 03NLLGY1 采集：18　9. 03NLLGY1 采集：9　10. 03NLLT01 ①：130　11. 03NLLGY1 采集：8　12. 03NLLGY1 采集：4　13. 03NLLGY1 采集：3　14. 03NLLGY1 采集：1　15. 03NLLT01 ①：132　16. 03NLLGY1 采集：27　17. 金交椅山 Y2：140　18. 土尾庵 T04：102　19. 蜘蛛山：67　20. 03NLLGY1 采集：29　21. 03NLLT01 ①：137　22. 03NLLT01 ①：133

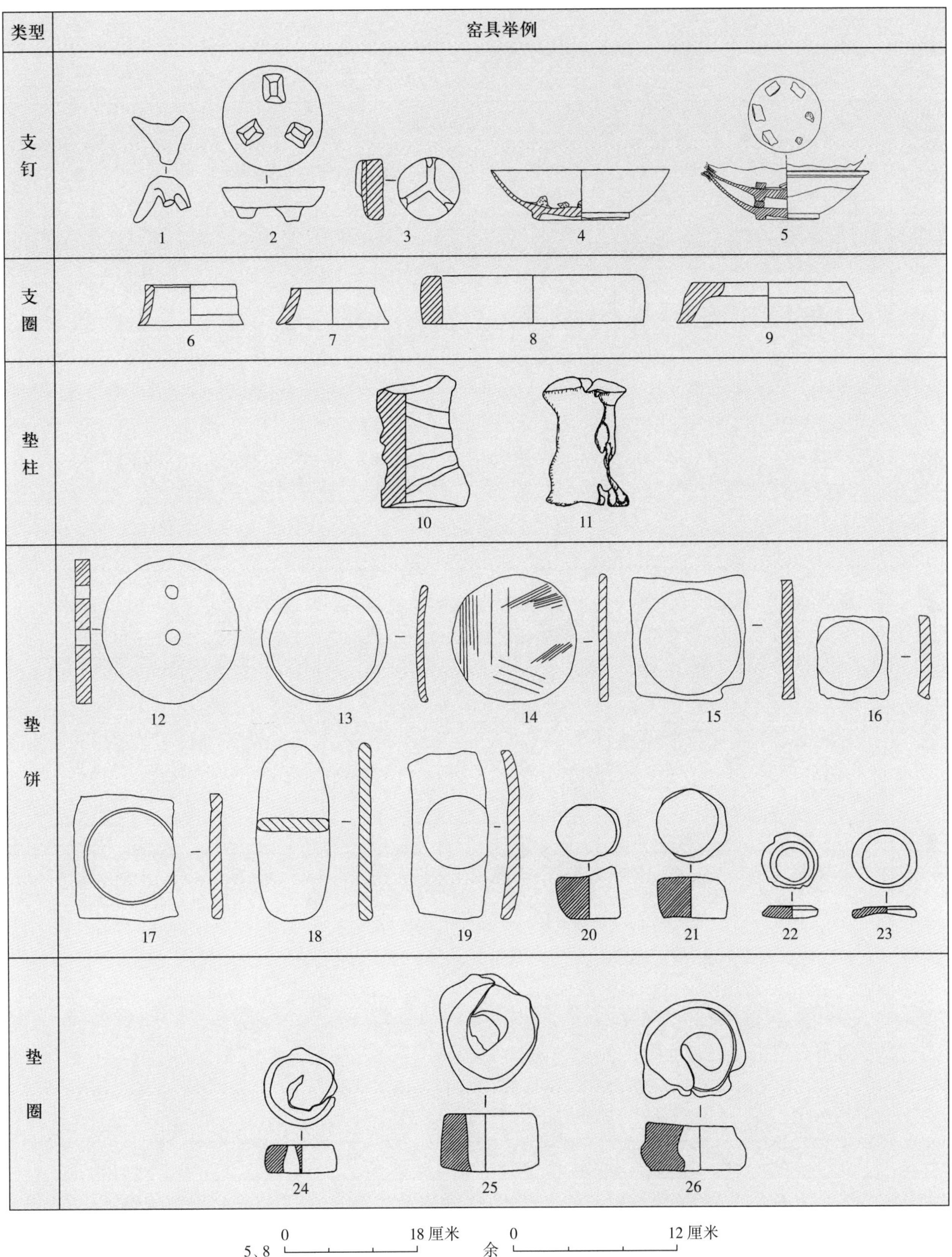

图 2–17 泉州沿海地区窑具之间隔具

1. 土尾庵 T04：328 2. 土尾庵 T04：327 3. 土尾庵 T04：146 4. 金交椅山 F1：15 5. 03 南坑顶南埔窑采集：21 6. 金交椅山 Y3：76 7. 金交椅山 T2：75 8. 金交椅山 Y2：131 9. 金交椅山 Y4：123 10. 03NLLY1T01 ①：141 11. 03NLLY1T01 ①：140 12. 蜘蛛山：51 13. 金交椅山 T2：74 14. 金交椅山 T2：66 15. 金交椅山 T2：71 16. 金交椅山 T2：69 17. 金交椅山 T2：67 18. 金交椅山 T2：73 19. 金交椅山 T2：68 20. 03NLLY1T01 ①：147 21. 03NLLY1T01 ①：146 22. 03NLLY1T01 ①：149 23. 03NLLY1T01 ①：148 24. 03NLLY1T01 ①：145 25. 03NLLY1T01 ①：144 26. 03NLLY1T01 ①：143

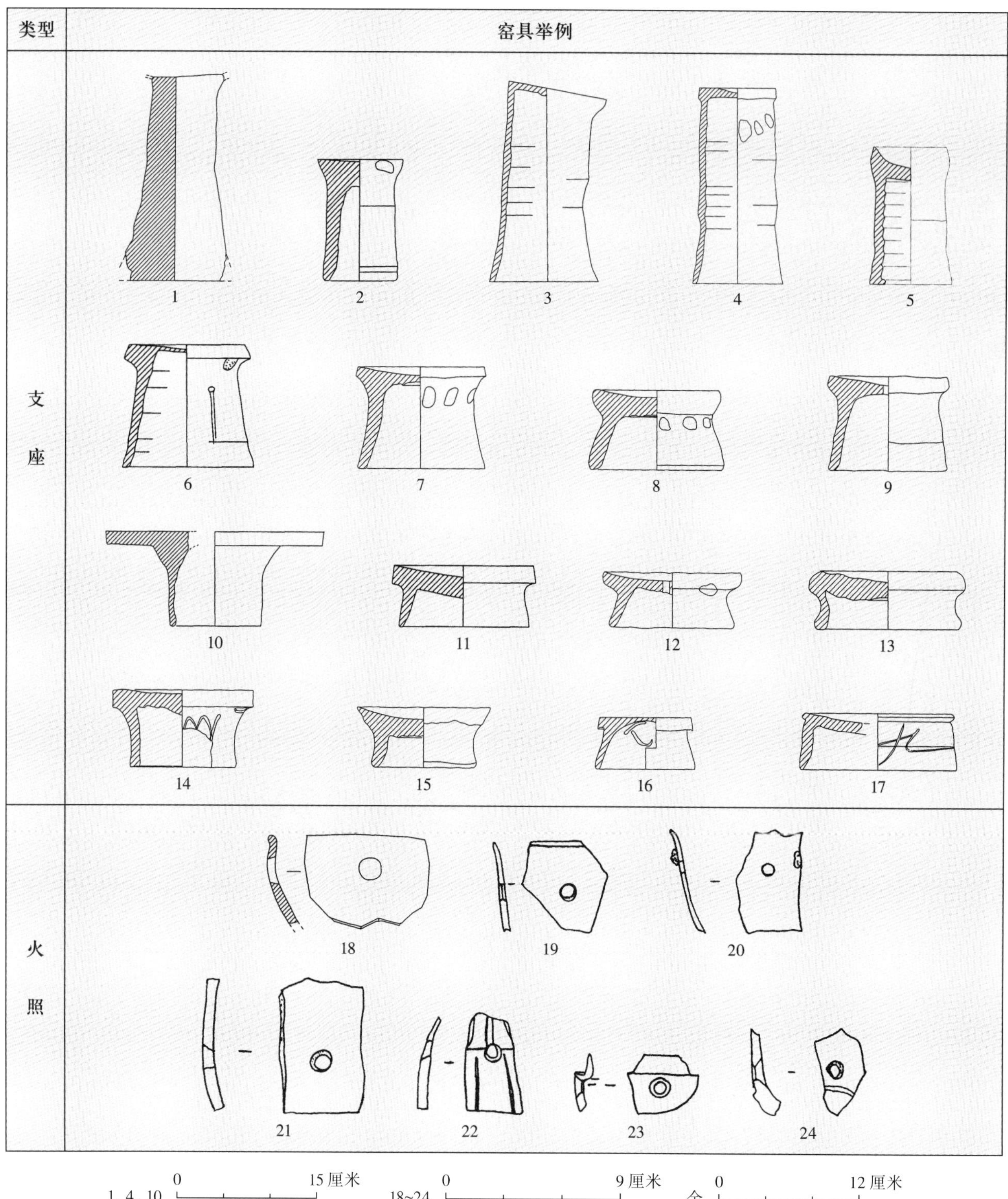

图 2-18 泉州沿海地区窑具之支具和火照

1.03NLLY1T01①：142 2.03NLLY1T01①：139 3.金交椅山 Y4：132 4.金交椅山 Y4：128 5.土尾庵 T04：97 6.金交椅山 Y2：137 7.金交椅山 Y4：127 8.金交椅山 Y4：126 9.金交椅山 T2：78 10.金交椅山 Y2：138 11.金交椅山 Y2：136 12.金交椅山 Y3：78 13.溪口山：9 14.土尾庵 T04：168 15.金交椅山 Y3：77 16.金交椅山 Y4：125 17.土尾庵 T04：166 18.03南坑五坝窑采集：1 19.03南坑后垅山窑采集：14 20.03NLLT01②：135 21.03NLLT01①：71 22.03南坑仑坪扩 Y2采集：5 23.03南坑仑坪扩 Y2采集：4 24.03NLLT01①：72

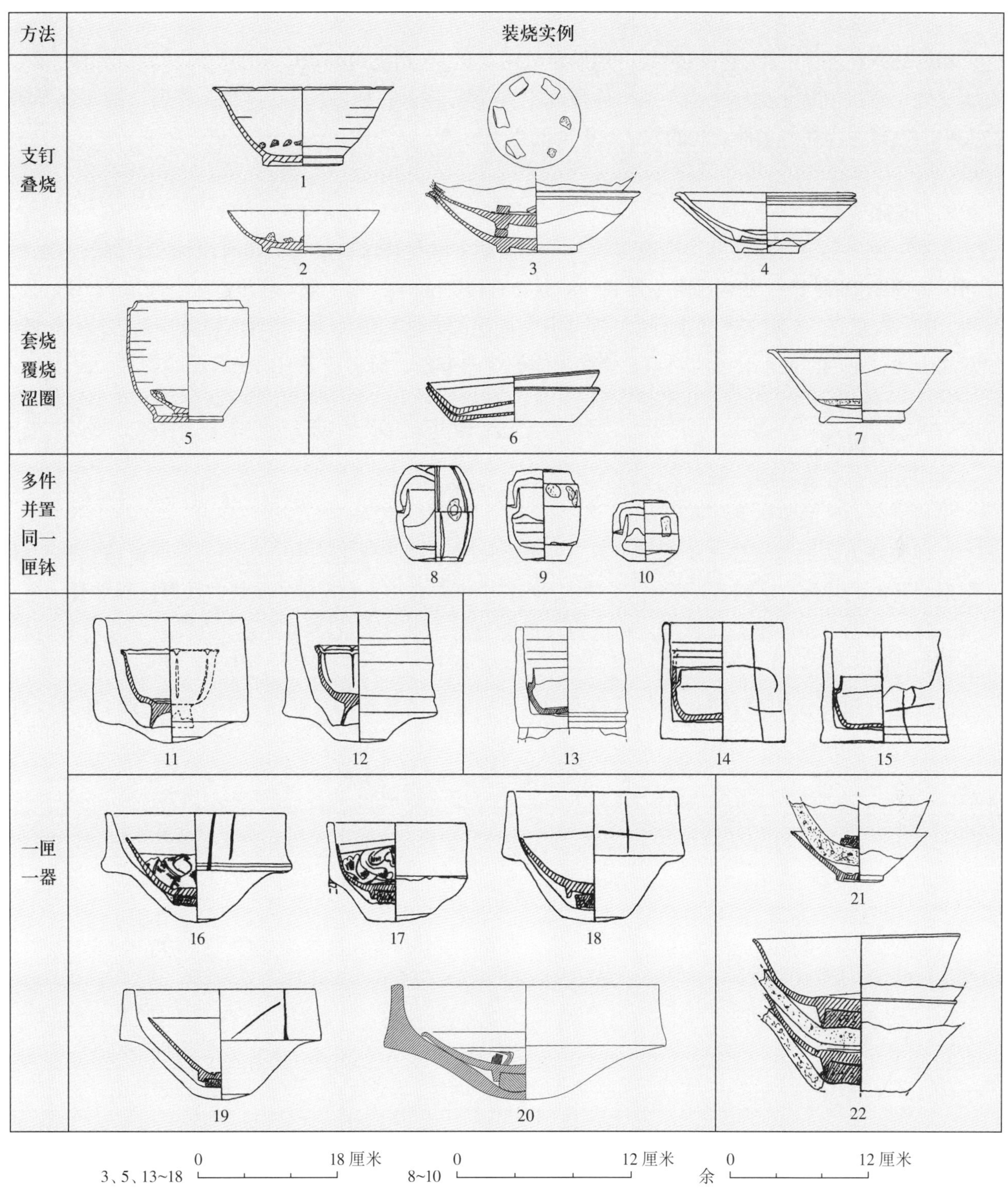

图 2−19 泉州沿海地区装烧方法示例

1. 金交椅山 T2：48 2. 金交椅山 F1：15 3. 03 南坑顶南埔窑采集：21 4. 03 南坑牛路沟窑采集：7 5. 金交椅山 Y4：108 6. 03 南坑顶南埔窑采集：26 7. 03 南坑顶南埔窑采集：38 8. 03NNGY1②：18 9. 03NNGY1②：14 10. 03NNGT02⑤：26、④：2 11. 03NNGY1①：143 12. 03NLLY1②：74 13. 03NLLY1 采集：25 14. 03NLLY1②：73 15. 03NLLT03②：9 16. 03 南坑碗盒山窑采集：1 17. 03NLLY1②：76 18. 03NLLY1②：72 19. 03NLLY1②：75 20. 03 南坑枪仔岭 Y2 采集：8 21. 03NLLY1 采集：28 22. 03NLLY1 采集：10 （1~4. 支钉或砂粒间隔，5. 多件套烧，6. 支圈覆烧，7. 涩圈叠烧，8~10 多件并置粘连痕，11、12. 杯［漏斗形匣钵］，13~15. 盒［盖身合烧，筒形匣钵］，16~20. 碗盘类［垫饼间隔，漏斗形匣钵］，21、22. 多匣摞烧）

1．明火裸烧

器物暴露在外，与烟火直接接触，一般胎釉较为粗糙，包括支钉叠烧（器物与器物间以支钉间隔）、支座支烧（直接放置于支座之上）、单件裸烧（直接置于窑床之上）等。这里又据器形的不同和器物大小的差异，存在着多件套烧的方法，中间间以支钉。

2．匣钵装烧

包括一匣一器、一匣多器，一般多为一匣一器的多匣叠烧法，最上面覆有匣钵盖。器物与匣钵之间以垫饼或垫圈间隔。使用一匣一器装烧的器物有碗、盘、碟、杯、盒（身与盖一起烧造）、罐、盆、水注、瓶、执壶等。一匣多器装烧有盒、净瓶并置同匣的方法和碗、盘、碟等支钉叠烧工艺，有的杯、炉套烧于同一匣内。此外，还有对口装烧和涩圈叠烧的方法，器物芒口或内底有涩圈。

3．支圈覆烧

利用支圈，多件覆烧，器物芒口。

泉州沿海地区的装烧方法可用表进行分类，如表所示（表 2-8）。

各地装烧方法的传统存在着差异，不同器类具体使用的装烧工艺也有差别。下面将南安窑和磁灶窑不同器类的装烧方法列表说明（表 2-9）。从表中可以看出，南安窑的装烧方法以匣钵装烧为主，包括一匣一器和一匣多器；而磁灶窑则以明火裸烧为主，也有少量匣钵装烧。这反映了二者装烧技术的不同传统。

由上述可知，装烧方法将瓷器窑具的类别、形制紧密结合起来，形成一个完整的组合体系。在

表 2-8　泉州沿海地区装烧方法分类表

<table>
<tr><td rowspan="6">(A) 明火裸烧</td><td rowspan="2">（a）单件裸烧</td><td>（1）单置窑床</td></tr>
<tr><td>（2）支座支烧</td></tr>
<tr><td rowspan="4">（b）多件裸烧</td><td>（1）支钉叠烧</td></tr>
<tr><td>（2）支座支烧</td></tr>
<tr><td>（3）多件套烧</td></tr>
<tr><td>（4）对口装烧</td></tr>
<tr><td rowspan="6">(B) 匣钵装烧</td><td>（a）一匣一器</td><td>（1）单置匣内</td></tr>
<tr><td rowspan="5">（b）一匣多器</td><td>（1）多件并置</td></tr>
<tr><td>（2）支钉叠烧</td></tr>
<tr><td>（3）多件套烧</td></tr>
<tr><td>（4）涩圈叠烧</td></tr>
<tr><td>（5）对口装烧</td></tr>
<tr><td>(C) 支圈覆烧</td><td>–</td><td>–</td></tr>
</table>

备注：字母和数字为装烧方法类别的编号，以便下文叙述。

表 2–9　南安窑和磁灶窑部分器类与装烧方法对应表

器类	南安窑	磁灶窑
碗	Ba1，Bb2，Bb4，Bb5，Bb6	Aa1，Aa2，Ab1，Ab2，Ba1，Bb2，C
盘	Ba1，Bb2，Bb4，Bb5，Bb6	Aa1，Aa2，Ab1，Ab2，Ba1，Bb2，C
碟	Ba1，Bb2，Bb4，Bb5，Bb6	Aa1，Aa2，Ab1，Ab2，Ba1，Bb2，C
盒	Ba1，Bb1，Bb3	Aa1，Ab3
杯	Ba1，Bb1，Bb3	Ab1，Ab2，Ab3
炉	Ba1，Bb1，Bb3，Bb6	Aa1，Ab1，Ab2，Ab3
罐	Aa2，Ba1，Bb3	Aa1，Ab1，Ab2，Ab3，Ab4
净瓶	Ba1，Bb1	—
水注	Ba1，Bb3	—
执壶	Ba1	Aa1，Aa2，Ab2，Ab3
小口瓶	—	Aa1
盆	Ba1	Aa1，Ab1，Ab3

备注：表格内装烧方法的序号为表 2-8 中对应的编号，其中大写字母表示总类别（A、B），小写字母表示总类别下的子类别（a、b），而阿拉伯数字为相应子类下具体的装烧方法。

此组合中，瓷器居于主导地位，瓷器的类别和形制决定了窑具的类别和形制。同时，一些装烧方法也影响到了瓷器的某些特征，如因支圈覆烧法而形成的瓷器芒口等。

一般来讲，同一时期可以使用多种装烧方法，但不同时期也有新方法的出现，关于泉州沿海地区装烧方法的演变，大致可以用图说明（图 2–20）。

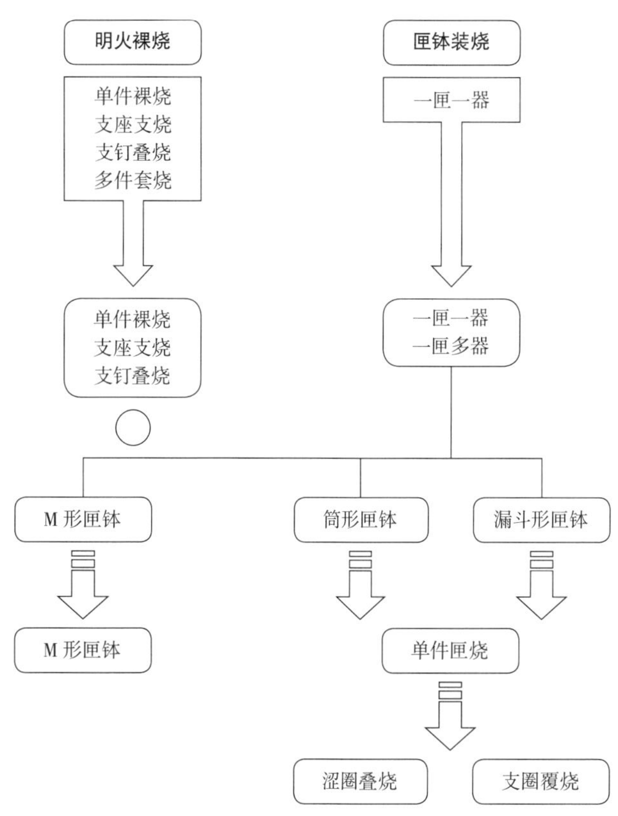

图 2–20　泉州沿海地区装烧方法演变示意图

四　分期及其特征

（一）分组与分期

通过前文对泉州沿海地区制瓷手工业遗存的分析，从中可以看出不同的发展阶段，器物形制、器物组群有着明显差异，而瓷器胎釉特征、装饰工艺也都有变化。同时，作为瓷器生产过程中关键因素的烧成技术，各窑场有不同的技术传统和内部的延续性，也较多地呈现出了一定的阶段性特点。

下面选取该地区具有代表性的地层单位：（1）金交椅山 T2，（2）金交椅山 Y2，（3）03NLLY1②，（4）03NNGT01④，（5）03NLLT01②，（6）03NNGT01③，（7）03NNGT01②，（8）03 南坑仑坪扩窑，（9）03 南坑牛路沟窑，（10）03 南坑顶南埔窑，（11）土尾庵 T04。

根据各窑址中地层叠压关系以及出土器物组合的差异，并结合瓷器胎釉特征的区别和装饰工艺及纹饰内容的变化，对其进行分组。凡出土遗物的类型相同或绝大部分相同的地层合为一组；反之，则另分一组。这样将 11 个地层单位分为四组：第一组，（1）、（2）；第二组，（3）、（4）；第三组，（5）~（8）；第四组，（9）~（11）。其中，第二组中（3）、（4）叠压在第三组（5）、（6）之下。此外，利用泉州沿海地区的考古调查和发掘中三个比较明显的地层早晚关系，结合各组中器物组合情况：一是磁灶窑金交椅山窑址与土尾庵窑址，从可连续地层看，土尾庵叠压于金交椅山之上[1]，可知第四组晚于第一、二、三组；二是南安南坑仑坪扩窑址，从发掘揭露的窑炉地层断面和出土遗物来看，青白瓷集中的地层要叠压在篦划纹青瓷集中的地层之下[2]，可知第三组晚于第二组；三是厦门同安汀溪窑址，青白瓷也叠压在划花青瓷地层之下[3]，知第四组晚于第三组。

由上述分析，这四组是从早到晚连续发展的序列，第一组最早，以下各组依序次之。据此，本文将以南安窑址和磁灶窑址为代表的泉州沿海地区制瓷手工业遗存进一步梳理，分成四组（表 2-10），具体分组图、表详见前文。

将上述图、表及分组情况等综合起来考察，可以看出，文中所分四组的遗物类别、典型器物形制、胎釉及装饰工艺和烧成技术及其演变已形成一个较为清晰的发展序列，可代表泉州沿海地区制瓷手工业遗存的四个发展阶段，即四期。

（二）年代推断

泉州沿海地区制瓷手工业遗存的四个发展阶段，即各期年代的推断，主要依据同类材料的比对来说明[4]。这类材料包括该地区具有年代意义的窑址、城市遗迹、墓葬中的出土器物，以及其他地区窑址、城市遗迹和墓葬中具有年代意义的器物等[5]。下文即简要论证这四期的年代[6]。

1．第一期

下文通过该地区这一期器物与同类器物的比较，来判断其年代：晋江金交椅山磁灶窑址出土

[1] 福建博物院、晋江博物馆：《磁灶窑址：福建晋江磁灶窑址考古调查发掘报告》，北京：科学出版社，2011 年。

[2] 福建博物院、南安市文管办、泉州市文保中心：《南安寮仔窑发掘简报》，《福建文博》2008 年第 4 期，第 1~11 页；栗建安：《福建地区的宋元陶瓷器》，台北，《历史文物》第 13 卷第 11 期，2003 年，第 9~25 页。

[3] 傅宋良、林元平：《中国古陶瓷标本·福建汀溪窑》，广州：岭南美术出版社，2002 年；栗建安：《福建地区的宋元陶瓷器》，台北，《历史文物》第 13 卷第 11 期，2003 年，第 9~25 页。

[4] 这里所说的同类材料是指形制和装饰工艺相近的同类型器物。一般而言，一定时期内的器物的形制和装饰工艺也是相似的；器形和装饰工艺的相似则说明其年代接近或略有先后，但不影响大的分期。因此，这类材料具有断代意义。

[5] 这里的“具有年代意义”包含了三个方面的含义：一是器物本身具有纪年，这是最直接的断代依据；二是出土器物的遗迹有纪年或年代可考，其虽与器物年代先后需要考证，经确认后也可代表器物的年代；三是从器物本身考察，本身和出土遗迹均无年代可考，但可通过其他年代可考的同类器物得出年代，这些资料也可作为本文瓷业遗存断代的依据。

[6] 根据笔者所搜集资料，本地的纪年资料极少，因此在对比资料的过程中较多的使用了其他地区的资料。这也是具有断代意义的，各地器物形制、装饰等普遍具有时代意义。即使相仿，二者年代一般也不会跨越一个考古学分期。因此，其他地区的资料也是泉州沿海地区瓷器年代判定的重要参照，并以此建立该地区制瓷手工业的年代序列。

表 2–10　泉州沿海地区制瓷手工业遗存分组一览表

分组 典型地层 \ 类别	器形			胎釉		装饰		烧成技术		
	青釉瓷器	黑釉瓷器	青白釉瓷器	胎	釉	技法	纹样	窑炉	窑具	装烧
第一组 (1) 金交椅山 T2 (2) 金交椅山 Y2	碗 A Ⅰ、B Ⅰ、D Ⅰ，盘 Ⅰ，执壶 A Ⅰ、A Ⅱ、B Ⅰ、C Ⅰ	盏托 Ⅰ，罐 A Ⅰ，		胎质多较粗略泛灰，有的细白	多青泛黄，酱黑，青白泛白	刻划、戳印、堆塑等	花口、弦纹等	斜坡龙窑	支钉、支座为主，匣钵	支钉叠烧为主
第二组 (3) 03NLLY1 ② (4) 03NNGT01 ④	碗 A Ⅱ、B Ⅱ、C Ⅰ，执壶 A Ⅲ、B Ⅱ、C Ⅱ，罐 A Ⅰ	盏托 Ⅱ，罐 A Ⅱ，瓶 A Ⅰ、B Ⅰ，军持 Ⅰ	碗 A Ⅰ、A Ⅱ、B Ⅰ、B Ⅱ、C Ⅰ、C Ⅱ、C Ⅲ、D Ⅰ、D Ⅱ、D Ⅲ，盘 A Ⅰ、A Ⅱ、B Ⅰ、C Ⅰ、C Ⅱ，碟 A Ⅰ，盒 A Ⅰ、A Ⅱ、B Ⅰ、B Ⅱ、C Ⅰ、D Ⅰ，炉 A Ⅰ、A Ⅱ、A Ⅲ、B Ⅰ、B Ⅱ、C Ⅰ、C Ⅱ、E Ⅰ	胎质多细白，有的泛灰、粗糙	多青白泛灰，青黄，酱黑釉	刻划、堆塑等	以植物花叶纹为主，莲瓣、菊瓣纹等，还有弦纹，瓜棱身	斜坡龙窑	匣钵、垫饼为主，支钉、支座等	匣钵摞烧为主，支钉叠烧
第三组 (5) 03NLLT01 ② (6) 03NNGT01 ③ (7) 03NNGT01 ② (8) 03 南坑仑坪扩窑	碗 B Ⅲ、B Ⅳ、C Ⅱ、C Ⅲ、D Ⅱ、D Ⅲ，盘 Ⅱ、Ⅲ，执壶 A Ⅳ、B Ⅲ、C Ⅲ、C Ⅳ，罐 B Ⅰ	盏托 Ⅲ，罐 A Ⅲ、B Ⅰ，瓶 A Ⅱ、B Ⅱ，军持 Ⅱ	碗 A Ⅲ、A Ⅳ、B Ⅲ、B Ⅳ、C Ⅳ、C Ⅴ、D Ⅳ、D Ⅴ，盘 A Ⅲ、A Ⅳ、B Ⅱ、B Ⅲ、C Ⅲ，碟 B Ⅰ、B Ⅱ，盒 A Ⅲ、B Ⅲ、B Ⅳ、B Ⅴ，C Ⅱ、C Ⅲ、D Ⅱ、D Ⅲ，炉 A Ⅳ、B Ⅲ、C Ⅲ、D Ⅰ、E Ⅱ	胎质变粗，夹杂颗粒、气孔较多，多灰白	以青白泛灰、青黄为主	以刻划、篦划为主，还有堆塑、印花等	变体花叶纹、弦纹，瓜棱身，莲瓣、菊瓣纹等	斜坡龙窑	支钉、支座、匣钵、垫饼等	多匣钵摞烧，支钉叠烧
第四组 (9) 03 南坑牛路沟窑 (10) 03 南坑顶南埔窑 (11) 土尾庵 T04	碗 B Ⅴ、C Ⅳ、D Ⅳ，盘 Ⅳ，执壶 A Ⅴ、B Ⅳ、C Ⅴ，罐 A Ⅱ、B Ⅱ	盏托 Ⅳ，罐 B Ⅱ，瓶 A Ⅲ、B Ⅲ，军持 Ⅲ	碗 A Ⅴ、B Ⅴ、C Ⅵ、C Ⅶ、D Ⅵ、D Ⅶ，盘 A Ⅴ、B Ⅳ、C Ⅳ，碟 A Ⅱ、B Ⅲ，盒 C Ⅳ，炉 D Ⅱ	多粗糙	以青白泛灰、青釉泛灰黄为主，还有彩釉	刻划、篦点划花为主，堆塑、印花、贴花、剔花，彩釉、釉上彩绘等	多为变体花叶纹、动物纹等	斜坡龙窑	多为支钉、支圈、匣钵、垫饼等	支钉叠烧、匣钵摞烧为主，还有支圈覆烧

的 A Ⅰ式青釉碗与慈溪上林湖越窑北宋早期碗（上 Y41∶4）[1]，B Ⅰ式青釉碗与寺龙口越窑北宋早期碗（T2③∶9）[2]、南平来舟北宋中晚期墓所出青白釉碗[3]，C Ⅰ式青釉碗与寺龙口越窑北宋早期碗（T1④∶2），D Ⅰ式青釉碗与寺龙口越窑北宋早期碗（T6扩⑦∶30）；Ⅰ式青釉盘与辽开泰七年（1018年）陈国公主墓出土花口盘[4]、寺龙口越窑北宋早期盘（T2⑧a∶24）、上林湖越窑北宋早期盘（上 Y42∶1）；A Ⅰ式青釉执壶与慈溪里杜湖越窑北宋早中期执壶（杜 Y9∶4），A Ⅱ式青釉执壶与建瓯迪口北宋庆历三年（1043年）墓出土执壶[5]、慈溪里杜湖越窑北宋早中期执壶（杜 Y9∶1）[6]、南平来舟北宋中晚期墓青白釉瓜棱执壶，B Ⅰ式青釉执壶与绍兴北宋咸平元年（998年）墓出土的越窑罂[7]，A Ⅰ式青釉罐与建瓯迪口北宋庆历三年墓出土瓜棱盖罐。此外，同一期的其他器类中，高领小罐、鼓腹大罐与江西赣州窑址出土北宋早期罐[8]，筒形瓶与慈溪里杜湖越窑北宋早中期瓶（杜 Y12∶8），南安蓝溪寮仔窑址出土小罐与慈溪上林湖越窑北宋早期罐（上 Y72∶10），以及南安南坑格仔口窑址出土盂与江西德安北宋景祐五年（1038年）刘氏墓出土的青白釉折腹盂[9]。

上述对比器物在形制特征上均十分相似，因此可判定其属于同一时期。并据其中的纪年材料推断，第一期制瓷手工业遗存的年代为北宋早中期，约960~1086年。

2．第二期

这一期，A Ⅰ式青白釉碗与河北观台磁州窑北宋后期碗（Y3火②∶52）[10]、寺龙口越窑北宋晚期碗（T6扩②∶8、T8③a∶15）、江西南丰白舍窑北宋晚期碗[11]，A Ⅱ式青白釉碗与江西婺源北宋靖康二年（1127年年）张氏墓出土的青白釉碗[12]、福建南平店口南宋早期墓碗[13]，B Ⅰ式青白釉碗与景德镇湖田窑H区附属主干道北宋晚期碗[14]、寺龙口越窑北宋晚期碗（T7③c∶8）、江西南丰白舍饶家山窑北宋晚期碗（T20③∶1、T22③∶2）[15]，B Ⅱ式青白釉碗与江西金溪县大观三年（1109年）孙大郎墓出土青白釉碗[16]、上林湖越窑北宋晚期碗（上 Y41∶3）、浙江新昌县南

[1] 慈溪市博物馆编：《上林湖越窑》，北京：科学出版社，2002年。

[2] 浙江省文物考古研究所、北京大学考古文博学院、慈溪市文物管理委员会编著：《寺龙口越窑址》，北京：文物出版社，2002年；浙江省文物考古研究所、北京大学考古文博院、慈溪市文物管理委员会：《浙江越窑寺龙口窑址发掘简报》，《文物》2001年第11期，第23~42页。

[3] 张文崟：《福建南平宋代壁画墓》，《文物》1998年第12期，第33~37页。

[4] 内蒙古自治区文物考古研究所、哲里木盟博物馆：《辽陈国公主墓》，北京：文物出版社，1993年。

[5] 建瓯市博物馆：《福建建瓯市迪口北宋纪年墓》，《考古》1997年第4期，第73~75页。

[6] 慈溪市博物馆编：《上林湖越窑》，北京：科学出版社，2002年。

[7] 沈作霖：《介绍一件宋咸平元年粮罂瓶》，浙江省文物考古所编：《浙江省文物考古所学刊》（1981），北京：文物出版社，1981年，第197页；浙江省博物馆编：《浙江纪年瓷》，北京：文物出版社，2000年，图197。

[8] 赣州市博物馆：《江西赣州窑址调查》，《考古》1993年第8期，第712~715、693页。

[9] 彭适凡主编：《宋元纪年青白瓷》，香港：庄万里文化基金会，1998年，第42页。

[10] 北京大学考古学系、河北省文物研究所、邯郸地区文物保管所：《观台磁州窑址》，北京：文物出版社，1997年。

[11] 江西省文物工作队、南丰县文化馆：《江西南丰白舍窑调查纪实》，《考古》1985年第3期，第222~233页。

[12] 彭适凡主编：《宋元纪年青白瓷》，香港：庄万里文化基金会，1998年，第56页。

[13] 张文崟：《福建南平店口宋墓》，《考古》1992年第5期，第428~430页。

[14] 江西省文物考古研究所、景德镇陶瓷历史博物馆：《景德镇湖田窑H区附属主干道发掘简报》，《文物》2001年第2期，第42~62页。

[15] 江西省文物考古研究所、南丰县博物馆编：《江西南丰白舍窑——饶家山窑址》，北京：文物出版社，2008年。

[16] 彭适凡主编：《宋元纪年青白瓷》，香港：庄万里文化基金会，1998年，第51页；陈定荣：《江西金溪宋孙大郎墓》，《文物》1990年第9期，第14~18、21页。

宋绍兴己卯（1159年）墓出土龙泉窑青釉碗[1]、江西新建出土的绍兴三十年（1160年）胡六郎墓青白釉碗[2]，C Ⅰ式青白釉碗与景德镇柳家湾窑北宋晚期碗[3]，C Ⅱ式青白釉碗与湖田窑H区附属主干道北宋晚期碗、赣州七里镇窑北宋晚期碗[4]，D Ⅱ式青白釉碗与湖田窑H区附属主干道北宋晚期碗、南平店口南宋早期墓碗；A Ⅰ式青白釉盘与上林湖越窑北宋晚期盘（上Y41：47），C Ⅰ式青白釉盘与景德镇湖田窑北宋晚期盘（97D・T6②：5）[5]，B Ⅰ式青白釉盘与观台磁州窑北宋后期盘（T5⑥：2）；A Ⅰ式青白釉碟与寺龙口越窑北宋晚期碟（T5③a：21）；A Ⅰ式青白釉炉与江西德兴元祐七年（1092年）胡氏墓炉[6]、景德镇湖田窑北宋晚期炉（97D・YG1：19），B Ⅰ式青白釉炉与景德镇湖田窑北宋晚期至南宋早期炉（99H补・H8：237），E Ⅰ式青白釉炉与景德镇湖田窑北宋晚期炉（99H补・T1②：602）；C Ⅱ式青釉碗与龙泉大白岸窑北宋晚期至南宋早期碗（BY22T1：1）[7]；A Ⅲ式青釉执壶与里杜湖越窑北宋晚期执壶（杜Y9：6），C Ⅱ式青釉执壶与赣州窑北宋晚期执壶等，二者在器形及制作工艺上均较为接近，可判定为其同一期。

由上可推知，第二期的年代为北宋晚期至南宋早期，约1086~1163年。

3．第三期

A Ⅲ式青白釉碗与江西婺源汀州知州汪赓墓出土的南宋庆元六年（1200年）碗[8]，A Ⅳ式青白釉碗与景德镇柳家湾窑南宋中晚期碗、吉安临江窑南宋后期碗[9]、遂宁金鱼村窖藏南宋晚期青白釉碗[10]，B Ⅲ式青白釉碗与南丰白舍窑南宋中晚期碗，B Ⅳ式青白釉碗与江西宜黄县嘉泰元年（1201年）叶氏墓出土的碗[11]，A Ⅳ式青白釉盘与龙泉上严儿村窑南宋晚期盘[12]，B Ⅲ式青白釉盘与景德镇湖田窑H区南宋中晚期盘、赣州七里镇窑南宋后期盘，C Ⅲ式青白釉盘与景德镇柳家湾窑南宋中晚期盘；B Ⅰ式青白釉碟与龙泉上严儿村窑南宋晚期碟，B Ⅱ式青白釉碟与四川遂宁金鱼村南宋晚期窖藏出土青白釉碟；南安顶南埔窑青白釉芒口杯与江西樟树南宋绍熙元年（1190年）李氏墓出土芒口兰草杯[13]、樟树嘉定十七年（1224年）杨氏墓出土芒口杯[14]；B Ⅲ式青釉碗与龙泉窑大白岸窑

[1] 浙江省博物馆：《浙江纪年瓷》，北京：文物出版社，2000年，图206。

[2] 彭适凡主编：《宋元纪年青白瓷》，香港：庄万里文化基金会，1998年，第60页；杨后礼：《新建县樵舍南宋墓》，《江西历史文物》1983年第2期，第20、21页。

[3] 江西省文物工作队：《江西景德镇柳家湾古瓷窑址调查》，《考古》1985年第4期，第365~370、359页。

[4] 江西省文物考古研究所、赣州地区博物馆、赣州市博物馆：《江西赣州七里镇窑址发掘简报》，《江西文物》1990年第4期，第3~23页。

[5] 江西省文物考古研究所等：《景德镇湖田窑址——1988~1999年考古发掘报告》，北京：文物出版社，2007年。

[6] 孙以刚：《江西德兴流口北宋墓》，《南方文物》1994年第3期，第34~36页。

[7] 浙江省文物考古研究所编：《龙泉东区窑址发掘报告》，北京：文物出版社，2005年。

[8] 彭适凡主编：《宋元纪年青白瓷》，香港：庄万里文化基金会，1998年，第68页。

[9] 江西省文物考古研究所、吉安地区文物研究所、吉安市博物馆：《江西吉安市临江窑遗址》，《考古学报》1995年第2期，第243~274页。

[10] 遂宁市博物馆、遂宁市文物管理所：《四川遂宁金鱼村南宋窖藏》，《文物》1994年第4期，第4~28页；中国国家博物馆主编：《宋韵——四川窖藏文物辑粹》，北京：中国社会科学出版社，2006年。

[11] 彭适凡主编：《宋元纪年青白瓷》，香港：庄万里文化基金会，1998年，第68页；李家和：《介绍江西出土的几件宋代瓷器》，《文物》1976年第6期，第91、92页，出土有嘉泰元年"叶九承事地券"。

[12] 中国历史博物馆考古部：《浙江龙泉青瓷上严儿村窑址发掘报告》，《中国历史博物馆馆刊》1986年总第8期，第43~72页。

[13] 黄颐寿：《江西清江出土的南宋青白瓷器》，《考古》1989年第7期，第669~672页。

[14] 彭适凡主编：《宋元纪年青白瓷》，香港：庄万里文化基金会，1998年，第75页。此器与绍熙元年李氏墓所出相似，青白釉，芒口，刻划花枝纹。

南宋中晚期碗（BY22表：2），C Ⅲ式青釉碗与龙泉大白岸窑青釉碗（BY22T1：3）；Ⅱ式青釉盘与景德镇柳家湾窑南宋中晚期盘，Ⅲ式青釉盘与龙泉上严儿村窑南宋晚期盘；B Ⅲ、C Ⅲ式青釉执壶与赣州七里镇窑南宋中晚期执壶；Ⅲ式黑釉盏托与观台磁州窑盏托（Y5⑤：384），在器物形制、装饰等方面均较为接近，可将其断定为同时期生产。

据此，该地区第三期制瓷手工业遗存的年代，大致可界定为南宋中晚期，即1163~1279年。

4．第四期

这一阶段，B Ⅴ式青釉碗、A Ⅴ式青白釉碗与龙泉金村窑址元代碗[1]，南安枪仔岭Y2采集的青釉划花碗与江西抚州至元己卯（1339年）陈仲明墓出土青白釉碗[2]、湖北宜城至正五年墓（1345年）青釉碗[3]、抚州市至正八年（1348年）傅希岩墓青白釉碗[4]，D Ⅳ式青釉碗与西安韩森寨至元二十五年（1288年）墓涩圈黑釉灯盏（M1：1）[5]；D Ⅵ式青白釉碗与龙泉上严儿村窑址元代碗；A Ⅱ式青白釉碟与景德镇湖田窑元代青白釉碟（96B·T5②B：7），B Ⅲ式青白釉碟与四川简阳元墓青白釉碟[6]、景德镇湖田窑元代青白釉芒口碟（95A·T8④A：199）；Ⅳ式黑釉盏托与西安韩森寨至元二十五年墓酱釉盏托（M1：6），器物造型、装饰等均十分接近。

综合前述，并结合其纪年材料的年代范围，可知第四期瓷业遗存的年代为元代，约1279~1368年。

（三）各期特征

根据前文的分析和论述，下面从器形、胎釉、装饰、装烧工艺等方面简要概括这一地区制瓷手工业的各期特征。

1．第一期

北宋早中期。这一时期以生产青釉瓷器为主，也有酱黑釉瓷，南安一些窑场还生产有少量制作精细的青白釉瓷。器类以碗、盘、盒、执壶、罐等比重较大；胎质较粗，也有的淘洗精细，釉色青略泛黄，青白釉者偏细白。装饰上，碗有的刻划花瓣状口（身），执壶腹部则有的刻划纵向弦纹，一般都比较简单，多为刻、划，少数为戳印、堆塑。窑炉为一般的斜坡式龙窑，装烧以支钉支烧占主流，多为叠烧或套烧，也有匣钵装烧方法。

2．第二期

北宋晚期至南宋早期。晋江磁灶窑仍以青瓷为主，器类增加，数量较多；胎质较为粗糙，釉色有青、青黄、酱黑等，釉层较薄，釉面缺乏光泽；多素面，偶有弦纹、刻划纹；装烧仍以裸烧为主，

[1] 张翔：《龙泉金村古瓷窑址调查发掘报告》，浙江省轻工业厅编：《龙泉青瓷研究》，北京：文物出版社，1989年，第69~91页。

[2] 薛翘、刘劲峰：《抚州市郊元代纪年墓出土的芒口瓷》，《江西历史文物》1987年第2期，第62~64页；薛翘、刘劲峰：《江西抚州元墓出土瓷器》，《文物》1992年第2期，第34~36页。

[3] 张乐发：《湖北宜城市出土元代人物堆塑罐》，《考古》1996年第6期，第93、94页。

[4] 彭适凡主编：《宋元纪年青白瓷》，香港：庄万里文化基金会，1998年，第86页；程应麟、彭适凡：《江西抚州发现元代合葬墓》，《考古》1964年第7期，第370~372页。

[5] 西安市文物保护考古所编著：《西安韩森寨元代壁画墓》，北京：文物出版社，2004年。

[6] 四川省文物管理委员会：《四川简阳东溪园艺场元墓》，《文物》1987年第2期，第70~87页。

支钉叠烧或套烧，匣钵装烧增多。南安各窑场则主要烧造青白釉瓷器，器形制作规整，以碗、盘、盒、罐等器类为主，尤其是碗、盒占产品的绝大多数；胎质较细，胎色灰白，釉色青白泛白、泛灰，精细者接近白瓷，釉面光洁、莹润；素面为主，装饰纹样也较为丰富，多是刻划植物花纹，以莲瓣、菊瓣居多，装饰技法以刻、划为主，还有捏压的瓜棱造型、堆塑等；装烧一般是筒形和漏斗形匣钵装烧的一匣一器或一匣多器，器物与匣钵间以垫饼或垫圈间隔，方法比较固定。该期较晚阶段，还出现了制作较讲究的篦点划花青瓷。

3．第三期

南宋中晚期。磁灶窑青瓷制作更加粗率，产量大，但工艺走向衰落。青白瓷的生产也逐渐简化，主流产品仍是碗、盒类器物，胎、釉不如第二期精细，装饰明显趋于简单，多属简单刻划；装烧方法沿用上一期，并无改观。这一期较前一期发展起来的是广布于泉州地区的篦点划花青瓷，制作虽较为粗劣，但产量较大，主要是碗、盘类器物；胎质粗糙，釉色青泛灰、泛黄；其最有特色的是花纹装饰，流行篦点划花，多为变体花叶纹；仍采用龙窑烧造，装烧方法多为一匣一器的匣钵叠烧。

4．第四期

元代。磁灶窑青瓷衰落，而代之以风格迥异的白地黑花、白釉、绿釉、黄釉等多类瓷器，碗、罐、壶、军持等器类较多，以剔花、彩釉和釉下彩绘装饰为主，多采用M形匣钵装烧。青白瓷减少，器类碗、盘、洗、军持、瓶等，釉色灰暗，流行刻划花、印花装饰，装烧方法流行一匣一器、支钉叠烧、支圈覆烧、涩圈叠烧等。篦点划花类青瓷继续流行，器物相对变矮，釉色泛黄者居多，刻划较上一期草率，仍以一匣一器的匣钵装烧为主。

值得注意的是，泉州沿海地区的制瓷手工业遗存并不限于此，其中少数窑场可延续至明清时期，由于发表材料极少，且不具代表性，这里不做论述。

通过前文泉州沿海地区制瓷遗存的分期讨论，从中可以看出这一地区大致有三个较为独特的瓷器生产系统：磁灶窑瓷器（以第一、二、三期的青釉瓷、酱黑釉瓷和第四期的彩釉瓷器为主）、青白瓷（第二、三、四期为主，尤其是第三期最发达）和篦划花青瓷（以第三、四期为代表）。这三个系统构成了相对比较完整的序列，各自延续发展，且时间上略有先后，也代表了泉州沿海地区的制瓷手工业发展状况。

第二节　泉州内陆地区

泉州内陆地区包括安溪、永春、德化各地，窑址以德化窑为代表，下文主要据此进行分析。

一　瓷器的类型学分析

泉州内陆地区瓷器的品种主要有青白釉、白釉、青花、五彩、黑釉、酱褐釉瓷器等，这里仅对有代表性的青白釉、白釉、青花瓷器作类型学分析[1]。各类瓷器中，器形多样，下文依据盖德碗坪崙窑、浔中屈斗宫窑、祖龙宫窑、甲杯山窑和东头杏脚窑的发掘资料，选取比较典型的器类进行排比。

（一）青白釉瓷器

泉州内陆地区青白瓷的器类有碗、盘、碟、钵、盆、洗、杯、盅、盒、炉、执壶、军持、瓶、罐等，这里选碗、盘、盒、炉、执壶、军持、瓶等进行分析。

1．碗

根据碗的口沿和器身，分五型。

A 型　敞口，尖唇，腹壁斜直，呈斗笠状，圈足较矮小，挖足较浅。碗内底心均有一拉坯时形成的圆形凸起。分四式，标本如图（图 2–21，1~4）。

Ⅰ式　标本德化碗坪崙 655。

Ⅱ式　标本德化碗坪崙 76。

Ⅲ式　标本 04 德化祖龙宫 0828。

Ⅳ式　标本 04 德化祖龙宫 0800。

口部外侈幅度增大，口沿趋于芒口；腹部渐浅，由斜直向略弧、略外撇演变；圈足由高渐矮浅。

B 型　敞口，腹壁斜弧，矮圈足。据其变化分五式，标本如图（图 2–21，5~9）。

Ⅰ式　标本德化碗坪崙 1651。

Ⅱ式　标本德化碗坪崙 594。

Ⅲ式　标本德化碗坪崙 614。

Ⅳ式　标本 04 德化祖龙宫 0809。

Ⅴ式　标本 04 德化祖龙宫 0803。

口部外敞逐渐增大，Ⅳ式开始出现芒口；腹部由深渐浅；内底心有一圆形凹痕，而逐渐出现圆形涩圈，再趋于平滑；挖足由深变浅，再至饼形足，逐渐草率。

C 型　侈口，腹壁斜弧，足较矮。分六式，如图（图 2–21，10~15）。

Ⅰ式　标本德化碗坪崙 562。

Ⅱ式　标本德化碗坪崙 553。

Ⅲ式　标本德化碗坪崙 611。

Ⅳ式　标本 04 德化祖龙宫 0218。

Ⅴ式　标本 04 德化祖龙宫 0188。

Ⅵ式　标本 04 德化祖龙宫 0198。

---

[1] 泉州内陆地区的青白釉和白釉瓷器，有些不易区分。与南方其他地区的青白釉、白釉瓷器的区别相似，两者主要是釉的化学组成不同，青白瓷多数属高钙釉，少数属于中钙釉；而白瓷则多数属于中钙釉或低钙釉。此外，釉的呈色与烧成温度、烧成气氛及釉层厚度密切相关。可参考张福康、张浦生、何文权、熊樱菲：《白瓷和青白瓷》，上海博物馆编：《中国古代白瓷国际学术研讨会论文集》，上海：上海书画出版社，2005 年，第 576~584 页。为区别起见，这里将釉色泛青的归之为青白釉，而泛灰、泛黄色者归之于白釉。下文釉及施釉工艺中，对此将有详述。

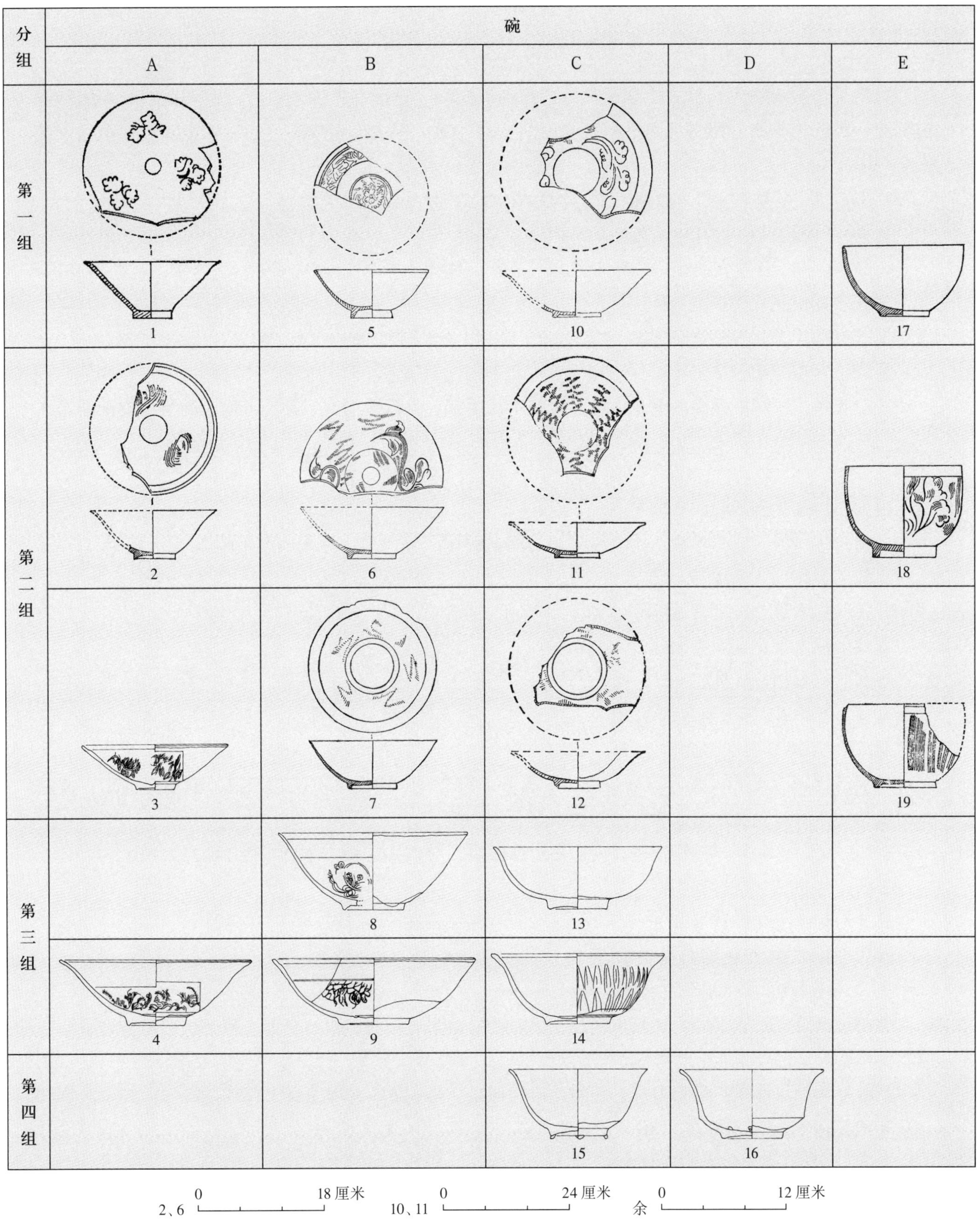

图 2-21　泉州内陆地区青白釉碗

1. 盖德碗坪崙标本 655　2. 盖德碗坪崙标本 76　3. 04 德化祖龙宫 0828　4. 04 德化祖龙宫 0800　5. 盖德碗坪崙标本 1651　6. 盖德碗坪崙标本 594　7. 盖德碗坪崙标本 614　8. 04 德化祖龙宫 0809　9. 04 德化祖龙宫 0803　10. 盖德碗坪崙标本 562　11. 盖德碗坪崙标本 553　12. 盖德碗坪崙标本 611　13. 04 德化祖龙宫 0218　14. 04 德化祖龙宫 0188　15. 04 德化祖龙宫 0198　16. 04 德化祖龙宫 0154　17. 盖德碗坪崙标本 694　18. 盖德碗坪崙标本 723　19. 盖德碗坪崙标本 89

口沿外侈幅度增大，Ⅳ式出现了芒口；腹由深渐浅，再渐深；内底心有一圆形凹痕，渐出现圆形涩圈，再趋于平滑；圈足沿由平削变成斜削、略外撇，Ⅳ式出现浅圈足、饼形足，制作由精细而逐渐草率。

D型　侈口，曲壁，下腹折收，饼形足微内凹。内壁底部有支钉痕迹。

标本04德化祖龙宫0154（图2–21，16）。

E型　直口，深腹，圈足，一般带盖。分三式，如图（图2–21，17~19）。

Ⅰ式　标本德化碗坪嵛694。

Ⅱ式　标本德化碗坪嵛723。

Ⅲ式　标本德化碗坪嵛89。

芒口无釉，口部由直撇渐略显内敛；腹部由浅渐深，由较弧而直、并微外鼓；圈足由矮渐略高。

2．盘

根据口沿及腹部形状，分四型。

A型　侈口，尖唇，弧腹，内底较平坦，圈足较矮。分六式，标本如图（图2–22，1~6）。

Ⅰ式　标本德化碗坪嵛837。

Ⅱ式　标本德化碗坪嵛834。

Ⅲ式　标本德化碗坪嵛844。

Ⅳ式　标本德化碗坪嵛867。

Ⅴ式　标本04德化祖龙宫0150。

Ⅵ式　标本04德化祖龙宫0153。

口沿外侈幅度增大，腹部逐渐变浅，下腹壁由深变浅；内底多有圆形凹痕，渐出现涩圈，再消失而变为凹痕一道；圈足略变大，渐趋饼形足、浅圈足。

B型　敞口，尖唇，弧腹较浅，内壁平滑，圈足。分四式，标本如图（图2–22，7~10）。

Ⅰ式　标本德化碗坪嵛560。

Ⅱ式　标本德化碗坪嵛873。

Ⅲ式　标本04德化祖龙宫0131。

Ⅳ式　标本04德化祖龙宫0135。

腹部逐渐变浅；Ⅱ式的内底渐出现涩圈，而后变为凹痕一周；圈足变大，趋于饼形足、浅圈足，但逐渐草率。

C型　敞口，浅腹，下腹内折，浅圈足或饼形足。分三式，标本如图（图2–22，11~13）。

Ⅰ式　标本04德化祖龙宫0137。

Ⅱ式　标本04德化祖龙宫0142。

Ⅲ式　标本04德化祖龙宫0146。

敞口渐趋外撇，腹部逐渐变浅，浅圈足或饼形足逐渐变大。

D型　敞口，芒口，斜直腹，内壁平坦，外壁模印莲瓣纹，宽矮饼形足，微内凹。

标本德化屈斗宫标本30（图2–22，14）。

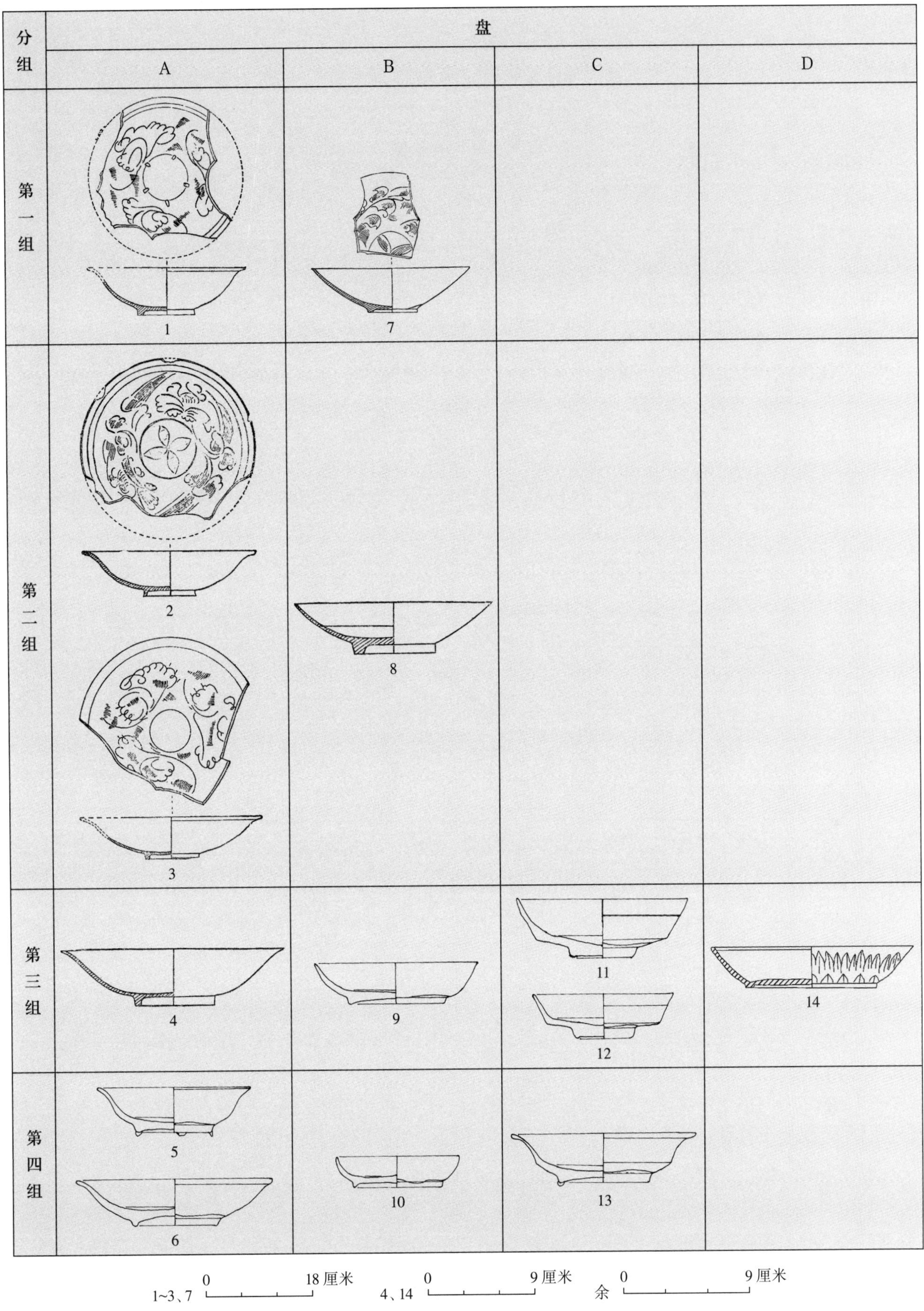

图 2–22　泉州内陆地区青白釉盘

1. 盖德碗坪崙 837　2. 盖德碗坪崙 834　3. 盖德碗坪崙 844　4. 盖德碗坪崙 867　5. 04 德化祖龙宫 0150　6. 04 德化祖龙宫 0153　7. 盖德碗坪崙 560　8. 盖德碗坪崙 873　9. 04 德化祖龙宫 0131　10. 04 德化祖龙宫 0135　11. 04 德化祖龙宫 0137　12. 04 德化祖龙宫 0142　13. 04 德化祖龙宫 0146　14. 浔中屈斗宫 30

3．盒

根据盒的形状，分四型。

A 型　瓜棱形，一般是八瓣。子母口，盒身较深，盖面弧鼓，平底内凹。分三式，标本如图（图 2–23，1~3）。

Ⅰ式　标本德化碗坪崙 1585。

Ⅱ式　标本德化碗坪崙 1622。

Ⅲ式　标本德化碗坪崙 1346。

盒盖逐渐变浅，盖沿由略直渐趋外敞，顶面由较平变较弧鼓；整体变浅；花纹丰富多样，渐趋草率。

B 型　八边形，棱角不甚明显。子母口，盒身较深，盖面弧鼓，平底内凹。分三式，标本如图（图 2–23，4~6）。

Ⅰ式　标本德化碗坪崙 1165。

Ⅱ式　标本德化碗坪崙 1328。

Ⅲ式　标本德化碗坪崙 1327。

演变与 A 型一致。

C 型　圆形。子母口，盒身较深，盖面弧鼓，平底内凹。分两式，标本如图（图 2–23，7、8）。

Ⅰ式　标本德化碗坪崙 1586。

Ⅱ式　标本德化碗坪崙 1350。

演变与 A 型一致。

D 型　圆形，子母口，浅腹，盒内有小碟五个，饼形足。

标本德化碗坪崙 1605（图 2–23，9）。

4．炉

直口，深腹，略呈直筒形，圈足。分三式，标本如图（图 2–23，10~12）。

Ⅰ式　标本德化碗坪崙 900。

Ⅱ式　标本德化碗坪崙 373。

Ⅲ式　标本德化碗坪崙 503。

口沿逐渐变成微敞；直筒形腹，下端渐趋内收；圈足较高而切削规整，逐渐外撇而趋草率。

5．执壶

根据执壶的口颈和腹部，分四型。

A 型　喇叭形口，束长颈，鼓腹。分三式，标本如图（图 2–24，1~3）。

Ⅰ式　标本德化碗坪崙 1601。

Ⅱ式　标本德化碗坪崙 402。

Ⅲ式　标本德化碗坪崙 401。

喇叭口外敞的幅度渐小，腹部由长圆而渐成圆鼓，底部由平底而成圈足。

B 型　喇叭形口，束长颈，扁鼓腹，浅圈足。

标本德化碗坪崙 396（图 2–24，4）。

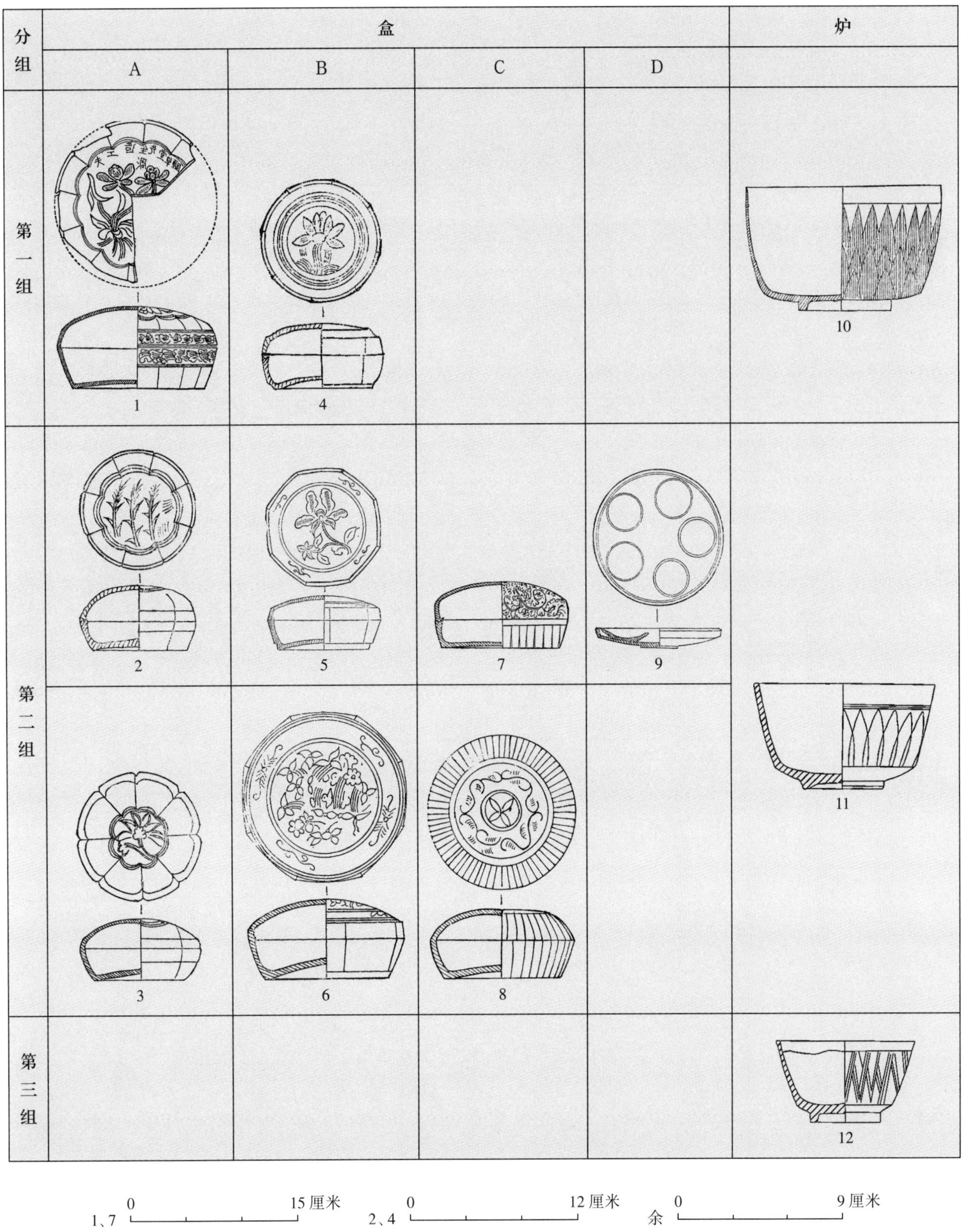

图 2–23　泉州内陆地区青白釉盒和炉

1. 德化碗坪崙 1585　2. 德化碗坪崙 1622　3. 德化碗坪崙 1346　4. 德化碗坪崙 1165　5. 德化碗坪崙 1328　6. 德化碗坪崙 1327　7. 德化碗坪崙 1586　8. 德化碗坪崙 1350　9. 德化碗坪崙 1605　10. 德化碗坪崙 900　11. 德化碗坪崙 373　12. 德化碗坪崙 503

C 型　盘口，束长颈，鼓腹，圈足。分三式，标本如图（图 2–24，5~7）。

Ⅰ式　标本德化碗坪崙 404。

Ⅱ式　标本德化碗坪崙 403。

Ⅲ式　标本德化碗坪崙 405。

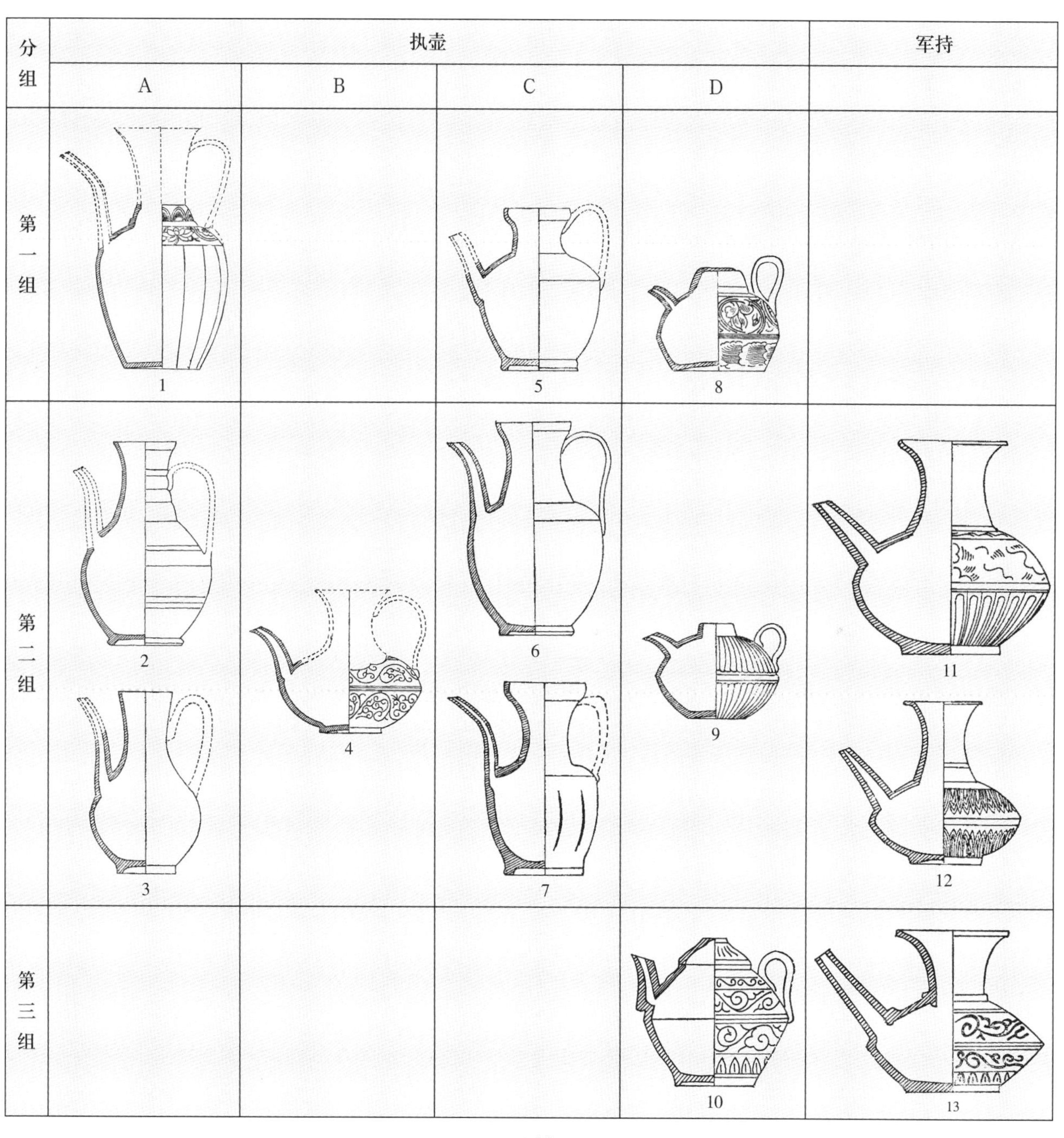

图 2–24　泉州内陆地区青白釉执壶和军持

1. 德化碗坪崙 1601　2. 德化碗坪崙 402　3. 德化碗坪崙 401　4. 德化碗坪崙 396　5. 德化碗坪崙 404　6. 德化碗坪崙 403　7. 德化碗坪崙 405　8. 德化碗坪崙 1591　9. 德化碗坪崙 407　10. 德化屈斗宫 45　11. 德化碗坪崙 390　12. 德化碗坪崙 388　13. 德化屈斗宫 44

盘口逐渐变大；颈部变长，颈由较直渐趋束；腹部逐渐由圆鼓变略鼓直；流逐渐变细长。

D 型　直口微内斜，矮颈，鼓腹，腹中部折，短流，环形或半环形柄。分三式，标本如图（图 2–24，8~10）。

Ⅰ式　标本德化碗坪崙 1591。

Ⅱ式　标本德化碗坪崙 407。

Ⅲ式　标本德化屈斗宫 45。

颈部变短，下腹部内收程度增大，流逐渐上翘，平底内凹而渐成圈足；器物花纹装饰由刻划而变为模印。

6．军持

喇叭形口，束颈，扁鼓腹，柄状足或圈足；长直流。分三式，标本如图（图 2–24，11~13）。

Ⅰ式　标本德化碗坪崙 390。

Ⅱ式　标本德化碗坪崙 388。

Ⅲ式　标本德化屈斗宫 44。

敞口，外侈幅度增大；腹部渐趋扁，腹中部折痕明显，由圆鼓而趋于折腹；饼形足或微内凹；腹部花纹由刻划而模印，趋于程式化。

7．瓶

根据瓶器形的差异，分为五型。

A 型　喇叭形口，花口，束长颈，椭圆腹，矮圈足。分四式，标本如图（图 2–25，1~4）。

Ⅰ式　标本德化碗坪崙 409。

Ⅱ式　标本德化碗坪崙 415。

Ⅲ式　标本德化碗坪崙 412。

Ⅳ式　标本德化碗坪崙 416。

喇叭口外敞渐大，腹部由略鼓而渐成圆鼓，最大腹径逐渐下移，圈足渐增高。

B 型　喇叭形口，平口，束长颈，腹部圆鼓，略显垂腹，圈足外撇。

标本德化碗坪崙 423（图 2–25，5）。

C 型　器形小巧。喇叭形口，长颈，椭圆腹，圈足较高，外撇出台。分三式，标本如图（图 2–25，6~8）。

Ⅰ式　标本德化屈斗宫 50。

Ⅱ式　标本德化屈斗宫 51。

Ⅲ式　标本德化碗坪崙 1603。

口部外侈幅度增大，腹部逐渐变鼓，圈足外撇，减小。

D 型　直口，微外撇，长直颈，鼓腹。分两式，标本如图（图 2–25，9、10）。

Ⅰ式　标本德化碗坪崙 421。

Ⅱ式　标本德化碗坪崙 419。

颈部变短，腹部由椭圆变圆鼓，底部由平底变圈足，略外撇。

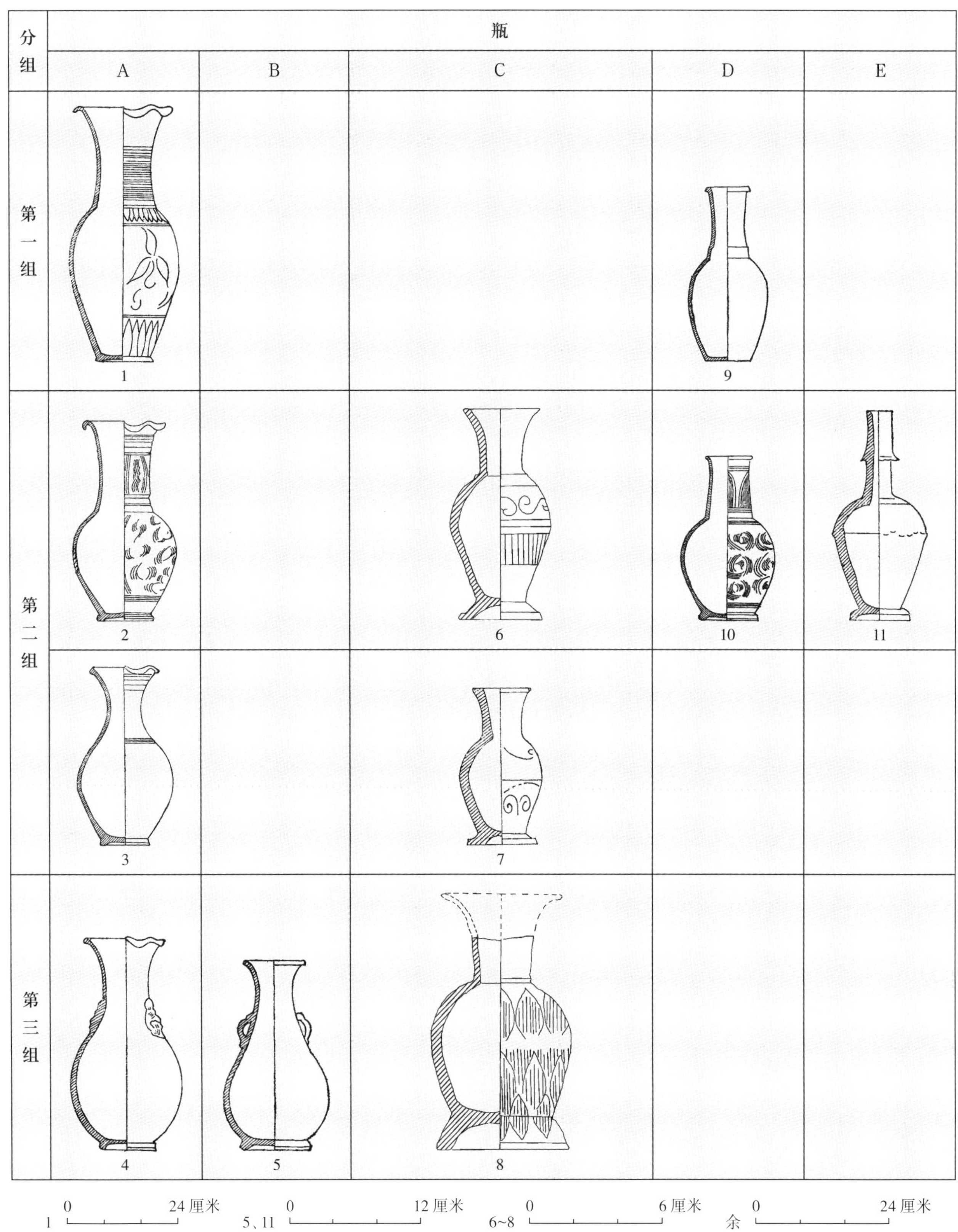

图 2–25　泉州内陆地区青白釉瓶

1. 德化碗坪崙 409　2. 德化碗坪崙 415　3. 德化碗坪崙 412　4. 德化碗坪崙 416　5. 德化碗坪崙 423　6. 德化屈斗宫 50　7. 德化屈斗宫 51　8. 德化碗坪崙 1603　9. 德化碗坪崙 421　10. 德化碗坪崙 419　11. 德化碗坪崙 49

E 型　净瓶。直口，细长颈，颈中部出棱，椭圆腹，圈足，外撇出台。

标本德化碗坪崙 49（图 2–25，11）。

（二）白釉瓷器

泉州内陆地区白瓷的器类有碗、盏、盘、碟、钵、盆、洗、杯、高足杯、盅、盒、炉、壶、军持、瓶、罐、瓶、灯、砚、汤匙等，这里选碗、盘、杯、盒、炉等器物做以分析。

1．碗

根据碗的口沿和器身，分五型。

A 型　敞口，尖唇，腹壁斜直，呈斗笠状，内壁平缓，圈足，制作规整。分两式，标本如图（图 2–26，1、2）。

Ⅰ式　标本 04 德化祖龙宫 0166。

Ⅱ式　标本 04 德化祖龙宫 0163。

口部外侈幅度增大；腹部变浅，由斜直向微弧演变；圈足变大，由高渐矮。

B 型　敞口，尖圆唇，弧腹，内壁平缓，圈足较小。分两式，标本如图（图 2–26，3、4）。

Ⅰ式　标本 04 德化祖龙宫 0169。

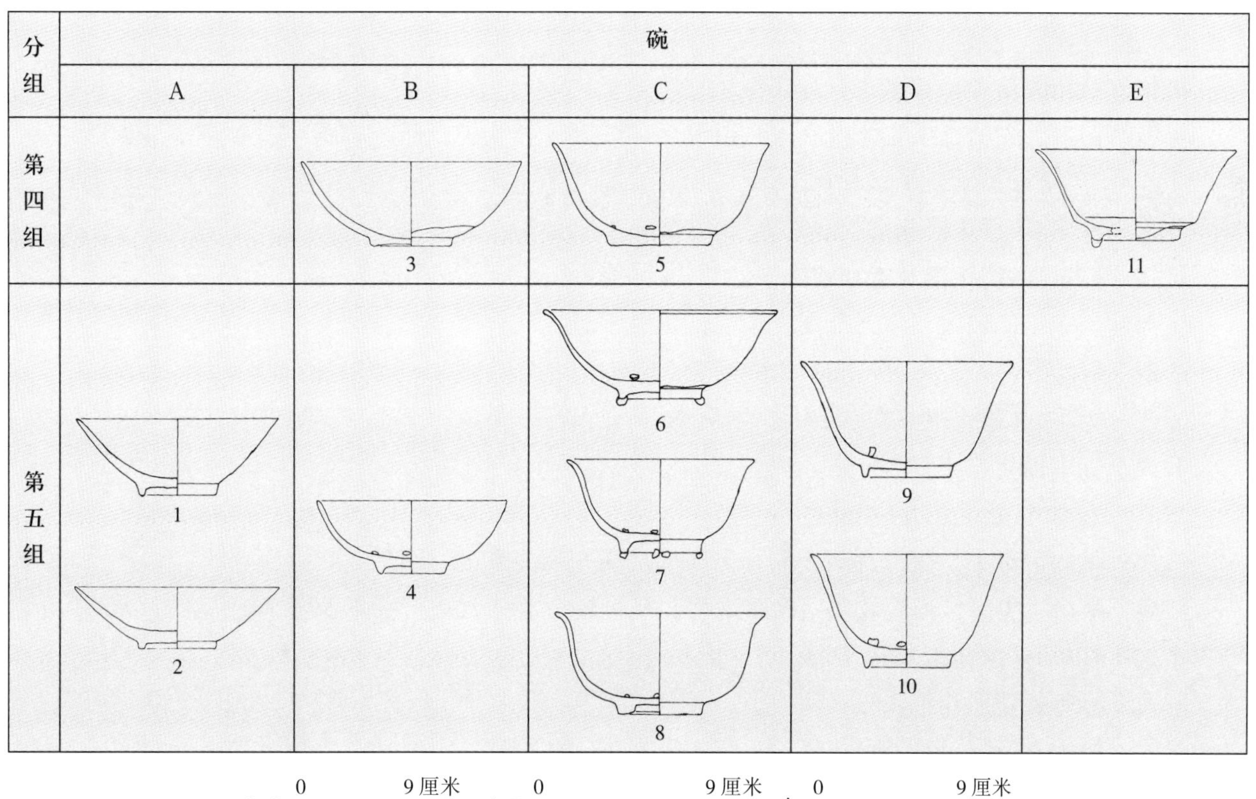

图 2–26　泉州内陆地区白釉碗

1. 04 德化祖龙宫 0166　2. 04 德化祖龙宫 0163　3. 04 德化祖龙宫 0169　4. 04 德化祖龙宫 0168　5. 04 德化祖龙宫 0204　6. 04 德化祖龙宫 0172　7. 04 德化祖龙宫 0181　8. 04 德化祖龙宫 0183　9. 04 德化祖龙宫 0178　10. 04 德化祖龙宫 0158　11. 01 德化甲杯山 0187

Ⅱ式　标本 04 德化祖龙宫 0168。

口部外敞幅度逐渐减小，腹部由浅渐深，足部由饼形足至圈足。

C 型　侈口，弧腹、较浅，内壁平滑，柄状足或圈足。分四式，标本如图（图 2–26，5~8）。

Ⅰ式　标本 04 德化祖龙宫 0204。

Ⅱ式　标本 04 德化祖龙宫 0172。

Ⅲ式　标本 04 德化祖龙宫 0181。

Ⅳ式　标本 04 德化祖龙宫 0183。

口沿外侈幅度减小；腹由浅变深，腹下部弧度增大；柄状足渐变为圈足，制作规整，圈足由窄变宽，足墙渐趋宽。

D 型　侈口，口沿外侈幅度小，深弧腹，内壁平滑，圈足。分两式，标本如图（图 2–26，9、10）。

Ⅰ式　标本 04 德化祖龙宫 0178。

Ⅱ式　标本 04 德化祖龙宫 0158。

口沿外撇减小，腹部略变深，圈足制作规整，足墙沿较窄。

E 型　侈口，曲壁，下腹近底部折收，圈足。内壁底部有支钉痕迹。

标本 01 德化甲杯山 0187（图 2–26，11）。

2．盘

根据口沿、腹部及足部形状，分四型。

A 型　侈口，尖唇，弧腹，内底较平坦，足径较大。分三式，标本如图（图 2–27，1~3）。

Ⅰ式　标本 04 德化祖龙宫 0302。

Ⅱ式　标本 04 德化祖龙宫 0304。

Ⅲ式　标本 04 德化祖龙宫 0300。

腹部渐深，足径较大，由饼形渐变为浅圈足、圈足。

B 型　敞口，尖唇，弧腹较浅，内壁平滑，足较宽。分三式，标本如图（图 2–27，4~6）。

Ⅰ式　标本 04 德化祖龙宫 0323。

Ⅱ式　标本德化屈斗宫 32。

Ⅲ式　标本 04 德化祖龙宫 0327。

口部外敞幅度渐小，腹部逐渐变深，由饼形足渐变为浅圈足、圈足。

C 型　敞口，尖唇，弧腹较浅，内壁平滑，足径较小。分三式，标本如图（图 2–27，7~9）。

Ⅰ式　标本 04 德化祖龙宫 0315。

Ⅱ式　标本德化屈斗宫 35。

Ⅲ式　标本 04 德化祖龙宫 0312。

口部外敞幅度渐大，足部由饼形足渐变为浅圈足、圈足。

D 型　折沿，浅弧腹，内底较平坦，饼形足较矮，微内凹。

标本 04 德化祖龙宫 0374（图 2–27，10）。

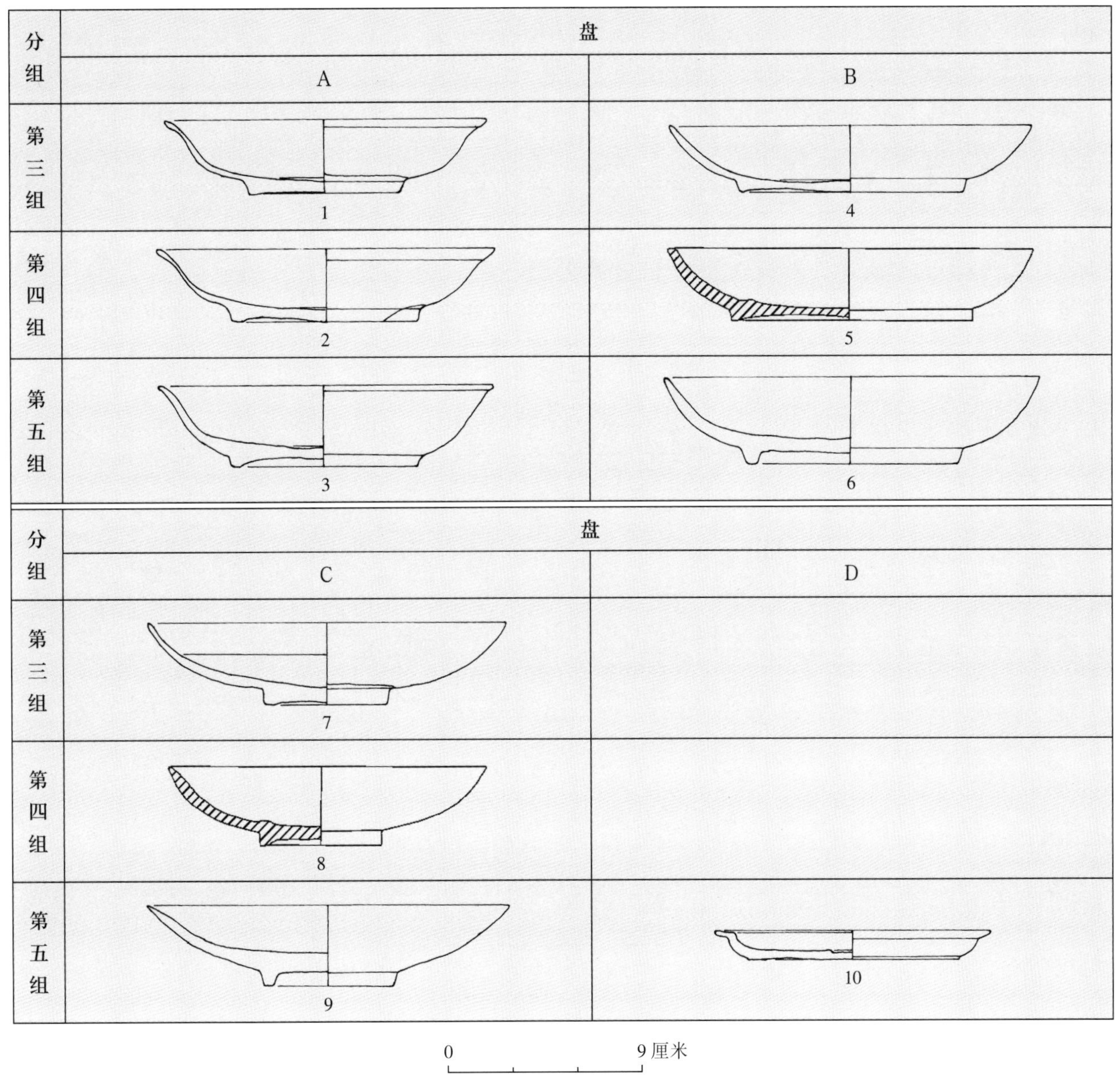

图 2–27　泉州内陆地区白釉盘

1. 04 德化祖龙宫 0302　2. 04 德化祖龙宫 0304　3. 04 德化祖龙宫 0300　4. 04 德化祖龙宫 0323　5. 德化屈斗宫 32　6. 04 德化祖龙宫 0327　7. 04 德化祖龙宫 0315　8. 德化屈斗宫 35　9. 04 德化祖龙宫 0312　10. 04 德化祖龙宫 0374

3．杯

根据杯的口沿、足部和器身，主要分四型。

A 型　直口，尖唇，深腹，圈足。分三式，标本如图（图 2–28，1~3）。

Ⅰ式　标本 01 德化甲杯山 0588。

Ⅱ式　标本 01 德化甲杯山 0594。

Ⅲ式　标本 01 德化甲杯山 1026。

腹部逐渐变浅阔，下腹由斜弧趋于垂弧，圈足由矮渐高，制作愈加规整。

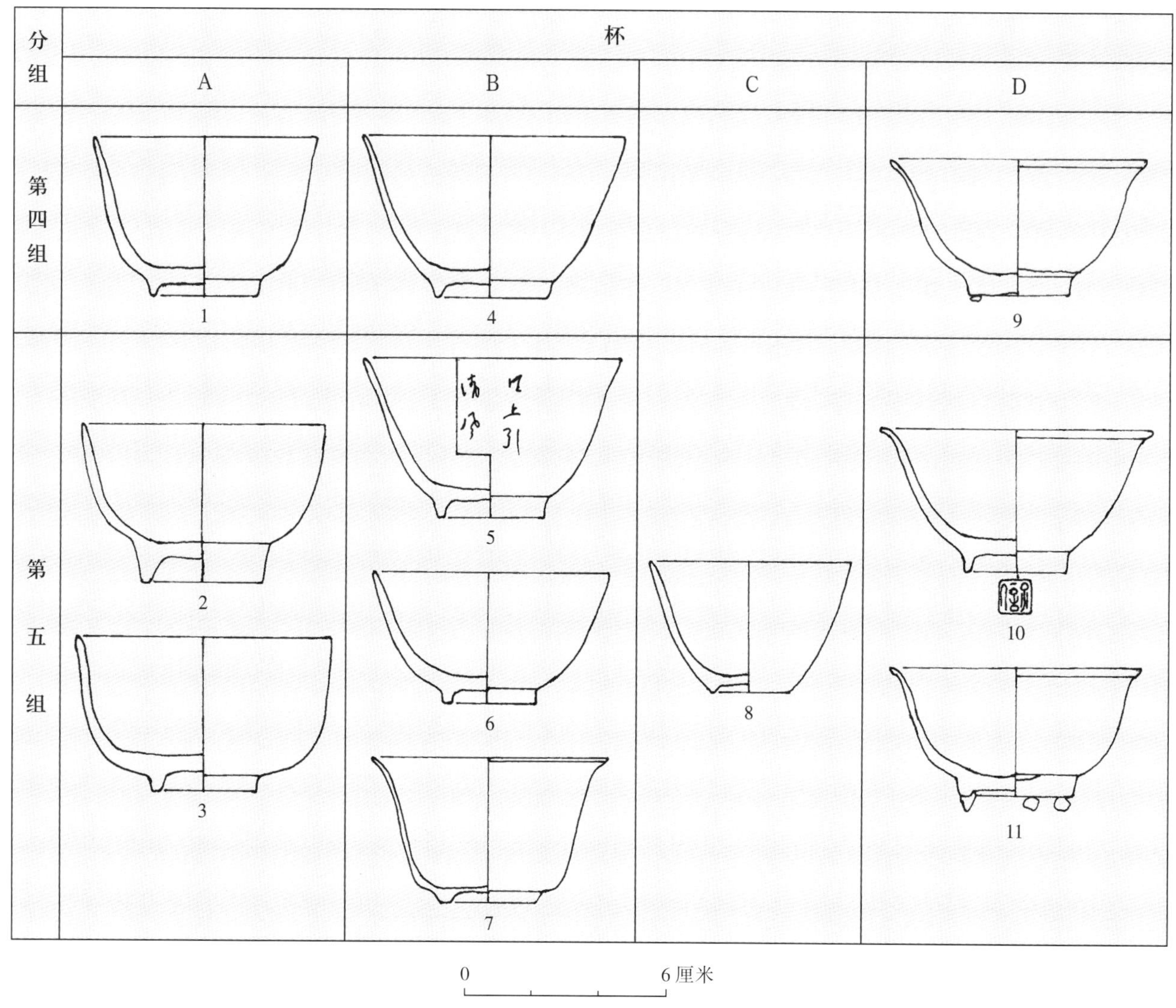

图 2–28　泉州内陆地区白釉杯

1. 01 德化甲杯山 0588　2. 01 德化甲杯山 0594　3. 01 德化甲杯山 1026　4. 01 德化甲杯山 0600　5. 01 德化甲杯山 0616　6. 01 德化甲杯山 0601　7. 01 德化甲杯山 1045　8. 01 德化甲杯山 0620　9. 01 德化甲杯山 0622　10. 01 德化甲杯山 0628　11. 01 德化甲杯山 0625

B 型　敞口，尖唇，深腹，圈足。分四式，标本如图（图 2–28，4~7）。

Ⅰ式　标本 01 德化甲杯山 0600。

Ⅱ式　标本 01 德化甲杯山 0616。

Ⅲ式　标本 01 德化甲杯山 0601。

Ⅳ式　标本 01 德化甲杯山 1045。

腹部逐渐变浅，下腹弧度增大，底端略显弧收，圈足由矮渐高，制作愈加规整。

C 型　敞口，深腹，卧足。

标本 01 德化甲杯山 0620（图 2–28，8）。

D 型　侈口，腹较深，圈足。分三式，标本如图（图 2–28，9~11）。

Ⅰ式　标本 01 德化甲杯山 0622。

Ⅱ式　标本 01 德化甲杯山 0628。

Ⅲ式　标本 01 德化甲杯山 0625。

口部外侈幅度渐小，圈足由矮渐高，挖足由浅渐深。

此外，德化窑还烧造其他特殊类型的杯类器物，如筒形深腹杯，椭圆形犀角式杯、梅花杯，花瓣形杯，八方形杯，带把杯、爵式小杯、三乳形足杯、高足杯等。因其前后变化不明显，这里不再赘述。

4．盒

根据盒的形状，分四型。

A 型　圆形，浅弧腹。子母口，盒身较浅，腹部斜弧，盖面弧鼓，足径较大，饼形足或浅圈足、圈足。分四式，标本如图（图 2–29，1~4）。

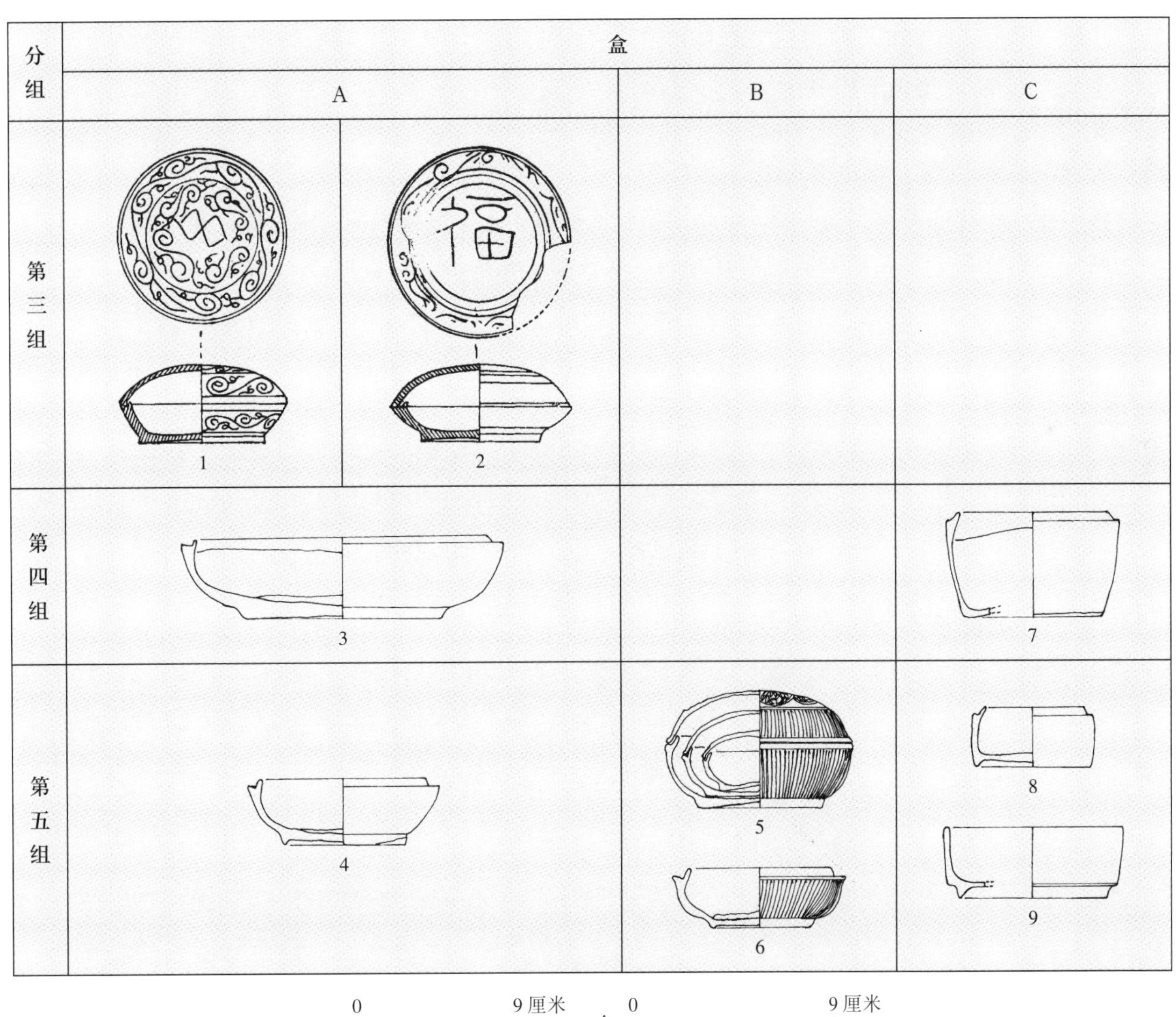

图 2–29　泉州内陆地区白釉盒

1. 德化屈斗宫 152　2. 德化屈斗宫 144　3. 01 德化甲杯山 0437　4. 01 德化甲杯山 0449　5. 01 德化甲杯山 0405　6. 01 德化甲杯山 0407　7. 01 德化甲杯山 0455　8. 01 德化甲杯山 0456　9. 01 德化甲杯山 0457

Ⅰ式　标本德化屈斗宫152。

Ⅱ式　标本德化屈斗宫144。

Ⅲ式　标本01德化甲杯山0437

Ⅳ式　标本01德化甲杯山0449。

盒身、盖大小的比例相当，整体由高变矮，盖沿由略直渐趋外敞，顶面由较平而较弧鼓；外壁多模印卷草花纹等，内容丰富多样，渐趋草率，后此类盒多为素面；足部由饼形渐为浅圈足、圈足。

B型　圆形，外壁模印成菊瓣状。子母口，盒身较浅，腹部斜弧，盖面弧鼓，饼形足或浅圈足、圈足。分两式，标本如图（图2-29，5、6）。

Ⅰ式　标本01德化甲杯山0405。

Ⅱ式　标本01德化甲杯山0407。

器形变化与A型Ⅲ、Ⅳ式相近，整体变浅，饼形足逐渐变为圈足；外壁模印菊瓣纹，花纹渐趋草率。

C型　圆形，深直腹。子母口，盒身较深，平底或圈足。分三式，标本如图（图2-29，7~9）。

Ⅰ式　标本01德化甲杯山0455。

Ⅱ式　标本01德化甲杯山0456。

Ⅲ式　标本01德化甲杯山0457。

整体变浅；腹部由深变浅而阔，下端由微收而变直；由平底微内凹，渐为隐圈足、圈足。

此外，德化窑的盒类器物形制尚有方形、荔枝形、花生形、瓜棱形等，因其变化不大，这里不单独分型列出。

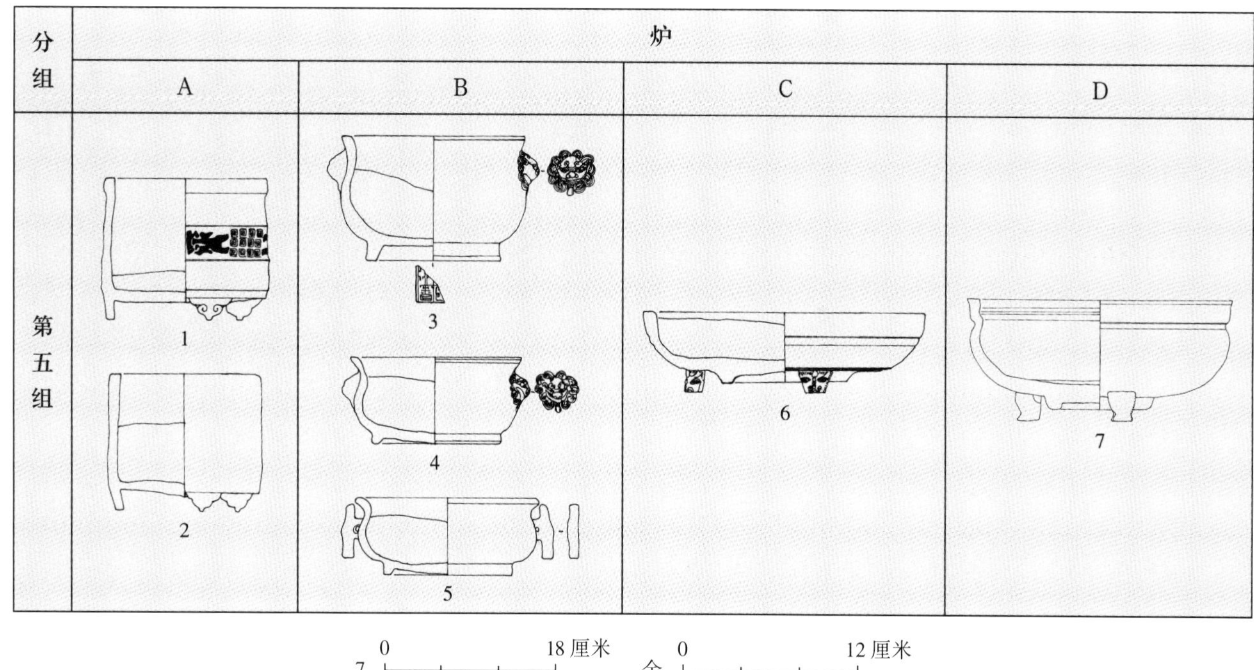

图2-30　泉州内陆地区白釉炉

1. 01德化甲杯山0325　2. 01德化甲杯山0331　3. 01德化甲杯山0343　4. 01德化甲杯山0348　5. 01德化甲杯山0339　6. 01德化甲杯山0369　7. 01德化甲杯山0342

5．炉

炉的形制式样较多，同一形制炉的大小又各不相同。根据总体器形的差异，主要分四型。

A 型　樽式炉。直口，口部略厚，直筒形腹，下多承三云形足。有的器物外壁模印夔龙纹、回字纹、竹节纹、八卦纹等纹样。

标本 01 德化甲杯山 0325、01 德化甲杯山 0331（图 2–30，1、2）。

B 型　簋式炉。侈口，弧腹，下腹略垂，圈足，微外撇。肩部两侧，一般有狮首耳。分三式，标本如图（图 2–30，3~5）。

Ⅰ式　标本 01 德化甲杯山 0343。

Ⅱ式　标本 01 德化甲杯山 0348。

Ⅲ式　标本 01 德化甲杯山 0339。

整体变矮，口沿外侈幅度渐大，腹部由深变浅，下端垂鼓；圈足由高渐矮，外撇减小。

C 型　盆式炉。直口，弧腹，浅腹，下有三兽面足。

标本 01 德化甲杯山 0369（图 2–30，6）。

D 型　鼎式炉。直口，矮领，颈部略束，弧腹，矮圈足，下又承三蹄形足。

标本 01 德化甲杯山 0342（图 2–30，7）。

此外，还有钵式炉、鬲式炉等。其中，以樽式炉、簋式炉两类最为多见，大小不一，具一定系列。

除了上述器类之外，尚有各类瓶、觚、罐、注壶、灯、汤匙、笛箫、砚滴、香插等器物，尤为突出的是白瓷雕塑，包括佛像、道教人物、西洋人物、狮子等，这里不作详述。

（三）青花瓷器

泉州内陆地区青花瓷器的器类有碗、盏、盘、碟、杯、盒、炉、壶、瓶、罐、灯等，其中以碗、盘、杯数量最多。

1．碗

根据碗的口沿和器身，分五型。

A 型　敞口，尖唇，浅弧腹，内壁平缓，矮圈足。分两式，标本如图（图 2–31，1、2）。

Ⅰ式　标本德化窑采集。

Ⅱ式　标本 04 德化杏脚窑。

口部外侈幅度增大，腹部变浅，圈足由高渐矮，圈足变大。

B 型　敞口，尖唇，深弧腹，内壁平缓，圈足。据其变化分三式，标本如图（图 2–31，3~5）。

Ⅰ式　标本德化大路巷窑采集。

Ⅱ式　标本 04 德化杏脚窑。

Ⅲ式　标本 04 德化杏脚窑。

口部外敞幅度逐渐减小，腹部由浅渐深，圈足渐矮。

C 型　敞口，口部及上腹外敞较大，腹部整体较浅，腹中部折收，下腹略弧，圈足。

标本德化上埔乡采集（图 2–31，6）。

D 型　侈口，弧腹，腹壁平滑，圈足。分两式，如图（图 2–31，7、8）。

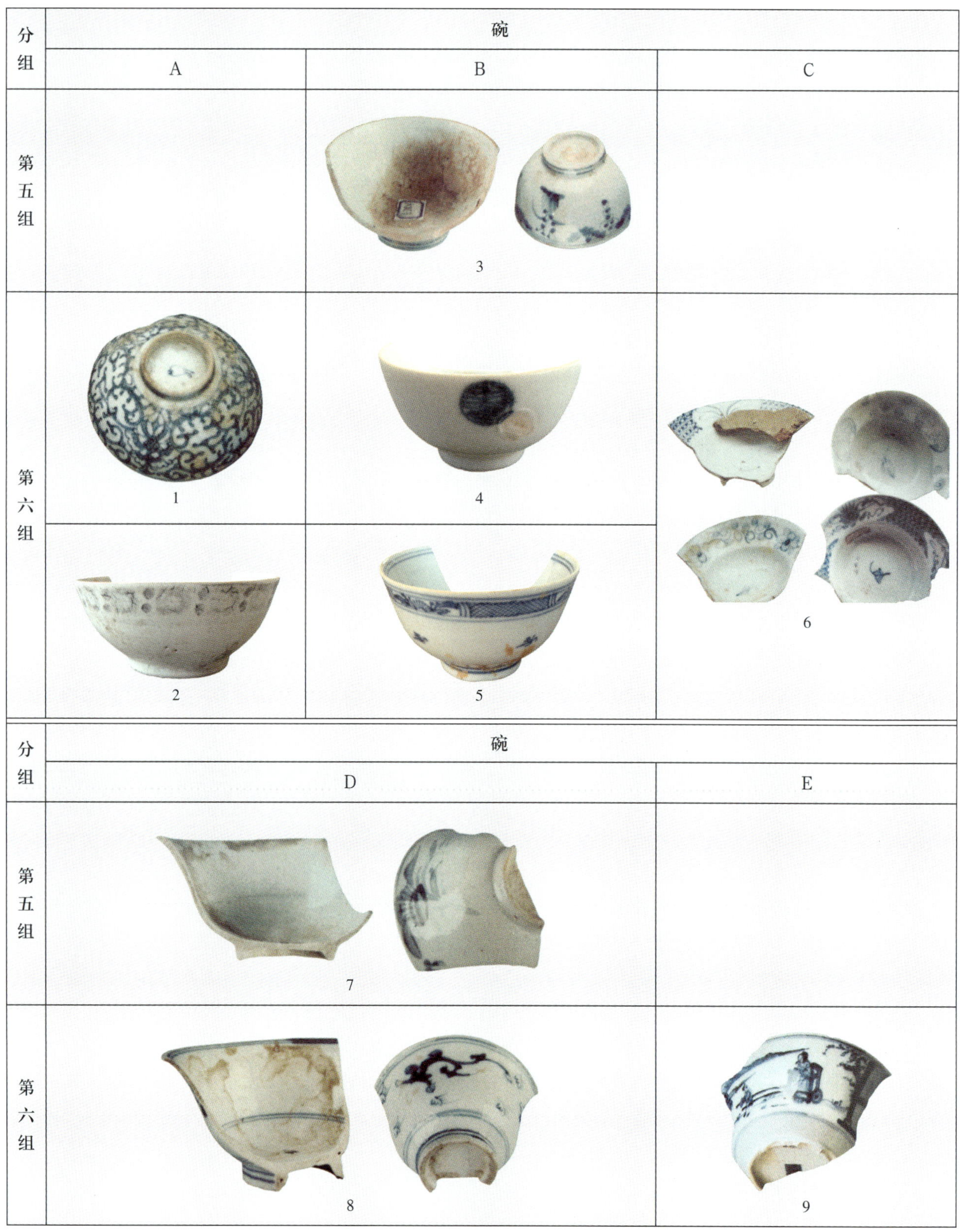

图 2-31 泉州内陆地区青花碗

1. 德化窑采集 2. 04 德化杏脚窑 3. 德化大路巷窑采集 4. 04 德化杏脚窑 5. 04 德化杏脚窑 6. 德化上埇乡采集 7. 德化水吼窑 8. 德化啤坝窑 9. 德化窑采集

Ⅰ式　标本德化水吼窑。

Ⅱ式　标本德化啤坝窑。

口沿外撇减小，腹部略变深，圈足制作规整。

E 型　侈口，深腹，腹底端略折收，矮圈足。

标本德化窑采集（图 2–31，9）。

2．盘

根据口沿、腹部形状，分两型。

A 型　敞口，尖唇，弧腹，内底平坦，足较大。分两式，标本如图（图 2–32，1、2）。

Ⅰ式　标本德化双溪口窑采集。

Ⅱ式　标本 04 德化杏脚窑。

腹部渐深，圈足渐变大。

B 型　敞口，尖唇，浅腹，折腰，圈足较矮。

标本德化桐岭窑采集（图 2–32，3）。

3．杯

根据杯的口沿、足部和器身，主要分四型。

A 型　直口，深腹，小圈足。分两式，标本如图（图 2–33，1~3）。

Ⅰ式　标本德化后所窑采集。

Ⅱ式　标本德化九廷墒窑采集。

分组	盘	
	A	B
第五组	 1	
第六组	 2	 3

图 2–32　泉州内陆地区青花盘

1. 德化双溪口窑采集　2. 04 德化杏脚窑　3. 德化桐岭窑采集

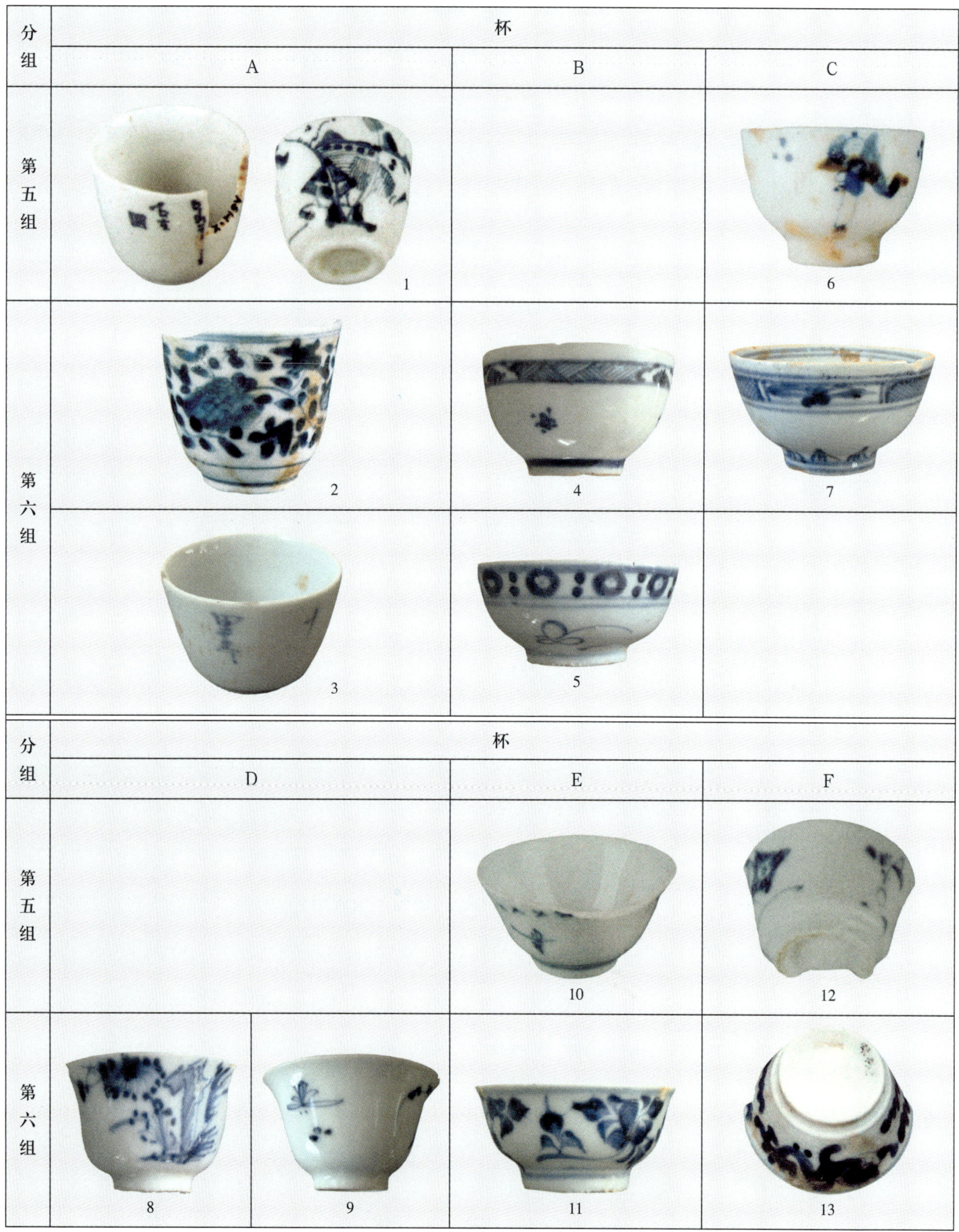

图 2-33　泉州内陆地区青花杯

1.德化后所窑采集　2.德化九廷堍窑采集　3.04 德化杏脚窑　4.04 德化杏脚窑　5.04 德化杏脚窑　6.德化新窑采集　7.04 德化杏脚窑　8. 04 德化杏脚窑　9. 04 德化杏脚窑　10. 德化后所窑采集　11. 04 德化杏脚窑　12. 德化后山洋水尾窑采集　13. 德化窑采集

Ⅲ式　标本04德化杏脚窑。

腹部逐渐变浅，下腹由斜弧趋于垂弧，圈足由高渐矮。

B型　直口微敞，浅腹，圈足。分两式，标本如图（图2–33，4、5）。

Ⅰ式　标本04德化杏脚窑。

Ⅱ式　标本04德化杏脚窑。

腹部逐渐变浅而阔，下腹弧度增大，底端略显弧收，圈足由高渐矮。

C型　敞口，深腹，圈足。分两式，标本如图（图2–33，6、7）。

Ⅰ式　标本德化新窑采集。

Ⅱ式　标本04德化杏脚窑。

腹部渐由深变浅，下腹弧度增大，圈足由高渐矮。

D型　侈口，口沿外侈幅度较大，深腹，圈足较深，制作规整。分两式，标本如图（图2–33，8、9）。

Ⅰ式　标本04德化杏脚窑。

Ⅱ式　标本04德化杏脚窑。

口沿外撇幅度变大，挖足渐浅。

E型　侈口，腹较深，圈足。分两式，标本如图（图2–33，10、11）。

Ⅰ式　标本德化后所窑采集。

Ⅱ式　标本04德化杏脚窑。

口部外侈幅度渐小，腹渐深，圈足由高渐矮，挖足由深渐浅。

F型　侈口，腹显斜直，略外撇，腹底端折收，矮圈足较宽。分两式，标本如图（图2–33，12、13）。

Ⅰ式　标本德化后山洋水尾窑采集。

Ⅱ式　标本德化窑采集。

口部外侈幅度渐小，腹渐浅，圈足较矮。

二　瓷器的制作工艺

（一）胎及成型工艺

泉州内陆各地均有丰富的制瓷原料，尤其是德化阳山、观音岐等地的优质高岭土矿[1]，质地细腻，不仅“磨细漂净，即可直接制坯，不须调和其他原料”，而且“颜色洁白”[2]。具体而言，不同窑场、不同时期的胎料亦有差别。该地区主要窑场瓷器胎色、胎质情况如表所示（表2–11）。

从表中可知，各窑场的胎以白色为主，而且一般白度较高，呈为洁白。从地层关系和器物群的演变来看，胎料的加工精细程度逐渐提高，这尤以祖龙宫窑、甲杯山窑为代表。

[1] 徐本章、叶文程：《德化瓷史与德化窑》，香港：华星出版社，1993年，第110~217页。

[2] 高振西：《福建永春、德化、大田三县地质矿产》，《地质矿产报告》第三号，福建省地质土壤调查所出版，1941年，第37~41页。

表 2–11 泉州内陆地区部分窑场瓷胎概览

窑场	胎色	胎质
碗坪崙窑	白、灰白、灰黄	较细腻
屈斗宫窑	灰白、白	致密
祖龙宫窑	洁白	细腻、紧密
甲杯山窑	洁白	细腻、紧密
东头杏脚窑	白	细腻

通过对各个时代多个窑场德化窑瓷器的结构观察与化学组成测试分析[1]，可知泉州内陆地区德化窑瓷胎的主成分 SiO_2 含量在 70%~75% 之间，Al_2O_3 多在 20% 左右，这与南方地区窑场瓷胎“高硅低铝”的特点是一致的。但是，其“碱金属含量相当高，特别是 K_2O 含量接近或超过 6%”[2]；而且碱土金属含量较低，CaO 和 MgO 的含量均在 0.4% 以下；着色类氧化物 Fe_2O_3、TiO_2 含量低，尤其是 Fe_2O_3 的含量均在 0.4%、甚至在 0.18% 以下，这是各地窑场中最低的，也是德化窑白瓷白度较高的根本原因。

泉州内陆地区瓷器的成型方法，不同时期、不同器类也有所区别，大体可以分为轮制法、模制法、捏塑法等几类。下面将其演变情况，简要列表说明（表 2–12）。

表 2–12 泉州内陆地区瓷器成型方法演变简表

窑场	阶段	碗盘类	洗盅类	杯盒匙类	罐炉瓶类	雕塑类
盖德碗坪崙窑	早 ↓ 晚	轮制法为主，少见模制法	轮制法 模制法	模制法	轮制法 模制法	–
浔中屈斗宫窑	早 ↓ 晚	由轮制法渐趋模制法为主	模制法为主	模制法为主	模制法为主	–
祖龙宫窑	早 ↓ 晚	模制法为主	模制法为主	模制法为主	模制法为主	模制法与捏塑法相结合
甲杯山窑	早 ↓ 晚	模制法为主	模制法为主	模制法为主	模制法为主	模制法与捏塑法相结合
东头杏脚窑	早 ↓ 晚	模制法为主	–	模制法为主	–	–

备注：因各个窑场的时代比较复杂，故这类只列出各类器物的主要成型方法，至于某一个阶段的某一类器物，则多为单一制法，如甲杯山窑上层堆积中出土的各类碗、盘、杯、炉等器物均为模制法成型，再略作修整制作而成的。

[1] 郭演仪、李国桢：《历代德化白瓷的研究》，《硅酸盐学报》1985 年第 13 卷第 2 期，第 198~207 页（另见《德化窑》附录二，第 153~160 页，亦参李国桢、郭演仪：《中国名瓷工艺基础》第六章，第 114~119 页）；李国清、梁宝鎏、彭子成：《中世纪“陶瓷之路”上的德化瓷及其科技分析》，《海交史研究》1999 年第 2 期，第 60~73 页。

[2] 李国清、梁宝鎏、彭子成：《中世纪“陶瓷之路”上的德化瓷及其科技分析》，《海交史研究》1999 年第 2 期，第 71 页。

泉州内陆地区瓷器最为显著的特点是模制法成型，这在浔中屈斗宫窑中已成为主要的制作方法，而祖龙宫窑、甲杯山窑尤以此法居多，这不仅体现在罐炉瓶等器物中，而且最为常见的碗盘、杯盒类器物亦是如此。器物的模具，多是以质料细腻的胎土制备而成，呈灰白色、白色、灰褐色等。胎体厚重，多呈圆形，一端中部挖空，而制成器物形状，有的带有各类装饰花纹等。有的大件器物是分开模制，再粘接而成；有的器物附件，如器耳、钮、柄、底座等单独制作，再粘结在一起。该地区器物大多经过精细的修坯工艺，显得规整大方。

（二）釉及施釉工艺

泉州内陆地区釉色品种主要有青白釉、白釉、黑釉等，大多呈色较好。各典型窑场因时代不同所烧制的瓷釉有所不同，如表所示（表 2–13）。

表 2–13　泉州内陆地区典型窑场瓷釉品种概览

窑场	釉色
碗坪崙窑	青白釉为主，有的泛灰或泛青，兼有白釉、青釉等
屈斗宫窑	白釉为主，兼有青白釉
祖龙宫窑	白釉为主，兼有青白釉
甲杯山窑	白釉为主，兼有青白釉，最为突出的是乳白釉
杏脚窑	白釉（青花）为主

该地区瓷器釉的成分中，K_2O 的含量高，Fe_2O_3 含量很低，因而白度较高，并且能较好地把白胎呈现出来。

从各窑场烧造瓷器品种的差异及地层关系，可知青白釉瓷器年代较早，且多泛青、泛灰。其后逐渐转变为以白釉为主，有的泛灰、泛青，器物类别较为丰富。祖龙宫窑、甲杯山窑瓷器则以乳白釉瓷器为主，有的微泛红或泛淡青；最晚的是东头杏脚窑，以白釉（青花）瓷器为主。据此，下面简要说明该地区各类瓷器的并存、延续关系，大体如下表所示（表 2–14）。从中可知，泉州内陆地区占大宗地位的瓷器品种具有明显的阶段性变化，其演变情况大致为：青釉 / 青白釉为主→白釉为主→乳白釉为主→白釉（青花）为主。

泉州内陆地区瓷器的施釉多为蘸釉和荡釉（多用于口较小的器物内部）。早期阶段的青白釉瓷器，有的全部施釉，有的则施半釉，圈足底心一般不施釉，并且大多器物有不同程度的流釉痕迹。晚期阶段的白釉（包括青花、五彩）、乳白釉瓷器等，一般内外均满釉，足沿处刮釉，器物内底有的留有支钉痕迹，有的器物口沿刮或抹釉而成芒口，少数器物内底心则刮釉一圈而成涩圈，这是这阶段装烧方法所致。不同器类瓷器的施釉略有差异，其中主要器类的施釉方法与特征及变化如表所示（表 2–15）。

此外，通过上述泉州内陆地区胎、釉工艺及其呈色的分析，胎质、胎色对器物釉的色调有着一定影响。胎质细腻，胎色泛白，相应的釉（这里指同类釉色）较为纯净、釉面光洁，特别是青白釉一般泛青，白釉多洁白，其中以乳白釉瓷器最为明显。胎质较为粗糙、气孔较多，胎色泛灰暗，釉

表 2–14 泉州内陆地区主要瓷器品种釉色分类演变简表

窑场	阶段	青白釉	白釉	白釉（青花）
碗坪嵛窑、屈斗宫窑	早 ↓ 晚	青白泛青 ↓ 青白泛青 / 青白泛灰 ↓ 青白 ↓ 青白泛灰	白泛青 / 白 ↓ 白	–
祖龙宫窑、甲杯山窑	早 ↓ 晚	–	白泛灰 ↓ 白 ↓ 乳白 / 白微泛红 / 白微泛黄 ↓ 白 / 白微泛淡青	–
杏脚窑	早 ↓ 晚	–	白 / 白泛灰 / 白泛黄 ↓ 白 / 白泛淡青	白泛黄 ↓ 白 / 白泛灰 / 白泛黄 ↓ 白 / 白泛淡青

表 2–15 主要器类的施釉工艺和特征及变化表

器类	碗	大盘 / 盘 / 碟	盒	杯	炉
早 ↓ 晚	蘸釉 / 满釉较多 / 半釉 / 有流釉 ↓ 蘸釉 / 多半釉 / 满釉较少 / 流釉 ↓ 蘸釉 / 满釉 / 足沿刮釉 / 口沿芒口 ↓ 蘸釉 / 满釉 / 足沿刮釉 / 内底涩圈无釉 / 口沿芒口	蘸釉 / 多满釉 / 少有流釉 ↓ 蘸釉 / 满釉或半釉 / 有流釉 ↓ 蘸釉 / 满釉 / 足沿刮釉 / 口沿芒口 ↓ 蘸釉 / 满釉 / 足沿刮釉 / 内底涩圈无釉 / 口沿芒口	盒外蘸釉 / 盒内荡釉 / 多满釉 / 盖内无釉 / 足（底）无釉 ↓ 盒外蘸釉 / 盒内荡釉 / 多满釉 / 盖内无釉 / 足（底）无釉 ↓ 盒外蘸釉 / 盒内荡釉 / 多满釉 / 盖内无釉 / 足（底）无釉 ↓ 盒外蘸釉 / 盒内荡釉 / 外底无釉	蘸釉 / 满釉 / 流釉 ↓ 蘸釉 / 满釉 / 流釉 ↓ 蘸釉 / 满釉 / 足沿刮釉 ↓ 蘸釉 / 满釉 / 足沿刮釉 / 口沿芒口	蘸釉 / 外满釉 / 内半釉 / 流釉 ↓ 蘸釉 / 外釉不及足沿 / 内釉仅施口沿 / 流釉 ↓ 蘸釉 / 外釉施至器腹底部 / 内无釉 ↓ 蘸釉 / 外满釉 / 内底无釉

色便显灰暗，青白釉一般泛灰，白釉泛灰、泛黄。该地区器物釉白度较高，其釉层一般较薄。

（三）装饰工艺

泉州内陆地区的瓷器以白釉居多，其素面无纹者占较大比例，但也有不少器物装饰有花纹。根据德化窑址的考古调查、发掘资料，装饰技法分为以刻花、划花、印花、贴花、堆塑为主的胎体装饰和以青花、五彩等绘花为主的彩绘装饰，而纹样内容丰富多姿[1]。

胎体装饰主要见于时代较早的碗坪崙窑、屈斗宫窑，祖龙宫窑、甲杯山窑也较为多见，包括刻花、划花、印花（图 2–34）、贴花、堆塑（图 2–35）等。刻花、划花一般结合使用，以划花为主，尤其是细部饰以篦划纹，使得图案深浅结合，错落有致。装饰纹样有莲瓣纹、牡丹纹、花卉纹、草叶纹等。白釉瓷器中的划花多是细纹，图案有人物、花卉、动物等，也有楷书、行书或草书诗句、雅词题咏等，多见于杯类器物。印花是泉州内陆地区青白釉、白釉瓷器装饰中所见较多的技法。这类花纹一般是器物模制成型过程中模印而成的，一般为凸起的阳文花纹，图案丰富多样，有牡丹纹、莲瓣纹、菊瓣纹、葵花纹、水草纹、卷草纹、卷云纹、花卉纹、花鸟纹、人物纹、飞鸟纹、狮子纹、文字等。还有一些青白釉的碗、盘类器物内壁的印花为印模拍印而成，呈阴文，图案有婴戏、花卉、花枝等。贴花多为白釉瓷器的装饰技法，多是模印或捏塑出花纹，贴于器表而形成的一类装饰，这包括了可以用作配饰的器耳、底座等，纹样有梅枝、梅花、玉兰花、兽首、小动物等，具有较强的立体感，

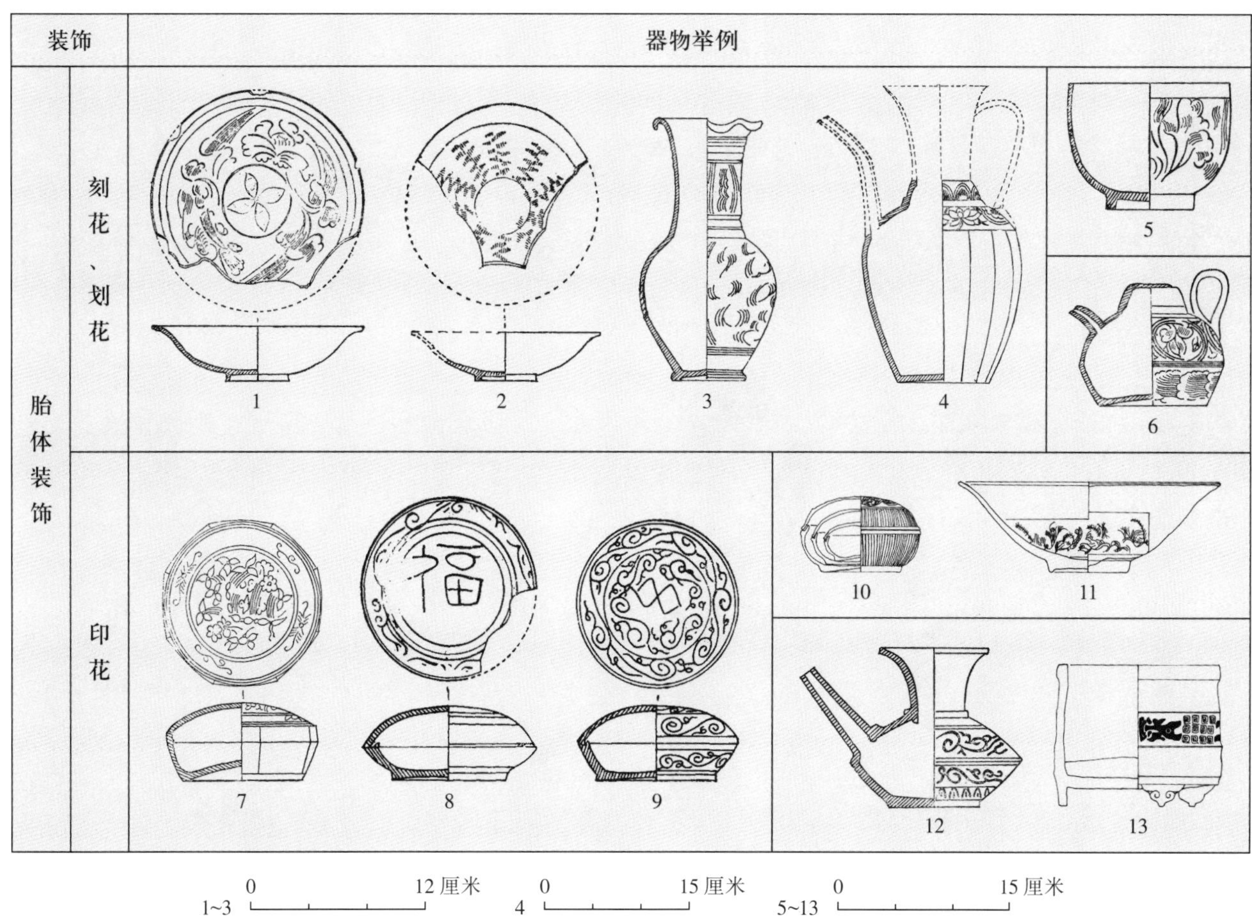

图 2–34　泉州内陆地区装饰之胎体装饰之一

1~7. 德化碗坪崙窑　8、9、12. 德化屈斗宫窑　10、13. 德化甲杯山窑　11. 德化祖龙宫窑

[1] 黄汉杰、徐国芬、卢金钊：《德化古瓷装饰艺术》，《福建文博》1993 年第 1、2 期，第 108~121 页；陈梓生、付子夜：《德化窑瓷器的文字装饰》，《福建文博》2008 年第 1 期，第 62~65、20 页；何振良：《德化窑青花瓷器上的诗情画意》，《中国古陶瓷研究》第 13 辑，北京：紫禁城出版社，2007 年，第 260~265 页。

增强了白瓷的艺术效果。堆塑多与模印结合使用，其不仅是一种成型技法，而且以此达到了圆雕、浮雕的装饰效果，主要是雕像、砚滴、香插等雕塑类器物，有佛像、道家和西洋人物雕像、兽形和人物形砚滴、狮子香插等，亦有植物形器物，这也是该地区最具特色的一类器物。

彩绘装饰多为绘花，包括青花、五彩、粉彩（图 2–36），尤以青花为主，是较晚出现的一类装饰手法。青花图案有动物、植物、几何、山水人物、文字等，如龙、凤、飞鸟、游鱼、蝶花、松鹤、麒麟、云蝠、水草、梅花、菊花、松枝、兰花、牡丹、葵花、芭蕉、杨柳、水波、曲线、婴戏、山水、楼阁、游仙、高士、福禄寿、读书、对弈、“福”、“寿”文字等，辅以树木、草叶纹边饰，构图优美。五彩和粉彩较为少见，主要是花鸟和人物纹。

综合前述，我们可以把泉州内陆地区以德化碗坪崙窑、屈斗宫窑、祖龙宫窑、甲杯山窑、杏脚窑等为代表的瓷器装饰工艺用下表说明（表 2–16）。

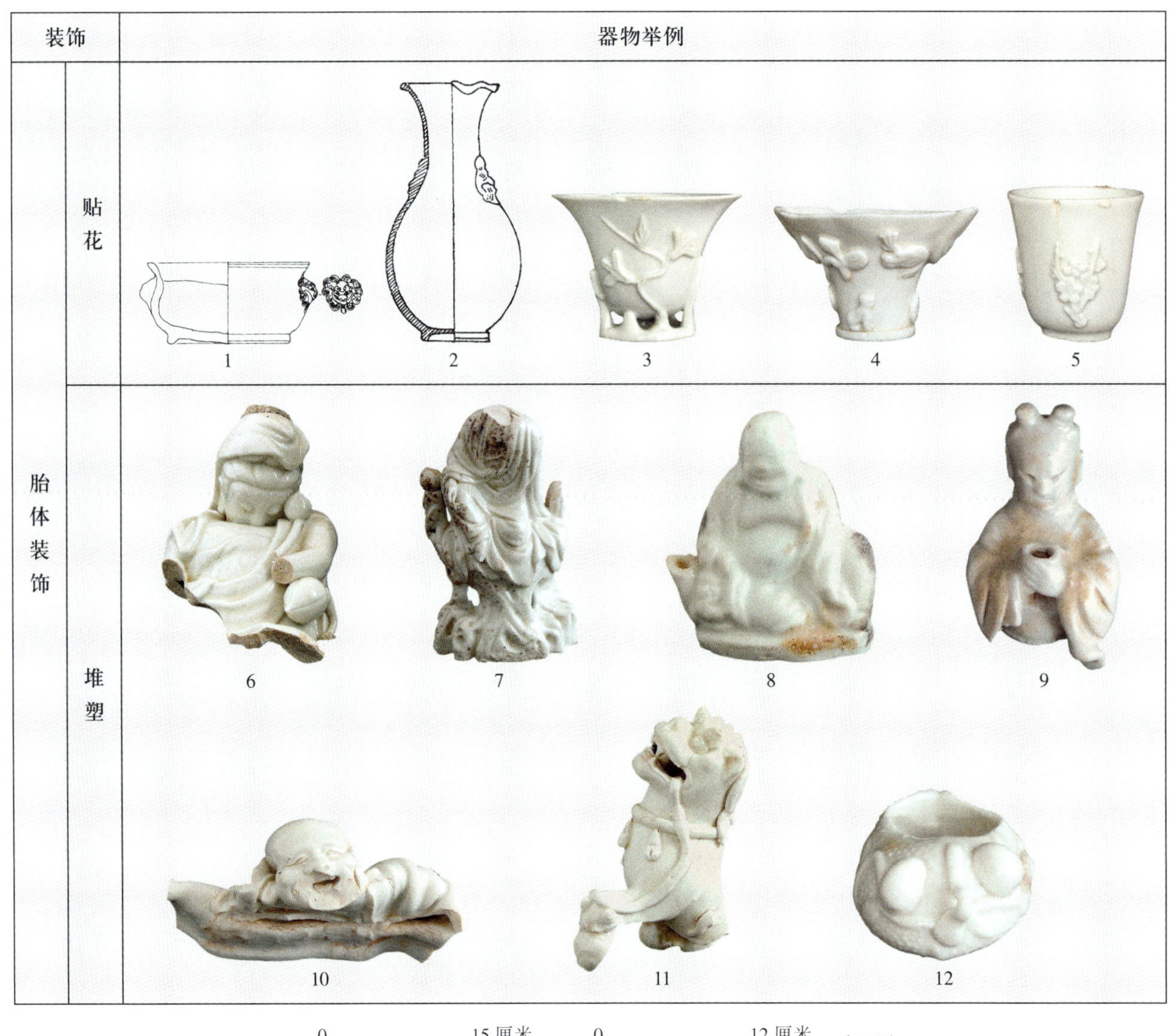

图 2–35 泉州内陆地区装饰之胎体装饰之二

1. 德化甲杯山窑 2. 德化碗坪崙窑 3~12. 德化甲杯山窑

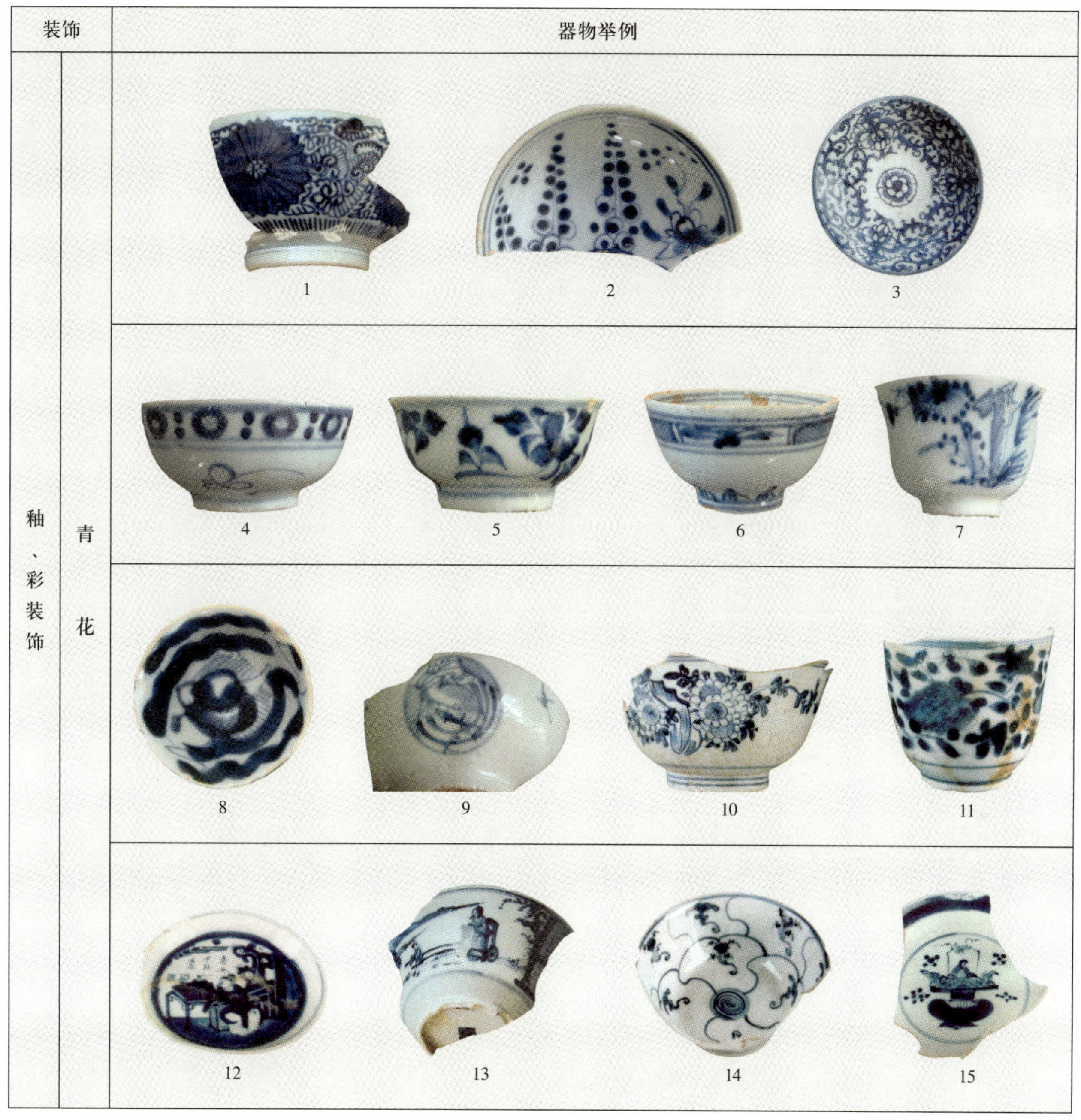

图 2-36　泉州内陆地区装饰之釉彩装饰

1、2、4~9. 04 德化杏脚窑　3、10、12~14. 德化腰肢采集　11. 德化九廷埯窑采集　15. 德化桐岭窑采集

结合前述器形演变情况，下面可以将泉州内陆地区瓷器装饰工艺的演变情况及共存关系列表说明（表 2-17）。

总体而言，泉州内陆地区的装饰工艺中，技法由胎体装饰为主向彩绘装饰为主演变，由刻花、划花为主向印花为主、再由印花为主向青花为主变化，技法渐趋单一的绘花；纹样内容则渐趋多样化，以民间喜闻乐见的各种花卉、花鸟、文字等题材为主。其中，最为突出的，这一地区比较多见印花、堆塑装饰，这大多是器物成型过程中形成的，也是该地区瓷器最为典型的装饰工艺特点。

表 2-16 泉州内陆地区瓷器装饰工艺一览表

<table>
<tr><th colspan="3">装饰技法</th><th>装饰纹样</th><th>窑场</th></tr>
<tr><td rowspan="7">胎体装饰</td><td colspan="2">刻花</td><td>花卉、莲瓣、缠枝、菊瓣等</td><td>碗坪崙窑、屈斗宫窑</td></tr>
<tr><td colspan="2" rowspan="2">划花</td><td>花卉纹、草叶纹、篦点划花纹</td><td>碗坪崙窑、屈斗宫窑</td></tr>
<tr><td>人物、花卉、动物细线纹、楷书、行书或草书诗句、雅词题咏等</td><td>祖龙宫窑、甲杯山窑</td></tr>
<tr><td colspan="2" rowspan="2">印花</td><td>阳文花纹，有牡丹纹、莲瓣纹、菊瓣纹、葵花纹、水草纹、卷草纹、卷云纹、花卉纹、花鸟纹、人物纹、飞鸟纹、狮子纹、文字等</td><td>碗坪崙窑、屈斗宫窑、祖龙宫窑、甲杯山窑</td></tr>
<tr><td>见于一些青白釉的碗、盘类器物内壁，呈阴文图案，有婴戏、花卉、花枝等</td><td>屈斗宫窑、祖龙宫窑</td></tr>
<tr><td colspan="2">堆塑</td><td>雕像、砚滴、香插等雕塑类器物，有佛像、道家和西洋人物雕像、兽形和人物形砚滴、狮子香插等，亦有植物形器物</td><td>祖龙宫窑、甲杯山窑</td></tr>
<tr><td colspan="2">贴花</td><td>模印或捏塑出花纹，有的用作配饰的器耳、底座等，纹样有梅枝、梅花、玉兰花、兽首、小动物等</td><td>祖龙宫窑、甲杯山窑</td></tr>
<tr><td rowspan="3">彩绘装饰</td><td rowspan="3">绘花</td><td>青花</td><td>动物、植物、几何、山水人物、文字等，如龙、凤、飞鸟、游鱼、蝶花、松鹤、麒麟、云蝠、水草、梅花、菊花、松枝、兰花、牡丹、葵花、芭蕉、杨柳、水波、曲线、婴戏、山水、楼阁、游仙、高士、福禄寿、读书、对弈、“福”、“寿”文字等，辅以树木、草叶纹边饰</td><td>杏脚窑及德化其他窑场</td></tr>
<tr><td>五彩</td><td>少见，锦地瑞兽纹等</td><td>德化窑</td></tr>
<tr><td>粉彩</td><td>凤纹、牡丹纹、蝶花纹、梅兰竹菊、莲池荷花、龙纹、人物纹等</td><td>德化窑</td></tr>
</table>

表 2-17 泉州内陆地区瓷器装饰工艺演变简表

阶段	装饰技法	装饰纹样
早 ↓ 晚	刻、划花流行，辅以篦划纹；有少量堆塑、贴花 ↓ 篦点划花盛行；印花十分多见；也有刻花、堆塑、贴花技法 ↓ 刻、划花减少；印花盛行；贴花、堆塑多见 ↓ 各窑场绘花盛行，以青花居多；少数印花、贴花等	花卉纹、草叶纹为主，尤其是莲瓣纹、菊瓣纹，少量篦划纹 ↓ 篦点划花卉纹为主，缠枝花卉纹也很流行 ↓ 缠枝花卉纹等盛行，植物纹、动物纹、文字较多，贴梅花纹、玉兰花纹，人物、动物、植物形雕塑等 ↓ 动物、植物、几何、山水人物、文字等十分常见等，辅以树木、草叶纹边饰

三 烧成技术

（一）窑炉遗迹

泉州内陆地区宋至清代的窑炉，根据其结构的不同，可分龙窑和阶级窑两类。

1．龙窑

呈长条形的斜坡状，由窑门、火膛、窑室、出烟室、护窑墙等组成。据窑室的差异，分为三式。

Ⅰ式　一般龙窑。窑炉较长，窑室内无隔墙，不分小室。

德化盖德碗坪嵛 YII，仅存火膛和窑室前部（图 2–37，1）。窑头朝东偏南 39°。残长 3.70、最宽处 1.40 米，据窑壁起券情况推测，高约 1.50 米左右。火膛呈半圆形。残存窑室前部的倾斜度为 10°，每隔一段距离砌设挡火墙，由前后两排以松散的泥土掺和碎瓷片做成的长方形柱组成，前高 0.20、后高 0.18 米，每排稀疏排列，其间留出通火孔。窑壁、窑顶分别以长方形、楔形耐火砖砌筑而成。

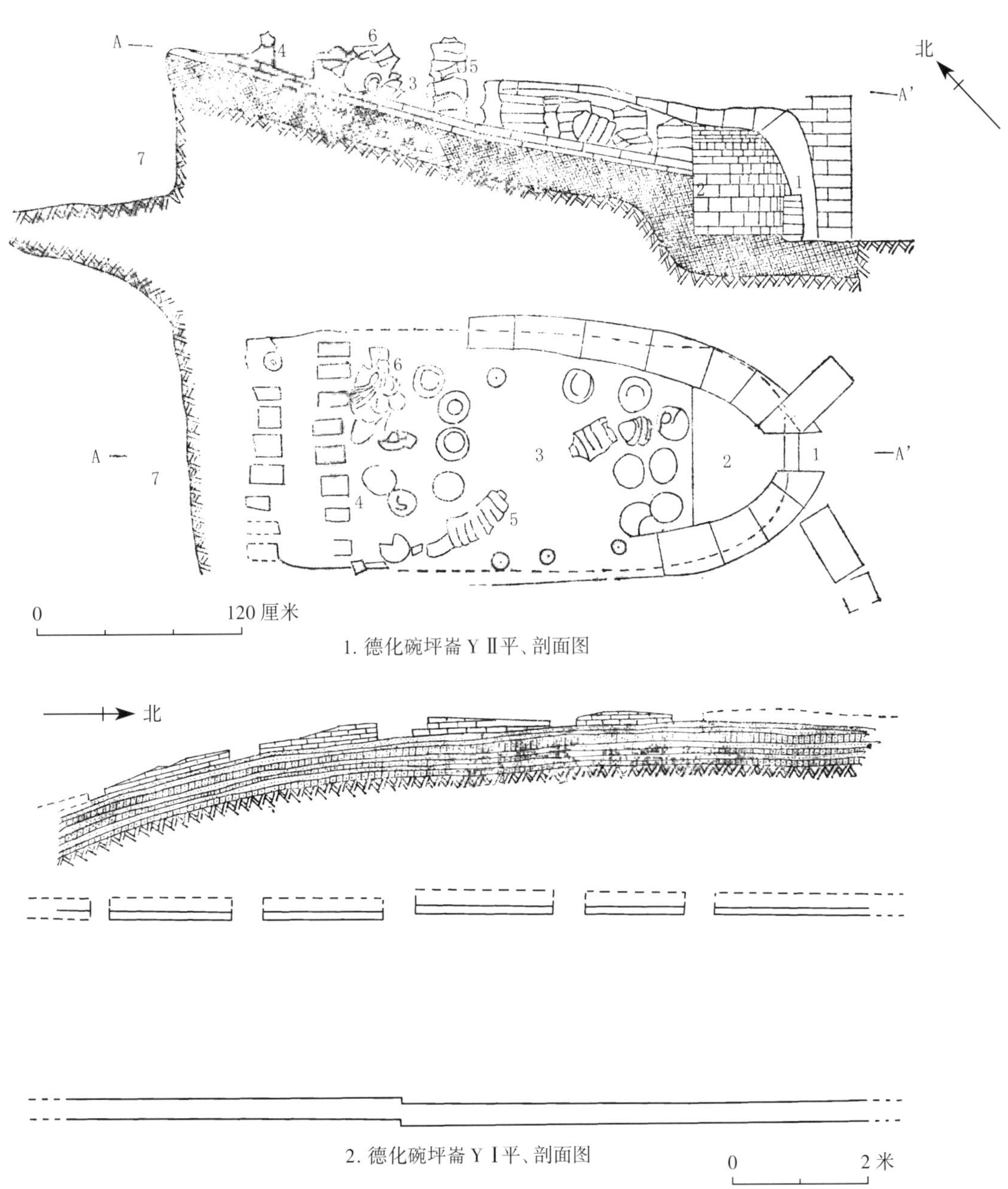

1. 德化碗坪嵛 Y Ⅱ平、剖面图

2. 德化碗坪嵛 Y Ⅰ平、剖面图

图 2–37　德化碗坪嵛窑平、剖面图

（引自福建省博物馆：《德化窑》，北京：文物出版社，1990 年，第 10、11 页）

德化盖德碗坪崙 YI，残存窑室中段（图 2–37，2）。窑头方向南偏东 17° 。残长 12.00、宽 2.60~2.80、残高 0.25~0.30 米。残存部分的窑室西壁设有窑门 5 个，以方便装烧，门宽 0.40~0.55 米，各门相距 1.90 米左右。窑床前低后高，倾斜度约为 10° ，其上铺一层细砂。

Ⅱ式　分室龙窑。窑炉较长，窑室内设有隔墙，分成若干个小室。

德化浔中屈斗宫窑，窑炉保存较好（图 2–38，1；图 2–39，1）。窑头朝南偏西 15° 。全长 57.10、宽 1.40~2.95、残高 0.13~0.60 米，一般在 0.5 米以上起券，推测窑室约高 1.40 米左右。窑床倾斜度为 12° ~22° 。窑室两侧开有 14 个窑门，东侧 11、西侧 3 个，均设于各小室的前端，门宽 0.40~0.80、残高 0.10~0.55 米。窑室分间，共有 17 间，各间进深不完全相同，多数为 3~4 米，各室之间由砖砌的挡火墙相隔，挡火墙高至窑顶，其下设有火道和排烟孔，窑炉后壁则有出烟室。根据考古发掘情况，每间窑室的前段一般放置匣钵，后段则多为支座，其烧造的器物类别是不大相同的。

Ⅲ式　分室龙窑。窑炉长度变短，窑室变宽，各室进深变短，几近方形。

德化宝美甲杯山窑址，上、下叠压打破有 3 座窑炉，残存窑炉的中、后段（图 2–38，2；图 2–39，2）。最上层为 Y1，保存较好，其建造利用了其下层 Y2 的部分窑室，下面以 Y1 为例说明其形制。Y1 的窑头朝向东偏西，方向为 70° 。残水平长为 23.20 米，尚存 6 间窑室和窑尾的 1 间出烟室。各窑室呈纵长方形或近方形，宽 2.60~3.60 米，自前至后渐宽，进深为 3.00~3.40 米。窑壁残高 0.04~0.96 米，出烟室残高 1.24 米。各窑室之间以砖砌制隔墙，残存最高 0.76 米，隔墙之下留有 9~11 个通火孔，孔高 0.32~0.38、宽 0.10~0.18 米。每间窑室各有一个窑门，均开于各室前端的北壁，窑门宽度 0.40~0.60 米。从残存窑炉遗迹来看，其窑顶应是各室共同起券，与一般龙窑的窑顶相同。

2．阶级窑

平面呈长方形，由窑门、火膛、若干个窑室、出烟室、护窑墙等组成。各窑室顶部单独起券，依次相连，逐渐增高，且窑床形成层层阶级，故名。与龙窑相比，窑炉长度缩短，宽度增加，每室呈横长方形。各窑室之间砌有隔墙，隔墙下有若干通火孔。各室前端设有类似于火膛的燃烧沟，窑炉尾部砌筑烟囱或出烟室。

德化东头杏脚窑，残存窑炉前段（图 2–40）。残存斜长 10 米，水平长 9.40 米，前后高差 3.22 米，内宽 5.90 米。火膛进深 1.12 米，存 3 间窑室，前两室进深分别为 2.20、2.54 米。各室之间砌有双道隔墙，以长方形砖纵向垒砌，两隔墙之间间隔约 0.33、0.20、0.20 米，隔墙下端留有长方形的通火孔，孔宽 0.12~0.20、高约 0.90 米，起到了出烟和通火的作用。每一室前端靠近隔墙处有燃烧沟一道，宽约 0.20、0.18 米。各窑室于前端的右侧开设 1 个窑门，宽 0.54~0.64 米。各窑室外侧有以碎砖、石块等垒砌的半圆形护窑墙。从残存窑炉遗迹及其结构推测，此窑的窑顶应为各室分别起券，多室券顶逐次相连。

（二）窑具

1．匣钵

主要有平底筒形匣钵和凸底漏斗形匣钵，其形制、大小与所装烧器物的类别和装烧方法密切相关。

筒形匣钵，据腹部深浅不同，可分深腹、浅腹两类。大小不一，形制多样，有的底部微外凸。

漏斗形匣钵，据腹部深浅，可分深腹、浅腹两类。每一类中又因匣钵底部的不同，分为两种：

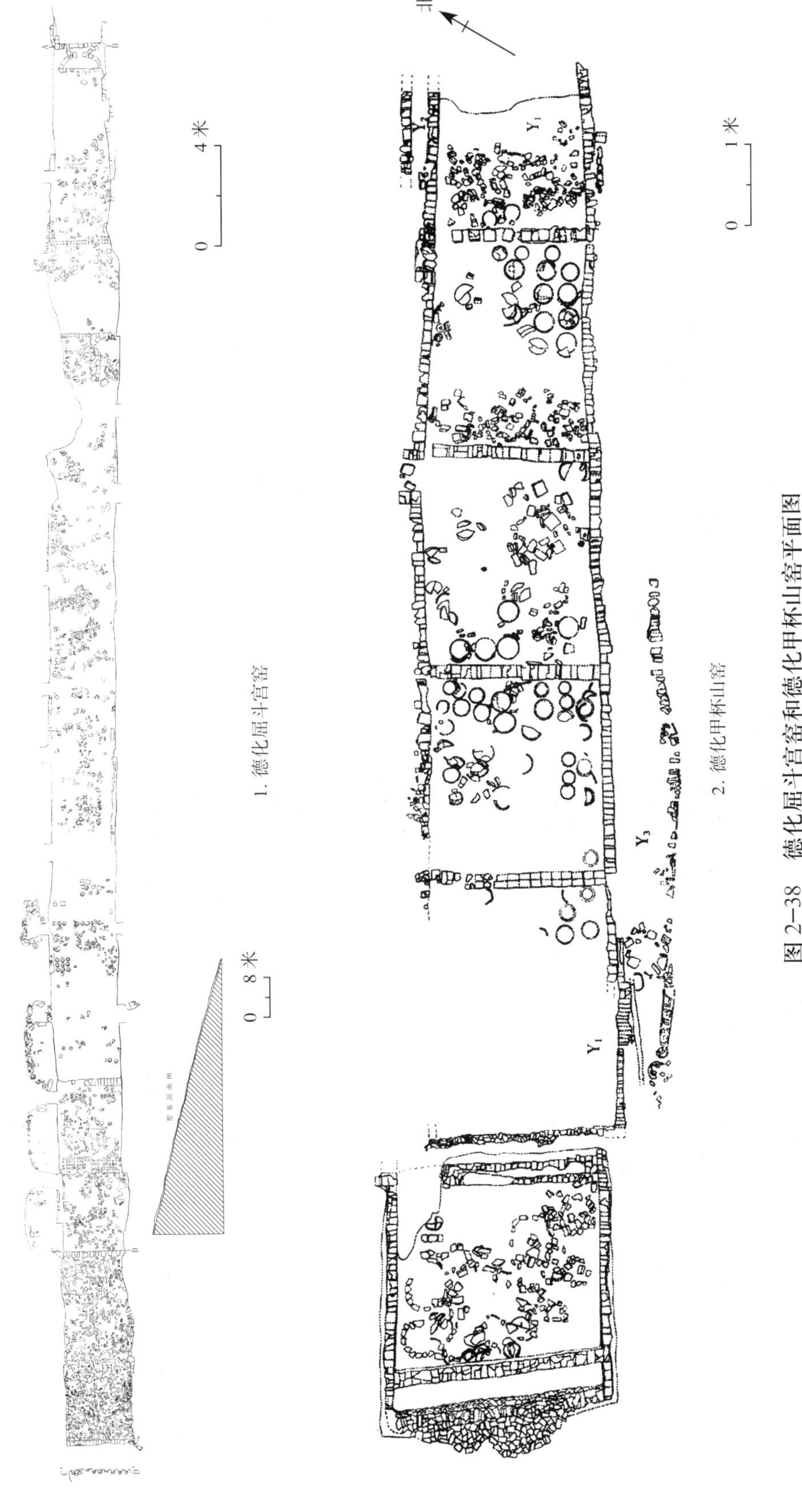

图 2–38　德化屈斗宫窑和德化甲杯山窑平面图

（1. 引自福建省博物馆：《德化窑》，北京：文物出版社，1990 年，图六一；2. 引自福建博物院等：《德化明代甲杯山窑址发掘简报》，《福建文博》2006 年第 2 期，第 2 页）

1. 德化屈斗宫窑

2. 德化甲杯山窑

图 2-39　德化屈斗宫窑和德化甲杯山窑发掘现场

（1. 作者摄影；2. 引自福建博物院等：《德化明代甲杯山窑址发掘简报》，《福建文博》2006 年第 2 期，第 2 页）

1. 德化东头杏脚窑发掘现场

2. 德化东头杏脚窑发掘后细部

图 2-40 德化东头杏脚窑发掘现场

（福建博物院栗建安先生提供照片）

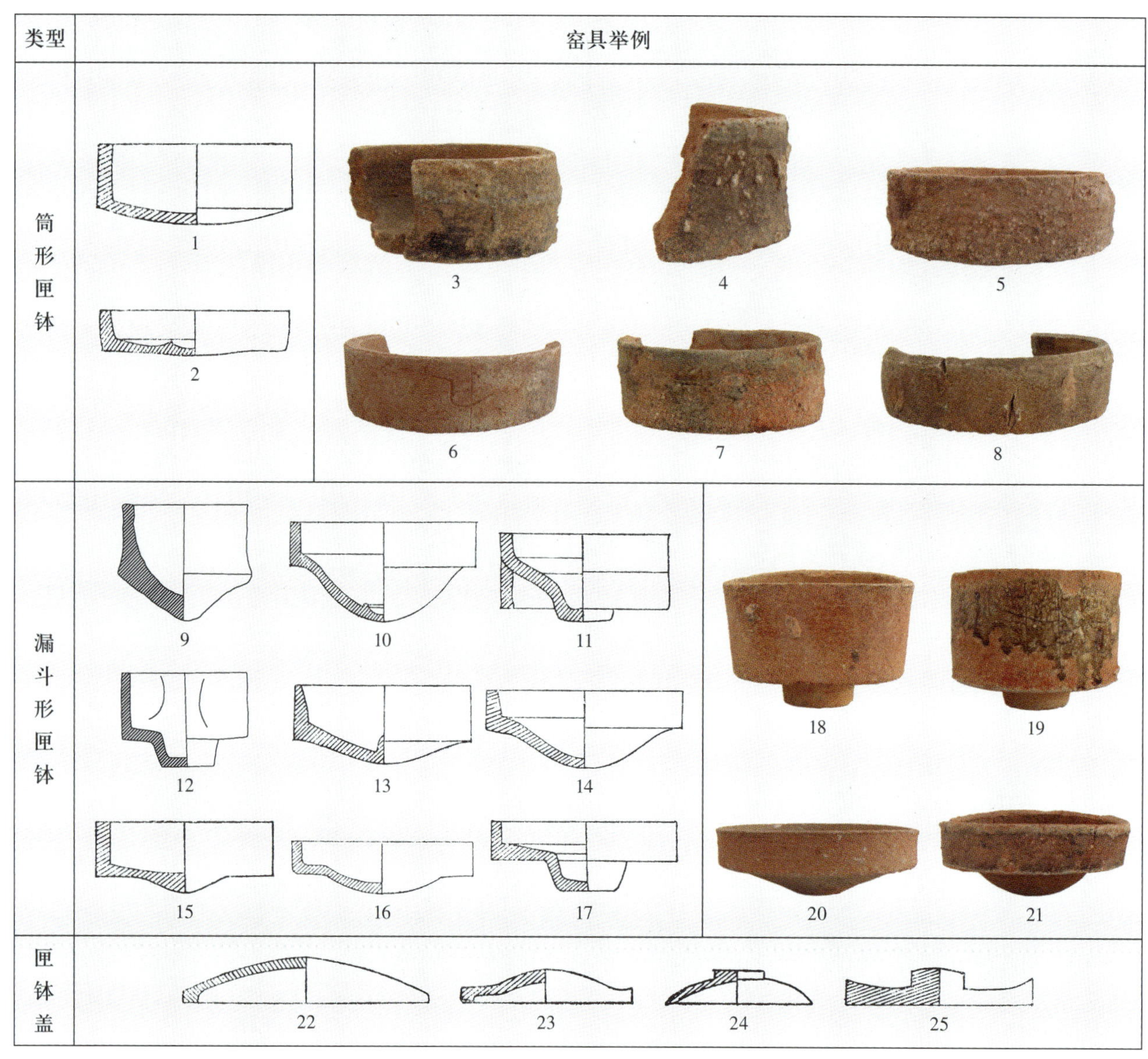

图 2-41　泉州内陆地区窑具之匣钵

1、2、10~17、22~25. 德化屈斗宫窑　9. 德化碗坪崙窑　3~6、18、20. 德化甲杯山窑　7、8、19、21. 德化祖龙宫窑

其一，圜底，直口，上端直腹，底部向外弧凸；其二，折平底，直口，上端直腹，下腹折收，底端平折成小平底或近平底。

匣钵盖多呈浅盘状，有的带有钮。各类匣钵及盖的类型（图 2-41）。

2. 间隔具

间隔具的类型有支钉、垫饼、垫圈、垫柱等，胎质一般较细密，也有的支钉由瓷土制成。

支钉，形状比较随意，有扁圆形、圆形、长条形等，大小差别也较大，多以质地较细的瓷土做成，一般 3~6 枚，根据器物形制大小差异而有所不同。

垫饼，圆形，一般较薄，有的以耐火黏土制成，有的则以瓷土为之，大小不一，随器物而定。其中有一种垫饼带有支钉状足，3~5 枚，支钉多是刻意粘结而成。

垫圈，环形，大小不一，一般制作比较草率，以手捏制而成，不甚规则，分粗质（耐火土制成）、瓷质两种。

此外，还有使用稻壳和砂粒作为器物间隔烧造的方法，这种方法则在器物上可能留下稻壳或砂粒痕迹。

垫柱是随意以手捏制而成的泥柱，用于间隔和固定两平行匣钵。

各种间隔具如图所示（图 2–42）。

3．支具

支具有支座和支圈（图 2–43，1~19）。

支座，式样较多，根据形状不同，可分为圆柱形、圆筒形、束腰形、锯齿形、圆饼形、浅盘形和伞状组合支座等，大小、形制依所支烧的瓷器而定。

支圈，以耐火黏土制成。形制较小，随器物大小决定其直径，为环形，折角状。

4．火照

火照多是利用未烧的器物残片制成，如碗、盒、杯等，形状多样且不规则，其上挖有一孔，以便从窑炉中勾取（图 2–43，20、21）。其上施釉，因取验时的火候不同，多非正烧，或生烧，或过烧。

（三）装烧方法

根据德化盖德碗坪崙窑、浔中屈斗宫窑、甲杯山窑、祖龙宫窑、东头杏脚窑的考古发掘资料，并参考其他窑址调查材料，下文将泉州内陆地区瓷器的装烧方法分为明火裸烧、匣钵装烧和支圈覆烧三类。

1．明火裸烧

分单件和多件两种，方式有支钉叠烧、支座支烧、单置窑床等。其中支钉叠烧、支座支烧又因支具形制的差别，而呈现为多种形式，如伞状支座支烧方法。

2．匣钵装烧

包括一匣一器、一匣多器，多件匣钵上下叠摞，即多匣叠烧法，一般最上面覆有匣钵盖。器物与匣钵之间以支钉、垫饼、垫圈或砂粒等作为间隔。使用一匣一器装烧的器物有碗、盘、碟、杯、盒（身与盖一起烧造）、罐、盆、水注、瓶、执壶等。一匣多器装烧有碗、杯、盒等并置同匣的方法和碗、盘、碟等支钉叠烧工艺，有的杯、盒、炉等叠置而大小相套烧于同一匣内。碗、盘、碟、洗、杯等也使用对口装烧工艺，器物芒口。还有一些碗类器物采用涩圈叠烧的装烧方法，内底心则有涩圈一周。有些则是两种或多种方法一起使用，如碗、杯、盒等器物多件并置与对口装烧共同置放于一件匣钵内烧制，盒、杯等小件器物多件并置与支钉叠烧法并用等（图 2–44，1~19）。

3．支圈覆烧

工艺以碗、盘、洗等器物使用较多（图 2–44，20、21）。

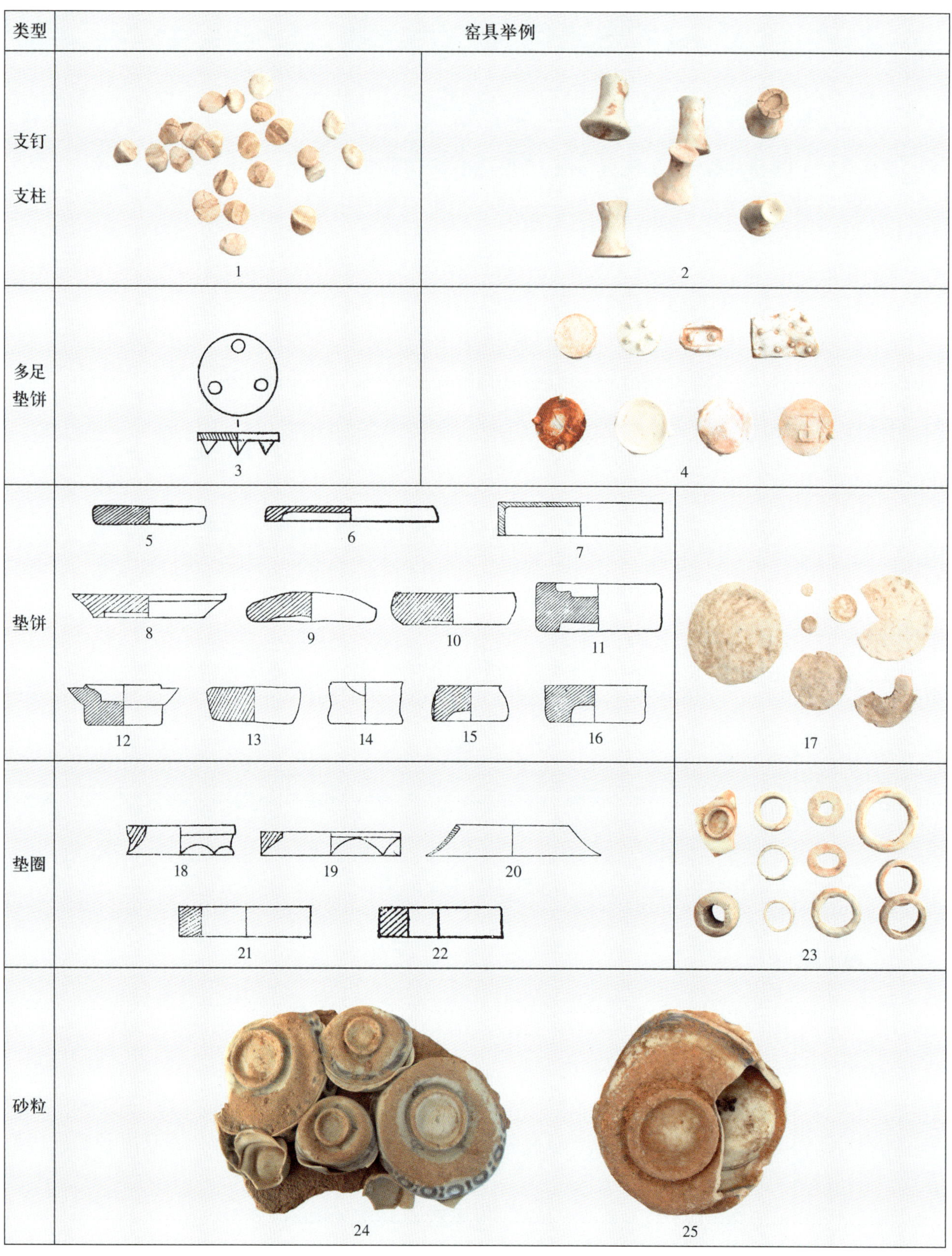

图 2-42　泉州内陆地区窑具之间隔具

1、2、4、17、23. 德化甲杯山窑　3、5、6、9~12、22. 德化屈斗宫窑　7、8、13~16、18~21. 德化碗坪崙窑　24、25. 德化东头杏脚窑

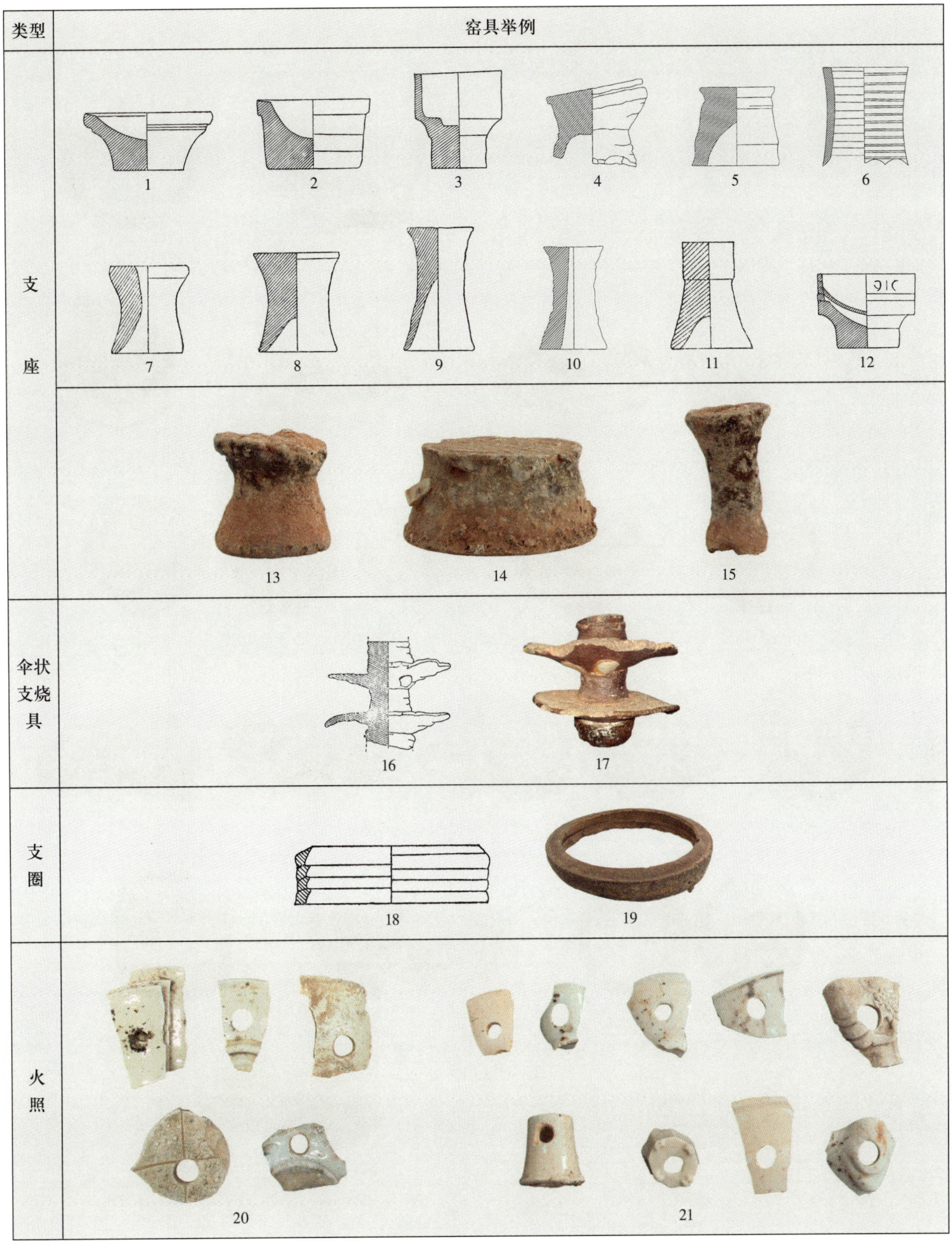

图 2-43　泉州内陆地区窑具之支具和火照

1~3、7~9、18. 德化屈斗宫窑　4~6、10、11、16、17. 德化碗坪崙窑　13~15、19~20. 德化祖龙宫窑　21. 德化甲杯山窑

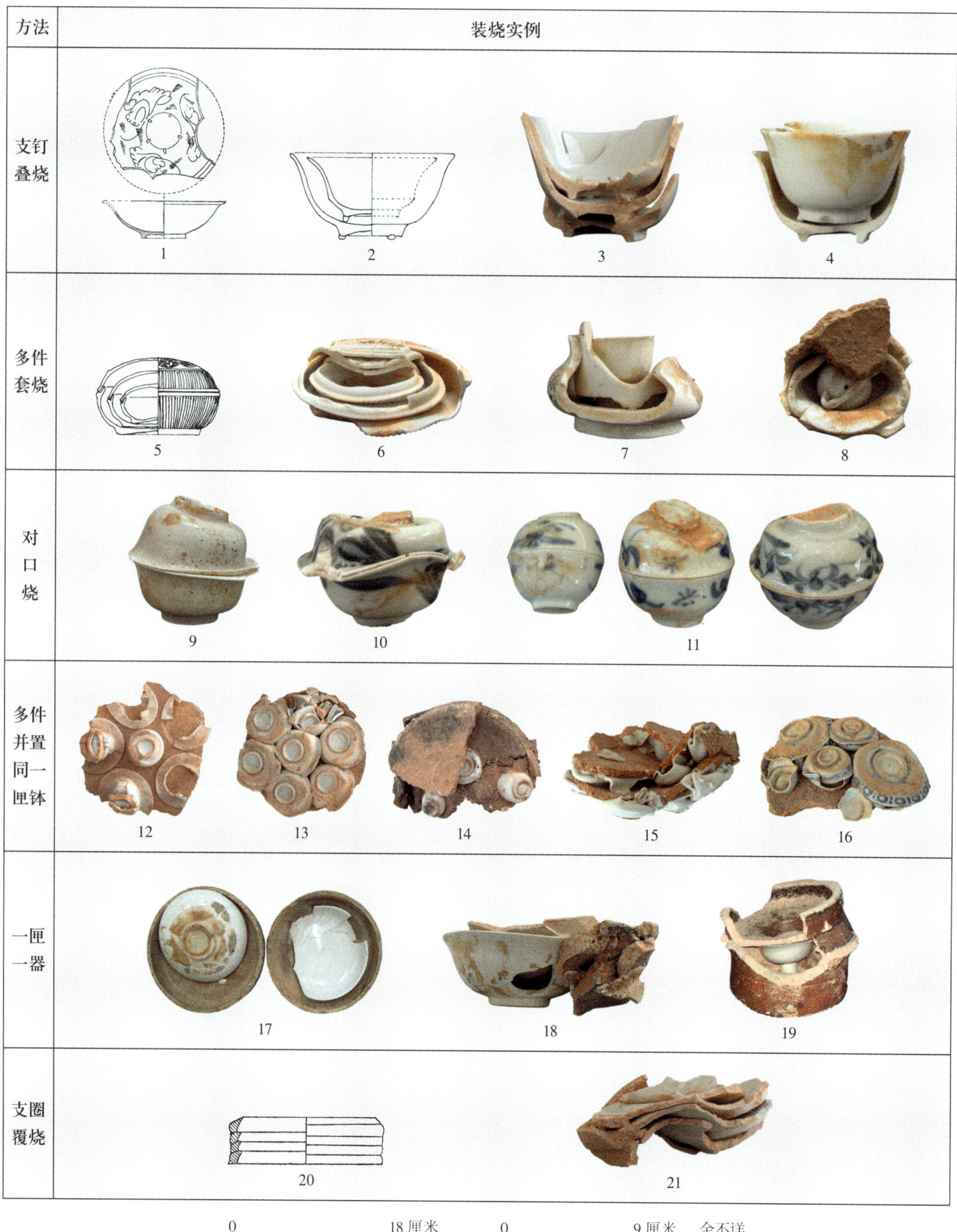

图 2-44　泉州内陆地区装烧方法示例

1. 德化碗坪崙窑　2、3、17、21. 德化祖龙宫窑　4~9、12~14、18. 德化甲杯山窑　10、11、15、16. 德化杏脚窑　19、20. 德化屈斗宫窑

泉州内陆地区装烧方法可以分类表示（表 2-18）。

各窑场瓷器装烧方法有一定的差别，不同器类具体使用的装烧工艺也是不尽相同。下面将德化窑碗坪崙、屈斗宫、甲杯山、祖龙宫、杏脚窑几处窑场主要器类的装烧方法列表说明（表 2-19）。

表 2-18　泉州内陆地区装烧方法分类表

<table>
<tr><td rowspan="3">(A) 明火裸烧</td><td>（a）单件裸烧</td><td>（1）单置窑床</td></tr>
<tr><td rowspan="2">（b）多件裸烧</td><td>（1）支钉叠烧</td></tr>
<tr><td>（2）垫圈叠烧</td></tr>
<tr><td rowspan="6">(B) 匣钵装烧</td><td>（a）一匣一器</td><td>（1）单置匣内</td></tr>
<tr><td rowspan="5">（b）一匣多器</td><td>（1）多件并置</td></tr>
<tr><td>（2）支钉叠烧</td></tr>
<tr><td>（3）多件套烧</td></tr>
<tr><td>（4）涩圈叠烧</td></tr>
<tr><td>（5）对口装烧</td></tr>
<tr><td>(C) 支圈覆烧</td><td>-</td><td>-</td></tr>
</table>

备注：字母和数字为装烧方法类别的编号，以便下文叙述。

表 2-19　德化窑部分器类与装烧方法对应表

器类	碗坪崙窑	屈斗宫窑	甲杯山窑	祖龙宫窑	杏脚窑
碗	Ab1，Ab2，Ba1，Bb2，Bb5，C	Ab1，Ba1，Bb2，Bb5，C	Ba1，Bb1，Bb2，Bb5，C	Ba1，Bb1，Bb2，Bb5，C	Bb1，Bb5
盘	Ab1，Ab2，Ba1，Bb2	Ab1，Ba1，Bb2，Bb5，C	Ba1，Bb1，Bb2，Bb5，C	Ba1，Bb1，Bb2，Bb5，C	Bb1，Bb5
碟	Ba1，Bb2，Bb5，C	Ba1，Bb5，C	Ba1，Bb1，Bb2，Bb5，C	Ba1，Bb1，Bb2，Bb5，C	-
洗	Ba1，Bb5，C	Bb5，C	Bb5，C	Bb5，C	-
盒	Ba1，Bb1	Ba1，Bb1，Bb3	Ba1，Bb1，Bb3	Ba1，Bb1，Bb3	-
杯	Bb1，Bb5	Ba1，Bb1，Bb5	Ba1，Bb1，Bb5	Ba1，Bb1，Bb5	Bb1，Bb5
炉	Ba1，Bb3	Ba1，Bb3，Bb5	Ba1，Bb3	Ba1，Bb3	-
罐	Aa1	Ba1，Bb3	Ba1，Bb1	Ba1，Bb1	-
瓶	Aa1，Ba1	Aa1，Ba1	Ba1，Bb1	Ba1，Bb1	-
壶	Aa1，Ba1	Aa1，Ba1	Ba1，Bb1	Ba1，Bb1	-

备注：表格内装烧方法的序号为表 2-18 中对应的编号，其中大写字母表示总类别（A、B），小写字母表示总类别下的子类别（a、b），而阿拉伯数字为相应子类下具体的装烧方法。

从表中可以看出，碗坪崙窑和屈斗宫窑的装烧方法以匣钵装烧为主，包括一匣一器和一匣多器，碗、盘、瓶、壶类器物还使用支钉或垫圈叠烧的裸烧方法；而甲杯山和祖龙宫窑则均为匣钵装烧和支圈覆烧，多见一匣一器、多件并置的一匣多器方法；杏脚窑则器类相对单一，以碗、杯居多，均为多件并置、对口装烧的一匣多器法。这反映了各窑场、各阶段装烧方法的不同和演变。

总体而言，泉州内陆地区各窑场装烧方法的不同，主要不是因为地域的差异形成的，而是由于各窑场的年代差别造成的。一般来讲，一定地域内自成体系的窑场，同一时期可以使用多种装烧方法，但不同时期也有新方法的出现，从而呈现出较强的时代特色。德化窑即具有这样的明显特征。关于泉州内陆地区装烧方法的演变，大致可以用图说明（图 2-45）。

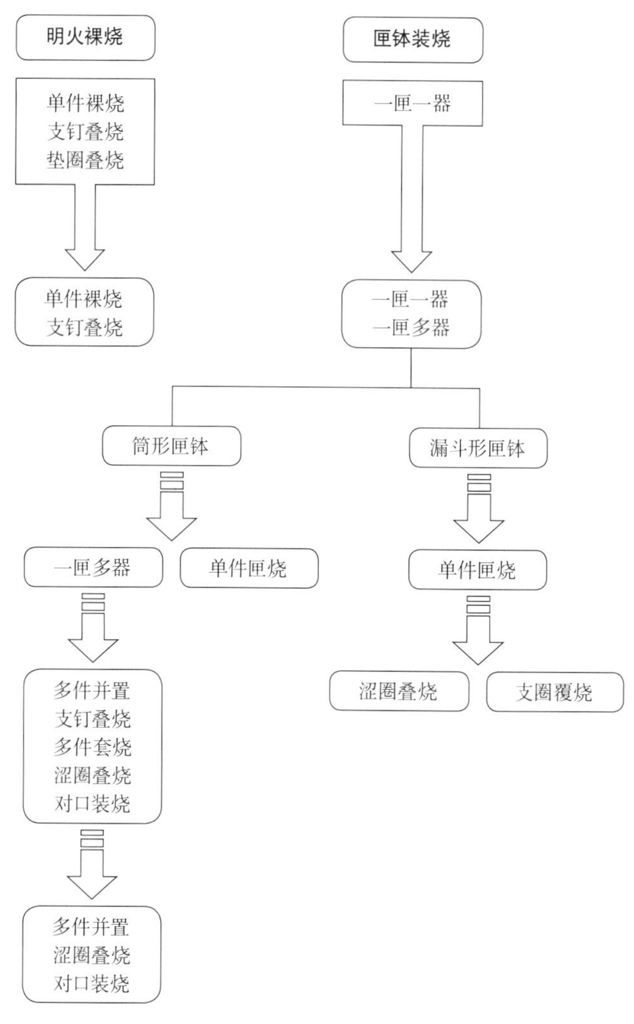

图 2-45　泉州内陆地区装烧方法演变示意图

四　分期及其特征

（一）分组与分期

根据泉州内陆地区德化碗坪崙、屈斗宫、甲杯山、祖龙宫、杏脚窑等几处窑址的考古发掘资料，下面选取其较具代表性的遗迹和地层单位：（1）盖德碗坪崙Ⅱ窑，（2）盖德碗坪崙Ⅰ窑，（3）屈斗宫窑，（4）甲杯山 Y3，（5）祖龙宫窑下层堆积，（6）甲杯山 Y1，（7）祖龙宫窑上层堆积，（8）东头杏脚窑。

根据各窑址中地层叠压关系以及出土器物组合的差异，并结合瓷器胎釉特征的区别和装饰工艺及纹饰内容的变化，对其进行分组。凡出土遗物的类型相同或绝大部分相同的地层合为一组；反之，则另分一组。这样将上述 8 个遗迹和地层单位划分为六组：第一组，（1）；第二组，（2）；第三组，（3）、（4）；第四组，（5）；第五组，（6）、（7）；第六组，（8）。其中，第一组中（1）叠压在第二组（2）之下，第三组（4）叠压在第五组（6）之下，第四组（5）叠压在第五组（7）之下。再结合该地区的考古调查和发掘中两个比较明显的地层早晚关系：一是各窑场中的青白釉瓷器叠压在白釉瓷器之下，知第五组晚于第四组；二是白釉瓷器大多数叠压在青花瓷器之下，知第六组晚于第五组。此外，西沙群岛华光礁一号沉船[1]、广东台山海域南海Ⅰ号沉船出水的青白釉碗、盘、罐、

[1] 中国国家博物馆水下考古研究中心、海南省文物保护管理办公室编著：《西沙水下考古（1998~1999）》，北京：科学出版社，2006 年；2007 年西沙群岛华光礁一号沉船水下考古发掘资料，待刊。

小罐、小瓶、盒等[1]，南中国海海域哈彻沉船（Hatcher Ming Junk）出水的白釉碗、瓶、盒、汤匙、塑像等[2]，越南海域头顿号（Vung Tau）沉船出水的白釉碗、盒、塑像等[3]，泰兴号（Tek Sing）沉船出水的青花瓷碗、盘、碟等[4]，因其出水于同一遗迹单位，有着明显的共存关系，可将与之相似的窑址出土遗物划分为同一组。

由上述分析，这六组是从早到晚连续发展的序列，第一组最早，以下各组依序次之。据此，本文将以德化窑为代表的泉州内陆地区制瓷手工业遗存进一步梳理，分成六组（表2-20），具体分组图、表详见前文。从中可知，所分六组的遗物类别、典型器物形制、胎釉及装饰工艺和烧成技术的演变已形成一个较为清晰的发展序列，可代表泉州内陆地区制瓷手工业遗存的六个发展阶段，即六期。

（二）年代推断

泉州内陆地区制瓷手工业遗存的六个发展阶段，即各期年代的推断，因部分器类与泉州沿海地区较为接近，这里仅简要述之，而主要论证差异较大器类，以推断这六期的年代。

1．第一期

这一期以烧造青白釉瓷器为主，其中：A Ⅰ式碗与江西南丰白舍窑北宋晚期碗[5]、景德镇湖田窑北宋晚期B型斗笠碗（93Ⅰ：6）[6]、江西婺源北宋靖康二年（1127年）张氏墓青白釉碗[7]、福建南平店口南宋早期墓碗[8]，B Ⅰ式碗与福建南平来舟北宋中晚期壁画墓A型碗[9]，C Ⅰ式碗与景德镇湖田窑北宋晚期碗（99H・T18①：1）[10]；A Ⅰ式盘与景德镇湖田窑北宋晚期盘（97D・T6②：5），B Ⅰ式盘与景德镇湖田窑北宋晚期盘（99H补・H8：158）；A Ⅰ式盒与景德镇湖田窑北宋晚期A型盒盖（95A・采：43），B Ⅰ式盒与景德镇湖田窑北宋晚期D型盒盖（95A・T1③A：143），A Ⅰ式执壶与北京丰台镇桥南辽墓出土的瓜棱形白釉执壶[11]、南平来舟北宋中晚期墓瓜棱执壶、景德镇湖田窑北宋晚期Ⅲ式喇叭口瓜棱执壶（97F・T2④：4），D Ⅰ式执壶与景德

[1] 张威：《南海沉船的发现与预备调查》，《福建文博》1997年第2期，第28~31页；任卫和：《广东台山宋元沉船文物简介》，《福建文博》2001年第2期，第80~84页。

[2] Christie's, *Fine and Important Late Ming and Transitional Porcelain, Recently Recovered from an Asian Vessel in the South China Sea, The Property of Captain Michael Hatcher*, Amsterdam:Christie's, 14 March 1984; 12-13 June 1984; Jeremy Green and Rosemary Harper, The Maritime Archaeology of Shipwrecks and Ceramics in Southeast Asia, *Australian Institute for Maritime Archaeology Special Publication No.4*, pp.1-37, 1987; Hugh Edwards and Michael Hatcher, *Treasures of the Deep, The Extraordinary Life and Times of Captain Mike Hatcher*, Australia: Harper Collins, 2000.

[3] Michael Flecker, Excavation of an oriental vessel of c. 1690 off Con Dao, Vietnam, *IJNA*, Vol.21(3), pp.221-244, 1992; Christiaan J. A. Jörg & Michael Flecher, Porcelains from the Vung Tau Wreck, *Oriental Art*, XLV, 1, 1999; Christiaan J. A. Jörg & Michael Flecher, *Porcelain from the Vung Tau Wreck*, New York: Oriental Art Publications, 2001。

[4] Nagel Auctions, *Tek Sing Treasures*, Stuttgart, 2000；郑炯鑫：《从"泰兴号"沉船看清代德化青花瓷器的生产与外销》，《文博》2001年第6期，第49、50页。

[5] 江西省文物工作队、南丰县文化馆：《江西南丰白舍窑调查纪实》，《考古》1985年第3期，第222~233页。

[6] 江西省文物考古研究所等：《景德镇湖田窑址——1988~1999年考古发掘报告》，北京：文物出版社，2007年；刘新园：《景德镇湖田窑各期典型碗类的造型特征及其成因考》，《文物》1980年第11期，第50~60页。

[7] 彭适凡主编：《宋元纪年青白瓷》，香港：庄万里文化基金会，1998年，第56页。

[8] 张文崟：《福建南平店口宋墓》，《考古》1992年第5期，第428~430页。

[9] 张文崟：《福建南平宋代壁画墓》，《文物》1998年第12期，第33~37页。

[10] 江西省文物考古研究所等：《景德镇湖田窑址——1988~1999年考古发掘报告》，北京：文物出版社，2007年。

[11] 北京市文物管理处：《近年来北京发现的几座辽墓》，《考古》1972年第3期，第35~40页。

表 2-20　泉州内陆地区制瓷手工业遗存分组一览表

类别 分组 典型地层	器形			胎釉		装饰		烧成技术		
	青白釉	白釉瓷器	青花瓷器	胎	釉	技法	纹样	窑炉	窑具	装烧
第一组 （1）盖德碗坪崙Ⅱ窑	碗 A Ⅰ、B Ⅰ、C Ⅰ、E Ⅰ，盘 A Ⅰ、B Ⅰ，盒 A Ⅰ、B Ⅰ，炉 Ⅰ，执壶 A Ⅰ、C Ⅰ、D Ⅰ，瓶 A Ⅰ、D Ⅰ			胎质较粗泛灰	青白泛灰	刻花、划花为主	花卉纹等	斜坡龙窑	支钉，支座、匣钵	支钉叠烧为主
第二组 （2）盖德碗坪崙Ⅰ窑	碗 A Ⅱ、A Ⅲ、B Ⅱ、B Ⅲ、C Ⅱ、C Ⅲ、E Ⅱ、E Ⅲ，盘 A Ⅱ、A Ⅲ、B Ⅱ，盒 A Ⅱ、A Ⅲ、B Ⅱ、B Ⅲ、C Ⅰ、C Ⅱ、D，炉Ⅱ，执壶 A Ⅱ、A Ⅲ、B、C Ⅱ、C Ⅲ、D Ⅱ，军持 Ⅰ、Ⅱ，瓶 A Ⅱ、A Ⅲ、C Ⅰ、C Ⅱ、D Ⅱ、E			胎质多细白，有的泛灰	青白为主，青白泛灰	刻划、印花为主	多植物花叶纹，莲瓣、菊瓣纹等	斜坡龙窑	支钉、支座、匣钵、垫饼等	支钉叠烧、匣钵摞烧
第三组 （3）屈斗宫窑 （4）甲杯山 Y3	碗 A Ⅳ、B Ⅳ、B Ⅴ、C Ⅳ、C Ⅴ、D，盘 A Ⅳ、B Ⅲ、C Ⅰ、C Ⅱ，炉 Ⅲ，执壶 D Ⅲ，军持Ⅲ，瓶 A Ⅳ、B、C Ⅲ	盘 A Ⅰ、B Ⅰ、C Ⅰ，盒 A Ⅰ、A Ⅱ		胎质多细白	青白，白釉	印花为主，还有刻划、篦划、堆塑等	花卉纹居多，莲瓣、菊瓣纹、动物纹、文字等	分室龙窑	匣钵、垫饼、垫圈、支圈等	支圈覆烧较多，匣钵摞烧
第四组 （5）祖龙宫窑下层堆积	碗 C Ⅵ、D，盘 A Ⅴ、A Ⅵ、B Ⅳ、C Ⅲ	碗 B Ⅰ、C Ⅰ、E，盘 A Ⅱ、B Ⅱ、C Ⅱ，杯 A Ⅰ、B Ⅰ、D Ⅰ，盒 A Ⅲ、C Ⅰ		胎质较细	青白，白釉	印花为主，有刻划等	花卉纹、动物纹等	分室龙窑	支钉、匣钵等	支钉叠烧、匣钵摞烧
第五组 （6）甲杯山 Y1 （7）祖龙宫窑上层堆积		碗 A Ⅰ、A Ⅱ、B Ⅱ、C Ⅱ、C Ⅲ、C Ⅳ、D Ⅰ、D Ⅱ，盘 A Ⅲ、B Ⅲ、C Ⅲ、D，杯 A Ⅱ、A Ⅲ、B Ⅱ、B Ⅲ、B Ⅳ、C、D Ⅱ、D Ⅲ，盒 A Ⅳ、B Ⅰ、B Ⅱ、C Ⅱ、C Ⅲ，炉 A Ⅰ、A Ⅱ、B Ⅰ、B Ⅱ、B Ⅲ、C、D	碗 B Ⅰ、D Ⅰ，盘 A Ⅰ，杯 A Ⅰ、C Ⅰ、E Ⅰ、F Ⅰ	胎质细白	白釉为主	印花、堆塑为主，还有绘花等	花卉纹，雕塑人物、动植物等	分室龙窑、阶级窑	支钉、匣钵、垫圈等	支钉叠烧、涩圈叠烧、匣钵摞烧等
第六组 （8）东头杏脚窑			碗 A Ⅰ、A Ⅱ、B Ⅱ、B Ⅲ、C、D Ⅱ、E，盘 A Ⅱ、B，杯 A Ⅱ、A Ⅲ、B Ⅰ、B Ⅱ、C Ⅱ、D Ⅰ、D Ⅱ、E Ⅱ、F Ⅱ	胎质多细白	白釉为主，白釉微泛淡青	绘花、堆塑为主，还有印花等	雕塑，花卉纹、动植物纹、文字等	横室阶级窑	支钉、匣钵等	支钉叠烧、对口烧、匣钵装烧

镇湖田窑南宋早期B型扁腹壶（92Ⅰ：17），在器形和纹饰上均较为接近，大致可确定其为同一时期。

根据其中的纪年材料推断，该地区第一期制瓷手工业遗存的年代为北宋晚期至南宋早期，有的可早至北宋中期前后，约1086~1163年。

2．第二期

这一期的青白釉瓷器中，AⅡ式碗与江西婺源汀州知州汪赓墓出土的南宋庆元六年（1200年）碗[1]、景德镇柳家湾窑南宋中晚期碗[2]、遂宁金鱼村窖藏南宋晚期碗[3]，BⅡ式碗与景德镇湖田窑南宋中晚期碗（92新·T1①：40、95A·F9：28），EⅡ式直口深腹碗与江西婺源南宋庆元六年汪庚墓莲纹盖碗[4]、樟树南宋绍熙元年（1190年）李氏墓芒口兰草杯[5]、樟树嘉定十七年（1224年）杨氏墓直口杯[6]；AⅡ式盘与景德镇柳家湾窑南宋中晚期盘；CⅠ、CⅡ式盒与景德镇湖田窑南宋中晚期A型盒（95A·T4④A：220、99H·T4②：229）；CⅡ式瓶与景德镇湖田窑Ab型南宋晚期瓶（99H·T17③：1、93Ⅰ：08）；二者在器物形制、纹饰等方面相似。此外，该期中同出的其他瓶、执壶等与福建地区南宋中晚期墓葬所出同类器物也很相似[7]，应为同一时期的产品。

据此可推断，该地区第二期制瓷手工业遗存的年代，大致为南宋中晚期，即1163~1279年。

3．第三期

这一期，青白釉瓷器中，AⅣ式碗与浙江龙泉金村窑址元代碗[8]，BⅤ式碗与江西南昌大德十一年（1307年）青白釉莲瓣纹饼足碗[9]、景德镇湖田窑AⅤ式元代深腹芒口碗（95A·T5④A：3），CⅣ式碗与景德镇湖田窑AⅥ式元代深腹芒口碗（95A·F4③：3），CⅤ式碗与抚州至元己卯（1339年）陈仲明墓青白釉碗[10]、湖北宜城至正五年墓（1345年）青釉碗[11]、抚州市至正八年（1348年）傅希岩墓青白釉碗[12]；BⅢ式盘与景德镇湖田窑Aa型元代芒口圈足盘（95A·T8④A：175），CⅠ盘与景德镇湖田窑元代折腹碗（93XV：02）、AⅠ式卵白釉碗（95A·T1③A：146），CⅡ式盘与景德镇湖田窑AⅡ式卵白釉碗（95A·T2①：101）、元代折腹碗（99H·采：217）、Ab型芒口折腹盘（95A·T8④A：45），D型盘与景德镇湖田窑芒口宽圈足盘（95A·F9：6），器物造型、装饰等均十分接近。其他执壶、军持等，也与元代景德镇窑青白釉或卵白釉瓷器相似[13]。此

[1] 彭适凡主编：《宋元纪年青白瓷》，香港：庄万里文化基金会，1998年，第68页。

[2] 江西省文物工作队：《江西景德镇柳家湾古瓷窑址调查》，《考古》1985年第4期，第365~370、359页。

[3] 遂宁市博物馆、遂宁市文物管理所：《四川遂宁金鱼村南宋窖藏》，《文物》1994年第4期，第4~28页；中国国家博物馆主编：《宋韵——四川窖藏文物辑粹》，北京：中国社会科学出版社，2006年。

[4] 彭适凡主编：《宋元纪年青白瓷》，香港：庄万里文化基金会，1998年，第67页。

[5] 黄颐寿：《江西清江出土的南宋青白瓷器》，《考古》1989年第7期，第669~672页。

[6] 彭适凡主编：《宋元纪年青白瓷》，香港：庄万里文化基金会，1998年，第75页。

[7] 林忠干：《福建宋墓分期研究》，《考古》1992年第5期，第456~463、427页。

[8] 张翔：《龙泉金村古瓷窑址调查发掘报告》，浙江省轻工业厅编：《龙泉青瓷研究》，北京：文物出版社，1989年，第69~91页。

[9] 彭适凡主编：《宋元纪年青白瓷》，香港：庄万里文化基金会，1998年，第82页。

[10] 薛翘、刘劲峰：《抚州市郊元代纪年墓出土的芒口瓷》，《江西历史文物》1987年第2期，第62~64页；薛翘、刘劲峰：《江西抚州元墓出土瓷器》，《文物》1992年第2期，第34~36页。

[11] 张乐发：《湖北宜城市出土元代人物堆塑罐》，《考古》1996年第6期，第93、94页。

[12] 彭适凡主编：《宋元纪年青白瓷》，香港：庄万里文化基金会，1998年，第86页；程应麟、彭适凡：《江西抚州发现元代合葬墓》，《考古》1964年第7期，第370~372页。

[13] 林忠干、张文崟：《宋元德化窑的分期断代》，《考古》1992年第6期，第559~566页。

外，这一阶段该地区开始烧造白釉瓷器，其中，B Ⅰ式盘与景德镇湖田窑 Aa 型元代青白釉芒口碟（95A・T8 ④ A ： 36）、盘（95A・T3 ④ A ： 26），C Ⅰ式盘与景德镇湖田窑 Ab 型元代圈足盘（97D・T5 ②： 10），也具有共同特征。

综合前述，这些器物群应属同一时期，再结合其纪年材料的年代范围，可知第三期瓷业遗存的年代为元代，约 1279~1368 年。

4．第四期

这一期，该地区制瓷手工业处于低谷，主要烧造青白釉、白釉瓷器，而青白釉瓷器的釉色泛灰青，介于青白、白釉之间。其中，C Ⅵ式青白釉碗、C Ⅰ式白釉碗、D Ⅰ式白釉杯，在器物形制上与景德镇湖田窑明代早中期青花瓷碗、杯类较为接近[1]，而其底足制法仍具景德镇窑元代后期阶段的青白釉、卵白釉碗的饼足遗风；同一组器物群中，D 型青白釉折腹碗、C Ⅲ式青白釉折腹盘、E 型白釉折腹碗则延续了元代卵白釉折腹碗、盘类器物的造型；A Ⅴ式、A Ⅵ式青白釉盘、A Ⅱ式白釉盘与明代早中期青花折沿盘（99H・T7 ②：1）、碟（95A・T3 ①：37），形制比较相似；B Ⅳ式青白釉盘、B Ⅱ式白釉盘与明代早中期敞口盘（96B・T4 ② A ：110），器形相近，但其足仍具有元代晚期卵白釉盘（99H・G ：03）的特征，且 C Ⅱ式白釉盘与景德镇湖田窑 A 型卵白釉盘（99H・G ：09）形制接近。据此推断，本期的年代约为明代早中期，少数遗存年代可延至明代中期略晚阶段，大体相当于明初至嘉靖年间，即 1368~1566 年。

5．第五期

这一期，该地区以烧造白釉瓷器为主，并始烧青花瓷器。其中，白釉瓷器中，B Ⅱ、C Ⅱ、C Ⅲ、C Ⅳ、D Ⅰ、D Ⅱ式碗，A Ⅲ、B Ⅲ、C Ⅲ式盘，A Ⅱ、A Ⅲ、B Ⅱ、B Ⅲ、B Ⅳ、D Ⅱ、D Ⅲ式杯等与明代晚期至清代早期景德镇青花瓷器的造型比较接近[2]；而 B Ⅱ、C Ⅲ、C Ⅳ式碗、B Ⅳ、D Ⅲ式杯和 A Ⅳ、B Ⅰ、B Ⅱ式盒、雕塑等则在白狮号沉船（Witte Leeuw，1613 年，VOC Dutch）[3]、哈彻沉船（Hatcher Ming Junk，约 1643~1646 年）[4]、头顿号沉船（Vung Tau，约 1680~1700 年）[5]中也有类似器物的发现；同期地层出土白釉双耳瓶、方座狮子还见于南明隆武元年（1645 年）张九娘墓[6]，炉、瓶、烛台等在安溪湖头明代晚期至清代早期墓葬中亦有出土[7]，

[1] 黄云鹏：《景德镇民间青花瓷的断代》，《景德镇陶瓷》1986 年第 3 期，第 28~45 页。

[2] 黄云鹏：《景德镇民间青花瓷的断代》，《景德镇陶瓷》1986 年第 3 期，第 28~45 页。

[3] C. L. Van der Piji-Ketel editor, *The Ceramic Load of the Witte Leeuw 1613*, Amsterdam: Rijksmuseum, 1982; Robert Stenuit, Les Porcelains du Witte Leeuw, *Taoci Revue Annuelle de la Societe Francaise d'Etuide de la Ceramique Orientale*, 2 (Decmber), 2001, pp.27-34.

[4] Christie's, *Fine and Important Late Ming and Transitional Porcelain, Recently Recovered from an Asian Vessel in the South China Sea, The Property of Captain Michael Hatcher*, Amsterdam:Christie's, 14 March 1984; 12-13 June 1984; Jeremy Green and Rosemary Harper, The Maritime Archaeology of Shipwrecks and Ceramics in Southeast Asia, *Australian Institute for Maritime Archaeology Special Publication No.4*, pp.1-37, 1987; Hugh Edwards and Michael Hatcher, *Treasures of the Deep, The Extraordinary Life and Times of Captain Mike Hatcher*, Australia: Harper Collins, 2000.

[5] Michael Flecker, Excavation of an oriental vessel of c. 1690 off Con Dao, Vietnam, *IJNA*, Vol.21(3), pp.221-244, 1992; Christiaan J. A. Jörg & Michael Flecher, Porcelains from the Vung Tau Wreck, *Oriental Art*, XLV, 1, 1999; Christiaan J. A. Jörg & Michael Flecher, *Porcelain from the Vung Tau Wreck*, New York: Oriental Art Publications, 2001。

[6] 陈建中、陈丽芳、陈仁杰：《纪年德化瓷珍品鉴赏》，《福建文博》2004 年第 4 期，第 68~74 页。

[7] 福建博物院、安溪县博物馆：《安溪湖头明清墓葬》，《福建文博》2003 年第 1 期，第 61~77 页。

白釉花觚与明代定陵出土青花花觚形制相似[1]，梅花杯、犀角杯则湖北蕲春明晚期墓所出相同[2]。青花瓷器中，BⅠ、DⅠ式碗、CⅠ、EⅠ式杯与景德镇民窑明代晚期碗、杯的器形、青花纹样等均十分相近；AⅠ式盘与漳浦湖西乡明末崇祯十五年（1642年）许氏墓出土青花盘相似[3]。

综上可知，第五期的年代约为明代晚期至清代早期，相当于明隆庆至清康熙年间，即1567~1722年。

6．第六期

这一阶段，泉州内陆地区以烧造青花瓷器为主，兼烧白釉瓷器。其中，较为典型的青花瓷碗、盘、杯与景德镇窑清代中晚期同类产品在器物造型、纹饰、青花呈色等比较一致；南海海域泰兴号（Tek Sing，约1822年）沉船出水了德化窑烧造的白釉碗、杯、汤匙和青花瓷碗、盘、碟[4]。白釉瓷器中，还见有雍正七年（1729年）瓶等[5]。由此判断，第六期约为清代中晚期，相当于清代雍正及其以后，即1723~1911年。

（三）各期特征

根据前文的分析，下面从器形、胎釉、装饰、装烧工艺等方面简要概述泉州内陆地区制瓷手工业遗存的各期特征。

1．第一期

北宋晚期至南宋早期。器类以碗、盘、碟、执壶、瓶居多；胎质较粗，也有的淘洗精细，色泛灰白；釉色青白釉泛灰或泛白。装饰上，碗盘类器物多为刻花、划花的花卉纹，盒则以模印花卉纹为主。窑炉为一般的斜坡式龙窑，器物装烧主要采用支钉叠烧、匣钵摞烧方法，还有使用支座或伞状支烧具直接支烧的方法。

2．第二期

南宋中晚期。各窑场主要烧造青白釉瓷器，也有少数黑釉瓷器，并逐渐开始生产白釉瓷器。器形制作规整，以碗、盘、盒、瓶、壶等器类为主，尤其是碗、盒所占比例较大。胎质较细，胎色灰白；釉色青白泛白、泛灰，精细者接近白瓷，釉面光洁、莹润。素面为主，装饰纹样也较为丰富，多是刻划植物花纹等，盒类器物仍以印花为主，有花卉纹、花鸟纹等。窑炉仍为斜坡式龙窑，装烧常见筒形、漏斗形匣钵装烧的一匣一器或一匣多器，器物与匣钵间以垫饼或垫圈间隔；晚期阶段出现了支圈覆烧方法。

---

[1] 中国社会科学院考古研究所、定陵博物馆、北京市文物工作队：《定陵》，北京：文物出版社，1990年。

[2] 汪宗耀：《蕲春出土的明代瓷器》，《文物》1993年第5期，第95、96页。

[3] 王文径：《漳浦出土的明清瓷器》，《福建文博》2001年第1期，第56~58页；王文径：《福建漳浦明墓出土的青花瓷器》，《江西文物》1990年第4期，第71~73页。

[4] Nagel Auctions, *Tek Sing Treasures*, Stuttgart, 2000；郑炯鑫：《从"泰兴号"沉船看清代德化青花瓷器的生产与外销》，《文博》2001年第6期，第49、50页。

[5] 刘幼铮：《中国德化白瓷研究》，北京：科学出版社，2007年；陈建中、陈丽华：《中国古陶瓷标本·福建德化窑》，广州：岭南美术出版社，2003年。

3．第三期

元代。青白釉瓷器较之前一期略有减少，器类碗、盘、盒、洗、执壶、军持、瓶等，釉色泛灰，流行刻划花、印花装饰，装烧方法流行一匣一器、支钉叠烧、支圈覆烧、涩圈叠烧等。白釉瓷器增多，渐趋成为主流产品，以碗、盘、盒、瓶类器物居多；胎质较为精细，色泛白；白釉光洁莹润，有的微泛淡青色或灰白色；装饰方法常见印花，多为器物模印过程中形成。这一阶段，出现了分室龙窑，装烧方法多为一匣一器、多器并烧的匣钵装烧和支圈覆烧法、对口烧等方法。

4．第四期

明代早中期。这一期产品以青白釉、白釉瓷器为主，并开始烧造青花瓷器。胎质较细，色泛灰；青白釉略泛青灰，白釉泛灰。器类以碗、盘、洗、瓶等居多，多素面，有的印花，青花图案简单，有铭文、字款、花卉纹等。装烧方法主要采用支钉叠烧或一匣一器的匣钵摞烧。

5．第五期

明代晚期至清代早期。该地区主要烧造白釉、青花瓷器。白釉瓷器类别丰富，除了日常生活类的碗、盘、碟、杯、盒、瓶、罐、壶、炉等之外，还有佛道、西洋人物、动物类雕塑等；胎体精细、洁白，釉面光洁莹润，呈“象牙白”、“猪油白”之色，部分则微泛灰青色或淡青色；大多数素面，装饰技法有印花、模印、贴花、刻花、堆塑等，纹饰丰富多样，包括各种花卉纹、菊瓣纹、动物纹、文字、人物形象等；窑炉多为分室龙窑或阶级窑，瓷器以一匣一器或支钉叠烧、多器并置、对口烧、多件大小套烧等不同方式的匣钵装烧方法，匣钵多为漏斗形、平底筒形，间隔具有支钉、垫饼、垫圈等。青花瓷器主要有碗、盘、杯、罐、瓶等，胎质细腻，釉色微泛灰，纹饰多为植物花卉纹、动物纹、文字等，器物的装烧方法有一匣一器、对口烧、多器并置的匣钵摞烧，并有涩圈叠烧法。

6．第六期

清代中晚期。这一阶段继续烧造白釉和青花瓷器，兼烧少量彩瓷，以青花瓷器最为突出。器类多为碗、盘、杯、罐、炉、瓶等日常生活用器，胎质细腻，青花的纹饰有花卉纹、水草纹、人物纹、动物纹、文字等，用笔流畅，色泽淡雅，窑炉为横室阶级窑，器物装烧采用一匣一器或对口烧、多器并置、涩圈叠烧的匣钵摞烧方法，一般为平底筒形匣钵。

通过上述泉州内陆地区制瓷手工业遗存的分期讨论，并结合该地区其他窑址的综合考察，从中可看出这一地区大致有三个瓷器生产系统：青白瓷（主要见于本区第一～三期）、白瓷（以第四～六期为主，尤其是第五期最为发达）和青花瓷（以第五、六期为主体）。这三个系统构成了相对较完整的发展序列，各具特色，其时间上略有先后，各阶段各有侧重，代表了泉州内陆地区制瓷手工业发展状况。

第三节　漳州地区

漳州地区处九龙江流域，包括该区沿海其他小河流，本区域窑址以漳浦窑、漳州平和窑、华安和南靖东溪窑为代表，下文即以此为主要材料进行分析。

一　瓷器的类型学分析

漳州地区瓷器的品种较多，有青白釉、青釉、白釉、青花、五彩、素三彩、米黄釉、酱褐釉瓷器等，这里仅选取比较有代表性的青白釉、青釉、青花、五彩瓷器进行类型学分析。在各类瓷器中，器形丰富多样，下文主要依据已发表资料，为了避免各区域间的重复、繁杂，仅选取序列比较清晰、演变较为明显的典型器类来分析排比。

（一）青白釉瓷器

根据考古发掘和已发表的资料，器类有碗、盏、盘、碟、杯、盆、炉、瓶、罐、瓷塑等，这里仅对碗类器物进行分析。

碗

依口沿及腹部形状，分三型。

A 型　花口，一般为四曲、六曲，花口不明显。口部外翻，腹壁弧，碗底部胎较厚。分两式（图 2–46，1、2）。

Ⅰ式　标本罗宛井 99ZLT10 ④ A 出土。

Ⅱ式　标本罗宛井 99ZLY1 ②：13。

腹由深渐浅，圈足由小而高向大而矮变化，足墙由窄变宽。

B 型　侈口，弧腹。分三式（图 2–46，3~5）。

Ⅰ式　标本罗宛井 99ZLT10 ④ A ：20。

Ⅱ式　标本罗宛井 99ZLT10 ④ A ：7。

Ⅲ式　标本罗宛井 99ZL 出土。

口沿外撇程度由小变大，腹部由深渐浅，腹弧度增大；圈足由小而高变为大而矮。

C 型　敞口，尖唇，腹部弧曲。分三式（图 2–46，6~9）。

Ⅰ式　标本罗宛井 99ZLT10 ④ A ：114。

Ⅱ式　标本罗宛井 99ZLT10 ④ A ：30、罗宛井 99ZLT10 ④ A ：128。

Ⅲ式　标本罗宛井 99ZLT10 ④ A ：8。

腹由深渐浅，渐趋斜弧；圈足由较高变矮。

（二）青釉瓷器

器类有碗、盏、盘、碟、杯、炉、罐等，这里仅对碗、盘进行分析。

1．碗

根据口沿及腹部形状，分三型。

A 型　敞口，尖唇，腹部斜直，呈斗笠状，圈足较矮小，挖足较浅。碗内底心均有一拉坯时形成的圆形凸起。分两式，标本如图（图 2–47，1、2）。

Ⅰ式　标本罗宛井 99ZLY2 ①：22。

Ⅱ式　标本罗宛井 99ZLT7 ②：9。

腹部渐浅，由斜直向略弧、略外撇演变。

B 型　口部略内收（束口），弧腹，圈足较矮。分三式，标本如图（图 2–47，3~5）。

Ⅰ式　标本罗宛井 99ZLY2 ①：47。

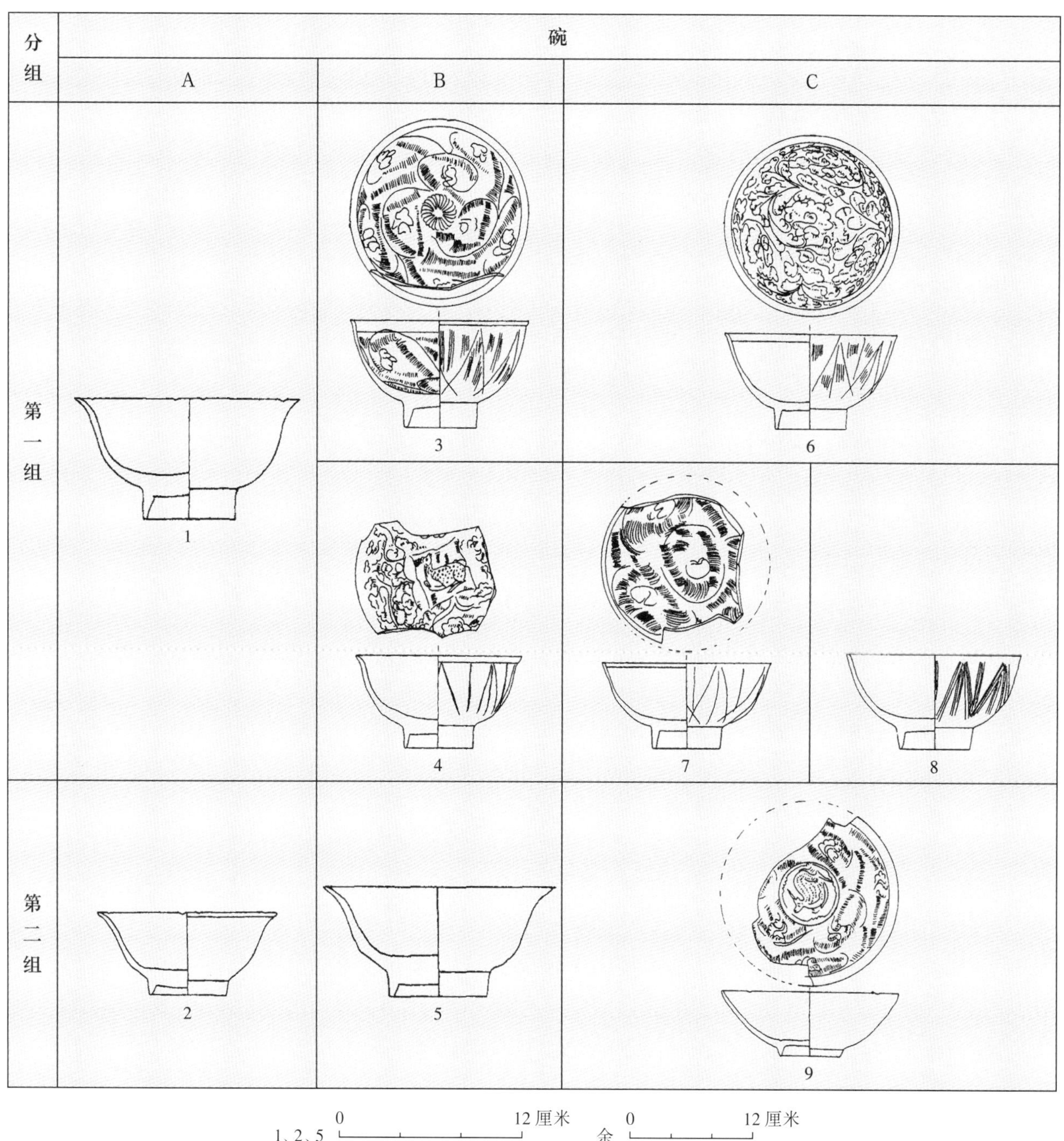

图 2–46　漳州地区青白釉碗

1. 罗宛井 99ZLT10 ④ A 出土　2. 罗宛井 99ZLY1 ②：13　3. 罗宛井 99ZLT10 ④ A：20　4. 罗宛井 99ZLT10 ④ A：7　5. 罗宛井 99ZL 出土　6. 罗宛井 99ZLT10 ④ A：114　7. 罗宛井 99ZLT10 ④ A：30　8. 罗宛井 99ZLT10 ④ A：128　9. 罗宛井 99ZLT10 ④ A：8

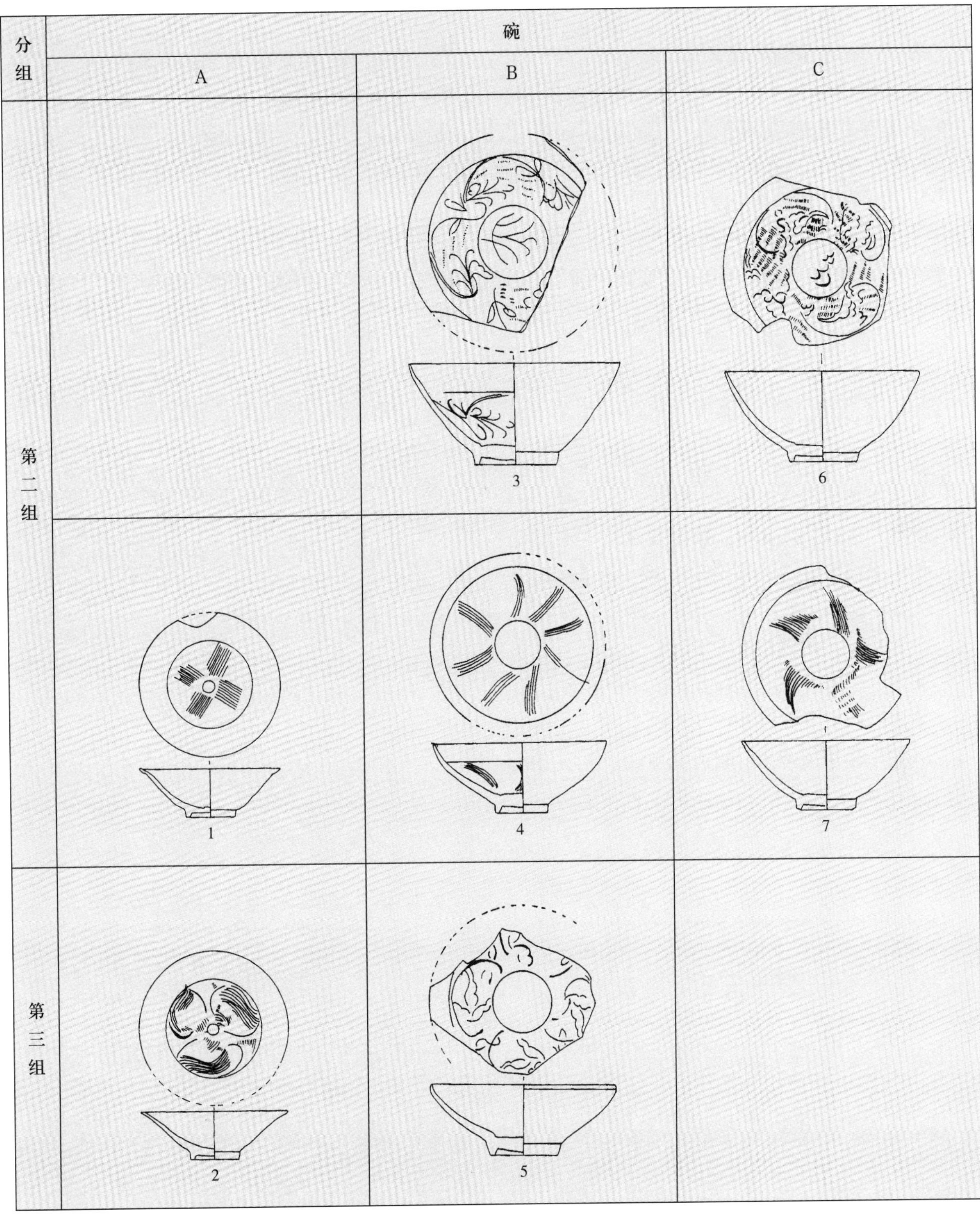

0　12 厘米

图 2-47　漳州地区青釉碗

1. 罗宛井 99ZLY2 ①：22　2. 罗宛井 99ZLT7 ②：9　3. 罗宛井 99ZLY2 ①：47　4. 罗宛井 99ZLY2 ①：50　5. 罗宛井 99ZLY2 ①：42　6. 罗宛井 99ZLY2 ①：43　7. 罗宛井 99ZLT5 ④：7

Ⅱ式　标本罗宛井 99ZLY2 ①：50。

Ⅲ式　标本罗宛井 99ZLY2 ①：42。

口部渐趋微敛，腹由深渐浅；内底心有一圆形凹痕；挖足由浅渐深，逐渐草率，足外底心由较为平整逐渐出现中心凸起。

C 型　敞口，弧腹，矮圈足。分两式，如图（图 2–47，6、7）。

Ⅰ式　标本罗宛井 99ZLY2 ①：43。

Ⅱ式　标本罗宛井 99ZLT5 ④：7。

腹由深渐浅；圈足沿由平削变成斜削、略外撇，外部底心亦由平整而逐渐向外微凸，制作由精细而逐渐草率。

2．盘

根据口沿及腹部形状分三型。

A 型　敞口，尖唇，弧腹，内底平坦，圈足较大。

标本东溪窑 99Y2 采集，如图（图 2–48，1）。

B 型　侈口，浅弧腹，圈足较高。

标本东溪窑 92Y10 采集，如图（图 2–48，2）。

C 型　侈口，宽折沿，弧腹，圈足。分三式，标本如图（图 2–48，3~5）。

Ⅰ式　标本东溪窑 99Y2 采集。

Ⅱ式　标本东溪窑 99Y2 采集。

Ⅲ式　标本东溪窑 99Y2 采集。

口部外侈幅度渐大，腹由深渐浅，腹下部弧度渐小。

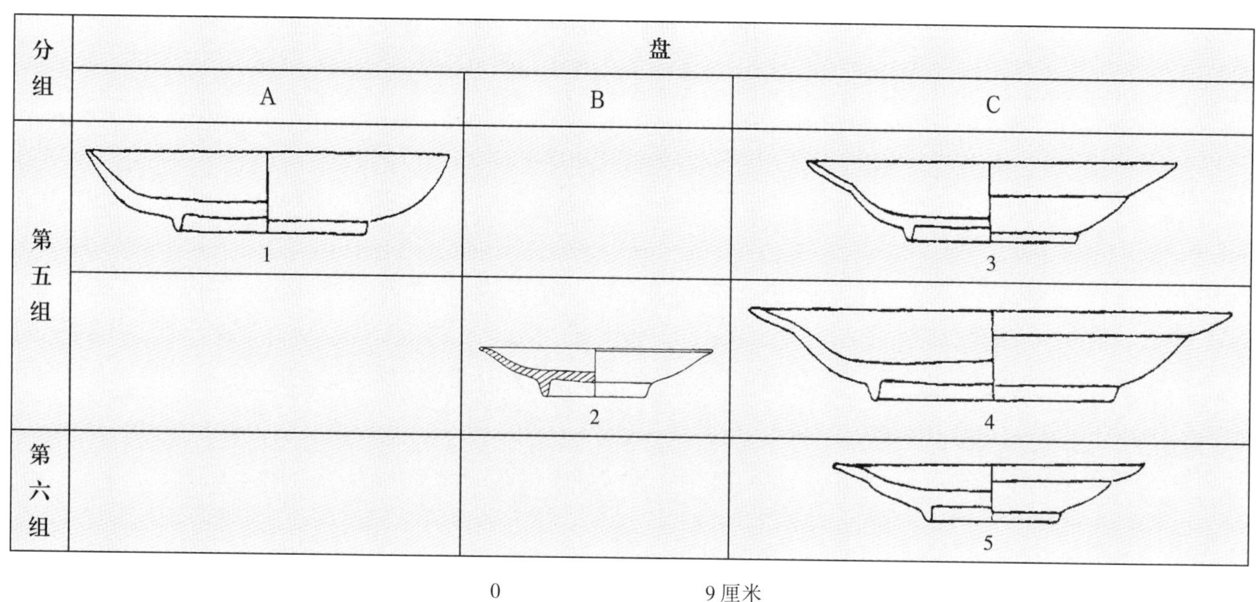

图 2–48　漳州地区青釉盘

1. 东溪窑 99Y2 采集　2. 东溪窑 92Y10 采集　3. 东溪窑 99Y2 采集　4. 东溪窑 99Y2 采集　5. 东溪窑 99Y2 采集

（三）青花瓷器

器类较多，有碗、盖碗、盏、大盘、盘、碟、方碟、杯、盒、罐、瓶、炉等，这里选碗、大盘、盘、碟、杯等器物做以分析。

1．碗

根据口沿及腹部形状分四型。

A型　侈口，尖唇，深弧腹，圈足。分七式，标本如图（图2–49，1~7）。

Ⅰ式　标本五寨碗窑山W11。

Ⅱ式　标本五寨二垅E147②。

Ⅲ式　标本南胜花仔楼H216。

Ⅳ式　标本五寨二垅E141②。

Ⅴ式　标本秀篆ZXY2：01。

Ⅵ式　标本东溪封门坑窑15NFY①：02。

Ⅶ式　标本东溪马饭坑窑：21。

腹部逐渐变深，腹壁由斜弧变得略微弧，圈足渐高。

B型　侈口，尖唇，浅弧腹，内底较平，略近似于盘，圈足。分三式，标本如图（图2–49，8~10）。

Ⅰ式　标本五寨二垅E157①。

Ⅱ式　标本五寨二垅E157②。

Ⅲ式　标本坪水PS08。

口沿外侈幅度渐小，腹部逐渐变深，腹壁由斜弧变得略弧，圈足变高。

C型　敞口，深弧腹，圈足。分五式，标本如图（图2–49，11~15）。

Ⅰ式　标本五寨二垅E070。

Ⅱ式　标本五寨二垅E104。

Ⅲ式　标本五寨二垅E101。

Ⅳ式　标本东溪封门坑窑15NFY③：01。

Ⅴ式　标本东溪马饭坑窑：101。

腹部逐渐变深，腹壁由斜弧变得略弧，圈足渐高。

D型　敞口，浅弧腹，内底较平，圈足。分六式，标本如图（图2–49，16~21）。

Ⅰ式　标本五寨二垅E130。

Ⅱ式　标本五寨二垅E128。

Ⅲ式　标本东溪窑92Y1采集。

Ⅳ式　标本火田YHY2：05。

Ⅴ式　标本东溪下洋坑窑：08。

Ⅵ式　标本东溪马饭坑窑：28。

腹部逐渐变深，腹壁由斜弧趋略弧，圈足渐高。

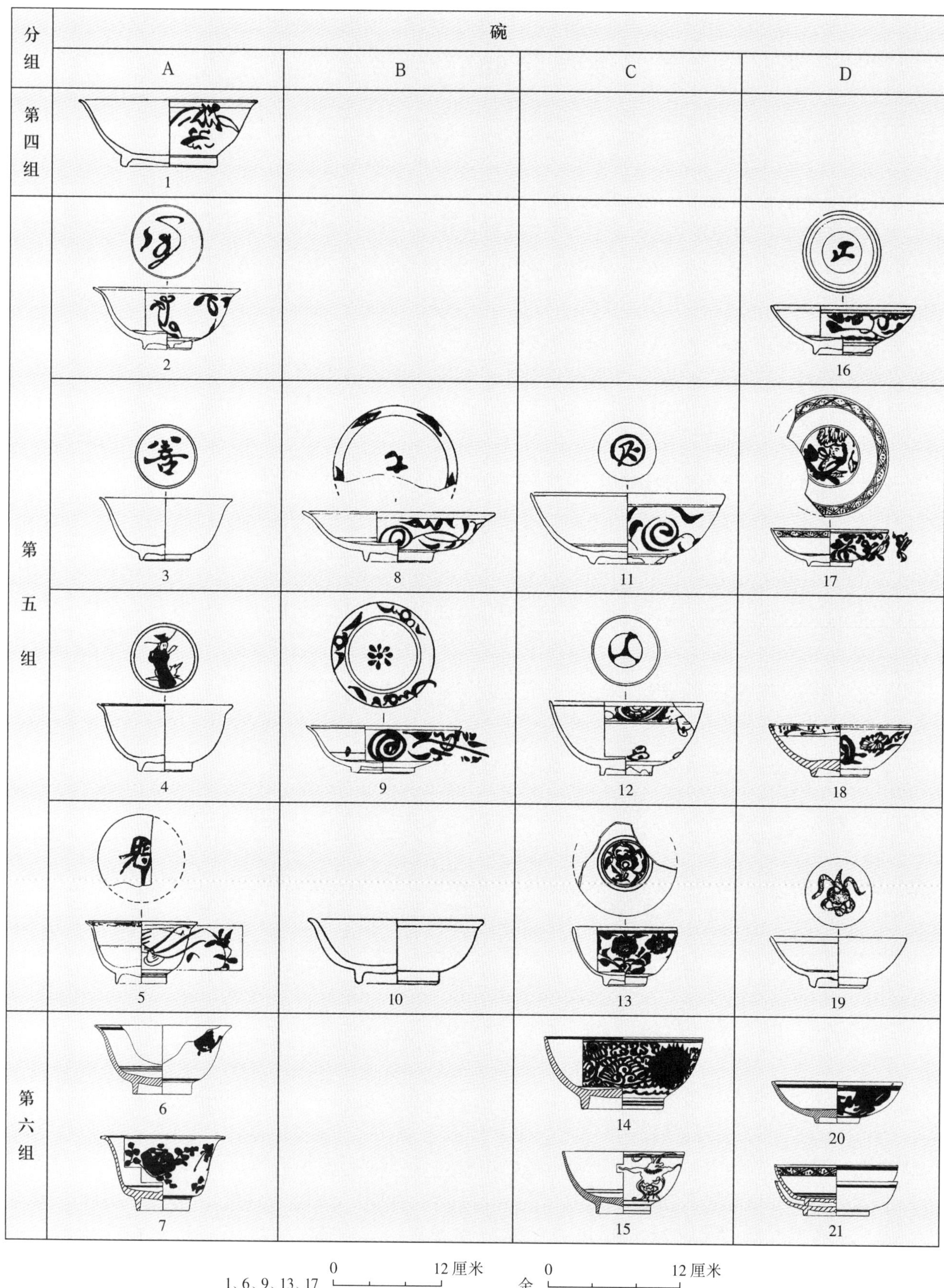

图 2–49　漳州地区青花碗

1. 五寨碗窑山 W11　2. 五寨二垅 E147②　3. 南胜花仔楼 H216　4. 五寨二垅 E141②　5. 秀篆 ZXY2：01　6. 东溪封门坑窑 15NFY①：02　7. 东溪马饭坑窑：21　8. 五寨二垅 E157①　9. 五寨二垅 E157②　10. 坪水 PS08　11. 五寨二垅 E070　12. 五寨二垅 E104　13. 五寨二垅 E101　14. 东溪封门坑窑 15NFY③：01　15. 东溪马饭坑窑：101　16. 五寨二垅 E130　17. 五寨二垅 E128　18. 东溪窑 92Y1 采集　19. 火田 YHY2：05　20. 东溪下洋坑窑：08　21. 东溪马饭坑窑：28

2．大盘

大盘与盘、碟的形制相似，只是器形较大，口径在 20 厘米以上，故这里单列出来，以示区别。根据口沿及腹部形状，分五型。

A 型　侈口，尖唇，宽折沿，弧腹较深，内底较平坦，圈足。分三式，标本如图（图 2–50，1~3）。

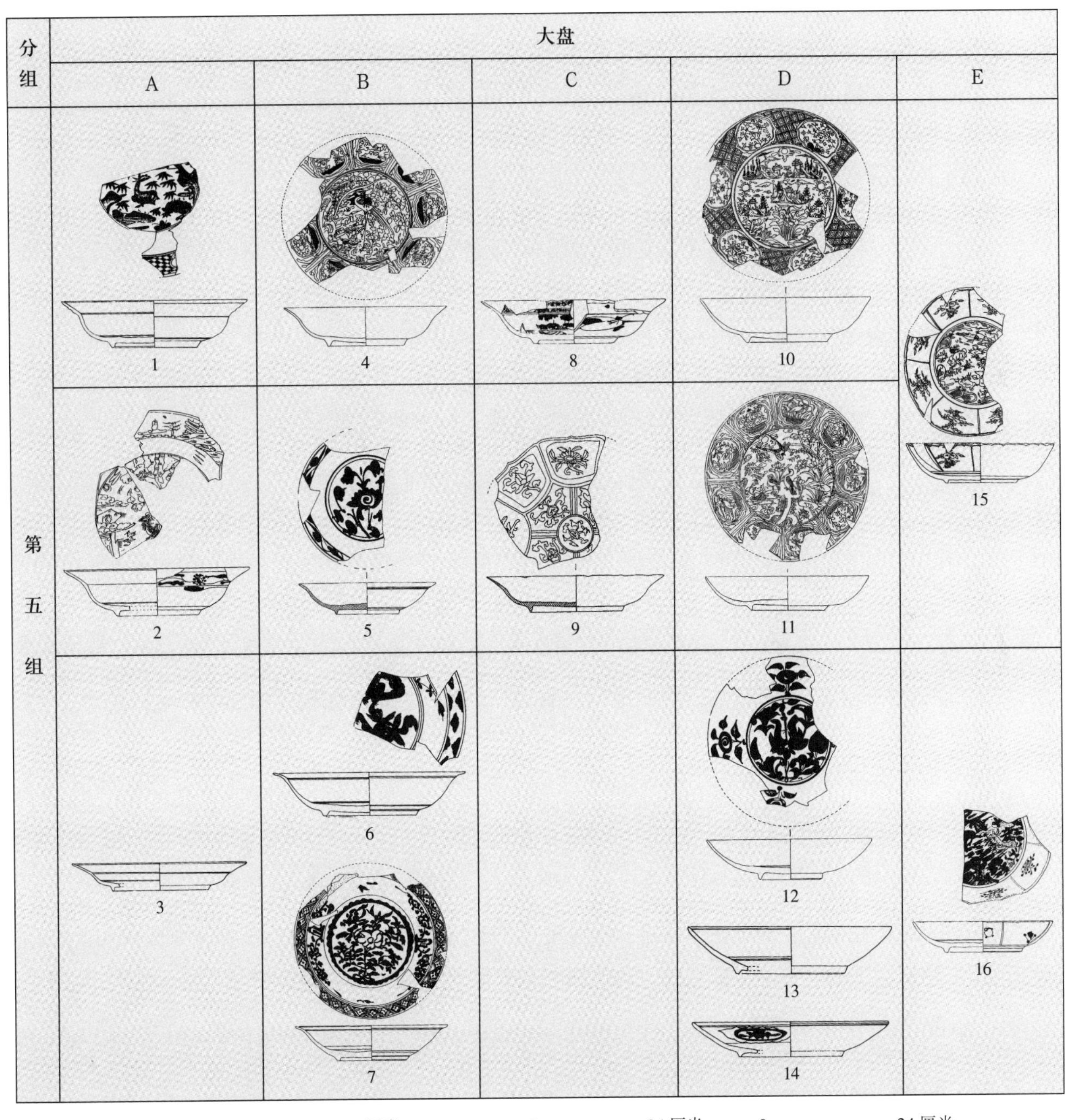

图 2–50　漳州地区青花大盘

1. 五寨二垅 E005　2. 五寨二垅 E006　3. 五寨碗窑山 W02　4. 南胜花仔楼 H022　5. 五寨洞口 98PDT1⑤：66　6. 五寨二垅 E003　7. 五寨二垅 E001　8. 五寨二垅 E049　9. 南胜田坑 97PTT3：37　10. 南胜花仔楼 H002　11. 南胜花仔楼 H091　12. 五寨二垅 E030　13. 五寨大垅 D37　14. 五寨洞口 DK30　15. 五寨大垅 D27　16. 五寨二垅 E026

Ⅰ式　标本五寨二垅 E005。

Ⅱ式　标本五寨二垅 E006。

Ⅲ式　标本五寨碗窑山 W02。

宽折沿外侈幅度渐大，腹部逐渐变浅，下腹壁由弧变得略斜弧，圈足渐高。

B 型　侈口，尖唇，口沿较窄外撇，弧腹较深，内底较平，圈足。分四式，标本如图（图 2-50，4~7）。

Ⅰ式　标本南胜花仔楼 H022。

Ⅱ式　标本五寨洞口 98PDT1 ⑤：66。

Ⅲ式　标本五寨二垅 E003。

Ⅳ式　标本五寨二垅 E001。

口沿外撇渐大，腹部逐渐变浅，腹壁逐渐由弧变斜弧，圈足渐矮。

C 型　侈口，花口，弧腹较深，内底平坦，圈足。分两式，标本如图（图 2-50，8、9）。

Ⅰ式　标本五寨二垅 E049。

Ⅱ式　标本南胜田坑 97PTT3：37。

口沿外撇渐大，腹部逐渐变浅，腹壁逐渐由弧变斜弧。

D 型　敞口，弧腹较深，内底较平，圈足。分五式，标本如图（图 2-50，10~14）。

Ⅰ式　标本南胜花仔楼 H002。

Ⅱ式　标本南胜花仔楼 H091。

Ⅲ式　标本五寨二垅 E030。

Ⅳ式　标本五寨大垅 D37。

Ⅴ式　标本五寨洞口 DK30。

腹部逐渐变浅，腹壁由弧变得斜弧。

E 型　敞口，花口，弧腹较深，内底平坦，圈足。分两式，标本如图（图 2-50，15、16）。

Ⅰ式　标本五寨大垅 D27。

Ⅱ式　标本五寨二垅 E026。

腹部逐渐变浅，腹壁由弧变斜弧，圈足变大。

3．盘

盘的形制与大盘类似，大小介于大盘、碟之间，口径 10~20 厘米，根据口沿及腹部形状，分四型。

A 型　侈口，尖唇，宽沿，浅弧腹，内底较平坦，圈足。分六式，标本如图（图 2-51，1~6）。

Ⅰ式　标本五寨大垅 D03。

Ⅱ式　标本秀篆 ZXY4：01。

Ⅲ式　标本五寨大垅 D01。

Ⅳ式　标本五寨洞口 Y2：4。

Ⅴ式　标本东溪下洋坑窑：14。

Ⅵ式　标本东溪下洋坑窑：15。

宽折沿外侈幅度渐大，腹逐渐变浅，下腹壁由弧变微弧。

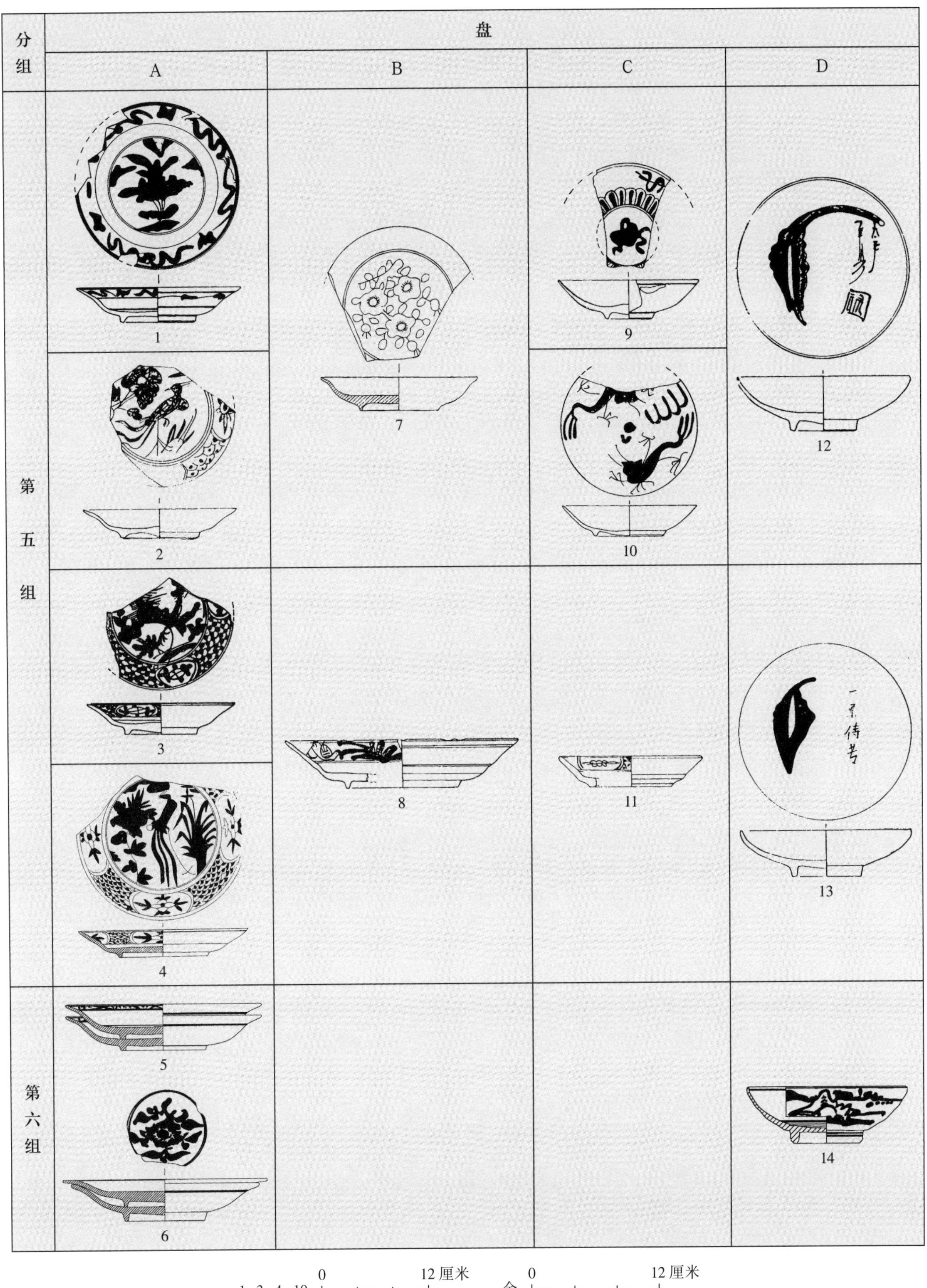

图 2–51　漳州地区青花盘

1. 五寨大垅 D03　2. 秀篆 ZXY4：01　3. 五寨大垅 D01　4. 五寨洞口 Y2：4　5. 东溪下洋坑窑：14　6. 东溪下洋坑窑：15　7. 南胜田坑 97PTT3：76　8. 五寨碗窑山 W03　9. 官陂 ZG03　10. 秀篆 ZXY3：02　11. 五寨洞口 DK29　12. 朱厝 ZZ05　13. 五寨洞口 DK61　14. 东溪马饭坑窑：24

B 型　侈口，花口，弧腹较深，内底平坦，圈足。分两式，标本如图（图 2–51，7、8）。

Ⅰ式　标本南胜田坑 97PTT3：76。

Ⅱ式　标本五寨碗窑山 W03。

口沿外侈幅度渐大，腹逐渐变浅，腹壁逐渐由弧变斜弧，圈足变大。

C 型　敞口，弧腹较深，内底较平，宽圈足。分三式，标本如图（图 2–51，9~11）。

Ⅰ式　标本官陂 ZG03。

Ⅱ式　标本秀篆 ZXY3：02。

Ⅲ式　标本五寨洞口 DK29。

腹逐渐变浅，腹壁由弧渐趋斜直，圈足变大。

D 型　直口，微敛，弧腹，内底平坦，圈足。分两式，标本如图（图 2–51，12~14）。

Ⅰ式　标本朱厝 ZZ05。

Ⅱ式　标本五寨洞口 DK61。

Ⅲ式　标本东溪马饭坑窑：24。

口部略直，弧腹逐渐变浅，圈足较小。

4．碟

碟的形制与盘相近，口径约小于 10 厘米，根据口沿及腹部形状，分三型。

A 型　侈口，尖唇，浅弧腹，内底较平坦，圈足。分五式，标本如图（图 2–52，1~5）。

Ⅰ式　标本五寨大垅 D05。

Ⅱ式　标本南胜花仔楼 H226。

Ⅲ式　标本五寨二垅 E176。

Ⅳ式　标本五寨二垅 E179。

Ⅴ式　标本东溪封门坑窑 15NFY ②：57。

宽折沿外侈幅度渐大，腹逐渐变浅，腹壁弧度渐小，圈足渐趋变小。

B 型　敞口，尖唇，弧腹较浅，内底较平，圈足。分五式，标本如图（图 2–52，6~10）。

Ⅰ式　标本五寨二垅 E194 ②。

Ⅱ式　标本五寨二垅 E191 ①。

Ⅲ式　标本南胜花仔楼 H310。

Ⅳ式　标本五寨二垅 E158。

Ⅴ式　标本东溪封门坑窑 15NFY ②：56。

腹逐渐变浅，腹壁弧度变小，逐渐由弧变斜弧，圈足渐矮。

C 型　敞口，浅腹，卧足。分两式，标本如图（图 2–52，11、12）。

Ⅰ式　标本五寨二垅 E188 ③。

Ⅱ式　标本五寨二垅 E188 ①。

腹逐渐变浅，腹壁由弧趋于斜直，卧足由浅渐深。

5．杯

根据口沿及腹部形状，分两型。

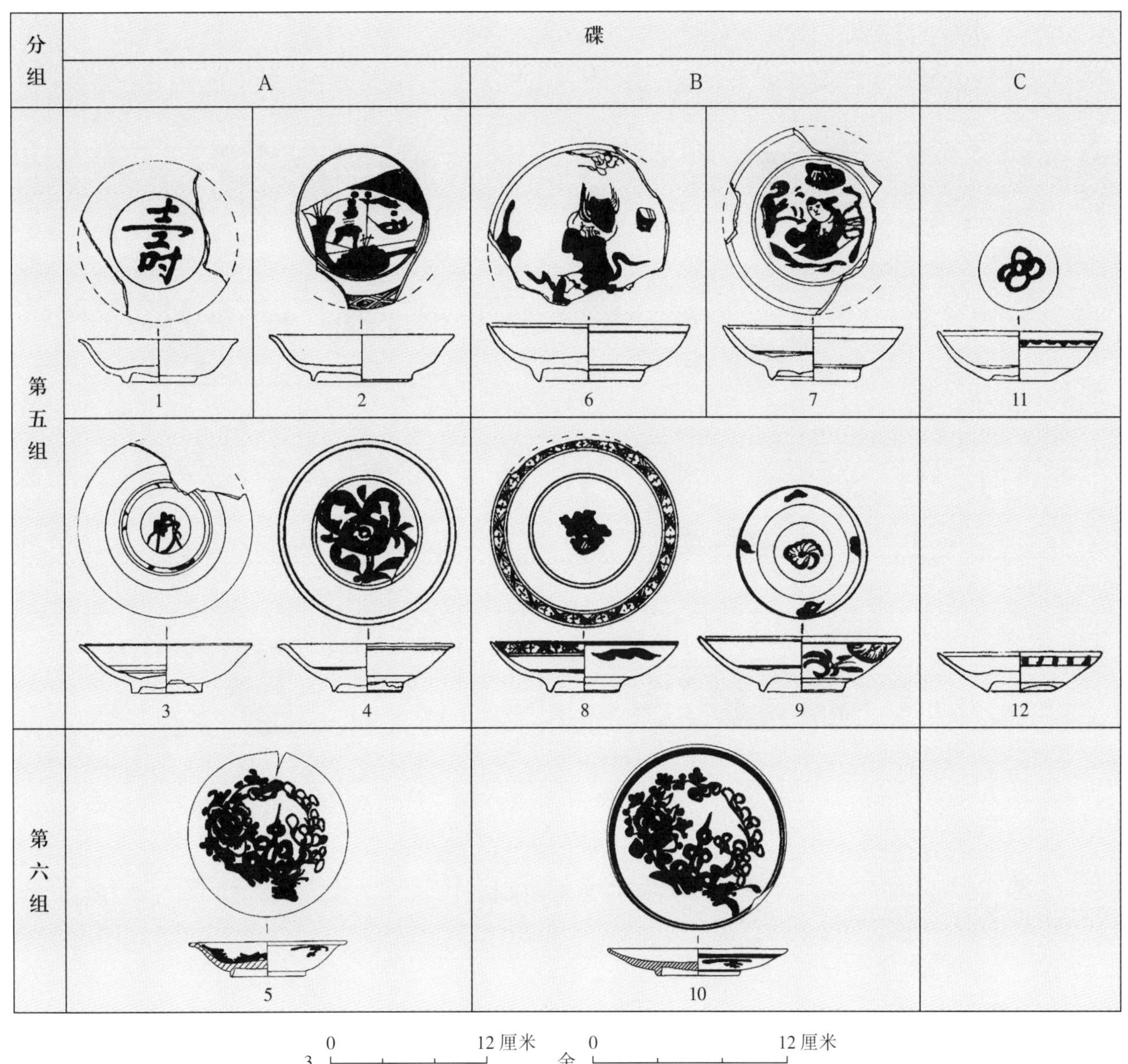

图 2–52　漳州地区青花碟

1. 五寨大垅 D05　2. 南胜花仔楼 H226　3. 五寨二垅 E176　4. 五寨二垅 E179　5. 东溪封门坑窑 15NFY ②：57　6. 五寨二垅 E194 ②　7. 五寨二垅 E191 ①　8. 南胜花仔楼 H310　9. 五寨二垅 E158　10. 东溪封门坑窑 15NFY ②：56　11. 五寨二垅 E188 ③　12. 五寨二垅 E188 ①

A 型　侈口，尖唇，弧腹，圈足。分四式，标本如图（图 2–53，1~4）。

Ⅰ式　标本东溪窑 99Y2 采集。

Ⅱ式　标本东溪窑 99Y1 采集。

Ⅲ式　标本东溪窑 99Y2 采集。

Ⅳ式　标本东溪封门坑窑 15NFY ②：37。

口沿外侈幅度变大，腹壁由弧变略显斜弧，圈足渐高。

B 型　侈口，尖唇，深弧腹，圈足。分三式，标本如图（图 2–53，5~8）。

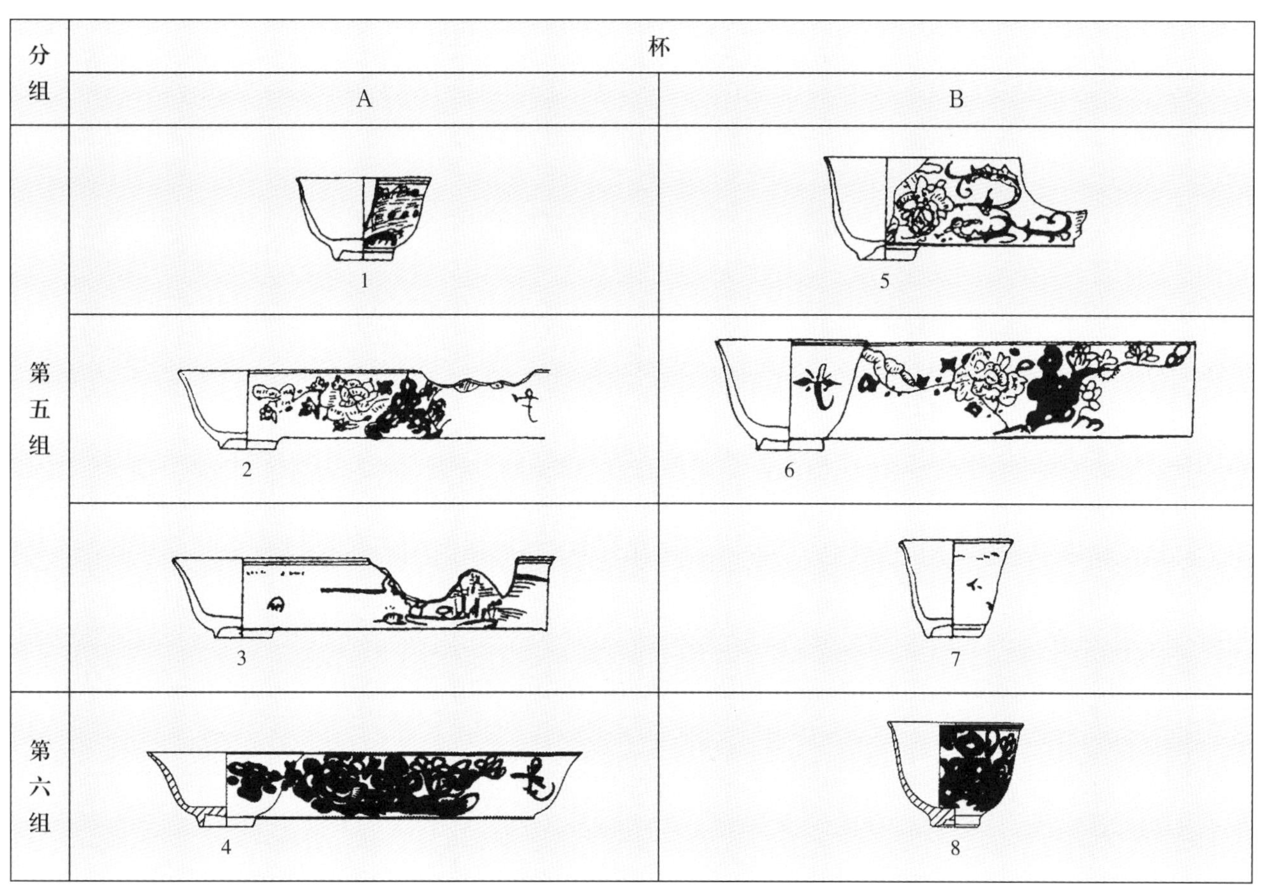

图 2-53 漳州地区青花杯

1. 东溪窑 99Y2 采集 2. 东溪窑 99Y1 采集 3. 东溪窑 99Y2 采集 4. 东溪封门坑窑 15NFY ②：37 5. 东溪窑 99Y2 采集 6. 东溪窑 99Y3 采集 7. 东溪窑 99Y2 采集 8. 东溪封门坑窑 15NFY ②：35

Ⅰ式 标本东溪窑 99Y2 采集。

Ⅱ式 标本东溪窑 99Y3 采集。

Ⅲ式 标本东溪窑 99Y2 采集。

Ⅳ式 标本东溪封门坑窑 15NFY ②：35。

口沿外侈幅度变大，腹壁由弧变得略斜弧，圈足渐趋变高。

6. 其他

除了上述碗、大盘、盘、杯之外，尚有其他类别，这里选取盒（图 2-54）、罐（图 2-55，1~5）、炉（图 2-55，6~8）、瓶（图 2-56）等略作示例。

（四）五彩瓷器

因五彩瓷器为二次烧成，成品率较高，故窑址中所见数量较少。器类有碗、大盘、盘、碟等，其形制与青花瓷器较为相似，这里仅对大盘、碗做以简要分析。

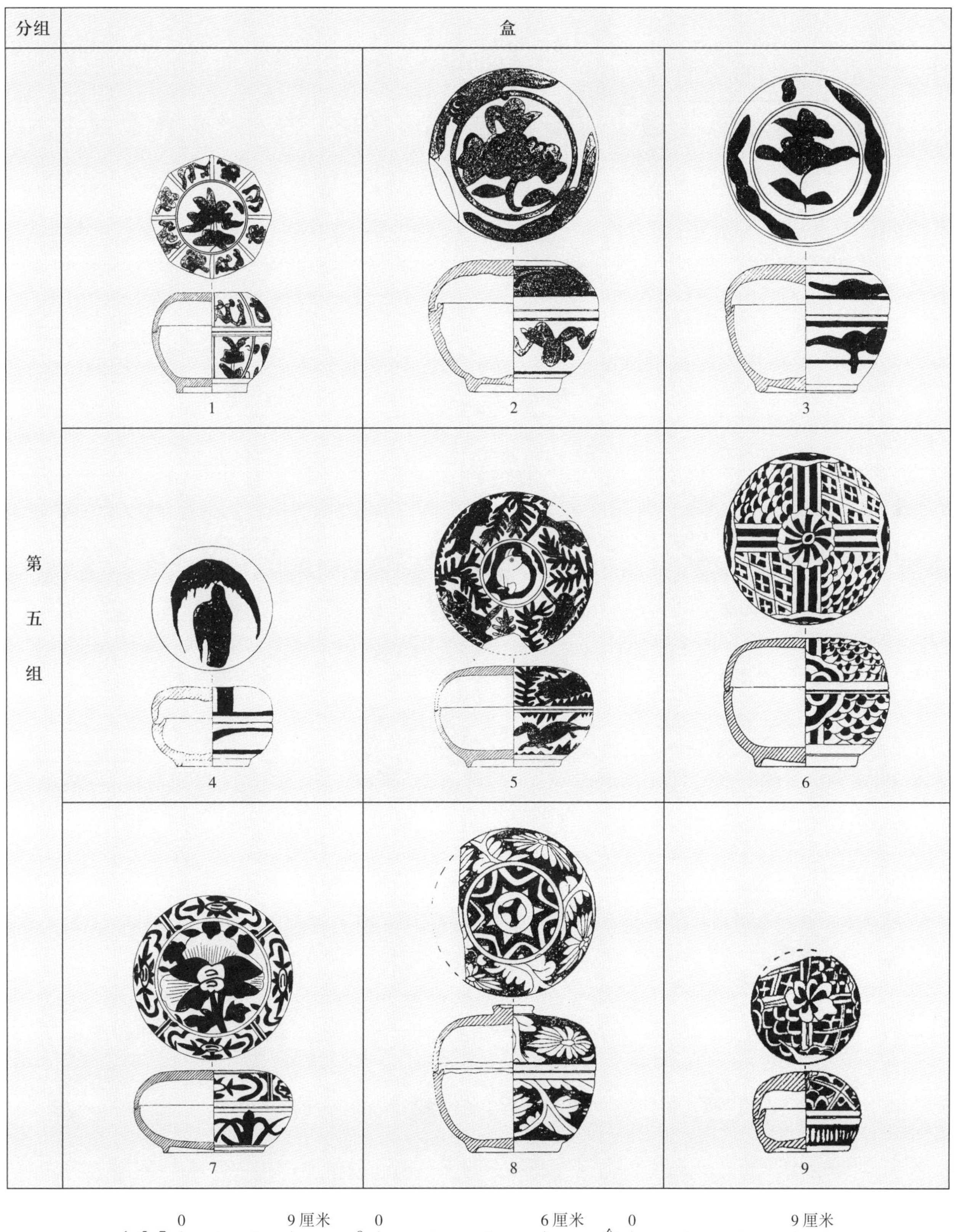

图 2-54　漳州地区青花盒

1~9. 均为漳州平和洞口窑址发掘出土

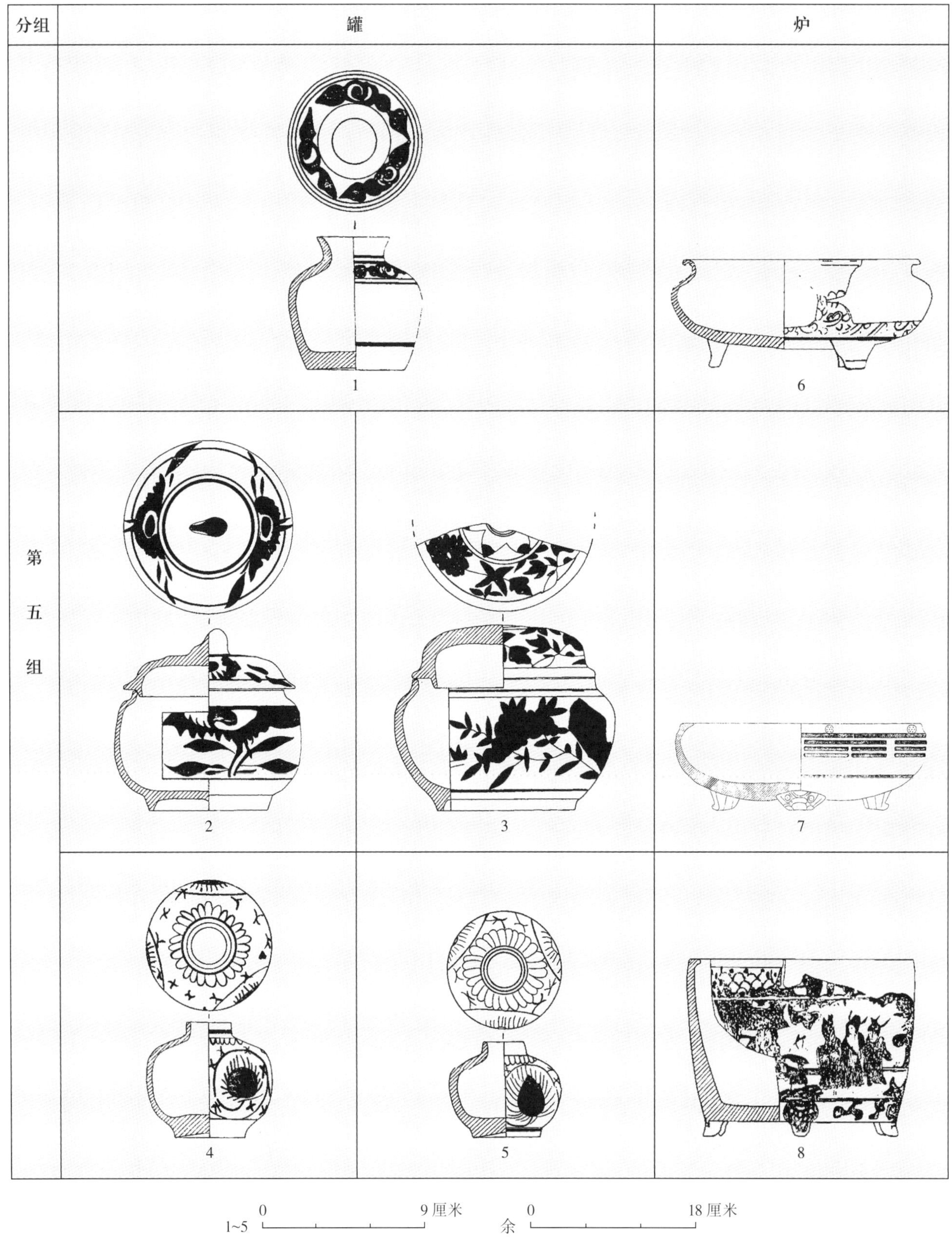

图 2-55　漳州地区青花罐和炉

1~5. 罐　6~8. 炉　（均为漳州平和洞口窑址发掘出土）

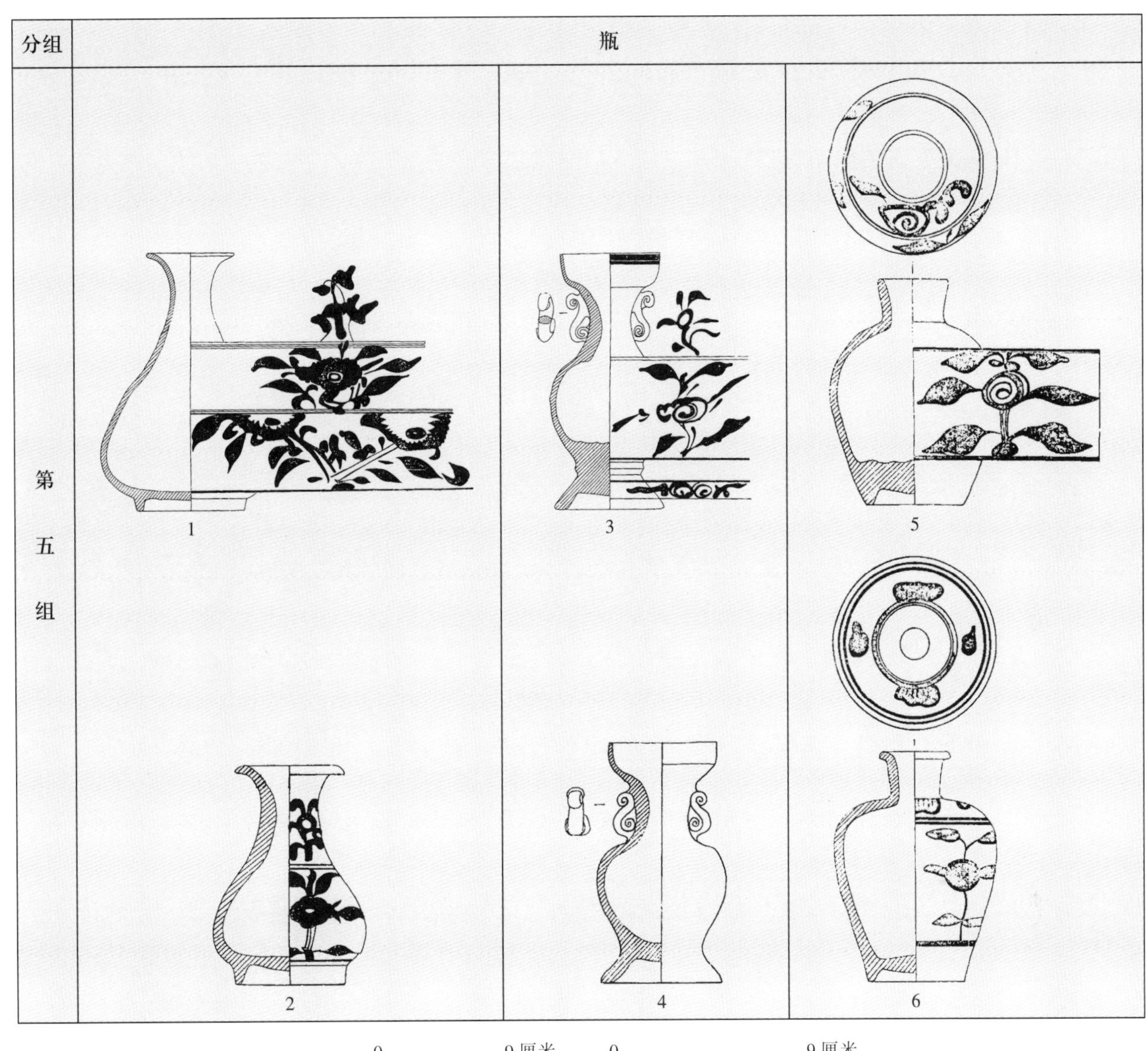

图 2-56　漳州地区青花瓶

1~6. 均为漳州平和洞口窑址发掘出土

1．碗

侈口，尖唇，弧腹，圈足。分两式，标本如图（图 2-57，1、2）。

Ⅰ式　标本火田 YHY2：03。

Ⅱ式　标本官峰 PG012。

口沿外侈幅度增大，腹变浅，腹壁由弧变得略显斜弧，圈足变高。

2．大盘

依据口沿不同，分两型。

A 型　侈口，微外撇，斜弧腹，圈足。

标本五寨碗窑山 W15，如图（图 2–57，3）。

B 型　敞口，斜弧腹，圈足，足墙外斜内直。分两式，标本如图（图 2–57，4、5）。

Ⅰ式　标本五寨碗窑山 W17。

Ⅱ式　标本五寨碗窑山 W16。

口沿由微外撇变斜敞，腹壁弧度变小而略显斜直。

此外，闽南地区还烧造的素三彩瓷器，以平和南胜田坑窑为代表，窑址所见多为素烧的半成品。

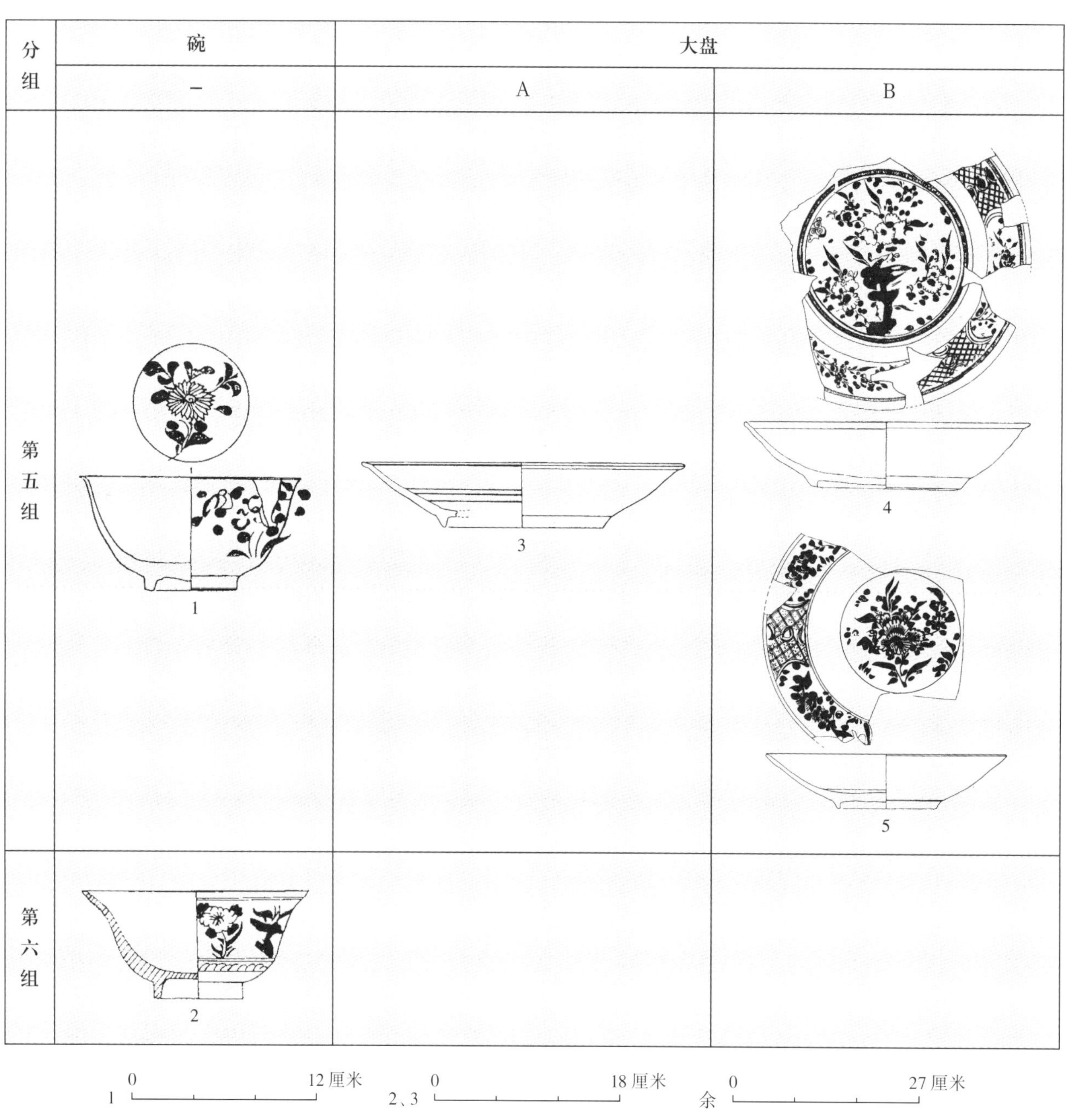

图 2–57　漳州地区五彩碗和大盘

1. 火田 YHY2：03　2. 官峰 PG012　3. 五寨碗窑山 W15　4. 五寨碗窑山 W17　5. 五寨碗窑山 W16

器类以盒为主，1997 年发掘出土瓷器标本中[1]，盒占 90%，大小、形制各异，分为扁圆形盒、罐形盒、动物形盒、植物形盒等。此外，还有碗、盏、盘、碟、杯、钵、罐、瓶、笔架等。因其前后延续时间不长，变化不明显，这里不做型式分析。

米黄釉瓷器也是漳州地区比较有特色的瓷器类别之一，这部分瓷器多被称为“漳窑”瓷器[2]，在漳州平和窑、华安窑等窑址均有发现，数量并不多。米黄釉瓷器的器类丰富，有碗、盏、盘、碟、杯、罐、瓶、炉等，器物形制前后变化不明显，故而不做具体分析。

二　瓷器的制作工艺

（一）胎及成型工艺

漳州地区蕴藏丰富的制瓷原料，有优质的风化残余型高岭土，还有其他各类瓷土等。各窑场的胎料，多是就地取用，各地略有差异，而胎土的加工、淘洗精粗均有所差别。该地区主要窑场瓷器胎色、胎质情况如表所示（表 2–21）。

表 2–21　漳州地区主要窑场瓷胎概览

窑场	胎色	胎质
罗宛井窑	白、灰白、灰黄	细腻
花仔楼窑	灰白、白、灰黄、浅褐	较致密
大垅窑	灰白	致密
二垅窑	洁白	致密
洞口窑	灰白、灰黄、灰红	较致密
东溪窑	白、灰白、灰黄、灰	致密
田坑窑	灰白、灰黄	细腻

从表中可知，各窑场的胎以白色为主，但大多泛灰色或泛黄色。一方面，这与胎料的加工精细程度有关；另一方面，烧成气氛[3]、烧成温度的差异也呈现出一定的区别。

漳州地区瓷器的成型方法，不同时期、不同器类也有所区别。总体而言，以轮制法为主，包括各类碗、盘、碟、罐等。南胜田坑窑的素三彩瓷器则多为模制法成型，其他窑场的一些小盒、小罐等也采用模制法，华安东溪窑的汤匙亦用此法。此外，人物、佛像及动物模型等雕塑则直接以人工

[1] 福建省博物馆：《福建平和县南胜田坑窑址发掘报告》，《福建文博》1998 年第 1 期，第 4~30 页；（日）茶道资料馆编辑：《交趾香盒——福建省出土文物与日本的传世品》（特别展），京都：茶道博物馆，MOA 美术馆，福建省博物馆，朝日新闻社，1998 年。

[2] 傅宋良：《福建漳窑米黄釉瓷研究》，《中国古陶瓷研究》第 8 辑，北京：紫禁城出版社，2002 年，第 57~68 页；吴其生：《中国古陶瓷标本·福建漳窑》，广州：岭南美术出版社，2002 年。

[3] 平和五寨垅子山窑测试标本中，两件瓷片胎分别为淡灰白色、淡红色，其化学组成基本一样，之所以呈不同颜色，是因为前者是在还原气氛中烧成，而后者则是在氧化气氛中烧成。参考福建省博物馆：《漳州窑——福建漳州地区明清窑址调查发掘报告之一》，福州：福建人民出版社，1997 年，第 104 页。

手制捏塑而成，但比较少见。有的器物则是主体部分轮制而成，附件部分的耳、钮、足等则模制或手制，然后粘接成型。

瓷器的造型，一般比较规整，圈足的制作、切削十分讲究，各窑场、各阶段其修整方式略有差异。青白釉瓷器的圈足由高变矮，其切削由讲究到逐渐草率。青釉、青花、五彩、米黄釉等瓷器胎体大多制作精细，圈足也经细致修整。

（二）釉及施釉工艺

漳州地区釉色品种比较复杂，有青釉、青白釉、白釉、米黄釉、酱釉、蓝釉、黑釉、素三彩等。同一品种中，因烧成温度、烧成气氛等因素的影响，色泽又有所不同，从而呈现为不同的色调。各窑场因时代不同或分工不同，所烧制的瓷釉各有侧重，如表所示（表 2–22）。

表 2–22　**漳州地区主要窑场瓷釉类别概览**

窑场	釉色
罗宛井窑	青釉为主，有的泛青灰、青黄、青绿，尚有白釉、青白釉、黑釉
花仔楼窑	白釉（包括青花、五彩，其中青花居多）、青釉、酱釉、蓝釉
大垅窑	白釉（其中绝大多数为青花）
二垅窑	白釉（其中青花数量最多）、青釉
洞口窑	白釉为主（多为青花），其次为青釉，还有少数酱釉、素烧瓷
东溪窑	白釉为主（青花居多，还有五彩），还有青釉、酱釉、米黄釉
田坑窑	素烧半成品、素三彩、酱釉、青釉、白釉（含青花）

从各窑场烧造瓷器釉的差异及地层关系，可知青白釉瓷器年代最早，青釉中的青黄、青灰色调时代稍晚。漳州平和窑、东溪窑产品以白釉（青花）瓷器为主，类别也较为丰富。据此，简要说明该地区各类釉色的并存、延续关系，如表所示（表 2–23）。从中可知，漳州地区占大宗地位的器物群釉的类别具有明显的阶段性变化，其演变情况大致为：青釉 / 青白釉为主→青釉 / 青黄 / 青灰釉为主→白釉为主（以青花居多）、兼烧素三彩、青釉、米黄釉等多种。

漳州地区瓷器的施釉工艺与时代、地域和器形密切有关，不同时期、不同窑场、不同器类会有不同的施釉方法，而与釉色关系较小。该地区施釉多为蘸釉和荡釉（多用于口较小的器物内部）。早期阶段的青釉、青白釉瓷器，有的全部施釉，有的则施半釉，圈足底心一般不施釉，并且大多器物有不同程度的流釉痕迹。晚期阶段的白釉（含青花、五彩）、青釉、米黄釉瓷器等，一般内外满釉，足沿处刮釉，有的器物内底心则刮釉一圈而成涩圈，有的器物口沿刮或抹釉而成芒口，这是此阶段装烧方法所致。不同器类瓷器的施釉略有差异，其中主要器类的施釉方法与特征及变化如表所示（表 2–24）。

瓷器的釉色是由釉料的成分决定的，其色调并受到窑炉内烧成气氛、烧成温度的影响。此外，通过上述漳州地区胎、釉工艺的分析，还可以看出，胎质、胎色对器物釉的色调也有着一定的作用。胎质细腻，胎色泛白，相应的釉色（这里指同类釉色）较为纯净、釉面光洁，尤其是青釉、青白釉、

表 2–23　漳州地区瓷器主要釉色分类演变简表

窑场	阶段	青釉	青白釉	白釉	白釉（青花）	米黄釉
漳浦罗宛井窑	早 ↓ 晚	青 / 青泛黄 ↓ 青黄 / 青灰 ↓ 青黄 / 青灰	青白泛白 ↓ 青白泛青 / 青白泛灰 ↓ 青白泛灰 ↓ 青白泛灰 / 青白泛黄	白泛淡青 / 白 ↓ 白	–	–
漳州平和窑、东溪窑	早 ↓ 晚	青 / 青黄 ↓ 青 / 青灰	–	白 ↓ 白 / 白泛灰 / 白泛黄 ↓ 白 / 白泛灰 / 白泛淡青	白 ↓ 白 / 白泛灰 / 白泛黄 ↓ 白 / 白泛灰 / 白泛淡青	米黄色 ↓ 米黄色泛灰 / 泛白 / 泛青

表 2–24　主要器类的施釉工艺和特征及变化表

器类	碗	大盘 / 盘 / 碟	盒	杯	炉
早 ↓ 晚	蘸釉 / 裹足施釉 / 满釉 / 少有流釉 ↓ 蘸釉 / 满釉减少 / 半釉较多 / 有流釉 ↓ 蘸釉 / 多半釉 / 满釉较少 / 流釉 ↓ 蘸釉 / 满釉 / 足沿刮釉 ↓ 蘸釉 / 满釉 / 足沿刮釉 / 内底涩圈无釉 / 口沿芒口	蘸釉 / 多满釉 / 少有流釉 ↓ 蘸釉 / 满釉或半釉 / 有流釉 ↓ 蘸釉 / 多半釉 / 流釉 ↓ 蘸釉 / 满釉 / 足沿刮釉 ↓ 蘸釉 / 满釉 / 足沿刮釉 / 内底涩圈无釉 / 口沿芒口	盒外蘸釉 / 盒内荡釉 / 多半釉 / 盖内无釉 / 足（底）无釉 ↓ 盒外蘸釉 / 盒内荡釉 / 多半釉 / 盖内无釉 / 足（底）无釉 ↓ 盒外蘸釉 / 盒内荡釉 / 多半釉 / 盖内无釉 / 足（底）无釉 ↓ 盒外蘸釉 / 盒内荡釉 / 外底施釉 / 足沿刮釉	蘸釉 / 满釉 / 流釉 ↓ 蘸釉 / 满釉 / 流釉 ↓ 蘸釉 / 满釉 / 足沿刮釉 ↓ 蘸釉 / 满釉 / 足沿刮釉 / 口沿芒口	蘸釉 / 外满釉 / 内釉仅施口沿 / 流釉 ↓ 蘸釉 / 外釉不及足跟 / 内釉仅施口沿 / 流釉 ↓ 蘸釉 / 外釉施至器腹底部 / 内无釉 ↓ 蘸釉 / 外满釉 / 内底无釉 ↓ 蘸釉 / 外满釉 / 内底无釉

白釉，即泛青、泛白。胎质较为粗糙、气孔较多，胎色泛灰暗，釉色便显灰暗，青白釉一般泛灰，青釉泛灰，白釉泛灰、泛黄。此外，釉色的深浅和施釉的厚度对于掩盖胎质、胎色也具有一定的作用，这一点可以弥补胎质较差的部分缺陷。

（三）装饰工艺

漳州地区的瓷器，素面无纹者占一定比例，但也有相当一部分器物装饰有花纹，其装饰技法多样，纹样内容丰富。下面即从这两方面说明该地区瓷器的装饰工艺。

根据漳浦罗宛井窑和漳州平和窑、华安和南靖东溪窑的考古发掘和调查资料，漳州地区瓷器的装饰技法分为胎体装饰和釉、彩装饰两大类。

胎体装饰主要见于时代较早的罗宛井窑，包括刻花、划花、堆塑、模印等（图 2–58）。

刻花、划花多是结合使用，使得图案深浅结合，错落有致，尤其是细部饰以篦划纹，细腻生动。装饰纹样有莲瓣纹、牡丹纹、花卉纹、草叶纹、弦纹等。堆塑、模印主要为雕像和素三彩盒类器物，有动物形、植物形、花卉形、瓜果形等。

釉、彩装饰有釉下彩绘、釉上彩绘、三彩，是较晚出现的一类装饰手法。釉下彩绘主要为青花，在漳州窑中最为常见[1]，以钴料在瓷器上绘制花纹，而后高温一次烧成（图 2–59；图 2–60，1~7）。釉上彩绘则多是五彩，以红、绿色为主于釉上绘制花纹，彩为低温二次烘烧彩（图 2–60，8~10）。釉上、釉下彩绘均为绘花装饰，其纹样常见花卉纹、花鸟纹、人物纹等。三彩多为低温素三彩，

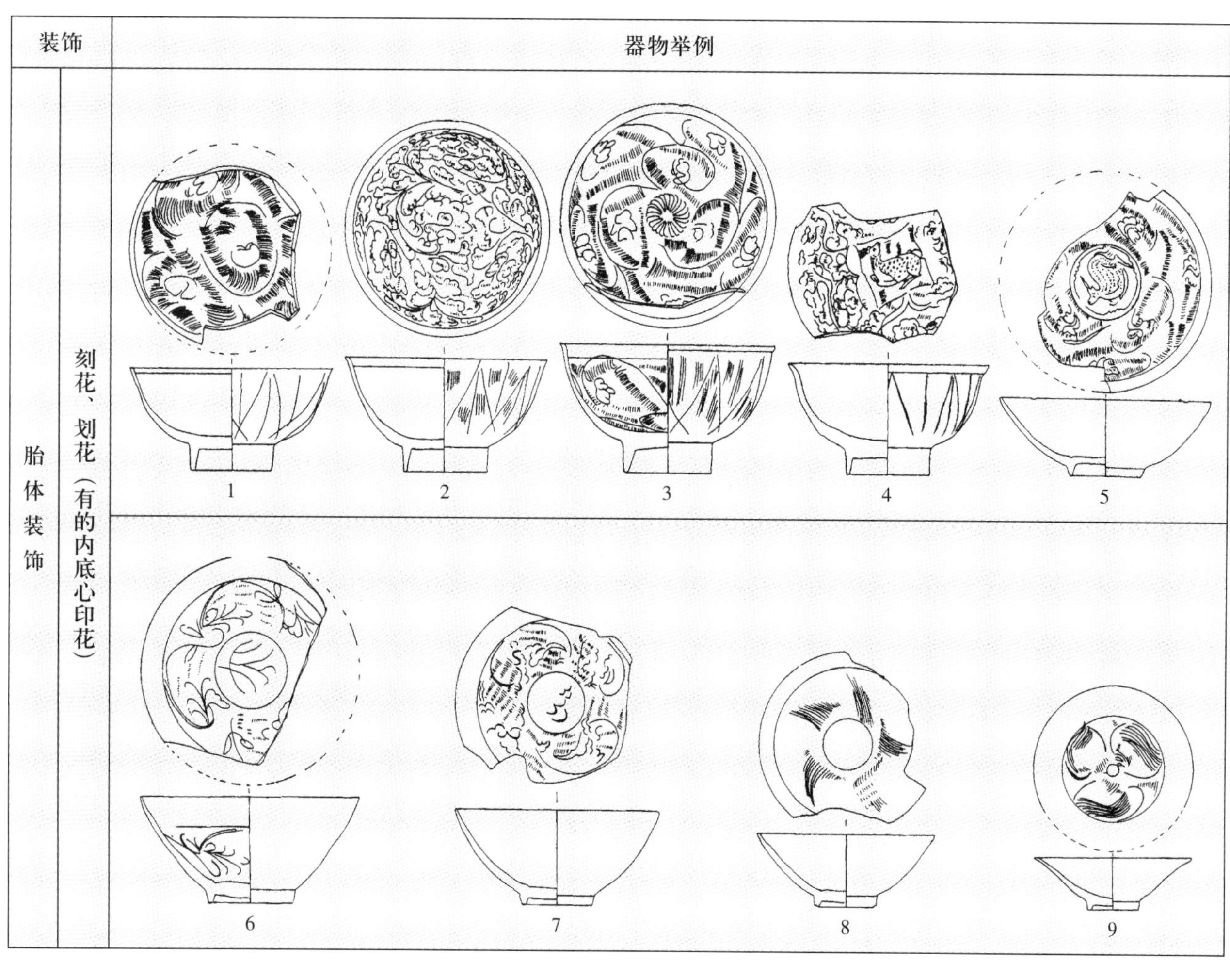

图 2–58　漳州地区装饰之胎体装饰

1~5. 青白瓷　6~9. 青瓷　（均为漳浦罗宛井窑出土）

[1] 张仲淳：《明末清初漳州窑瓷器的装饰艺术》，《福建文博》2005 年第 3 期，第 91~96 页。

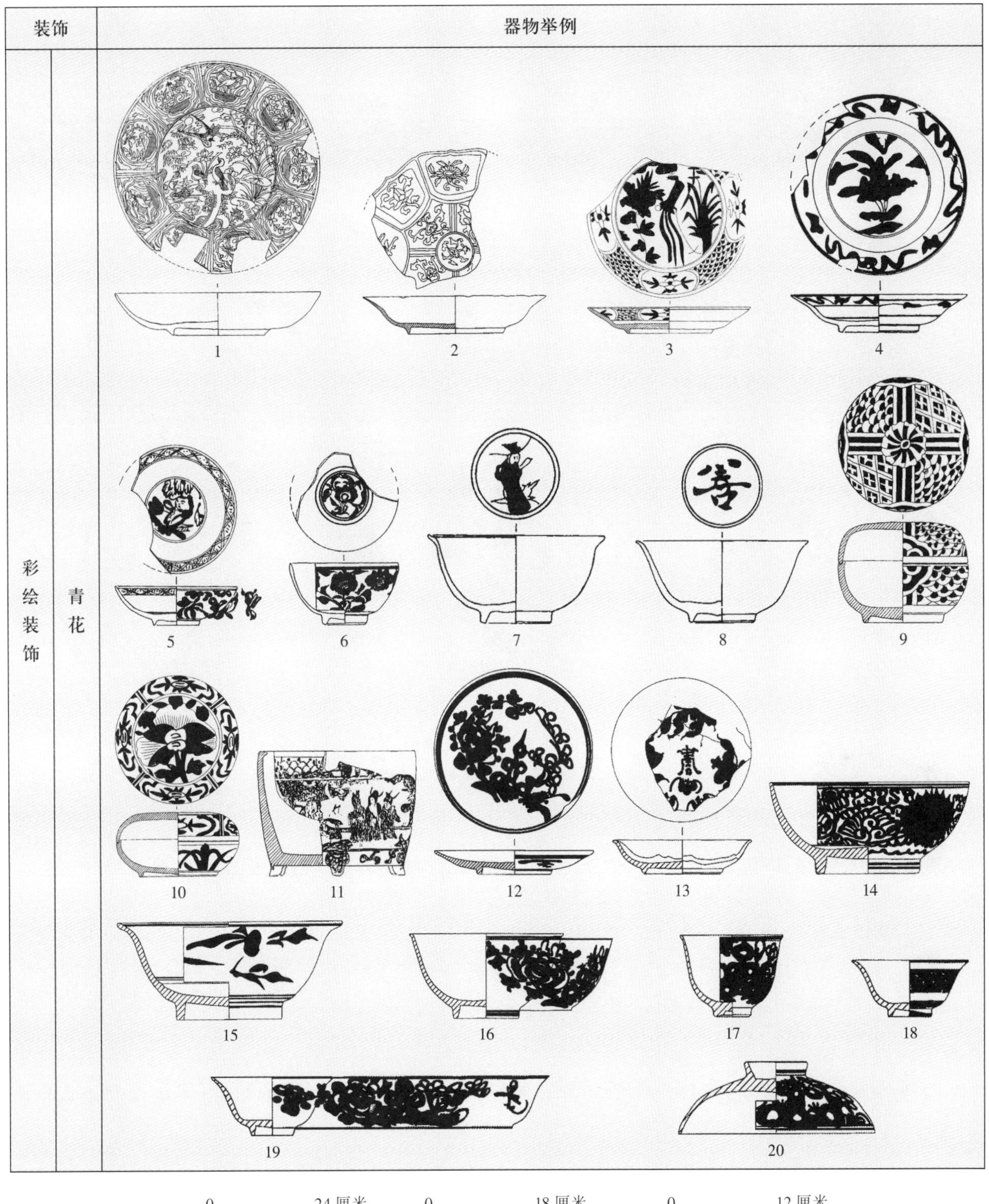

图 2–59　漳州地区装饰之釉彩装饰之一

1、8. 平和南胜花仔楼窑　2. 平和南胜田坑窑　3、9~11. 平和五寨洞口窑　4. 平和五寨大垅窑　5~7. 平和五寨二垅窑　12~20. 南靖封门坑窑址

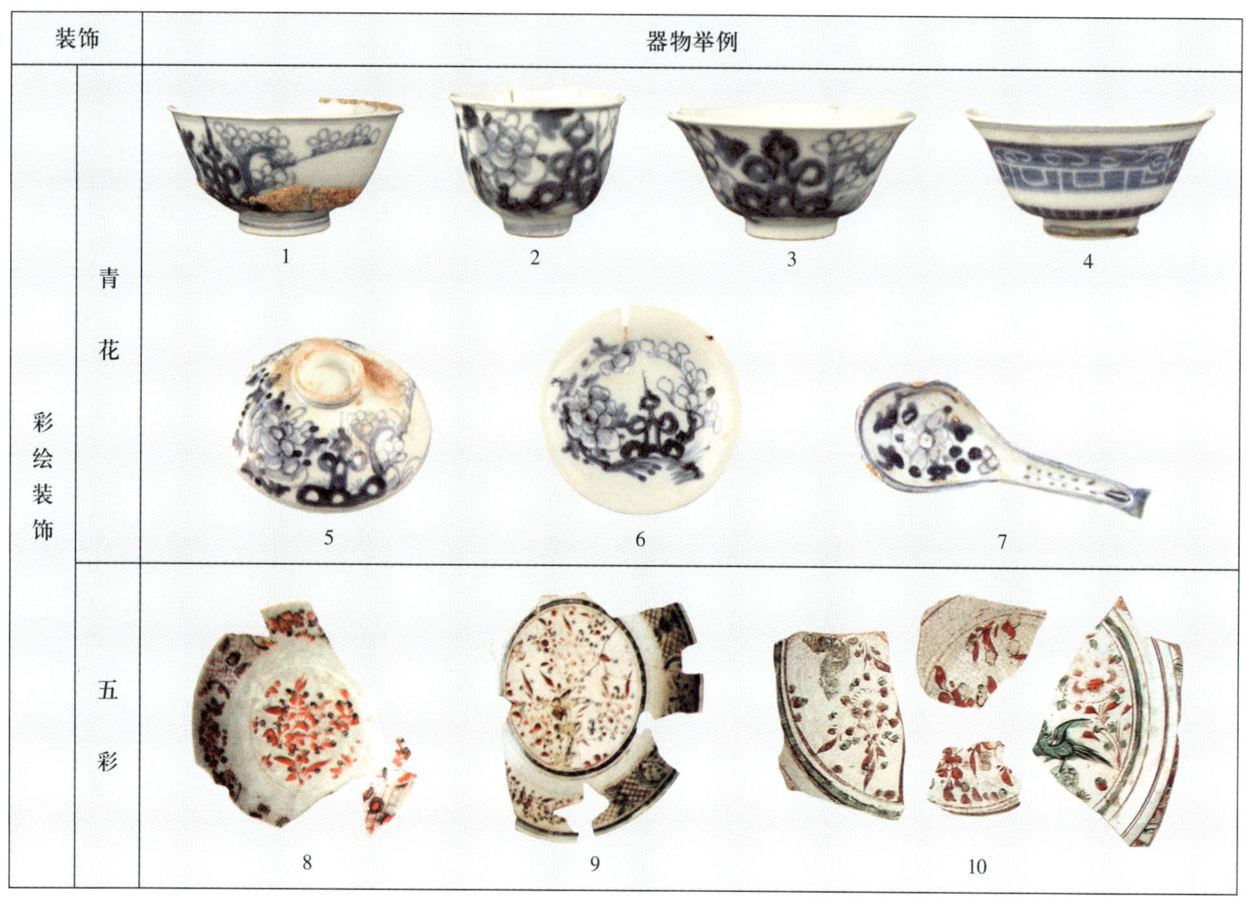

图 2-60　漳州地区装饰之釉彩装饰之二

1~7. 南靖封门坑窑址　8~10. 平和五寨碗窑山窑采集

这主要见于平和南胜田坑窑[1]，有黄、绿、紫、褐等色。此外还有高温的蓝釉、红釉等单色釉。

值得注意的是，一些器物以堆塑、模制法成型，高温素烧之后，再施低温彩釉，成为素三彩器。这样，器物本身即属胎体装饰技法，同时在造型为饰的基础上，又使用了三彩装饰，这主要体现于田坑窑的仿生形素三彩盒类器物（图 2-61）。

综合前述，我们可以把漳州地区以罗宛井窑和漳州窑为代表的瓷器装饰工艺用下表说明（表 2-25）。

漳州地区各窑场瓷器因时代和产品类别的差异，其装饰技法和内容是不同的。结合前述器形演变情况，下文可以将该地区瓷器装饰工艺的演变情况及共存关系列表说明（表 2-26）。

总体而言，漳州地区的装饰工艺中，技法由以胎体装饰为主向以釉、彩装饰为主演变，由刻花、划花为主向青花为主变化，技法渐趋单一为绘花；相反，纹样内容则渐趋多样化，以民间喜闻乐见的各种花卉、花鸟、婴戏、文字等题材为主。这一变化，主要是因绘花以软笔绘制的方法，不再囿于刀法，使得用笔随意自然，线条简单流畅，更为重要的是，绘花可以表现花纹的深浅层次和色彩对比。

[1] 陈龙：《福建平和田坑窑素三彩造型和装饰艺术》，《南方文物》1998 年第 3 期，第 82~89 页。

图 2–61　漳州地区装饰之田坑窑素三彩盒

1、2. 平和南胜田坑窑出土　3~8. 日本传世品

表 2–25　漳州地区瓷器装饰工艺一览表

装饰技法		装饰纹样	窑场
胎体装饰	刻花	花卉、莲瓣、缠枝、菊瓣、牡丹等	罗宛井窑
	划花	花卉纹、草叶纹、成组的弦纹、篦点划花纹等	
	捏压	花瓣状口或瓜棱形身，造型装饰	
	堆塑	动植物形状的小件玩物等	
	模印	动物形、植物形、花卉、瓜果形等	田坑窑
	贴花	罐、瓶、炉等上粘贴的器物构件，如耳、足、柄等；炉等器物上的八卦纹等	田坑窑、南胜窑、五寨窑、东溪窑等
釉、彩装饰	彩釉	黄、绿、紫、褐等低温釉，据造型使用不同色釉；高温蓝、黑釉等	田坑窑
	釉上彩	五彩，以红、绿等色绘花，有开光花鸟纹、花鸟纹、折枝花卉纹、文字等	南胜窑、五寨窑、东溪窑等
	釉下彩	青花，以钴料绘花，有开光花鸟纹、楼阁纹、花卉纹、折枝花卉纹、菊瓣纹、牡丹纹、莲纹、秋叶纹、莲池纹、龙纹、立凤纹、凤纹、鹿纹、杂宝纹、八卦纹、山石图、秋江图、人物纹、婴戏纹、寿字纹、文字等，以及各种变体纹样	田坑窑、南胜窑、五寨窑、东溪窑等

表 2–26　漳州地区瓷器装饰工艺演变简表

阶段	装饰技法	装饰纹样
早 ↓ 晚	刻、划花流行，辅以篦划纹；有少量堆塑、贴花 ↓ 篦点划花盛行；也有刻花、堆塑、贴花、捏压技法 ↓ 刻、划花减少；釉下彩绘出现 ↓ 各窑场绘花盛行，以青花、五彩居多；素三彩装饰流行于田坑窑；少数印花等 ↓ 以青花装饰为主，还有高温蓝釉等；还见有少数贴花等	花卉、草叶纹为主，尤其莲瓣纹、菊瓣纹，少量篦划弦纹 ↓ 篦点划花卉纹为主，成组篦划弦纹较多见 ↓ 粗莲瓣纹，菊瓣纹，成组篦划弦纹；花卉纹等 ↓ 开光花鸟纹、楼阁纹、花卉纹、折枝花卉纹、龙凤纹、鹿纹、山石图、秋江图、人物纹、婴戏纹、寿字纹、文字等，以及各种变体纹样 ↓ 花卉纹、草叶纹、人物纹、婴戏纹、寿字纹、文字等

三　烧成技术

（一）窑炉遗迹

漳州地区的窑炉，有龙窑和阶级窑。

1．龙窑

据窑室的差异，分为两式。

Ⅰ式　一般龙窑。窑炉较长，窑室内无隔墙，不分小室。

图 2–62　漳浦罗宛井窑址 Y1 窑炉中段

（引自福建省博物馆:《漳浦罗宛井窑抢救发掘的主要收获》,《福建文博》2001 年第 2 期，第 71 页）

漳浦罗宛井窑址 Y1，保存较好（图 2–62）。窑头方向为 95°，窑身略有弯曲，后段为 87°。窑炉斜长 103.50 米，水平长 99.20 米，窑室内宽 2.30 米左右。窑底坡度前段为 21°，后段为 18°，窑头、窑尾处更缓。火膛呈半圆形，后壁宽 1.45 米，进深约 1.12 米，残高 0.48 米。窑墙以长方形土坯砖顺向平铺叠错砌制而成，间以废弃匣钵、石块等，宽约 0.20 米，一般在距底 1.20 米处开始起券，顶用楔形砖垒砌。窑内残存匣钵，横向每排约 8 个。窑室尾部设有出烟室，与窑室同宽。

Ⅱ式　阶梯式龙窑。与一般龙窑相比，其窑室底部呈阶梯状。

华安东溪窑址 Y3，保存较好（图 2–63）。窑头朝向正北。窑炉斜长 10.8 米，宽 1.00~1.15 米，前窄后略宽。火膛呈近圆形。调查已露出部分的窑室有四阶，各阶从前往后高差分别为 0.20、0.25、0.30 米，进深分别为 1.25、1.60、1.20 米，阶面基本水平，其上置平底匣钵。残存的东窑墙最高达 1.90 米，墙面上见有 3 个方形投柴孔和 1 个窑门，窑门高约 1.20、宽 0.60 米，投柴孔约高 0.25、宽 0.20 米。

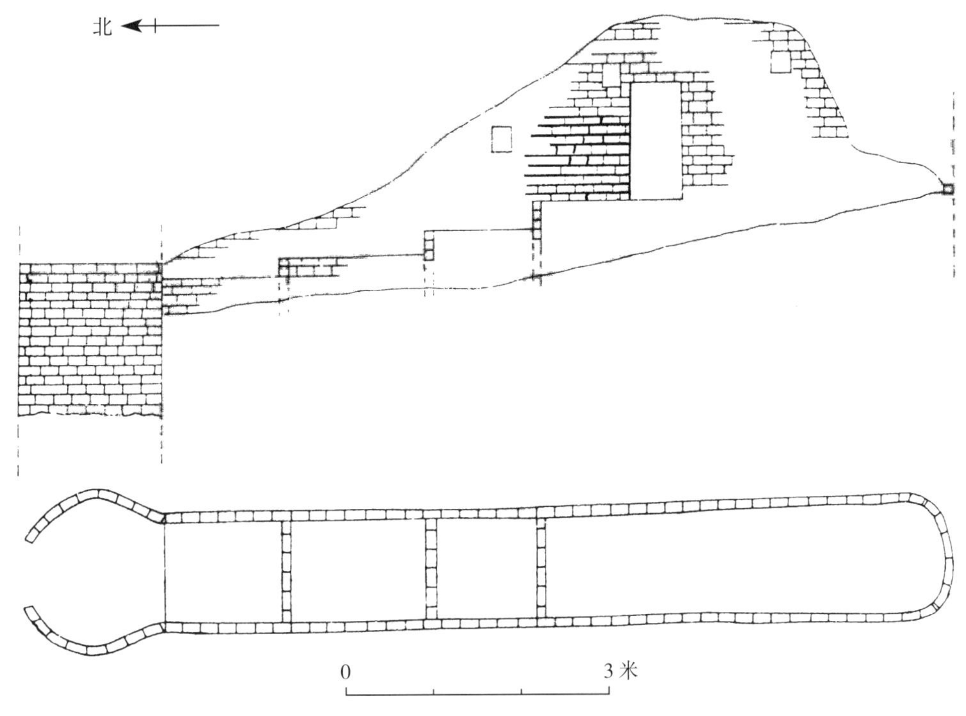

图 2–63　华安东溪窑址 Y3 平、剖面图

（引自福建省博物馆：《漳州窑》，福州：福建人民出版社，1997 年，第 98 页）

2. 阶级窑

平面呈长方形，由窑门、火膛、若干个窑室、出烟室、护窑墙等组成。各窑室较宽，呈横长方形。各窑室之间砌有隔墙，隔墙下有若干通火孔。根据窑室内隔墙的差异，分两式。

Ⅰ式　窑室之间砌制单道隔墙。

平和五寨二垅窑址 Y1，残存窑炉后段（图 2–64）。窑头朝东偏北，方向为 295°。窑炉残存斜长 9.10、水平长 8.60 米，宽 3.70~3.96 米。窑底为斜坡式，坡度约为 16°。窑壁残高 0~1.26 米，以楔形砖垒砌而成。残存部分分为 3 间窑室和 1 间出烟室，进深由前向后分别为 1.40、2.40、2.40 米。后面两间窑室底部的前端均有一道浅沟，即为燃烧沟，宽分别为 0.30、0.40 米，深 0.80~0.10 米。隔墙以长方形砖纵向砌筑而成，后两间隔墙及后壁隔墙残高分别为 0.44~0.80、0.26~1.30 米，其下设通火孔，大约有 19 或 20 个，孔高 0.28、宽 0.07~0.14 米不等，均以竖立单砖垒砌。尾部为出烟室，与窑室等宽，进深约 0.30 米，上端略宽，为 0.36~0.46 米，后壁残高 0.42~1.30 米，两端略呈弧形。各室燃烧沟北侧设 1 窑门，门宽 0.50 米。各窑室外有石块、砖块混砌而成的护窑墙。

华安东溪窑址 Y1，残存窑炉中后部（图 2–65）。残长约 12.00、宽 6.20 米。保存有 3 间窑室和 1 间出烟室，窑室之间以双砖错缝平砌的单隔墙分开，厚约 0.55 米，进深由前至后分别为 3.45、2.20、3.05 米。窑尾出烟室与窑室等宽，进深约 0.35 米。

Ⅱ式　窑室之间砌制两道隔墙。

平和五寨洞口陂沟窑址 98PDY2，保存较好（图 2–66）。窑头方向为 133°。实测斜长为 8.50 米，水平长 8.30 米，坡度为 15°。火膛呈横长方形，残存两道隔墙及其内的燃烧室，进深 0.18 米，含墙

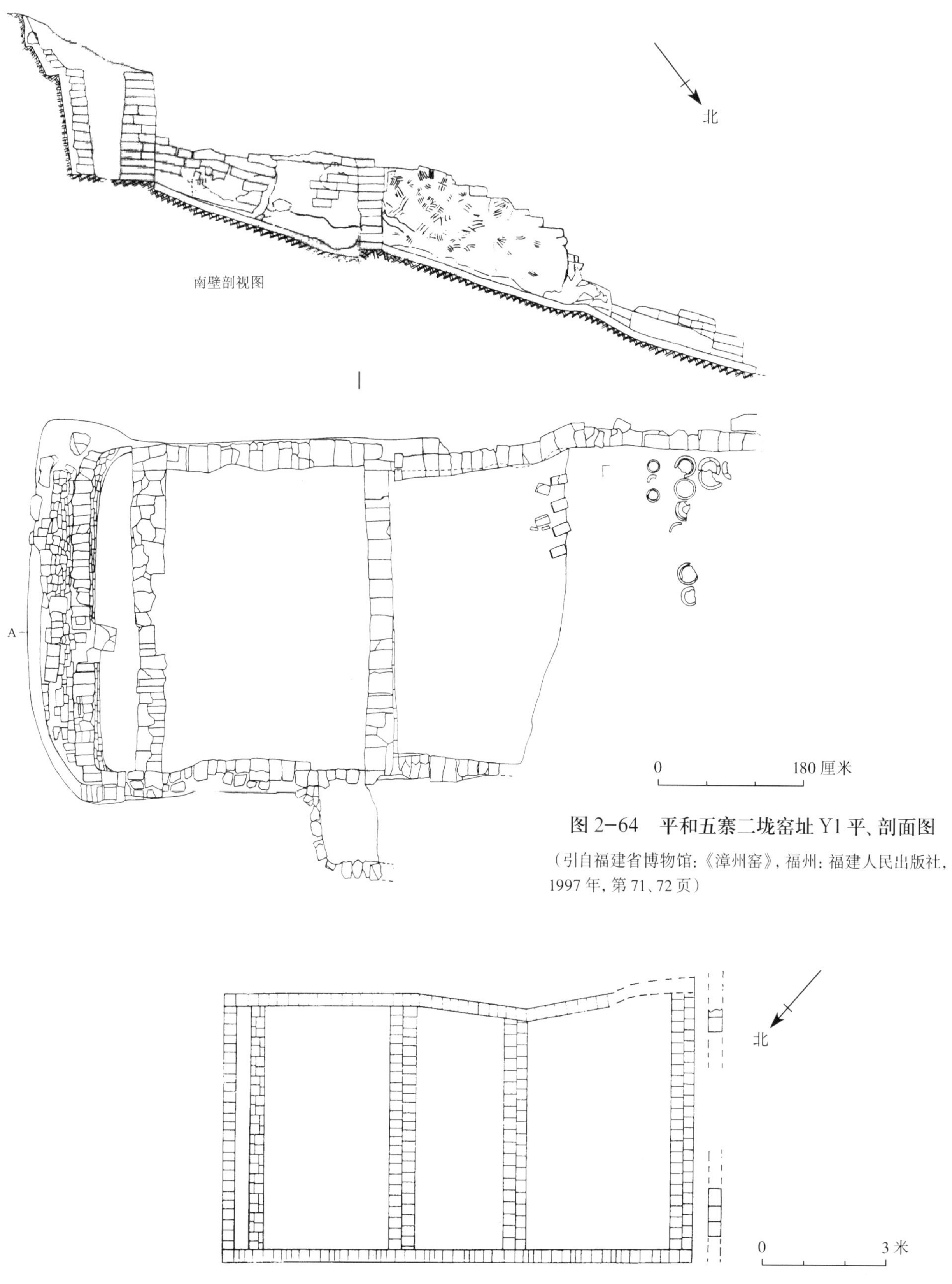

图 2-64　平和五寨二垅窑址 Y1 平、剖面图

（引自福建省博物馆：《漳州窑》，福州：福建人民出版社，1997 年，第 71、72 页）

图 2-65　华安东溪窑址 Y1 平面图

（引自福建省博物馆：《漳州窑》，福州：福建人民出版社，1997 年，第 99 页）

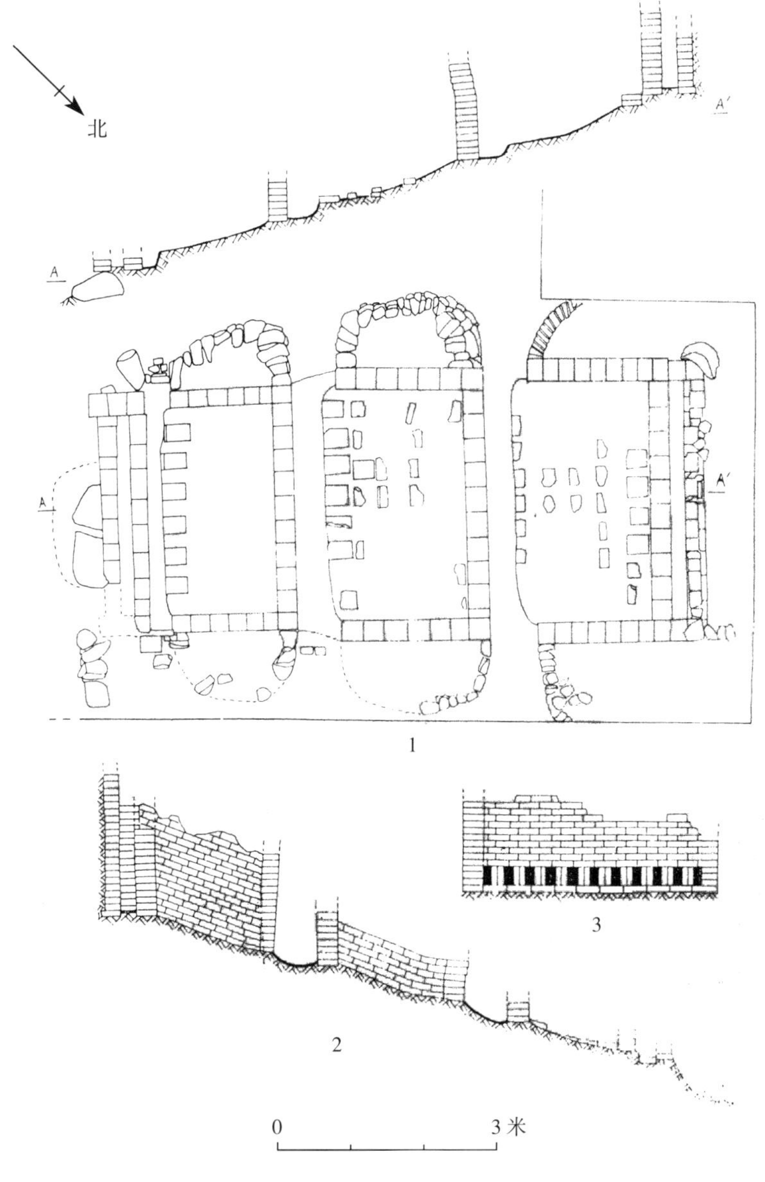

图 2–66　平和五寨洞口陂沟窑址 Y2 平、剖面图

1. 平、剖面图　2. 左壁剖面图　3. 中后室隔墙剖面图　（引自福建省博物馆:《平和五寨洞口窑址的发掘》,《福建文博》1998 年增刊, 第 19 页）

宽 3.24 米，隔墙下设有 8 个通火孔，孔宽 0.15~0.32 米不等，孔距 0.08 米。窑室以双道隔墙分为前、中、后 3 间，进深分别为 2.00、2.60、2.52 米，含墙通宽分为 3.22、3.62、3.78~3.74 米，窑墙残高 0.08~1.48 米不等，外侧均以毛石砌筑半圆形护窑墙。各窑室内前端的燃烧沟进深分别为 0.30~0.26、0.42、0.46 米，深约为 0.20、0.32、0.18 米。每室后隔墙下有 10 或 11 个通火孔，孔宽 0.12~0.17、高 0.26~0.28 米。每室前端的两侧均设窑门，前室窑门宽 0.32 米，中、后两室门宽均为 0.60 米。尾部为出烟室，进深 0.20 米，残高 1.96 米。相邻的 98PDY1，形制与之相似（图 2–67）。

华安东溪窑下洋坑窑址，位于九龙江上游永丰溪东岸的两小溪交汇处北部山坡，除窑头被破坏外，大部分保存较好，部分窑壁保存高度达 2 米多（图 2–68、69）。窑头朝向西南，方向为 235°，残斜长 19.60、水平长 18.80、高差 5.20 米。仅存六间窑室及出烟室，燃烧沟位于每间窑室前部，窑门位

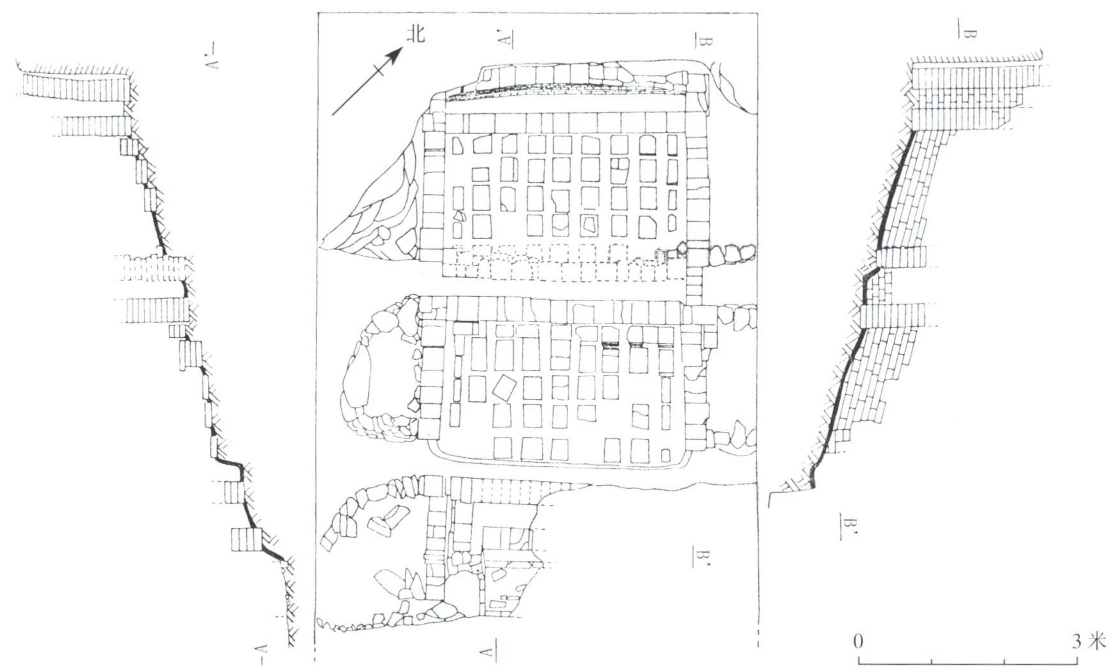

图 2-67　平和五寨洞口陂沟窑址 Y1 平、剖面图

（引自福建省博物馆：《平和五寨洞口窑址的发掘》，《福建文博》1998 年增刊，第 17 页）

图 2-68　华安东溪窑下洋坑窑址发掘现场

（福建博物院栗建安先生提供照片）

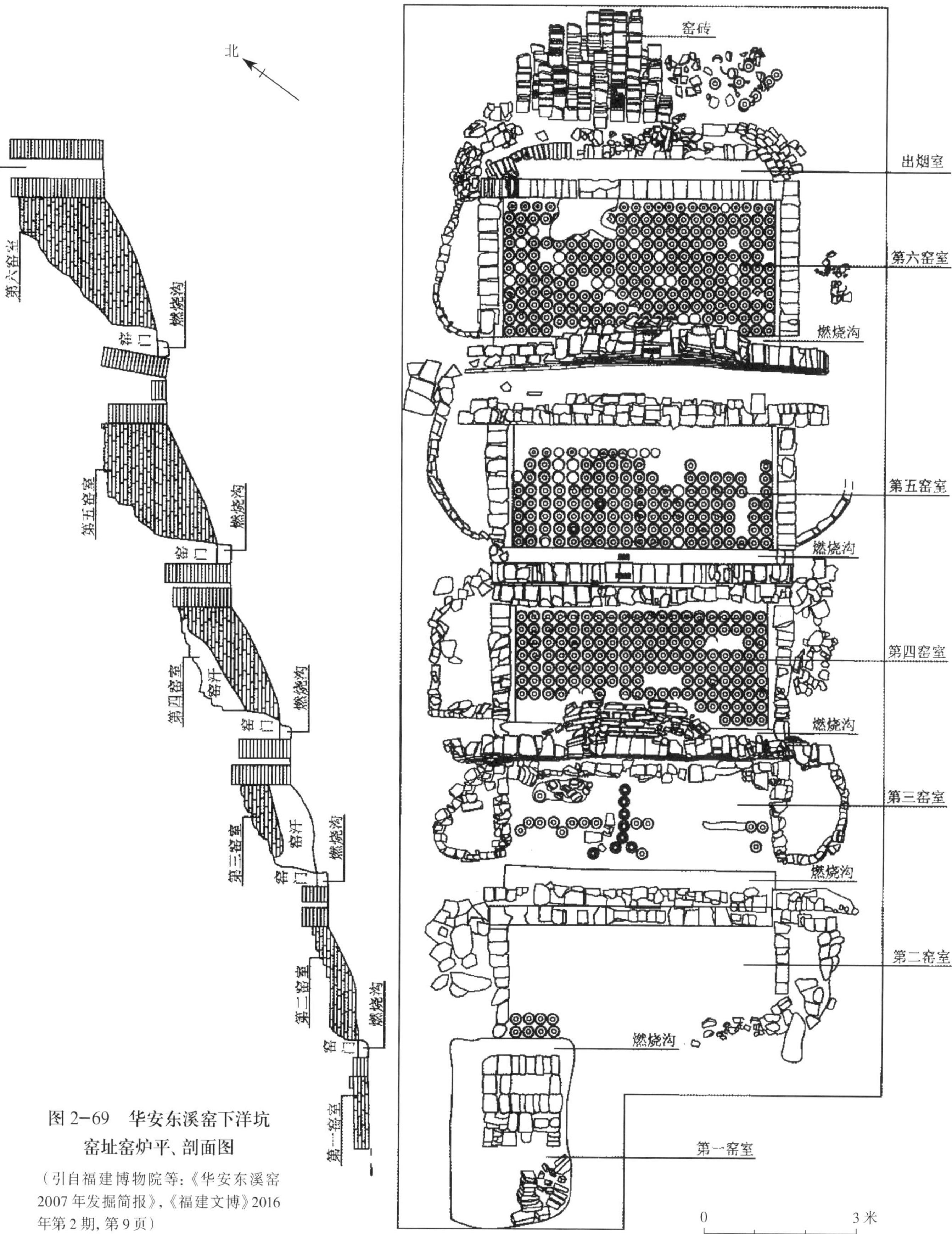

图 2-69　华安东溪窑下洋坑窑址窑炉平、剖面图

（引自福建博物院等:《华安东溪窑2007年发掘简报》,《福建文博》2016年第2期,第9页）

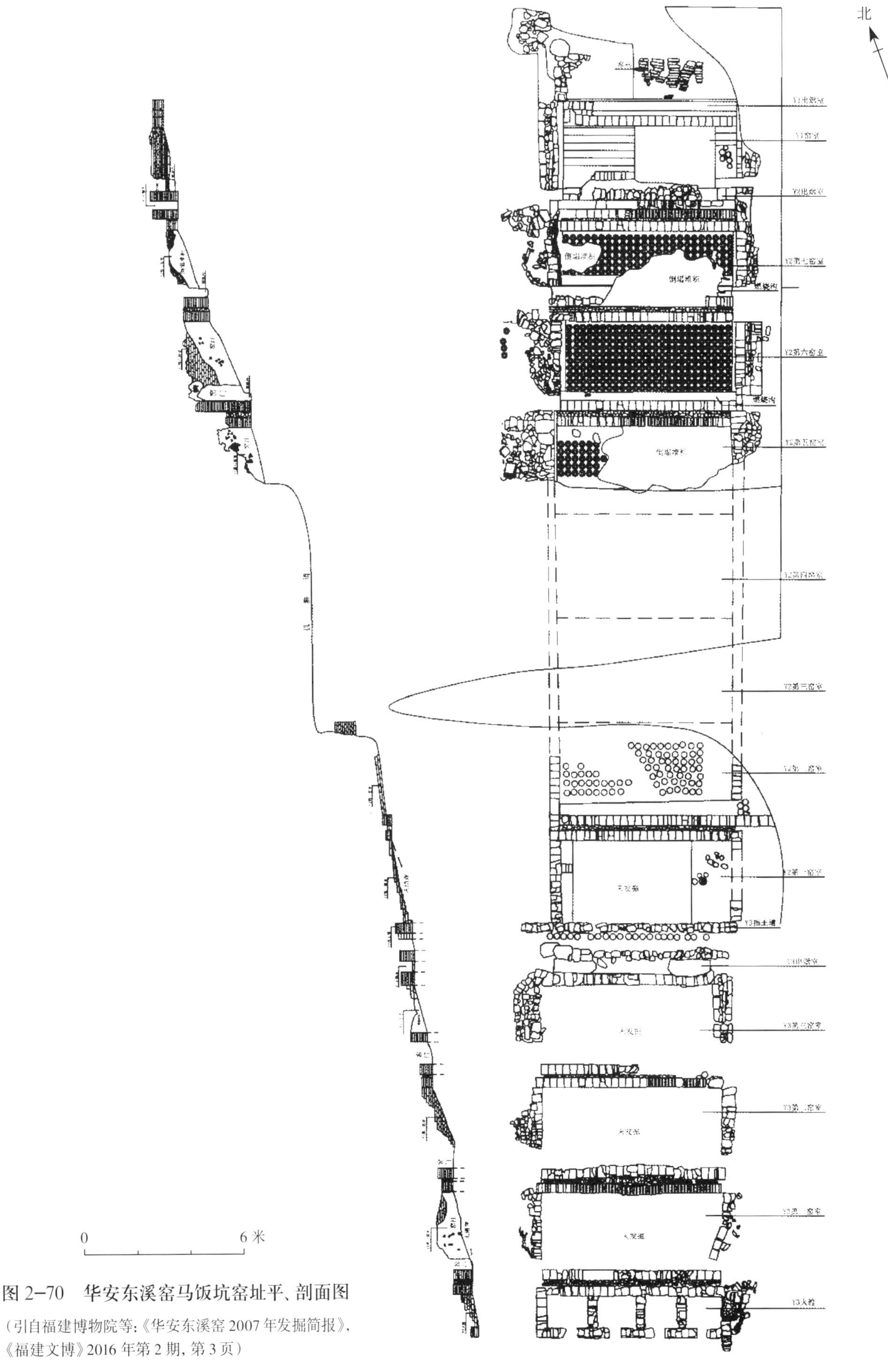

图 2-70　华安东溪窑马饭坑窑址平、剖面图

（引自福建博物院等:《华安东溪窑 2007 年发掘简报》,《福建文博》2016 年第 2 期, 第 3 页）

于窑室前端两侧，窑室之前均有两道窑墙，底部有通火孔相连，墙宽 0.32~0.35 米，平铺顺砌，隔墙之间填塞有窑砖，窑室独立前后起券。

华安东溪窑马饭坑窑址，位于永丰溪东岸山坡，东南距下洋坑窑址约 2.4 千米，窑炉大部分保存较好，部分窑壁保存高达 3 米（图 2–70）。经考古发掘，该窑址有相互叠压打破关系的窑炉遗迹 3 座（编号分别为 Y1~Y3），Y3 打破 Y2，Y2 叠压打破 Y1，Y2 是将 Y1 窑炉缩短后再使用。窑室底部呈阶梯状，窑室前部有燃烧沟，窑室后壁有出烟室，下有出烟孔。火膛、窑室两侧均有护窑墙，窑壁与护窑墙间填塞残砖。其中，Y1 窑头方向 200°，仅存最后一间窑室，残斜长 3.68、水平长 3.28、高差 0.50 米，窑室内宽 6.5、进深 2.18 米，燃烧沟宽 0.35、深 0.22 米；北壁下有 15 个出烟孔，孔宽 0.15~0.20、高 0.28 米；前部东西两侧均有窑门，分别宽 0.35、0.40 米。Y2 残存七间窑室和一间出烟室，残斜长 27.6、水平长 26.00、高差 8.70 米；出烟室与窑室等宽，左右分四间，宽 6.40、进深 0.30、高 1.30 米。Y3 有三间窑室及火膛、出烟室，斜长 15.00、水平长 14.80、高差 2.40 米；火膛左右分四间，内宽 6.30、进深 1.15 米，底部下凹成弧形，后壁有 15 个通火孔与第一间窑室相连，高 0.27~0.30 米；出烟室与窑室等宽，宽 6.30、进深 0.40、残高 0.50 米，后有一道砖砌挡土墙。

此外，漳州平和、华安、南靖等地还发现或清理了一些制瓷手工业作坊遗迹，这些遗迹大多位于窑址附近的山坡台地上。平和南胜田坑窑址出土的储土坑、工作台面、长方形建筑基址和部分石构护基，以及附近利用水力进行瓷土加工的磨坊遗迹（图 2–71）。华安东溪马饭坑窑址附近，东西排列着 4 个以鹅卵石砌成的圆形坑，呈直筒形，直径约 1.20 米左右，另有石板、卵石砌筑的矮墙和水槽，据此推测，圆形坑应属沉淀池之类遗迹（图 2–72）。

尤为突出的是，在南靖东溪封门坑窑址的考古发掘中，发现了一组较为完整的作坊遗迹，位于封门坑窑炉西北部向北突出的一座小山包顶部，共揭露有池 11 个（C1~C9）、沟 4 条（G1~G4）、灰坑 2 个（H1、H2）、道路 1 条（L1）、挡土墙 3 个（挡土墙 1~3）、平台 3 个（T1~T3），分别位于三个台地上（图 2–73）。根据池的大小、底质差异，结合池底残留物推断，其功用可分为瓷土池（C11 为存放粉碎后的瓷土）、淘洗池（C3、C9）、练泥池（C2、C5）、储泥池（C4、C10 为淘洗后瓷泥，C6~C8 为存放拉坯用瓷泥）、陈腐池（C1）；平台（T1~T3）上有白色瓷泥、陶车柱洞痕迹及挡箍、轴顶碗等陶车构件，推测其为制瓷拉坯作坊。各区域之间有道路、台阶、沟等相连，相对较为完整。

总体来看，由于揭露面积有限或保存状况较差，制瓷作坊遗迹比较零星，并不完整，据此尚无法完全复原整个窑场的生产工序。

（二）窑具

窑具的种类较多，也有研磨钵、轴顶碗、挡箍等制瓷工具。

1．匣钵

根据匣钵形状不同，可分为凸底漏斗形匣钵、平底筒形匣钵、凹底 M 形匣钵，以后二者居多。因所装烧器类的差异，其形制、大小均各有差异。三种不同的匣钵，据腹部深浅不同，均可分深腹、浅腹两类。

匣钵盖多呈圆饼形，中心略鼓起或内凹。各类匣钵及盖的类型如图所示（图 2–74，1~18）。

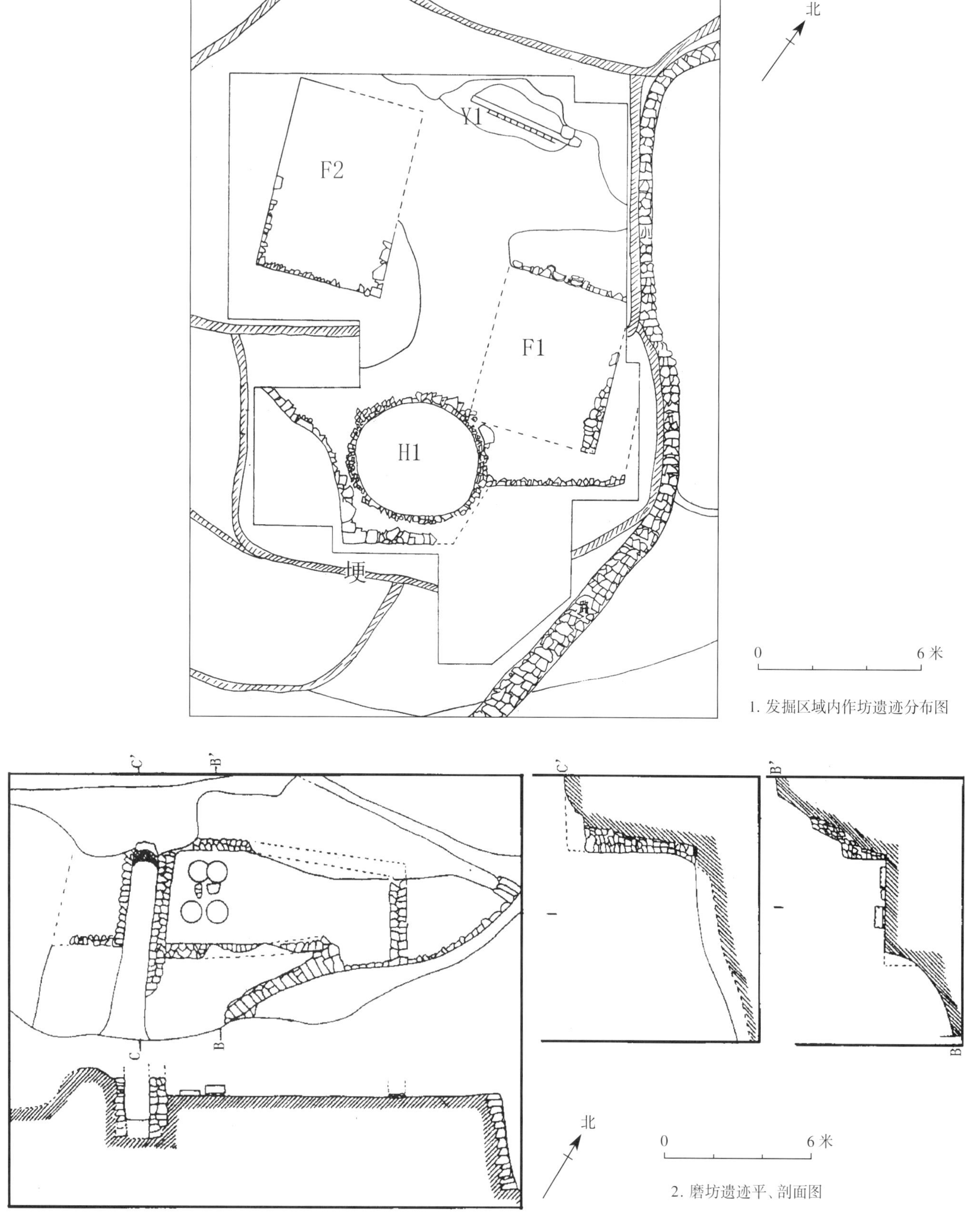

图 2-71 平和南胜田坑窑址作坊

（引自福建省博物馆：《福建平和县南胜田坑窑址发掘报告》，《福建文博》1998 年第 1 期，第 6、8 页）

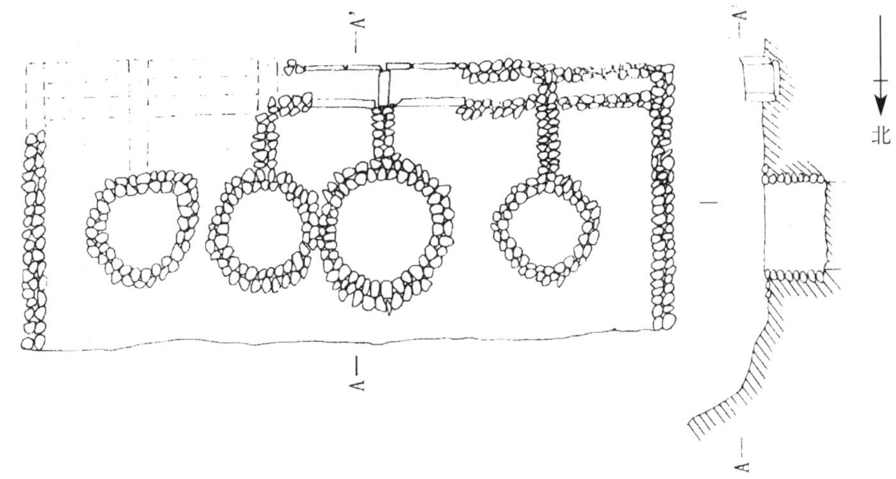

图 2-72　华安东溪窑马饭坑窑址作坊平、剖面图

（引自栗建安：《东溪窑调查纪略》，《福建文博》1993 年第 1、2 期，第 140 页）

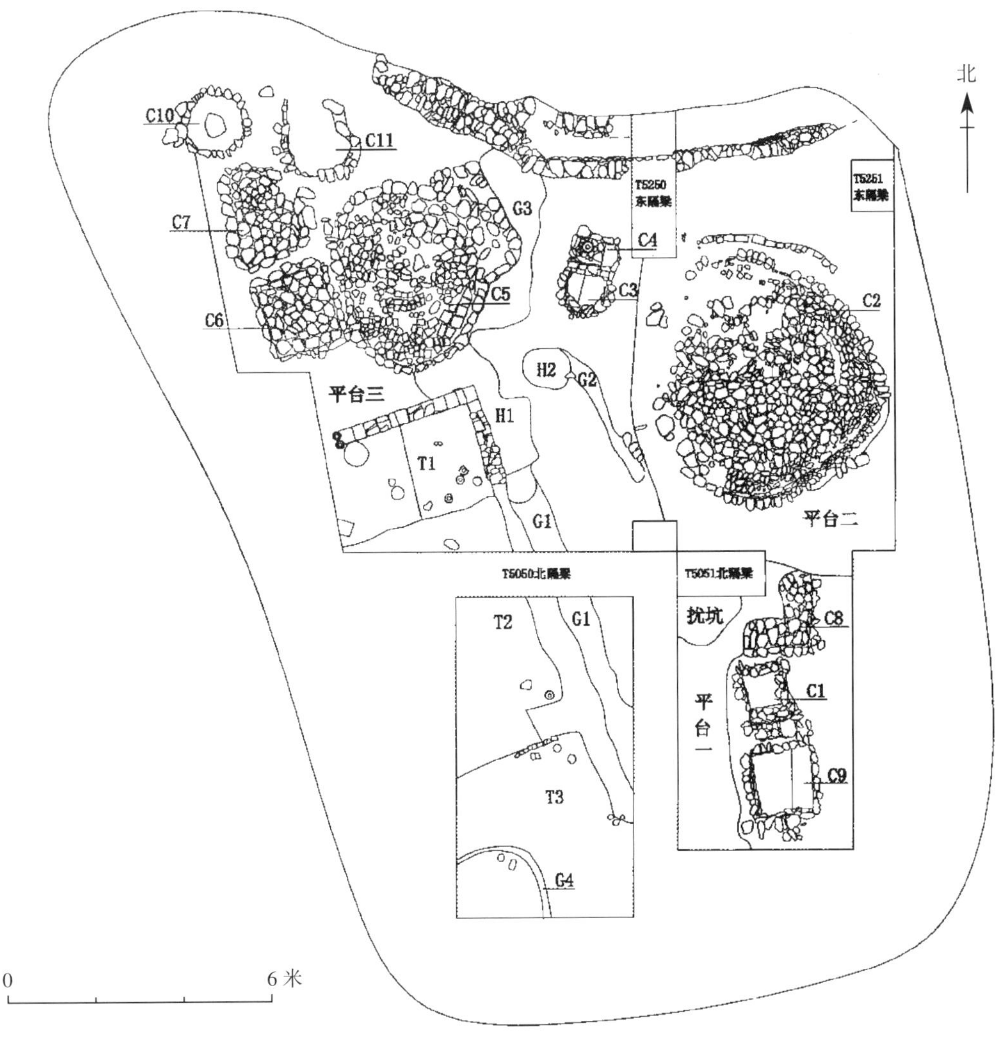

图 2-73　南靖东溪封门坑窑址作坊平面图

（引自福建博物院等：《南靖县东溪窑封门坑窑址 2015 年发掘简报》，《福建文博》2015 年第 3 期，第 11 页）

2．间隔具

间隔具的类型有支钉、垫饼、垫圈等，胎质一般较细密，也有的支钉由瓷土制成。

支钉，形状比较随意，有三角形、圆形、扁圆形、长条形等，多以质地较细的瓷土做成，一般3~6枚，根据器物形制大小差异而有所不同。

垫饼和垫圈，大小不一，随器物而定，一般较薄，有的较厚，略呈柱状。前者圆饼形，有的垫饼下还带有三足；后者环形，制作比较草率。

此外，还较多地使用砂粒作为器物之间间隔的烧造方法，以避免粘连，这种方法则会致使器物

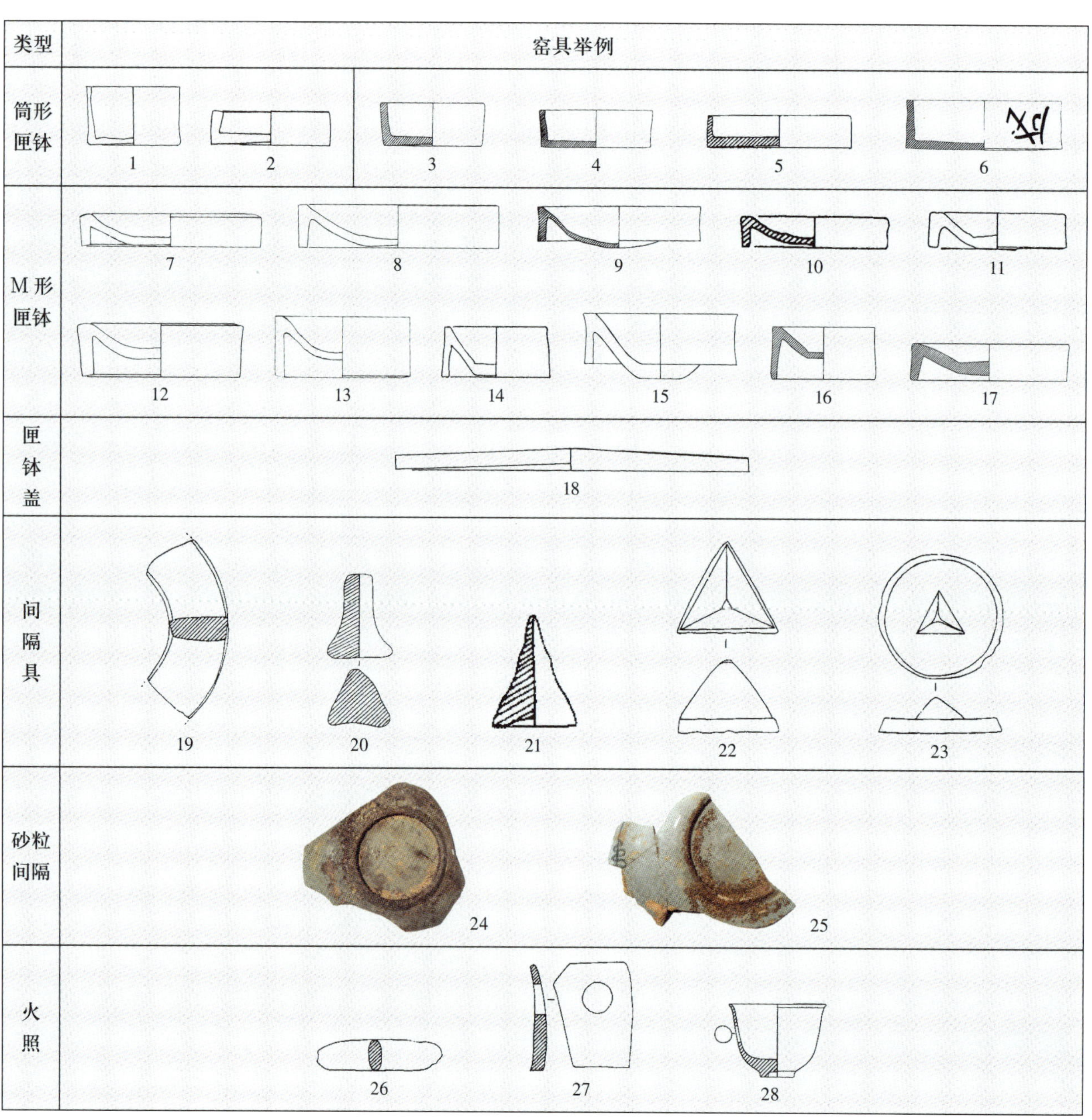

图 2–74 漳州地区窑具

1、2、11、15、18、24、25. 平和南胜花仔楼窑 3~5、9、10、13、19~23、26、27. 平和南胜田坑窑 6、16、17. 南靖封门坑窑址 7、8、12、13. 平和五寨二垅窑 14. 云霄火田窑采集 28. 华安东溪下洋坑窑

圈足和底面常常粘砂而成为所谓的“砂足器”。

各种间隔具如图所示（图 2–74，19~25）。

3．支具

支具主要为支座，有圆柱形、束腰形等，大小、形制依所支烧的瓷器而定。

4．火照

火照多是利用未烧的器物残片制成，如碗类等，形状多样且不规则，其上挖有一孔，以便从窑炉中勾取（图 2–74，26~28）。其上施釉，因取验时的火候不同，多非正烧，或生烧，或过烧。

（三）装烧方法

根据漳浦罗宛井窑和漳州平和南胜花仔楼、南胜窑址、五寨大垅、二垅、洞口窑址和东溪窑考古调查、发掘资料，并参考其他窑址，可将漳州地区瓷器的装烧方法分为明火裸烧、匣钵装烧两类。

1．明火裸烧

一般为支座支烧，分单件和多件两种。

2．匣钵装烧

包括一匣一器和一匣多器，多件匣钵上下叠摞，即多匣叠烧法，一般最上面覆有匣钵盖。器物与匣钵之间以支钉、垫饼、垫圈或砂粒等作为间隔（图 2–75）。使用一匣一器装烧的器物有碗、盘、碟、杯、盒（身与盖一起烧造）、瓶等。一匣多器装烧有碗、杯、盒等并置同匣的方法和碗、盘、碟等支钉叠烧工艺，有的杯、盒等叠置而大小相套烧于同一匣内。碗、杯等也使用对口装烧工艺，器物芒口。还有一些碗类器物采用涩圈叠烧的装烧方法，内底心则有涩圈一周。有些则是两种或多种方法一起使用，如碗、杯、盒等器物多件并置与对口装烧共同置放于一件匣钵内烧制，盒、杯等小件器物多件并置与支钉叠烧法并用等。

漳州地区装烧方法可以分类表示（表 2–27）。

表 2–27 漳州地区装烧方法分类表

<table>
<tr><td rowspan="2">(A) 明火裸烧</td><td rowspan="2">（a）单件裸烧</td><td>（1）单置窑床</td></tr>
<tr><td>（2）支座支烧</td></tr>
<tr><td rowspan="6">(B) 匣钵装烧</td><td>（a）一匣一器</td><td>（1）单置匣内</td></tr>
<tr><td rowspan="5">（b）一匣多器</td><td>（1）多件并置</td></tr>
<tr><td>（2）支钉叠烧</td></tr>
<tr><td>（3）多件套烧</td></tr>
<tr><td>（4）涩圈叠烧</td></tr>
<tr><td>（5）对口装烧</td></tr>
</table>

备注：字母和数字为装烧方法类别的编号，以便下文叙述。

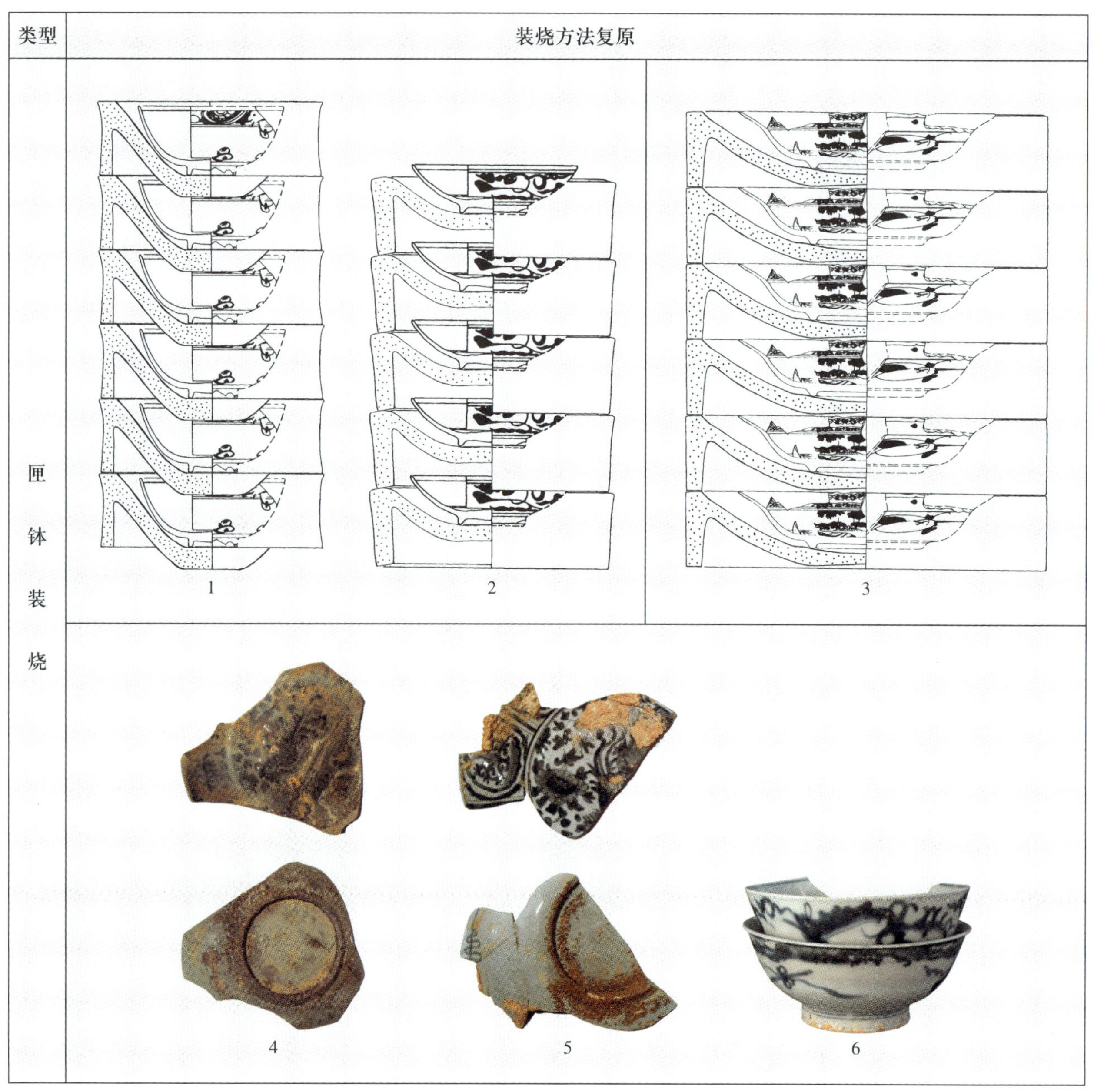

图 2–75　漳州地区装烧方法示例

1、4、5. 平和南胜花仔楼窑　2、3. 平和五寨二垅窑　6. 南靖东溪封门坑窑址　（1、2. 碗　3. 大盘　4、5. 砂粒间隔　6. 碗，涩圈叠烧）

漳州地区不同窑场、不同时期的装烧方法是不同的，不同器类具体使用的装烧工艺也不同。下面将漳浦罗宛井窑、平和南胜和五寨窑址、华安东溪窑等几处窑场主要器类的装烧方法列表说明（表 2–28）。从中可看出，漳浦罗宛井窑的装烧方法以一匣一器的匣钵装烧为主；而平和南胜花仔楼窑、五寨大垅、二垅、洞口窑以及华安东溪窑也以匣钵装烧方法为主，有一匣一器，也多见一匣多器。这反映了各窑场、各阶段装烧方法的不同和演变。

因器类、器形的前后变化，其常用的装烧方法也不相同。漳州地区装烧方法的演变，大致可以用图说明（图 2–76）。

表 2-28　漳浦窑和漳州窑部分器类与装烧方法对应表

器类	罗宛井窑	花仔楼窑	田坑窑	大垅窑	二垅窑	洞口窑	东溪窑
碗	Ba1	Ba1，Bb4	Ba1	Ba1，Bb4	Ba1，Bb4	Ba1	Ba1，Bb1，Bb4，Bb5
大盘	–	Ba1	Ba1	Ba1	Ba1	Ba1	Ba1
盘	Ba1	Ba1	Ba1	Ba1，Bb4	Ba1，Bb4	Ba1	Ba1，Bb2，Bb4，Bb5
碟	Ba1	Ba1，Bb4	Ba1	Ba1，Bb4	Ba1，Bb4	Ba1	Ba1，Bb2，Bb4，Bb5
盒	–	Bb1	Bb1	–	Bb1	Bb1	Bb1
杯	Ba1	Bb1	Bb1	–	–	Bb1	Bb1，Bb5
炉	Ba1	Bb1，Bb3	–	–	–	Ba1，Bb1，Bb3	Bb1，Bb3
罐	Aa2，Ba1	Bb1	Ba1，Bb1	–	Ba1，Bb1	Ba1，Bb1	Ba1，Bb1
瓶	–	–	Ba1，Bb1	–	–	Ba1，Bb1	Ba1，Bb1
壶	–	–	–	–	–	–	Ba1，Bb1

备注：表格内装烧方法序号为表 2-27 中对应编号，其中大写字母表示总类别（A、B），小写字母表示总类别下的子类别（a、b），而阿拉伯数字为相应子类下具体的装烧方法。

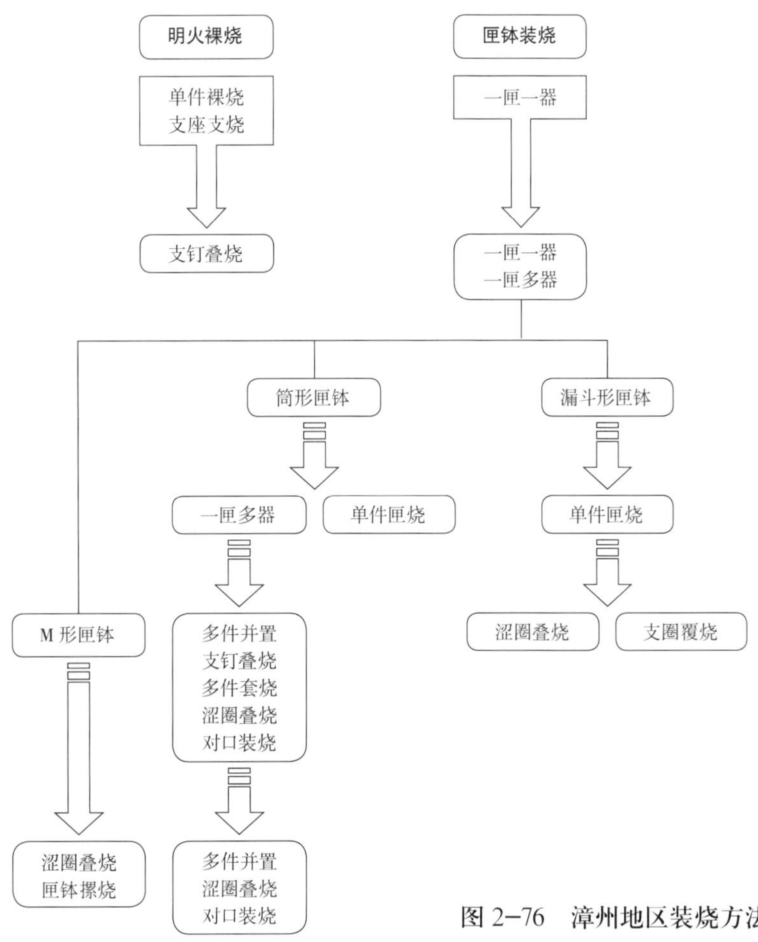

图 2-76　漳州地区装烧方法演变示意图

四 分期及其特征

（一）分组与分期

根据漳州地区漳浦罗宛井、华安东溪下洋坑和马饭坑、南靖东溪封门坑、平和五寨碗窑山、二垅、洞口、南胜花仔楼、田坑等几处窑址的考古发掘，下面选取其较具代表性的遗迹单位：（1）罗宛井Y1，（2）罗宛井Y2，（3）罗宛井上层堆积，（4）碗窑山窑下层堆积，（5）碗窑山窑上层堆积，（6）二垅窑，（7）花仔楼窑，（8）洞口窑，（9）田坑窑，（10）东溪窑Y4，（11）东溪窑Y2下层堆积，（12）东溪窑Y2上层堆积，（13）东溪窑马饭坑窑，（14）南靖东溪封门坑窑。

根据各窑址中地层的叠压关系以及出土器物组合的差异，并结合瓷器胎釉特征的区别和装饰工艺及纹饰内容的变化，对其进行分组。凡出土遗物的类型相同或绝大部分相同的地层合为一组；反之，则另分一组。这样可将13个地层、遗迹单位分为六组：第一组，（1）；第二组，（2）；第三组，（3）；第四组，（4）；第五组，（5）、（6）、（7）、（8）、（9）、（10）、（11）；第六组，（12）、（13）、（14）。其中，第一组中（1）叠压在第二组（2）之下，第二组（2）叠压在第三组（3）之下，第四组（4）叠压在第五组（5）之下，第五组（11）叠压在第六组（12）之下。再结合该地区的考古调查和发掘中五个比较明显的地层早晚和共存关系：一是各窑场中的青白釉瓷器叠压在划花青釉瓷器之下，知第二组晚于第一组；二是划花青釉瓷器叠压在白釉瓷器、青花瓷器之下，知第三组晚于第四组、第五组；三是青花瓷器与五彩瓷器共存于碗窑山窑地层中，可归为同一组；四是青花瓷器、素面青釉瓷器、米黄釉瓷器共存于东溪窑地层中，可归为同一组；五是青花瓷器、素三彩瓷器共存于田坑窑地层中，可归为同一组。此外，南中国海海域的菲律宾圣迭戈号（San Diego）沉船出水的漳州窑青花大盘、盘、碗与景德镇窑青花大盘、碗等[1]，哈彻沉船（Hatcher Ming Junk）出水的漳州窑青花瓷碗、盘与德化窑白釉碗、盒、塑像等[2]，越南海域头顿号（Vung Tau）沉船出水的漳州窑青花瓷碗、盘与德化窑白釉盒、塑像等[3]，泰兴号（Tek Sing）沉船出水的青花瓷碗、盘、碟等[4]，因其出水于同一遗迹单位，有着明显的共存关系，均可将窑址出土与之相同的遗物划归为同一组。

由上述分析，这六组地层是从早到晚连续发展的序列，第一组最早，以下各组依序次之。据此，本文将以漳浦窑、漳州窑为代表的漳州地区制瓷手工业遗存进一步梳理，分成六组（表2–29），具体

[1] Cynthia Ongpin Valdes, Allison I. Diem, *Saga of the San Diego(AD1600)*, National Museum, Inc. Philippines,1993; Franck Goddio, *Treasures of the San Diego*, Paris, 1996；（法）莫尼克·科里克著，王芳译，楼建龙校：《界定“汕头器”的年代——1600年11月4日，“圣迭戈”号大帆船》，《福建文博》2001年第1期，第46~52页。

[2] Christie's, *Fine and Important Late Ming and Transitional Porcelain, Recently Recovered from an Asian Vessel in the South China Sea, The Property of Captain Michael Hatcher*, Amsterdam:Christie's, 14 March 1984; 12-13 June 1984; Jeremy Green and Rosemary Harper, The Maritime Archaeology of Shipwrecks and Ceramics in Southeast Asia, *Australian Institute for Maritime Archaeology Special Publication No.4*, pp.1-37, 1987; Hugh Edwards and Michael Hatcher, *Treasures of the Deep, The Extraordinary Life and Times of Captain Mike Hatcher*, Australia: Harper Collins, 2000.

[3] Michael Flecker, Excavation of an oriental vessel of c. 1690 off Con Dao, Vietnam, *IJNA*, Vol.21(3), pp.221-244, 1992; Christiaan J. A. Jörg etc., Porcelains from the Vung Tau Wreck, *Oriental Art*, XLV, 1, 1999; Christiaan J. A. Jörg & Michael Flecher, *Porcelain from the Vung Tau Wreck*, New York: Oriental Art Publications, 2001。

[4] Nagel Auctions, *Tek Sing Treasures*, Stuttgart, 2000；郑炯鑫：《从“泰兴号”沉船看清代德化青花瓷器的生产与外销》，《文博》2001年第6期，第49、50页。

表 2-29 漳州地区制瓷手工业遗存分组一览表

分组 典型地层 \ 类别	器形				胎釉		装饰		烧成技术		
	青白釉瓷器	青釉瓷器	青花瓷器	五彩瓷器	胎	釉	技法	纹样	窑炉	窑具	装烧
第一组 (1) 罗宛井 Y1	碗 A Ⅰ、B Ⅰ、B Ⅱ、C Ⅰ、C Ⅱ				胎质较细	多青白，有的泛灰	刻花、划花等	花卉纹等	斜坡龙窑	支座、垫饼、垫圈、匣钵	匣钵单件装烧
第二组 (2) 罗宛井 Y2	碗 A Ⅱ、B Ⅲ、C Ⅲ	碗 A Ⅰ、B Ⅰ、B Ⅱ、C Ⅰ、C Ⅱ			胎质较粗，有的泛灰	多青釉泛黄，青白泛灰	刻花、篦划花为主	多植物花叶纹，还有弦纹等	斜坡龙窑	支座、匣钵、垫饼等	匣钵单件装烧
第三组 (3) 罗宛井上层堆积		碗 A Ⅱ、B Ⅲ			胎质较粗，泛灰	青釉泛灰为主	刻划、篦划等	花卉纹为主	斜坡龙窑	匣钵、垫饼、垫圈等	多匣钵摞烧
第四组 (4) 碗窑山窑下层堆积			碗 A Ⅰ		胎质较细	白釉泛灰	绘花为主	花卉纹居多	斜坡龙窑	匣钵、间隔具等	多匣钵摞烧
第五组 (5) 碗窑山窑上层堆积 (6) 二垅窑 (7) 花仔楼窑 (8) 洞口窑 (9) 田坑窑 (10) 东溪窑 Y4 (11) 东溪窑 Y2 下层堆积		盘 A、B、C Ⅰ、C Ⅱ	碗 A Ⅱ、A Ⅲ、A Ⅳ、A Ⅴ、B Ⅰ、B Ⅱ、B Ⅲ、C Ⅰ、C Ⅱ、C Ⅲ、D Ⅰ、D Ⅱ、D Ⅲ、D Ⅳ，大盘 A Ⅰ、A Ⅱ、A Ⅲ、B Ⅰ、B Ⅱ、B Ⅲ、B Ⅳ、C Ⅰ、C Ⅱ、D Ⅰ、D Ⅱ、D Ⅲ、D Ⅳ、D Ⅴ、E Ⅰ、E Ⅱ，盘 A Ⅰ、A Ⅱ、A Ⅲ、A Ⅳ、B Ⅰ、B Ⅱ、C Ⅰ、C Ⅱ、C Ⅲ、D Ⅰ、D Ⅱ，碟 A Ⅰ、A Ⅱ、A Ⅲ、A Ⅳ、B Ⅰ、B Ⅱ、B Ⅲ、B Ⅳ、C Ⅰ、C Ⅱ，杯 A Ⅰ、A Ⅱ、A Ⅲ、B Ⅰ、B Ⅱ、B Ⅲ，五寨洞口窑址出土盒、罐、炉、瓶等	碗 Ⅰ，大盘A、B Ⅰ、B Ⅱ	胎质较细	以白釉泛灰居多，白釉泛黄	绘花为主，堆塑等	花卉纹、花鸟纹、植物纹、动物纹、人物、文字等	阶梯式龙窑、横室阶级窑	匣钵、支钉、支具等	匣钵摞烧为主，还有涩圈叠烧、对口烧等
第六组 (12) 东溪窑 Y2 上层堆积 (13) 东溪窑马饭坑窑址 (14) 南靖东溪封门坑窑址		盘 C Ⅲ	碗 A Ⅵ、A Ⅶ、C Ⅳ、C Ⅴ、D Ⅴ、D Ⅵ，盘 A Ⅴ、A Ⅵ、D Ⅲ，碟 A Ⅴ、B Ⅴ，杯 A Ⅳ、B Ⅳ	碗 Ⅱ	胎质较细	白釉，白釉泛灰	绘花等	花卉纹、动植物纹、文字等	横室阶级窑	匣钵、间隔具等	以匣钵装烧为主，还有对口烧、涩圈叠烧

分组图、表详见前文。从中可知，所分六组的遗物类别、典型器物形制、胎釉及装饰工艺和烧成技术及其演变已形成一个较为清晰的发展序列，可代表漳州地区制瓷手工业遗存的六个发展阶段，即六期。

（二）年代推断

通过前文分析，漳州地区制瓷手工业遗存中，青白釉瓷器、划花青瓷与泉州沿海地区较为接近，部分青花瓷器与泉州内陆地区较为一致，因此，对其六个发展阶段即各期年代简要做以推断。

1．第一期

这一期：A Ⅰ式碗与江西景德镇湖田窑 H 区附属主干道北宋晚期碗[1]、南丰白舍饶家山窑北宋晚期碗（T20 ③：1、T22 ③：2）[2]、江西金溪县大观三年（1109 年）孙大郎墓出土青白釉碗[3]、江西新建出土的绍兴三十年（1160 年）胡六郎墓青白釉碗[4]，B Ⅰ式青白釉碗与景德镇柳家湾窑北宋晚期碗[5]，B Ⅱ式青白釉碗与湖田窑 H 区附属主干道北宋晚期碗、赣州七里镇窑北宋晚期碗[6]，C Ⅱ式青白釉碗与湖田窑 H 区附属主干道北宋晚期碗、南平店口南宋早期墓碗[7]，在形制、纹饰上较为接近，大致可确定其为同一时期。

根据其中的纪年材料推断，第一期的年代为北宋晚期至南宋早期，约 1086~1163 年。

2．第二期

这一期器物中，A Ⅱ式青白釉碗与江西宜黄县嘉泰元年（1201 年）叶氏墓出土的碗[8]；A Ⅰ式青釉碗与江西婺源汀州知州汪赓墓出土的南宋庆元六年（1200 年）碗[9]、景德镇柳家湾窑南宋中晚期碗[10]、遂宁金鱼村窖藏南宋晚期碗[11]，B Ⅰ式青釉碗与龙泉大白岸窑南宋中晚期碗（BY22 下：1）[12]、B Ⅱ式青釉碗与龙泉大白岸窑南宋中晚期碗（BY22T1：3），C Ⅰ式碗与龙泉大白岸窑南宋中晚期碗（BY24T4 ③：5）、C Ⅱ式碗与与龙泉大白岸窑南宋末期碗（BY24T3 ④：4）等，二者在器物形制、纹饰较为相似，应为同期产品。结合相关纪年材料，可知此期漳州地区制瓷手工业遗存的年代，大致为南宋中晚期，即 1163~1279 年。

---

［1］江西省文物考古研究所、景德镇陶瓷历史博物馆：《景德镇湖田窑 H 区附属主干道发掘简报》，《文物》2001 年第 2 期，第 42~62 页。

［2］江西省文物考古研究所、南丰县博物馆编：《江西南丰白舍窑——饶家山窑址》，北京：文物出版社，2008 年。

［3］彭适凡主编：《宋元纪年青白瓷》，香港：庄万里文化基金会，1998 年，第 51 页；陈定荣：《江西金溪宋孙大郎墓》，《文物》1990 年第 9 期，第 14~18、21 页。

［4］彭适凡主编：《宋元纪年青白瓷》，香港：庄万里文化基金会，1998 年，第 60 页；杨后礼：《新建县樵舍南宋墓》，《江西历史文物》1983 年第 2 期，第 20~21 页。

［5］江西省文物工作队：《江西景德镇柳家湾古瓷窑址调查》，《考古》1985 年第 4 期，第 365~370、359 页。

［6］江西省文物考古研究所、赣州地区博物馆、赣州市博物馆：《江西赣州七里镇窑址发掘简报》，《江西文物》1990 年第 4 期，第 3~23 页。

［7］张文崟：《福建南平店口宋墓》，《考古》1992 年第 5 期，第 428~430 页。

［8］彭适凡主编：《宋元纪年青白瓷》，香港：庄万里文化基金会，1998 年，第 68 页；李家和：《介绍江西出土的几件宋代瓷器》，《文物》1976 年第 6 期，第 91、92 页，出土有嘉泰元年“叶九承事地券”。

［9］彭适凡主编：《宋元纪年青白瓷》，香港：庄万里文化基金会，1998 年，第 68 页。

［10］江西省文物工作队：《江西景德镇柳家湾古瓷窑址调查》，《考古》1985 年第 4 期，第 365~370、359 页。

［11］遂宁市博物馆、遂宁市文物管理所：《四川遂宁金鱼村南宋窖藏》，《文物》1994 年第 4 期，第 4~28 页；中国国家博物馆主编：《宋韵——四川窖藏文物辑粹》，北京：中国社会科学出版社，2006 年。

［12］浙江省文物考古研究所编：《龙泉东区窑址发掘报告》，北京：文物出版社，2005 年。

3．第三期

这一阶段，漳州地区以烧造青釉、青白釉瓷器为主，但并不发达，材料也有限，其中青釉瓷器中，B Ⅴ式碗与龙泉金村窑址元代碗[1]、大白岸窑元代碗（BY22下：14），B Ⅲ式碗与龙泉源口窑元代碗（EY16T1①：5）[2]，造型、划花装饰均十分接近。据此可判定第三期的年代为元代，约1279~1368年。

4．第四期

这一期，该地区制瓷手工业仍不发达，烧造青灰釉、青釉瓷器，一些窑场逐渐开始烧造青花瓷器，A Ⅰ式碗及其同期出土的其他类别的器物，在形制、纹饰与景德镇窑明代早中期同类产品较为接近[3]，有些器物底足的作法仍具有元代晚期瓷器的特征。据此推断，本期的年代约为明代早中期，少数遗存年代可延至明代中期略晚阶段，大体相当于明初至嘉靖年间，即1368~1566年。

5．第五期

漳州地区此期以烧造青花瓷器为主，并始烧青釉、五彩、素三彩、米黄釉瓷器等。其中，青花瓷器中，各型式的碗、盘、大盘、碟、杯等与明代晚期至清代早期景德镇青花瓷器的造型比较接近[4]；A Ⅱ、A Ⅲ、B Ⅱ、C Ⅰ、C Ⅱ式碗、B、C、D型大盘、A、B式盘等器物在日本关西地区的大阪、堺市等遗址的16世纪后半期至17世纪前半期地层中曾有大量出土[5]；A Ⅳ、C Ⅲ式碗、A Ⅱ式大盘等与东海平潭碗礁一号清代康熙中期沉船出水的景德镇青花碗、大盘形制和纹样大体相同[6]，E Ⅰ式大盘的造型、纹饰则与江西广昌明代晚期吴念虚夫妇合葬墓出土瓷盘十分相似[7]，青花罐、碗、盘类器物还出土于漳浦明代晚期至清代早期墓葬[8]。此外，在圣迭戈号沉船（San Diego，1600年11月4日）[9]、白狮号沉船（Witte Leeuw，1613年，VOC Dutch）[10]、哈彻沉船（Hatcher Ming Junk，约1643~1646年）[11]、头顿号沉船（Vung Tau，

[1] 张翔：《龙泉金村古瓷窑址调查发掘报告》，浙江省轻工业厅编：《龙泉青瓷研究》，北京：文物出版社，1989年，第69~91页。

[2] 浙江省文物考古研究所编：《龙泉东区窑址发掘报告》，北京：文物出版社，2005年。

[3] 黄云鹏：《景德镇民间青花瓷的断代》，《景德镇陶瓷》1986年第3期，第28~45页。

[4] 黄云鹏：《景德镇民间青花瓷的断代》，《景德镇陶瓷》1986年第3期，第28~45页；路菁：《中国南方地区元明民窑青花瓷器研究》，北京大学硕士研究生学位论文，2000年。

[5]（日）大阪市文化财协会：《大阪城迹Ⅲ》，1988年；（日）堺市教育委员会：《堺环濠都市遗迹发掘调查报告书》，1987年。

[6] 碗礁一号水下考古队编著：《东海平潭碗礁一号出水瓷器》，北京：科学出版社，2006年。

[7] 江西广昌县博物馆：《明代布政使吴念虚夫妇合葬墓清理简报》，《文物》1993年第2期，第77~82页。

[8] 王文径：《漳浦出土的明清瓷器》，《福建文博》2001年第1期，第56~58页；王文径：《福建漳浦明墓出土的青花瓷器》，《江西文物》1990年第4期，第71~73页。

[9] Cynthia Ongpin Valdes, Allison I. Diem, *Saga of the San Diego(AD1600)*, National Museum, Inc. Philippines,1993; Franck Goddio, *Treasures of the San Diego*, Paris, 1996；（日）森村健一著，曹建南译：《菲律宾圣迭戈号沉船中的陶瓷》，《福建文博》1997年第2期，第70~73页；（法）莫尼克·科里克著，王芳译，楼建龙校：《界定"汕头器"的年代——1600年11月4日，"圣迭戈"号大帆船》，《福建文博》2001年第1期，第46~52页。

[10] C. L. Van der Piji-Ketel editor, *The Ceramic Load of the Witte Leeuw 1613*, Amsterdam: Rijksmuseum, 1982; Robert Stenuit, Les Porcelains du Witte Leeuw, *Taoci Revue Annuelle de la Societe Francaise d'Etuide de la Ceramique Orientale*, 2 (December), 2001, pp.27-34.

[11] Christie's, *Fine and Important Late Ming and Transitional Porcelain, Recently Recovered from an Asian Vessel in the South China Sea, The Property of Captain Michael Hatcher*, Amsterdam: Christie's, 14 March 1984; 12-13 June 1984; Jeremy Green and Rosemary Harper, The Maritime Archaeology of Shipwrecks and Ceramics in Southeast Asia, *Australian Institute for Maritime Archaeology Special Publication No.4*, pp.1-37, 1987; Hugh Edwards and Michael Hatcher, *Treasures of the Deep, The Extraordinary Life and Times of Captain Mike Hatcher*, Australia: Harper Collins, 2000.

约 1680~1700 年）[1] 中也出水有大量该区烧造的同期青花瓷碗、大盘、盘、杯、罐等。C Ⅱ式青釉盘与平潭碗礁一号青花盘的形制也很相近。

由此可知，这一地区第五期制瓷手工业遗存的年代约为明代晚期至清代早期，相当于明隆庆至清康熙年间，即 1567~1722 年。

6．第六期

这一阶段，漳州地区制瓷手工业衰落，仍继续烧造青花、青釉瓷器等。其中，较为典型的 C Ⅲ式青釉盘、A Ⅳ、B Ⅳ式青花杯、Ⅱ式五彩碗等，与景德镇窑清代中晚期同类产品较为接近。因此，第六期的年代约为清代中晚期，相当于清代雍正及其以后，即 1723~1911 年。

（三）各期特征

根据前面的综合考察和论述，下文从器形、胎釉、装饰、装烧工艺诸方面略述漳州地区制瓷手工业遗存的各期特征。

1．第一期

北宋晚期至南宋早期。窑场主要分布于沿海地区，如漳浦窑，其以烧造青白釉瓷器为主。器类以碗、盘、碟、杯为主；胎质较粗，也有的较细腻，色泛灰白；釉色青白釉泛灰；碗盘类器物多为刻花、划花的花卉纹。窑炉形制为常见的斜坡式龙窑，器物装烧主要采用一匣一器的匣钵叠烧方法。

2．第二期

南宋中晚期。窑场仍集中于沿海地区，主要烧造青白釉、青釉瓷器。青白釉瓷器以碗、盘、盒、瓶、壶等器类为主；胎质较细，胎色灰白；釉色青白泛灰；装饰多为刻划花，常见缠枝花卉纹，也有的模印动物纹等。青釉瓷器中，碗、盏类占绝大多数；胎质较细，色泛灰，青釉泛黄或泛灰；装饰以篦划纹较为常见。窑炉仍为斜坡式龙窑，装烧方法采用筒形、漏斗形匣钵装烧的一匣一器，器物与匣钵间以垫饼或垫圈间隔。

3．第三期

元代。漳州地区制瓷手工业生产急剧收缩，仍以烧造青白釉、青釉瓷器为主。器类多为碗、盘、盒等，釉色泛灰，流行刻划花、印花装饰，装烧方法流行一匣一器、支圈覆烧、涩圈叠烧等。

4．第四期

明代早中期。该地区的制瓷手工业发展缓慢，直至明代中期生产规模才逐渐扩大。这一期的产品以白釉、青花瓷器为主，胎质较粗，色泛灰，釉色泛灰白。器类以碗、盘、杯等居多，多素面，装饰以刻划花、绘花为主，图案比较简洁潦草，常见花卉纹、动物纹等。装烧方法多为一匣一器的匣钵叠烧。

---

[1] Michael Flecker, Excavation of an oriental vessel of c. 1690 off Con Dao, Vietnam, *IJNA*, Vol.21(3),pp.221-244, 1992; Christiaan J. A. Jörg & Michael Flecher, Porcelains from the Vung Tau Wreck, *Oriental Art*, XLV, 1, 1999; Christiaan J. A. Jörg & Michael Flecher, *Porcelain from the Vung Tau Wreck*, New York: Oriental Art Publications, 2001。

5．第五期

明代晚期至清代早期。漳州地区制瓷手工业快速发展并进入兴盛期，窑场数量激增，规模扩大，集中分布于平和、华安等地，主要烧造青花、五彩、白釉、青釉、米黄釉、素三彩瓷器等。青花瓷器是这一阶段的主流产品，数量上占绝对优势，器类有碗、盏、大盘、盘、碟、杯、盒、罐、瓶、炉等，胎质较粗，也有的淘洗较细，白釉泛灰，青花色泽多呈暗灰色，纹饰多为植物花卉纹、动物纹、文字等，笔法流畅，简单草率；窑炉以横室阶级窑为主，有单隔墙、双隔墙两种，器物的装烧方法有一匣一器、对口烧、多器并置的匣钵摞烧，并有涩圈叠烧法，有的以砂粒作为间隔具，匣钵多见M形和平底筒形，以前者为主。白釉瓷器有碗、盘、碟、杯、雕塑等，胎体精细、洁白，白釉莹润，大多数素面，装饰技法有贴花、刻花、堆塑等，纹样包括花卉纹、动物纹、动物和人物形象等，大多采用一匣一器的匣钵装烧方法。青釉瓷器多为盘、罐、瓶、炉等，青釉浅淡，多素面；米黄釉瓷器常见罐、瓶、炉类器物，胎质较细，釉呈米黄色，釉面开细碎纹片，多素面。五彩瓷器与青花瓷器相似，主要为碗、大盘、盘类器物。素三彩瓷器则多为盒类，以田坑窑为代表，大多模制而成仿生形器物造型，有动物形、植物形等，式样繁多，一般施黄、绿、褐等低温釉彩。

6．第六期

清代中晚期。窑场主要分布于华安、南靖一带，生产规模收缩，仍主要烧造青花瓷器。器类多为碗、盘、杯等日常生活用器，胎质较粗，青花纹样有花卉纹、动物纹、文字等，简洁流畅，色泽灰暗，多采用一匣一器或对口烧、涩圈叠烧的匣钵叠烧方法，一般为M形匣钵。

通过上述漳州地区漳州窑的分期讨论，并结合其他窑址的综合考察，从中可以看出这一地区大致有三个主要的瓷器生产系统：青白瓷（主要见于本区第一、二期）、青瓷（以第二、三期为主）、青花瓷（以第五、六期为主体，其中第五期最发达）。这三个系统的发展序列比较完整，且各具特色，其时间上略有先后，大体代表了漳州地区的制瓷手工业发展状况。此外，该地区还烧造五彩、白釉、米黄釉、素三彩瓷器等，其集中于第五期，并不具延续性，因而未成系统。

第四节　总体分期

闽南地区宋至清代的制瓷手工业经历了发展、繁荣、衰落的过程，因其地域位置、资源环境、制瓷面貌的差异，形成了泉州沿海、泉州内陆和漳州地区三个生产面貌各异、发展序列清晰的小区域。通过前文三区的考古学分析，明确了各区制瓷手工业遗存的演变情况，分别进行了分组与分期，并结合相关材料作了进一步的断代。现将这三个区制瓷手工业遗存分期的对应关系列表如下（表2–30）。

据此分期对照表，并结合三区制瓷手工业遗存面貌，从中可知：泉州沿海地区第一期遗存年代最早，为北宋早中期；泉州沿海第二期遗存与泉州内陆第一期、漳州地区第一期遗存均为北宋晚期至南宋早期；泉州沿海第三期与泉州内陆第二期、漳州地区第二期均为南宋中晚期；泉州沿海第四期、泉州内陆第三期、漳州地区第三期均为元代；泉州内陆第四期与漳州地区第四期均为明代早中期，而泉州沿海地区这一阶段及其以后已衰落；泉州内陆第五期与漳州地区第五期均为明代晚期至清代

表 2–30　各区制瓷手工业遗存分期对照表

区域＼分期	北宋早中期（960~1086）	北宋晚期至南宋早期（1086~1163）	南宋中晚期（1163~1279）	元代（1279~1368）	明代早中期（1368~1566）	明代晚期至清代早期（1567~1722）	清代中晚期（1723~1911）
泉州沿海地区	一	二	三	四			
泉州内陆地区		一	二	三	四	五	六
漳州地区		一	二	三	四	五	六

早期；泉州内陆第六期、漳州地区第六期均为清代中期晚期。这些年代相同的三区遗存，在器物造型、胎、釉、装饰以及烧成技术上又存在一定的共同点，又可划归为同一期。因此，可将闽南地区宋至清代制瓷手工业遗存总体分为七期：

1．第一期

北宋早中期。此期以泉州沿海地区的晋江磁灶窑青釉瓷器为代表，其偏晚阶段，南安窑和泉州内陆地区的德化窑等逐渐兴起，开始烧造青白釉瓷器，窑炉均为一般的斜坡式龙窑，采用裸烧、支钉叠烧、匣钵装烧等方法。

2．第二期

北宋晚期至南宋早期。闽南各地窑场迅速发展，规模扩大，以晋江磁灶窑、南安南坑窑、德化窑、漳浦窑为代表，尤其是南坑窑和德化窑，产品以青白釉瓷器为主，兼烧青釉、黑釉瓷器，仍采用龙窑烧造，装烧方法常见一匣一器的匣钵叠烧法。

3．第三期

南宋中晚期。这一期是泉州地区制瓷手工业的繁荣阶段，特别是南安南坑窑、晋江磁灶窑、德化窑，漳州地区仍以漳浦窑为代表。产品以青釉瓷器为主流，并流行篦点划花纹饰；德化窑则以青白釉瓷器为主，釉色渐白，开始烧造白釉瓷器。各地的窑炉均为一般的龙窑，装烧以一匣一器的匣钵叠烧法为主。

4．第四期

元代。这一阶段，产品以青白釉瓷器居多，釉色泛灰白色。泉州沿海地区的青釉瓷器也占一定比例，制作多较为粗糙、草率。泉州内陆地区的白釉瓷器获得较大发展，并流行印花装饰。窑炉多为一般龙窑，德化地区开始出现了分室龙窑，装烧方法有支钉叠烧、对口烧、涩圈叠烧或一匣一器的匣钵装烧，碗、盘、碟、洗类器物则盛行支圈覆烧法。

5．第五期

明代早中期。泉州沿海地区磁灶窑、南安窑等仍有烧造，但自此以后已趋于衰落；泉州内陆和漳州地区处于制瓷手工业的低落期，至明代中期逐渐开始有所恢复，并有了新的发展。这一期，仍继续烧造青白釉、白釉瓷器，并开始烧造青花瓷器，以支钉支烧、匣钵装烧为主。

6．第六期

明代晚期至清代早期。这一期是闽南地区制瓷手工业发展过程中的第二次高峰阶段，以德化窑、安溪窑、漳州窑为代表，产品以德化窑的白釉瓷器、安溪窑和漳州窑的青花瓷器占主流，漳州地区还烧造少量的五彩、素三彩、青釉、米黄釉瓷器。其中，泉州内陆地区的白釉瓷器，胎体细白，白釉莹润，以日常生活用器和佛道、西洋人物雕塑类器物最具特色，式样繁多，流行模印花、贴花、堆塑等装饰工艺；大多采用分室龙窑，使用平底筒形、凸底漏斗形匣钵装烧，常见一匣多器，包括支钉叠烧、多件套烧、多件并置、对口烧等，还有一匣一器的方法。安溪窑、漳州窑的青花瓷器，胎质较粗，白釉泛灰或泛黄，青花色泽大多灰暗，常见植物花卉纹、动物纹、人物纹、文字等，笔法流畅，简洁潦草；窑炉有阶梯式龙窑、横室阶级窑等，漳州地区多使用 M 形匣钵，以砂粒、支钉等作间隔具，而安溪窑则多见漏斗形匣钵，以垫饼作间隔具，二地均还使用涩圈叠烧法。

7．第七期

清代中晚期。这一阶段，闽南地区制瓷手工业逐渐衰落，不少窑场规模缩小或停烧；其生产以泉州内陆地区的德化窑、安溪窑和漳州地区华安、南靖的东溪窑为代表，主要产品为青花瓷器，兼烧白釉瓷器，釉色泛灰或淡青，窑炉多为横室阶级窑（参看表 2–31），一般采用平底筒形匣钵装烧，多件并置或对口烧十分盛行，还见有涩圈叠烧法。

表 2–31　各区涉及窑炉遗迹分期一览表

分期 区域	北宋早中期 (960~1086)	北宋晚期至南宋早期 (1086~1163)	南宋中晚期 (1163~1279)	元代 (1279~1368)	明代早中期 (1368~1566)	明代晚期至清代早期 (1567~1722)	清代中晚期 (1723~1911)
泉州沿海地区		南安蓝溪寮仔 Y1、南坑格仔口 Y1	南安南坑仑坪扩 Y1、晋江金交椅山 Y2	晋江磁灶土尾庵 Y1			
泉州内陆地区		德化盖德碗坪崙 Y 盖Ⅱ	德化盖德碗坪崙 Y 盖Ⅰ	德化浔中屈斗宫窑		德化宝美甲杯山 Y1	德化东头杏脚窑
漳州地区		漳浦罗宛井 Y1				平和五寨洞口陂沟 Y1、Y2，二垅 Y1，华安东溪 Y1、Y3	华安东溪下洋坑窑、马饭坑窑，南靖东溪封门坑窑

根据前文闽南地区制瓷手工业典型遗存的分析，并综合各区、各期的瓷器品种类别概况，可知该地区宋至清代的瓷器类别丰富多样。大体来说，其瓷器品类主要包括以下几类：青釉瓷器（仿越窑）[1]，北宋早中期；青白釉瓷器（仿景德镇窑），北宋中期至元代，延至明代早中期；青釉瓷器（仿

[1] 瓷器的仿烧，即仿越窑青瓷、景德镇窑青白瓷、龙泉窑青瓷，第四章再作详述，这里仅作为分类。

龙泉窑），南宋中晚期至元代盛行，延至明清时期；磁灶窑白地黑花、黄绿釉瓷器，南宋中晚期至元代；德化窑白釉瓷器，元代始烧，明代晚期至清代早期兴盛，一直延烧不断；青花瓷器，明代中期始烧，明代晚期至清代早期大盛，清代中晚期继续烧造；米黄釉瓷器则主要流行于明代晚期至清代早期；其他还有五彩、素三彩等彩瓷，以明代晚期至清代早期较为多见（图 2–77）。在制瓷工艺与烧成技术方面，明显地具有本地区自成系统的发展序列。

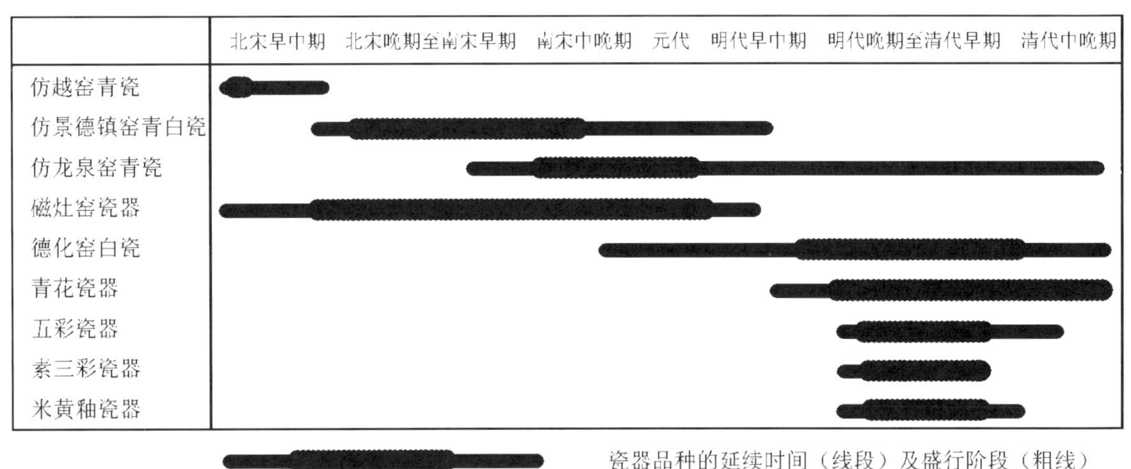

图 2–77　闽南地区宋至清代瓷器品类及其延续示意图

据此图表，并依闽南地区总分期的各期遗存特征，从中可看出，闽南地区第一至四期、第五至七期，瓷器品种与类别、胎釉及装饰等制瓷工艺以及窑炉、窑具、装烧方法等烧成技术各方面的延续性较大。其中，前四期以青釉、青白釉为主，多见刻划花、印花等胎体装饰，一般采用龙窑烧造，而晚期开始出现白釉瓷器和分室龙窑；后三期则以白釉、青花瓷器为主流产品，多见模印、贴花、堆塑和绘花釉彩装饰方法，窑炉多见分室龙窑、阶级窑和横室阶级窑。而且，在第四、五期，即元代与明代早中期之间，闽南地区制瓷手工业各方面均有着显著的区别，发生了较大的变化。再结合闽南地区总分期的年代范围，可将宋至清代制瓷手工业遗存大体划分为宋元、明清两个大的发展阶段。这两个发展阶段及上述七期，是下文论述的基础和依据。

第三章　窑场分布与变迁探析

闽南地区的制瓷手工业兴起较早，发展脉络清晰。目前的考古资料表明，商周时期泉州德化、永春一带已开始烧造原始青瓷，至南朝时期制瓷技术已趋于成熟，隋唐五代时期有了较大发展，而入宋以来逐渐兴盛和繁荣，直至清代中后期渐趋收缩和衰落。尤其突出的是，宋代以来闽南地区制瓷手工业的发达，窑场数量众多，分布密集，前后变化较为明显，从而形成了独特的制瓷手工业生产格局。下文将分别从地域分布和时代变迁两个方面，进一步探讨闽南地区宋至清代窑场的总体面貌与特征。

第一节　各区窑场的分布特点

古代制瓷窑场的创建，一般要具有地理条件优越、靠近制瓷原料产地、便利的交通运输等客观条件[1]。闽南地区山地纵横、河流交错，制瓷原料丰富，烧窑燃料充足，水路交通便利，因而具备了基本的制瓷前提。由于该地区的自然地势和地理环境，形成了三个相对独立的区域。在此基础上，闽南地区的制瓷手工业面貌也呈现出了不同的地域特征。

根据目前考古发现与研究资料，闽南地区早在夏商周时期就已开始烧造原始青瓷。泉州内陆山区的永春介福苦寨坑窑址发现了相当于中原地区夏商时期的原始瓷窑址[2]，德化辽田尖山窑址则发现了西周至春秋早期的龙窑遗迹和原始青瓷遗物[3]，这是探讨该地区早期青瓷和制瓷技术起源的重要材料。其后，直至南朝时期，该地区制瓷手工业发展较为缓慢，此时的窑场仅见泉州晋江磁灶溪口山窑一处[4]，约始烧于南朝晚期。由此可知，这阶段不仅窑场极少，而且规模很小，尚处于早期阶段；但从其产品特征、窑炉结构来看，其制瓷技术已趋于成熟。隋唐五代，尤其是晚唐至五代时期，制瓷手工业有了较大发展，窑场数量增多，已初具规模[5]。晋江磁灶窑继续烧造并扩大了生产规模[6]；

---

[1] 权奎山：《试论南方古代名窑中心区域移动》，《考古学集刊》第11集，北京：中国大百科全书出版社，1997年，第276~288页。

[2] 羊泽林：《福建永春苦寨坑发现原始青瓷窑址》，《中国文物报》2017年3月10日第8版。

[3] 福建博物院、泉州市博物馆：《德化县辽田尖山原始瓷窑址发掘简报》，《福建文博》2016年第1期，第2~7页。

[4] 陈鹏、黄天柱、黄宝玲：《福建晋江磁灶古窑址》，《考古》1982年第5期，第490~498、489页；福建省泉州海外交通史博物馆调查组：《晋江县磁灶陶瓷史调查》，《海交史研究》1980年总第2期，第29~34页；黄天柱：《晋江磁灶古窑及其历史与外销概谈》，《福建文博》1999年增刊总第35期，第116~118页。

[5] 陈娟英、苏维真：《闽南隋唐墓葬与其制瓷业——兼谈隋唐、五代闽南的开发》，《中国古陶瓷研究》第5辑，北京：紫禁城出版社，1999年，第141~147页；傅宋良：《闽南陶瓷概述》，厦门市博物馆编：《闽南古陶瓷研究》，福州：福建美术出版社，2002年，第1~13页；叶文程：《闽南地区古代陶瓷的生产与外销》，《闽南古陶瓷研究》，第14~24页；陈娟英：《隋唐、五代闽南地区瓷业》，《闽南古陶瓷研究》，第88~96页。

[6] 陈鹏、黄天柱、黄宝玲：《福建晋江磁灶古窑址》，《考古》1982年第5期，第490~498、489页；福建省泉州海外交通史博物馆调查组：《晋江县磁灶陶瓷史调查》，《海交史研究》1980年总第2期，第29~34页。

泉州东门[1]，厦门杏林许厝、祥露[2]，同安磁灶尾，德化美湖墓林[3]等窑场创烧并迅速发展；惠安、南安、永春等地也有瓷窑发现[4]。经南朝、晚唐五代的发展，至宋元时期制瓷手工业空前繁荣，进入兴盛阶段，到明清时期又有了新的发展（图 3–1）。

总体而言，闽南地区宋至清代的制瓷手工业是其兴盛与进一步发展阶段，各地窑场林立，又因产品的差异，逐渐形成了小范围的区域性特征。这种窑场分布上的区域性特征，主要表现在两个方面：一是闽南地区各区域内的分布，二是闽南地区的整体分布。

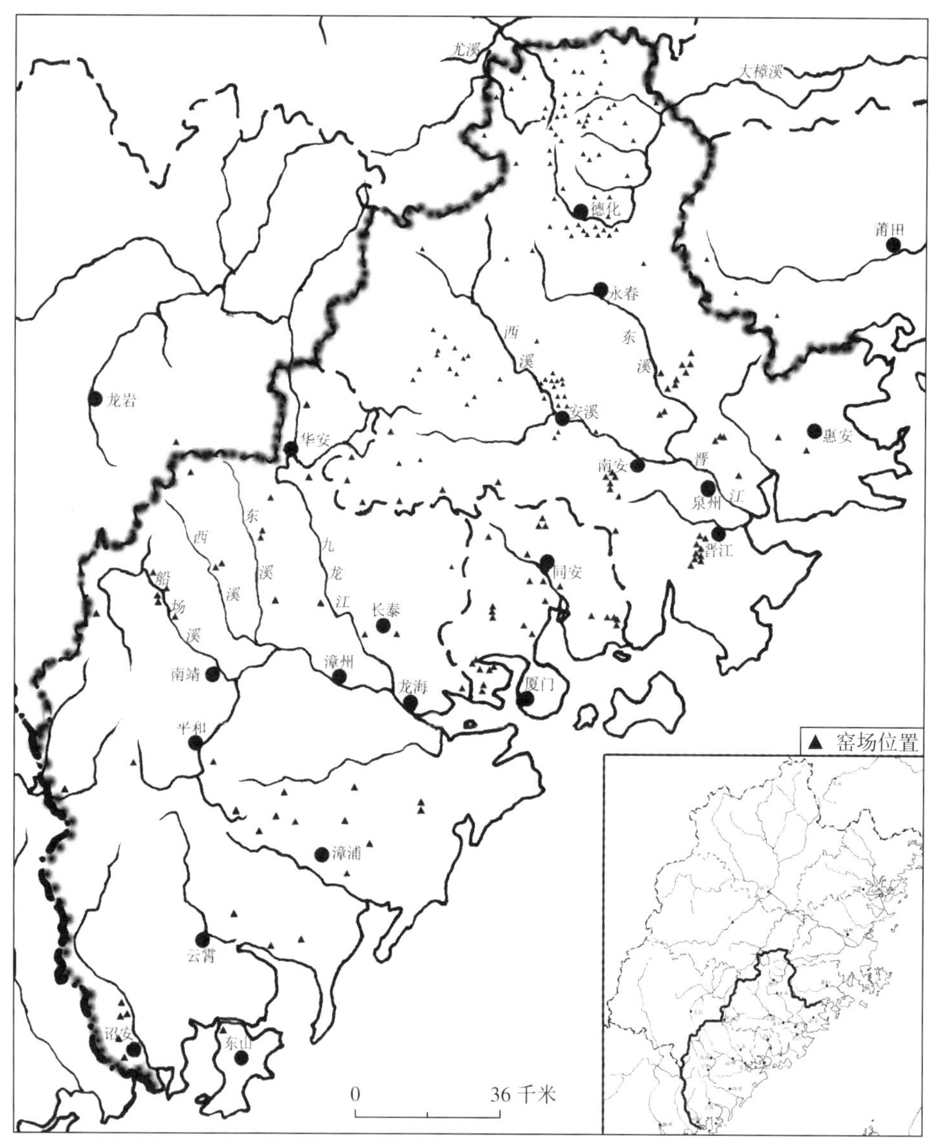

图 3–1　闽南地区宋至清代窑场分布简图

［1］林德民：《略谈泉州东门窑》，《福建文博》1996 年第 2 期，第 173~175 页。

［2］傅宋良、陈娟英、郑东、彭景元：《厦门杏林晚唐、五代窑址及相关问题的初探》，厦门博物馆编：《厦门博物馆建馆十周年成果文集》，福州：福建教育出版社，1998 年，第 18~25 页；郑东、蔡鸿涌：《厦门古代瓷业及其年代分期》，《福建文博》1999 年增刊总第 35 期，第 156~161 页。

［3］陈建中：《德化窑始烧年代考》，《福建文博》1999 年增刊总第 35 期，第 133、134、141 页。

［4］曾凡：《福建陶瓷考古概论》，福州：福建省地图出版社，2001 年。

一　各区窑场的分布

闽南地区宋至清代的窑场数量多，分布密集，三个区域内均形成了较为集中而又颇具规模的瓷窑群体，其产品也具有相似的特征。下面即以考古调查、发掘及文物普查资料为据[1]，对各区窑场分别进行分析。

1．泉州沿海地区

泉州沿海地区的制瓷手工业遗存在泉州、晋江、惠安、南安、厦门、同安等地均有分布，其中以晋江磁灶、南安南坑的窑场最为集中（图 3–2）。

具体来说，窑场主要有：泉港槐山银厝尾[2]，东临湄洲湾；惠安的后窑、窑内[3]，窑场附近

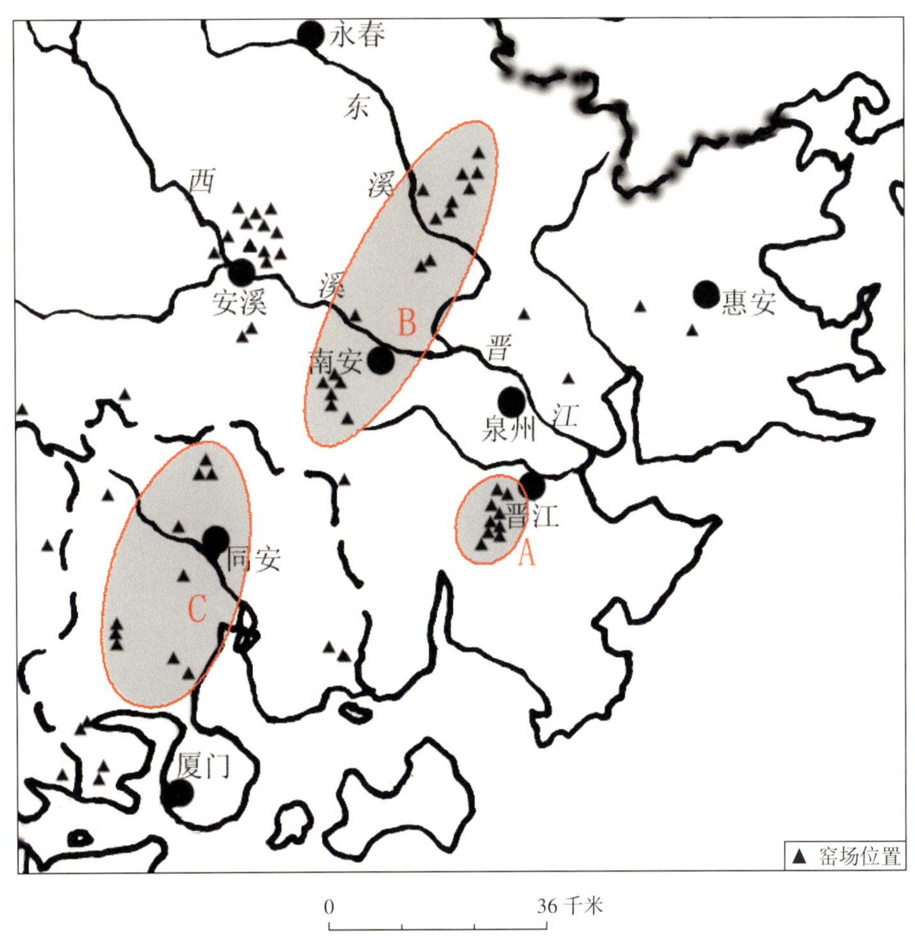

图 3–2　泉州沿海地区窑场分布示意图

A. 北宋早中期至元代　B、C. 北宋晚期至元代

[1] 这里的考古资料包括已发表的相关瓷窑遗址调查、发掘简报和报告等，文物普查资料则主要参阅了国家文物局主编：《中国文物地图集·福建分册》（上、下），福州：福建省地图出版社，2007 年。

[2] 福建省博物馆：《福建惠安银厝尾古窑址发掘简报》，《考古》1993 年第 1 期，第 37~41 页；国家文物局主编：《中国文物地图集·福建分册》，上册，第 210、211 页；下册，第 431、432 页。

[3] 国家文物局主编：《中国文物地图集·福建分册》，上册，第 196、197 页；下册，第 374 页。

的溪流或直接注入湄洲湾，或注入洛阳江而汇入泉州湾；泉州东门[1]，其旁有小溪汇流洛阳江而入泉州湾；晋江磁灶溪垅山、虎子山、后山、大树威、金交椅山[2]、宫仔山、土尾庵[3]、蜘蛛山、童子山等[4]，其窑场多位于晋江支流或直接注入泉州湾的溪流岸畔；南安东田南坑、高山、瓷头行、寮仔、后垅山、汤井，罗东荆坑、直坑、白扩山、梧毛寨、宫后山、太高寨，仑苍白土、康美顶东、水头碗盒山、梅山苦田、芸头山、官桥家山寨、九都青林等[5]，分别位于晋江中上游的东溪、梅溪、西溪及其支流附近[6]；厦门集美碗窑[7]、垄仔尾、磁窑、鲎壳帽，杏林东瑶、周瑶、许厝、祥露[8]、上瑶、困瑶[9]，多位于注入海湾的小溪，或靠近马銮湾、厦门湾；同安汀溪[10]、章厝、寨山、林窑、后田、黄厝、下宋厝、上陵等[11]，基本分布于汀溪、澳溪、西溪或海湾附近。

从前后变化来看，北宋早中期，窑场的数量较少，以晋江磁灶窑为代表；北宋中期偏晚阶段，窑场数量逐渐增多，分布范围扩大，至北宋晚期至南宋早期，已形成较大规模；南宋中晚期，该区窑场的规模进一步扩大，上一期大多数窑场继续烧造，并新建了一些窑场，尤其是靠近内地的南安窑、同安窑；元代的窑场略有收缩，已较为分散，仍以磁灶窑、南安窑、同安窑为代表（大致范围如图所示）。

上述这些窑场或瓷窑群中，以晋江磁灶窑、南安南坑窑最为突出，产品特征明显，形成了该区域制瓷手工业的中心区域。磁灶窑的窑场遍布磁灶村、岭畔村、乾埔村一带，主要有许山、宫仔山、顶山尾、大树威、蜘蛛山、土尾庵、山坪、童子山、曾竹山、金交椅山、溪乾山、铜锣山、路山尾、宫后山、寨边山、窑尾草埔、下尾虎、瓮灶崎等；大多建于梅溪等晋江支流的沿岸，烧造时间长，自南朝以来至清代，窑场历经变迁转移，相迭兴烧不断[12]。南坑窑的窑场面积约有20万平方米，以南安东田南坑为中心，包括大坝垵、大场仑、土垅后、仑坪扩、格仔口、大宫后、顶南埔、长垵埔、枪仔岭、新田、牛路沟、五坝等20多处（图3-3），与附近的高山、瓷头行、寮仔、后垅山等窑场连为一片，位于晋江中游地区西溪的支流岸畔，成为该地区分布密集的颇具代表性的瓷窑群之一，其文化堆积十分丰富，大部分属于宋元时期。

2．泉州内陆地区

泉州内陆地区的窑场分布于德化、永春、安溪等地，其中德化、安溪两地数量多、范围广，尤

---

[1] 林德民：《略谈泉州东门窑》，《福建文博》1996年第2期，第173~175页。

[2] 福建博物院：《晋江磁灶金交椅山窑址发掘简报》，《福建文博》2005年第2期，第26~46页。

[3] 福建省博物馆：《磁灶土尾庵窑发掘简报》，《福建文博》2000年第1期，第25~35页。

[4] 国家文物局主编：《中国文物地图集·福建分册》，上册，第192~193页；下册，第357页。

[5] 国家文物局主编：《中国文物地图集·福建分册》，上册，第198~201页；下册，第383~385页；杨小川：《南安市篦点划花青瓷介述》，《福建文博》1996年第2期，第169~172页。

[6] 本文所引溪流的名称主要依据高秀静主编：《福建省地图册》，北京：中国地图出版社，2004年。

[7] 福建博物院、厦门市博物馆：《厦门集美后溪碗窑窑址发掘简报》，《福建文博》2004年第2期，第42~51页。

[8] 郑东：《厦门宋元窑址调查及研究》，《东南文化》1999年第3期，第35~43页。

[9] 厦门市文物管理委员会：《厦门海沧宋代窑址发掘简报》，《南方文物》1999年第2期，第11~22页。

[10] 福建省文物管理委员会：《同安县汀溪水库古瓷窑调查记》，《文物参考资料》1958年第2期，第32、33页；李辉柄：《福建省同安窑调查纪略》，《文物》1974年第11期，第80~84页；叶文程、丁炯淳、芮国耀：《福建南部的几处青瓷窑址》，《中国考古学会第三次年会论文集》（1981），北京：文物出版社，1984年，第165~169页；丁炯淳：《同安汀溪窑址调查的新收获》，《福建文博》1987年第2期，第56~60页；傅宋良、林元平：《中国古陶瓷标本·福建汀溪窑》，广州：岭南美术出版社，2002年。

[11] 国家文物局主编：《中国文物地图集·福建分册》，上册，第158、159页；下册，第200、201页。

[12] 1976~1980年，晋江地区文管会对磁灶进行多次调查，共调查出古窑址20余处，考证出南朝窑址1处、唐代窑址5处、唐宋窑址1处、宋元窑址12处、清代窑址7处。参考叶文程、苏垂昌、黄世春：《晋江磁灶窑的发展及其外销》，《中国古代陶瓷的外销——1987年晋江年会论文集》，北京：紫禁城出版社，1988年，第61~65页。

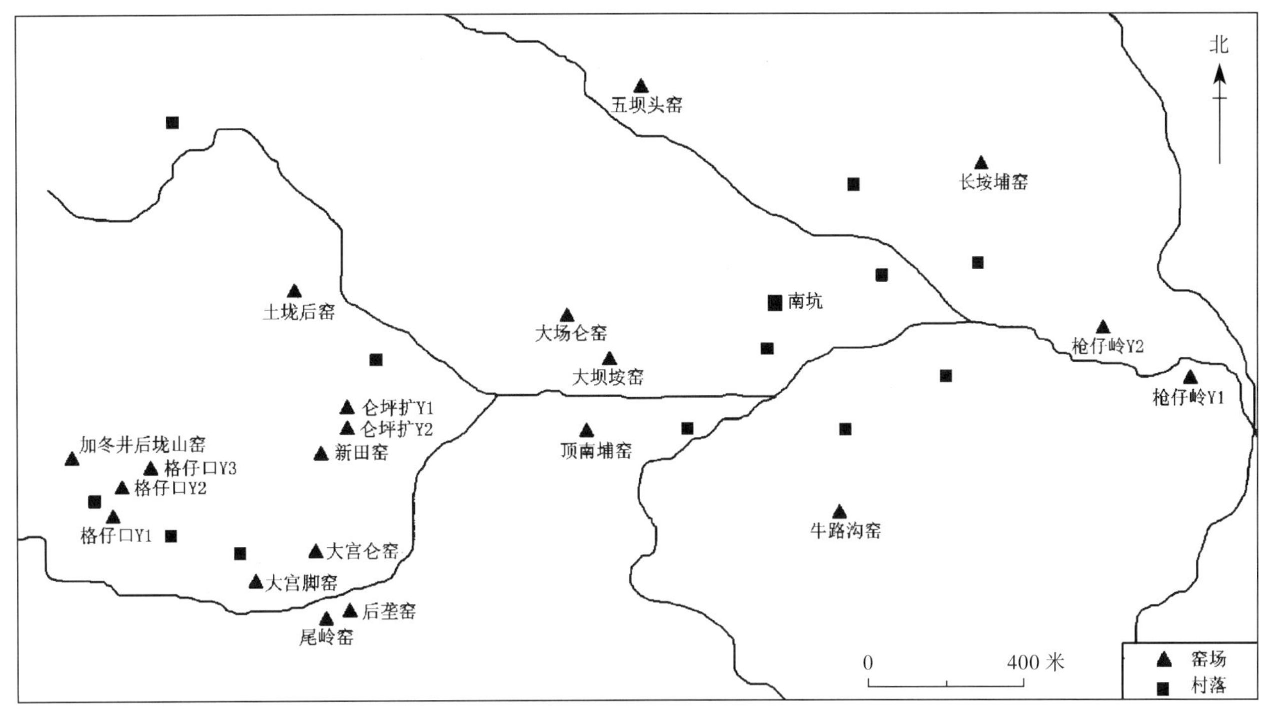

图 3–3　南安南坑窑窑场分布图

（据福建博物院文物考古研究所调查资料改绘）

以德化窑的分布最为密集（图 3–4）。

根据多次普查、考古调查和发掘资料，德化的古瓷窑场计有 223 处之多，遍布全县 16 个乡镇 66 个村（图 3–5），其中浔中地区宋至清代（有的延至民国时期）的窑场竟达 84 处之多，盖德、三班、上涌等地分布也比较集中[1]。这些窑场主要有：浔中初溪、宫后、大草埔、后所、西门头，石排岭、后窑甲、乙址、公婆山、拱桥垅、后深、后店子、前欧、屈斗宫、祖龙宫、岭兜、甲杯山；三班上寮、火路脚、桐岭，大垄口甲、乙址、尾林甲、乙址、梅岭，桥内佳春岭、碗窑山，乌鲁坪、内坂、东坪、奎斗湖枫林、碗窑、旧窑、新窑、洞上、南岭；盖德碗坪崙、宫后头公田仑、后坑垄、后垄仔、碗洋坑大坂甲、乙址；上涌潭仔边、月形仑、许坑林、下涌、门头、后坂、仙亭厂、云路、曾坂、陈仔坂、西溪；葛坑湖头、龙塔、石坊、大岭；汤头洋头瓷窑路、格头、岭脚、丘埕，等等[2]。这些窑场随山地、溪流密集分布，主要位于大樟溪上游地区的涌溪、浐溪、国宝溪等支流岸畔，也有的建于尤溪上游地区坂面溪支流大张溪、岭脚溪、下饲溪溪边，这些溪流最终汇注闽江入海。

永春的窑场均位于晋江上游地区桃溪、湖洋溪、都溪、坑仔口溪等支流附近，数量不多，主要有草洋、玉美、蓬莱、锦斗、龙山、洋坪、介福、嵩安等[3]。

安溪的窑场集中分布于龙涓、尚卿、长坑、龙门、魁斗等地，主要有龙涓珠塔、福昌、吉山、庄灶、

[1] 福建省晋江地区文物普查工作队：《德化县古瓷窑址普查工作简报（草稿）》，《德化瓷器史料汇编》（上册），第 127~204 页；德化县文物志编纂委员会：《德化县文物志》，德化县文物管理委员会，1996 年，第 29~39 页。

[2] 国家文物局主编：《中国文物地图集・福建分册》，上册，第 208、209 页；下册，第 423~427 页。

[3] 国家文物局主编：《中国文物地图集・福建分册》，上册，第 206、207 页；下册，第 416、417 页。

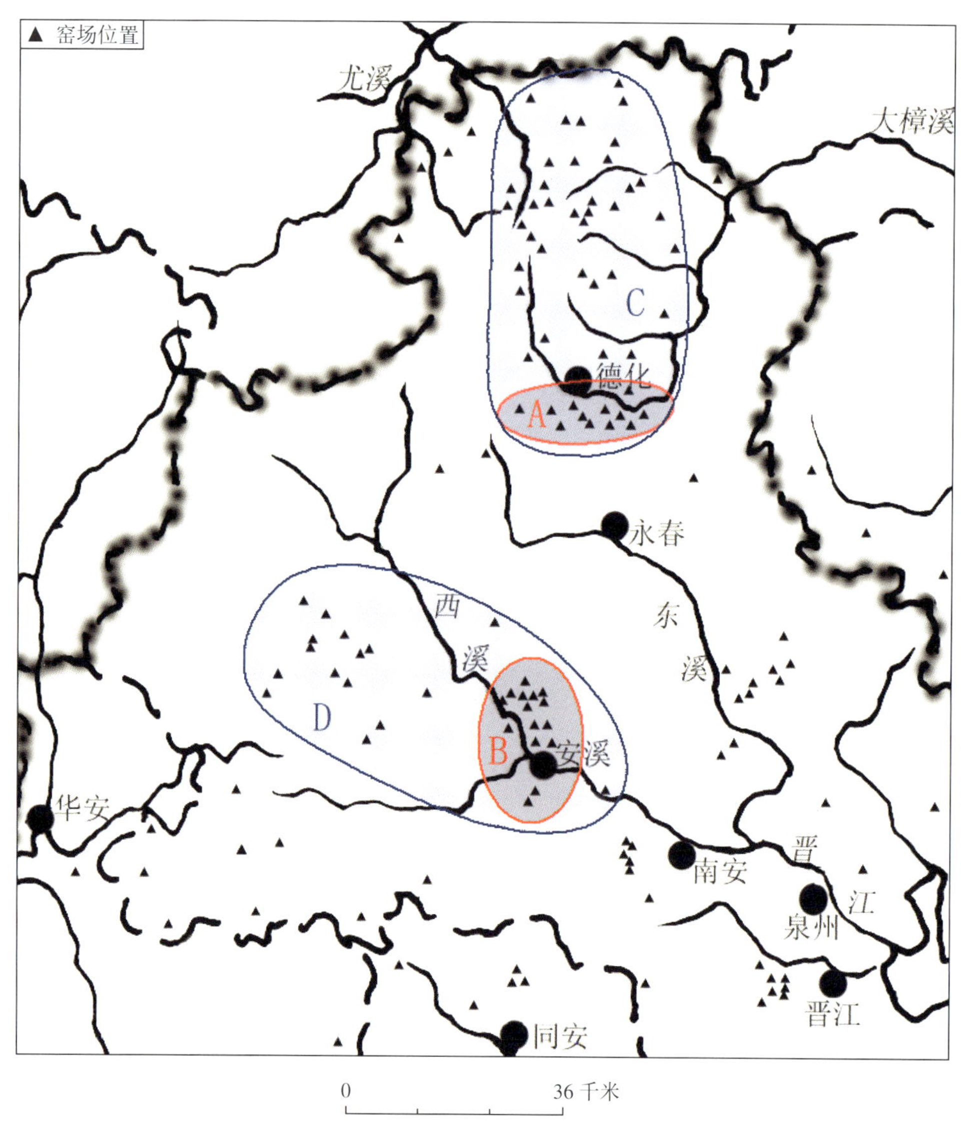

图 3–4　泉州内陆地区窑场分布示意图

A、B. 北宋晚期至元代　C. 明代早中期至清代中晚期　D. 明代早中期至清代早期

黎山、半林、灶坪、石塔、长塔；尚卿翰苑、银坑、科名、福林、科洋、青洋、灶美；魁斗溪东、尾溪、溪山、贞洋、镇西、大岭、奇观、钟山；长坑衡阳、扶地、月眉、云集、营盘；龙门溪窑；参内镇中、镇东、祜水，等等[1]。这些窑场多属明清时期，大多位于晋江上游地区西溪及其支流龙潭溪、小蓝溪附近，有些则处于九龙江支流高层溪、龙津溪的上游地区。

这一区的窑场，自北宋中期偏晚逐渐兴建，并迅速发展，主要分布于德化的浔中、安溪魁斗一带；至南宋晚期、元代，窑场数量激增，规模扩大，仍集中于德化的浔中、三班、盖德及安溪的魁斗；明代以后，尤其是明代晚期至清代早期，窑场几乎遍布泉州内陆各地；清代中晚期以后，略收缩，集中分布于德化（如图所示）。

[1] 国家文物局主编：《中国文物地图集·福建分册》，上册，第 202~205 页；下册，第 399~402 页；安溪县文化馆：《福建安溪古窑址调查》，《文物》1977 年第 7 期，第 58~67 页。

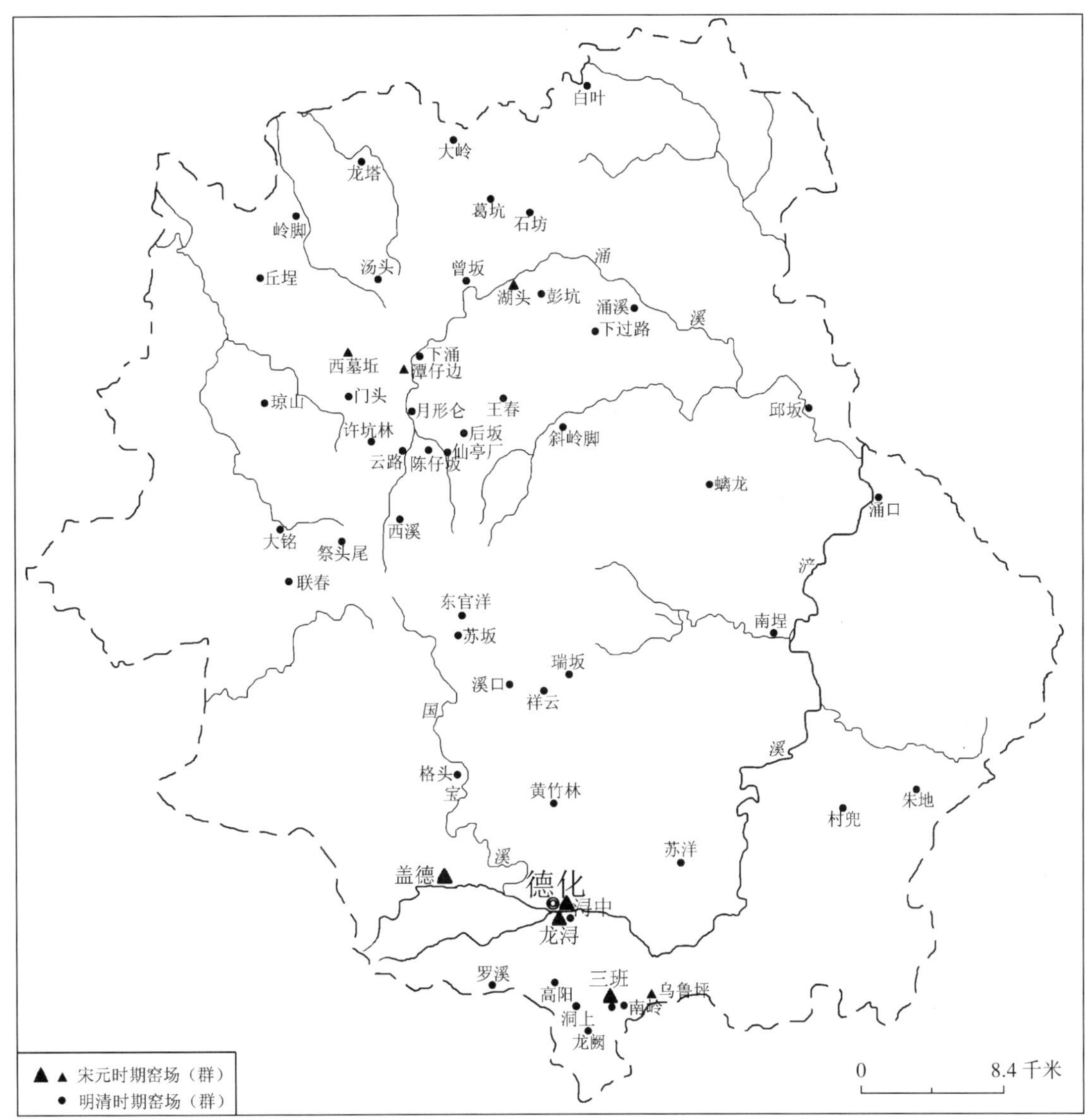

图 3-5　德化窑窑场分布图

（据德化陶瓷博物馆资料改绘）

3．漳州地区

漳州地区窑场在漳州市、龙海、漳浦、华安、东山、长泰、云霄、南靖、平和、诏安等地均有发现，其中以平和、华安—南靖两地的分布最为密集（图 3-6）。

漳州芗城碗窑山[1]、龙文山头[2]、龙海金山[3]，散布于九龙江下游的北溪或入海口附近。长泰碗盒山、岩仔尾[4]，位于龙津溪支流旁边。华安际北下、白叶坂、东溪[5]、下垅、官畲、外

[1] 国家文物局主编：《中国文物地图集・福建分册》，下册，第 216 页。

[2] 国家文物局主编：《中国文物地图集・福建分册》，下册，第 227 页。

[3] 国家文物局主编：《中国文物地图集・福建分册》，下册，第 231 页。

[4] 国家文物局主编：《中国文物地图集・福建分册》，上册，第 178、179 页；下册，第 296 页。

[5] 栗建安：《东溪窑调查纪略》，《福建文博》1993 年第 1、2 期，第 138~150 页；林焘、叶文程、唐杏煌、罗立华：《福建华安下东溪头窑址调查简报》，《东南文化》1993 年第 1 期，第 229~236 页；福建省博物馆、漳州市博物馆：《华安东溪窑 1999 年度调查》，《福建文博》2001 年第 2 期，第 50~69 页。

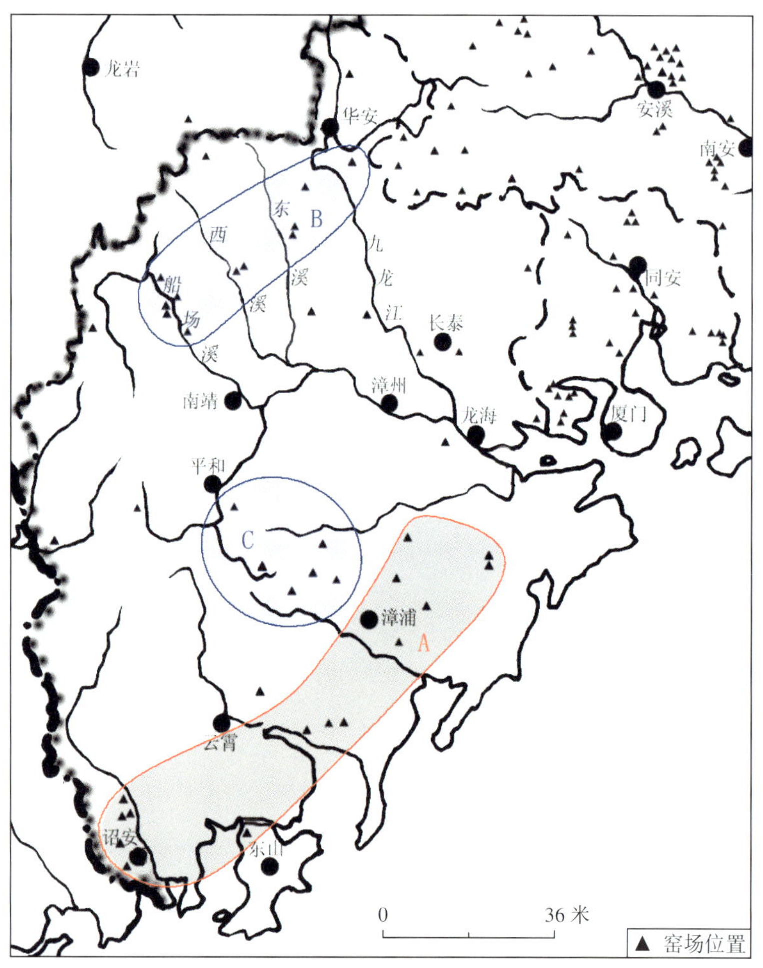

图 3-6　漳州地区窑场分布示意图

A. 北宋晚期至南宋中晚期　B. 明代晚期至清代早期　C. 明代晚期至清代中期

洋[1]，分布于九龙江及其支流高车溪、永丰溪附近。南靖大坑内、通坑、庚仔口、梅林碗坑[2]、仙师公、东坑内、溪仔山、溪尾山、碗坑盂[3]，分别位于龙山溪及其支流永丰溪、船场溪溪畔山坡之上。平和官峰[4]、山兜、南胜花仔楼、碗窑山（窑仔山）、田坑、蕉山，五寨城仔迹、洞口、扫帚金、通坑内、狗头山（垅仔山）、大垅、二垅、后巷、田中央（巷口山）、虎仔山[5]，窑场分布在九龙江西溪支流花山溪、文峰溪、南胜溪边。漳浦罗宛井、竹树山、南山、南门坑、仙洞[6]、祖妈林[7]、赤土[8]、石步溪、瓷窑坑、石寨、浯源[9]、澎（坪）水[10]，大多位于由西北而东南入海的赤湖溪、三坪溪、浯江溪、鹿溪、杜浔溪溪畔或入海口附近。云霄火田水头[11]、高田[12]，位于漳江支流北溪岸畔。东山磁窑[13]、后

[1] 国家文物局主编：《中国文物地图集·福建分册》，上册，第 174、175 页；下册，第 284 页。

[2] 福建省博物馆：《漳州窑——福建漳州地区明清窑址调查发掘报告之一》，福州：福建人民出版社，1997 年，第 24~27 页。

[3] 国家文物局主编：《中国文物地图集·福建分册》，上册，第 182、183 页；下册，第 309、310 页。

[4] 平和县博物馆：《平和官峰窑址调查报告》，《福建文博》1998 年增刊总第 32 期，第 32~35 页。

[5] 福建省博物馆考古部、平和县博物馆：《平和县明末清初青花瓷窑址调查》，《福建文博》1993 年第 1、2 期，第 162~167 页；福建省博物馆、平和县博物馆：《福建平和县南胜、五寨古窑址 1993 年度调查简报》，《福建文博》1995 年第 1 期，第 74~82 页；朱高健、李和安：《平和南胜窑调查报告》，《福建文博》1996 年第 2 期，第 152~155、89 页；国家文物局主编：《中国文物地图集·福建分册》，下册，第 324、325 页。

[6] 王文径：《福建漳浦宋、元窑址》，《中国古代陶瓷的外销——1987 年晋江年会论文集》，北京：紫禁城出版社，1988 年，第 106~110 页。

[7] 福建省文管会：《漳浦县祖妈林水库古窑址调查记》，《福建省古窑址资料汇编》（油印本），福建省文物管理委员会编印，1959 年，第 25、26 页。

[8] 王文径：《福建漳浦县赤土古窑址调查》，《考古》1993 年第 3 期，第 248~253 页。

[9] 梅华全：《漳浦县古窑址考察》，《福建文博》1987 年第 1 期，第 56~61 页；福建省博物馆：《福建漳浦县古窑址调查》，《考古》1987 年第 2 期，第 119~123、108 页；国家文物局主编：《中国文物地图集·福建分册》，上册，第 165~171 页；下册，第 246、247、249 页。

[10] 福建省博物馆：《漳州窑——福建漳州地区明清窑址调查发掘报告之一》，福州：福建人民出版社，1997 年，第 21~23 页。

[11] 汤毓贤：《福建云霄火田水头窑调查》，《福建文博》1999 年增刊总第 35 期，第 144~148 页。

[12] 福建省博物馆：《漳州窑——福建漳州地区明清窑址调查发掘报告之一》，福州：福建人民出版社，1997 年，第 24 页。

[13] 国家文物局主编：《中国文物地图集·福建分册》，上册，176、177 页。

壁山[1]，临近海湾。诏安秀篆、朱厝、官陂[2]、上陈、侯山、后壁山、麻园、肥窑[3]，多在东南入海的东溪及其支流庵下溪、石陂面溪等溪流附近。

总体来看，漳州地区制瓷手工业自北宋中期偏晚时期逐渐发展起来，北宋晚期至南宋早期，窑场多分布于沿海地区；南宋中晚期规模略有扩大，仍集中于漳浦地区；元代至明代早期数量减少，规模缩小；明代中期偏晚时期再度发展，至明代晚期窑场数量激增，范围扩大，并向内陆地区转移，集中于平和的南胜和五寨、华安和南靖的东溪一带，一直延续至清代早期；清代中期以后，窑场数量减少，规模有所收缩，且其烧造中心则由平和向华安和南靖东溪一带转移（如图所示）。

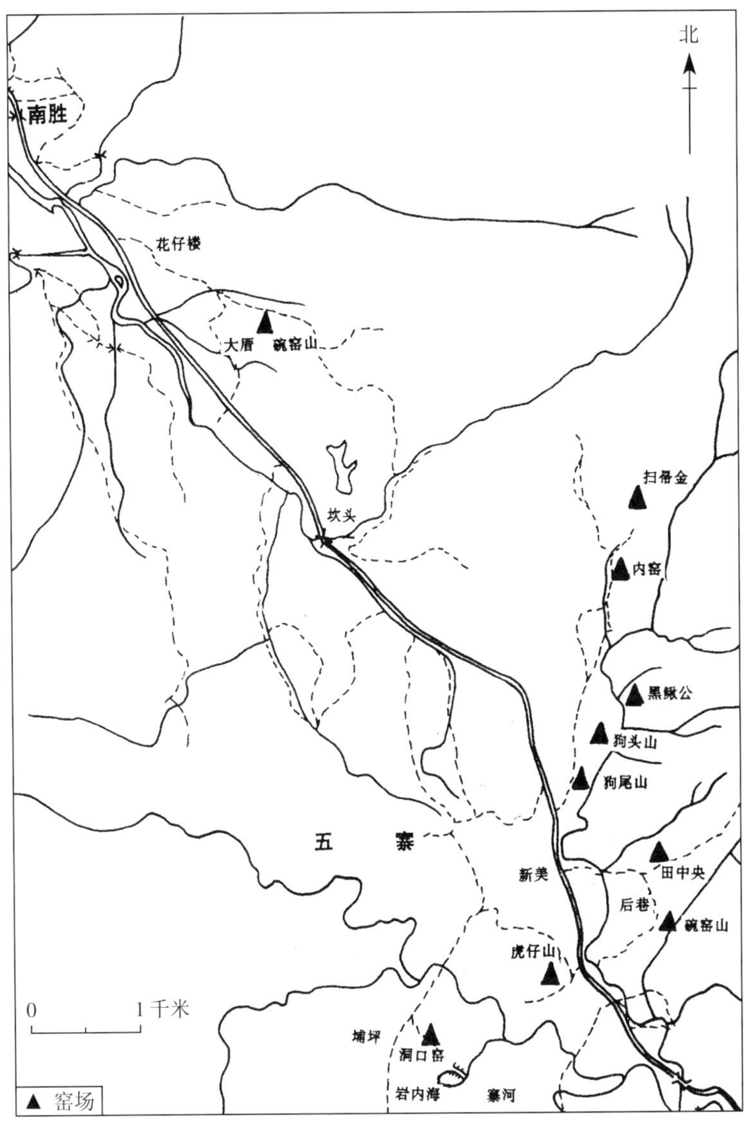

图 3-7　平和南胜五寨窑场分布图

（引自福建省博物馆:《漳州窑》，福州：福建人民出版社，1997 年，第 6 页）

这一地区的窑场，尤以平和南胜和五寨窑、华安和南靖东溪窑分布最为密集，其中南胜、五寨窑也有近 20 处窑场（图 3-7），分布在花山溪支流南胜溪边或鹿溪上游岸畔[4]；东溪窑则主要位于华安、南靖交界地带的内陆山区，集中分布于永丰溪支流东溪岸畔[5]，仅此处即有 15 处之多（图 3-8），新的考古调查成果表明数量更多，分布范围也可扩展至周边地区[6]。

［1］霍杰娜、林立：《福建东山岛宋元窑址调查报告》，《南方文物》2004 年第 1 期，第 11~15 页；中国水下考古研究中心、福建博物院、东山县博物馆：《东山县古窑址调查报告》，《福建文博》2007 年第 4 期，第 8~17 页。

［2］福建省博物馆：《漳州窑——福建漳州地区明清窑址调查发掘报告之一》，福州：福建人民出版社，1997 年，第 16~21 页。

［3］国家文物局主编：《中国文物地图集·福建分册》，上册，第 186、187 页；下册，第 332 页；福建省博物馆、厦门大学人类学系：《福建诏安考古调查简报》，《福建文博》1987 年第 1 期，第 3~10 页。

［4］国家文物局主编：《中国文物地图集·福建分册》，下册，第 324、325 页。

［5］栗建安：《东溪窑调查纪略》，《福建文博》1993 年第 1、2 期，第 138~150 页；林焘、叶文程、唐杏煌、罗立华：《福建华安下东溪头窑址调查简报》，《东南文化》1993 年第 1 期，第 229~236 页；福建省博物馆、漳州市博物馆：《华安东溪窑 1999 年度调查》，《福建文博》2001 年第 2 期，第 50、69 页。

［6］羊泽林：《东溪窑考古调查与发掘》，“海丝·东溪窑学术研讨会”论文，南靖，2017 年 3 月 18 日；栗建安：《华安东溪窑遗址考古回顾与展望》，福建省华安县人民政府编：《华安东溪窑学术研究论文集》，北京：文物出版社，2016 年，第 13~21 页。

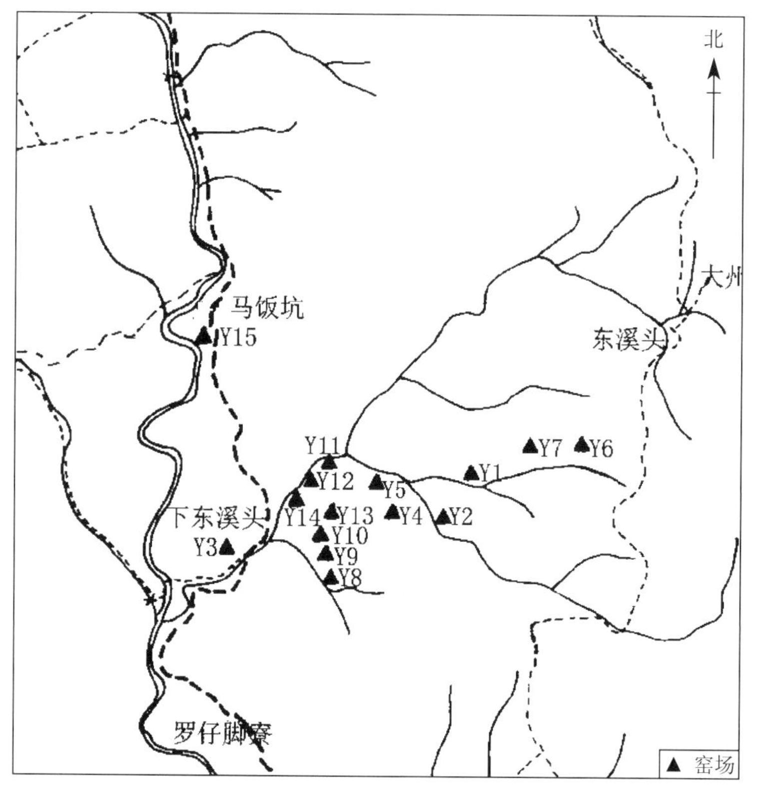

图 3–8　华安东溪窑窑场分布图

（引自栗建安:《东溪窑调查纪略》,《福建文博》, 1993 年第 1、2 期, 第 138 页）

二　窑场的区域分布特征

从上述三区窑场的分布情况来看，闽南地区宋至清代的制瓷手工业具有明显的区域性特征，包括该地区窑场的整体分布特征、内部的区域差异两个方面。

1. 整体分布特征

闽南地区溪流密布，蜿蜒穿梭，而汇成晋江、九龙江两大水系，自西北向东南汇流入海。该地区的窑场即大多分布于这些溪流及其支流岸畔的山坡或台地上，而北部的德化窑窑场主要位于闽江支流大樟溪、尤溪上游地区的支流附近，沿海地区的有些窑场建在直接汇流入海的汀溪、鹿溪、漳江、东溪等或其支流岸畔，而有的窑场则直接建于东南沿海港湾附近（图 3–9）。这样，一方面，该地区的山地、丘陵地形，林木茂盛，解决了南方地区龙窑在烧窑过程中的燃料问题，即提供了充足的木柴；另一方面，在闽南各地制瓷原料丰富、方便取用的条件下，这些溪流就解决了制瓷过程中的用水问题，如练泥、淘洗、陈腐、制坯、施釉等工艺均需要大量用水。同时，这些水系形成了发达的水运网络，在瓷器主要依靠水路运输的基础上，可运至沿途市镇或直达海滨港市，也就为瓷器产品由窑场到市场的交通运输提供了十分便利的条件。

闽南地区的窑场大多集中分布，并形成了各自制瓷手工业生产的中心区域。这突出表现在三个区域内均有分布密集而具代表性的窑场，即泉州沿海地区的晋江磁灶窑、南安南坑窑和罗东窑、同安汀溪窑，泉州内陆地区的浔中德化窑、魁斗安溪窑，漳州地区的华安和南靖的东溪窑、平和南胜和五寨窑。在这些具代表性瓷窑群的基础上，各地窑场数量增加，生产规模扩大，从而逐渐促成了闽南地区制瓷手工业的规模化生产，也使得该地区成为福建地区制瓷手工业最为发达的区域[1]。

值得注意的是，这些较为集中的每个瓷窑群，涵盖了附近的多处窑场，如前述东溪窑的 15 处窑场；而其中的一些窑场，又包括了多座窑炉遗迹，如磁灶金交椅山窑场即是环山而建有 4 座不同的窑炉（图 3–10）[2]，前述德化窑中的甲、乙址等也属一处窑场的多座窑炉，漳浦罗宛井窑场有 3 座窑

[1] 栗建安：《福建古瓷窑考古概述》，福建省博物馆编：《福建历史文化与博物馆学研究——福建省博物馆成立四十周年纪念文集》，福州：福建教育出版社，1993 年，第 175~181 页；栗建安：《福建古窑址考古五十年》，《陈昌蔚纪念论文集·陶瓷》，台北：财团法人陈昌蔚文教基金会，2001 年，第 9~38 页。

[2] 福建博物院：《晋江磁灶金交椅山窑址发掘简报》，《福建文博》2005 年第 2 期，第 26~46 页。

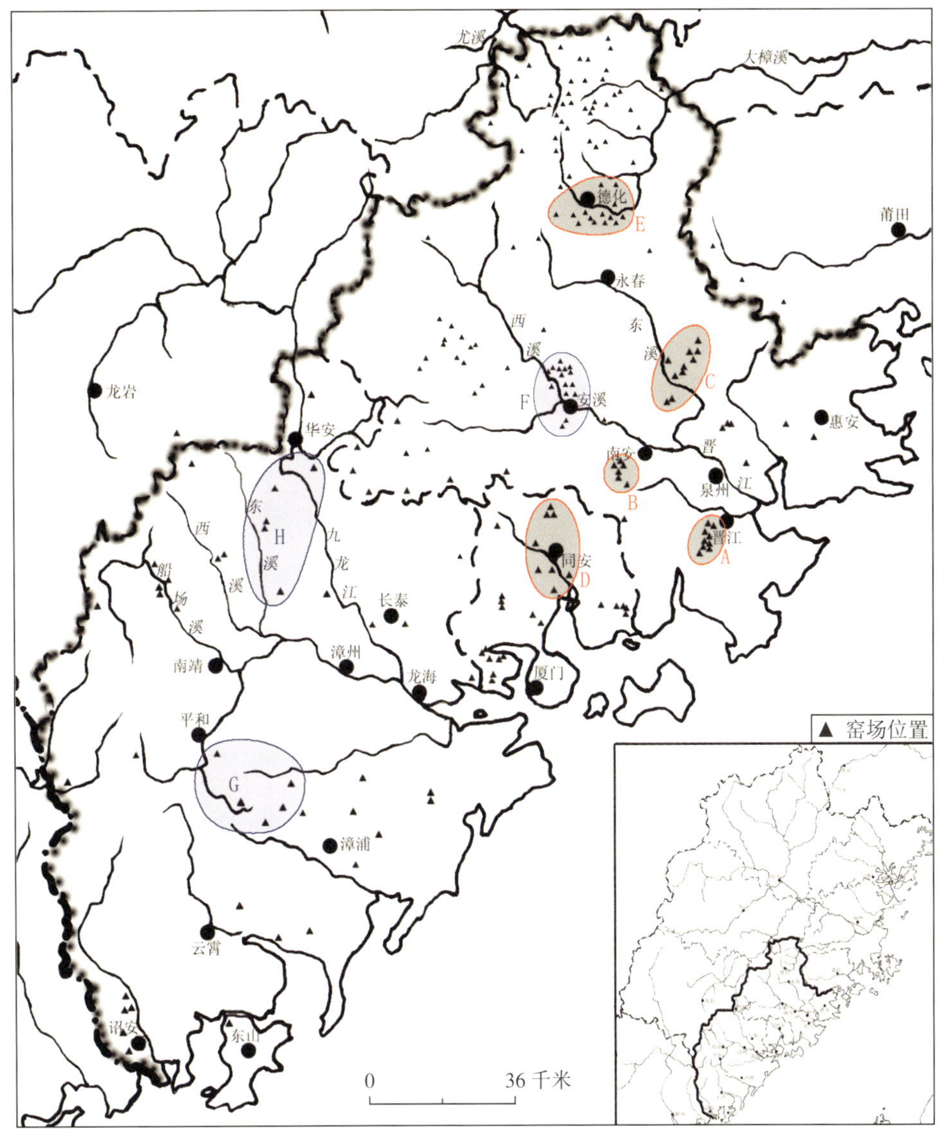

图 3-9　闽南地区窑场分布图

A. 磁灶窑　B. 南坑窑　C. 罗东窑　D. 汀溪窑　E. 浔中窑　F. 魁斗窑　G. 南胜和五寨窑　H. 东溪窑

图 3-10　磁灶金交椅山窑址周围环境与窑炉分布

（引自福建博物院、晋江博物馆编著：《磁灶窑址》，北京：科学出版社，2011 年，图版五八）

炉[1]，平和南胜花仔楼窑场有 3 座窑炉相邻（图 3-11）[2]，五寨洞口陂沟窑场则是 2 座窑炉[3]。同时，窑场中的每一座窑炉，往往又有具叠压打破关系的两层或多层窑炉，如经过考古发掘的南安南坑仑坪扩窑[4]、德化甲杯山窑[5]、华安马饭坑窑[6]、南靖封门坑窑[7]。

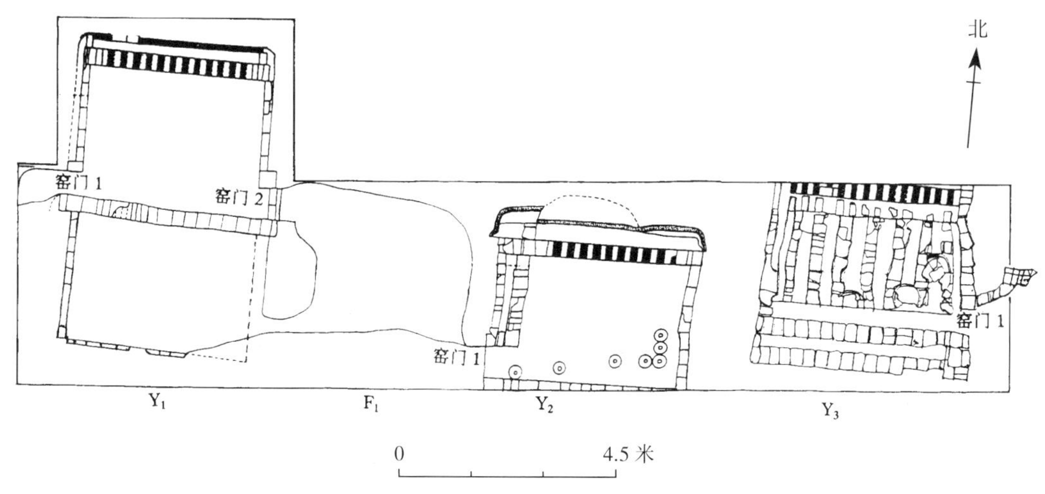

图 3-11　平和南胜花仔楼窑址窑炉遗迹分布图

（引自福建省博物馆:《漳州窑》,福州:福建人民出版社,1997 年,第 32 页）

从闽南地区整个范围内来说，各地窑场更迭兴盛，自宋迄清均有烧造，延续时间长。这些瓷窑群之间又是相互影响的，突出的表现是，其瓷器品类及总体工艺特征，在同一时期内大多具有一定的相似性[8]。比如，北宋晚期至南宋早期的青白釉瓷器，南宋中晚期的青釉瓷器、篦划纹装饰，南宋晚期至元代的支圈覆烧工艺，明代晚期至清代早期的青花瓷器、白釉瓷器，各时期以碗、盘、盒等为主要器类组合，等等。

2．内部区域差异

一般而言，闽南地区的窑场，沿海地区多靠近海湾，内陆则集中于河流两岸。窑场的地域分布是不平衡的，内陆山地起伏较大地区要比沿海平原地区分布密集。泉州内陆地区的窑场多于泉州沿海地区，特别是德化窑、安溪窑的窑场数量具有明显优势；即便是泉州沿海地区，其窑场也是靠近内陆的南安多于沿海的惠安、晋江等地。漳州地区靠近内陆的华安、平和也要多于滨海地区的龙海、漳浦、云霄、诏安。这种分布情况，主要是由制瓷原料决定的，相对而言，内陆山区可以使用的制瓷原料更为丰富。

具体到各区的每处窑场，同一时期内也存在着一定的生产分工，主要体现于瓷器的品种和器类。

[1] 福建省博物馆：《漳浦罗宛井窑抢救发掘的主要收获》，《福建文博》2001 年第 2 期，第 70~76 页。

[2] 福建省博物馆：《漳州窑——福建漳州地区明清窑址调查发掘报告之一》，福州：福建人民出版社，1997 年，第 30~58 页。

[3] 福建省博物馆：《平和五寨洞口窑址的发掘》，《福建文博》1998 年增刊总第 32 期，第 3~31 页。

[4] 栗建安：《福建陶瓷外销源流》，《文物天地》2004 年第 5 期，第 12~22 页。

[5] 福建博物院、德化县文物管理委员会、德化陶瓷博物馆：《德化明代甲杯山窑址发掘简报》，《福建文博》2006 年第 2 期，第 1~15 页。

[6] 福建博物院、华安县博物馆：《华安东溪窑 2007 年发掘简报》，《福建文博》2016 年第 2 期，第 2~13 页。

[7] 福建博物院、南靖县文物保护中心：《南靖县东溪窑封门坑窑址 2015 年发掘简报》，《福建文博》2015 年第 3 期，第 2~15 页。

[8] 这里主要是想说明该地区产品的相似性是窑场分布共性体现的一个方面，具体特征下文将有详述。

比如，泉州南安蓝溪寮仔窑 Y1 烧造青白釉瓷器[1]，器类是以碗为主要产品的，所出土的碗类器物占总数的四分之三，其次是盒，约占七分之一；而南安南坑格仔口窑 Y1 的产品则以青白釉碗、盒为主，其数量大体相当[2]；德化祖龙宫窑以白釉碗、盘类器物为主，甲杯山窑则是以各类白釉杯居多[3]；平和南胜花仔楼窑以青花大盘为主，五寨大垅、二垅窑则以碗、碟为多数[4]。

闽南地区的窑场分布格局反映了该地区制瓷手工业的区域性差异，这种差异更多地体现于其制瓷工艺技术及产品面貌和特征，并呈现出明显的阶段性变化。

第二节 闽南地区窑场的变迁

闽南地区自夏商周时期在制陶技术的基础上开始烧造原始青瓷，至南朝晚期已烧制成熟瓷器，历经隋唐、五代时期的发展，宋元时期进入繁荣阶段，明清时期又有了新的发展。在这长期的发展过程中，各地窑场不断发展，也有了较大的变化。下面结合闽南地区宋代以前窑场的分布情况，进一步阐述窑场的变迁及其阶段性特点。

一 宋代以前

闽南地区制瓷手工业的历史可以追溯到夏商周时期泉州内陆山区的原始瓷器。根据最新的考古资料，永春介福苦寨坑窑址发掘揭露出 9 座有叠压打破关系的窑炉遗迹，出土遗物包括尊、罐、钵、壶类的原始青瓷和印纹硬陶，窑炉为土洞式长条形龙窑，不同于东苕溪流域早期原始瓷器的制瓷技术体系，其时代相当于中原地区夏商时期[5]；而德化辽田尖山窑址发现清理了 4 座早期龙窑遗迹，出土一批西周至春秋早期的原始青瓷豆、盂、钵、罐、尊类器物[6]，这两处新近发现的原始瓷窑址是探讨该地区甚至南方地区早期青瓷和制瓷技术起源的重要材料（图 3–12）。

目前发现的该地烧造成熟瓷器的最早窑址则位于泉州沿海地区的晋江磁灶溪口山一带。从现存窑场遗迹来看，仅有一些窑具、生产工具以及与该地区南朝墓葬出土瓷器类似的瓷片等，故而推断其年代大体为“南朝晚期延续到唐代初期”[7]。溪口山窑烧造青釉瓷器，釉色泛灰黄，器类有钵、碗、盘、盘口壶、罐、灯等。至隋唐五代时期，闽南地区烧造瓷器的地点增加，窑场规模扩大，每处窑场往往又有多座窑炉，特别是晚唐、五代时期，制瓷手工业有了较大发展[8]。从目前考古发现来看，这一时期的窑场主要集中于泉州沿海地区，尤其以海湾附近一带地区（图 3–13）。窑场主要有：泉州沿

[1] 此数据由 2003 年南安蓝溪寮仔窑 Y1 发掘资料统计而得，参考孟原召：《泉州沿海地区宋元时期制瓷手工业遗存研究》，北京大学硕士研究生学位论文，2005 年，第 23、24 页。

[2] 据 2003 年南安南坑格仔口窑考古发掘资料。

[3] 据 2001 年德化甲杯山窑、2004 年德化祖龙宫窑考古发掘资料。

[4] 据 1994~1995 年平和花仔楼窑、五寨大垅、二垅窑考古发掘资料，参考福建省博物馆：《漳州窑——福建漳州地区明清窑址调查发掘报告之一》，福州：福建人民出版社，1997 年，第 93 页。

[5] 羊泽林：《福建永春苦寨坑发现原始青瓷窑址》，《中国文物报》2017 年 3 月 10 日第 8 版。

[6] 福建博物院、泉州市博物馆：《德化县辽田尖山原始瓷窑址发掘简报》，《福建文博》2016 年第 1 期，第 2~7 页。

[7] 福建省泉州海外交通史博物馆调查组：《晋江县磁灶陶瓷史调查》，《海交史研究》1980 年总第 2 期，第 30 页。

[8] 陈娟英：《隋唐、五代闽南地区瓷业》，厦门市博物馆编：《闽南古陶瓷研究》，福州：福建美术出版社，2002 年，第 88~96 页；叶文程、林忠干：《福建陶瓷》，福州：福建人民出版社，1993 年，第 126、127 页。

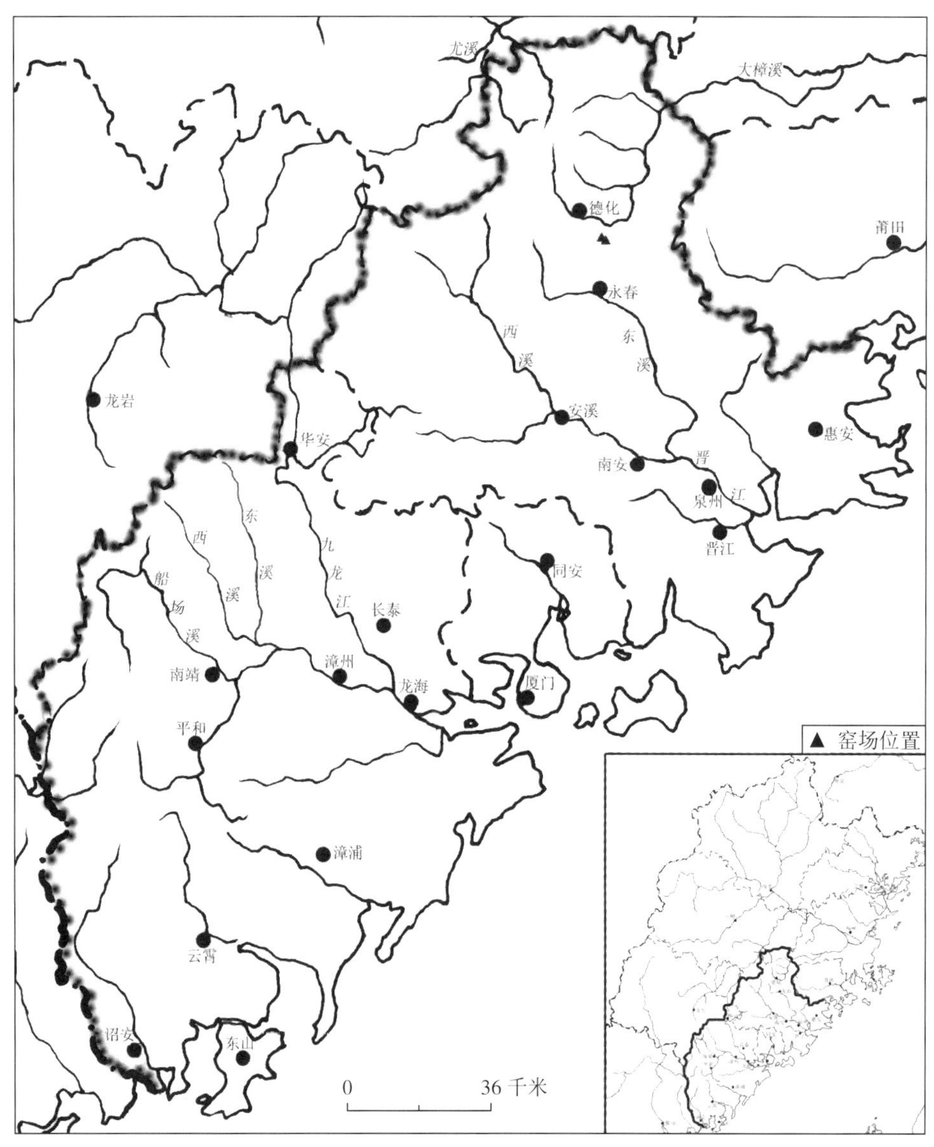

图 3-12 闽南地区原始青瓷窑场分布图

海地区的惠安银厝尾、山仔头，泉州东门[1]，晋江磁灶溪口山、狗仔山、溪墘山、虎仔山、后山、童子山[2]，南安洪濑大尾洋、坝头、四甲，厦门杏林惠佐、许厝、祥露[3]，同安珠厝、瑶头、下山头、磁灶尾、坪边、端平山、东烧尾；泉州内陆地区则有德化美湖墓林[4]，永春草洋[5]。产品主要是青釉瓷器，与越窑瓷器相类[6]，还有黑釉、酱釉等，色泽不一；器类以碗、盘、罐、瓶、执壶、灯等为主。

[1] 林德民：《略谈泉州东门窑》，《福建文博》1996 年第 2 期，第 173~175 页。

[2] 陈鹏、黄天柱、黄宝玲：《福建晋江磁灶古窑址》，《考古》1982 年第 5 期，第 490~498、489 页。

[3] 傅宋良、陈娟英、郑东、彭景元：《厦门杏林晚唐、五代窑址及相关问题的初探》，厦门博物馆编：《厦门博物馆建馆十周年成果文集》，福州：福建教育出版社，1998 年，第 18~25 页。

[4] 陈建中：《德化窑始烧年代考》，《福建文博》1999 年增刊总第 35 期，第 133、134、141 页。

[5] 此处未具体注名的窑场，均参考自国家文物局主编：《中国文物地图集·福建分册》（上、下），福州：福建省地图出版社，2007 年。

[6] 栗建安：《福建唐、五代的"越窑系"青瓷——以古窑址发掘的发现为中心》，浙江省文物考古研究所编：《浙江省文物考古研究所学刊》第五辑，杭州：杭州出版社，2002 年，第 188~192 页。

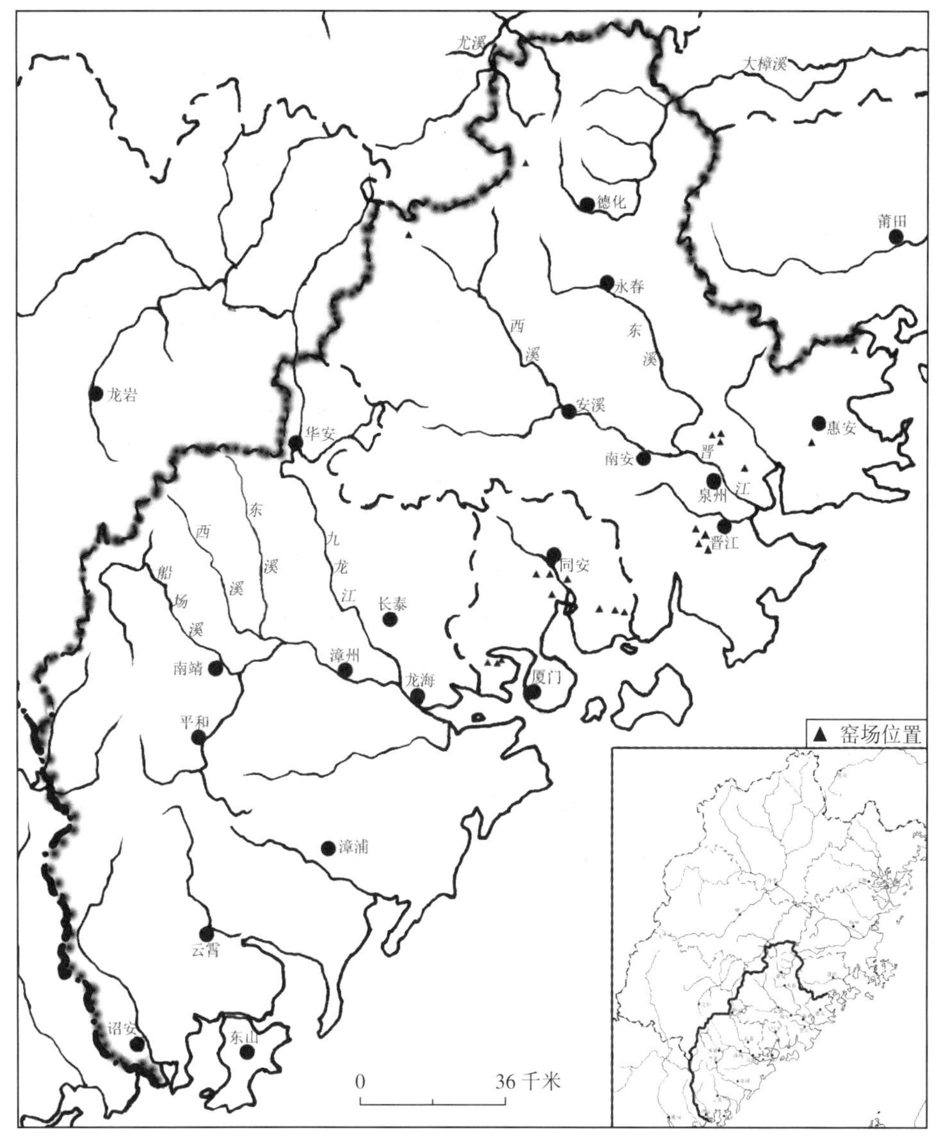

图 3-13　闽南地区南朝至五代窑场分布图

二　宋至清代

根据前文的分期结果（第二章中的总体分期，即七期），下面对闽南地区窑场分布情况[1]，按北宋早中期、北宋晚期至南宋早期、南宋中晚期、元代（图 3-14）、明代早中期、明代晚期至清代早期、清代中晚期（图 3-15）七个不同阶段，进行简要分析，以揭示其大致变迁与特征。

[1] 这一情况的探讨存在着两个问题：一是目前的考古发掘工作十分有限，而每一处窑址调查所得资料往往是有限的，无法准确把握整座窑场始烧至废弃的年代范围。从这个角度来说，无法将所有窑场的年代均做出科学的判断。本文仅依据现有的考古资料对其做出初步的判断，因而年代的界定势必会比较宽泛。二是每处窑场的烧造年代往往延续时间较长。这一点从已发掘的窑址情况即可得知，如晋江磁灶金交椅山窑年代约为北宋早中期至元代，南安南坑格仔口窑年代约为北宋晚期至南宋中晚期，德化甲杯山窑年代约为元代至明代晚期、祖龙宫窑年代约为元代至明代晚期至清早期。这在一定程度上无法得出窑场分布在短期内的变迁情况，因而本文对此的论述侧重于窑场分布变化较大阶段的界定，由此得出该地区窑场变迁的总体趋势。

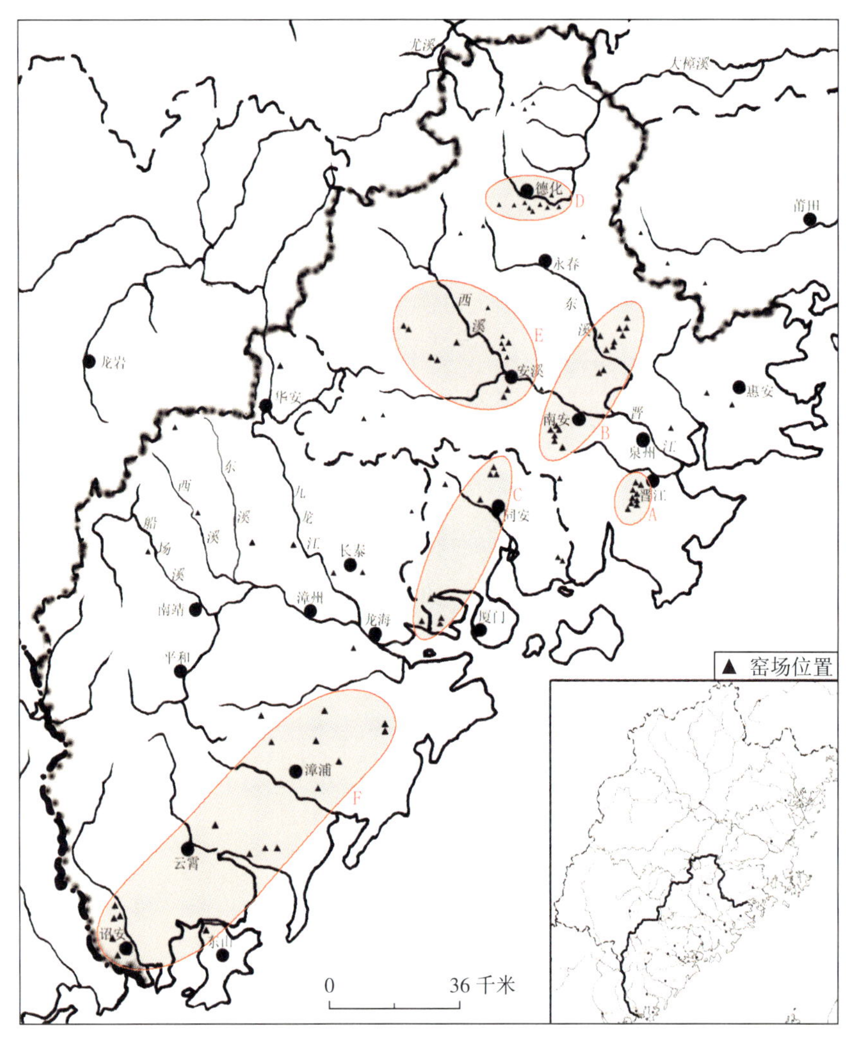

图 3-14 闽南地区宋元时期窑场分布图

A. 第一至四期 B、D、E. 第二至四期 C、F. 第二至三期

1. 北宋早中期

北宋早期的窑场，一般是在五代时期窑场的基础上延续并发展起来的。到了北宋中期，窑场规模开始扩大，数量逐渐增多，仍集中分布于泉州沿海地区，如晋江磁灶金交椅山、溪墘山、虎仔山等。

2. 北宋晚期至南宋早期

北宋晚期至南宋早期，闽南地区的窑场明显增多。北宋早中期的窑场大多继续烧造，而又新增了一批窑场，并逐渐由沿海向内地延伸，一般沿晋江、九龙江等河流分布。

窑场主要有：泉州沿海地区的惠安后窑、窑内，泉州东门，晋江磁灶后山、大树威、金交椅山、宫仔山、蜘蛛山、许山，南安瓷头行、寮仔、汤井、荆坑、直坑、白扩山、梧毛寨、宫后山、太高寨、白土、顶东、碗盒山、芸头山、南坑格仔口，厦门集美碗窑、杏林困瑶，同安汀溪、林窑、后田；泉州内陆地区安溪南坪、长坑、龙门、魁斗，永春草洋、玉美，德化三班乌鲁坪、上寮、上涌潭仔边、汤头西墓垙、盖德碗坪崙、后垄仔、龙浔后窑、浔中初溪；漳州地区的芗城碗窑山，漳浦罗宛井、竹树山、南山，东山磁窑、后壁山，长泰碗盒山，云霄火田水头，诏安官塘山、肥窑，等等。这一阶段仍主要分布于闽南的沿海地区，有的窑场靠近海湾，内陆地区窑场则集中于德化。

3．南宋中晚期

南宋中晚期，窑场规模进一步扩大，闽南地区的制瓷手工业进入兴盛阶段。北宋晚期至南宋早期的窑场大多数继续烧造，而其周边又有大批窑场兴建，尤其是内陆山区的溪流岸畔数量激增，进而形成了规模宏大的瓷窑群，并出现了窑场分布密集的中心区域。

泉州沿海地区的窑场主要有：惠安后窑、泉港银厝尾，泉州东门，晋江磁灶金交椅山、宫仔山、土尾庵、蜘蛛山、曾竹山、童子山，南安东田瓷头行、南坑后垅山、牛路沟、新田、仑坪扩、大坝垵、枪仔岭、汤井、荆坑、直坑、白扩山、梧毛寨、宫后山、碗盒山、苦田、芸头山、家山寨，厦门集美垄仔尾、磁窑，杏林东瑶、周瑶、许厝、上瑶，同安汀溪、章厝、寨山、林窑、后田、黄厝、下宋厝等。这些窑场中，尤以晋江磁灶窑、南安东田南坑窑、同安汀溪窑等窑场分布最为集中。

泉州内陆地区窑场主要有：安溪长坑、龙门、魁斗，永春玉美、蓬莱，德化盖德碗坪崙、宫后头公田仑、后坑垄、后垄仔、碗洋坑大坂、龙浔石排岭、后窑、拱桥垅、后店子、浔中初溪、宫后、三班上寮、桥内、内坂、东坪、奎斗碗窑、葛坑湖头等。其中，德化窑规模逐渐扩大，奠定了南宋晚期以后制瓷手工业发达的基础。

漳州地区龙海金山，漳浦竹树山、南山、南门坑、仙洞、祖妈林、赤土、石步溪、瓷窑坑，东山磁窑、后壁山，长泰碗盒山，南靖通坑，诏安上陈、侯山、后壁山、麻园等。与泉州沿海、内陆两区相比，这一地区窑场数量相对较少。

4．元代

元代窑场多由南宋晚期发展而来，窑场数量略有减少，有些地区则部分地维持了南宋晚期的规模。窑场主要有：泉州沿海地区的惠安银厝尾，泉州东门，晋江磁灶土尾庵、童子山、蜘蛛山，南安东田南坑大坝垵、大场仑、土垅后、大宫后、顶南埔、牛路沟、枪仔岭、五坝、高山，厦门杏林东瑶、周瑶，同安汀溪；泉州内陆地区的安溪龙门、魁斗、湖上，永春蓬莱、锦斗、龙山，德化盖德后垄仔、碗洋坑大坂、龙浔石排岭、后窑、公婆山、前欧、屈斗宫、甲杯山、浔中初溪、宫后、三班上寮、桥内、内坂、东坪、奎斗碗窑；漳州地区漳浦竹树山、南门坑、仙洞、赤土、石寨、浯源，华安际北下，长泰碗盒山，等等。

总体而言，这一阶段窑场略显收缩，多数分布于内陆地区或靠近内陆的沿海地区，如德化、南安等地。

5．明代早中期

明代早期的部分窑场是延续元代晚期发展而来的，但数量明显减少，分布范围缩小，窑场规模已大不如元代。明代中期的制瓷手工业缓慢发展，逐渐出现一些新的趋势。这一时期的窑场主要有：磁灶后山，南安南坑、高山；安溪龙门、魁斗溪东、龙涓、尚卿、湖上，永春龙山、洋坪，德化龙浔祖龙宫、岭兜、甲杯山、浔中大草埔、后所、西门头、三班东坪、火路脚，漳浦浯源等。从数量和规模上来讲，这一阶段的窑场主要分布于泉州内陆地区的安溪、德化等地。

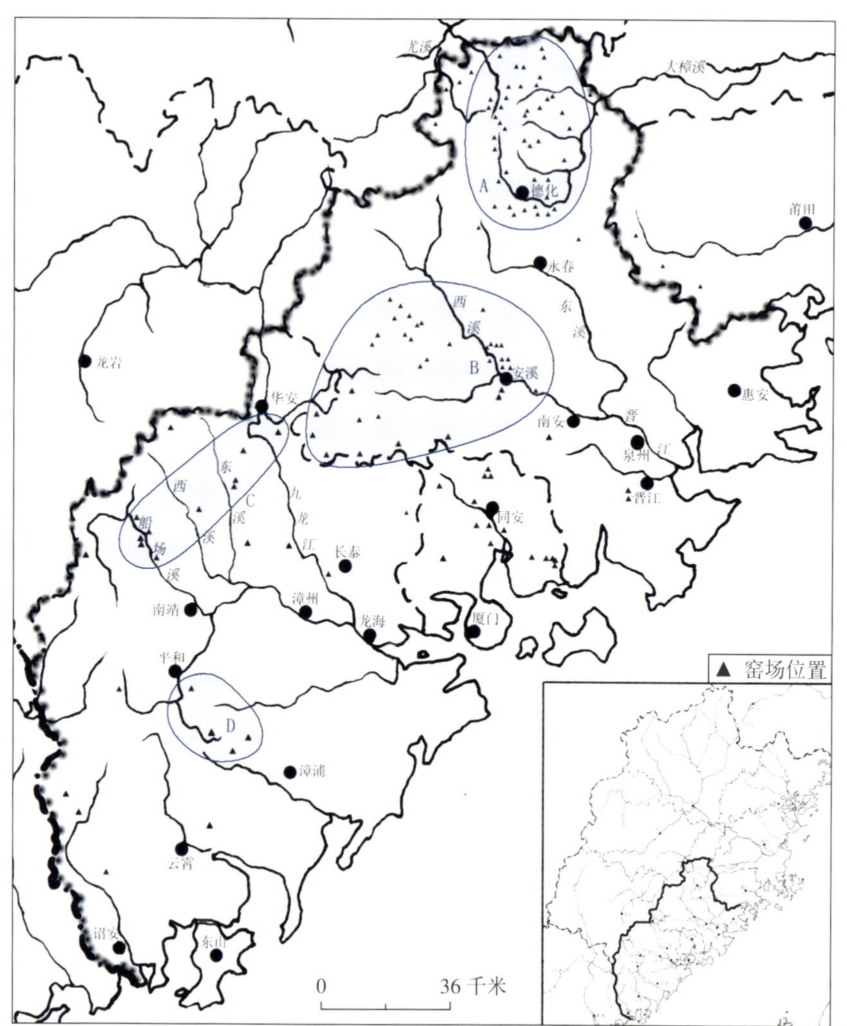

图 3-15　**闽南地区明清时期窑场分布图**

A、B. 第五至七期　C. 第六至七期　D. 第六期

6. 明代晚期至清代早期

明代中叶以后，闽南地区窑场数量激增，规模再次扩大，从而在明代晚期至清代早期有了新的发展。这时期的窑场沿晋江、九龙江及其支流分布，主要集中于泉州内陆地区的德化、安溪和漳州地区的平和、华安，形成了以德化窑、安溪窑、平和南胜和五寨窑、华安东溪窑为代表的新的制瓷手工业中心。具体窑场有：南安东田高山、九都青林，厦门集美蚝壳帽、同安上陵；安溪龙涓珠塔、福昌、吉山、庄灶、黎山、半林，尚卿翰苑、银坑、科名、福林，魁斗尾溪、溪山、贞洋、镇西，长坑衡阳、扶地、月眉，蓝田后清，城厢霞宝，参内镇中、镇东，金谷河山，龙门溪窑；永春龙山、介福、嵩安；德化龙浔祖龙宫、岭兜、甲杯山、浔中后所、西门头、三班东坪、桐岭、上寮、奎斗旧窑、新窑、上涌月形仑、许坑林、葛坑龙塔、石坊；漳浦坪水，华安白叶坂、东溪、下垅，长泰岩仔尾，云霄高田，南靖梅林碗坑、仙师公、东坑内、溪仔山、溪尾山、碗坑盂、庚仔口，平和南胜花仔楼、田坑、蕉山、五寨城仔迹、洞口陂沟、扫帚金、通坑内、狗头山、二垅、大垅、后巷、田中央、湖仔山、官峰、山兜，诏安秀篆、朱厝、官陂等。这是闽南地区制瓷手工业发展的再次繁盛阶段。

7．清代中晚期

清代中晚期的窑场范围缩小，主要集中于德化、安溪、华安和南靖东溪等地[1]。窑场主要有：晋江磁灶铜锣山、路山尾、宫后山、寨边山、窑尾草埔、下尾虎、瓮灶崎[2]，南安九都青林，安溪尚卿科洋、科名、青洋、灶美、长坑云集、营盘、龙涓灶坪、庄灶、石塔、长塔、新林、城厢古安、魁斗大岭、奇观、钟山、大坪福美、参内祐水[3]，永春介福，德化龙浔高阳、罗溪、浔中黄竹林、三班南岭、洞上、龙门滩苏洋、存兜、朱地、南埕、蟠龙、水口涌口、邱坂、葛坑、大岭、杨梅王坑、白叶、上涌门头、下涌、后坂、仙亭厂、云路、曾坂、陈仔坂、西溪、汤头、岭脚、丘埕、桂阳涌溪、王春、斜岭脚、彭坑、下过路、大铭、联春、琼山、国宝溪口、祥云、格头、赤水苏坂、漈头尾、东官洋、三班龙阙、瑞坂等[4]，其中有的窑场一直延烧到民国时期。漳州地区平和、华安、南靖也有一些窑场继续烧造，其中以华安、南靖交界地带的东溪窑最具代表性，窑场有马饭坑、下洋坑、扫帚石、南靖封门坑、碗窑坑、下碗窑坑、洲仔尾、冲顶坑等[5]。总体而言，这时期的制瓷手工业逐渐走向衰落。

三　窑场变迁的一般特点

从闽南地区宋至清代窑场的分布情况来看，其制瓷手工业经历了一个由发展而兴盛，至趋于收缩，再到新的发展，而后逐渐衰落的过程。北宋早中期在晚唐、五代的基础上，继续发展；北宋晚期至南宋早期，进一步发展，窑场规模不断扩大；至南宋中晚期达到了兴盛阶段；元代发展缓慢，生产渐趋收缩，部分地区则有新的发展；明代早期，收缩趋势较为明显，至明代中期生产逐渐开始回升；到了明代晚期，制瓷手工业有了新的发展，再次达到兴盛，一直延续到清代早期；而清代中晚期之后，窑场分布范围再次收缩，生产渐趋衰落。这种变化，各区域间又略有区别，大致可用下图曲线来表示其发展趋势（图 3-16）[6]。

在这一变迁过程中，闽南地区的制瓷手工业大体呈现了两个大的发展阶段，即宋元和明清时期。这两个阶段中，窑场的分布中心区域不同，并分别出现了一次生产的高峰期，即南宋中晚期、明代晚期至清代早期。每次高峰期内，窑场数量激增，范围扩大，形成了分布密集的瓷窑群。这是该地区宋至清代窑场变迁过程中最为突出的特征之一。

从窑场的地域变迁来说，呈现出了沿着晋江、九龙江及其支流等溪流，由沿海地区向内陆山区移动的总体趋势。北宋早中期主要集中于泉州沿海地区；北宋晚期至南宋早期，逐渐由沿海地区向内陆或靠近内陆的沿海地区延伸，尤以南安、德化等地分布较为密集；南宋中晚期，闽南沿海地区、

［1］罗立华：《福建青花瓷器的初步研究》，吴绵吉、吴春明主编：《东南考古研究》第一辑，厦门：厦门大学出版社，1996 年，第 92~122 页。

［2］叶文程、苏垂昌、黄世春：《晋江磁灶窑的发展及其外销》，《中国古代陶瓷的外销——1987 年晋江年会论文集》，北京：紫禁城出版社，1988 年，第 61~65 页。

［3］叶清琳：《安溪青花瓷器的初步研究》，何翠媚编：《亚洲古代陶瓷窑炉技术》，香港：香港大学亚洲研究中心，1990 年，第 74~87 页；安溪县文化馆：《福建安溪古窑址调查》，《文物》1977 年第 7 期，第 58~67 页。

［4］陈建中：《德化民窑青花》，北京：文物出版社，1999 年。

［5］羊泽林：《东溪窑考古调查与发掘》，"海丝・东溪窑学术研讨会"论文，南靖，2017 年 3 月 18 日；栗建安：《华安东溪窑遗址考古回顾与展望》，福建省华安县人民政府编：《华安东溪窑学术研究论文集》，北京：文物出版社，2016 年，第 13~21 页。

［6］图中的曲线，主要根据前文所述各区制瓷手工业发展的基本情况，是总体趋势的示意图，非定量统计，仅供参考。

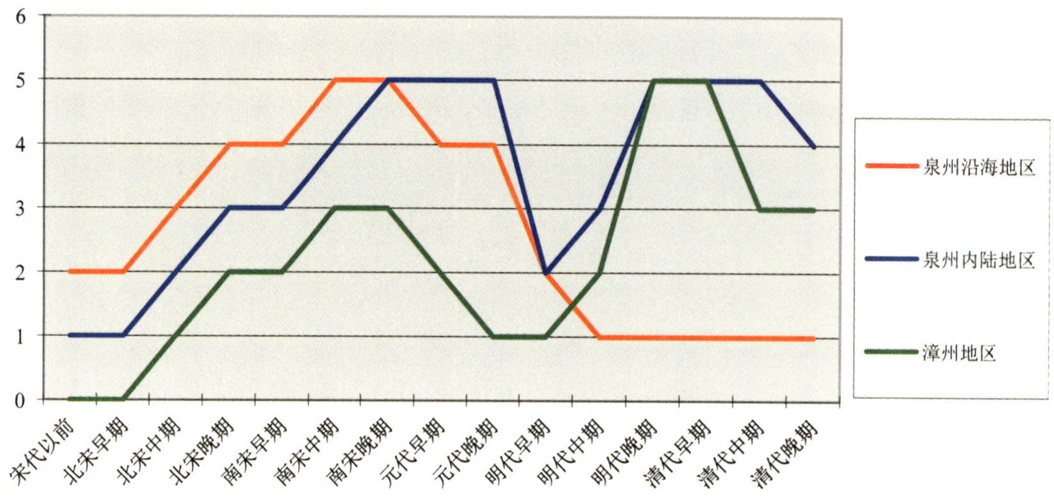

图 3-16 闽南地区宋至清代制瓷手工业发展曲线示意图

泉州内陆地区均有大批窑场分布，以晋江磁灶、南安南坑、德化、同安汀溪、漳浦等地窑场最具规模；元代的范围缩小，生产区域变化不大，但发展不平衡，其中德化窑逐渐凸显优势；明代早中期，沿海地区的窑场数量减少，主要分布于内陆地区；明代晚期至清代早期，窑场集中于德化、安溪、华安、南靖、平和等内陆地区，形成了规模庞大的瓷窑群，而沿海地区数量并不多；清代中晚期则以内陆地区的德化窑为中心，而华安和南靖一带的东溪窑也有新的发展，而其他的窑场大多停烧或基本衰落了。而闽南地区宋至清代窑场的变迁，又与制瓷原料的要求、瓷器品种的变化、贸易港口的转移等因素密切相关。

第三节 小结：区域性与阶段性

闽南地区宋至清代的窑场，主要建在晋江、九龙江及其支流溪畔的山坡或台地上。在自然地理环境差异的基础上，窑场的分布呈现出了较为明显的区域性特征，即分为泉州沿海地区、泉州内陆地区、漳州地区三个相对不同的区域。三个区域之间，瓷窑群的总体特征存在着一定的差异，并且各自形成了具有代表性的、分布密集的中心窑场。这些较为集中的每处窑场一般又包含了多个地点，而每座窑炉往往又有多层存在着叠压打破关系的窑炉。这些数量众多、规模庞大的窑场分布情况，反映了闽南地区宋至清代制瓷手工业的分布与格局。

在从宋代至清代漫长的发展过程中，这些分布密集的窑场又有着一定的阶段性变化。不仅表现为宋元、明清两个大的发展阶段，其间还先后出现了南宋中晚期、明代晚期至清代早期两个制瓷手工业生产的高峰时期。在这个制瓷手工业发展的兴衰历程中，其窑场总体上由分散的沿海地区沿河流向内陆地区移动，中心区域也随之变化。这些不同的生产中心，恰好也是闽南地区宋至清代制瓷手工业格局变迁最为直接的表现。

第四章　制瓷技术交流分析

一般而言，在制瓷技术的传播与交流中，存在着两个层次的含义：一是瓷器风格，属于“模仿生产”，这是“浅层”交流；二是技术交流，这是“文化交流层次论”中的“次深层”因素[1]。因此，在进行制瓷技术的对比分析时，应该考虑到这两个方面。

闽南地区宋至清代瓷器品种丰富、风格多样，代表了不同的制瓷技术传统。这种制瓷技术既有本地区突出的特征，又与周边其他地区有着密切的交流，甚至有些技术影响到国外一些地区。这也是该地区制瓷手工业的一个重要特征。该地区宋至清代制瓷手工业的繁荣与发展，很大程度上取决于其产品适应和满足了广大区域范围内使用者的需要。从这些瓷器品类及其演变来看，闽南地区宋至清代的制瓷技术中，既有本地区的独特之处，而又大量模仿其他地区的产品风格与技术。

需要指出的是，在探索制瓷技术的渊源问题时，需要从纵向、横向两个方面入手进行分析：一是本地区以前的制瓷技术与这一时期有否直接的继承关系，包括器物造型、釉色、装饰、烧成技术等，这是纵向对比；二是同一时期周边其他地区的瓷器产品和技术比较成熟，能否从中看出二者具有一定的共同特点，是否存在着某种程度的仿烧，这是横向对比。

鉴于此，本文将通过制瓷技术的对比分析，从产品特征、制瓷工艺和烧成技术诸方面来探讨闽南地区的制瓷技术及其交流，并进一步考察制瓷技术的对外传播情况。

第一节　本地区的制瓷技术交流

闽南地区的制瓷技术具有明显的地域性特征，而且其内部之间相互影响，有着较为广泛的技术交流。下文从本地区的历史渊源和内部区域间的横向、纵向技术交流来说明。

一　制瓷技术的历史渊源

从本地区瓷器的起源来看，该地区在夏商周时期泉州内陆的永春介福苦寨坑窑[2]、德化辽田尖山窑[3]已开始烧造原始青瓷，器类有尊、罐、钵、壶、豆等，与印纹硬陶同烧，特征也相似，反映了该地区早期陶瓷手工业的总体面貌和原始瓷器初烧时的特点。这一时期的制瓷窑炉为土洞式的长条形龙窑（图 4–1），与浙江、江西等地原始瓷的窑炉属不同的技术体系，颇具地域性特征。然而，

[1] 熊海堂：《文化、技术交流史研究的理论与实践——兼论东亚窑业技术史比较研究问题点》，《东南文化》1991 年第 3、4 期，第 32~39 页；熊海堂：《东亚窑业技术发展与交流史研究》第一章《研究的目的与方法》，南京：南京大学出版社，1995 年，第 1~19 页。

[2] 羊泽林：《福建永春苦寨坑发现原始青瓷窑址》，《中国文物报》2017 年 3 月 10 日第 8 版。

[3] 福建博物院、泉州市博物馆：《德化县辽田尖山原始瓷窑址发掘简报》，《福建文博》2016 年第 1 期，第 2~7 页。

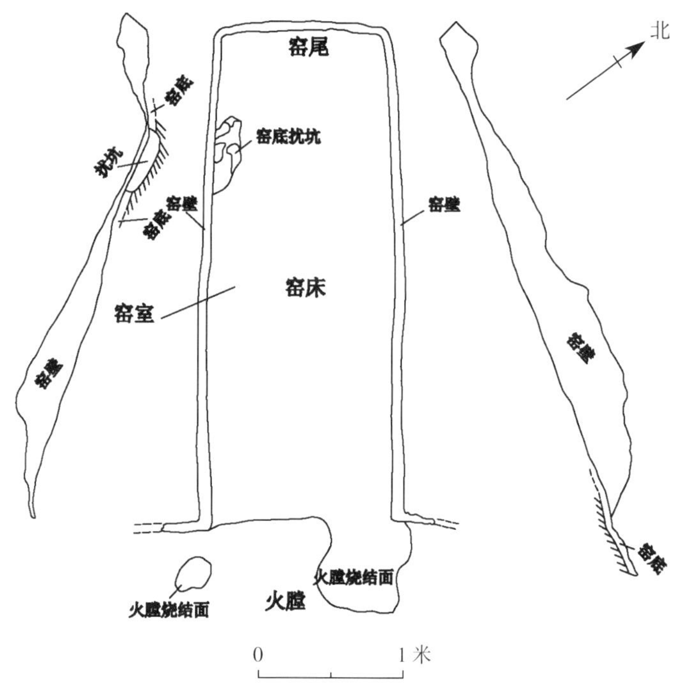

图 4-1　德化辽田尖山窑址 Y1 平、剖面图

（引自福建博物院等：《德化县辽田尖山原始瓷窑址发掘简报》，《福建文博》2016 年第 1 期，第 3 页）

闽南地区早期制瓷手工业发展明显具有不平衡性，从目前考古资料来看，原始瓷器的生产仅出现于泉州内陆山区，而且此后相当长一段时期内趋于停滞，直至南朝时期始有新的发展。

迟至南朝时期，闽南地区出现了烧造成熟瓷器的窑址，即位于泉州沿海地区的晋江磁灶溪口山窑[1]。该窑址出土的青釉瓷片与本地区南安丰州[2]、晋江霞福[3]、池店[4]以及福建其他地区南朝墓葬中出土的青釉瓷器均十分接近[5]。主要为罐、碗类器物，胎釉都比较粗糙，釉色青泛黄，而窑具只有支具和支钉状间隔具。这不仅是泉州地区烧制成熟瓷器的早期瓷窑遗址，也是福建地区为数不多的南朝窑址之一[6]。这一时期泉州地区的制瓷手工业尚处于起步阶段。

到了隋唐、五代时期，特别是晚唐以后，闽南地区瓷窑数量增加（图 4-2），主要分布于晋江磁灶，泉州东门外，南安洪濑[7]，德化美湖墓林[8]，厦门杏林许厝、祥露，同安磁灶尾等地[9]。随着窑场规模的扩大，技术的发展，制瓷水平有了很大的提高，此时仍以烧造青釉瓷器为主，釉色较南朝时期莹润，制作精细[10]。烧成技术方面，窑炉为早期的斜坡式龙窑，装烧方法则使用支钉裸烧。通过对比南安[11]、泉州[12]、晋

[1] 陈鹏、黄天柱、黄宝玲：《福建晋江磁灶古窑址》，《考古》1982 年第 5 期，第 490~498、489 页；福建省泉州海外交通史博物馆调查组：《晋江县磁灶陶瓷史调查》，《海交史研究》1980 年总第 2 期，第 29~34 页。

[2] 福建省文物管理委员会：《福建南安丰州东晋、南朝唐墓清理简报》，《考古》1958 年第 6 期，第 18~28 页。

[3] 福建省泉州市文管办、福建省晋江市博物馆：《福建晋江霞福南朝纪年墓》，《南方文物》2000 年第 2 期，第 1~4 页；晋江市博物馆：《霞福南朝墓清理简报》，《福建文博》2000 年第 1 期，第 16~18 页。

[4] 晋江市博物馆：《池店平原南朝隋唐墓葬清理简报》，《福建文博》2000 年第 1 期，第 10~13 页。

[5] 何振良：《略谈晋江出土的南朝隋唐青瓷器》，蔡耀平、张明、吴远鹏主编：《学术泉州》，北京：中央文献出版社，2003 年，第 437~455 页；林忠干、林存琪、陈子文：《福建六朝墓初论》，《福建文博》1987 年第 2 期，第 61~72 页；林存琪：《福建六朝青瓷略谈》，《福建文博》1993 年第 1、2 期，第 70~80 页。

[6] 栗建安：《福建古窑址考古五十年》，《陈昌蔚纪念论文集 · 陶瓷》，台北：财团法人陈昌蔚文教基金会，2001 年，第 9~38 页；曾凡：《福建陶瓷考古概论》，福州：福建省地图出版社，2001 年。

[7] 曾凡：《福建陶瓷考古概论》，福州：福建省地图出版社，2001 年，第 153 页。

[8] 陈建中、陈丽华、陈丽芳：《中国德化瓷史》，上海：上海交通大学出版社，2011 年，第 85、88 页。

[9] 傅宋良：《闽南陶瓷概述》，厦门市博物馆编：《闽南古陶瓷研究》，福州：福建美术出版社，2002 年，第 1~13 页。

[10] 陈娟英：《隋唐、五代闽南地区瓷业》，厦门市博物馆编：《闽南古陶瓷研究》，福州：福建美术出版社，2002 年，第 88~96 页；陈娟英、苏维真：《闽南隋唐墓葬与其制瓷业——兼谈隋唐、五代闽南的开发》，《中国古陶瓷研究》第 5 辑，北京：紫禁城出版社，1999 年，第 141~147 页。

[11] 福建省文管会编：《南安唐墓清理简报》，《福建省古墓资料汇编》（油印本），1959 年。

[12] 黄炳元：《泉州河市公社发现唐墓》，《考古》1984 年第 12 期，第 1138、1139 页；泉州海外交通史博物馆、泉州市文物管理委员会：《福建泉州市西南郊唐墓清理简报》，《考古》1961 年第 12 期，第 684~688 页。

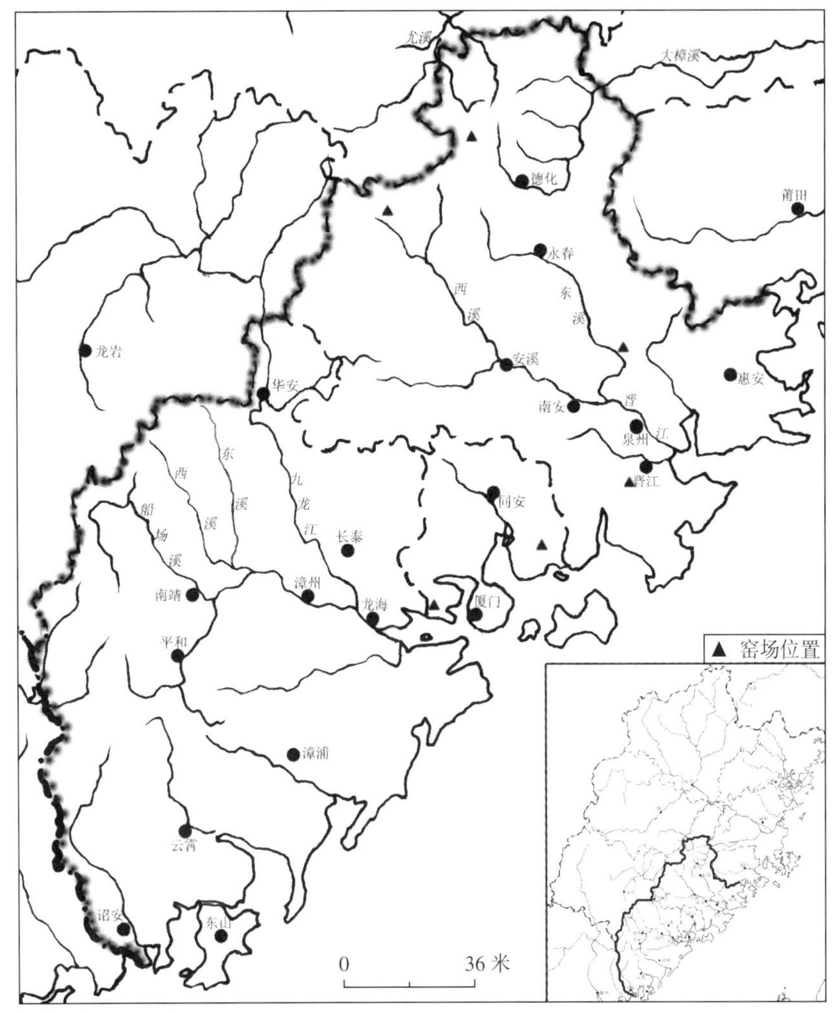

图 4-2　闽南地区南朝至五代窑址分布图

江[1]、漳浦[2]等地隋唐五代时期墓葬[3]和漳州等地城市遗址[4]出土的瓷器，可看出其自身发展具有较大的延续性（图 4-3）。

通过上述原始瓷器及南朝至五代闽南地区制瓷手工业发展概况，可知这一时期的烧成技术和瓷器特征是相对独立并延续发展的。同时，其产品特征又与同时期的越窑青釉瓷器十分相似，总体可以归之为越窑青瓷系统[5]。

[1] 晋江市博物馆：《池店平原南朝隋唐墓葬清理简报》，《福建文博》2000 年第 1 期，第 10~13 页；何振良：《略谈晋江出土的南朝隋唐青瓷器》，第 437~455 页。

[2] 漳浦县博物馆：《漳浦唐五代墓》，《福建文博》2001 年第 1 期，第 40~45 页；王文径：《漳浦县湖西畲族乡五代墓》，《福建文博》1988 年第 1 期，第 29~32 页。

[3] 林忠干、林存琪、陈子文：《福建隋唐墓葬的分期问题》，《福建文博》1989 年第 1、2 期，第 33~37、58 页。这些墓葬出土的瓷器大多为本地或附近窑场烧造。

[4] 福建省博物馆、漳州市文管办、漳州市博物馆：《漳州银都大厦工地考古发掘简报》，《福建文博》2001 年第 1 期，第 23~32 页。该遗址出土的青釉瓷器与闽北将口窑、福州怀安窑、厦门杏林窑等产品，在造型和工艺特征等方面相同或相似；但从距离来说，更可能来自于厦门的杏林窑。

[5] 栗建安：《福建唐、五代的"越窑系"青瓷——以古窑址发掘的发现为中心》，浙江省文物考古研究所编：《浙江省文物考古研究所学刊》第五辑，杭州：杭州出版社，2002 年，第 188~192 页。

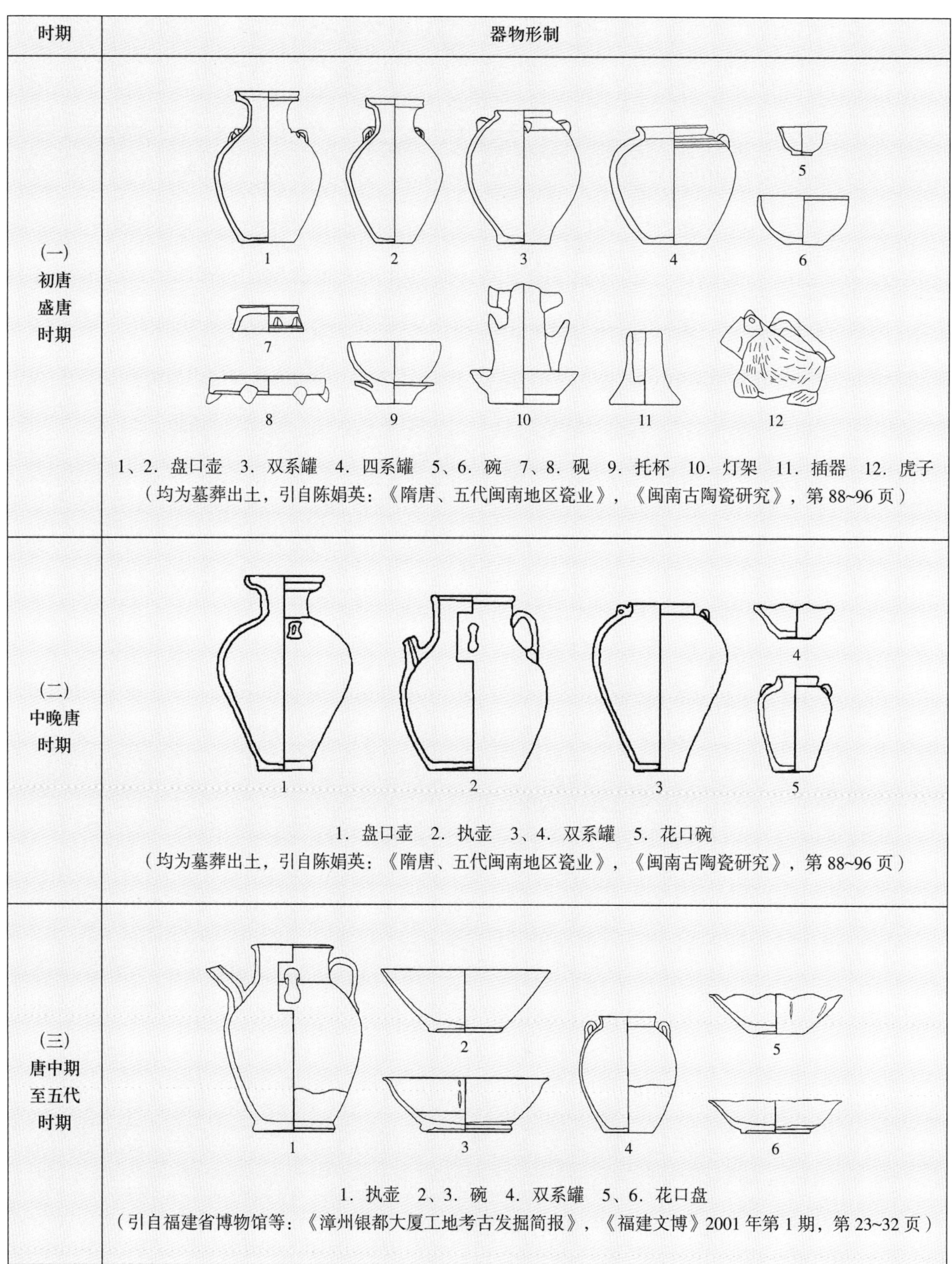

图 4-3 闽南地区出土唐五代青釉瓷器

二　本区域内的技术交流

在本地区制瓷技术历史发展的基础上，下文从产品特征、制瓷工艺[1]、烧成技术方面入手，分析该地区宋至清代的制瓷技术与交流。

1. 产品特征

闽南地区同一时期内的瓷器产品面貌，既具有相同的特征，又具有自身的风格。

北宋早中期，多见仿越窑青釉瓷器；北宋晚期至元代，仿景德镇窑的青白釉瓷器和仿龙泉窑的青釉瓷器盛行，三个地区基本相似；明代晚期至清代，德化、安溪、漳州等地流行景德镇窑系统的青花瓷器、五彩瓷器，基本相类。这不仅是该地区在总的产品特征上的共同点，也说明了这些产品类别多是仿烧自其他地区[2]，并且闽南地区的邻近区域也有着一定程度的相互影响。

元代德化窑的白釉瓷器是在宋代青白釉瓷器的基础上发展起来的，逐渐成熟，至明代晚期达到鼎峰，釉色乳白，光洁莹润。同时，这类器物也影响到了闽南的其他一些地区，如华安东溪窑[3]、南靖寨仔山窑、庚仔口窑[4]等，包括碗、杯类日常生活用器和少数雕塑等。此外，平和的素三彩瓷器、漳州地区的米黄釉瓷器等也是本地区独具特色的产品，个别还影响到了泉州内陆地区的德化窑。

2. 制瓷工艺

从制瓷工艺的角度来分析，该地区也存在两种情况，这与前面产品特征是一致的。胎、釉料一般是就地取用，由此而造成的胎、釉差别是不可避免的，因此不做论述。

一方面，同一时期内瓷器的成型与施釉工艺、装饰技法与内容等具有一定的相似性，这在前文典型遗存的分析中可以窥知。

另一方面，德化窑白釉瓷器则是自成体系，独立发展的。其成型工艺多是采用模制法，装饰技法以印花为主。这种工艺由泉州内陆地区影响到了相邻近的漳州平和窑、华安和南靖东溪窑，如模制的素三彩瓷器和白釉瓷塑、杯等。

3. 烧成技术

闽南地区的烧成技术，尤其是窑炉形制，发展脉络清晰，独具特色，且三个区域之间也有着技术上的交流。

北宋早中期的龙窑承袭晚唐五代发展而来，其后延续发展，至南宋中晚期，形制基本相似。到了元代，德化窑率先使用了分室龙窑，屈斗宫窑是其代表[5]。明代晚期，分室龙窑的窑室加宽，长

[1] 这里的“制瓷工艺”，主要是指胎、釉及装饰工艺。因窑炉、窑具、装烧方法等烧成技术的特殊性，而单独进行说明。

[2] 后文将有详述。

[3] 栗建安：《东溪窑调查纪略》，《福建文博》1993年第1、2期，第138~150页；吴其生、李和安：《中国福建古陶瓷标本大系·华安窑》，福州：福建美术出版社，2005年。

[4] 吴其生：《中国福建古陶瓷标本大系·南靖窑》，福州：福建美术出版社，2005年。

[5] 福建省博物馆：《德化窑》，北京：文物出版社，1990年。

度变短，以德化甲杯山窑为代表[1]。同一时期的漳州地区，受德化窑分室龙窑的影响，出现了阶梯状龙窑，如华安东溪窑（Y3）[2]；这一时期多见的则是阶级窑，其亦由分室龙窑发展而来，每室宽度增加，进深缩短，逐渐呈横长方形，相邻两室之间有单隔墙和双隔墙之分，渐演变为横室阶级窑。到了清代中晚期，横室阶级窑的窑炉进深进一步减少，而宽度大大增加，以华安东溪窑下洋坑窑和马饭坑窑为典型代表；同时，德化窑也受到漳州地区横室阶级窑的影响，也采用了横室阶级窑，如东头杏脚窑。这一延续和演变，是闽南地区自身发展起来的窑炉技术，其内部即泉州内陆地区又与漳州地区互有影响（图 4–4）。

这一阶段闽南地区各区的窑具、装烧方法也多不相同，各有特点，内部交流较少。

根据前文三个方面的分析可知，北宋早中期部分青釉瓷器的造型和工艺特征与晚唐、五代瓷器比较接近，闽南地区制瓷手工业尚不发达，且主要延续了前代特征。至北宋中期较晚阶段，该地区烧造的青釉、青白釉、黑釉瓷器等，乃至元代、明清时期的白釉、青花瓷器等，无论是器物造型、胎釉特征，还是装饰纹样、技法等方面，抑或是烧成技术诸方面，都存在着较大差异，制瓷技术有了迥异的变革，并非完全承袭之前的北宋早中期，而是有着不同的来源，先后出现了不同的制瓷系统。

同时，闽南三个区域之间也是既有共性又有差异，且表现出了一定的本地特征，其产品特征、制瓷工艺、烧成技术等方面相互影响，并有所创新的。不同时期内的瓷器，多是仿烧其他地区名窑产品，这也是该类产品的市场需求所决定的。这一点是闽南各区域的共同特征。这些产品中，德化窑的白釉瓷器则是该地区特有的，而非仿烧，从造型、釉色，到成型、装饰工艺，均具独创性。从烧成技术来看，闽南地区是在本地技术的基础上发展、演变而自成体系的，这体现在窑炉、窑具、装烧方法诸方面。同时，三个区域之间的技术交流也是相互的，从模仿、流行同一类瓷器，到制瓷工艺、烧成技术的关联，均有一定的联系。这些方面共同构成了闽南地区宋至清代制瓷技术的地域性特征。

第二节　与其他地区的制瓷技术交流

根据前面闽南地区瓷器品类的情况及本地区制瓷技术的分析，与其他地区有着广泛的技术交流。一些瓷器品种是受到外地影响而烧造的，如青釉、青白釉、青花、五彩瓷器等，而且有些制瓷工艺、烧成技术也受此影响。同时，闽南地区的制瓷技术又对周边其他地区产生了一定的影响。这部分即主要讨论闽南地区与国内其他地区之间的制瓷技术交流情况。

一　闽南与浙东、浙南地区的交流

福建、浙江同属华南沿海地区，闽北与浙南直接相连，闽南、浙东地区均东临大海，境内河流纵横交错，山地绵延起伏，自然地理环境十分相似。最为突出的是，唐代以来浙江地区形成了越窑

[1] 福建博物院、德化县文物管理委员会、德化陶瓷博物馆：《德化明代甲杯山窑址发掘简报》，《福建文博》2006 年第 2 期，第 1~15 页。

[2] 福建省博物馆：《漳州窑——福建漳州地区明清窑址调查发掘报告之一》，福州：福建人民出版社，1997 年，第 98 页。

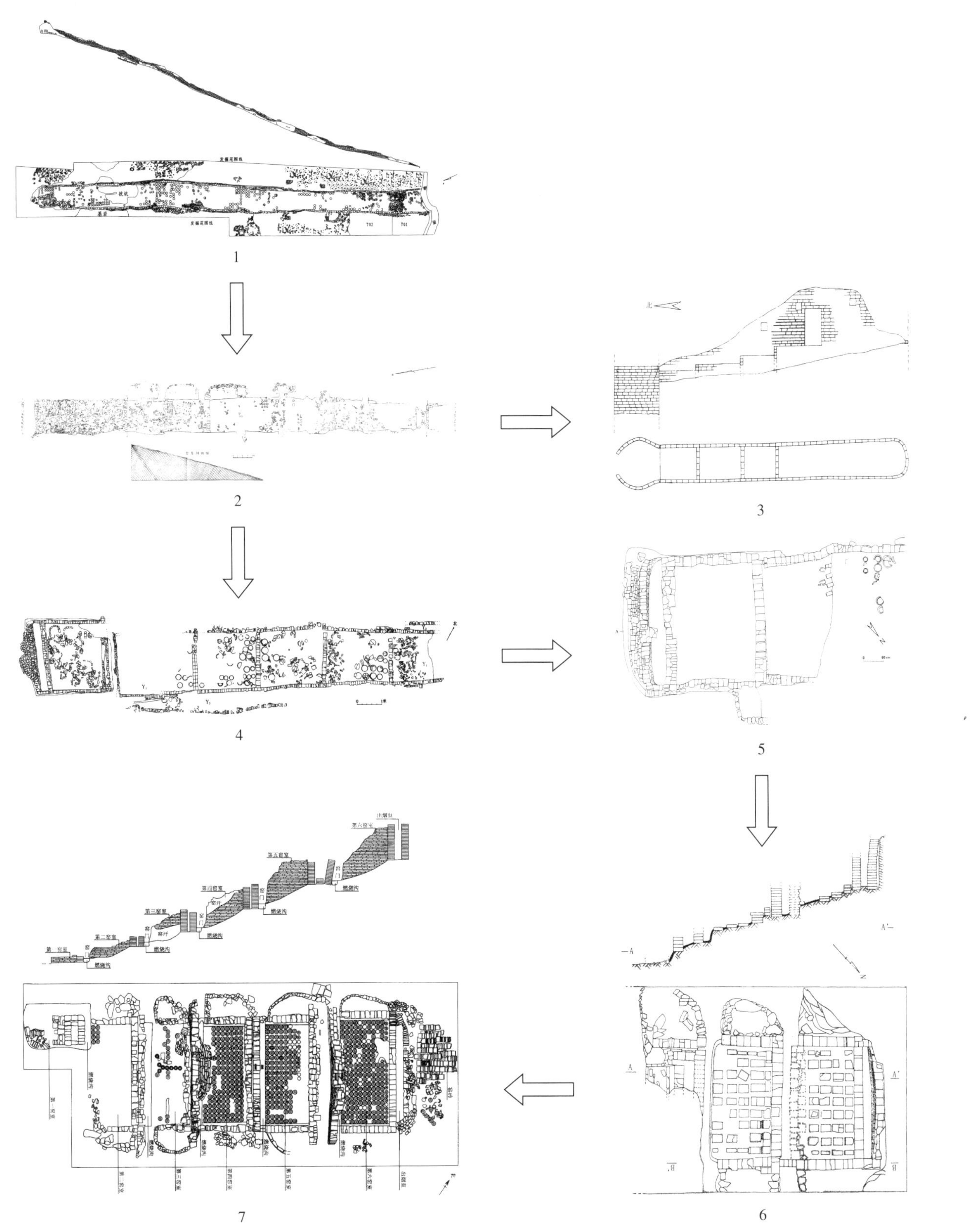

图 4-4　闽南地区宋至清代窑炉形制演变简图

1. 一般龙窑（南安南坑寮仔窑 Y1）　2. Ⅰ式分室龙窑（德化屈斗宫窑）　3. 阶梯式龙窑（华安东溪窑 Y3）　4. Ⅱ式分室龙窑（德化甲杯山窑）　5. Ⅰ式阶级窑（平和五寨二垅窑 Y1）　6. Ⅱ式阶级窑（平和五寨洞口窑 Y1）　7. Ⅱ式阶级窑（华安东溪窑下洋坑窑）

青瓷生产体系；其后，南宋时期龙泉窑开始兴盛，并逐渐出现了以其为代表的龙泉窑青瓷生产体系。这两大瓷窑体系规模庞大，影响深远，直接波及福建地区，唐、五代的越窑风格瓷器的烧造即是较早的表现[1]，而至宋代以后，其交流更为明显，福建地区的仿龙泉窑风格瓷器广为烧造，并且产品广销海内外。这一点，通过对比闽南地区与越窑、龙泉窑之间的异同，来分析其制瓷技术的交流。

1．越窑

越窑是唐宋时期南方地区著名的青瓷窑场，集中分布于浙江慈溪上林湖一带[2]，制瓷技术在唐五代时期达到了极高的水平，其产品以釉色取胜[3]，且被南方地区其他窑场大量仿烧，形成了“越窑系”[4]。越窑青瓷不仅在国内地区很受欢迎，而且在晚唐五代至北宋时期销往海外地区[5]，其产品在海外地区的生活居址[6]、沉船遗址[7]等中均有大批发现。

闽南地区北宋早中期的青瓷，主要产自晋江磁灶窑，产品在晚唐五代青瓷的基础上有所发展，比较常见的碗、执壶、盒、瓶等在造型和部分装饰上与同时期的越窑青瓷十分相近（图 4–5）。这是判断该地区这批青釉瓷器年代的重要参照，同时也表明了在一定程度上其仿烧了越窑瓷器[8]。但是，闽南地区的这批青瓷却因原料不精、制作粗糙等原因，其胎、釉均显得远不如越窑。此外，类似造型的瓷器中，除青釉瓷器外，还有不少是黑釉、酱黄釉瓷器，这也是其区别于越窑的一个方面。

值得一提的是，该地区这种瓷器的装烧技术与越窑也有较大的区别。越窑较多地采用了匣钵装烧法，而闽南地区则主要是采用自南朝、隋唐以来的裸烧方法，器物之间以支钉间隔叠烧。

因此，这种仿烧基本属于器物上的模仿，而所涉及的烧成技术等则仍是本地区以前基础上的延续和发展。

2．龙泉窑

龙泉窑位于浙江南部，与闽北相连，南宋时期发展迅速，元代兴盛，明代继续发展，至清代仍在烧造[9]。其产品为青釉瓷器，釉层有厚、薄之分[10]，釉厚者莹润，多素面无纹饰；而薄者多有

---

［1］栗建安：《福建唐、五代的“越窑系”青瓷——以古窑址发掘的发现为中心》，浙江省文物考古研究所编：《浙江省文物考古研究所学刊》第五辑，杭州：杭州出版社，2002 年，第 188~192 页。

［2］浙江省文物考古研究所、北京大学考古文博学院、慈溪市文物管理委员会编著：《寺龙口越窑址》，北京：文物出版社，2002 年；慈溪市博物馆编：《上林湖越窑》，北京：科学出版社，2002 年；林士民：《青瓷与越窑》，上海：上海古籍出版社，1999 年。

［3］虞浩旭：《唐五代宋初上林湖瓷业发达原因探析》，《景德镇陶瓷》1994 年第 4 期，第 43~46 页；李家治、邓泽群、吴瑞：《从工艺技术论越窑青釉瓷兴衰》，《陶瓷学报》2002 年第 3 期，第 201~204 页。

［4］任世龙：《论“越窑”和“越窑体系”》，《东南文化》1994 年增刊 1（《中国古陶瓷研究会 '94 年会论文集》），第 58~64 页；Ho Chuimei ed. *New Light on Chinese Yue and Longquan Wares: Archaeological Ceramics Found in Eastern and Southern Asia, A.D. 800-1400*, Centre of Asian Studies the University of Hong Kong, 1994.

［5］董忠耿：《论唐宋时期越窑青瓷的对外输出》，《南方文物》1994 年第 4 期，第 115~118 页；林士民：《试论越窑青瓷的外输》，浙江省文物考古研究所编：《浙江省文物考古研究所学刊》第五辑（2002 越窑国际学术讨论会专辑），杭州：杭州出版社，2002 年，第 60~71 页。

［6］如日本福冈太宰府鸿胪馆遗址、埃及福斯塔特遗址等。

［7］如东南亚海域的“黑石号”、井里汶沉船等。

［8］事实上，唐、五代时期，南方各地以烧造青瓷为主，瓷器风格十分接近，福建地区也有类似于越窑青瓷的产品。参看栗建安：《福建唐、五代的“越窑系”青瓷——以古窑址发掘的发现为中心》（载《浙江省文物考古研究所学刊》第五辑，第 188~192 页）。

［9］浙江省轻工业厅编：《龙泉青瓷研究》，北京：文物出版社，1989 年。

［10］任世龙：《龙泉青瓷的类型与分期试论》，《中国考古学会第三次年会论文集》（1981），北京：文物出版社，1984 年。

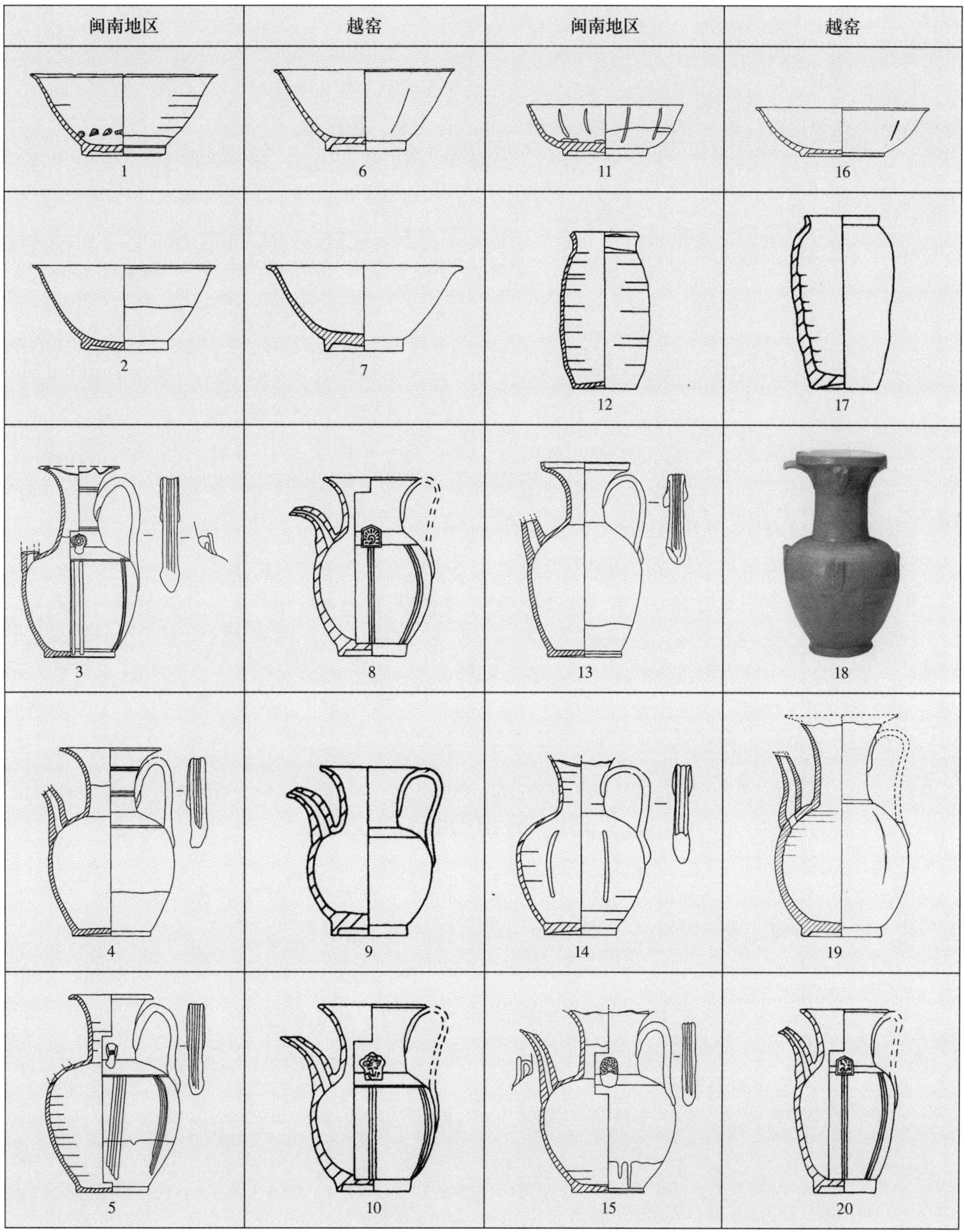

图 4-5　闽南地区青瓷与越窑青瓷对比图

1~5、11~15. 晋江磁灶金交椅山窑址　6、16. 上林湖越窑调查采集　7、19. 寺龙口越窑　8、9、10、16、20. 里杜湖越窑调查采集　18. 绍兴咸平元年墓（998 年）出土越窑青釉罂　（1~5、11~14 为器物形制对比；1、3、5、11、14、15 为器物装饰对比）

划花装饰，多产于龙泉东区[1]。这两类产品对南方的窑场均有较大影响，各地竞相仿烧，从而形成了“龙泉窑系”。

闽南地区各地大量烧造划花青瓷，时代大致在南宋至元代，主要分布于沿海地区的南安、同安、漳浦等地。这类瓷器与龙泉窑的密切关系早已引起学者注意，被称作“土龙泉”[2]、“同安窑系青瓷”[3]等。通过南安窑调查、发掘出土瓷器，我们可以看到在碗、盘、瓶等器物造型、装饰工艺等方面都有着较大关系（图 4-6）。这与这一时期龙泉窑的兴盛与海外市场需求是密不可分的[4]。

闽南地区烧造的素面青釉瓷器，釉层较厚，光莹滋润，釉色有的泛翠绿，有的泛灰。这类产品数量不多，散见于漳州地区的一些窑场，如漳浦石寨窑[5]、华安东溪窑[6]，其年代约为元明清时期。

闽南地区对龙泉窑瓷器的模仿，主要体现在釉色和装饰上，这从前面的对比中已可窥知。在产品质量、制作精细程度上与龙泉窑存在着较大的差距，釉色多泛青灰或青黄，花纹装饰简化或者变形，但其适应了消费者对龙泉窑瓷器总体风格的需求。值得注意的是，闽南地区颇为流行的外壁刻成组的纵向弦纹、内壁篦划纹、口部较直或微敛的碗，与浙江龙泉大白岸窑区（Y22）的一型Ⅰ式、Ⅱ式、Ⅲ式碗等最为接近[7]，但其在龙泉窑青瓷中比例并不大；而龙泉窑东区常见的外壁刻莲瓣纹、内壁划花的侈口或敞口碗等，在闽南地区的数量也不占优势。

这些青釉瓷器的窑炉、窑具、装烧方法等是在本地技术传统的基础上延续发展而来。划花青瓷的烧造，窑炉基本上均采用龙窑，前后变化并不大。闽南地区后来逐渐出现了分室龙窑和阶级窑，这时所烧造的青釉瓷器已不多，且多是素面无纹、釉层较厚的一类。闽南地区大多采用的是漏斗形匣钵，与器物之间用垫饼相隔，单件装烧，碗外底部多不施釉；而龙泉窑则主要使用 M 形匣钵，器物与匣钵之间多无垫具，因而圈足底沿与匣钵直接接触，一般无釉。因而，在烧成技术上，闽南地区与龙泉窑有着较大的区别。

二　闽南与江西地区的交流

闽南地区与江西地区的制瓷技术交流，主要是景德镇窑，表现为青白釉、青花和五彩瓷器的烧造，其年代则自北宋中期偏晚阶段始，一直延续至清代。

---

[1] 朱伯谦、王士伦：《浙江省龙泉青瓷窑址调查发掘的主要收获》，《文物》1963 年第 1 期，第 27~42 页；李知宴：《浙江龙泉青瓷山头窑发掘的主要收获》，《文物》1981 年第 10 期，第 36~42 页；上海博物馆考古部：《浙江龙泉安仁口古瓷窑址发掘报告》，《上海博物馆集刊》第三期，上海：上海古籍出版社，1986 年，第 102~132 页；紧水滩工程考古队浙江组：《山头窑与大白岸——龙泉东区窑址发掘报告之一》，《浙江省文物考古所学刊》，北京：文物出版社，1981 年；浙江省文物考古研究所：《龙泉东区窑址发掘报告》，北京：文物出版社，2005 年。

[2] 庄为玑：《浙江龙泉与福建的土龙泉》，《中国考古学会第三次年会论文集》（1981），北京：文物出版社，1984 年，第 177~181 页。

[3] 林忠干、张文崟：《同安窑系青瓷的初步研究》，《东南文化》1990 年第 5 期，第 391~397、390 页。

[4] 任世龙：《龙泉青瓷的类型与分期试论》，《中国考古学会第三次年会论文集》（1981），北京：文物出版社，1984 年，第 121~127 页；李宝平：《浙江龙泉宋元时期瓷器手工业遗存初步研究》，浙江省博物馆编：《东方博物》第七辑，杭州：浙江大学出版社，2002 年，第 56~65 页。

[5] 曾凡：《福建陶瓷考古概论》，福州：福建省地图出版社，2001 年。

[6] 栗建安：《东溪窑调查纪略》，《福建文博》1993 年第 1、2 期，第 138~150 页；福建省博物馆、漳州市博物馆：《华安东溪窑 1999 年度调查》，《福建文博》2001 年第 2 期，第 50~69 页。

[7] 浙江省文物考古研究所：《龙泉东区窑址发掘报告》，北京：文物出版社，2005 年。

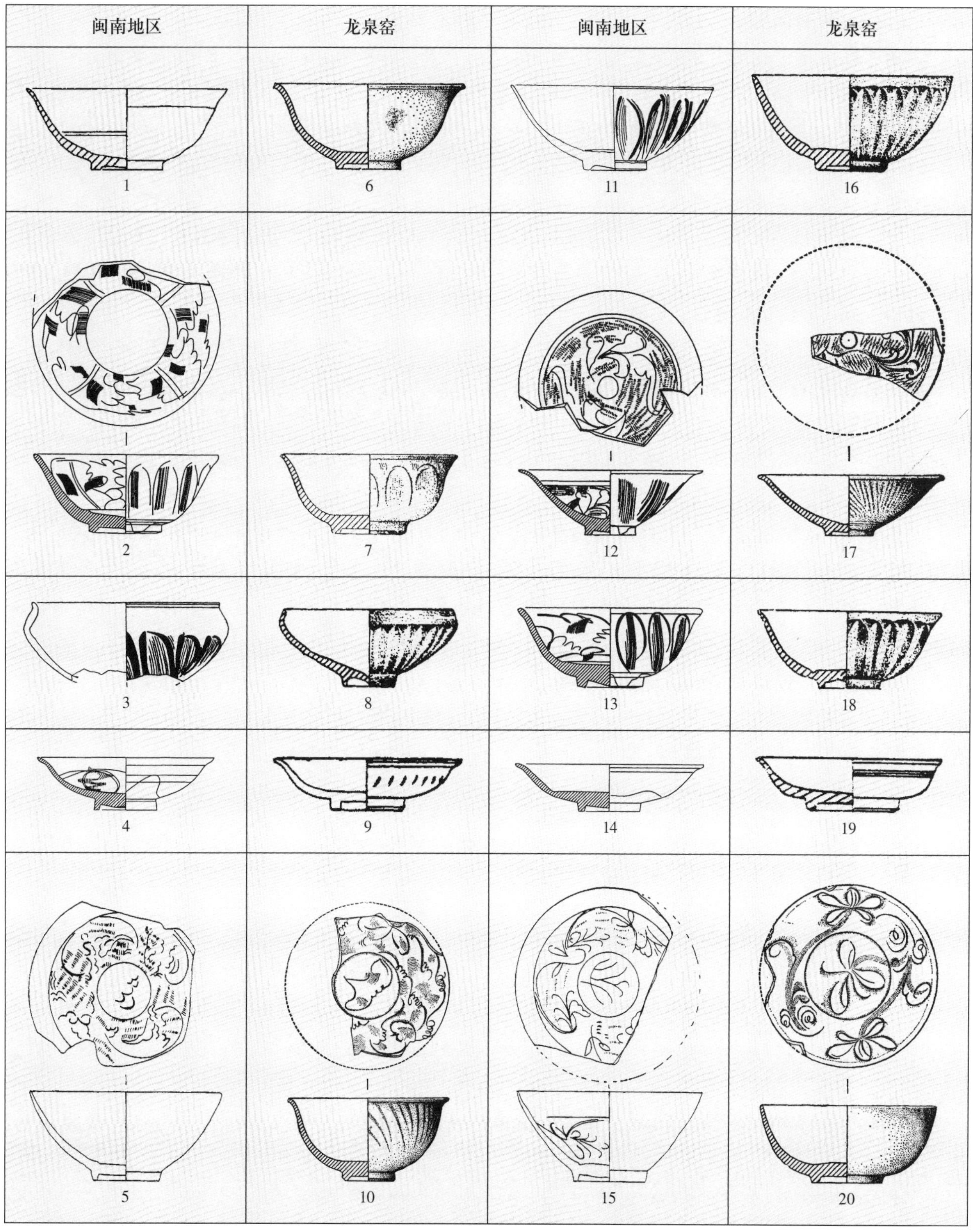

图 4-6　闽南地区青瓷与龙泉窑青瓷对比图

1. 磁灶金交椅山 Y2　2、3、11、13. 南坑顶南埔窑采集　4、12. 南安南坑格仔口窑　5. 漳浦罗宛井窑　6、7、10、17、20. 龙泉金村窑址　8、9、16、18、19. 龙泉上严儿村窑址　14. 南坑牛路沟窑采集　18. 漳浦罗宛井 Y2　（1~4、11~14 为器物形制对比；2、3、5、11~13、15 为器物装饰对比）

1．景德镇湖田窑

北宋时期，景德镇窑开始烧造青白釉瓷器[1]，其釉色以青中泛白、白中闪青为特色[2]，尤以湖田窑场为代表[3]。这类产品在南方地区迅速发展起来，影响范围颇广，逐渐形成了规模庞大的“青白瓷窑系”[4]，元代仍然大量烧造[5]。

闽南地区的青白瓷产量较大，分布较广，尤其是南安窑、德化窑、漳浦窑等，是该地区青白瓷窑场的典型代表，本文所依据的寮仔窑、格仔口窑、碗坪崙窑、罗宛井窑等都是以青白瓷为主要产品的窑场。青白瓷的出现，一改之前本地区以青瓷为主的生产传统，二者前后不具衔接性。具体来说，闽南地区青白瓷的主要器类有碗、盘、盒、炉等，其造型、施釉特征和工艺等与景德镇湖田窑都十分接近（图 4–7），尤其是碗类器物[6]。

闽南地区的青白瓷与景德镇湖田窑青白瓷的区别，主要体现在胎、釉、制瓷工艺和烧成技术上。闽南地区青白瓷的胎，较之湖田窑粗糙，而且制作逐渐草率；釉色多泛灰白，与湖田窑泛青翠的色调有明显区别。装饰工艺上也有较大差异，南安窑、漳浦窑以草率的刻、划花为主；德化窑的碗盘类器物以刻花、划花装饰方法为主，盒则多为印花装饰，纹样丰富多样；而湖田窑则较多使用了比较规整的印花工艺。

闽南地区与景德镇窑烧造青白釉瓷器的窑炉均以龙窑为主，但两地也存在着差异。而到元代，景德镇出现了葫芦形窑，德化窑则有了分室龙窑。装烧方法上，北宋时期均使用一匣一器的漏斗形匣钵装烧。湖田窑在南宋时期较多采用了覆烧工艺，支具由垫钵而逐渐演变为支圈；而闽南地区青白瓷主要仍是一匣一器或一匣多器的匣钵装烧法，到了南宋晚期、元代才出现了支圈覆烧、涩圈叠烧方法，支具并未经历由垫钵到支圈的过程。

通过与景德镇窑青白瓷的比较，可知闽南地区青白釉瓷器的特征主要仿烧自景德镇窑，但具体的制瓷技术则有其自身的特点。

2．景德镇民窑

明清时期，景德镇民窑以烧造青花瓷器为主，其民窑产品类别多样，纹样丰富，发展脉络清晰，深受当时国内外的喜爱[7]。

闽南地区青花瓷器的烧造始于明代中期，安溪窑、德化窑均有少量发现，青花纹样简单，有的

---

［1］彭适凡主编：《宋元纪年青白瓷》，香港：庄万里文化基金会，1998 年；张文江、赖金明：《宋代景德镇窑青白釉瓷器》，《文物天地》2004 年第 12 期，第 64~73 页。

［2］江建新：《景德镇窑业遗存考察述要》，《江西文物》1991 年第 3 期，第 44~50、79 页；冯先铭：《我国宋元时期的青白瓷》，《故宫博物院院刊》1979 年第 3 期，第 30~38 页；李毅华、陈定荣：《青白瓷说》，《中国古陶瓷研究》第 2 辑，北京：紫禁城出版社，1988 年，第 33~43 页。

［3］江西省文物考古研究所等：《景德镇湖田窑址——1988~1999 年考古发掘报告》，北京：文物出版社，2007 年；江西省文物考古研究所、景德镇湖田窑陈列馆：《江西湖田窑址 H 区发掘简报》，《考古》2000 年第 12 期，第 73~88 页；江西省文物考古研究所、景德镇陶瓷历史博物馆：《景德镇湖田窑 H 区附属主干道发掘简报》，《文物》2001 年第 2 期，第 42~62 页。

［4］中国硅酸盐学会：《中国陶瓷史》第六章第三节，北京：文物出版社，1982 年，第 264~273 页。

［5］裴亚静：《简论景德镇宋元时期青白瓷器》，《中国古陶瓷研究》第 5 辑，北京：紫禁城出版社，1999 年，第 209~221 页；裴亚静：《宋元景德镇窑系青白釉瓷器的分期》，《陈昌蔚纪念论文集 · 陶瓷》，台北：财团法人陈昌蔚文教基金会，2001 年，第 39~84 页。

［6］刘新园：《景德镇湖田窑各期典型碗类的造型特征及其成因考》，《文物》1980 年第 11 期，第 50~60 页；刘新园、白焜：《景德镇湖田窑各期碗类装烧工艺考》，《文物》1982 年第 5 期，第 85~93 页。

［7］黄云鹏：《明代民间青花瓷的断代》，《景德镇陶瓷》1986 年第 3 期，第 28~45 页；张云芳：《浅谈清代景德镇民窑青花瓷器》，《南方文物》1996 年第 4 期，第 99~101 页。

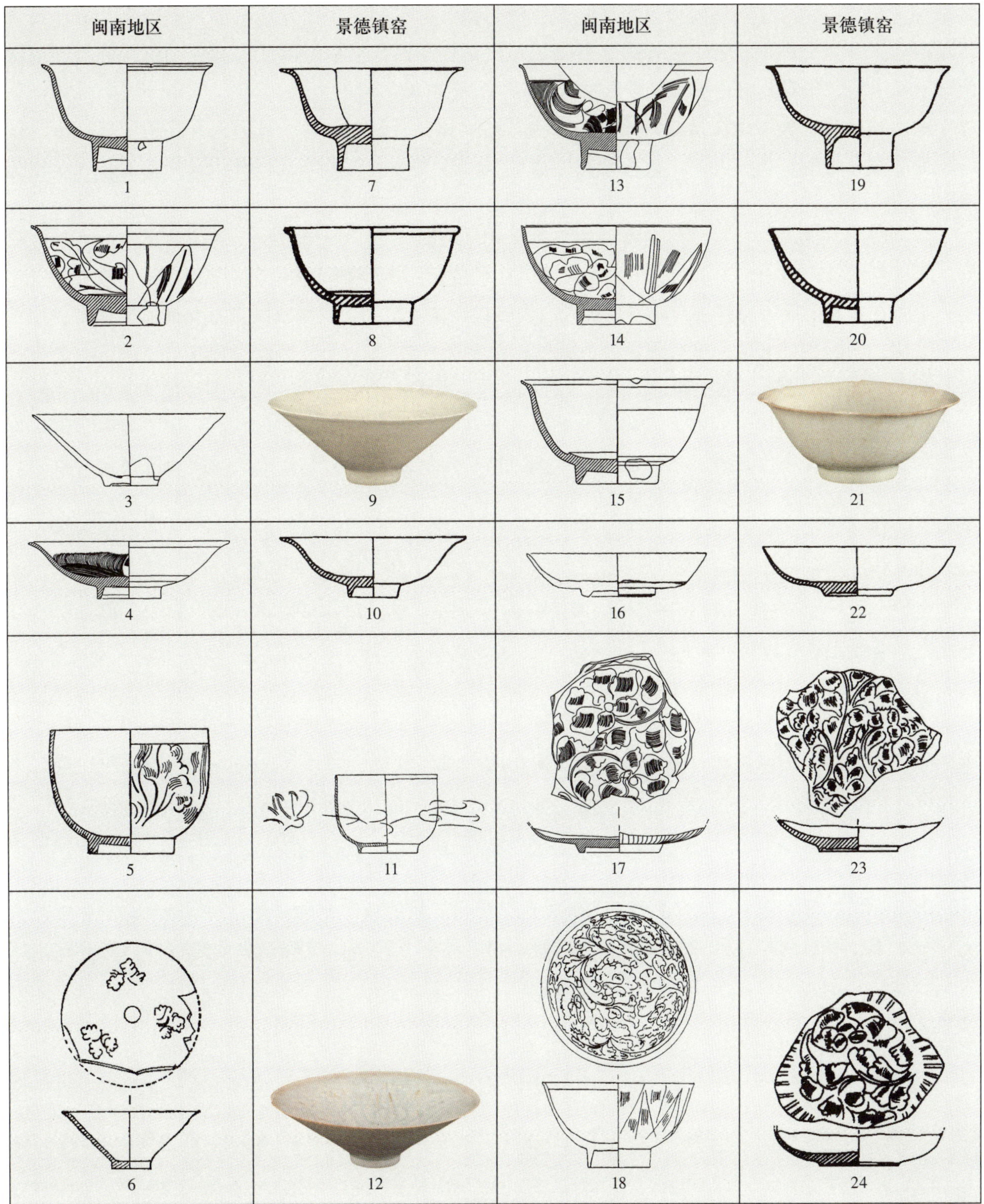

图 4–7　闽南地区青白瓷与景德镇窑青白瓷对比图

1、2、4、13、15. 南安南坑格仔口窑　3、14、16、17. 南安蓝溪寮仔窑　5、6. 德化碗坪崙窑　18. 漳浦罗宛井窑　7、8、20、23、24. 景德镇湖田窑 H 区附属主干道　10、19. 景德镇柳家湾窑　22. 景德镇湖田窑 H 区　9. 江西婺源北宋靖康二年（1127 年）张氏墓出土景德镇窑青白瓷碗　11. 江西樟树嘉定十七年（1224 年）杨氏墓出土景德镇芒口杯　12. 江西婺源南宋庆元六年（1200 年）汀州知州汪赓墓出土的景德镇青白瓷碗　21. 江西新建绍兴三十年（1160 年）胡六郎墓出土景德镇青白瓷碗　（1~6、13~16 为器物形制对比；17、18 为器物装饰对比）

仅是青花题字，仍处于初期阶段。明代晚期，漳州地区的平和、华安等地窑场兴盛起来，以烧造青花瓷器为主，兼烧白釉、青釉、五彩瓷器等，一直延烧至清代早期。清代中晚期的青花瓷器则以德化窑、安溪窑、华安和南靖东溪窑最为发达，窑场分布密集，产量大。

闽南地区青花瓷器是在景德镇民窑的影响下产生和发展起来的：一方面，其烧造明显晚于景德镇民窑的青花瓷器；另一方面，青花瓷器的造型、纹样等与景德镇民窑有着明显的相似，属于模仿烧造（图 4-8）。

从制瓷工艺来看，二者显然又有着明显的区别。因胎土多为就地取材，景德镇民窑也使用高岭土，质细色白；而漳州窑（平和、华安、南靖等）、安溪窑的胎则泛灰，且淘洗不精，含杂质较多；德化窑青花瓷器的胎因原料细白，与其所产白瓷接近，显得精细。景德镇民窑青花瓷器的釉多色白，光洁莹润，一般内外满釉，唯有圈足沿不施釉；德化窑与之相似[1]，然而漳州窑、安溪窑所产青花瓷的釉则多泛灰、泛黄，远不如景德镇，且外底心一般无釉。青花色泽，因有多种色调，不尽相同，不便比较。青花的纹样内容则大多相似，尤以开光花纹的大盘类瓷器最有特色，除了国内喜闻乐见的花草、瑞兽、文字等之外，一些也颇具欧洲风情；但从绘画技法上分析，闽南地区则显得草率、随意，不及景德镇青花的工整、细腻。

在烧成技术上，闽南地区与景德镇民窑则是完全不同的[2]。窑炉形制方面，景德镇民窑明代主要是葫芦形窑，如湖田乌鱼岭窑[3]、丽阳瓷器山窑[4]，也有馒头窑，如乌鱼岭馒头窑[5]；清代则多见蛋形窑[6]。闽南地区则主要采用阶级窑，前后分若干室，每室呈横长方形，这是闽南地区在分室龙窑的基础上独立发展起来的一种窑炉形制。装烧瓷器的匣钵，景德镇民窑以漏斗形、筒形为主，尤其是清代以后，大多使用大小、形制不同的筒形匣钵，瓷器与匣钵之间多以瓷质垫饼作间隔具，器物之间一般不使用叠烧方法；闽南地区漳州窑的匣钵则以 M 形匣钵为主，有的还采用了器物之间以稻壳作为间隔具的叠烧法；德化窑则主要采用筒形匣钵装烧，并且多见同一匣钵内的对口烧、支钉叠烧、涩圈叠烧。

由上可知，闽南地区青花瓷器在产品风格上，模仿景德镇民窑烧造，适应了国内外市场对这类瓷器的大量需求；但其制瓷技术传统则最具地方特色，是独立发展起来的。

闽南地区的五彩瓷器，从产品特征来看，也是模仿了景德镇民窑的彩瓷；同样地，在制瓷工艺、烧成技术上，具有闽南地区的自身特点，这里不再赘述。景德镇窑也烧造少数白釉佛像等瓷塑，其造型与德化窑颇为接近，而胎、釉则具自身特点，有的还饰以青花、墨彩或五彩等，可知其可能部分地受到了明清时期德化窑白釉瓷塑的影响。

---

［1］陈建中：《德化民窑青花》，北京：文物出版社，1999 年；叶文程、罗立华：《德化窑青花瓷器几个问题的探讨》，《中国古陶瓷研究》第 5 辑，北京：紫禁城出版社，1999 年，第 199~206 页；傅宋良、孙艺灵：《论德化青花瓷的产生与发展》，《福建文博》1996 年第 2 期，第 139~142 页。

［2］栗建安：《明清福建漳州地区的窑业技术》，《福建文博》1999 年增刊，第 8~14 页；熊海堂：《东亚窑业技术发展与交流史研究》第三章第六节，南京：南京大学出版社，1995 年。

［3］江西省文物考古研究所等：《景德镇湖田窑址——1988~1999 年考古发掘报告》，北京：文物出版社，2007 年，第 45~47 页。

［4］故宫博物院等：《江西景德镇丽阳瓷器山明代窑址发掘简报》，《文物》2007 年第 3 期，第 17~33 页。

［5］刘新园、白焜：《景德镇湖田窑考察纪要》，《文物》1980 年第 11 期，第 39~49 页。

［6］周仁等：《景德镇瓷器的研究》，北京：科学出版社，1958 年；吴海山：《景德镇窑结构及其热工工艺》，《陶瓷研究》1999 年第 1 期，第 16~21 页。根据清末日本人北村弥一郎对清朝窑业的考察，详细记述了景德镇蛋形窑的情况，见（日）北村弥一郎：《清國窯業調查報告書》，东京：农商务省商工局，明治四十一年（1908 年）印刷发行。

图 4-8　闽南地区青花瓷与景德镇窑青花瓷对比图

1. 平和南胜田坑窑　2. 南胜花仔楼窑　3、5、16. 德化东头杏脚窑　4. 平和五寨二垅窑　6、13. 德化窑采集　14. 平和洞口窑　15. 五寨大垅窑　17、18. 安溪窑采集　7、19、20、22~24. 平潭碗礁一号沉船出水　8~11、21. 景德镇湖田窑址　12. 北京毛家湾瓷器坑出土　（1~6、13、14 为器物形制对比；1、3、5、13、15~18 为器物装饰对比）

三　闽南与北方地区的交流

北方地区对闽南地区制瓷技术的影响，远小于南方地区的越窑、龙泉窑、景德镇窑。这里主要是泉州沿海地区的晋江磁灶窑。

磁灶窑的黑釉、白釉、彩釉类瓷器跟北方地区磁州窑系统的瓷器存在着一定的关系[1]。这主要体现在装饰工艺上，以土尾庵窑址的黑釉剔花、白釉剔花、釉下彩绘以及黄绿釉瓷器为代表。根据前文的断代分析，这类瓷器在该地区出现的时间较晚，大约为元代及其前后，并且之前闽南地区没有类似的产品。

磁灶窑生产的器物群基本属于本地传统器类，如罐、瓶、军持、碗、盘、执壶等，而矮身小口黑釉瓶、梅瓶、长颈瓶、堆塑品等属新增品种。黄、绿釉瓷器以及釉下彩绘装饰也是新出现的类别，这类器物在闽中地区的南平茶洋窑也有发现[2]，但其在南方地区则是比较少见的。相对于本地区的青釉、青白釉瓷器而言，这类瓷器生产属于比较孤立的“点”。剔花装饰十分简单、草率；白地黑花、褐彩装饰，线条流畅，纹样有花草纹、鱼纹、几何形纹等，数量并不多。这类瓷器和装饰，在北方地区的民间窑场较为常见[3]，通过土尾庵窑、茶洋窑与北方磁州窑的比较（图 4–9、10），可看出这类瓷器的烧造是受到了磁州窑风格的影响。

从烧成技术上看，磁灶窑的窑炉形制仍为南方地区的龙窑，使用匣钵并不普遍，不少器物是裸烧而成的，这或与其器物类别和产品粗糙有较大关系。这一点，与北方地区的馒头窑窑炉系统有着明显的不同。因此，闽南地区与北方地区的制瓷技术交流也往往只是体现在器物类型及特征上，烧成工艺同样是延续本地传统的。

四　闽南与闽北、闽中地区的交流

闽北、闽中地区北与浙东、浙南相连，西与江西为邻，恰处于闽南与浙江、江西的中间连接地带。闽北、闽中地区宋至清代的制瓷手工业也比较发达[4]，窑场在浦城、松溪、政和、南平、三明、尤溪、闽清、莆田等地均有分布，其产品特征明显受到了浙江、江西等地的影响。结合上述闽南与浙江、江西两地区之间制瓷技术交流的分析，可知闽北、闽中在其他地区制瓷技术影响到闽南地区的过程中，起着重要的作用。下面从瓷器特征和烧成技术角度，简要分析闽北、闽中地区制瓷技术及其与闽南地区的交流情况。

闽北、闽中地区在宋元时期以烧造青釉、青白釉、黑釉瓷器为主[5]，窑场分布范围较广（图 4–11）。

---

[1] 栗建安：《福建磁灶土尾垵窑址瓷器的装饰工艺》，《中国古陶瓷研究》第 4 辑，北京：紫禁城出版社，1997 年，第 109~115 页。

[2] 福建省博物馆：《南平茶洋窑址 1995 年 ~1996 年度发掘简报》，《福建文博》2000 年第 2 期，第 50~59 页。

[3] 北京大学考古学系、河北省文物研究所、邯郸地区文物保管所：《观台磁州窑址》，北京：文物出版社，1997 年。

[4] 曾凡：《福建陶瓷考古概论》，福州：福建省地图出版社，2001 年；栗建安：《福建古窑址考古五十年》，《陈昌蔚纪念论文集·陶瓷》，台北：财团法人陈昌蔚文教基金会，2001 年，第 9~38 页。

[5] 姚祖涛、赵洪章：《闽北古瓷窑址的发现和研究》，《福建文博》1990 年第 2 期，第 11~16、102 页；福建省博物馆等：《福建南平宋元窑址调查简报》，《福建文博》1983 年第 1 期，第 56~71 页；王永平：《闽西北宋元青白瓷考》，《福建文博》1999 年增刊总第 35 期，第 224~228 页。

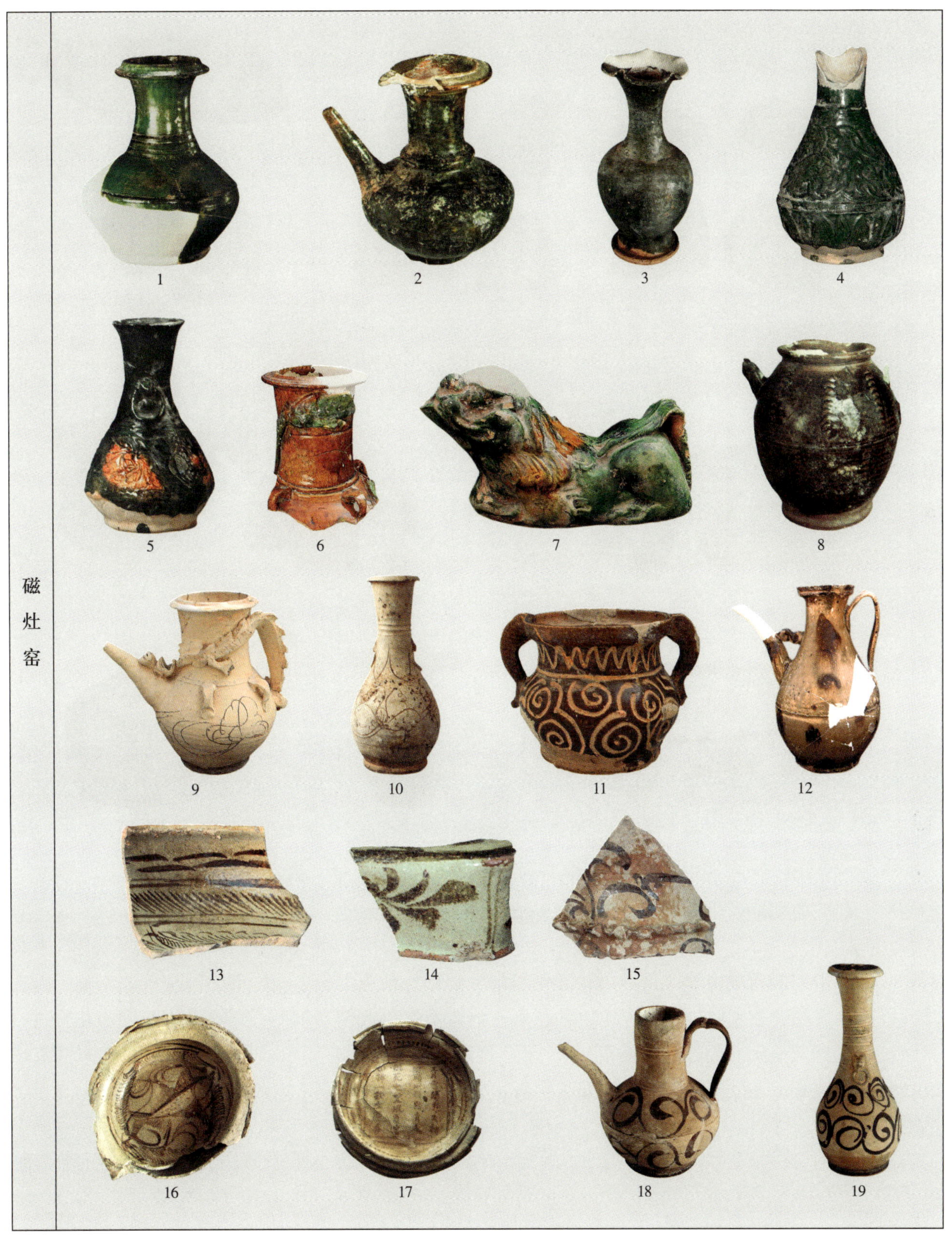

图 4-9　晋江磁灶窑瓷器

1~4. 绿釉　5~7. 黄绿釉　8. 黑釉　9、10. 素烧器　11. 黑釉剔花　12~19. 白釉褐彩

图 4-10 南平茶洋窑和磁州窑瓷器

1. 绿釉印花 2、6. 绿釉褐彩 3、9. 黑釉剔花 4. 酱釉 5. 绿釉剔花 7. 白地黑花 8. 白釉剔刻花

北宋早中期的青釉瓷器，延续唐、五代而来，器形、釉色类似于同时期的越窑青瓷。到了南宋及其以后，青釉瓷器的胎体较为厚重，釉色青灰或青黄，一般带有刻花、划花装饰，多为花卉纹、篦划纹等。特别是闽北的松溪垌场窑[1]、闽中的莆田庄边窑[2]等，由于临近浙江龙泉窑东区窑场或处于沿海地区，产品明显是仿烧自龙泉窑青釉瓷器，其中松溪窑在产品特征和烧成技术上与龙泉窑均一致。

该地区的青白釉瓷器大约出现于北宋中期或偏晚阶段，其后一直延续烧造至元代。有的胎质细

[1] 福建省博物馆：《福建松溪县垌场北宋窑址试掘简报》，《考古学集刊》第 2 集，北京：中国社会科学出版社，1982 年，第 167~170、202 页。

[2] 张仲淳：《福建莆田庄边古瓷窑调查》，《福建文博》1987 年第 2 期，第 51~55、38 页；李辉柄：《莆田窑址初探》，《文物》1979 年第 12 期，第 37~42 页；柯凤梅等：《福建莆田古窑址》，《考古》1995 年第 7 期，第 606~613 页。

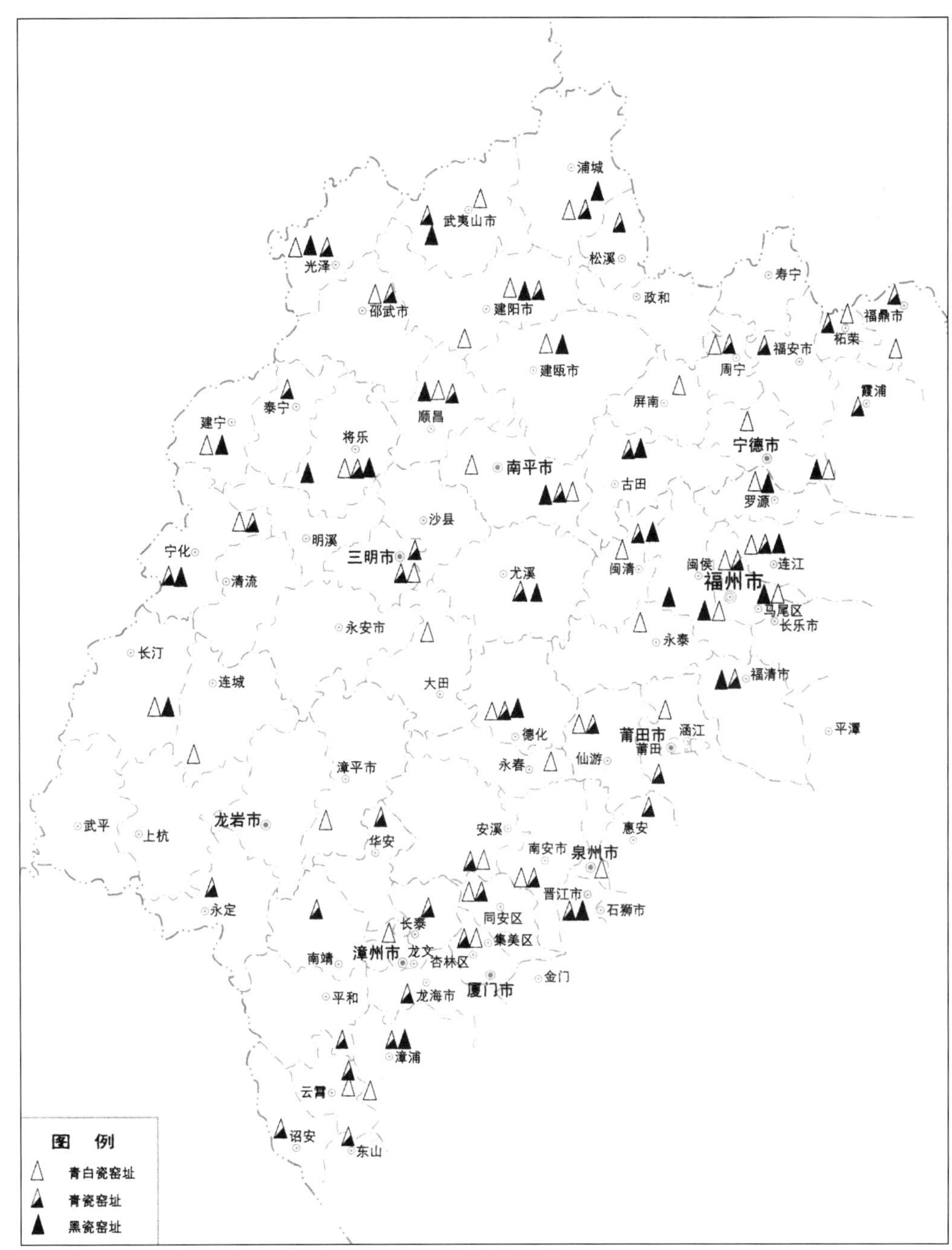

图 4-11　福建省宋元时期窑场及产品类别分布图

（引自曾凡：《福建陶瓷考古概论》，福州：福建省地图出版社，2001 年）

腻，釉色泛青白，如光泽茅店窑[1]、邵武四都窑[2]、建阳华家山窑[3]、将乐南口窑[4]，器形轻巧，制作精细，有的带有印花、刻花或划花的花卉纹装饰。而有的胎为青灰或灰白，釉呈灰白色，如连

[1] 曾凡：《光泽茅店宋代瓷窑址》，《文物参考资料》1958 年第 2 期，第 36、37 页。

[2] 傅宋良、王上：《邵武四都青云窑址调查简报》，《福建文博》1988 年第 1 期，第 19~22 页。

[3] 建阳县文化馆：《福建建阳古瓷窑址调查简报》，《考古》1984 年第 7 期，第 636~648、614 页。

[4] 林薇：《宋代将乐窑略探》，《福建文博》2014 年第 2 期，第 69~72 页；曾秀秀：《简述三明古窑址及古陶瓷》，《福建文博》2016 年第 1 期，第 90~93 页。

江浦口窑[1]、闽清义窑[2]，制作较为草率，多素面无纹。前者主要位于闽江上游地区的溪流沿岸，靠近江西地区，产品特征与景德镇窑更为接近，其年代略早，北宋晚期至南宋时期较为兴盛；后者多处于闽江下游的沿海地区，因胎土等原料的差异，瓷器质量要逊色得多，年代大体在南宋晚期至元代比较发达。

值得一提的是，浦城大口窑[3]、南平茶洋窑[4]的产品类别十分复杂，有黑釉、青釉、青白釉、绿釉等，有的黑釉瓷器有印花、剔花装饰，绿釉瓷器有的饰印花、绘褐彩或黑彩。这在该地区十分少见，但与闽南沿海地区的晋江磁灶土尾庵窑则有着较大的相似性。从器物特征来看，其均是受到了北方地区磁州窑瓷器的影响。此为特例。

此外，元代的一些窑场，如莆田古松柏山窑[5]、灵川窑和许山窑[6]，还烧造了器形、釉色、装饰等与德化屈斗宫窑相近的白釉瓷器，器类主要有盘、碟、洗、碗等，外壁多模印卷草纹、莲瓣纹。这是闽南地区德化窑制瓷技术与其他地区交流的一个表现。

这一阶段所不同的是，闽北地区以建窑[7]为代表的黑釉瓷器，尤其是作为“斗茶”佳器的黑釉茶盏著称于世[8]，而这类产品在闽南地区则较少生产。

至明清时期，闽北、闽中地区的窑场数量减少，生产规模缩小，主要烧造青花、青釉、白釉、酱黑釉瓷器等（图 4–12）。青花瓷器的胎质较粗，制作草率，釉色多呈灰白色，青花色泽暗淡，多是模仿景德镇民窑青花瓷器，但质量无法与之相比。

通过上述分析，宋至清代闽南与闽北、闽中地区的瓷器产品特征，都在一定程度上接受了当时名窑产品的影响，即越窑、龙泉窑、景德镇窑等。同时，两地之间有存在着比较复杂差异，各阶段的器物组合不尽相同，闽南地区主要以青釉、青白釉、白釉、青花瓷器为代表，而闽北、闽中地区则以黑釉、青釉、青白釉、青花瓷器为代表，产品质量也各不相同。泉州内陆地区德化窑白瓷还影响到了莆田一些窑场的产品。

从烧成技术上看，闽南与闽北、闽中地区有所不同。窑炉形制方面，闽南地区在龙窑的基础上出现了分室龙窑、阶级窑等不同的形制；而闽北、闽中则均以龙窑为主，有的窑炉弯曲较大，如武

[1] 宋伯胤：《连江县的两个古瓷窑》，《文物参考资料》1958 年第 2 期，第 27~31 页；栗建安、陈恩、明勇：《连江县的几处古瓷窑址》，《福建文博》1994 年第 2 期，第 74~82 页。

[2] 闽清县文化局、厦门大学人类学系考古专业：《闽清县义窑和青窑调查报告》，《福建文博》1993 年第 1、2 期，第 151~161 页；叶文程：《福建闽清义窑青窑的调查与外销瓷问题》，Ho Chuimei ed. *Ancient Ceramic Kiln Technology in Asia*, Hong Kong: The Centre of Asian Studies, the University of Hong Kong, 1990, pp.60-73.

[3] 林忠干、赵洪章：《福建浦城的宋元瓷窑》，《福建文博》1984 年第 2 期，第 30~39 页；陈寅龙、傅宋良：《闽北大口窑及釉下彩新探》，《福建文博》1991 年第 1、2 期，第 63~66 页。

[4] 张文崟：《南平茶洋窑几个问题的探讨》，《福建文博》1990 年第 2 期，第 17~22 页；福建省博物馆：《南平茶洋窑址 1995 年~1996 年度发掘简报》，《福建文博》2000 年第 2 期，第 50~59 页；张文崟：《南平茶洋宋元窑址》，《福建文博》2008 年第 1 期，第 26~31 页。

[5] 福建博物院：《莆田古松柏山窑址发掘报告》，《福建文博》2007 年第 2 期，第 16~31 页。

[6] 曾凡：《福建陶瓷考古概论》，福州：福建省地图出版社，2001 年，第 59 页。

[7] 中国社会科学院考古研究所等建窑考古队：《福建建阳县水吉北宋建窑发掘简报》，《考古》1990 年第 12 期，第 1095~1099、1089 页；中国社会科学院考古研究所等建窑考古队：《福建建阳县水吉建窑遗址 1991~1992 年度发掘简报》，《考古》1995 年第 2 期，第 148~154、159 页。

[8]（宋）蔡襄《茶录》，（宋）左圭《百川学海》本，1927 年武进陶氏景刊本。下篇《论茶器》“茶盏”条记载：“茶色白，宜黑盏，建安所造者绀黑，纹如兔毫，其坯微厚，熁之久热难冷，最为要用。出他处者，或薄或色紫，皆不及也。其青白盏，斗试家自不用。”

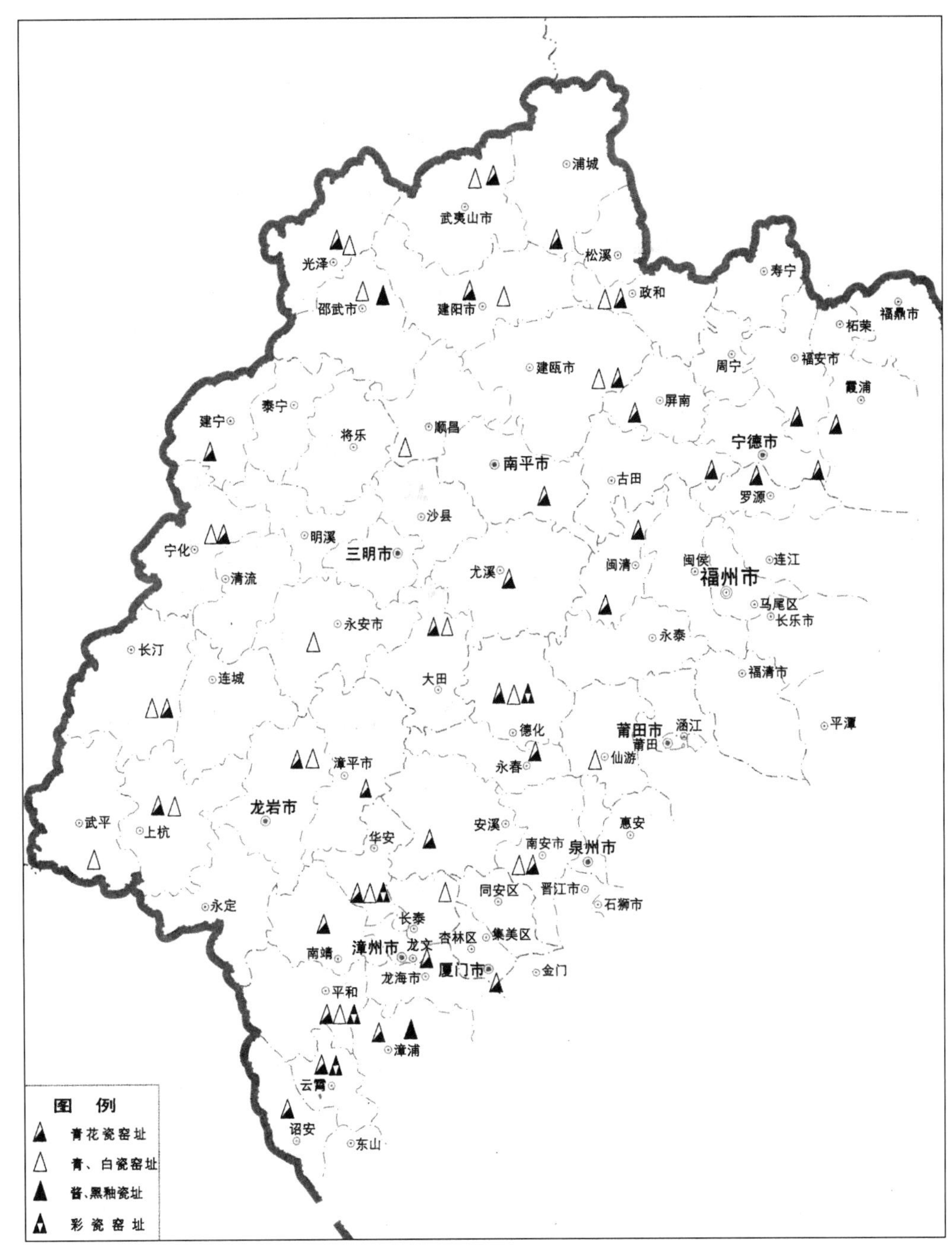

图 4–12　福建省明清时期窑场及产品类别分布图

（引自曾凡：《福建陶瓷考古概论》，福州：福建省地图出版社，2001 年）

夷山遇林亭窑（图 4–13）[1]、三明中村窑[2]，有的窑场则也使用了分室龙窑，如将乐万全碗碟墩窑[3]。窑具及装烧方法，在元代及其以前，闽北、闽中与闽南相近，但在南宋晚期至元代，前者的

[1] 福建省博物馆：《武夷山遇林亭窑址发掘报告》，《福建文博》2000 年第 2 期，第 20~49 页；武夷山市博物馆：《福建武夷山遇林亭窑址再考察》，《福建文博》1996 年第 2 期，第 53~55 页。

[2] 福建省博物馆、三明市文管会、三明市博物馆：《三明中村垌瑶元代窑址发掘简报》，《福建文博》1995 年第 2 期，第 21~30 页。

[3] 福建省博物院 2016~2017 年发掘资料，承蒙羊泽林先生相告，谨此致谢。

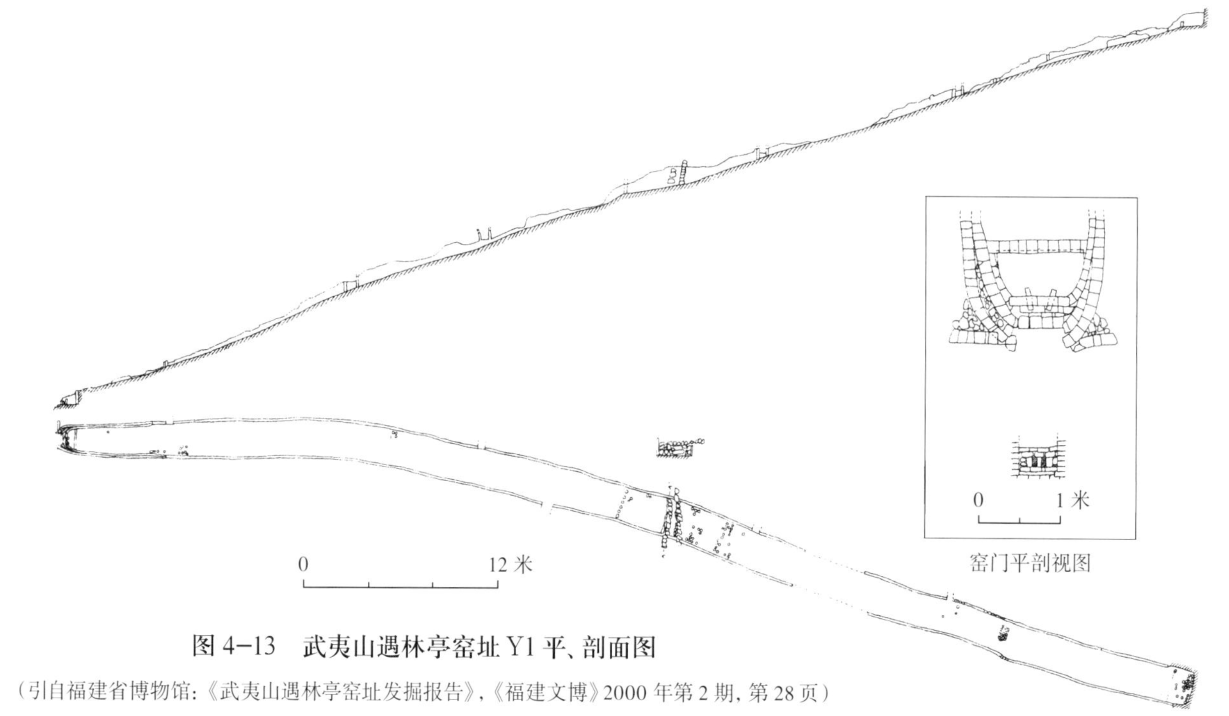

图 4-13　武夷山遇林亭窑址 Y1 平、剖面图

（引自福建省博物馆：《武夷山遇林亭窑址发掘报告》，《福建文博》2000 年第 2 期，第 28 页）

涩圈叠烧法要明显多于支圈覆烧法，而后者则正好相反。明清时期，闽北、闽中地区仍以漏斗形匣钵、筒形匣钵装烧为主，有涩圈叠烧、垫饼支烧等；闽南地区则以 M 形匣钵、筒形匣钵居多，采用支钉或沙粒、稻壳间隔叠烧、涩圈叠烧、对口烧等方法。因此，两地区在烧成技术上有着各自的传统，闽南地区在元、明时期则有了较大的变革和发展。

五　闽南与岭南地区的交流

闽南与广东地区相接，自然地理环境十分相近。广东地区宋至清代的窑场主要分布于沿海地区[1]，有潮州窑[2]、广州西村窑[3]、惠州窑[4]、新会窑[5]、石湾窑[6]、饶平窑[7]、汕头窑[8]、博罗窑、揭阳窑[9]、雷州窑[10]等。瓷器产品类别丰富多样，主要有青釉、青白釉、青花瓷器等。

[1] 曾广亿：《广东瓷窑遗址考古概要》，《江西文物》1991 年第 4 期，第 105~108、84 页。

[2] 广东省博物馆编：《潮州笔架山宋代窑址发掘报告》，北京：文物出版社，1981 年。

[3] 广州市文物管理委员会、香港中文大学文物馆合编：《广州西村窑》，香港：香港中文大学中国考古艺术研究中心，1987 年。

[4] 广东省文管会：《广东惠州发现宋代瓷窑遗址》，《文物参考资料》1955 年第 2 期，第 157 页；惠阳地区文化局、惠州市文化局、广东省博物馆：《广东惠州北宋窑址清理简报》，《文物》1977 年第 8 期，第 46~56 页。

[5] 广东省文物管理委员会、广东师范学院历史系：《广东新会官冲古代窑址》，《考古》1963 年第 4 期，第 221~223、203 页；广东省文物考古研究所、新会市博物馆：《广东新会官冲古窑址》，《文物》2000 年第 6 期，第 25~43 页。

[6] 区家发：《广东阳江石湾村发现古代窑址》，《文物参考资料》1955 年第 3 期；佛山市博物馆：《广东石湾古窑址调查》，《考古》1978 年第 3 期，第 195~199 页。

[7] 何纪生、彭如策、邱立诚：《广东饶平九村青花窑址调查记》，《中国古代窑址调查发掘报告集》，北京：文物出版社，1984 年，第 155~161 页。

[8] 广东省博物馆、汕头地区文管站、普宁县博物馆：《广东普宁虎头埔古窑发掘简报》，《文物》1984 年第 12 期。

[9] 曾广亿：《广东博罗、揭阳、澄迈古瓷窑调查》，《文物》1965 年第 2 期，第 19~25 页。

[10] 邓杰昌：《广东省海康地区陶瓷》，Ho Chuimei ed. *Ancient Ceramic Kiln Technology in Asia*, Hong Kong: The Centre of Asian Studies, the University of Hong Kong, 1990, pp.14-21；湛江市博物馆等：《雷州窑瓷器》，广州：岭南美术出版社，2003 年。

从器形、装饰等方面来看，广东地区的瓷器也多是仿烧当时的名窑，这一点与闽南地区有着一定相似性；但在产品类别的比例、烧成技术等方面又有着较大的差异。下文简要对此进行分析。

北宋早期，广东地区基本延续本地的青瓷传统。北宋中期开始，该地区开始烧造青白釉瓷器，以潮州笔架山窑、广州西村窑为代表，产品的器形、釉色、纹饰等主要是模仿景德镇窑。胎质细腻，釉色青白，制作较为精细，器类有碗、盘、盒、炉、雕塑等，纹饰多为刻、划而成的花卉纹（图4–14）。这些瓷器与闽南地区的南安窑、漳浦窑青白釉瓷器十分接近。

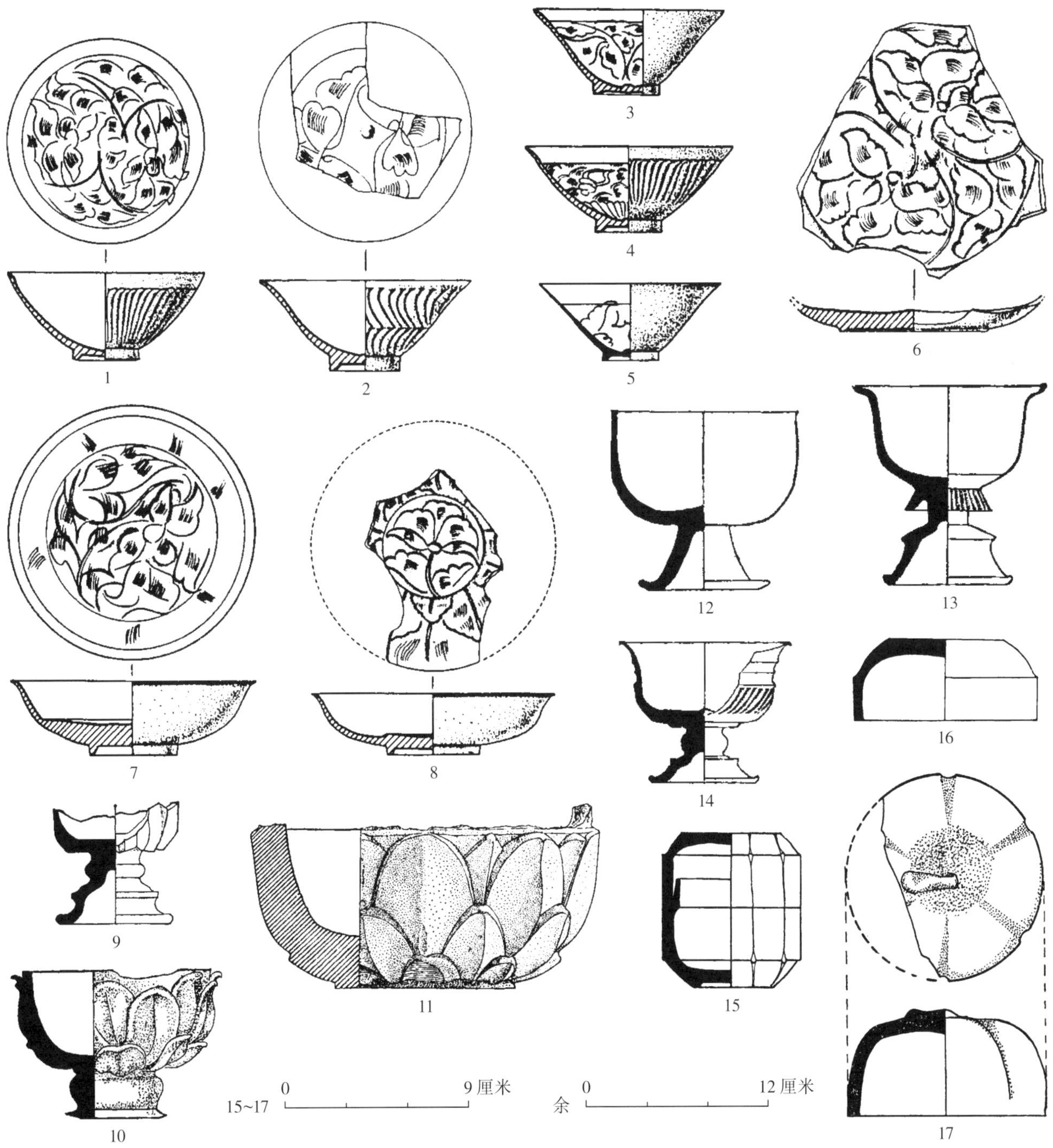

图4–14　广东地区出土青白釉瓷器

1~5. 碗　6~8. 盘　9~14. 炉　15. 盒　16、17. 盒盖　（1~8为广州西村窑出土；9~17为潮州窑出土）

这一时期，广东还烧造青釉瓷器，其窑场多位于广东南部，如广州西村窑。从器物造型、釉色、纹饰等来看，除了一部分与青白釉瓷器较为接近外（图 4–15），还源自另两个不同的制瓷系统：一是龙泉窑，有碗、盘等，多饰以刻花、篦划花，这一点与闽南地区较为接近，但其所占的数量比例并不大；二是北方地区的耀州窑，以碗、盏、盘等居多，釉色多为青泛灰黄色，内壁多模印缠枝菊瓣纹等（图 4–16）。这类窑场靠近西南的广西地区，其青白釉、青釉瓷器的特征与广西藤县中和

图 4–15　广东地区出土青釉瓷器

1~6. 碗　7~9. 盘　10. 杯　11~15. 炉　16、17. 盒盖　18~21. 盒　22. 瓶　23、24 执壶　（均为广州西村窑出土）

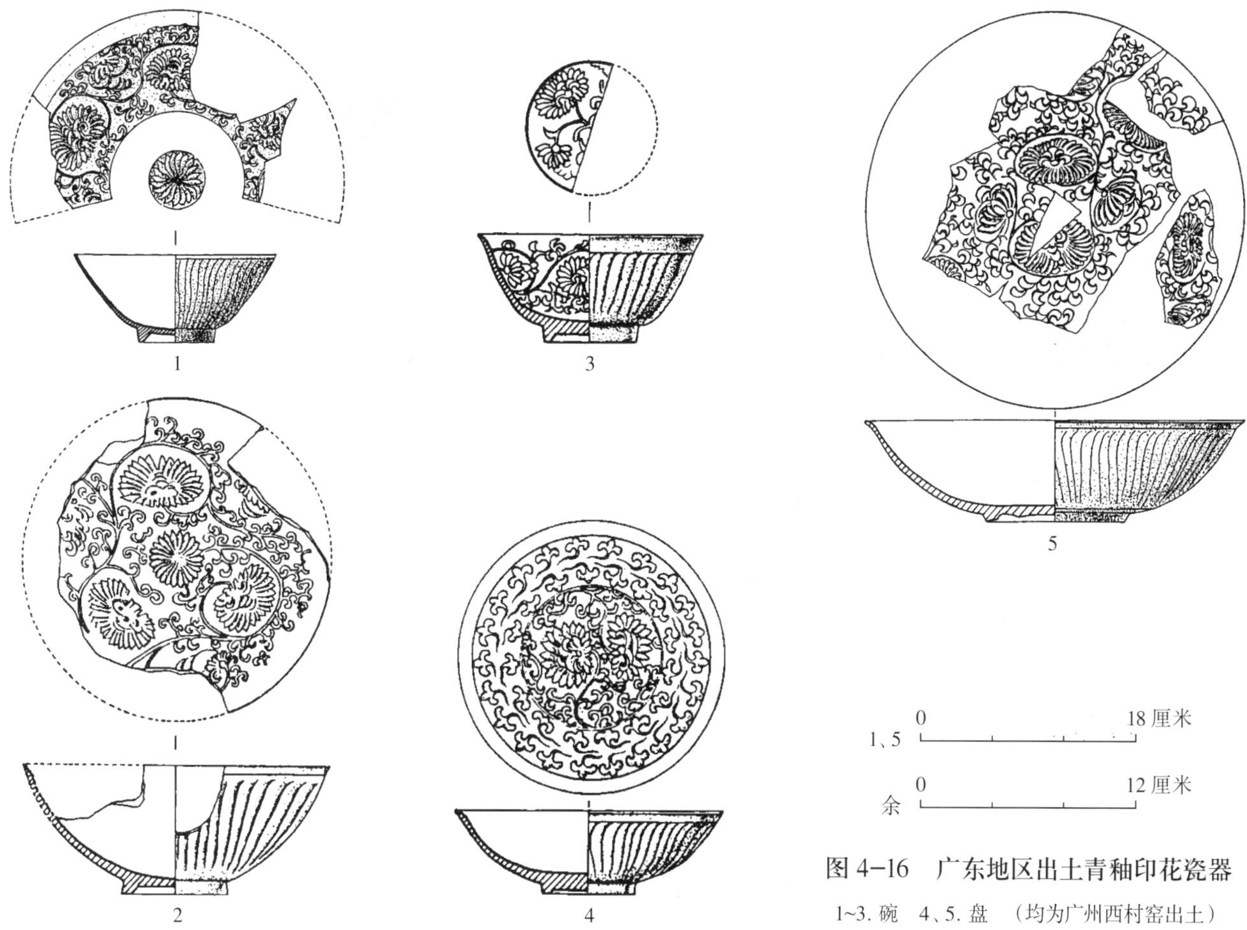

图 4–16　广东地区出土青釉印花瓷器

1~3. 碗　4、5. 盘　（均为广州西村窑出土）

窑[1]、永福窑[2]、兴安窑、桂林窑[3]、桂平窑[4]等比较相似。此外，元、明时期，广东的一些窑场，如惠阳白马山[5]、新庵三村[6]等，也大量仿烧龙泉窑瓷器，这些青釉瓷器多素面，与之前的刻、划花青瓷并不相同[7]。

元代至明代早中期，广东南端的雷州窑等还烧造白地褐彩瓷器，胎质较粗，釉色泛黄，器类有罐、瓶、枕等，多以褐彩绘缠枝花卉纹、开光花卉、人物、文字等，草率、简洁，这应是吸收了磁州窑白地黑花瓷器的风格。这类瓷器在闽南地区鲜有烧造。

[1] 广西壮族自治区文物工作队：《广西藤县宋代中和窑》，《中国古代窑址调查发掘报告集》，北京：文物出版社，1984 年，第 179~194 页。

[2] 广西壮族自治区文物工作队：《广西永福窑田岭宋代窑址发掘简报》，《中国古代窑址调查发掘报告集》，北京：文物出版社，1984 年，第 201~212 页。

[3] 李铧：《广西桂林窑的早期窑址及其匣钵装烧工艺》，《文物》1991 年第 12 期，第 83~86 页；桂林博物馆：《广西桂州窑遗址》，《考古学报》1994 年第 4 期，第 499~526 页。

[4] 广西壮族自治区博物馆：《广西桂平宋瓷窑》，《考古学报》1983 年第 4 期，第 501~519 页；陈小波：《广西桂平古窑址调查》，《中国古代窑址调查发掘报告集》，北京：文物出版社，1984 年，第 195~200 页。

[5] 曾广亿：《广东惠阳白马山古瓷窑调查记》，《考古》1962 年第 8 期，第 414、415 页。

[6] 广东省文物管理委员会、华南师范学院历史系：《广东惠阳新庵三村古瓷窑发掘简报》，《考古》1964 年第 4 期，第 196~199 页。

[7] 曾广亿：《广东明代仿龙泉窑青瓷初探》，Ho Chuimei ed. *Ancient Ceramic Kiln Technology in Asia*, Hong Kong: The Centre of Asian Studies, the University of Hong Kong, 1990, pp.30-42.

图 4-17　香港大埔碗窑出土青花瓷器

1~8、12. 碗　9~11. 杯　13~19. 盘

明、清时期，岭南以烧造青花瓷器为主，窑场分布较广[1]，包括了香港大埔碗窑[2]、海南澄迈福安窑[3]等，器类以碗、盘、杯等为主。胎质较粗，胎色泛灰；釉色多灰白；青花色泽灰暗，多为草率的花卉纹（图 4-17）。这一点与闽南地区相似，其产品均受到了景德镇民窑青花瓷器的影响。不同的是，这阶段广东地区制瓷手工业较为发达的石湾窑，则较多地受到了北方钧窑瓷器的影响，

[1] 曾广亿：《广东瓷窑遗址考古概要》，《江西文物》1991 年第 4 期，第 105~108、84 页；杨少祥：《广东青花瓷器初探》，Ho Chuimei ed. *Ancient Ceramic Kiln Technology in Asia*, Hong Kong: The Centre of Asian Studies, the University of Hong Kong, 1990, pp.1-13.

[2] 区家发等：《香港大埔碗窑青花瓷窑址——调查及研究》，香港：香港区域市政局，1997 年；香港文化博物馆：《香港大埔碗窑青花瓷窑址——发掘及研究》，香港：康乐及文化事务署出版，2000 年。

[3] 曾广亿：《海南岛汀迈古瓷窑调查记》，《考古》1963 年第 6 期，第 345、346 页；曾广亿：《广东博罗、揭阳、澄迈古瓷窑调查》，《文物》1965 年第 2 期，第 19~25 页；郝思德、王大新、王明忠：《澄迈县福安元明清窑址》，《中国考古学年鉴》（2003），北京：文物出版社，2004 年，第 275、276 页。

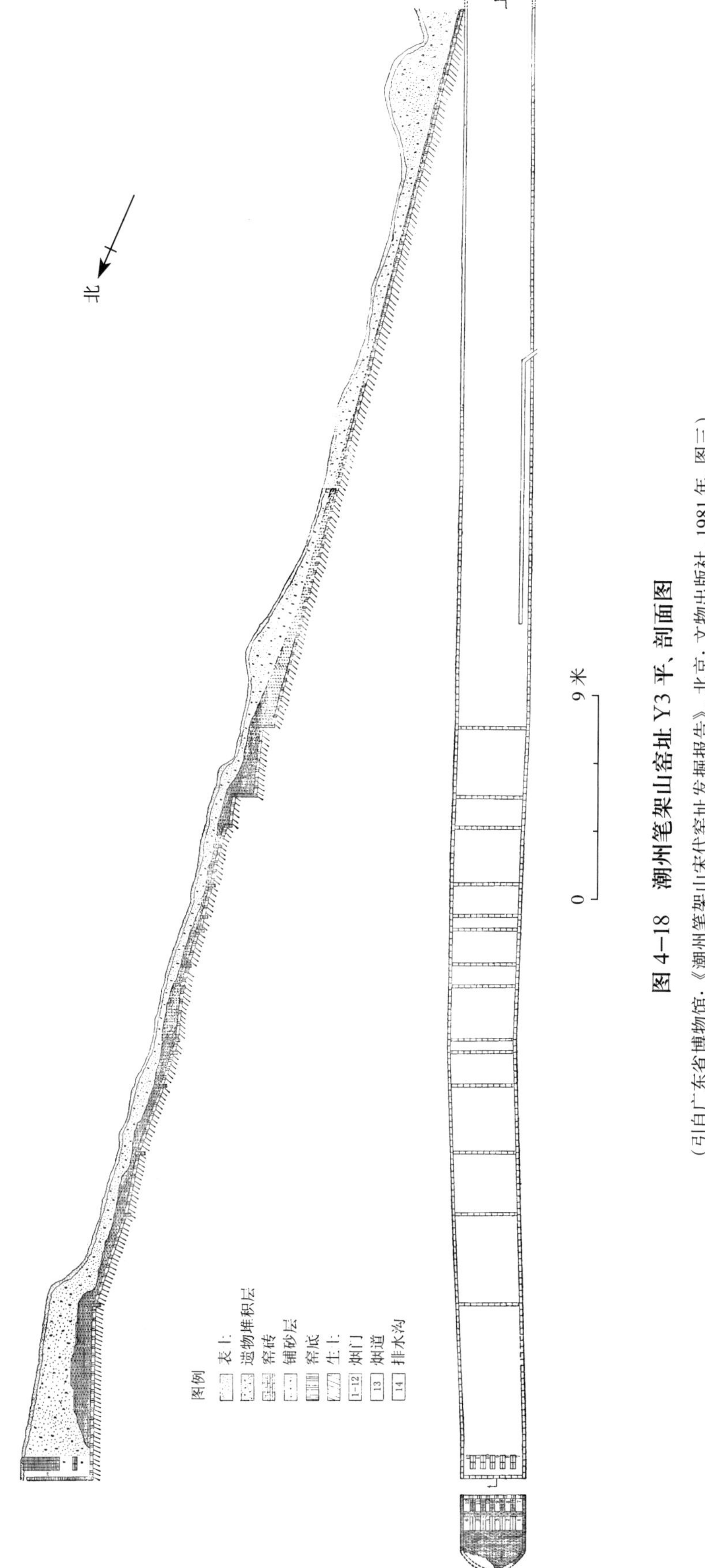

图 4-18　潮州笔架山窑址 Y3 平、剖面图

（引自广东省博物馆：《潮州笔架山宋代窑址发掘报告》，北京：文物出版社，1981 年，图三）

图 4-19 香港大埔碗窑址 Y2 平、剖面图

（引自香港文化博物馆:《香港大埔碗窑青花瓷窑址——发掘及研究》, 香港: 康乐及文化事务署, 2000 年, 第 76 页）

烧造有青釉、钧釉等色彩斑斓的彩釉瓷器[1]；广州还出现了专门的“广彩瓷器”，其瓷器多是景德镇经一次高温烧成之后，再运至广州依样绘彩、绘花纹，然后入窑二次烘烧而成[2]。这类产品在一定程度上满足了当时海外市场的需要，也反映了中国外销瓷的海外订烧情况。

由上可知，岭南地区宋至清代的瓷器产品面貌多样，一般是受到当时名窑的影响，如越窑、龙

[1] 佛山市博物馆：《广东石湾古窑址调查》，《考古》1978 年第 3 期，第 195~199 页；香港大学冯平山博物馆编：《石湾陶展》，香港：香港大学冯平山博物馆，1979 年。

[2] 莫鹏编：《广彩瓷器》，北京：文物出版社，2001 年。

泉窑、景德镇窑、耀州窑、磁州窑等。虽然与闽南地区一样，均属器物仿烧，但具体特征又不尽相同，各类产品在各个阶段所占的比例也不同。

岭南地区宋至清代制瓷手工业的烧成技术，与周边地区既有相同点，又有其自身特点，这在窑炉、窑具、装烧方法上均有体现。

岭南地区烧造瓷器的窑炉，形制多样，有龙窑、馒头窑、阶级窑等[1]。唐代多为龙窑，如新会官冲窑、高明窑[2]、梅县窑[3]等；而烧造釉陶或砖瓦的窑炉，如潮州北堤头窑、窑上埠窑则为半倒焰式的馒头窑[4]，这是北方地区的窑炉传统，与南方周边地区均不相同。北宋以后，一般使用依山而建的平焰龙窑。约在北宋晚期，龙窑的窑室出现了分室的砌制方法，各室大小不一，分室并不多，以潮州笔架山窑（图 4-18）、惠州窑头山窑为代表，这便是分室龙窑的雏形。受此影响，闽南地区德化窑在元代出现了形制成熟的分室龙窑。元代以后，广东地区大多采用龙窑，如石湾窑等。明代的惠阳新庵三村窑，则使用馒头窑烧造厚胎青釉瓷器。明代后期至清代，个别窑场还使用了阶级窑烧造青花瓷器等，如香港大埔碗窑（图 4-19）、海南澄迈福安窑，这类窑炉形制并无本地传统，且数量很少，其形制与闽南地区漳州窑、德化杏脚窑接近，而年代略晚，因此，可看出其应是受到闽南地区影响而出现的。

宋元时期该地区所用的匣钵一般为漏斗形和筒形，垫饼支烧，这与闽南地区相似，而少见支圈覆烧方法。明清时期仍以漏斗形、筒形匣钵为主，并有对口烧、涩圈叠烧等方法，这主要与景德镇民窑的装烧方法相似。其中香港大埔碗窑的青花瓷器，在主要采用 M 形匣钵装烧，对口烧方法与闽南德化窑颇为相似，因而形成了芒口，可知此窑的烧成技术与闽南地区关系密切。

第三节　制瓷技术的对外交流

闽南地区的制瓷技术不仅与国内有着较多的交流，还先后向海外传播，尤其是窑炉形制，对国外一些地区制瓷手工业的发展起着重要的推动作用，促进了中外制瓷技术的交流。这些地区主要包括朝鲜半岛、日本列岛以及欧洲等地。

一　朝鲜半岛

朝鲜半岛是烧造瓷器较早的地区之一，晚唐、五代以来，中国与朝鲜半岛之间陶瓷贸易频繁，促进了两地的制瓷技术交流。新罗时期，其仿造唐三彩器烧制成功了“新罗三彩”[5]，五代、宋元时期，中、朝之间的制瓷交流深入发展，最突出的表现是高丽青瓷的发展[6]。10 世纪初，高丽王朝在西海

[1] 曾广亿：《广东古陶瓷窑炉及有关问题初探》，《中国考古学会第二次年会论文集》（1980），北京：文物出版社，1982 年，第 206~215 页。

[2] 广东省博物馆、高明县文物普查办公室：《广东高明唐代窑址发掘简报》，《考古》1993 年第 9 期，第 809~814 页。

[3] 杨少祥：《广东梅县市唐宋窑址》，《考古》1994 年第 3 期，第 231~238 页。

[4] 曾广亿：《广东潮安北郊唐代窑址》，《考古》1964 年第 4 期，第 194、195 页。

[5] 叶喆民：《中国陶瓷史》，北京：生活·读书·新知三联书店，2006 年。

[6]（韩）姜敬淑：《韩国陶瓷史》，一志社，1989 年。

岸地区的窑场成功烧制出了青釉瓷器[1]，窑场集中分布于南部的康津地区[2]，并在12~13世纪达到了高峰。其后，李氏朝鲜时期，朝鲜半岛主要烧造粉青沙器、青釉、白釉、白地黑花、青花瓷器等。闽南地区对朝鲜半岛制瓷技术的影响，则大约可以追溯到元代。下面从制瓷工艺、烧成技术两个方面分析中朝之间制瓷技术交流，并据此过程得出闽南地区制瓷技术传播的情况。

从制瓷工艺上看，宋至清代，即朝鲜半岛的高丽、朝鲜王朝时期，其瓷器产品较多地吸取了中国瓷器的特征。从瓷器的胎质、釉色、器形等特征，以及窑炉形制、窑具、装烧方法等烧成技术诸方面来看，10世纪初至11世纪前半叶，朝鲜半岛制瓷手工业主要受到了浙江地区[3]，尤其是越窑青瓷的影响[4]。11世纪以来，朝鲜半岛除了发展越窑青瓷风格以外，与北方地区的瓷窑关系密切[5]，并逐渐受到了北宋汝窑、南宋官窑、龙泉窑青瓷、河北定窑、磁州窑、陕西耀州窑等窑场的影响，在釉色、器形、纹饰等方面出现了许多新的特征。14~15世纪以后，朝鲜时期的瓷器则较多地接受了北方地区磁州窑白地黑花瓷器、南方地区景德镇窑青花瓷器、德化窑白釉瓷器的影响。

在烧成技术上，根据考古发现的资料，可知其同样受到了中国南方地区窑场的影响。10世纪初期，朝鲜半岛从中国引进了龙窑的技术[6]，又因朝鲜半岛与中国关系最为密切的是浙东地区[7]，并从窑炉、窑具、装烧方法等方面来看，其制瓷技术是直接从浙江地区的越窑引进的，亦即早期的技术是源自浙东沿海地区的越窑（也包括明州附近地区窑场）。这种龙窑与窑具、装烧方法继续发展，尤其是康津地区发展较快，也最为发达[8]。大概到了南宋末、元初，约13世纪下半叶，半倒焰式的分室龙窑由华南沿海地区传至朝鲜半岛，如全罗北道扶安郡山内里镇西里窑（图4-20）[9]，从窑炉结构来看，其与福建德化屈斗宫窑应有着密切关系。其后，到了14~15世纪，朝鲜半岛继续使用分室龙窑，结构得到了改进，如忠清南道公州郡反浦面鹤峰里窑（图4-21）等[10]，而此时已主要烧造受景德镇窑卵白釉、白釉瓷器影响而产生的粉青沙器、朝鲜白瓷。至18~19世纪，朝鲜半岛出现了横室阶级窑，如京畿道骊州郡今五里窑（图4-22）[11]、光州郡南终面分院里窑[12]等，从窑炉结构来看，其明显受到了漳州窑的影响。

据此可知，朝鲜半岛的制瓷技术受到了中国的影响。具体到闽南地区，则主要体现在对德化白

[1]（韩）郑良谟著，（韩）金英美译、金光烈校：《高丽青瓷》，北京：文物出版社，2000年。

[2]成耆仁：《越窑青瓷在韩国康津地区扎根、开花与演变》，《浙江省文物考古研究所学刊》第五辑（2002越窑国际学术讨论会专辑），杭州：杭州出版社，2002年，第226~232页；（韩）崔淳雨：《韩国青瓷陶窑址》，韩国精神文化研究院，1982年。

[3]马争鸣：《高丽青瓷与浙江青瓷比较研究》，《东方博物》2006年第2期，第35~42页。

[4]（韩）金英美：《越窑制瓷技术向高丽青瓷的传播与影响》，《浙江省文物考古研究所学刊》第五辑（2002越窑国际学术讨论会专辑），杭州：杭州出版社，2002年，第201~225页。

[5]彭善国：《高丽青瓷初探》，《北方文物》1997年第3期，第37、38、49页。

[6]（韩）崔淳雨、（日）长谷部乐尔编集：《世界陶磁全集18·高丽》，东京：小学馆，1978年；熊海堂：《东亚窑业技术发展与交流史研究》第六章第六节，南京：南京大学出版社，1995年。

[7]董忠耿：《论唐宋时期越窑青瓷的对外输出》，《南方文物》1994年第4期，第115~118页；虞浩旭：《试论唐宋元时期明州港的瓷器外销及地位》，《景德镇陶瓷》1999年第4期，第51~54页。

[8]（韩）海刚陶磁美术馆等：《康津之青磁窑址》（《康津青磁窑址地表调查报告书》第一卷），韩国京畿道利川，海刚陶磁美术馆、全罗南道康津郡印行，1992年；（韩）韩国国立中央博物馆：《康津龙云里青磁窑址发掘调查报告书》，韩国国立中央博物馆印行，1997年。

[9]（日）林屋晴三、（韩）郑良谟编集：《世界陶磁全集19·李朝》，东京：小学馆，1980年；熊海堂：《东亚窑业技术发展与交流史研究》第六章，南京：南京大学出版社，1995年。

[10]（韩）姜敬淑：《韩国陶瓷史》，一志社，1989年；（韩）姜敬淑：《韩国陶瓷器窑址的研究》，时空社，2005年。

[11]转引自熊海堂：《东亚窑业技术发展与交流史研究》，南京：南京大学出版社，1995年，第243页。

[12]参看熊海堂：《东亚窑业技术发展与交流史研究》，南京：南京大学出版社，1995年，第244页。

釉瓷器的模仿，如杯、碗等器物；以及德化窑分室龙窑、漳州窑横室阶级窑的引进，这也是传入日本列岛的中转站。

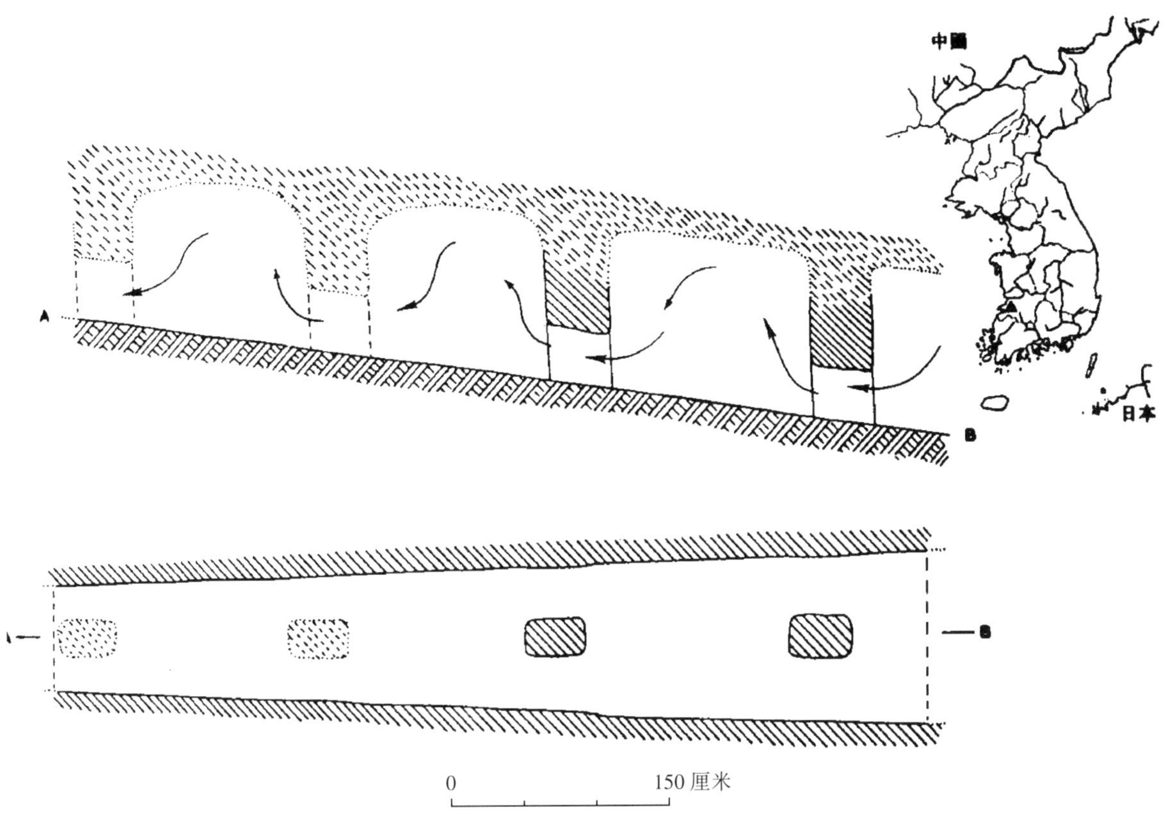

图 4−20　朝鲜半岛全罗北道扶安郡山内里镇西里分室龙窑平、剖面图

13 世纪（引自熊海堂：《东亚窑业技术发展与交流史研究》第六章，第 240 页）

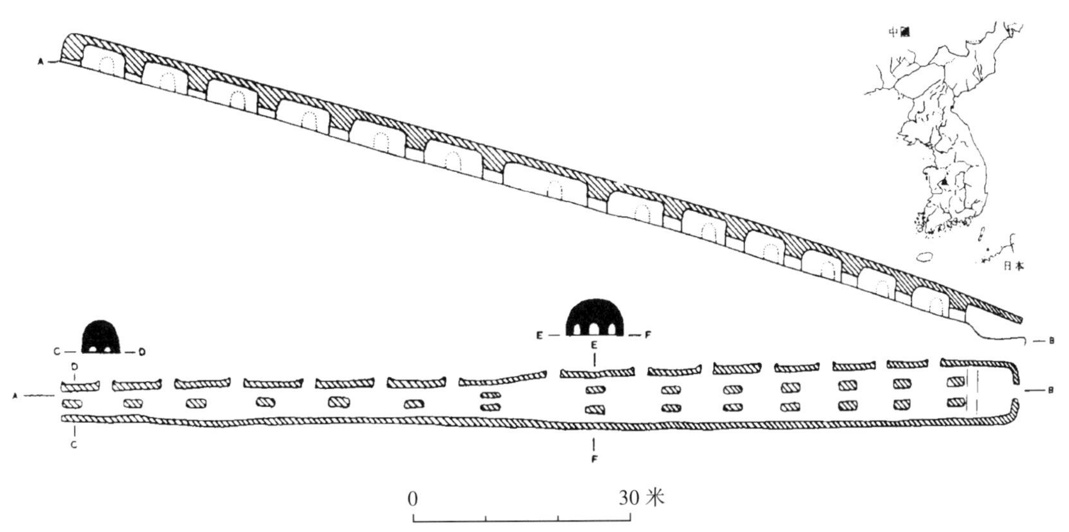

图 4−21　朝鲜半岛忠清南道公州郡反浦面鹤峰里分室龙窑平、剖面图

15 世纪后半 ~16 世纪后半，第 5 号窑（引自熊海堂：《东亚窑业技术发展与交流史研究》第六章，第 241 页）

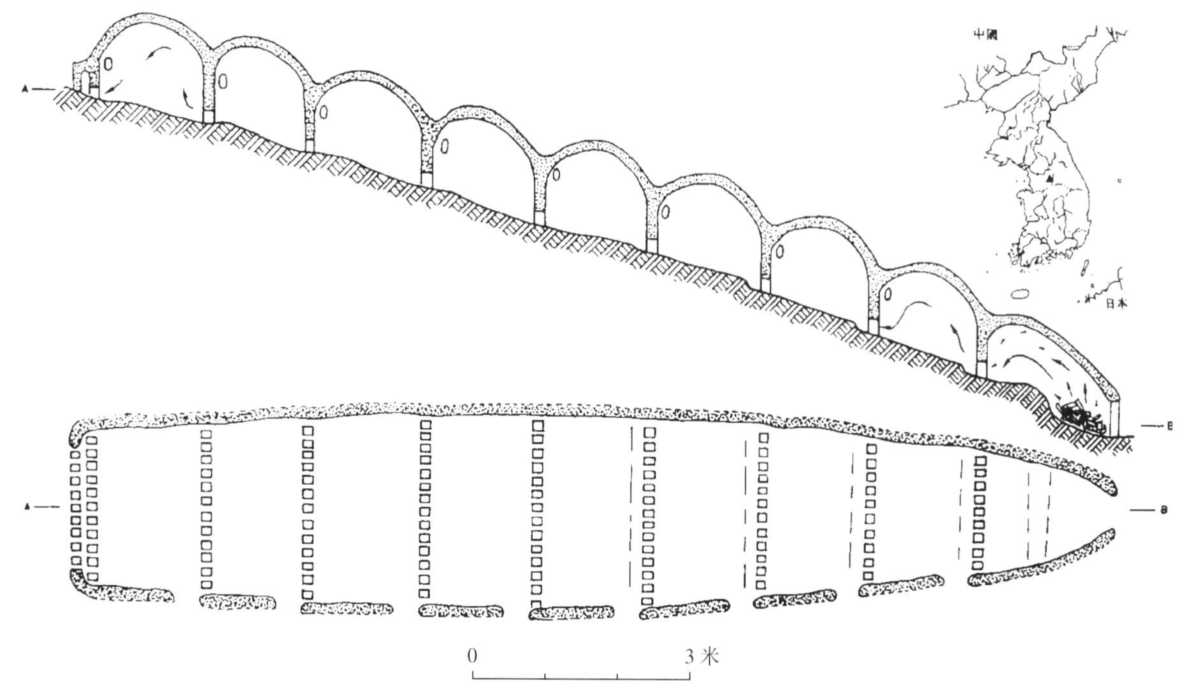

图 4–22　朝鲜半岛京畿道骊州郡今五里横室连房阶级窑平、剖面图

18~19 世纪（引自熊海堂：《东亚窑业技术发展与交流史研究》第六章，第 243 页）

二　日本列岛

17 世纪初，日本地区开始烧造青花和彩绘瓷器（日本称之为“染付”和“赤绘”），较具代表性的窑场有肥前有田窑、天狗谷窑、白川谷窑、稗谷场窑、百间窑等[1]。日本的青花和五彩瓷器，与闽南地区一样，同样受了景德镇窑的影响。闽南地区对日本列岛制瓷技术的影响，主要体现在窑炉及装烧方法等烧成技术上，并且有的烧成技术通过朝鲜半岛中转传入。

这时期日本的窑炉有分室龙窑、阶级窑。日本中部地区的岐阜县土岐市泉町定林寺东洞 2 号窑（桃山时代 ~ 江户初期）、3 号窑（桃山时代）、西洞 2、3 号窑（桃山时代 ~ 江户初期）（图 4–23）、清安寺窑等[2]，均是分室龙窑，且较为接近朝鲜半岛的分室龙窑。佐贺县西松浦郡西有田町原明窑 A 窑（约 16 世纪后期 ~17 世纪初期，江户时代前期）[3]、有田町山边田区山边田窑（约 16 世纪中期 ~17 世纪初期，江户初期）[4]、南川原地区天神森窑[5]、上白川区天狗谷窑（17~18 世纪）[6]，

[1]（日）满冈忠成、奥田直荣编集：《世界陶磁全集 4 · 桃山（一）》，东京：小学馆，1977 年；（日）林屋晴三编集：《世界陶磁全集 5 · 桃山（二）》，东京：小学馆，1976 年；（日）满冈忠成编集：《世界陶磁全集 6 · 江户（一）》，东京：小学馆，1975 年；（日）林屋晴三编集：《世界陶磁全集 7 · 江户（二）》，东京：小学馆，1980 年；（日）永竹威、林屋晴三编集：《世界陶磁全集 8 · 江户（三）》，东京：小学馆，1978 年；（日）三上次男、林屋晴三编集：《世界陶磁全集 9 · 江户（四）》，东京：小学馆，1983 年。

[2]（日）土岐市教育委员会：《土岐市中央自动车道关连遗迹》，1971 年。转引自熊海堂：《东亚窑业技术发展与交流史研究》第七章，南京：南京大学出版社，1995 年，第 280~287 页。

[3]（日）佐贺县西有田町教育委员会：《原明古窑迹》，1981 年。

[4]（日）有田町教育委员会：《佐贺县有田町山边田古窑址群调查 · 遗构编》，1972 年。

[5]（日）有田町教育委员会：《佐贺县有田町天神森古窑址郡调查概报》，1975 年。

[6]（日）三上次男：《有田天狗谷古窑调查报告》，中央公论美术出版，1972 年。

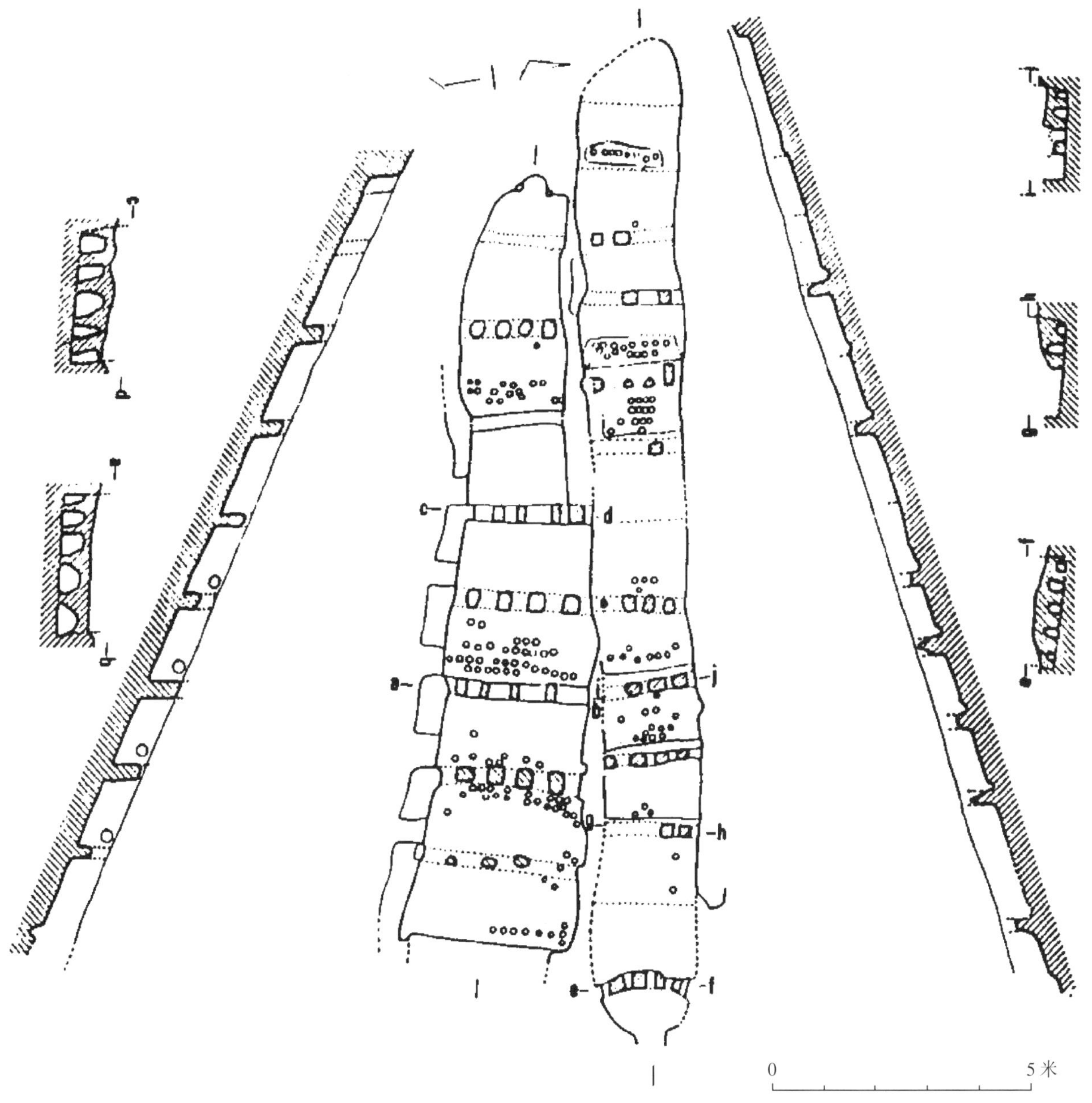

图 4-23　日本岐阜县土岐市泉町定林寺西洞分室龙窑平、剖面图

桃山时代～江户初期，2、3 号窑（引自熊海堂：《东亚窑业技术发展与交流史研究》第七章，第 287 页）

日本本州岛西部山口县长门市大字深川汤本字三濑西窑（图 4-24）[1]、萩市椿东中之仓坂窑[2]等均属阶级窑，层层相连；长崎县大村市阴平町土井浦窑（江户时代前中期）[3]、熊本县天草郡天草町高浜 A 号窑（19 世纪中后叶）（图 4-25）[4]等阶级窑，其窑室由前部火膛至尾部逐级变宽，各

[1]（日）山口县教育委员会：《萩长门深川古窑西窑发掘调查报告》，1988 年。

[2] 熊海堂：《东亚窑业技术发展与交流史研究》，南京：南京大学出版社，1995 年，第 294~296 页。

[3]（日）大村市文化财：《土井浦的古窑迹》，《大村市文化财调查报告》第 16 集，1991 年。

[4]（日）熊本县教育委员会：《生产遗迹基本调查报告书》（Ⅱ），1980 年。

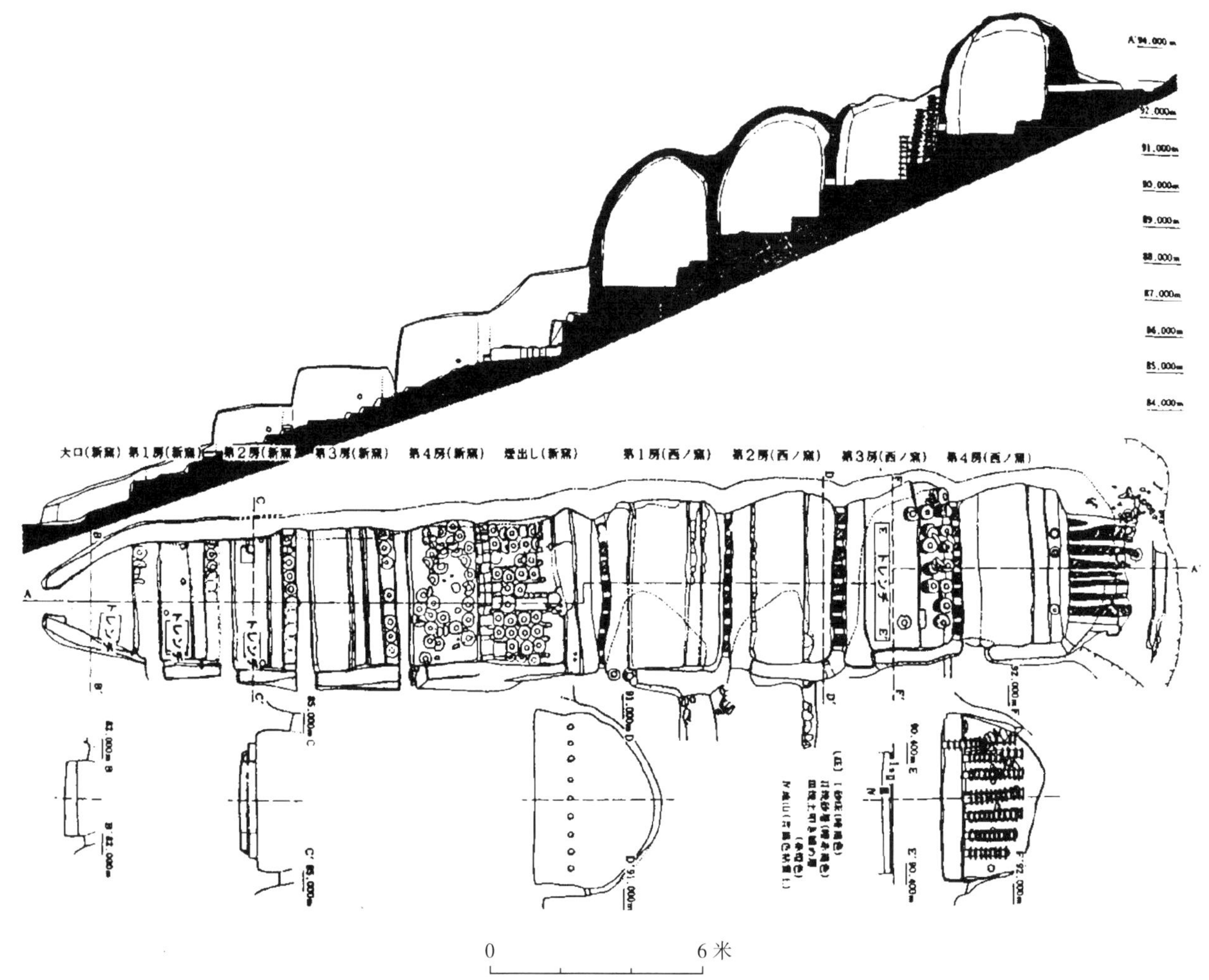

图 4-24　日本山口县长门市大字深川汤本字三濑西阶级窑平、剖面图

明治～昭和年间（引自熊海堂：《东亚窑业技术发展与交流史研究》第七章，第 281 页）

室呈横长方形；爱知县濑户市西茨町勇右卫门窑（1818~1860 年间）（图 4-26）[1] 等则为典型的横室阶级窑，窑室更宽，最宽可达 9 米以上，这与清代德化杏脚窑更为接近。从这些窑炉的形制及其变化情况分析，日本较早阶段的分室龙窑、阶级窑受到朝鲜半岛的影响，均属闽南地区德化窑、漳州窑的窑炉系统；而 17 世纪以后，则直接引进了闽南地区窑炉技术，这表现在窑炉的分室、分阶以及横室窑顶的起券方式、窑墙的砌制方法等。总之，日本列岛的窑炉，多是受到了德化窑、漳州窑的影响，而非景德镇的葫芦形窑和蛋形窑，这也是闽南地区制瓷技术对外交流的重要表现。

在窑具和装烧方法方面，17 世纪后期，日本南部的山口县萩烧地点出现了伞状支烧具，并于 18 世纪后期开始向周边其他区域扩散[2]，这种支烧具在其他地区很少见到，应是由闽南地区德化窑等一些窑场传入的。18 世纪，岐阜县土岐市泉町窑根窑出土的一些垫圈、三叉支钉等间隔具[3]，与同

[1]（日）濑户市历史民俗资料馆：《濑户市历史民俗资料馆研究纪要》（Ⅵ），1987 年。

[2] 熊海堂：《东亚窑业技术发展与交流史研究》，第七章，南京：南京大学出版社，1995 年，第 282、302 页。

[3]（日）土岐市教育委员会：《窑根古窑址》，1970 年。

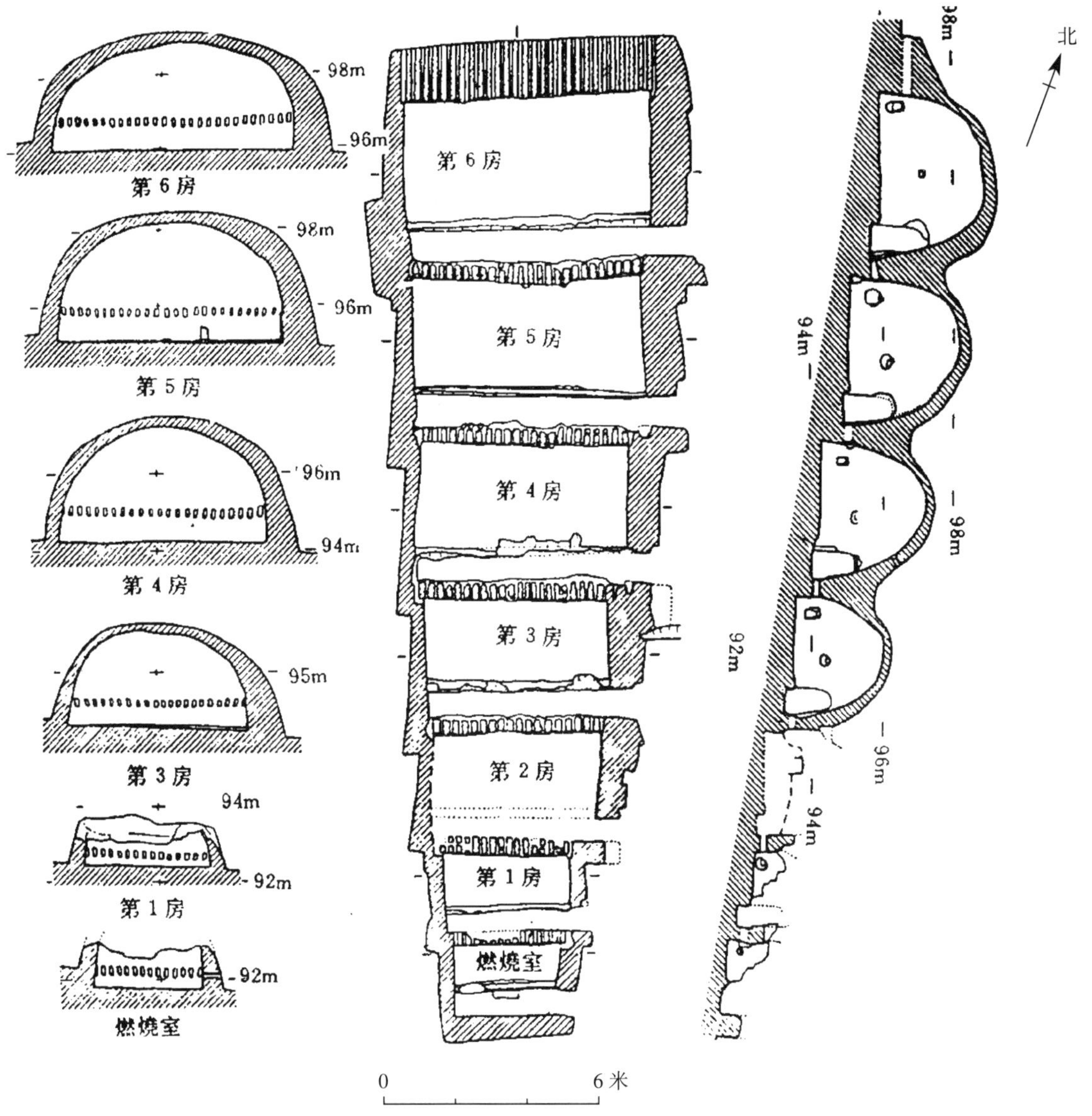

图 4–25　日本熊本县天草郡天草町高浜横室阶级窑平、剖面图

19 世纪中后期，A 窑（引自熊海堂：《东亚窑业技术发展与交流史研究》第七章，第 297 页）

时期闽南地区德化窑流行的瓷质支钉、垫圈等十分接近；有的地方采用稻壳、砂粒等作为间隔具的做法，也应是受到了闽南地区德化窑、漳州窑的影响。

三　其他地区

宋至清代，闽南地区的瓷器大量输往海外，特别是明代晚期以后，漳州窑青花瓷器、德化窑白釉瓷器逐渐远销到欧美地区。伴随着瓷器的输出，一方面，闽南地区瓷器的造型、装饰等部分地受到了这些地区的影响；另一方面，闽南地区的制瓷技术也逐渐影响到这些地区。

这一时期，东南亚地区的陶瓷手工业以陶器为主，尤其是爪哇和泰国南部生产的细胎陶器，制

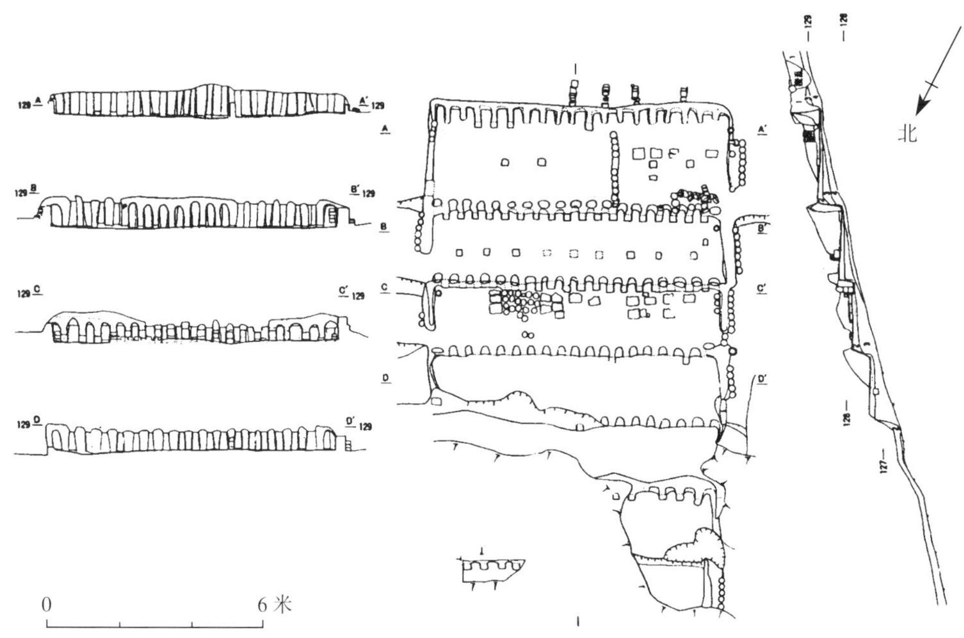

图 4-26　日本爱知县濑户市西茨町勇右卫门横室阶级窑平、剖面图

1818~1860 年，西茨 2 号窑（引自熊海堂：《东亚窑业技术发展与交流史研究》第七章，第 299 页）

作精细，还销往其他地区[1]。该地区部分器物的造型影响到了闽南地区，如军持、罐等。15 世纪以后，受到龙泉窑青釉瓷器和景德镇窑、漳州窑青花瓷器生产浪潮的影响，越南等地开始烧造青釉、青花瓷器[2]，产品样式、花纹多具东南亚地方特色，其生产技术也多是源自与之邻近的广西、云南等地，而与相对比较发达的闽南地区关系较小。

15 世纪以后，土耳其、伊朗等地烧造的白釉青花陶器与中国青花瓷器颇有相似之处[3]。漳州平和窑烧造的酱釉彩瓷、蓝地白彩瓷等均属“泥浆彩”瓷器，明显受到土耳其等地彩釉陶器的影响[4]。明代晚期以后，中国青花瓷器在欧洲盛极一时，当时一些国家相继烧制了仿中国样式的陶器[5]，如荷兰代尔夫特陶器等，其影响主要源自江西景德镇窑。

18 世纪以后，受闽南地区制瓷技术影响较大的则是欧美地区白瓷的烧制成功[6]，这要归功于被誉为“中国白”的德化窑白瓷[7]。经过多次反复试验，德国的伯特格尔利用优质高岭土于 1709 年烧制出欧洲第一件白釉瓷器，1710 年建立新的迈森瓷厂，烧制白瓷和彩绘瓷器，轰动了整个欧洲，

[1]（新加坡）约翰·M·米希：《井里汶沉船的精致陶器——始发地、目的地和意义》，《故宫博物院院刊》2007 年第 6 期，第 107~114 页。

[2]（日）三上次男编集：《世界陶磁全集 16·南海》，东京：小学馆，1984 年。

[3]（日）三上次男编集：《世界陶磁全集 21·世界（二）》，东京：小学馆，1986 年。

[4] 马文宽：《桂林博物馆藏色釉泥浆彩瓷瓶初探》，《文物春秋》2001 年第 6 期，第 7~10 页；马文宽：《中国瓷器与土耳其陶器的相互影响》，《故宫博物院院刊》2004 年第 5 期，第 78~96 页。

[5]（日）友部直编集：《世界陶磁全集 22·世界（三）》，东京：小学馆，1986 年；袁宣萍：《十七至十八世纪欧洲的中国风设计》，北京：文物出版社，2006 年，第 60~63 页。

[6] 孙艺灵：《谈德化窑与欧洲制瓷业的交流》，《收藏家》2006 年第 5 期，第 69、70 页。

[7] P. J. Donnelly, *Blanc de Chine*, London: Faber & Faber, 1969. 中译本：（英）唐·纳利著，吴龙清、陈建中译：《中国白——德化青花瓷》，福州：福建美术出版社，2006 年。

成为其杰出代表[1]。18世纪，法国瓷器迅速发展，以巴黎郊区的塞佛雷斯瓷器为代表。此外，18世纪英国的威基伍德烧制的奶色陶瓷也风靡一时[2]。这些瓷器胎质细腻，釉呈乳白色，与德化窑白瓷十分接近，一些器类如贴梅花纹杯也是仿德化窑烧制而成[3]。由此可见，欧洲瓷器的烧制，受到了闽南地区瓷器的影响，这也是该地区制瓷手工业对世界文明的伟大贡献[4]。

第四节　小结：仿烧与独创

闽南地区宋至清代烧造的瓷器品种丰富，有青釉、青白釉、黑釉、绿釉、白釉、米黄釉、青花、五彩、素三彩等。通过前文对其制瓷技术的分析，可以看出这些瓷器中既有仿烧的产品，又有本地独创的品种。有不少窑场是仿烧其他名窑瓷器，主要有大量烧造、广泛分布的仿越窑青瓷、仿龙泉窑青瓷、仿景德镇窑青白瓷、青花和五彩瓷，以及少数窑场仿北方磁州窑瓷器。这种影响不限于器形、釉色本身，还包括瓷器的装饰工艺等。这是闽南地区为适应当时市场需求而发展起来的。在这个发展过程中，泉州内陆地区德化窑于元代开始烧造白瓷，逐渐形成了独特的风格，尤其是经过明代早中期的发展，明代晚期至清代早期达到了顶峰，被誉为“中国白”，行销海内外。这类产品对周边地区及国外一些瓷器的风格产生了一定的影响。

通过比较分析，闽南地区的烧成技术则主要是在本地传统的基础上发展、演变而来的。窑炉形制前后演变清晰，自成体系，大致经历了一个龙窑—分室龙窑—阶级窑的发展过程，各地区又不尽相同。这一窑炉系统还影响到了周边其他地区，并对外传播，尤其是朝鲜半岛、日本列岛最为明显。该地区的窑具、装烧方法也有着较明显的本地特征。

闽南地区的制瓷技术交流与传播，往往伴随有人口的迁移与流动。宋代以来，北人南迁，部分江浙地区制瓷工匠迁往闽南地区[5]，也就为这些地区带来了当地的技术传统。一些瓷窑还为外地人烧造，如明代安溪崇善、龙兴、龙涓瓷器“皆外县人氏业作之”[6]，德化也有“百工艺事多藉外人”的记载[7]。

综上所述，闽南地区宋至清代的制瓷技术既受到了周边地区窑场的影响而具仿烧的特点，并部分地与国外地区有着交流；又有自身的独特之处，其烧成技术则相继影响到其他地区，并逐渐向国外地区传播。

---

[1] 叶麟趾：《古今中外陶瓷汇编》第十一章《西洋陶瓷沿革》，北平：文奎堂，1934年；袁宣萍：《十七至十八世纪欧洲的中国风设计》，第90~93页。

[2] 陈进海：《世界陶瓷艺术史》第三编第三章，哈尔滨：黑龙江美术出版社，1995年。

[3] 叶喆民：《中国陶瓷史》，北京：生活·读书·新知三联书店，2006年，第597、598页。

[4] 朱杰勤：《十七、八世纪华瓷传入欧洲的经过及其相互影响》，《中国史研究》1980年第4期，第109~121页。

[5] 吴松弟：《中国移民史》第四卷《辽宋金元时期》，福州：福建人民出版社，1997年；曹树基：《中国移民史》第五卷《明时期》，福州：福建人民出版社，1997年；曹树基：《中国移民史》第六卷《清和民国时期》，福州：福建人民出版社，1997年。

[6]（明）汪瑀修：《嘉靖安溪县志》，嘉靖三十一年（1552年）刻本，《天一阁藏明代方志丛刊》，上海：上海古籍出版社影印，1963年。

[7] 据记载，德化“农居山谷专事稼穑，妇女辟绩之外无他业”、“细民肩佣负贩自食其力”。（清）鲁鼎梅主修，王必昌主纂：《德化县志》卷之三《疆域志·风俗附》，乾隆十二年（1747年）刊本，福建省德化县地方志编纂委员会整理，1987年，第80页。

第五章　瓷器行销探讨

闽南地区的瓷器本身属于当时社会生活中的商品之一，它的生产、贸易和消费过程具有明显的商品经济的特征。通过前述考古资料可知，自宋代以来，该地区的制瓷手工业不断发展，生产规模不断扩大，形成了庞大的瓷器生产体系，虽然其生产中心区域与产品类别随时代而变，但其强劲的发展态势，则一直绵延至清代晚期。

闽南地区宋至清代制瓷手工业的发展和繁荣，也恰可表明其具有一个广阔的瓷器消费市场。这些瓷器从窑场至各地市场，再至一般使用者手中，经历了较为复杂的运输、贸易过程，这也是探讨瓷器行销问题的重要方面。闽南地区的瓷器以日常生活用器为主，涉及到各类的饮食器、盛储器等，与当时、当地使用者的社会生活习惯、习俗密切相关，也有一些属于陈设类用器和供器，这便满足了人们对瓷器产品的多方面需求，反映了不同的器用方式。

根据前文闽南地区制瓷技术的分析，这一地区瓷器的特征与市场需求是密不可分的，尤其是仿烧的各地名窑产品，这也是社会对瓷器生产和需求所决定的。下文将从市场的角度分析闽南地区宋至清代瓷器生产、销售及其使用等问题。

第一节　行销区域与瓷器品类

宋代以前，在以越窑等名窑产品外销为主的情况下，闽南地区陶瓷器的消费者仍以当地民众为主，其外销则尚不甚明显。然而宋代以来，闽南地区制瓷手工业产品的行销区域范围则不断扩大，不仅满足了当地人们社会生活的需要，还广泛销往海外地区。这些远销国外地区的瓷器，一般称之为“外销瓷”，也有学者称为“贸易陶瓷”、“外贸瓷”等[1]。因而，论及闽南地区瓷器是离不开其外销问题的，可以说，海外市场在一些阶段一跃成为其主要消费市场，泉州沿海地区宋元时期陶瓷器的外销即是其突出表现之一[2]。世易时移，德化窑、漳州窑等窑场各有千秋，都成为了名重一时的外销瓷窑。

[1] 中国瓷器的“外销”这一概念的提出，大约始于20世纪中叶，如韩槐准：《南洋遗留的中国古外销陶瓷》（新加坡：青年书局，1960年）一书即使用了“外销陶瓷”；70~80年代，中国学者随之掀起了古外销陶瓷研究的热潮，并成立了中国古外销陶瓷研究会，推动了这项颇具中外文化交流范畴的研究。对此类瓷器的称呼，日本学者称作“贸易陶磁”（如日本的贸易陶磁研究会于20世纪80年代开始主办的年会及论文集《贸易陶磁研究》等）；英文一般用为“Trade Ceramics”、“Export Ceramics”或“Trade Porcelain”、“Export Porcelain”。根据中国古代瓷器的生产与销售情况来看，其市场是相当复杂的，这一概念的使用尚有疑义。据香港学者苏基朗的概括：“顾名思义，外贸瓷（Trade Ceramics / Export Ceramics）当然也是一种商品陶瓷，它和一般商品陶瓷的重要差别，在其主要目的的市场，既非本地区域市场，亦非其他国内市场，而是出口市场。”并且他还认为“生产陶瓷时目的主要是国内市场，制成品最后仍可以销到海外市场”的“输出的陶瓷”，“都符合外贸瓷的定义”。这就明确了外销瓷的内涵与范畴，其是与海外市场息息相关的。这也是目前学术界对“外销瓷”最为普遍的看法，因此本文基本采用这一涵义，并沿用较为通用的“外销瓷”这个名称。参考苏基朗：《两宋闽南广东外贸瓷产业的空间：一个比较分析》，张炎宪主编：《中国海洋发展史论文集》第六辑，台北：“中央”研究院中山人文社会科学研究所专书（40），1997年，第125~172页，引文参阅第126页。

[2] 孟原召：《宋元时期泉州沿海地区瓷器的外销》，《边疆考古研究》第5辑，北京：科学出版社，2006年，第137~156页。

需要指出的是，因时代的不同，使用者的差异，瓷器的品种和器类也有着一定的区别。下面就主要根据考古调查与发掘资料，从这两个方面来阐述闽南地区宋至清代瓷器在国内和海外地区的行销状况。

一　国内地区

闽南地区瓷器的国内市场主要是本地，有些也销往其他地区。随着考古工作的广泛展开，闽南各地的墓葬、城市遗迹有了一些发现[1]。

1．本地区

泉州城市遗址的考古调查与发掘资料[2]，为了解宋元明时期泉州城的概况提供了重要依据[3]，在一些遗址中出土了闽南地区生产的青釉、青白釉、青花瓷器或残片，例如泉州体育场[4]、府后山“宋文化堆积层”和“明清层”[5]、晋江溥济庵遗址[6]。尤其是府后山遗址出土的大量瓷片中，“以本地窑的产品为多”，有德化窑、晋江磁灶窑、同安汀溪窑、泉州东门窑、安溪窑等[7]；泉州德济门遗址的出土物中，以瓷器为大宗，“从数量上看青花瓷最多、青釉瓷次之、青白釉较少”，年代分别为宋、元、明、清至民国，“以清代的青花瓷片为多”[8]，从器物特征来看，这些瓷器多为闽南本地所产。厦门[9]、漳州[10]、漳浦[11]等地的生活居址、寺庙遗址中也有闽南本地瓷器的发现，有的产品甚至沿用到民国时期或近代[12]，不过数量并不多。

[1] 栗建安、郑辉：《福建宋元考古概述》，《福建文博》2002 年第 2 期，第 75~93 页；楼建龙：《福建明清考古的主要收获》，《福建文博》2002 年第 2 期，第 94~112 页。

[2] 庄为玑：《宋元明泉州港的中外交通史迹》，《厦门大学学报》（社会科学版）1956 年第 1 期，第 96~124 页；庄为玑：《谈最近发现的泉州中外交通的史迹》，《考古通讯》1956 年第 3 期，第 43~48 页；庄为玑：《续谈泉州港新发现的中外交通史迹》，《考古通讯》1958 年第 8 期，第 62~64 页；林惠祥：《一九五〇年厦门大学泉州考古队报告》，《厦门大学学报》（文史版）1954 年第 1 期，第 140~156 页。其中，在晋江城内中山公园一带，有宋代青瓷双层碗的发现。

[3] 庄为玑：《泉州历代城址的探索》，《中国考古学会第一次年会论文集》（1979），北京：文物出版社，1980 年，第 367~379 页；庄景辉：《泉州子城址考》，《福建文博》1987 年第 2 期，第 159~164 页；庄景辉：《泉州罗城址考》，庄景辉：《海外交通史迹研究》，厦门：厦门大学出版社，1996 年，第 19~36 页。

[4] 庄为玑：《浙江龙泉与福建的土龙泉》，《中国考古学会第三次年会论文集》（1981），北京：文物出版社，1984 年，第 177~181 页。文中提及发现有“土龙泉”瓷片，即闽南地区的仿龙泉窑青釉瓷器。

[5] 陈鹏、曾庆生：《泉州府后山出土的江西瓷器》，《江西历史文物》1983 年第 4 期，第 73~77 页。

[6] 吴金鹏：《晋江溥济庵遗址出土的瓷器及相关问题》，《福建文博》2000 年第 1 期，第 36~41 页。这批瓷器中，以当地的磁灶窑、仿龙泉窑青釉、仿景德镇窑青白釉、德化窑白釉、安溪窑青花瓷器为主，还有建窑系黑釉瓷器、景德镇窑瓷器等，年代集中于北宋中晚期至元代，延续至明代末期或清初。

[7] 陈鹏、曾庆生：《泉州府后山出土的江西瓷器》，《江西历史文物》1983 年第 4 期，第 73 页。该遗址“宋文化堆积层”（宋元时期）中所出土瓷器“以本地窑的产品为多，外地窑的产品也不在少数，属本地窑的产品有德化窑、晋江的磁灶窑、同安汀溪窑、泉州东门窑、安溪窑等等。属外地窑口的有福建建阳水吉窑、浙江龙泉窑、河北磁州窑、江西吉州窑、景德镇窑等”；“明清层”则以青花瓷器为主。

[8] 福建博物院、泉州市文物局：《泉州德济门遗址发掘报告》，《福建文博》2003 年第 2 期，第 14~40 页，文中的引文参看第 24 页。

[9] 吴诗池：《厦门文物考古的回顾与思考》，《福建文博》1997 年第 1 期，第 86、87、64 页；厦门市文物管理委员会、厦门市文化局编：《厦门文物志》，北京：文物出版社，2003 年。

[10] 福建省博物馆、漳州市文管办、漳州市博物馆：《漳州银都大厦工地考古发掘简报》，《福建文博》2001 年第 1 期，第 23~32 页；漳州市文管办：《漳州文物考古工作的主要收获》，《福建文博》2001 年第 1 期，第 2~6 页。

[11] 王文径：《漳浦出土的明清瓷器》，《福建文博》2001 年第 1 期，第 56~58 页。

[12] 刘幼铮：《中国德化白瓷研究》，北京：科学出版社，2007 年。

闽南地区宋至清代的墓葬发现并不多，主要有泉州树兜元墓[1]，晋江铁灶山宋墓[2]、明墓[3]，南安宋元火葬墓[4]，安溪北宋、明、清纪年墓[5]、湖头明清墓[6]，德化明正德十四年墓、嘉靖十四年墓、嘉靖三十八年墓、万历四十五年墓[7]、南明隆武元年墓[8]，厦门宋墓[9]，漳州松柏山宋墓[10]，漳浦湖西明墓、南山清代黄性震墓和石榴后埔清墓[11]，等等。这些墓葬中，一般随葬瓷器数量较少，其制作大多草率，属本地产品。其中，漳浦明清墓葬中出土的青花瓷器数量较多，器类主要是碗，釉色泛青白，青花色泽泛灰，纹样简单，人物、花卉或草书文字等，绘画潦草，有些内底心带一周涩圈，质量较差，有的甚至为残次品。

通过上述资料可知，闽南地区宋至清代的瓷器产品部分是供当地使用的[12]。这些瓷器的品种与该地区窑场产品是一致的，北宋早中期以青釉瓷器为主，北宋中期偏晚至元代青白釉瓷器流行，南宋中期以后仿龙泉窑青釉瓷器较为多见，明清时期则以白釉、青釉、青花瓷器居多。器类以日常生活用器为主，有碗、盏、盘、碟、杯、罐、瓶、炉、壶、灯、雕像等，式样繁多。

2．周围及其他地区

闽南地区之外的周围地区，尤其是福建境内宋至清代的遗址中，出土瓷器以日常生活用器居多[13]，

---

[1] 吴艺娟：《泉州发现元墓》，《福建文博》2005年第2期，第62、63页。清理出土了青白釉双耳三足炉1件、花口瓶2件，应为泉州东门窑产品。

[2] 泉州市博物馆：《晋江铁灶山宋墓清理简报》，《福建文博》2007年第3期，第42~44页。此墓出土青釉小罐1件，当为磁灶窑产品。

[3] 泉州市博物馆、晋江市博物馆：《晋江市紫帽镇铁灶山明墓清理简报》，《福建文博》2007年第1期，第17~20页。此墓年代为明末崇祯十年（1637年），出土酱釉盖罐2件、三足炉1件、双耳瓶2件、狮座灯2件，均为明代磁灶窑产品。另有两座墓也有磁灶窑炉、瓶、烛台的出土，参看：福建博物院、泉州市博物馆、晋江市博物馆：《福建晋江紫帽明墓发掘报告》，《东南文化》2007年第5期，第33~38页。

[4] 泉州市文管会、泉州市海外交通史博物馆：《泉州、南安发现宋代火葬墓》，《文物》1975年第3期，第77、78页；陈家榍：《福建省南安潘山乡发现元代骨灰墓葬》，《文物参考资料》1954年第12期，第183页。

[5] 叶清琳：《略述安溪纪年墓和带款识几件外销瓷器》，《福建文博》1993年第1、2期，第129~131页。这几座纪年墓出土有青黄釉盖罐、仿龙泉窑青釉瓶、青花碗、青花双耳瓶、青花盖罐等，均为安溪窑产品。

[6] 福建博物院、安溪县博物馆：《安溪湖头明清墓葬》，《福建文博》2003年第1期，第61~77页。这几座墓除了本地安溪窑青花瓷器之外，还有黑釉、蓝釉以及德化窑白釉瓷器，器类为炉、瓶、烛台等。

[7] 陈建中、陈丽芳、陈仁杰：《纪年德化瓷珍品鉴赏》，《福建文博》2004年第4期，第68~74页；陈建中、陈丽华：《中国古陶瓷标本·福建德化窑》，广州：岭南美术出版社，2003年。这些墓葬出土的德化白瓷或青花的器类主要有墓志铭、瓶、炉、狮形香插、雕像等。

[8] 厦门大学历史系考古专业、德化县文化馆：《德化新近发现的一批古瓷窑址》，叶文程、徐本章编：《德化瓷器史料汇编》（上册），厦门大学历史系、德化县科学技术协会、德化县文化馆印，1980年，第37~58页。此墓的资料见本文的"三班蜈蚣山明墓白釉器"部分，第50~52页。墓葬年代为南明隆武元年（1645年），出土了16件德化窑白釉瓷器，包括鼓状棺垫4件、臼3件、灯盏2件、烛台2件、直筒形三足炉2件、狮子1件、人像1件、瓷墓志1方，此记录与后来所见资料不尽相同，因记较早，故用此文。

[9] 郑东、周翠蓉：《福建厦门发现宋代纪年墓》，《南方文物》2000年第2期，第6~8页；叶文程：《厦门岛首次发现宋代火葬遗物》，《文物参考资料》1958年第1期，第82页；厦门市文物管理委员会、厦门市文化局编：《厦门文物志》，第三章《墓葬》，北京：文物出版社，2003年，第65~68页。

[10] 福建博物院、漳州市文管办：《漳州松柏山唐宋墓葬》，《福建文博》2003年第2期，第8~13页。

[11] 王文径：《福建漳浦明墓出土的青花瓷器》，《江西文物》1990年第4期，第71~73页。

[12] 闽南地区宋至清代瓷器的市场较广，从考古发现来看，大量是用以"外销"的，但这并不否认和排除该地区瓷器的国内市场（其实主要是当地）。本文侧重于讨论海外市场，主要是由于：一方面国内出土数量较少（出土地点文中已有论述），另一方面欲突出该地区瓷器的外销。

[13] 栗建安、郑辉：《福建宋元考古概述》，《福建文博》2002年第2期，第75~93页；楼建龙：《福建明清考古的主要收获》，《福建文博》2002年第2期，第94~112页；林钊：《福建省四年来古墓葬清理简况》，《文物参考资料》1957年第1期，第67、68、70页；福建省文物管理委员会编：《福建省古墓葬发掘资料汇编》（油印本），1959年。

且集中于生活居址，尤其是城址，如福州[1]、南平[2]；而墓葬中的随葬瓷器并不多[3]，这在闽中、闽北、闽西各地均有体现。一般而言，这些地区都有窑场分布和相应的瓷器烧造[4]，从器物特征上可看出其多是当地窑场生产的，如福州长柄窑[5]、福清东张窑[6]、南平茶洋窑[7]、三明中村窑[8]、尤溪半山窑[9]、建阳建窑[10]、邵武四都窑[11]、浦城大口窑[12]等；也有少数瓷器是其他地区所产，且主要是当时著名窑场的产品，如龙泉窑[13]、景德镇窑[14]等。因此，这些地区虽偶有闽南瓷器的发现，但并不占多数。

根据文物考古资料，闽南地区瓷器在邻近地区并不多见，而其独具特色的德化窑白釉和青花瓷器则有着一定的国内市场。这些瓷器散见于周边各地遗址，如福州鼓角楼遗址[15]、香港地区居址[16]、九龙圣山遗址[17]、湖北蕲春明墓[18]、上海嘉定法华塔天宫[19]、四川平武枕流苟家坪薛继贤墓[20]，甚至北方及边疆地区，如北京[21]、青海[22]、宁夏[23]，而一些精品还进入了宫

[1] 福州市文物考古工作队：《福州北大路外九彩巷古遗址发掘简报》，《福建文博》2003年第3期，第38~52页；福建博物院、福州市文物考古工作队：《福州嘉华新城古遗址发掘简报》，《福建文博》2003年第3期，第53~67页；福建博物院、福州市文物考古工作队：《福州冶山路省二建工地发掘简报》，《福建文博》2005年增刊，第13~25、63页；福建博物院、福州市文物考古工作队：《福州鼓角楼遗址发掘简报》，《福建文博》2005年增刊，第26~43页；福建博物院、福州市文物考古工作队：《福州湖东路省社院工地发掘简报》，《福建文博》2005年增刊，第44~56页。这些遗址中，出土了较为丰富的南朝以来的瓷器（片），尤以宋至清代的居多。

[2] 黄天琪：《南平市流水坑古瓷堆积遗址清理简报》，《福建文博》1993年第1、2期，第132~137页。

[3] 林忠干：《福建五代至宋代墓葬出土明器神煞考》，《福建文博》1990年第1期，第50~54页；林忠干：《福建宋墓分期研究》，《考古》1992年第5期，第456~463、427页；杨琮：《福建宋元壁画墓初步研究》，《考古》1996年第1期，第75~81页。

[4] 曾凡：《福建陶瓷考古概论》，福州：福建省地图出版社，2001年；林忠干、王治平、卢保康：《闽北宋元瓷器的生产与外销》，《海交史研究》1987年第2期，第12~19页。

[5] 福州市文物考古工作队：《福州长柄窑遗址考古收获和认识》，《福建文博》2005年增刊，第57~63页。

[6] 福州市博物馆、福州市考古队：《福清东张两处窑址调查》，《福建文博》1998年第2期，第66~68页。

[7] 福建省博物馆：《南平茶洋窑址1995年~1996年度发掘简报》，《福建文博》2000年第2期，第50~59页。

[8] 福建省博物馆、三明市文管会、三明市博物馆：《三明中村垌瑶元代窑址发掘简报》，《福建文博》1995年第2期，第21~30页。

[9] 尤溪县博物馆：《尤溪半山窑址调查简报》，《福建文博》1995年第2期，第31~35页。

[10] 中国社会科学院考古研究所、福建省博物馆建窑考古队：《福建建阳县水吉北宋建窑发掘简报》，《考古》1990年第12期，第1095~1099、1089页；中国社会科学院考古研究所、福建省博物馆建窑考古队：《福建建阳县水吉建窑遗址1991~1992年度发掘简报》，《考古》1995年第2期，第148~154、159页。

[11] 傅宋良、王上：《邵武四都青云窑址调查简报》，《福建文博》1988年第1期，第19~22页。

[12] 陈寅龙、傅宋良：《闽北大口窑及釉下彩新探》，《福建文博》1991年第1、2期，第63~66页；林忠干、赵洪章：《福建浦城的宋元瓷窑》，《福建文博》1984年第2期，第30~39页。

[13] 林桂枝：《福建墓葬出土的龙泉窑瓷器》，《福建文博》2006年第4期，第53~55页。

[14] 傅宋良、林忠干：《福州发现的景德镇青花瓷》，《南方文物》1996年第4期，第76~82页；陈寅龙、傅宋良、桑子文：《福建浦城出土的明代青花瓷器》，《福建文博》1993年第1、2期，第122~125页。

[15] 福建博物院、福州市文物考古工作队：《福州鼓角楼遗址发掘简报》，《福建文博》2005年增刊，第26~43页；

[16] 郑培凯主编：《陶瓷下西洋：十二至十五世纪中国外销瓷》，香港：香港城市大学中国文化中心，2003年。

[17] 吴震霖、金志伟、刘文锁：《香港九龙圣山遗址考古发掘简报》，《考古与文物》2016年第6期，第3~25页。

[18] 汪宗耀：《蕲春出土的明代瓷器》，《文物》1993年第5期，第95、96页。1957年7月清理的蕲州黄土岭明墓，出土白瓷贴花杯6件，为德化窑所产的梅花杯和犀角杯。

[19] 法华塔天宫发现明代2尊白釉观音坐像，参看张柏主编：《中国出土瓷器全集》第7卷，北京：科学出版社，2008年，第239、240页。

[20] 薛继贤墓出有明代晚期贴梅花纹杯，参看张柏主编：《中国出土瓷器全集》第10卷，北京：科学出版社，2008年，第193页。

[21] 北京市梁家园轻工业部遗址出土1尊清代白釉观音像，参看张柏主编：《中国出土瓷器全集》第1卷，北京：科学出版社，2008年，第240页。

[22] 青海省明代遗址，出土贴松鹿纹、动物纹杯各1件，参看张柏主编：《中国出土瓷器全集》第16卷，北京：科学出版社，2008年，第169、170页。

[23] 宁夏固原开城明代遗址，出土白釉贴梅花纹杯、模印动物纹八方杯各1件，见张柏主编：《中国出土瓷器全集》第16卷，北京：科学出版社，2008年，第155、156页。

廷[1]。福建[2]、江西[3]、江苏[4]、广东[5]等地也有一些明清时期德化窑瓷器的发现，其中有些沿用时间较长，现多已入藏各地的博物馆，这在一定程度上也反映了德化窑瓷器在国内各地的使用情况。

由此可知，闽南地区宋至清代的瓷器，大多并未销往国内其他地区[6]；但是明清时期的德化窑瓷器，因其独特风格而具有较为广阔的国内市场，甚至受到皇室宫廷的喜爱。这些瓷器中，仍是以日常生活用器为主，尤以德化窑白釉瓷器居多，器类有碗、盘、杯、炉、雕塑等。

根据上述闽南本地与周围其他地区瓷器的流布情况可知，除了窑址堆积中出土了数量众多的窑业废弃物之外，国内遗址中考古发现的瓷器资料并不是很多，这显然与闽南地区宋至清代制瓷手工业的生产规模和产量是不相符的。这一问题，恰好可通过闽南地区瓷器的海外市场来解释。

二　海外市场

从陆地及水下考古发现和国外收藏与使用情况来看，闽南地区的瓷器大量销往国外地区，有着广阔的海外市场。下面就主要根据国外田野考古与收藏资料，以及水下考古发现的材料，阐述闽南地区宋至清代瓷器在海外地区的行销状况，以论述其海外市场。

1．沿海港口与码头遗址的发现

沿海港口是瓷器运销海外地区的集散地和装运中心，散落于这些港口与码头闽南地区瓷器的发现，侧面反映了闽南地区海外市场的需求与变化情况。因此，可将这些发现作为外销的参考资料。

1974年，在泉州市东南郊的后渚港，发现了一艘宋代远洋海船，出土了一些闽南地区生产的青釉、黑釉、青白釉瓷片等，器类有青釉碗、青黄釉划花碗、磁灶窑酱釉罐、黑釉罐、青釉小口瓶、罐等；并且在该遗址上层堆积中还出土有明清时期安溪窑、德化窑的青花瓷器等[7]。泉州法石宋代沉船出土有南宋时晋江磁灶窑烧造的小口瓶以及闽南地区的划花青瓷[8]。此外，近年来在泉州港码头的清理中，如法石古渡口遗址[9]、文兴、美山古码头[10]，出土了大量宋元和明清时期瓷片，从特征来看，相当一部分来自于闽南地区的窑场，如磁灶窑、南安窑、德化窑、安溪窑等，瓷器品种主要有青釉、青白釉、白釉、黑釉、青花等，以碗、盘、瓶、杯等居多。

[1] 这些瓷器现藏故宫博物院，这里指的是当时宫廷使用的德化窑白瓷，后为清宫旧藏。参看吕成龙：《故宫博物院藏明代德化窑瓷器选介》，《福建文博》2004年第4期，第44、45页。

[2] 曾伟希：《福建博物院藏德化瓷器》，《福建文博》2004年第4期，第65~67页。

[3] 尹青兰：《江西省博物馆藏德化白瓷》，《福建文博》2004年第4期，第62~64页。

[4] 赵伟、李荔：《南京博物院藏德化窑白瓷一瞥》，《福建文博》2004年第4期，第46、47页。

[5] 蔡奕芝：《广东省博物馆藏德化瓷器》，《福建文博》2004年第4期，第48~61页。

[6] 这需要从两个方面考虑：一是当地有较为发达的瓷器生产；二是瓷器从闽南地区输往内地，在运输上存在着很大的不便，增加了运输成本。因此，这里可以说闽南地区的瓷器产品一般不会销往内地。

[7] 福建省泉州海外交通史博物馆编：《泉州湾宋代海船发掘与研究》，北京：海洋出版社，1987年；泉州湾宋代海船发掘报告编写组：《泉州湾宋代海船发掘简报》，《文物》1975年第10期，第1~18页。

[8] 中国科学院自然科学史研究所、福建省泉州海外交通史博物馆联合试掘组：《泉州法石古船试掘简报和初步探讨》，《自然科学史研究》1983年第2卷第2期，第164~172页。

[9] 泉州市文管办、泉州市博物馆：《泉州法石古渡口遗址清理》，《福建文博》2003年第1期，第58~60页。

[10] 福建省文物管理委员会考古队、泉州市丰泽区文化发展中心：《泉州文兴、美山古码头发掘报告》，《福建文博》2003年第2期，第41~59页。

厦门港湾及附近岛屿也有不少闽南地区瓷器的发现，品种主要有青白釉、青釉、青花瓷器等[1]，尤其是明末清初的青花瓷器，数量较多，多是漳州窑产品[2]。

根据水下考古调查，福建沿海港口或码头附近海域也发现了一些沉船线索，并有一定数量闽南地区瓷器出水[3]。这些地点主要有东山海域古雷头明末清初沉船遗址，船货多为漳州窑青花瓷器，附近尚有其他时期遗物发现；东门屿[4]、关帝庙前海湾、大帽山、南门湾、龙屿沉船等[5]，出土有青釉、青花瓷器等；冬古湾沉船遗址面貌较为复杂，遗物的年代自宋至清均有发现，瓷器有青白釉、青釉、白釉、青花等，而根据附属遗物及其特征判断，沉船的年代和性质则为清初战船[6]；龙海九节礁和白屿水下文化遗存，发现有闽南地区青花瓷器[7]；莆田、连江、长乐等海域也有沉船发现[8]，船货多为莆田庄边窑、连江浦口窑等窑场产品，附近也有少量闽南地区窑场的瓷器[9]。从中还可以看出，这些外销瓷器的产地与输出港口关系密切[10]。

这些港口与码头遗址出土（水）瓷器的发现，不仅为闽南地区瓷器的外销提供了重要依据，也是各港口贸易发达的佐证。

2．水下考古与海域沉船发现

随着水下考古的兴起和发展，许多沉船及大量遗物陆续出水[11]，其中就包括了装载闽南地区瓷器的沉船，分布于中国沿海海域及南中国海、东南亚、印度洋、大西洋等海域。

中国东南沿海海域发现了一些宋至清代沉船[12]，尤其是台山海域南海Ⅰ号南宋沉船[13]、汕头

[1] 郑东、石钦：《厦门港——闽南古陶瓷外销的重要锚地》，《南方文物》2005年第3期，第90~94页。

[2] 陈建标：《明末清初厦门港的崛起与陶瓷贸易》，《南方文物》2004年第2期，第77~79页。

[3] 这些水下的沉船或线索，实属水下考古所发现，但因这些遗址靠近闽南地区的港湾，且出水瓷器多为闽南地区窑场烧造，这些主要应是销往海外地区或者中途遗落之物，故而将其在这里列出，将其作为港口这一环节的证明，而不再列入下文的水下考古与海域沉船部分。

[4] 徐海滨、朱滨：《福建东山东门屿沉船水下考古调查报告》，《福建文博》2005年增刊，第113~117页。

[5] 朱滨、孙键：《2001~2002年东山海域水下文物调查报告》，《福建文博》2005年增刊，第108~112、107页。

[6] 鄂杰、赵嘉斌：《2004年东山冬古湾沉船遗址A区发掘简报》，《福建文博》2005年增刊，第118~123、77页；李滨、孙键：《2004年东山冬古湾沉船遗址B区发掘简报》，《福建文博》2005年增刊，第124~131页；陈立群：《东山岛冬古沉船遗址初探》，《福建文博》2001年第1期，第33~39页。

[7] 国家文物局水下文化遗产保护中心、中国国家博物馆、福建博物院等：《福建沿海水下考古调查报告（1989~2010）》，北京：文物出版社，2017年。

[8] 中国国家博物馆水下考古研究中心、厦门大学海洋考古学研究中心、福建博物院等：《福建连江定海湾沉船考古》，北京：科学出版社，2011年；福建博物院、中国国家博物馆水下考古研究中心、福州市文物考古工作队：《长乐市东洛岛沉船遗址水下考古调查报告》，《福建文博》2014年第4期，第14~23页；福建沿海水下考古调查队：《福建沿海水下考古调查》，《文物》2014年第2期，第29~40页。

[9] 福建沿海水下考古调查队：《福建沿海水下考古调查》，《文物》2014年第2期，第29~40页；赵嘉斌、孙键、林果：《十五期间福建沿海水下考古调查项目执行计划》，《福建文博》2005年增刊，第95~107页；国家文物局水下文化遗产保护中心、中国国家博物馆、福建博物院等：《福建沿海水下考古调查报告（1989~2010）》，北京：文物出版社，2017年。

[10]（日）森达也：《宋元外销瓷的窑口与输出港口》，《考古与文物》2016年第6期，第56~64页；孟原召：《中国境内古代沉船的考古发现》，《中国文化遗产》2013年第4期，第54~65页。

[11] 俞伟超：《十年来中国水下考古学的主要成果》，《福建文博》1997年第2期，第6~11页；栗建安：《福建水下考古工作回顾》，《福建文博》1997年第2期，第19~22、46页；崔勇：《广东水下考古回顾与展望》，《福建文博》1997年第2期，第23~27页；吕章申主编：《中国国家博物馆水下考古成果》，合肥：安徽美术出版社，2015年；刘淼、胡舒扬：《沉船、瓷器与海上丝绸之路》，北京：社会科学文献出版社，2017年。

[12] 赵嘉斌：《海上丝绸之路上的中国古代外销瓷——中国水下考古的工作与发现》，《中国古陶瓷研究》第14辑，北京：紫禁城出版社，2008年，第1~10页。

[13] 张威：《南海沉船的发现与预备调查》，《福建文博》1997年第2期，第28~31页；张威：《南海沉船の発见とその》，中国・南海沉船文物を中心とする：《はるかなる陶磁の海路展——アジアの大航海时代》（图录），东京：朝日新闻社文化企画局东京企画第一部编集発行，1993年，第25~28页，第29~42页图录；任卫和：《广东台山宋元沉船文物简介》，《福建文博》2001年第2期，第80~84页；广东省文物考古研究所编著：《2011年“南海Ⅰ号”的考古试掘》，北京：科学出版社，2011年。

南澳海域南澳Ⅰ号明代沉船[1]等。其中，前者出土了大量闽南地区德化窑、磁灶窑的青白釉、青釉、酱黑釉瓷器等，器类有碗、盘、盒、执壶、四系罐、罐、瓶、小口瓶、军持等[2]；后者船货则有大量漳州窑青花瓷器，以碗、盘类器物居多[3]。广西北部湾防城港海域怪石滩水下遗存也发现了一些明清时期德化窑、东溪窑遗物[4]，这也应是通过海路输往北部湾海域的。南中国海海域的西沙群岛[5]、南沙群岛附近也发现了一些沉船遗迹或地点[6]，尤其是华光礁一号南宋沉船，大量的出水瓷器中，包括了闽南地区德化窑、南安窑、磁灶窑等众多窑场的产品，器类有碗、盘、盒、罐、瓶、小口瓶、执壶、军持等；石屿二号元代沉船除了景德镇窑青花和卵白釉瓷器外，则多见德化窑白釉、磁灶窑酱釉瓷器等[7]；其他一些地点还发现有德化窑白釉和青花瓷器、漳州窑青花瓷器等[8]。

东南亚、印度洋、大西洋等一些海域也发现了一批载有闽南地区瓷器的沉船[9]，其年代则自宋至清均有，尤以南宋中晚期、明代晚期、清代前期居多。船货中闽南地区的瓷器，分别来自德化窑、南安窑、磁灶窑、安溪窑、漳州窑等窑场，以青白釉、青釉、黑釉、白釉、青花瓷器为主[10]。这些沉船，以南海附近东南亚海域发现最多[11]，主要有：菲律宾海域皇家舰长号、皇家舰长暗沙二号沉船[12]、西班

[1] 崔勇：《广东南澳Ⅰ号明代沉船发掘收获》，《中国文物报》2011年3月25日第4版；广东省文物考古研究所：《南澳Ⅰ号明代沉船2007年调查与试掘》，《文物》2011年第5期，第25~47页；广东省文物考古研究所、国家水下文化遗产保护中心、广东省博物馆：《广东汕头市“南澳Ⅰ号”明代沉船》，《考古》2011年第7期，第39~46页。

[2] 栗建安：《福建陶瓷外销源流》，《文物天地》2004年第5期，第12~22页；栗建安：《从水下考古的发现看福建古代瓷器的外销》，《海交史研究》2001年第1期，第98~106页；孙键：《南海沉船与宋代瓷器外销》，《中国文化遗产》2007年第4期，第32~45页。

[3] 广东省文物考古研究所、广东省博物馆、国家文物局水下文化遗产保护中心编著：《孤帆遗珍——“南澳Ⅰ号”出水精品文物图录》，北京：科学出版社，2014年。

[4] 国家文物局水下文化遗产保护中心、广西文物保护与考古研究所2015年水下考古调查资料，待刊。

[5] 早期的调查较多，发现有闽南地区的青白釉、青釉、黑釉瓷器和青花瓷器等。广东省博物馆：《广东省西沙群岛文物调查简报》，《文物》1974年第10期，第1~29页；广东省博物馆编：《西沙文物——中国南海诸岛之一西沙群岛文物调查》，北京：文物出版社，1975年；广东省博物馆、广东省海南行政区文化局：《广东省西沙群岛北礁发现的古代陶瓷器——第二次文物调查简报续编》，《文物资料丛刊》（6），北京：文物出版社，1982年，第151~168页；广东省博物馆、广东省海南行政区文化局：《广东省西沙群岛第二次文物调查简报》，《文物》1976年第9期，第9~27页；何纪生：《遗留在西沙群岛的古代外销陶瓷器》，中国古陶瓷研究会、中国古外销陶瓷研究会编：《古陶瓷研究》第一辑，1982年，第132~136页；蒋迎春：《西沙群岛文物普查获丰硕成果》，《中国文物报》1996年7月14日第1版。

[6] 中国国家博物馆水下考古研究中心、海南省文物保护管理办公室编著:《西沙水下考古（1998~1999）》，北京：科学出版社，2006年；赵嘉斌:《2009~2010年西沙群岛水下考古调查主要收获》，吴春明主编:《海洋遗产与考古》，北京：科学出版社，2012年，第178~190页；赵嘉斌：《南海海域水下考古工作概况——以西沙群岛水下考古调查与文物巡查为重点》，《南海水下文化遗产》第一辑，南京：江苏人民出版社，2015年，第47~58页；范伊然编著：《南海考古资料整理与述评》，北京：科学出版社，2013年。

[7] 中国国家博物馆水下考古研究中心、海南省文物局：《西沙群岛石屿二号沉船遗址调查简报》，《中国国家博物馆馆刊》2011年第11期，第26~46页。

[8] 孟原召：《中国水下考古发现的陶瓷器概述》，吕章申主编：《中国国家博物馆水下考古成果》，合肥：安徽美术出版社，2015年，第317~339页；郝思德编著：《南海考古》，桂林：广西师范大学出版社，2011年。

[9] 吴春明：《环中国海沉船——古代帆船、船技与船货》，南昌：江西高校出版社，2003年；刘未：《中国东南沿海及东南亚地区沉船所见宋元贸易陶瓷》，《考古与文物》2016年第6期，第65~75页。

[10] 栗建安：《从水下考古的发现看福建古代瓷器的外销》，《海交史研究》2001年第1期，第98~106页；栗建安：《福建地区的宋元陶瓷器》，台北，《历史文物》2003年第13卷第11期，第9~25页；栗建安：《福建陶瓷外销源流》，《文物天地》2004年第5期，第12~22页；栗建安：《福建地区宋元时期外销瓷研究的若干问题》，《十二至十五世纪中国外销瓷与海外贸易国际研讨会论文集》，香港：中华书局，2005年，第30~46页；赵嘉斌、刘淼：《“马尼拉帆船”与明清华南陶瓷的海洋贸易》，《东南考古研究》第四辑，厦门：厦门大学出版社，2010年，第418~429页。

[11] 焦天龙：《南海南部地区沉船考古的实践与问题》，《南海水下文化遗产》第一辑，南京：江苏人民出版社，2015年，第32~40页；（越）阮庭战：《越南海域沉船出水的中国古陶瓷》，《中国古陶瓷研究》第14辑，北京：紫禁城出版社，2008年，第60~83页。

[12] Franck Goddio, *Discovery and Archaeological excavation of a 16th century trading vessel in the Philippines*, World Wide First, 1988.

牙圣迭戈号沉船[1]、潘达南岛沉船[2]，苏禄海格里芬号沉船[3]，吕宋岛圣安东尼奥沉船[4]、维达号沉船[5]，泰国湾帕提亚沉船[6]、阁昌岛一号沉船[7]、富国岛沉船[8]、昆仑岛头顿沉船[9]、平顺沉船[10]，印度尼西亚海域哲帕拉沉船[11]、爪哇海沉船[12]、中国帆船号（哈彻）沉船[13]、迪沙如号沉船[14]、泰兴号沉船[15]，马来西亚丹戎新邦沉船[16]、马六甲海域沉船[17]，等。大西洋海域的瑞典东印度公司哥德堡号沉船[18]，法国东印度公司康迪王子号沉船[19]，荷兰东印度公司毛里

[1] Cynthia Ongpin Valdes, Allison I. Diem, *Saga of the San Diego(AD1600)*, National Museum, Inc. Philippines,1993; Franck Goddio, *Treasures of the San Diego*, Paris, 1996；（日）森村健一著，曹建南译：《菲律宾圣迭戈号沉船中的陶瓷》，《福建文博》1997 年第 2 期，第 70~73 页；（法）莫尼克·科里克著，王芳译，楼建龙校：《界定"汕头器"的年代——1600 年 11 月 4 日，"圣迭戈"号大帆船》，《福建文博》2001 年第 1 期，第 46~52 页。

[2] Alya B. Honasan, The Pandanan Junk: The wreck of a Fifteenth-century junk is found by chance in a pearl farm off Pandanan island; Eusebio Z. Dizon, Anatomy of a shipwreck: archaeology of the 15th century pandanan shipwreck; Allison I. Diem, Relics of a lost Kingdom: ceramics from the Asian maritime trade, *The Pearl Road, Tales of Treasure ships in the Philippines*, Christophe Loviny, 1996.

[3] C. Dagget, E. Jay, F. Osada, The Griffin, An English East Indiaman Lost in the Philippines in 1761, *IJNA*, 1990, vol.19 (1), pp.35-41.

[4] Paul Clark, Eduardo Conese, Norman Nicolas, Jeremy Green, Philippines Archaeological site survey, February 1988, *IJNA*, 1989, vol.18 (3).

[5] Paul Clark, Eduardo Conese, Norman Nicolas, Jeremy Green, Philippines Archaeological site survey, February 1988, *IJNA*, 1989, vol.18 (3).

[6] Jeremy Green and Vidya Intakosai, The Pattaya wreck site excavation, Thailand, An interim report, *IJNA*, 1983 vol.12 (1), pp3-13; Jeremy Green and Rosemary Harper, *The excavation of the Pattaya Wreck site and survey of three other sites, Thailand*, Australian Institute for Maritime Archaeology Special Publication, No.1, 1983.

[7] Jeremy Green and Rosemary Harper, *The excavation of the Pattaya wreck site and survey of three other sites, Thailand*, Australian Institute for Maritime Archaeology Special Publication No.1, 1983; Jeremy Green etc., The Pattaya wreck site excavation, Thailand, An interim report, *The International Journal of Nautical Archaeology (IJNA)*, 1983, vol.12 (1); Jeremy Green etc., The Kosichang one shipwreck excavation 1983-1985, A progress report, *IJNA*, 1986, vol.15 (2).

[8] Warren Blake and Michael Flecker, A Preliminary Survey of a South-East Asian Wreck, Phu Quoc Island, Vietnam, *IJNA*, 1994, Vol.23(2), pp.73-91.

[9] Michael Flecker, Excavation of an oriental vessel of c. 1690 off Con Dao, Vietnam, *IJNA*, Vol.21(3),pp.221-244, 1992; Christiaan J. A. Jörg & Michael Flecher, Porcelains from the Vung Tau Wreck, *Oriental Art*, XLV, 1, 1999; Christiaan J. A. Jörg & Michael Flecher, *Porcelain from the Vung Tau Wreck*, New York: Oriental Art Publications, 2001;（日）阿部百里子：《从越南 Buntau 沉船打捞出的中国陶瓷器》，《福建文博》1999 年增刊总第 35 期，第 90~92 页。

[10] 刘朝晖：《越南平顺沉船出土的漳州窑青花瓷器》，《中国古陶瓷研究》第 13 辑，北京：紫禁城出版社，2007 年，第 247~259 页；广西壮族自治区博物馆：《海上丝绸之路遗珍——越南出水陶瓷》，北京：科学出版社，2009 年。

[11] Atma Djuana and Edmund Edwards McKinnon. The Jepara Wreck. *Proceedings of the International Conference: Chinese Export Ceramics and Maritime Trade, 12th-15th Centuries*, ed. Cheng Pei-Kai, Hong Kong: Chungwa Publishing, 2005, pp. 126-134.

[12] William M. Mathers and Michael Flecker: *Archaeological Recovery of the Java Sea Wreck*, Pacific Sea Resources, 1997, pp. 1-94; Michael Flecker. The Thirteenth-Century Java Sea Wreck: A Chinese Cargo in an Indonesian Ship. *The Mariner's Mirror*, Vol.89 No.4, November 2003, pp. 388-404.

[13] 黄时鉴：《从海底射出的中国瓷器之光——哈契尔的两次沉船打捞业绩》，《东西交流论谭》，上海：上海文艺出版社，1998 年，第 466~480 页。

[14] 中国嘉德四季拍卖会:《明万历号、清迪沙如号海捞陶瓷》,《嘉德四季》2005 年第 4 期, 2005 年 12 月 10 日; 中国嘉德四季拍卖会:《南海瓷珍》，《嘉德四季》2006 年第 4 期，2006 年 12 月 16 日。

[15] Fritz Nagel, *Nagel Auctions: Tek Sing Treasures*, Stuttgart: Stuttgarter Kunstauktionshaus, 2000. Nigel Pickford and Michael Hatcher, *The Legacy of the Tek Sing*, Cambridge: Granta Editions, 2000; 郑炯鑫：《从"泰兴号"沉船看清代德化青花瓷器的生产与外销》，《文博》2001 年第 6 期，第 49、50 页。

[16] Michael Flecker. The China~Borneo Ceramics Trade Around the 13th Century: The Story of Two Wrecks; 秦大树、袁旔主编：《古丝绸之路：2011 亚洲跨文化交流与文化遗产国际学术研讨会论文集》，新加坡：世纪科技出版公司，2013 年，第 177~184 页。

[17] Michael Flecker, Magnetomter Survey of Malacca Reclamation site, *IJNA*, Vol. 25(2), pp.122-134, 1996; 袁随善译：《关于在南中国海发现的四艘明代沉船的消息披露》，《船史研究》1997 年总第 11~12 期，第 291~299 页。

[18] Berit Wastfelt, Bo Gyllenevard, Jorgen Weibull, *Porcelain from the East Indiamen Gotheborg*, Forlags AB Denmark, 1991; 辛元欧：《瑞典的航海船舶博物馆与水下考古事业》，《船史研究》1997 年总第 11~12 期，第 200~214 页；龚缨晏：《哥德堡号沉船与 18 世纪中西关系史研究——读〈对华贸易的黄金时代〉》，《东西交流论谭》，上海：上海文艺出版社，1998 年，第 380~395 页。

[19] M. L'Hour and F. Richez, An 18th century French East Indiaman: the Prince de Conty (1746), *IJNA*, 1990, vol.19 (1), pp.75-79.

求斯号沉船[1]、白狮号沉船[2]、乌斯特兰号沉船[3]、奈伦约号沉船[4]，等；非洲东海岸的肯尼亚蒙巴萨耶稣堡外的葡萄牙圣安东尼奥·唐纳号[5]，等；印度洋[6]、太平洋海域也有其他一些装载闽南瓷器的沉船发现[7]。

这些华南沿海海域以及东南亚、大西洋、印度洋等海域沉船的发现（图 5-1），不仅是闽南地区瓷器行销海外地区的有力证据，也是再现当时贸易航线的重要参考资料。

3．海外地区

闽南地区瓷器的海外市场比较广阔，而尤以日本、东南亚发现最多，且其行销范围不断扩大，至明代晚期已广泛销往欧洲等地。这一点除了上述航线上瓷器的发现之外，可以根据国外地区的考古发现与延续而来的瓷器使用和公私博物馆收藏情况进行说明。

北宋早中期，闽南地区瓷器行销海外的地区较少，且数量并不占优势，主要有日本[8]、朝鲜半岛[9]和东南亚一些地区[10]。这一时期外销的瓷器也是以仿越窑的青釉、黑釉瓷器为主，有碗、盘、执壶、罐等，但其市场竞争力则与越窑无法相比。

北宋晚期至南宋早期，闽南地区瓷器的海外市场仍以日本、东南亚等地为主，地点增加，数量增多，如日本的福冈[11]、博多[12]、镰仓[13]，东南亚的马来西亚[14]、印度尼西亚[15]、菲律

[1] M. L'Hour and L. Long, The wreck of an 'experimental' ship of the 'Oost-Indische Companie': The Mauritius (1609), *IJNA*, 1990, vol.19 (1), pp.63-67.

[2] C. L. van der pijl-Ketel, ed., *The Ceramic Load of the 'Witte Leeuw' (1613)*, Amsterdam, Rijksmuseum, 1982.

[3] Bruno Werz, *The shipwrecks of the 'Oosterland' and 'Waddinxveen', 1697, Table Bay*, Johannesburg: Zulu Planet Publishers, 2009.

[4] Robert Allan Lightley, an 18th century Dutch East Indiaman, Found at Cape Town, 1971, *IJNA*, 1976, vol.5 (4), pp.201-219.

[5] Robin C. M. Piercy, Mombasa wreck excavation: Third preliminary report, 1979, *The International Journal of Nautical Archaeology and Underwater Exploration* (1979), Vol.8(4), pp.303-309. Hamo Sassoom, Ceramics from the wreck of a Portuguese ship at Mombasa, *AZANIA (The Journal of the British Institute in Eastern Africa)*, Volume 16, 1981, pp.97-130. 秦大树、徐华烽、（肯尼亚）默罕默德·玛初拉：《肯尼亚蒙巴萨塔纳号沉船出水的中国瓷器》，《故宫博物院院刊》2014 年第 2 期，第 6-24 页。

[6] A. Raban, The Shipwreck off Sharm el-Sheikh, *Archaeology*, 1971, vol.24 (2), pp.146-155; Cheryl Haldane, Sadana Island Shipwreck, Egypt: Preliminary report, *IJNA*, 1996, vol.25 (2), pp.83-94.

[7] 吴春明：《环中国海沉船——古代帆船、船技与船货》，南昌：江西高校出版社，2003 年，第 50~52 页。

[8]（日）东京国立博物馆编：《日本出土の中国陶磁》，东京，1975 年；（日）长谷部乐尔、今井敦编：《日本出土の中国陶磁》，《中国の陶磁》第 12 卷，东京：平凡社，1995 年；苌岚：《7~14 世纪中日文化交流的考古学研究》，北京：中国社会科学出版社，2001 年；刘兰华：《宋代陶瓷与对日贸易》，《中国古陶瓷研究》第 5 辑，北京：紫禁城出版社，1999 年，第 155~172 页；（日）田中克子著，黄建秋译：《鸿胪馆遗址出土的初期贸易陶瓷初论》，《福建文博》1998 年第 1 期，第 31~39 页。

[9]（韩）崔淳雨著，故宫博物院研究室编译：《南朝鲜出土的宋元瓷器》，《中国古外销陶瓷研究资料》第一辑，1981 年，第 10、11 页。

[10] 苏来曼著，傅振伦译：《东南亚出土的中国外销瓷器》，《中国古外销陶瓷研究资料》第一辑，1981 年，第 68~75 页；（日）龟井明德译：《东南アジアの陶磁遗迹出土地名》（第一稿），《贸易陶磁の研究》第 9 集，1989 年，第 161~192 页（John S. Guy, Ceramics Excavation Sites in Sovutheast Asia, A Preliminary Gazetteer, *Trade Ceramics Studies*, No.9, pp.161-192, 1989）。

[11]（日）长谷部乐尔、今井敦编：《日本出土の中国陶磁》，《中国の陶磁》第 12 卷，东京：平凡社，1995 年。

[12]（日）堺市博物馆编集：《博多と堺》，大阪：堺市博物馆発行，1993 年；（日）森本朝子著，何连译：《探索迷宫：对博多考古学资料的观察》，《福建文博》1999 年第 1 期，第 66~76、85 页。

[13]（日）根津美术馆学芸部编集：《甦る镰仓——遗迹発掘の成果と伝世の名品》，东京：根津美术馆発行，1996 年。

[14] Othman B. M. Yatim 著，李培俊译：《马来西亚发现的商业陶瓷》，中国科学院上海硅酸盐研究所编：《中国古陶瓷研究——'82 第一届中国古代陶瓷科学技术国际讨论会论文集》，北京：科学出版社，1987 年，第 409~411 页；苏来曼著，傅振伦译：《东南亚出土的中国外销瓷器》，中国古外销陶瓷研究会编印：《中国古外销陶瓷研究资料》第一辑，1981 年，第 68~75 页；郑德坤著，李宁译：《沙捞越考古》，邓聪、吴春明主编：《东南考古研究》第二辑，厦门：厦门大学出版社，1999 年。

[15] Sumarah Adhyatman: *Antique Ceramics found in Indonesia, Various Uses and Origins*, Second Edition (First Published 1981), Jakarta, Ceramic Society of Indonesia, 1990; Sumarah Adhyatman: The Usage of Ancient Chinese Ceramics in Indonesia（中国古代贸易瓷在印尼的用途），陈康顺编：《中国古代贸易瓷国际学术研讨会论文集》，台北：历史博物馆，1994 年，第 501~512 页。

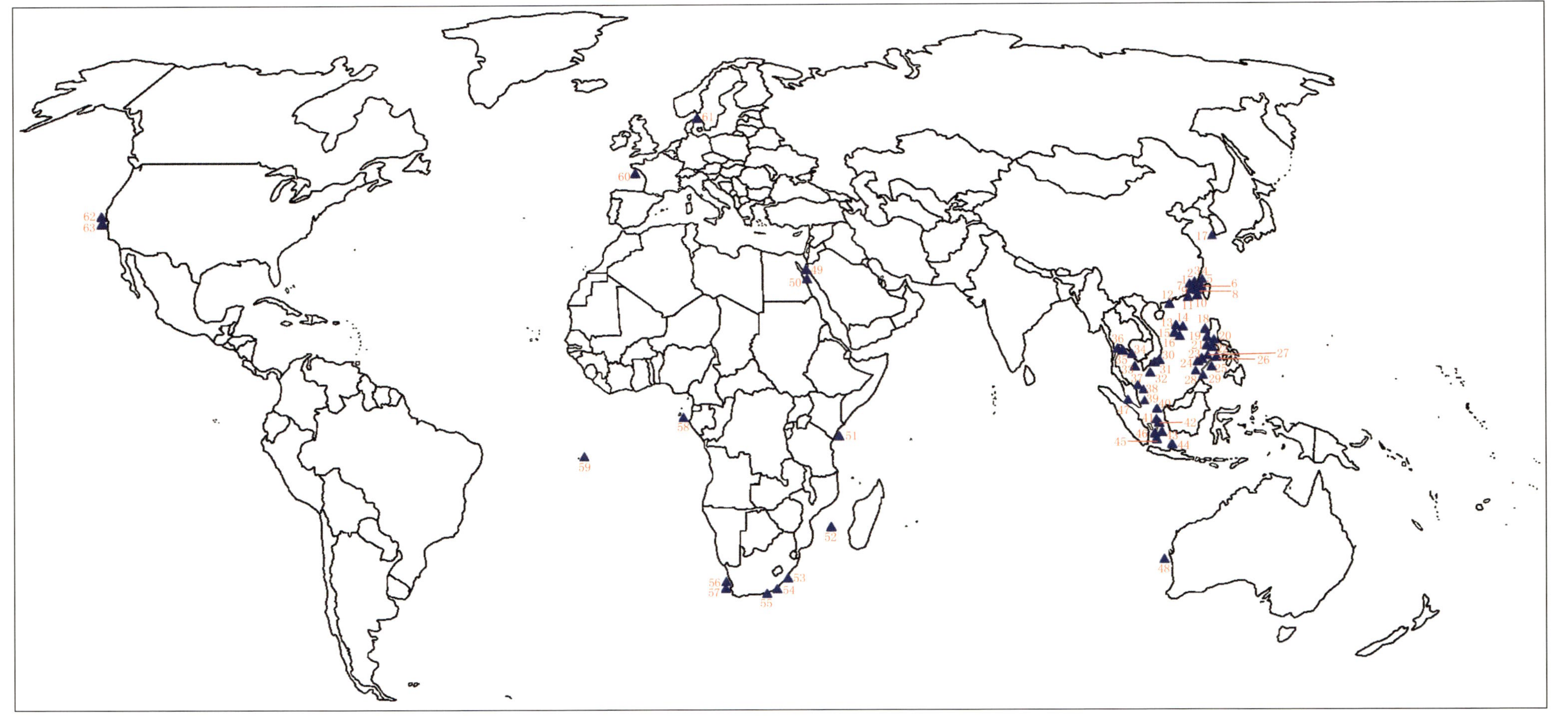

图 5–1　载有闽南地区瓷器的沉船位置示意图

1. 泉州后渚港沉船　2. 泉州法石沉船　3. 连江定海白礁二号　4. 长乐东洛岛沉船　5. 湄洲湾文甲大屿　6. 惠安大竹岛　7. 漳浦沙洲岛沉船　8. 龙海九节礁和白屿　9. 东山古雷头沉船　10. 东山冬古湾沉船　11. 南澳Ⅰ号　12. 南海Ⅰ号　13. 西沙北礁一号　14. 北礁三号　15. 石屿二号　16. 华光礁一号　17. 韩国新安沉船　18. 博利瑙沉船　19. 圣安东尼奥沉船　20. 西班牙“圣迭戈”号　21. 皮托加拉沉船　22. 西班牙“维达”号　23. 皇家舰长沉船　24. 皇家舰长暗沙Ⅱ号　25. 潘达南岛沉船　26. 英国“格里芬”号　27. 碎浪礁沉船　28. 调查员礁沉船　29. 马来西亚丹戎新邦沉船　30. 平顺沉船　31. 头顿沉船　32. 昆仑岛沉船　33. 富国岛沉船　34. 阁昌岛Ⅰ号　35. 帕提亚沉船　36. 帕提亚沉船Ⅱ　37. 万历号沉船　38. 皇家南海沉船　39. 迪沙如号沉船　40. Maranei 沉船　41. 中国帆船沉船　42. 荷兰“吉特摩森”号　43. Lan Sui 沉船　44. 哲帕拉沉船　45. 爪哇海沉船　46. “泰兴”号　47. 马六甲浅海沉船　48. 荷兰“巴达维亚”号　49. 沙姆沙伊赫沉船　50. 沙德万沉船　51. 葡萄牙“圣安东尼奥·唐纳”号　52. 英国“苏塞克斯”号　53. 葡萄牙“圣班多”号　54. 葡萄牙“诺沙·圣霍拉·阿塔拉亚·拜赫罗”号　55. 葡萄牙“圣迪司摩·萨卡门多”号　56. 荷兰“奈伦约”号　57. 荷兰乌斯特兰号　58. 荷兰“毛里求斯”号　59. 荷兰“白狮”号　60. 法国“康迪王子”号　61. 瑞典“哥德堡”号　62. 西班牙“圣阿古斯汀”号　63. 美国“弗罗来克”号

宾[1]、泰国[2]、柬埔寨[3]等地，均有大量发现。其中，东北亚的日本地区以仿景德镇窑的青白釉瓷器为主，器类多为碗、盘、盒、执壶等，磁灶窑青釉、酱黑釉瓷器等相对较少；东南亚各地则多见磁灶窑产品，器类有罐、四系罐、瓶、小口瓶、执壶、军持等，仿景德镇窑青白釉瓷器也不少，以日常生活所用的碗、盘、盒、杯等为主。

南宋中晚期，闽南地区制瓷手工业较为发达，尤其是泉州沿海地区进入了兴盛阶段[4]，海外地区是其主要的市场[5]。这一时期的海外市场仍是以日本、朝鲜半岛和东南亚的菲律宾、马来西亚、新加坡、印度尼西亚、泰国等地为主[6]，有些还销往了南亚的印度、斯里兰卡[7]，西亚[8]、非洲东海岸[9]等地，南宋赵汝适在《诸蕃志》中已有"博易""甆器"的记述[10]，这些地区出土的瓷器中有一些即是产自闽南地区的窑场。这些瓷器，以仿龙泉窑青釉瓷器为主（图 5–2），还有南安南坑窑仿景德镇窑（图 5–3）和德化窑的青白釉瓷器，东南亚地区还多见磁灶窑酱黑釉和素胎瓷器（图 5–4）等，器类以碗、盘为主，还有瓶、罐、壶等。

到了元代，基本上延续了南宋中晚期的海外市场，以日本、东南亚发现最多，如印度尼西亚多有发现[11]，新加坡也有磁灶窑、德化窑等窑场瓷器出土[12]。文献中对此记载颇多，尤以元代汪大渊《岛夷志略》的记载最为集中，谈及多个国家和地区"贸易之货"所用的"磁器"有青瓷、青白

---

［1］（菲）庄良有（Rita Ching Tan）：Song Wares Found in the Philippines（在菲律宾发现的宋瓷），陈康顺编：《中国古代贸易瓷国际学术研讨会论文集》，台北：历史博物馆，1994 年，第 317~344 页；The Oriental Ceramic Society of the Philippines, *Chinese and South-East Asian White Ware Found in the Philippines*, Oxford University Press, Singapore, 1993；徐本章：《试谈澎湖航线与中菲陶瓷贸易》，《中国古代陶瓷的外销——1987 年晋江年会论文集》，北京：紫禁城出版社，1988 年，第 126~130 页；陈台民：《菲律宾出土的中国瓷器及其他》，第 31~34 页，艾迪斯著，曹今予译：《在菲律宾出土的中国陶瓷》，第 35~48 页，富斯著，许其田译：《菲律宾发掘的中国陶瓷》，第 48~57 页，费・兰达・约卡诺著，韩振华译：《中菲贸易关系上的中国外销瓷》，第 58~61 页，均载中国古外销陶瓷研究会编印：《中国古外销陶瓷研究资料》第一辑，1981 年。

［2］Bhujjong Chandavij 著，李培俊译：《中国陶瓷在泰国》，中国科学院上海硅酸盐研究所编：《中国古陶瓷研究——'82 第一届中国古代陶瓷科学技术国际讨论会论文集》，北京：科学出版社，1987 年，第 303~305 页；Bhujjong Chandavij: Thai Architecture with Chinese Ceramic Decoration（中国陶瓷对泰国建筑装饰之影响），陈康顺编：《中国古代贸易瓷国际学术研讨会论文集》，台北：历史博物馆，1994 年，第 297~316 页。

［3］Marie-France Dupoizat, La céramique importée à Angkor: étude préliminaire, *Arts Asiatiques*, tome 54-1999, pp.103-116.

［4］孟原召：《宋元时期泉州沿海地区制瓷业的兴盛与技术来源试探》，《海交史研究》2007 年第 2 期，第 75~89 页。

［5］孟原召：《宋元时期泉州沿海地区瓷器的外销》，《边疆考古研究》第 5 辑，北京：科学出版社，2006 年，第 137~156 页；孟原召：《论闽南地区宋至清代瓷器的海外市场》，《水下考古学研究》第 1 卷，北京：科学出版社，2012 年，第 271~300 页。

［6］（日）坂井隆：《东南アジア群岛部の陶磁器消费者》，《国立历史民俗博物馆研究报告》第 94 集，2002 年，第 159~249 页；（日）龟井明德译：《东南アジアの陶磁遗迹出土地名》（第一稿），《贸易陶磁の研究》第 9 集，1989 年，第 161~192 页（John, S, Guy: Ceramics Excavation Sites in Southeast Asia, A Preliminary Gazetteer, *Trade Ceramics Studies*, No.9, pp.161-192, 1989）；John S. Guy: *Oriental Trade Ceramics in South-East Asia Ninth to Sixteenth Centuries: With a Catalogue of Chinese, Vietnamese and Thai Wares in Australian Collections*, Singapore, Oxford University Press, 1986.

［7］（日）三上次男著，李锡经、高喜美译：《陶瓷之路》，北京：文物出版社，1984 年；（日）三上次男著，奚国胜译：《斯里兰卡发现中国瓷器和伊斯兰国家陶瓷——斯里兰卡出土的中国瓷器调查纪实》，《江西历史文物》1986 年第 1 期，第 143、144 页。

［8］欧志培：《中国古代陶瓷在西亚》，《文物资料丛刊》第 2 辑，北京：文物出版社，1978 年，第 229~243 页。

［9］马文宽、孟凡人：《中国古瓷在非洲的发现》，北京：紫禁城出版社，1987 年。

［10］（宋）赵汝适撰：《诸蕃志》，成书于宋理宗宝庆元年（1225 年），分上、下二卷。"福建提举市舶赵汝适记诸蕃国及物货所出"（（宋）陈振孙：《直斋书录解题》）"所言皆海外诸国，与《宋史》外国传相出入，惟史详事迹，此详风土物产，则正史之与杂记，各有体裁尔"（《四库全书简明目录》卷七，史部地理类），"然则是书所记，皆得诸见闻，亲为询访，宜其叙述详核，为史家之所依据矣"（《四库全书总目提要》卷七一，史部地理类四）。参考杨博文校释本，北京：中华书局，2000 年。

［11］辛光灿：《浅谈满者伯夷与德罗乌兰遗址发现的中国陶瓷》，《考古与文物》2016 年第 6 期，第 100~109 页。

［12］Chery-Ann Low Mei Gek, Singapore from the 14th to 19th Century, John N. Miksic & Cheryl-Ann Low Mei Gek ed. *Early Singapore 1300s-1819: Evidence in Maps, Text and Artefacts*, Singapore: Singapore History Museum, pp.14-40, 2005.

2

1

图 5–2　沉船及海外地区发现的宋元时期青釉瓷器

1、2. 碗　（均为西沙群岛华光礁一号沉船出水）

瓷等[1]，结合考古发现，其中不乏闽南窑场的产品；更为明确的是，真腊记载有泉州之“青瓷器”[2]。

[1]（元）汪大渊撰：《岛夷志略》，成书于元顺帝至正九年（1349 年），汪氏根据自己 1330 年、1337 年两次浮海南洋、西洋的亲身游历撰写而成（苏继庼：《岛夷志略校释·叙论》，第 10 页），详细记述了二百多个地区。参考苏继庼校释本，北京：中华书局，1981 年。

[2]（元）周达观：《真腊风土记》“欲得唐货”条记曰：“其地想不出金银，以唐人金银为第一，五色轻缣帛次之；其次如真州之锡镴、温州之漆盘、泉处之青甆器，及水银、银硃、纸劄、硫磺、焰硝、檀香、草芎、白芷、麝香、麻布、黄草布、雨伞、铁锅、铜盘、水珠、桐油、篦箕、木梳、针。其粗重则如明州之席。甚欲得者则菽麦也，然不可将去耳。”可知其所用多取诸于中国。真腊，乃今柬埔寨地。参看夏鼐校注本，北京：中华书局，2000 年，第 148 页。周达观于元成宗元贞元年（1295 年）奉命随使赴真腊，次年至，居一年许始返，详细记述了当时真腊之面貌。

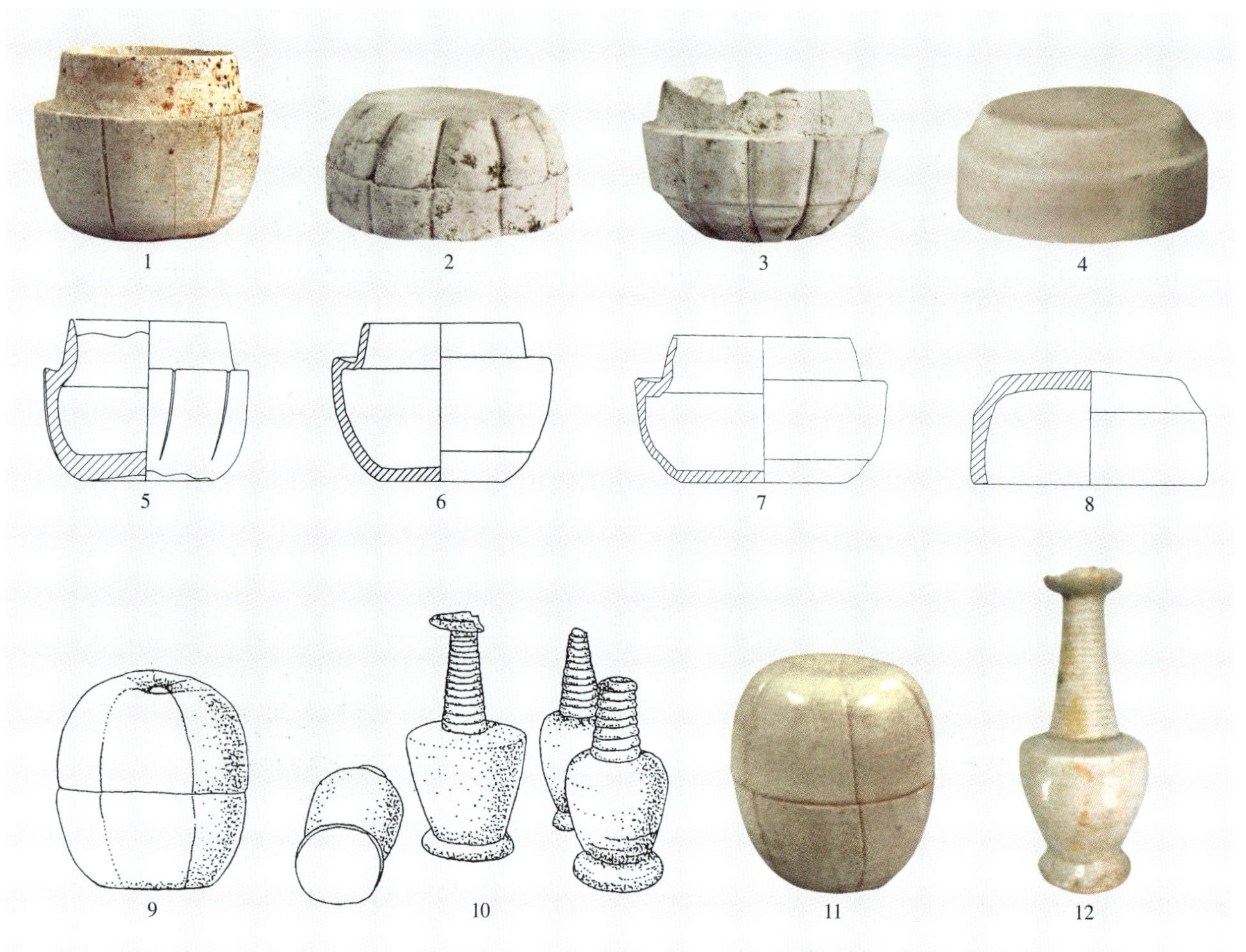

图 5-3 沉船及海外地区发现的宋元时期青白釉瓷器

1~9、11. 盒 10、12. 净瓶 （1、5 为西沙群岛北礁二号遗物点；2、3 为北礁一号遗物点；4、6~8 为银屿一号遗物点；9、10 为泰国湄公河；11、12 为南安南坑窑址出土对比资料）

这一时期，外销的窑场主要有磁灶窑（图 5-4）、同安窑、南安窑、德化窑等，仍以日常生活用器为主，其中德化窑瓷器渐趋显著（图 5-5），且已逐渐行销至西亚、非洲东海岸[1]等地，如东非坦桑尼亚的基尔瓦遗址出土有德化窑莲瓣纹白釉洗等[2]。

明代早中期，由于海外贸易制度的变化[3]，以外销为主要目的闽南地区制瓷手工业随之步入低谷。因此，这阶段其行销区域收缩，数量骤减，在日本、东南亚等地有零星发现。这一时期，海外地区较为多见的外销瓷是景德镇窑青花瓷器和龙泉窑青瓷。

明代晚期至清代早期，海外贸易较为发达，闽南地区瓷器的海外市场进一步扩大，销量激增。

[1] 刘岩、秦大树、齐里亚马·赫曼：《肯尼亚滨海省格迪古城遗址出土中国瓷器》，《文物》2012 年第 11 期，第 37~60 页；丁雨、秦大树：《肯尼亚乌瓜纳遗址出土的中国瓷器》，《考古与文物》2016 年第 6 期，第 28~48 页。

[2] 马文宽、孟凡人：《中国古瓷在非洲的发现》，北京：紫禁城出版社，1987 年。

[3] 李庆新：《明代海外贸易制度》，北京：社会科学文献出版社，2007 年；晁中辰：《明代海禁与海外贸易》，北京：人民出版社，2005 年。

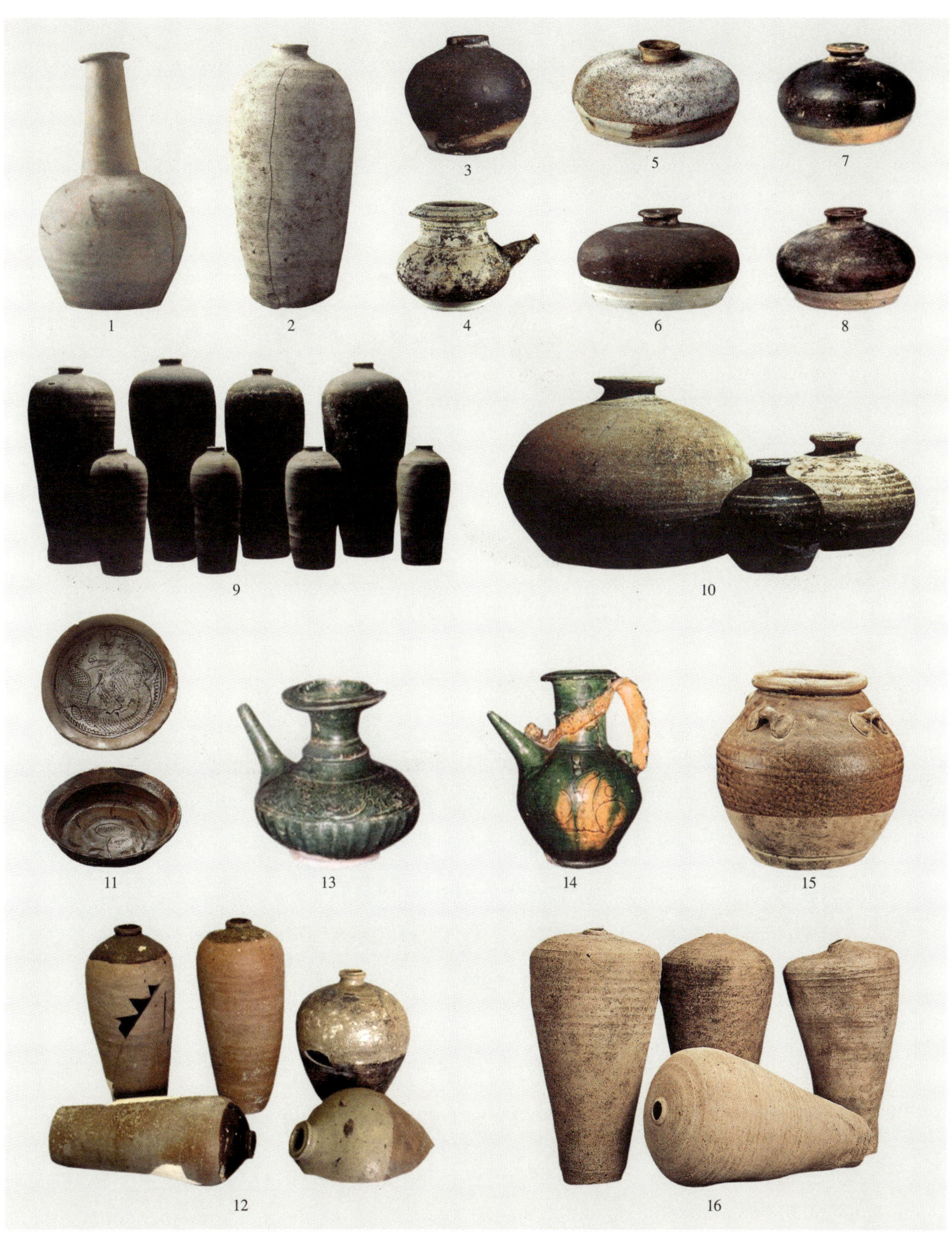

图 5-4 沉船及海外地区发现的宋元时期磁灶窑瓷器

1、2、9、12、16. 瓶 3、5~8、10、15. 罐 4、13、14. 军持 11. 盆 （1~6 为西沙群岛华光礁一号沉船；7、8 为广东南海Ⅰ号沉船；9、10 为东南亚海域沉船；11 为日本博多遗址；12 为日本遗址；13、14 为菲律宾遗址；15、16 为新加坡遗址）

图 5-5 沉船及海外地区发现的宋元时期德化窑瓷器

1、19. 瓶 2~18、20. 盒 21. 洗 （1~5 为西沙群岛华光礁一号沉船；8~11 为南海Ⅰ号沉船；12~14 为印度尼西亚 Lan Sui 沉船；15~18 为柬埔寨吴哥遗址；19~21 为新加坡遗址）

图 5–6　沉船及海外地区发现的明清时期德化窑瓷器

1. 汤匙、碗、盏　2. 盘、碟　3. 观音像　4. 雕塑　5. 小罐　6、7. 盒　8. 德化窑白瓷与景德镇民窑青花瓷共存的瓷器凝结物　（均为越南海域头顿号沉船出水）

不仅广泛见于日本[1]、朝鲜半岛，东南亚的菲律宾[2]、越南[3]、新加坡[4]、马来西亚[5]、印度

[1]（日）长谷部乐尔、今井敦编：《日本出土の中国陶磁》，《中国の陶磁》第 12 卷，东京：平凡社，1995 年；（日）阪井隆夫：《遺品に基づく：贸易古陶磁史概要》，京都：株式会社京都书院，1989 年；（日）田中克子：《日本博多（Hakata）遗址群出土的贸易陶瓷器及其历史背景——九世纪至十七世纪早期》，栗建安主编：《考古学视野中的闽商》，北京：中华书局，2010 年，第 151~172 页。

[2] The Oriental Ceramic Society of the Philippines: *Chinese and South-East Asian White Ware Found in the Philippines*, Oxford University Press, Singapore, 1993.

[3] 越南出土中国瓷器的遗址较多，而且延续时间较长，宋至清代均有发现，产地有德化窑、漳州窑等，如河内升龙皇城遗址、会安古城遗址等。

[4] Kwa Chong Guan, 16th-Century Underglazed Blue Porcelain Sherds from the Kallang Estuary, John N. Miksic & Cheryl-Ann Low Mei Gek ed. *Early Singapore 1300s-1819: Evidence in Maps, Text and Artefacts*, Singapore: Singapore History Museum, pp.86-94, 2005;（新加坡）郭勤逊、陈海丽著，李惠玲译：《新加坡亚洲文明博物馆所藏漳州窑器》，《福建文博》2000 年第 2 期，第 65~74 页。

[5] 叶文程：《在马来西亚见到的一些漳州窑瓷器》，《福建文博》2000 年第 2 期，第 78~83 页。

尼西亚[1]等，西亚地区[2]，非洲[3]的埃及[4]、坦桑尼亚、肯尼亚[5]等地，还大量出现于欧洲各地[6]以及美洲[7]、澳洲的一些遗址，尤以东南亚、欧洲各国最为突出。这一阶段，外销的瓷器中，以德化窑的白釉瓷器[8]、漳州窑的青花、五彩瓷器[9]和安溪窑的青花瓷器为代表，器类丰富，有白釉碗、盘、杯、盒、罐、瓶、汤匙、雕塑（图5–6），青花大盘、盘、碗、碟、瓶、罐，五彩盘、罐等（图5–7）。此外，销往日本的还有漳州田坑窑的素三彩瓷器，以盒为主，被称为“交趾香盒”[10]。这些瓷器部分已入藏于海外各地的公私博物馆。

清代中晚期，闽南地区销往海外地区的瓷器以青花瓷器和白釉瓷器为主，尤以青花瓷器数量为最，主要来自德化窑、安溪窑、华安和南靖的东溪窑等（图5–8），其市场主要是东南亚[11]、非洲[12]、欧洲[13]、美洲[14]等地。随着海外地区瓷器的烧制成功，加之其他窑场瓷器的竞争和冲击，这一阶段闽南地区的瓷器市场虽然保持了一定的规模，但较之明代晚期和清代早期的范围已略为缩小。

由此可知，闽南地区宋至清代各个阶段外销瓷器的品种、类别是不同的，其外销区域也差异（表5–1）。

---

[1]（印尼）苏玛拉·亚德阿曼著，陈丽华编译：《印度尼西亚发现若干德化窑青花瓷盘》，《海交史研究》1994年第1期，第107~109页。

[2]欧志培：《中国古代陶瓷在西亚》，《文物资料丛刊》第2辑，北京：文物出版社，1978年，第229~243页；（日）三上次男著，李锡经、高喜美译：《陶瓷之路》，北京：文物出版社，1984年。

[3]马文宽、孟凡人：《中国古瓷在非洲的发现》，北京：紫禁城出版社，1987年。

[4]（日）三上次男著，秦大树译：《中国陶瓷在埃及中世纪遗址中的发现》，《中国古陶瓷研究》第5辑，北京：紫禁城出版社，1999年，第173~178页；（日）金泽阳：《埃及出土的漳州窑瓷器——兼论漳州窑瓷器在西亚的传播》，《福建文博》1999年增刊总第35期，第38~40页。

[5]James Kirkman, *Fort Jesus: A Portuguese Fortress on the East African Coast*, Oxford University Press, 1974; 刘岩、秦大树、齐里亚马·赫曼：《肯尼亚滨海省格迪古城遗址出土中国瓷器》，《文物》2012年第11期，第37~60页；丁雨、秦大树：《肯尼亚乌瓜纳遗址出土的中国瓷器》，《考古与文物》2016年第6期，第28~48页；秦大树、徐华烽、默罕默德·玛初拉：《肯尼亚蒙巴萨塔纳号沉船出水的中国瓷器》，《故宫博物院院刊》2014年第2期，第6~24页；中国国家博物馆水下考古研究中心、肯尼亚国立博物馆沿海考古部：《2010年度中肯合作肯尼亚沿海水下考古调查主要收获》，《中国国家博物馆馆刊》2012年第8期，第88~99页。

[6]朱培初编著：《明清陶瓷和世界文化的交流》，北京：轻工业出版社，1984年；金国平、吴志良：《流散于葡萄牙的中国明清瓷器》，《故宫博物院院刊》2006年第3期，第98~159页；Jan Wirgin, Chinese Trade Ceramics for the Swedish Market（瑞典市场的中国贸易瓷），pp.31-58，Monique Crick, The First Chinese Trade Ceramics Made to Order for the Portuguese Market（葡萄牙市场订购的中国最早贸易瓷），pp.81-94，Jessica Harrison-Hall, The History of the Chinese Export Porcelain Collection in the British Museum（大英博物馆收藏中国贸易瓷的历史变迁），第413~434页，上述三文均载陈康顺编：《中国古代贸易瓷国际学术研讨会论文集》，台北：历史博物馆，1994年。

[7]（美）卡尔·罗伯特·奎梅兹著，彭维斌译：《北美太平洋海岸出土的中国瓷器》，厦门市博物馆编：《闽南古陶瓷研究》，福州：福建美术出版社，2002年，第189~191页；龚国强：《牙买加发现的德化“中国白”》，《中国古陶瓷研究》第三辑，北京：紫禁城出版社，1990年，第108~113页。

[8]刘幼铮：《中国德化白瓷研究》，北京：科学出版社，2007年。

[9]栗建安：《漳州窑与东南亚》，《海交史研究》1997年第2期，第33~37页。

[10]（日）茶道资料馆编：《交趾香盒——福建省出土文物与日本的传世品》（特别展），京都：茶道博物馆，MOA美术馆，福建省博物馆，朝日新闻社，1998年。

[11]韩槐准：《南洋遗留的中国古外销陶瓷》，新加坡：青年书局，1960年。

[12]马文宽、孟凡人：《中国古瓷在非洲的发现》，北京：紫禁城出版社，1987年。

[13]杨恩霖：《十七、十八世纪中国输出欧洲的外销瓷》，《福建文博》1999年第1期，第58~65页；（英）哈里·加纳著，叶文程、罗立华译：《东方的青花瓷器》，上海人民美术出版社，1992年；（英）唐·纳利著，吴龙清、陈建中译：《中国白——福建德化瓷》，福州：福建美术出版社，2006年；朱培初编著：《明清陶瓷和世界文化的交流》，北京：轻工业出版社，1984年。

[14]（美）卡尔·罗伯特·奎梅兹著，彭维斌译：《北美太平洋海岸出土的中国瓷器》，厦门市博物馆编：《闽南古陶瓷研究》，福州：福建美术出版社，2002年，第189~191页。

图 5-7　沉船及海外地区发现的明清时期漳州窑瓷器

1. 碗　2~7、9~12、14、15. 大盘　8. 青花瓷片　（1~7 为西沙群岛北礁三号沉船；8 为日本遗址；9、10 为菲律宾海域圣迭戈号沉船；11~13 为越南海域平顺沉船；14、15 为福建平和南胜花仔楼窑址对比资料）

图 5-8　东南亚沉船和遗址发现的清代闽南地区瓷器

1、4、10. 碗、盘　2、5、13、14. 盘　3. 碗、盘、盏、杯、碟、汤匙　6、8、15. 汤匙　7、9. 盒　11、12. 碗　（1~10 为印度尼西亚海域“泰兴号”沉船出水；11 为新加坡 the Old Parliament House 遗址出土；12~15 为新加坡 the Empress Place 遗址出土。1~4、6、10 为德化窑或东溪窑青花瓷器；5 为安溪窑青花瓷器；7~9 为德化窑白釉瓷器；11~15 为东溪窑青花瓷器）

表 5-1　闽南地区宋至清代外销瓷器品类简表

时期	外销瓷器大类	品种	器类	外销区域
第一期	仿越窑青瓷	青釉瓷、酱釉瓷、黑釉瓷等	执壶、罐、小罐、碗、盘等	日本、朝鲜半岛、东南亚等
第二期	仿越窑青瓷、仿景德镇窑青白瓷	青白、青、酱、黑等釉	碗、盘、盒类为大宗	日本、东南亚等
第三期	仿龙泉窑青瓷、青白瓷、磁灶窑粗瓷、德化窑瓷器	青瓷、青白瓷、彩釉等	碗、盘、盒、罐、小口瓶、军持等	日本、朝鲜半岛、东南亚、南亚、西亚、非洲东部等
第四期	磁灶窑粗瓷、篦点划花青瓷、德化窑白瓷为主	黑釉、白釉、彩釉、青釉等	碗、盘、杯、洗、盆、盒、罐、军持、瓶等	日本、东南亚、西亚、非洲东部等
第五期	磁灶窑粗瓷、仿龙泉窑青瓷、德化窑白瓷等	黑釉、白釉、青釉等	碗、盘、碟、罐、瓶、杯、盒等	日本、东南亚等
第六期	德化窑白瓷、仿景德镇窑瓷器等	白釉、青花、五彩、青釉、素三彩等	碗、盘、大盘、碟、杯、罐、盒、瓶、汤匙、雕塑等	日本、东南亚、西亚、非洲、欧洲、美洲、澳洲等
第七期	德化窑白瓷和青花、安溪窑和东溪窑青花等	白釉、青花为主	碗、盘、碟、杯、汤匙、雕塑等	东南亚、非洲、欧洲、美洲、美洲等

此外，澎湖列岛[1]、琉球群岛[2]等东部海域也有大量闽南地区瓷器的发现，以青釉、青白釉、青花瓷器居多。

因此，从上述沿海港口和码头遗迹、海外地区瓷器的使用与发现以及贸易航线上一批沉船中大量闽南窑场瓷器的出水这三个方面分析，可知海外是闽南地区瓷器的重要行销区域。

第二节　运输路线与相关问题

瓷器由窑场生产出来到使用者的使用，需要经历复杂的运输过程。这些瓷器装运后从窑场出发，循行不同的路线进行运输。因瓷器易碎、较重，大多采用水路运输。由于闽南地区宋至清代的瓷器有着广阔的海外市场，其主要是依靠海上航运送达国外各地的。结合文献资料，根据沿海港口及水下考古发现等情况，大体可以复原这一时期海外贸易航线。这便是闽南地区瓷器行销的运输路线。此外，瓷器的运输过程受到诸多因素的影响，如船舶、季风、航海技术等。下文即从这几个方面探讨闽南地区瓷器的运输路线及相关问题。

---

[1] 澎湖在元代“地隶泉州晋江县。至元间立巡检司，以周岁额办盐课中统钱钞一十锭二十五两，别无科差”，见（元）汪大渊撰，苏继庼校释：《岛夷志略校释》“澎湖”条，北京：中华书局，1981 年，第 13 页。参考陈信雄：《澎湖宋元陶瓷研究概况》，澎湖：澎湖县立文化中心，1985 年；台北历史博物馆历史考古小组：《澎湖内垵、中屯历史考古研究成果报告》，台北：历史博物馆，2003 年；陈信雄：《遗留在澎湖的宋元和五代外销陶瓷》，第 253~272 页（出土有南宋时期泉州陶瓶以及福建仿龙泉青瓷，据统计，这些出土瓷片中有 85% 来自福建，12% 来自浙江）；刘良佑：《从台澎出土之部分贸易瓷标本探讨其相关窑口的几个问题》，第 225~252 页（文中提及澎湖中屯、台南安平遗址出土瓷片），上述二文均载陈康顺编：《中国古代贸易瓷国际学术研讨会论文集》，台北：历史博物馆，1994 年；台北历史博物馆历史考古小组：《金门地区历史考古研究成果报告》，台北：历史博物馆，2002 年；刘良佑：《从澎湖出土之瓷器残片探讨其年代及起源诸问题》第一部分《青瓷与青白瓷》，李家治、陈显求主编：《古陶瓷科学技术 1——1989 年国际讨论会论文集（ISAC'89）》，上海：上海科学技术文献出版社，1992 年，第 462~468 页。

[2]（日）三上次男著，郑国珍译：《冲绳出土的中世纪中国陶瓷——求证中世纪冲绳与中国陶瓷贸易的接点》，《海交史研究》1988 年第 2 期，第 45~53 页；（日）森达也：《从出土陶瓷来看宋元时期福建和日本的贸易路线》，栗建安主编：《考古学视野中的闽商》，北京：中华书局，2010 年，第 173~187 页。

一　国内运输

闽南地区瓷器的国内运输包含了两个方面的内容：一是从窑场到各地集市、港口等贸易场所，然后贩售给商贩或使用者；二是这一转运过程中的市镇贸易。

1．窑场与河流

闽南地区宋至清代的窑场一般位于晋江、九龙江及其支流溪畔的山坡上，这即为瓷器运出窑场提供了便利的交通运输条件。

根据闽南地区的地形特征与河流分布情况[1]，大体可知其水路河运主要沿着以下几条路线进行的（图5-9）。其一，一部分德化窑瓷器，由地处上游地区的各溪流或支流，分别汇入尤溪、大樟溪，顺流而下，运抵福建最大的河流——闽江，而后沿江而下至福州，抵达闽江入海口。这是闽南地区北部的主要河运通道，其延续时间也较长，历宋至清均有运行。其二，大多数永春、安溪、南安及部分德化等窑场烧造的瓷器，则是通过东溪、西溪及其支流，进入晋江，进而汇入泉州港湾，这是闽南地区中部的主要河运通道，这条线路宋元时期尤为繁盛。其三，闽南地区南部的河运通道，则是沿九龙江及其支流东溪、西溪、船场溪等溪流顺流而行，至厦门港湾，此线以明清时期最为活跃，以华安、平和等地窑场产品居多。此外，惠安、晋江、厦门、漳浦、云霄、诏安等沿海地区，则有溪流直接注入大海，这些地区烧造的瓷器则主要通过这些溪流运送至海滨港湾。

这一点，还可以通过福州至莆田、泉州至厦门、金门至东山和诏安一线的沿海地区港湾的考古发现进行佐证。这些地区的港口、码头、海湾水下出土（水）了较为丰富的闽南地区瓷器[2]，这些瓷器除了满足这些地区的需求和消费之外，其主要是用于海外贸易而外销的。这些港湾也就成为了闽南地区瓷器对外输出的中转地或集散地。

2．市镇贸易

晚唐、五代以来，南方地区的社会经济有了较大发展，经济重心逐渐由北方向江南地区移动[3]。入宋以后，商品经济十分活跃[4]，促进了地方市场的发展[5]，兴起了一系列的草市镇[6]，这便拉动了城乡之间商品的交流与贸易的繁荣[7]。宋至清代闽南地区瓷器的国内市场，特别是本地需求的实现，应是得益于其地区贸易的发展。

[1] 主要参考地图：杜秀荣、唐建军主编：《中国地图集》，北京：中国地图出版社，2004年，第122、123页；高秀静主编：《福建省地图册》，北京：中国地图出版社，2004年。

[2] 这部分的考古资料，具体可参考前文沿海港口与码头发现的闽南地区宋至清代瓷器。

[3] 郑学檬：《中国古代经济重心南移和唐宋江南经济研究》，长沙：岳麓书社，2003年。

[4] 漆侠：《中国经济通史·宋代经济卷》下册，北京：经济日报出版社，1999年。

[5] 龙登高：《宋代东南市场研究》，昆明：云南大学出版社，1994年；龙登高：《江南市场史——十一至十九世纪的变迁》，北京：清华大学出版社，2003年。

[6] 傅宗文：《宋代草市镇研究》，福州：福建人民出版社，1989年。

[7]（日）斯波义信：《宋代商业史研究》，东京：风间书房，1979年（中译本参考：斯波义信著，庄景辉译：《宋代商业史研究》，台北：稻禾出版社，1997年）；马润潮著，马德程译：《宋代的商业与城市》，台北：中国文化大学出版部，1985年；张海英：《明清江南商品流通与市场体系》，上海：华东师范大学出版社，2002年；（加）卜正明著，方骏、王秀丽、罗天佑译：《纵乐的困惑：明代的商业与文化》，北京：生活·读书·新知三联书店，2004年。

图 5-9　闽南地区河流运输示意图

由于瓷器不易于大批、长途的陆路运输，因而这些瓷器主要是经由溪流，分散到各地市镇交易的，尤其是一些较大的城镇市场，如泉州、福州及闽南的府、州、县城等。到了明、清时期，德化窑白釉瓷器还远销到了内地。

相对而言，少量、短途的运输，则可以通过陆路进行，以便直接流入使用者手中。在瓷器的运输过程中，大多用稻草、绳索、竹筐等物紧密捆扎，“束草装桶”[1]，以防破碎。明万历时期“鞑靼女真”及“天方诸国”由京师归国装载瓷器“陆行万里”时，其装运即极为讲究，“初买时，每

[1] 瓷器出窑后，一般使用稻草包裹，捆以绳索，放置于竹编筐篓内，以便沿途运送，瓷器装船亦是采用此法。此处可参考景德镇瓷器的包装方式，清代督陶官唐英在《陶冶图说》记作“束草装桶”，可概括为“细者装桶，粗者茭草”，江莹：《论景德镇陶瓷包装方式的演变》，《景德镇陶瓷》2013 年第 4 期，第 32、33 页。这在清代档案和文献中所记甚详，参考（清）蓝浦撰、郑廷桂补：《景德镇陶录》卷四记有使用“稻草篾片”包扎瓷器，同治九年刻本，《中国古陶瓷名著汇编》，北京：中国书店，1991 年，第 39、40 页。这一点，还可以通过现当代陶瓷窑场的田野调查进行说明。

一器内纳少土，及豆麦少许。叠数十个，辄牢缚成一片。置之湿地，频洒以水。久之则豆麦生芽，缠绕胶固。试投之荦确之地，不损破者，始以登车。临装驾时，又从车上掷下数番，其坚韧如故者，始载以往”[1]，此可作为参考。

大批量的瓷器运输则主要还是通过水运来实现的，国内有河流运输，沿海有沿海航运，海外则有远洋航海，而作为货物的瓷器则“大小相套，无少隙地”[2]，这一点在一些沉船中已有关于瓷器装载和包装的证据，如南宋时期的华光礁一号沉船（图 5-10）、南海Ⅰ号沉船、明代晚期的南澳Ⅰ号沉船（图 5-11）和清代康熙时期的碗礁一号沉船等，瓷器在船舱中排列紧密，码放整齐，而且大小相套，有的尚可见有稻草、竹篾、木桶的装载痕迹[3]。

图 5-10　华光礁一号沉船船舱内瓷器装载情况

（引自中国国家博物馆水下考古研究中心编：《水下考古学研究》第一卷，北京：科学出版社，2012 年，第 46 页）

二　沿海港口

宋至清代的海外贸易主要集中于东南沿海地区，尤其是宋元时期十分发达[4]，而明清时期则形成了新的贸易体制[5]。这是闽南地区沿海港口对外贸易的背景和基本前提。

---

［1］（明）沈德符撰：《万历野获编》卷三十《外国》，“夷人市瓷器”条，北京：中华书局，1959 年，第 780 页。

［2］（宋）朱彧撰：《萍洲可谈》卷二，李伟国点校本，北京：中华书局，2007 年，第 132 页。

［3］广东省文物考古研究所、国家水下文化遗产保护中心、广东省博物馆：《广东汕头市“南澳Ⅰ号”明代沉船》，《考古》2011 年第 7 期，第 39~46 页；广东省文物考古研究所、广东省博物馆、国家文物局水下文化遗产保护中心编著：《孤帆遗珍——“南澳Ⅰ号”出水精品文物图录》，北京：科学出版社，2014 年；碗礁一号水下考古队：《东海平潭碗礁一号出水瓷器》，北京：科学出版社，2006 年。

［4］黄纯艳：《宋代海外贸易》，北京：社会科学文献出版社，2003 年；陈高华、吴泰编著：《宋元时期的海外贸易》，天津：天津人民出版社，1981 年。

［5］李庆新：《明代海外贸易制度》，北京：社会科学文献出版社，2007 年；晁中辰：《明代海禁与海外贸易》，北京：人民出版社，2005 年；李金明：《明代海外贸易史》，北京：中国社会科学出版社，1990 年；王日根：《明清海疆政策与中国社会发展》，福州：福建人民出版社，2006 年；（日）松浦章：《清代海外贸易史の研究》，京都：朋友书店，2002 年。

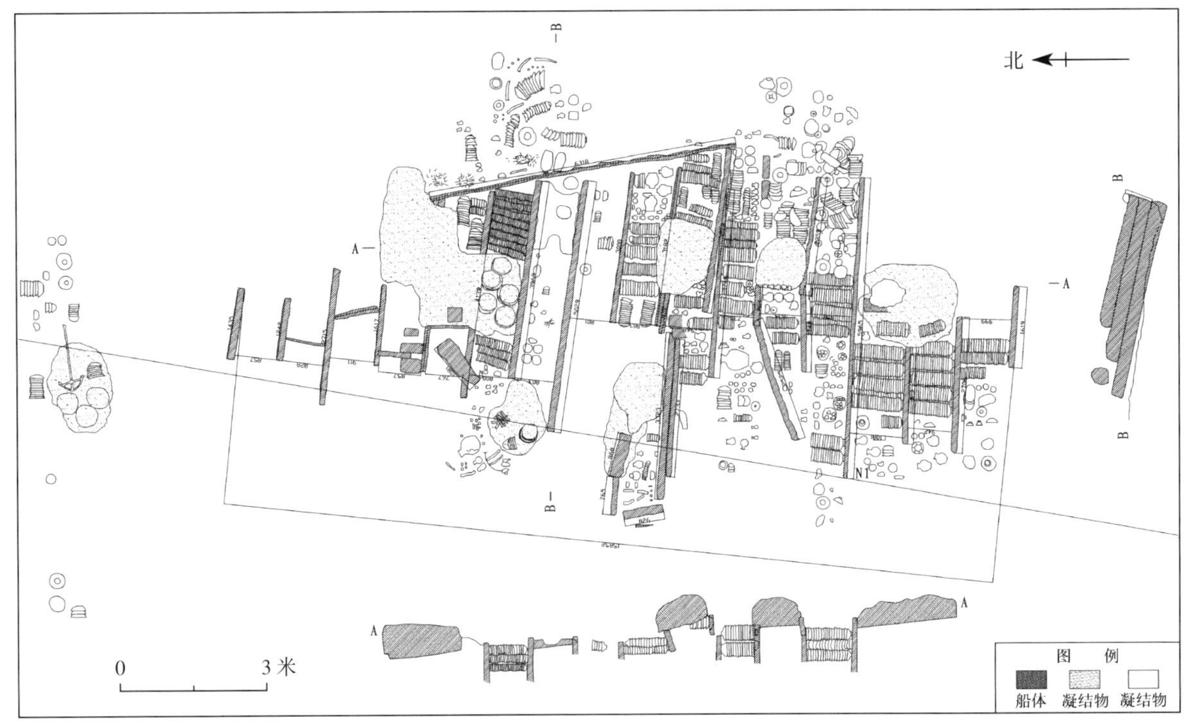

图 5-11　南澳Ⅰ号沉船平、剖面图

（引自广东省文物考古研究所等：《广东汕头市“南澳Ⅰ号”明代沉船》，《考古》2011年第7期，第41页）

通过前文所述可知，闽南地区宋至清代的瓷器是以海外地区为主要市场的。一方面，这些瓷器从窑场运输至沿海港湾地区之后，其对外输出是以沿海港口为集散地和中转站的。另一方面，由于该地区瓷器主要是用以外销的，因而，从一定程度上讲，海外贸易的发展、繁荣与衰落，对闽南地区制瓷手工业的兴衰也有着较大的影响作用。根据闽南地区瓷器装运的具体情况，可将这些港口分为装运和经由两类，前者直接装载闽南地区瓷器，主要有福州、泉州、漳州、厦门等[1]；后者则属经停港口以装卸其他商货[2]，这里以相邻近的明州港和广州港为例略作说明（图 5-12）。下文将从各时期沿海港口的发展与变迁概况来分析海外贸易过程中的这一中间环节。

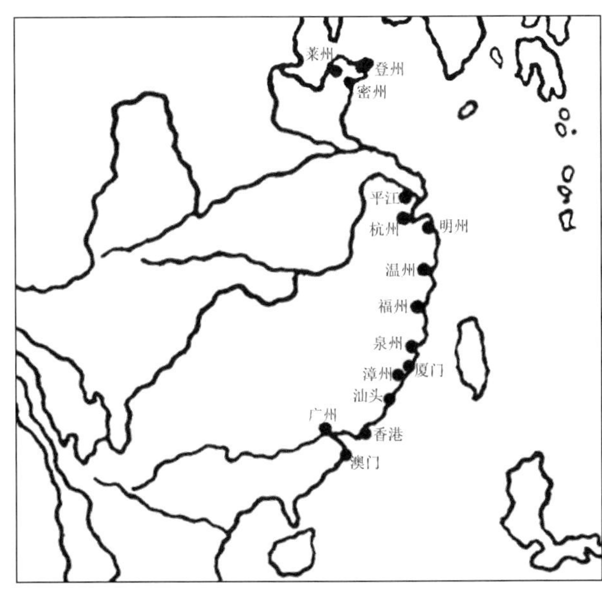

图 5-12　中国东部沿海地区宋至清代主要港口分布图

[1] 与漳州府诏安等南部地区相邻的汕头港也属此类，明清时期，有些船只从汕头港湾装载货物，其中也包括了闽南地区漳州窑等窑场的瓷器。

[2] 在这些港口，根据市场需求情况，一方面装载本地或其他地区商货，另一方面也卸载该地区所需的货物。

1．宋元时期

晚唐、五代时期，福州是东南地区的重要海港，特别是对北方地区和高丽、日本的海上贸易多循此北行，至浙江或山东登州、莱州诸港，以通高丽、日本或中原地区；抑或由此南行，再浮海南洋地区[1]。泉州港的海外贸易也已比较发达。至五代晚期，泉、福两港有了新的发展，对外贸易活跃。

北宋建立后，政府在广南、福建、两浙置市舶司，“掌市易南蕃诸国物货航舶而至者”，以管理海外贸易[2]。宋太宗“太平兴国初，京师置榷易院，乃诏诸蕃国香药宝货至广州、交趾、泉州、两浙，非出于官库者，不得私相市易”[3]。于是，“广州市舶司……福建路泉州，两浙路明州、杭州，皆傍海，亦有市舶司。崇宁初，三路各置提举市舶官，三方唯广最盛，官吏或侵渔，则商人就易处，故三方亦迭盛衰”[4]。这一阶段，福州港的海外贸易受到一定的影响，但仍有发展，与高丽、日本、东南亚诸国均有通商往来，从此启航的海船可至“新罗、日本、流求、大食之属”[5]；直至南宋，其海外贸易依然进行。闽南的泉州“每岁造舟通异域”[6]，北宋中期已成为“有蕃舶之绕，杂货山积”的繁华海港[7]，此时海船由泉州港扬帆出海，北行经明州至高丽、日本，南行经广州可至东南亚、印度洋、波斯湾等地，但返航时需于明州、广州驻舶抽解，而后再转贩沿海各港[8]。“哲宗元祐二年十月六日，诏泉州增置市舶”[9]，泉州港获得迅速发展，后逐渐凭借“其地濒海，远连二广，川逼溟渤”的交通优势而被称为“闽粤领袖”，城内并有“黑白二种”诸蕃居于郡城之南的“蕃人巷”[10]。南宋时期，泉州港海外贸易繁荣[11]，内外海商多沿此出海，既有福建、两浙甚至内地海商[12]，又有大食、波斯、三佛齐、占城、高丽等地商船[13]，贸易范围不断扩大[14]。相比之下，漳州港的海外贸易发展较晚。

根据市舶管理制度，船舶出海均需要申请公凭（公据），并经严格的审验，日本《朝野群载》卷二十辑录了北宋崇宁四年泉州商人李充前往日本贸易的一份“公凭”，详细登记了船员名单、货物名称和数量、船上用具及有关船舶出海的各项条例等，其中“物货”中就有“瓷垸贰百床、瓷堞壹百床”的记载[15]。

到了元代，东南沿海地区的海外贸易依然活跃[16]。福州港有所发展，“福州，闽海一都会，

---

[1] 廖大珂：《福建海外交通史》第二章，福州：福建人民出版社，2002 年，第 21~43 页。

[2]（清）徐松辑：《宋会要辑稿》职官四四之一，用前北平图书馆影印本复制复印，北京：中华书局，1957 年。

[3]（清）徐松辑：《宋会要辑稿》职官四四之一，用前北平图书馆影印本复制复印，北京：中华书局，1957 年。

[4]（宋）朱彧：《萍洲可谈》卷二，李伟国校点本，北京：中华书局，2007 年，第 132 页。

[5]（宋）蔡襄述：《荔枝谱》第三，据《百川学海》本排印，《丛书集成初编》，北京：中华书局，1985 年新 1 版，第 2 页。

[6]（宋）王象之撰：《舆地纪胜》卷一百三十，引（宋）谢履：《泉南歌》，文选楼影宋抄本（道光二十九年秋八月刊），北京：中华书局，1992 年，第 3753 页。

[7]（元）脱脱等撰：《宋史》卷三百三十《杜纯传》，北京：中华书局，1977 年，第 10632 页。

[8] 郑有国：《中国市舶制度研究》第二章，福州：福建教育出版社，2004 年。

[9]（清）徐松辑：《宋会要辑稿》职官四四之八，用前北平图书馆影印本复制复印，北京：中华书局，1957 年。

[10]（宋）祝穆：《方舆胜览》卷十二《福建路·泉州》，第 665 页。

[11] 李东华：《泉州与我国中古的海上交通》（九世纪末——十五世纪初），台北：台湾学生书局，1986 年。

[12]（宋）吴自牧：《梦梁录》卷十二《江海船舰》，《东京梦华录》（外四种），上海：古典文学出版社，1956 年，第 235 页。

[13]（宋）赵彦卫撰：《云麓漫钞》，傅根清点校本，北京：中华书局，1996 年。卷五：“福建市舶司，常到诸国舶船。”以下叙及所来诸国以及物产，并有“舶船候南风则回，惟高丽北风方回”之记，第 88~89 页。

[14]（宋）赵汝适撰，杨博文校释：《诸蕃志校释》卷上，北京：中华书局，2000 年。

[15] 转引自郑有国：《中国市舶制度研究》，福州：福建教育出版社，2004 年，第 87~89 页。

[16] 陈高华、吴泰：《宋元时期的海外贸易》，天津：天津人民出版社，1981 年。

象犀珠珍之所聚”[1]。泉州港的繁荣程度甚至超过广州，而一跃成为当时的第一大港，“泉，七闽之都会也。番货远物、异宝奇玩之所渊薮，殊方别域富商巨贾之所窟宅，号为天下最”[2]。元人汪大渊《岛夷志略》记述了泉州与东亚、东南亚、南亚、西亚、非洲等多个国家和地区的海外贸易概况[3]，意大利人马可·波罗[4]和摩洛哥人伊本·白图泰[5]对其盛况亦有记述。因此，泉州港在宋元时期与东南亚和印度洋地区的贸易中发挥了重要作用[6]。

宋元时期，明州、广州的海外贸易活跃，其中，前者主要针对日本、朝鲜半岛，后者主要是通往南洋、印度洋、西亚、非洲各地。总体而言，这一时期明州港是重要的东海航路大港，广州是“南海航路的主要吞吐港”，而泉州是“介于东海航路和南海航路之间的重要港口”[7]。

2．明清时期

明代的海外贸易与海禁时开时闭，前后变化较大[8]。明初郑和下西洋，福州港盛极一时，并推行了海禁下的朝贡贸易体制；明代中期，海外贸易转型，产生了“广中事例”[9]。与此同时，闽南沿海地区崛起了一些走私贸易港口，如“漳之诏安有梅岭、龙溪、海沧、月港，泉之晋江有安梅（海），福宁有铜山。各海澳僻远，贼之窝响，船主、喇哈、火头、舵公皆出焉”[10]，其中尤以月港、安平港、梅岭港最为重要，甚至前来广州贸易的外商“欲避抽税，省陆运”而由“福人导之改泊海仓（沧）、月港，浙人又导之改泊双屿，每岁夏季而来，望冬而去”[11]，“泉之安海，向虽通番，犹有避忌，迩来番舶连翩径至近地，装卸货物皆有所倚也”[12]。嘉靖时期，葡萄牙、西班牙、日本以及东南亚各国的商船纷纷“潜泊漳州私与为市”[13]，嘉靖二十六年（1547年），“有佛郎机船载货舶浯屿，漳、泉贾人往贸易焉”[14]，走私和海盗猖獗。明代后期，隆庆元年（1567年），闽省开海，于漳州府海澄县月港开设督饷馆，允许本国商人出海贸易，由此创立了“月港体制”，“开海禁”、“准贩东西二洋”[15]，私人海外贸易合法化，并日益活跃起来，直至清代初年[16]。

---

[1]（元）许有壬：《至正集》卷六十二，《故亚中大夫福州路总管监管内劝农事李公墓志铭》，《文渊阁四库全书》集部，第1211册，台北：台湾商务印书馆，1986年，第440页。

[2]（元）吴澄：《吴文正集》卷二十八，《送姜曼卿赴泉州路录事序》，《文渊阁四库全书》本。

[3]（元）汪大渊撰，苏继庼校释：《岛夷志略校释》，北京：中华书局，1981年。

[4]（法）沙海昂注，冯承钧译：《马可波罗行纪》，北京：中华书局，2004年新1版。

[5]（摩洛哥）伊本·白图泰著，马金鹏译：《伊本·白图泰游记》（校订本），银川：宁夏人民出版社，2000年。

[6]李东华：《泉州与我国中古的海上交通》（九世纪末——十五世纪初），台北：台湾学生书局，1986年；Hugh R. Clark, *Community, Trade, and Networks: Southern Fujian Province from the Third to the Thirteenth Century*, Cambridge: Cambridge University Press, 1991；苏基朗著，李润强译：《刺桐梦华录》，杭州：浙江大学出版社，2012年；王铭铭：《逝去的繁荣——一座老城的历史人类学考察》，杭州：浙江人民出版社，1999年；李大伟：《宋元泉州与印度洋文明》，北京：商务印书馆，2015年。

[7]陈高华、吴泰：《宋元时期的海外贸易》，天津：天津人民出版社，1981年，第99~155页。

[8]晁中辰：《明代海禁与海外贸易》，北京：人民出版社，2005年。

[9]李庆新：《明代海外贸易制度》，北京：社会科学文献出版社，2007年。

[10]（明）郑若曾：《郑开阳杂著》卷一《福建守御论》，《文渊阁四库全书》史部，第584册，第463页。

[11]（明）胡宗宪：《筹海图编》卷十二《经略二·开户市》，《文渊阁四库全书》史部，第584册，第399页。

[12]（明）胡宗宪：《筹海图编》卷四《福建事宜》，《文渊阁四库全书》史部，第584册，第110页。

[13]（明）徐阶、张居正等纂修：《明世宗实录》卷一百〇六，嘉靖八年十月己巳《明实录》第41册，第2507页，台北：“中央”研究院历史语言研究所，1962年。

[14]（明）张燮著，谢方点校：《东西洋考》卷七《饷税考》，北京：中华书局，2000年，第131页。

[15]（明）张燮著，谢方点校：《东西洋考》卷七《饷税考》，北京：中华书局，2000年，第131页。

[16]林仁川：《明末清初私人海上贸易》，上海：华东师范大学出版社，1987年。

清代初年，朝廷严申海禁，闽海贸易为郑氏集团垄断，以厦门、泉州、福州为港口，开展与日本长崎、琉球、东南亚各地以及荷兰殖民者之间的海上贸易[1]。康熙二十三年（1684 年），清朝开放海禁，并于福州设立闽海关，以管理海外贸易，次年于福、厦分设衙署。福州港主要开展对日本和琉球交通和贸易，并且渐趋衰落；而泉州港、漳州月港则处于萧条状态，取而代之的是厦门港的迅速崛起，一时“贩洋贸易船只，无分大小，络绎而发，只数繁多”[2]，成为闽南地区最大的对外交通和贸易港。雍正五年（1727 年），规定出洋船舶，“闽省者总归厦门一处出口”，“其别处口岸一概严禁”[3]。因此，“厦门贩洋船只，始于雍正五年，盛于乾隆初年”[4]，“外至吕宋、苏禄、实力、噶喇巴，冬去夏回，一年一次，初则获利数倍至数十倍不等，故有倾产造船者”，且“舵水人等藉此为活者，以万计”[5]。这样，泉州等地的船舶也经厦门海关挂验后，方出洋贸易。

此外，明清时期，明州等港口的海外贸易对象主要是日本、琉球[6]、朝鲜；而南海地区的广州则可通往南洋、印度洋、西亚、非洲、欧洲各地。这一时期，葡萄牙、荷兰、西班牙等国商船来华贸易，其停泊港即是以广州、澳门为基地的[7]，中国的瓷器、茶叶、丝绸等产品远销到了欧洲各国。

东南沿海地区尤其是闽南的泉、漳、厦三港口的更迭兴衰与变迁，对闽南地区宋至清代瓷器的海外贸易有着重要的影响，也是该地区制瓷手工业发展的促进因素之一。

三 海上运输

瓷器海上运输路线即是当时的海外贸易航线，这是一条从沿海贸易港口及其沿线，浮海航行，再至海外各地港口。这一路线可通过两个方面的证据来复原：其一，古代文献中相关海外贸易，尤其是瓷器贸易的记载，这是当时人直接或间接的记录；其二，前述海外各地发现的瓷器资料，包括沿海地区及各海域水下考古发现的沉船遗迹等，这是航线及行销路线最直接的实物证据。当然，这些记载或发现均属较为散立“点”，即港口或地区，而将其连接起来，即是较为完整的瓷器外销路线。值得注意的是，根据海外各地发现的中国陶瓷器状况，日本学者三上次男总结了陶瓷器海外贸易路线，并提出了著名的、具开创意义的“陶瓷之路”的观点[8]。

闽南地区宋至清代瓷器的海上运输航线也是沿着这条“陶瓷之路”进行的，下文分为中国沿海地区港口之间航运和海上航线两个方面进行阐述。

---

[1] 廖大珂：《福建海外交通史》第五章，福州：福建人民出版社，2002 年；王涛：《明清海盗（海商）的兴衰：基于全球经济发展的视角》，北京：社会科学文献出版社，2016 年。

[2]（清）施琅：《靖海纪事》卷下《海疆底定疏》，《续修四库全书》史部，第 390 册，影印清康熙年间刻本，第 619 页。

[3]《宫中档雍正朝奏折》第八辑（《硃批谕旨》第 46 册），雍正五年九月初九日，广东巡抚杨文乾、福建总督高其倬、福建巡抚常赉“奏报访查留居外国之人民折”，台北：台北故宫博物院，1967 年，第 837 页。此处所引奏言侧有硃批“此法诚善策”。

[4]（清）周凯修，（清）凌翰等纂：《厦门志》卷五《船政略·洋船》，清道光十九年（1839 年）刊本，《中国方志丛书》第 80 号，台北：成文出版社，1967 年，第 115 页。

[5]（清）周凯：《厦门志》卷十五《风俗记·俗尚》，第 323 页。

[6] 谢必震：《明清中琉航海贸易研究》，北京：海洋出版社，2004 年。

[7] 张廷茂：《明清时期澳门海上贸易史》，澳门：澳亚周刊出版有限公司，2004 年。

[8]（日）三上次男著，李锡经、高喜美译：《陶瓷之路》，北京：文物出版社，1984 年。此书以日文原著《陶磁の道——東西文明の接点をたずねて》（东京：岩波书店，1972 年第 5 刷）为底本翻译；其至少有四个中文译本：李锡经、高喜美译本，庄景辉、胡金定、黄东毅译本：《陶瓷之路——访东西文明的接点》（1981 年，即《中国古外销陶瓷研究资料》第二辑，内部刊印本），胡德芬译本：《陶瓷之路——东西文明接触点的探索》（天津：天津人民出版社，1983 年），宋念慈译本：《陶磁路》（台北：艺术家出版社，1980 年）。

（一）沿海航运

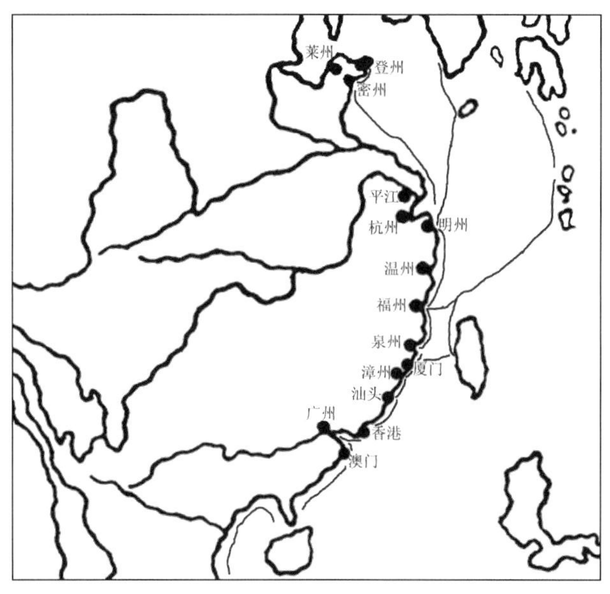

图 5–13　闽南及东部沿海地区航运示意图

闽南地区与邻近区域的沿海港口之间有着密切的贸易往来，多是闽粤商贾转易兴贩，活动范围较广（图 5–13）。向北远可至山东，例如北宋时期山东密州板桥镇，“自来广南、福建、淮、浙商旅乘海船贩到香药诸杂税物，乃至京东、河北、河东等路商客般运见钱、丝绵、绫绢往来交易，买卖极为繁盛”[1]；南宋亦有“闽粤商贾常载重货往山东”[2]。近则可抵江浙地区，如镇江，“自来闽客船并海南蕃船，转海至镇江府买卖至多”[3]；苏州，“闽粤之贾，乘风航海，不以为险”[4]；杭州，“闽商海贾，风帆浪舶，出入于江涛浩渺烟云香霭之间”[5]。向南则赴广东、海南之地，往来频繁。尤其是明代中期，“广中事例”允许葡萄牙人居留澳门，开展中葡贸易，并开放广州港口，外商来华交易。至明代晚期，开放漳州月港，亦是允许国内商贾出海贸易，有不少商船即是往返于闽粤之间的[6]。清代的沿海航线也较为发达[7]。

由此可知，宋至清代沿海地区之间的航运颇为活跃，这即为闽南地区瓷器行销海外提供了更为便利的条件。泉州港湾及码头发现的景德镇窑、龙泉窑、建窑瓷器，以及福州等沿海地区发现的闽南地区瓷器，恰可说明其间的贸易往来。此外，从沿海及南海海域发现沉船中装载的船货也可得以证明，船货中的瓷器十分丰富，产地不一。例如，广东台山海域的南海 I 号沉船[8]、南海西沙群岛华光礁一号沉船[9]，出水瓷器中既有龙泉窑青釉瓷器、景德镇窑青白釉瓷器，又有晋江磁灶窑酱黑釉瓷器、德化窑青白釉瓷器等，根据窑场位置及沿海港口分布，其装运港口应是包括福州、泉州等多处；西沙群岛石屿二号元代沉船遗址则有景德镇窑青花、卵白釉瓷器和德化窑白釉瓷器、磁灶窑酱黑釉瓷器和莆田庄边窑青灰釉瓷器等[10]；明代晚期至清代早期的南海沉船中，瓷器也是既包括了

[1]（宋）李焘撰：《续资治通鉴长编》卷四百九，哲宗元祐三年三月乙丑，第十七册，北京：中华书局，2004 年第 2 版，第 9956 页。

[2]（清）徐松辑：《宋会要辑稿》刑法二之一〇六，用前北平图书馆影印本复制复印，北京：中华书局，1957 年。

[3]（清）徐松辑：《宋会要辑稿》职官五〇之一一，用前北平图书馆影印本复制复印，北京：中华书局，1957 年。

[4]（宋）朱长文：《吴郡图经续记》卷上《海道》，《文渊阁四库全书》史部，第 484 册，台北：台湾商务印书馆，1986 年，第 11 页。

[5]（宋）欧阳修：《文忠集》卷四十《有美堂记》，《文渊阁四库全书》集部，第 1102 册，台北：台湾商务印书馆，1986 年，第 316 页。

[6] 李庆新：《明代海外贸易制度》，北京：社会科学文献出版社，2007 年。

[7] 章巽：《我国古代的海上交通》第六章，北京：商务印书馆，1986 年，第 91~94 页；（清）陈伦炯：《海国闻见录》，《天下沿海形势录》，《文渊阁四库全书》史部，第 594 册，台北：台湾商务印书馆，1986 年，第 849~852 页；另可参考《中国史学丛书续编》影印本（第 35 册，《中国南海诸群岛文献汇编》，台北：台湾学生书局，1984 年）、《小方壶斋舆地丛抄》刊本及李长傅校注本（郑州：中州古籍出版社，1985 年）。

[8] 广东省文物考古研究所：《2011 年“南海 I 号”的考古试掘》，北京：科学出版社，2011 年。

[9] 中国国家博物馆水下考古研究中心、海南省文物保护管理办公室：《西沙水下考古（1998~1999）》，北京：科学出版社，2006 年。

[10] 中国国家博物馆水下考古研究中心、海南省文物局：《西沙群岛石屿二号沉船遗址调查简报》，《中国国家博物馆馆刊》2011 年第 11 期，第 26~46 页。

景德镇窑青花瓷器，又有漳州窑青花瓷器、德化窑白釉瓷器[1]，如广东汕头南澳Ⅰ号明代沉船则主要有景德镇窑青花和五彩瓷器、漳州窑青花瓷器等[2]。

（二）海上航线

宋代以来，沿海地区的造船技术不断进步，尤以福建地区最为突出。宋、元时期的“海舟以福建船为上，广东、西船次之，温、明州船又次之”[3]，闽南地区的泉、漳是重要的造船中心，泉州“每岁造舟通异域”[4]，数量多，尖底海船坚固耐用，载重量大，很有优势。明代的“通番大船，势若飞城驾海，楼橹完固，兵械整严，贼不敢轻犯，商船惟闽有之”[5]；其中过洋海船中的“福船”，“其底尖，其上阔，其首昂而口张，其尾高耸，设楼三重于上，其旁皆护板，护以茅竹，竖立如垣，其帆桅二道”[6]，可商可战，十分先进；漳、泉一带所造的“白艚船”与“福船”相类似，分为大、中、小三种，其载重量各有差异，“福建多用之”[7]。清代，闽南同安所造的梭船，也可“远贩东西两洋”[8]。一定程度上讲，这也促进了宋至清代海外贸易的发展和活跃。

在此基础上，自宋代以来，海上航线有了新的发展，开辟了一些较为快捷、航行更远的路线，不仅可达朝鲜半岛、日本列岛，以及南洋群岛、中南半岛、印度洋海域，还可抵达中东、非洲，直至欧美地区[9]。

大体来说，从闽南地区沿海港口出发，宋元以来的主要航线大体可分为三条（图 5-14），由三个方向通往海外各国：

其一，东向航线，由福州、泉州、漳州或厦门等地出发，向东航行，到达台澎地区。这条航线属于更远航线的中转站，并由此进一步向北到达朝鲜半岛和日本列岛、向南可抵菲律宾等地[10]。

其二，北向航线，由福州、泉州等港口出发，向北沿近海航线至江浙的明州港或山东沿海一带，而后继续向东北航行至朝鲜半岛、日本列岛[11]。

---

[1] 吴春明：《环中国海沉船——古代帆船、船技与船货》，南昌：江西高校出版社，2003 年。

[2] 广东省文物考古研究所、国家水下文化遗产保护中心、广东省博物馆：《广东汕头市“南澳Ⅰ号”明代沉船》，《考古》2011 年第 7 期，第 39~46 页；广东省文物考古研究所、广东省博物馆、国家文物局水下文化遗产保护中心编著：《孤帆遗珍——“南澳Ⅰ号”出水精品文物图录》，北京：科学出版社，2014 年。

[3]（宋）吕颐浩：《忠穆集》卷二《论舟楫之利》，《文渊阁四库全书》集部，第 1131 册，台北：台湾商务印书馆，1986 年，第 273 页。

[4]（宋）谢履：《泉南歌》：“泉州人稠山谷瘠，虽欲就耕无地辟。州南有海浩无穷，每岁造舟通异域。”（《双峰诗集》）曾平晖编：《晋江历代山水名胜诗选》，厦门：厦门大学出版社，2005 年，第 6 页。

[5]（明）王在晋：《越镌》卷十八《防海八议》“三曰禁商船”，《四库禁毁书丛刊》集部，第 104 册，北京出版社，1998 年，第 457 页。

[6]（明）茅元仪：《武备志》卷一百一十六《战船・大福船》，《续修四库全书》子部，第 964 册，影印明天启年间刻本，上海：上海古籍出版社，1995 年，第 490 页。

[7]（明）俞大猷撰：《正气堂续集》卷一，《正气堂全集》，廖渊泉、张吉昌整理点校，福州：福建人民出版社，2007 年。

[8] 齐思和等整理：《筹办夷务始末・道光朝》卷六十四，北京：中华书局，1964 年，第 29 页。

[9] 周运中：《中国南洋古代交通史》，厦门：厦门大学出版社，2015 年。

[10] 徐本章：《试谈澎湖航线与中菲陶瓷贸易》，《中国古代陶瓷的外销——1987 年晋江年会论文集》，北京：紫禁城出版社，1988 年，第 126~130 页；陈信雄：《遗留在澎湖的宋元和五代外销陶瓷》，陈康顺编：《中国古代贸易瓷国际学术研讨会论文集》，台北：历史博物馆，1994 年，第 253~272 页（文中认为瓷器由泉州出口，经由澎湖到南洋的澎湖航线，到达菲律宾、爪哇、沙捞越（加里曼丹）、苏门答腊、马来西亚一带）；陈信雄：《宋元海外发展史研究》，台南：甲乙出版社，1992 年；傅宗文：《宋元时期的闽台交往与东洋航线》，《厦门大学学报》（哲学社会科学版）1991 年第 3 期，第 104~110 页（文中论述了刺桐港（泉州）与“东西洋”的交往航线，其中东洋航线为“泉州—澎湖—菲律宾”）。

[11] 泉州港与古代海外交通编写组：《泉州港与古代海外交通》，北京：文物出版社，1982 年；陈高华、吴泰：《宋元时期的海外贸易》，天津：天津人民出版社，1981 年；李东华：《泉州与我国中古的海上交通》（九世纪末——十五世纪初），台北：台湾学生书局，1986 年；Billy K.L. So: *Prosperity, Region, and Institutions in Maritime China: The South Fukien Pattern, 946-1368*, Published by the Harvard University Asia Center and distributed by Harvard University Press, Cambridge(Massachusetts) and London, 2000；Angela Schottenhammer ed. *The Emporium of The World: Maritime Quanzhou,1000-1400*, Koninklijke Brill NV, Leiden, The Netherlands, 2001.

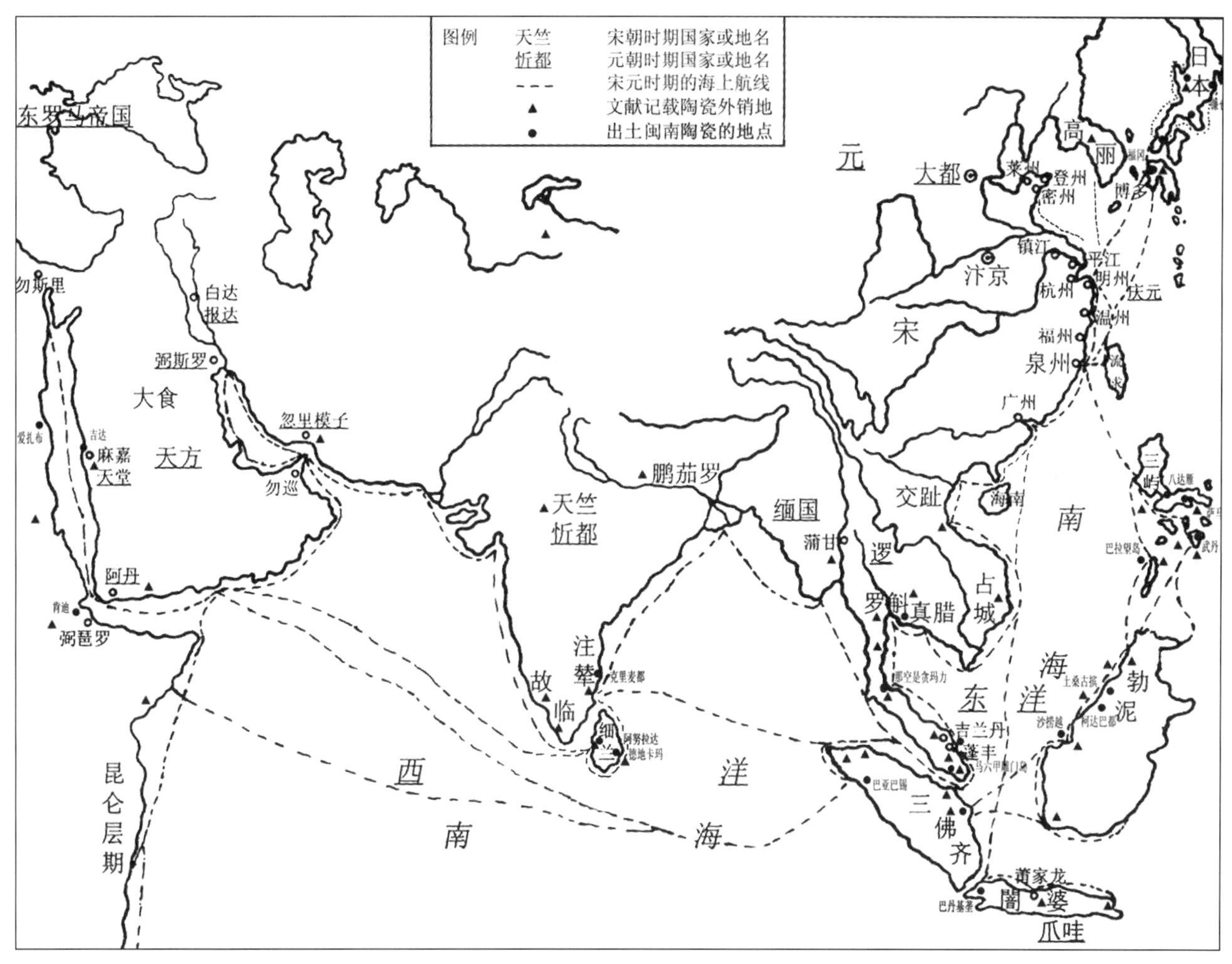

图 5-14　宋元时期海上航线示意图

（据陈高华、吴泰：《宋元时期的海外贸易》改绘而成）

其三，南向航线，这也是航程最远、最为复杂的航线[1]，由闽南沿海港口出发，向南航行，不少船只先经广州作短暂停留，然后出发到达菲律宾、越南，继续南行，至西南到达苏门答腊岛、爪哇岛、沙捞越等各地港口，再经马六甲海峡到印度南部港口或直接向西航行，经印度洋到达非洲东海岸、阿拉伯海、波斯湾沿岸的港口城市[2]，进而分散到非洲、中东各地。明、清时期以欧洲海洋殖民势力则逐渐控制了以印度洋为中转的亚欧航线，从而抵达欧洲各地[3]。下面再结合文献资料，具体对这些不同区域内的海上航线分别进行阐述，以说明闽南地区瓷器的海上运输路线。

1．通往朝鲜半岛和日本列岛

东海航线，经由东海通往朝鲜半岛、日本等地。南方港口欲往高丽、倭国贸易，先北行至明州，而后再行。即便是自泉州发舟，亦必先至明州，谓："俗忌阴阳家子午之说，故兴贩必先至四明，

[1] 廖大珂：《福建海外交通史》，福州：福建人民出版社，2002 年；晁中辰：《明代海禁与海外贸易》，北京：人民出版社，2005 年；李金明：《明代海外贸易史》，北京：中国社会科学出版社，1990 年。

[2] 孙光圻：《古代中国通向阿拉伯的海上航路及其沿革》，《中国航海》1987 年第 1 期，第 55~65 页。

[3] 吴春明：《环中国海沉船——古代帆船、船技与船货》第四章，南昌：江西高校出版社，2003 年。

而后再发，或曰泉之水势渐低，故必经由四明。”[1]其后，再循明州港或山东半岛、两浙路其他诸港口，发舟而行[2]。北宋熙宁七年（1074年），高丽“欲远契丹，乞改涂由明州诣阙，从之。”[3]至于南宋，更是“直趋四明，四明距行都限一浙水耳。”[4]此为两国使者通道，商舶当亦多从此道贸易。

通往日本，一般经朝鲜半岛先至博多港湾。明代从泉、厦至澎湖、台湾、从福州至琉球（今之冲绳岛），再至日本兵库港、长崎港等[5]。航路较多，自江浙、福建均可抵达[6]，如宁波、温州、广州、厦门均可往返日本[7]。厦门通往澎湖，“大担开舡，用单乙七更取西屿头，北风及东北用此针”[8]；泉州“崇武用单午三更半、丙午二更、丙巳一更半取澎湖”，“祥之开舡，用丙午七更取澎湖”[9]；“澎湖坤裹北风用单巽取台湾港口”；“台湾往长岐开驾，用单壬七更、单子五更、子癸并丑五更，取圭笼头”[10]，海上航道往来方便。

此外，明代晚期日本“商船所聚”的港口有“三津，皆通海之江，集聚商船货物”：“西海道有坊津地方”，“花旭塔津有江通海”，“东道有洞津”，而“我国海商聚往花旭塔津者多”[11]。日本贡船至中国，分自南海道“秩子坞开洋”、山阳道“花旭塔开洋”、西海道“五岛开洋”，经秩子坞、养久山坞、叶落埠三岛，南行至琉球，西行至中国，北行则至高丽。“来贡之舟”至中国“泊台州、定海”，再移至宁波，“宁波市货彼国缺者，肯重价买之，故此地若贡使至得其利”[12]。

2．通往南海诸国

南海航线大致可分两条路线，分别经由吕宋岛、中南半岛海域向南航行。

前往南海诸国的海船，一般从泉州、广州开洋远航，也有的虽“自温州开洋，行丁未针”，而实际上也要“历闽、广海外诸州港口”[13]。由此，一条路线是先至琉球、澎湖而南行，到达三屿、蒲哩噜、麻逸国以及尖山、苏禄等菲律宾群岛诸地，贸易瓷器。另一条路线则是沿闽、广海港，“行丁未针”，“过七洲洋，经交趾洋到占城”[14]，“番商兴贩”用瓷器等“博易”[15]。“又自占城顺风可半月到真蒲……又自真蒲，行坤申针，过昆仑洋，入港。港凡数十，惟第四港可入，其余悉以沙浅故不通巨舟”[16]，即到达真腊等中南半岛地区。这两条路线仍然继续航行，其后所经区域基

[1]（宋）赵汝适撰，杨博文校释：《诸蕃志校释》，北京：中华书局，2000年，第151页。四明，宋时为明州治，即今之宁波。

[2]（宋）徐兢：《宣和奉使高丽图经》卷三十四《海道一》，“招宝山”条，据《知不足斋丛书》本排印《丛书集成初编》本，上海：商务印书馆，1937年，第118页。

[3]（元）脱脱等撰：《宋史》卷四百八十七《高丽传》，北京：中华书局，1977年，第14046页。

[4]（元）脱脱等撰：《宋史》卷四百八十七《高丽传》，北京：中华书局，1977年，第14052页。

[5]向达校注：《两种海道针经·顺风相送》，北京：中华书局，2000年，第95~99页。

[6]章巽：《明初我国通使日本的主要针路——〈使倭针经图说〉考释》，《章巽文集》，北京：海洋出版社，1986年，第107~117页。

[7]向达校注：《两种海道针经·指南正法》，北京：中华书局，2000年，第168~180页。

[8]大担，厦门南厦门港口有大担屿、小担屿。

[9]崇武，泉州港口之北侧，祥之在港口南侧。

[10]向达校注：《两种海道针经·指南正法》，北京：中华书局，2000年，第135、136页。

[11]（明）李言恭、郝杰：《日本考》，“商船所聚”条，汪向荣、严大中校注本，成书于明代万历年间，北京：中华书局，2004年，第88、89页。坊津，在今鹿儿岛县伊佐郡；花旭塔津，即博多。

[12]（明）李言恭、郝杰：《日本考》，“商船所聚”条，汪向荣、严大中校注本，成书于明代万历年间，北京：中华书局，2004年，第68、69页。

[13]（元）周达观著，夏鼐校注：《真腊风土记校注》，北京：中华书局，2000年，第15页。

[14]（元）周达观著，夏鼐校注：《真腊风土记校注》，北京：中华书局，2000年，第15页。

[15]（宋）赵汝适撰，杨博文校释：《诸蕃志校释》，北京：中华书局，2000年，第9页。

[16]（元）周达观著，夏鼐校注：《真腊风土记校注》，北京：中华书局，2000年，第15页。

本一致。

接着，继续南行，至加里曼丹岛之渤泥国，海岛中的西龙宫、什庙、日丽、胡芦蔓头、苏勿里、马胆逾马喏等皆以“小船来往”。而后至爪哇岛阇婆国、苏门答腊岛三佛齐，以及附近的八节那间、爪哇、苏门傍、古里地闷和苏门答腊岛的啸喷（监篦）、打纲、旧港（巴林冯）、班卒（宾窣）、花面（拔沓）、淡洋、喃巫哩（蓝无里）等地。其中，三佛齐地处诸国海道往来之要冲，由中国正南行，自广州，出自屯门，自泉州，出自甲子门，舟历交洋、上下竺可至[1]。而“阇婆之来”中国，“稍西北行，舟过十二子石而与三佛齐海道合于竺屿之下”[2]。

自占城、真腊，抑或渤泥、阇婆、三佛齐等地均可至马来半岛，这里有单马令（丹马令）、日啰亭、潜迈、加啰希、凌牙斯加（龙牙犀角）、佛啰安（佛来安）、彭坑（蓬丰）、丁家卢（登牙侬）、吉兰丹以及日丽、戎、罗卫、东冲古剌、苏洛鬲、针路、淡邈、龙牙门等多个国家和地区，货易瓷器。

明代以来，闽南地区“泉州往勃泥即文莱”、“泉州往彭家施阑”、“泉州往杉木”、“浯屿往麻里吕”等航线所记甚详[3]，包括南海各国之间，航线颇为通畅[4]。清代陈伦炯《海国闻见录》所录“南洋记”的西、南洋针路范围[5]，大体是“厦门开船—海南七洲洋—越南昆仑—暹罗竹屿—马来吉连丹（今吉兰丹）、丁噶奴（今丁加奴）—彭亨—柔佛—嘛喇甲”[6]。

至此，南海诸国大多可以抵达，贸易繁盛，往来频繁，“一岁可以往返”[7]。

3．由南海至印度洋海域

从南洋继续往西至印度洋海域，至印度、信德，途中三佛齐是一转易重地，“是国（三佛齐）正在海南，西至大食尚远，华人诣大食，至三佛齐修船，转易货物，远贾辐辏，故号最盛。”[8]由此而西，则到达细兰国、千里马转易瓷器、粗碗，并至南毗（古里佛）、班达里、故临（小具喃）、曼陀郎、须文那等港口贩易，抵达斯里兰卡、印度南部沿海地区[9]，向北运销到朋加剌、天竺。

由此，继续向西，至波斯湾、红海，则可达大食国，多先在故临国易舟而行[10]，由中国至大食往返至少需二年时间，路程要远得多[11]。此处有加里那、天堂、甘埋里“青白花瓷”的交易，进而可至中亚邪米思干城[12]。经由商贩，由胡茶辣国、大食边海等处发船转运至非洲东海岸的层拔国，

[1]（宋）周去非著，杨武泉校注：《岭外代答校注》，原记曰：“三佛齐者，诸国海道往来之要冲也。三佛齐之来也，正北行，舟历上下竺与交洋，乃至中国之境。其欲至广者，入自屯门。欲至泉州者，入自甲子门。”北京：中华书局，1999年，第126页。

[2]（宋）周去非著，杨武泉校注：《岭外代答校注》，北京：中华书局，1999年，第126页。

[3]向达校注：《两种海道针经·顺风相送》，北京：中华书局，2000年，第92~95页。

[4]杨国桢：《闽在海中——追寻福建海洋发展史》第二章，南昌：江西高校出版社，1998年。

[5]（清）陈伦炯撰，李长傅校注：《〈海国闻见录〉校注》，“南洋记”，郑州：中州古籍出版社，1985年。

[6]吴春明：《环中国海沉船——古代帆船、船技与船货》，南昌：江西高校出版社，2003年，第244、245页。

[7]（宋）周去非著，杨武泉校注：《岭外代答校注》，北京：中华书局，1999年，第126页。

[8]（宋）朱彧：《萍洲可谈》卷二，李伟国校点本，北京：中华书局，2007年，第135页。

[9]关于斯里兰卡与印度间航线，即文中航线图上的细兰与印度之间航线，因有亚当桥相阻，大船不可直接通航，须于细兰岛东侧绕行。此点承蒙马文宽先生相告，特此致谢。

[10]当时的西方人也有记载，见（意大利）鄂多立克著，何高济译：《鄂多立克东游录》：“我们到波郎布港后，又登上另一艘叫作容克（junk）的船，如前所述，驶向上印度，到一个叫刺桐（Zaiton）的城市，其中我们的僧侣有两所房屋，为的是在那里安放圣骨。船上足有七百人，连同船员和商人在内。”北京：中华书局，2002年，第54页。这里的波郎布港，原注为Columbum，即故临（Kulam，Kollam，Koilam），今魁郎（奎隆，Quilon，Kollam）。上印度，即中国。

[11]（宋）周去非著，杨武泉校注：《岭外代答校注》，记曰：“大食国之来也，以小舟运而南行，至故临国易大舟而东行，至三佛齐乃复如三佛齐之入中国。……诸蕃国之入中国，一岁可以往返，唯大食必二年而后可。”北京：中华书局，1999年，第126、127页。

[12]即今撒马尔罕，此地瓷器当有部分是从北部陆路传入。

以至于也门、马格里布等地。这条路线阿拉伯人也有记载，分为海、陆二路，均可通达中国[1]；还记述了西方之间的商贸关系[2]。

4．亚欧航线

明代中期以来，欧洲殖民者逐渐控制了东南亚各地，西洋各国商船以此为据点而纷纷来华。因此，在前述航线的基础上，进而开辟了新的亚欧航线，闽南地区的瓷器也由此运抵欧洲各国，甚至美洲地区（图5–15）。

明、清时期，马六甲以西，中国商船甚少涉足。清代陈伦炯《海国闻见录》所录“南洋记”中仅论及西、南洋针路，并记“往西海洋，中国洋艘，从未经历，到此而止。”[3]清代谢清高《海录》记录了闽粤商人可至马来半岛、加里曼丹岛等南海群岛往来贸易，而从“明呀喇”（即孟加拉）向西至“唧肚国”（今印度西北）的“小西洋”，“其来中国贸易，俱附英吉利船，本土船从无至中国，中国船亦无至小西洋各国者”[4]。欧洲商船则在南洋、西洋航线的基础上，在东南亚地区建立基地，开展远东贸易，延伸了新的航线。16世纪时，葡萄牙人以澳门、马六甲为枢纽，确立了通过日本长崎—澳门—马六甲—印度—霍尔木兹海峡口—葡萄牙里斯本的往返航路[5]；西班牙人则以马尼拉为基地，建立了以马尼拉—墨西哥西海岸的阿卡普尔科—墨西哥东海岸的维拉克鲁斯—西班牙的跨越太平洋与大西洋的亚—美—欧航路，其商船以“马尼拉帆船”（Manila galleons）而著称，这条航线就将中国、东南亚与欧美连接起来[6]。17、18世纪，荷兰、英国东印度公司帆船是亚欧航线的主力，荷兰人以巴达维亚为基地，开展日本平户、中国台湾、厦门等地—巴达维亚—印度洋—荷兰阿姆斯特丹的贸易航路[7]；17世纪还开辟了绕过好望角向南航行至南印度洋海面，再向东沿着澳洲西海域向北而抵达巴达维亚的新航线，大大缩短了亚欧航路的航程；英国则除了印度洋航线之外，还取代西班牙，开展从欧洲横渡大西洋抵达西印度群岛、沿美洲东海岸南下绕过南美合恩角、进而横渡太

[1]（阿拉伯）伊本·胡尔达兹比赫著，宋岘译注、郅溥浩校订：《道里邦国志》，“商人们的陆路行程”条记：“其中一些商人从安达卢西亚，或者从法兰克出发，航海至‘远’苏斯，再至坦佳，再至阿非利加，再至米昔儿，再经莱姆拉至大马士革，再至库法，再至巴格达，再至巴士拉，再至阿瓦士，再至法尔斯，再至克尔曼，再至信德，再至印度，再至中国。或者选择罗马国后面的斯拉夫国而行，再至海姆利杰，即可萨突厥城，再经过久尔疆，再至巴尔赫与河外地，再至乌鲁特·土胡兹胡尔，再至中国。”北京：中华书局，1991年，第66页。

[2]（阿拉伯）伊本·胡尔达兹比赫著，宋岘译注、郅溥浩校订：《道里邦国志》，“拉赞尼亚犹太商人的商道”条：“操着阿拉伯语、波斯语、罗马语、法兰克语、安达卢西亚语、斯拉夫语的商人经陆路和海路，从东方行至西方，又从西方行至东方。他们从西方贩来奴隶、婢女、娈童、绸缎、毛皮、皮革、黑貂、宝剑等，从西海中的凡哈出航，取道凡莱玛，再负载着商品到红海，从凡莱玛至红海有25法尔萨赫，再从红海出发航行在东海上，抵达伽尔和吉达，再至信德、印度、中国。然后，他们从中国携带着麝香、沉香、樟脑、肉桂及其它各地的商货返回红海，再将货物运至凡莱玛，再航行于西海中。或许，他们带着商品去君士坦丁堡，货卖给罗马人。或许，他们将商品带到法兰克王国，在那里贩卖。假如他们愿意，他们可以带着货物从法兰克出发经西海，在安塔基亚（安条克）登陆，在陆地上走过三个驿站，便到达伽比亚。再航行在幼发拉底河上，直抵巴格达，再航行在底格里斯河上，再至武布拉。再从武布拉启航，陆续至阿曼、信德、印度及中国。所有这些道路都是彼此相通的。”北京：中华书局，1991年，第164页。

[3]（清）陈伦炯撰，李长傅校注：《〈海国闻见录〉校注》，“南洋记”，郑州：中州古籍出版社，1985年，第54页。

[4]（清）谢清高口述、（清）杨炳南笔录，安京校释：《海录校释》“唧肚国”条，北京：商务印书馆，2002年，第100页。

[5]张维华：《明清之际中西关系简史》，济南：齐鲁书社，1987年，第32页；（美）马士著，区宗华译：《东印度公司对华贸易编年史》第一、二卷，广州：中山大学出版社，1991年，第2、3页。

[6]张铠：《中国与西班牙关系史》第三章，郑州：大象出版社，2003年；（墨）维·罗·加西亚著，郭冰肌译：《马尼拉帆船（1739~1745）》，《中外关系史译丛》第一辑，上海：上海译文出版社，1984年，第153~191页；James P. Delgado, *Encyclopedia of Underwater and Maritime Archaeology*, p.356, Yale University Press, 1997.

[7]（荷）C. J. A.约尔格著，任荣康译：《荷兰东印度公司对华贸易》，《中外关系史译丛》第三辑，上海：上海译文出版社，1986年，第304~334页；（荷）包乐史、庄国土：《〈荷使初访中国记〉研究》，厦门：厦门大学出版社，1989年。

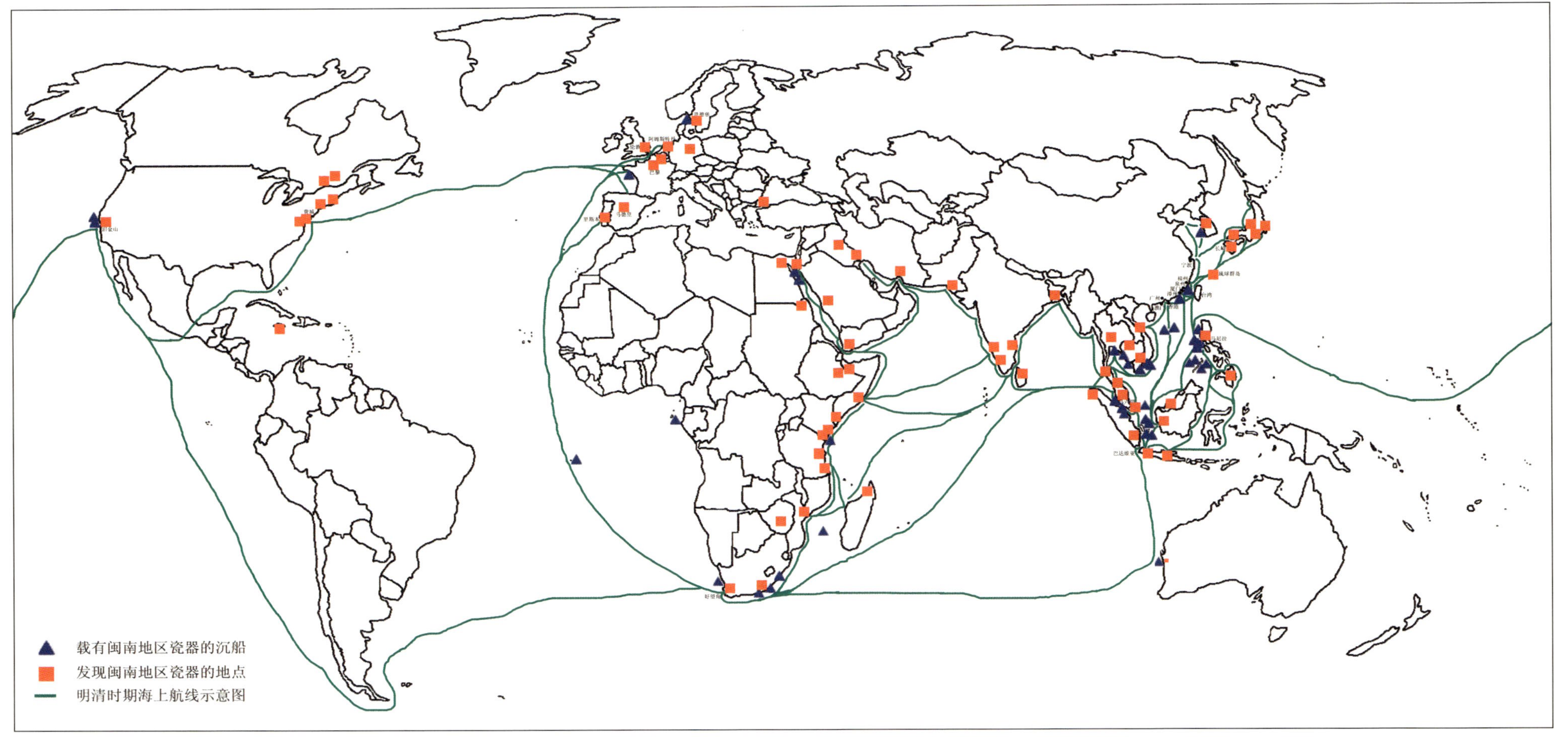

图 5-15　明清时期海上航线示意图

平洋进入南海的航路[1]。18世纪中晚期以后，法国、丹麦、瑞典、德国、美国等欧美国家也开展了远东贸易[2]，其航线则是追随西班牙“马尼拉帆船”的太平洋航路或葡萄牙、荷兰、英国相继主宰的印度洋亚欧航路。

这些线路一起构成了宋至清代瓷器的海外贸易路线，是国外各地获取中国瓷器的主要通道。古代海上航线是颇为复杂的，通往一地往往可有多条航行线路，这在当时一些航海针路、更路簿中也可看出[3]；明清时期的一些航海图中也会有航线标识，例如近年发现的牛津大学博德利安（Bodleian）图书馆收藏的《明代东西洋航海图》（即塞尔登中国地图，The Selden Map of China）（图5-16、17），图中记录了当时中国与东亚及东南亚各国的海上贸易路线，更标出方向、距离、针经、更路[4]。事实上，由于海上天气瞬息万变，在实际航行中也往往会有所偏差，这往往要依靠舟师“夜看星斗，日直盘针，平视风涛，俯察礁岛，以避冲就泊”[5]。海外遗址中闽南地区瓷器的发现，则可为构建海外贸易航线，即宋至清代以福州、泉州、漳州、厦门等港口为出发点的瓷器运销路线，提供可靠的实物资料。随着打捞技术的进步和水下考古工作的展开，中国沿海海域尤其是南海、东南亚诸岛附近海域等地发现了一批宋至清代沉船[6]，出水了大量瓷器，其中一些可以同宋至清代闽南地区窑场的产品相对应的，进一步说明了这一时期闽南瓷器外销的海上航路。

四　运输的相关影响因素

随着造船技术、航海技术的进步和贸易航线的发展，宋至清代瓷器的运输能力较之晚唐、五代有了很大的提高[7]，这主要体现在航行次数、运载数量等方面。然而，以古代帆船作为交通工具的海上运输方式，对风的依赖性很大，“风便而行，一日千里，一遇朔风，为祸不测”[8]，存在着较大的风险，其航行受到季风、航海技术等因素的影响。

1．造船技术的发展与运输能力

瓷器在从窑场到港口的运输过程中，主要利用各区域内的河流进行，江河船只一般是平底，比

[1]（日）松浦潼：《清代前期中英海运贸易》，《中外关系史译丛》第三辑，上海：上海译文出版社，1986年；（印）谭中著，袁传伟、袁放生译：《英国—中国—印度三角贸易（1771~1840）》，《中外关系史译丛》第二辑，上海：上海译文出版社，1985年，第187~206页；（英）H. P. 霍尔德：《二百多年前英舰远航南海记》，朱杰勤译：《中外关系史译丛》，北京：海洋出版社，1984年，第310~321页。

[2]（清）王之春著，赵春晨点校：《清朝柔远记》，北京：中华书局，1989年；张维华：《明清之际中西关系简史》，济南：齐鲁书社，1987年，第104~107页；（美）乔纳森·戈尔茨坦著，沈毓元译：《费城与中国贸易，1682~1846年》，《中外关系史译丛》第四辑，上海：上海译文出版社，1988年，第250~273页；吴春明：《环中国海沉船——古代帆船、船技与船货》，南昌：江西高校出版社，2003年，第303~305页。

[3]文献甚多，可参看向达校注：《两种海道针经》，北京：中华书局，2000年；陈佳荣、朱鉴秋编著：《渡海方程辑注》，北京：中西书局，2013年；陈佳荣、朱鉴秋主编：《中国历代海路针经》，广州：广东科技出版社，2016年；周伟民、唐玲玲编著：《南海天书——海南渔民“更路簿”文化诠释》，北京：昆仑出版社，2015年。

[4]香港海事博物馆：《针路蓝缕》，香港：中华书局，2015年；（加）卜正民著，刘丽洁译：《塞尔登的中国地图》，北京：中信出版社，2015年。

[5]（明）王士性：《广志绎》卷四，周振鹤点校本，北京：中华书局，2006年，第270页。

[6]吴春明：《环中国海沉船——古代帆船、船技与船货》第一章、第四章，南昌：江西高校出版社，2003年。

[7]章巽主编：《中国航海科技史》，北京：海洋出版社，1991年；（英）李约瑟主编：《中国科学技术史》第四卷（物理学及相关技术）第三分册（土木工程与航海技术），第二十九章《航海技术》，北京：科学出版社，上海：上海古籍出版社，2008年；席龙飞、杨熺、唐锡仁主编：《中国科学技术史·交通卷》，北京：科学出版社，2004年。

[8]（宋）周去非著，杨武泉校注：《岭外代答校注》卷三《外国门下》，“航海外夷”条，北京：中华书局，1999年，第127页。

图 5-16　牛津大学藏《明代东西洋航海图》

The Selden Map of China（引自香港海事博物馆：《针路蓝缕》，香港：中华书局，2015 年，第 25 页）

图 5-17　牛津大学藏《明代东西洋航海图》局部

The Selden Map of China（引自香港海事博物馆：《针路蓝缕》，香港：中华书局，2015 年，第 25 页）

海船要小，载重量也不及，这便限定了每次运输的数量。如天津静海县出土的宋代内河船[1]，长 14.62 米，最大宽度 4.05 米，型深 1.23 米；河北磁县南开河发现的 6 只元代内河船，长约 10 米左右，大者达 16 米以上（图 5-18），其船货即是以瓷器为主的[2]。

宋代以来，南方地区的造船业十分发达[3]，“漳、泉、福、兴化，凡滨海之民所造舟船，乃自筹财力，兴贩牟利而已”[4]，又因“福建、广南海道深阔”，且不似明州一带的“浅海去处，风涛底小”[5]。因此，海上运输所用海船一般较大，载重量大于内河船，形制则底尖上阔，“上平如

[1] 天津市文物管理处：《天津静海元蒙口宋船的发掘》，《文物》1983 年第 7 期，第 54~58、67 页。

[2] 磁县文化馆：《河北磁县南开河村元代木船发掘简报》，《考古》1978 年第 6 期，第 388~399 页。

[3] 王曾瑜：《谈宋代的造船业》，《文物》1975 年第 10 期，第 24~27、8 页。

[4]（清）徐松辑：《宋会要辑稿》刑法二之一三七，用前北平图书馆影印本复制复印，北京：中华书局，1957 年。

[5]（清）徐松辑：《宋会要辑稿》食货五〇之一八，用前北平图书馆影印本复制复印，北京：中华书局，1957 年。

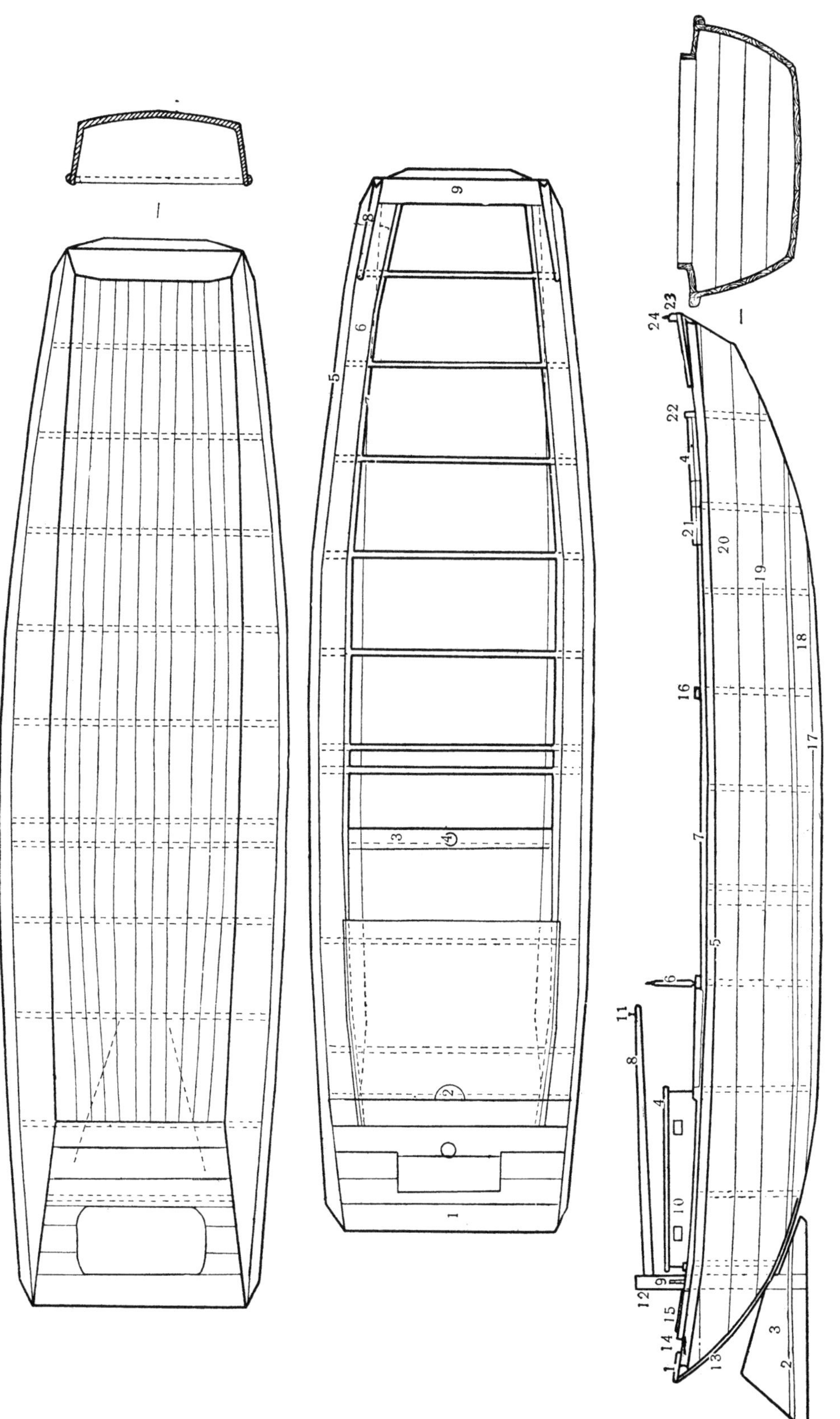

图 5-18 河北磁县南开河元代平底沙船复原图

（引自磁县文化馆：《河北磁县南开河村元代木船发掘简报》，《考古》1978 年第 6 期，第 396 页）

衡，下侧如刃，贵其可以破浪而行也”[1]。宋代的远洋海船，“每面阔三丈，底阔三尺，约载二千料”[2]，船上空间利用率很高，故自闽、广前往南海诸国的海船，“舶船深阔各数十丈，商人分占贮货，人得数尺许，下以贮货，夜卧其上。货多陶器，大小相套，无少隙地”[3]。泉州湾发掘出土的宋代海船[4]，残骸长 24.20、宽 9.15、深 1.98 米，规模颇大（图 5–19）。从载重量来看，南宋时期南海海域的西沙群岛华光礁一号沉船[5]、广东台山上下川岛海域南海Ⅰ号沉船[6]，其出水瓷器大约可达数万件、甚至十万余件；朝鲜半岛海域的新安沉船装载中国瓷器也多达 2 万余件[7]。明代的“通番大船，势若飞城驾海，楼橹完固，兵械整严，贼不敢轻犯，商船惟闽有之”[8]；“福船”，“高大如楼，可容百人”[9]，大小有差，其建造也颇为费工、费料[10]。漳、泉一带所造“白艚船”，“舟大者广可三丈五六尺，长十余丈。小者广二丈，长约七八丈”[11]；其载重量，“此船大者可载二三千石，中者可载七八百、一千石，下者可载五六百石，故福建多用之”[12]。文献中亦有船图记载，清代徐葆光于康熙五十八年（1719 年）奉命出使琉球，册封当时的琉球王尚敬，其根据在琉球期间的见闻游历编成《中山传信录》，书中载绘了出使所乘之“封舟图”（图 5–20）[13]。沉没于海底的沉船实例可资佐证，如明代晚期的汕头南澳Ⅰ号沉船残长约 24.85 米，残宽约 7.5 米，有 25 个舱，装载瓷器近 3 万件，主要为景德镇民窑和漳州窑的青花瓷器[14]。明清时期的西洋商船档案资料更多（图 5–21），装载量一般都较大，船货类别丰富多样，所载瓷器少者几百、上千、几千余件，多者可达几万、十几万、甚至几十万余件以上，如 1600 年沉没的西班牙商船“圣迭戈（San Diego）”号沉船出水文物达 34407 件，其中瓷器有 5671 件，多为景德镇窑和漳州窑生产的所谓“克拉克瓷”青花瓷器[15]；而于 1745 年沉没的瑞典东印度公司“哥德堡”号沉船，装载中国瓷器可多达 50 万余

[1]（宋）徐兢：《宣和奉使高丽图经》卷三十四《海道一》，“客舟”条，据《知不足斋丛书》本排印，《丛书集成初编》本，上海：商务印书馆，1937 年，第 117 页。

[2]（清）徐松辑：《宋会要辑稿》食货五〇之一八，用前北平图书馆影印本复制复印，北京：中华书局，1957 年。

[3]（宋）朱彧：《萍洲可谈》卷二，李伟国校点本，北京：中华书局，2007 年，第 133 页。

[4] 福建省泉州海外交通史博物馆编：《泉州湾宋代海船发掘与研究》，北京：海洋出版社，1987 年。

[5] 中国国家博物馆水下考古研究中心、海南省文物保护管理办公室编著：《西沙水下考古（1998~1999）》，北京：科学出版社，2006 年；另据 2007~2008 年华光礁一号沉船发掘出水资料。

[6] 张威：《南海沉船的发现与预备调查》，《福建文博》1997 年第 2 期，第 28~31 页；广东省文物考古研究所编著：《2011 年“南海Ⅰ号”的考古试掘》，北京：科学出版社，2011 年。

[7]（韩）韩国文化公报部文物管理局：《新安海底遗物》，三星文化印刷社，1984 年；（韩）韩国文化公报部文化财管理局：《新安海底遗物》（综合篇），高丽书籍株式会社印刷，1988 年；李德金、蒋忠义、关甲堃：《朝鲜新安海底沉船中的中国瓷器》，《考古学报》1979 年第 2 期，第 245~254 页；（韩）郑良谟著，程晓中译：《新安海底发现的陶瓷器的分类与有关问题》，《海交史研究》1989 年第 1 期，第 94~98 页。

[8]（明）王在晋：《越镌》卷十八《防海八议》“三曰禁商船”，《四库禁毁书丛刊》集部，第 104 册，第 457 页。

[9]（明）茅元仪：《武备志》卷一百一十六《战船・大福船》，《续修四库全书》子部，第 964 册，第 490 页。

[10]（明）萧崇业、谢杰撰：《使琉球录》卷上《造舟》，影印明万历年间刻本，《续修四库全书》史部，第 742 册，第 563~567 页。

[11]（明）张燮著，谢方点校：《东西洋考》卷九《舟师考》，北京：中华书局，2000 年，第 170 页。

[12]（明）俞大猷撰：《正气堂续集》卷一，廖渊泉、张吉昌整理点校，福州：福建人民出版社，2007 年。

[13]（清）徐葆光：《中山传信录》，影印天津图书馆藏清康熙六十年刻本：《四库全书存目丛书・史部》第 256 册，济南：齐鲁书社，1996 年，第 374~522 页。

[14] 广东省文物考古研究所、国家水下文化遗产保护中心、广东省博物馆：《广东汕头市“南澳Ⅰ号”明代沉船》，《考古》2011 年第 7 期，第 39~46 页；广东省文物考古研究所、广东省博物馆、国家文物局水下文化遗产保护中心编著：《孤帆遗珍——“南澳Ⅰ号”出水精品文物图录》，北京：科学出版社，2014 年。

[15] Cynthia Ongpin Valdes, Allison I. Diem, *Saga of the San Diego(AD1600)*, National Museum, Inc. Philippines,1993; Franck Goddio, *Treasures of the San Diego*, Paris, 1996；（日）森村健一著，曹建南译：《菲律宾圣迭戈号沉船中的陶瓷》，《福建文博》1997 年第 2 期，第 70~73 页。

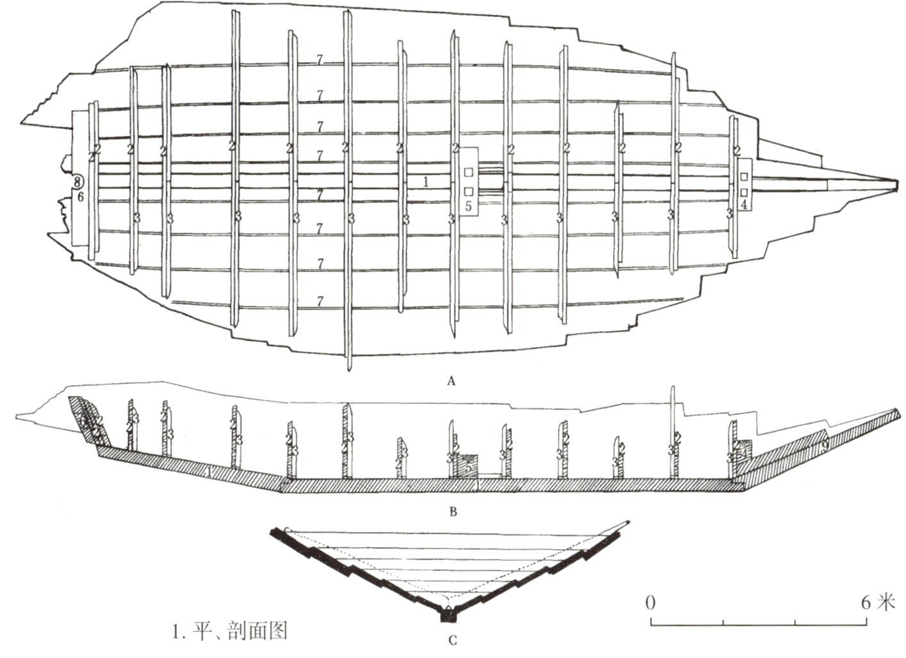

1. 平、剖面图

2. 修复后船体照

图 5–19　福建泉州后渚港南宋尖底海船

（引自福建省泉州海外交通史博物馆编：《泉州湾宋代海船发掘与研究》，北京：海洋出版社，1987 年，第 17 页）

件[1]；1822 年沉没于印尼海域的"泰兴"号商船打捞出的青花瓷器也多达 35 万件，大多为福建德化窑产品[2]。

[1] Berit Wastfelt, Bo Gyllenevard, Jorgen Weibull, *Porcelain from the East Indiamen Gotheborg*, Forlags AB Denmark, 1991; 辛元欧：《瑞典的航海船舶博物馆与水下考古事业》，《船史研究》1997 年总第 11、12 期，第 200~214 页；龚缨晏：《哥德堡号沉船与 18 世纪中西关系史研究》，《中西交流论集》，上海：上海文艺出版社，1998 年，第 380~395 页。

[2] Fritz Nagel, *Nagel Auctions: Tek Sing Treasures*, Stuttgart: Stuttgarter Kunstauktionshaus, 2000. Nigel Pickford and Michael Hatcher, *The Legacy of the Tek Sing*, Cambridge: Granta Editions, 2000; 郑炯鑫：《从"泰兴号"沉船看清代德化青花瓷器的生产与外销》，《文博》2001 年第 6 期，第 49、50 页。

图 5-20 《中山传信录》载绘的封舟图

（引自清代徐葆光：《中山传信录》卷一，《四库全书存目丛书·史部》第 256 册，济南：齐鲁书社，1996 年，第 377 页）

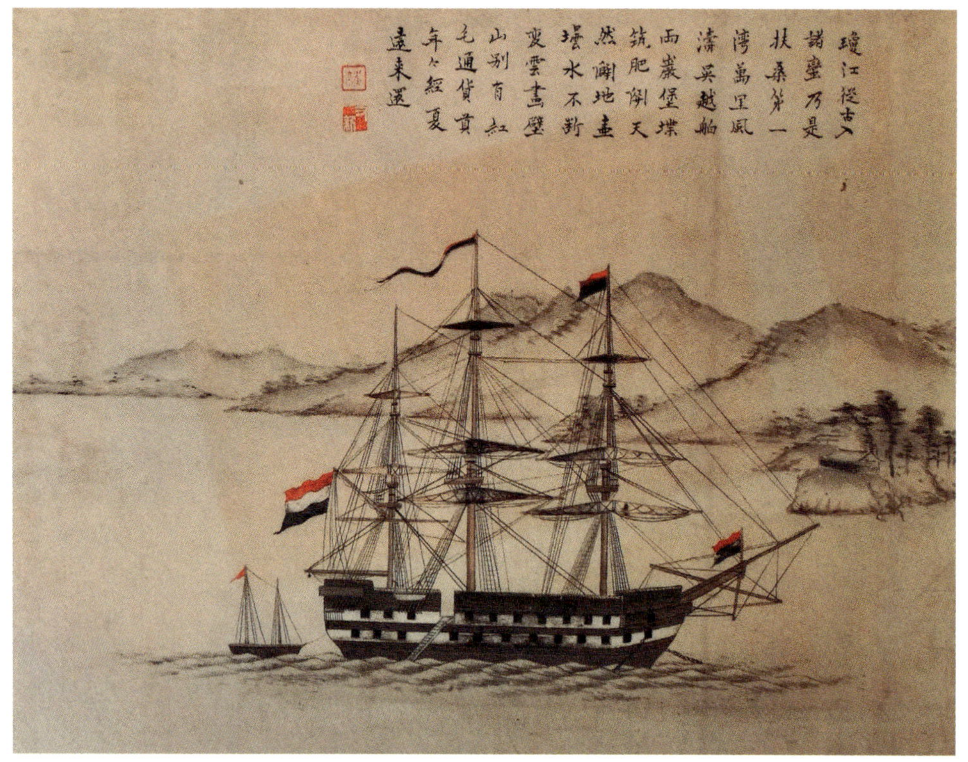

图 5-21 荷兰东印度公司商船图

（引自韩国国立海洋文化财研究所、广东省博物馆：《明代贸易船，南澳 1 号》[*Nanao No.1, A Trade Ship of the Ming Dynasty*]，图 182，木浦：国立海洋文化财研究所，2016 年，第 210 页）

由此可知，在河流通畅、造船技术不断提高的前提下，宋至清代商船的运输能力不断提高，也为闽南地区瓷器大批量的对外输出提供了便利。

2．航海技术的进步

随着海外交往与贸易活动增多，宋至清代的航海技术得到很大的提高，除了上述航海中必不可少的造船技术外[1]，还体现在基于航海经验和导航仪器的各项导航技术的改善方面，这里仅简要论及航行过程中的一些导航技术。

海上地貌复杂多样，宋人对其分类已很详尽，“至若波流而漩伏，沙土之所凝，山石之所峙，则又有其形势。如海中之地，可以合聚落者，则曰洲，十洲之类是也；小于洲而亦可居者，则曰岛，三岛之类是也；小于岛则曰屿；小于屿而有草木，则曰苫，如苫屿；而其质纯石，则曰焦（礁）”[2]。这些特点都是航海的重要参考，导航“皆以山为标准。海中山甚多，皆有名，并图其形”[3]，古代的航海图、针经一般都要标注出具有导航价值的山形海岸地貌，“航海利用岛屿、山形等海上地貌导航，叫作‘陆标导航’”[4]。“闽、浙、南洋水深多岛”[5]，福建“海中岛屿，东西错列，以百十计”[6]，舵师据此而“夜看星斗，日直盘针，平视风涛，俯察礁岛，以避冲就泊”[7]。舟家依此行船，然此海中复杂地形也是古时航行所遇的重要风险因素之一。除此地文航海技术之外，还有依靠天文星象等测定船舶在航行中的方位和导航等问题的技术[8]，这里不再赘述。

指南针在航海上的应用，为海上茫无边际的航行提供了比较准确可靠的依据。北宋沈括《梦溪笔谈》卷二十四记载：“方家以磁石磨针锋，则能指南，然常微偏东，不全南也。水浮多荡摇，指爪及碗唇上皆可为之，运转尤速，但坚滑易坠，不若缕悬为最善。其法取新纩中独茧缕，以芥子许蜡，缀于针腰，无风处悬之，则针常指南。其中有磨而指北者。余家指南、北者皆有之。磁石之指南，犹柏之指西，莫可原其理。”[9]这里明确记载了古之“方家”所用指南针及其四种用法。北宋时期朱彧《萍洲可谈》卷二记载：“舟师识地理，夜则观星，昼则观日，阴晦观指南针”[10]，已明确记载指南者应用于航海。北宋末年徐兢则记有航海上的“浮针”，“是夜，洋中不可住维，视星斗前迈；若晦冥，则用指南浮针，以揆南北。入夜举火，八舟皆应”[11]。南宋的赵汝适《诸蕃志》记曰：“舟舶来往，惟以指南针为则，昼夜守视唯谨，毫厘不差，生死系焉。”[12]吴自牧《梦粱录》记载：“自

[1] 古代航海技术中，造船技术是其十分重要的内容。宋元时期造船技术的进步，既有文献记载证据，又有一些淤陆、水下考古沉船等实物资料，如福建泉州湾宋代沉船、浙江宁波东门口码头宋代沉船、广东南海Ⅰ号宋代沉船、朝鲜半岛西南部海域新安元代沉船等，资料颇多，这里不作赘述。

[2]（宋）徐兢：《宣和奉使高丽图经》卷三十四《海道一》，据《知不足斋丛书》本排印，《丛书集成初编》本，上海：商务印书馆，1937年，第116页。

[3]（明）董谷：《碧里杂存》卷下，“渡海方程”，《丛书集成初编》（2911），北京：中华书局，1985年新1版。

[4] 章巽主编：《中国航海科技史》，北京：海洋出版社，1991年，第195页。

[5]（清）魏源：《魏源集》卷五《复魏制府询海运书》，北京：中华书局，1976年。

[6]（清）顾祖禹撰：《读史方舆纪要》卷九十五《福建一·海》，贺次君、施和金点校，北京：中华书局，2005年。

[7]（明）王士性：《广志绎》卷四，周振鹤点校本，北京：中华书局，2006年，第270页。

[8] 席龙飞、杨熺、唐锡仁主编：《中国科学技术史·交通卷》第十章，北京：科学出版社，2004年，第350~407页。

[9]（宋）沈括：《梦溪笔谈》卷二十四《杂志一》，《元刊梦溪笔谈》，影印古迂陈氏家藏本，北京：文物出版社，1975年。

[10]（宋）朱彧：《萍洲可谈》卷二，李伟国校点本，北京：中华书局，2007年，第133页。

[11]（宋）徐兢：《宣和奉使高丽图经》卷三十四《海道一》，“半洋焦”条，据《知不足斋丛书》本排印，《丛书集成初编》本，上海：商务印书馆，1937年，第120页。

[12]（宋）赵汝适撰，杨博文校释：《诸蕃志校释》卷下《志物》，“海南”条，北京：中华书局，2000年，第216页。

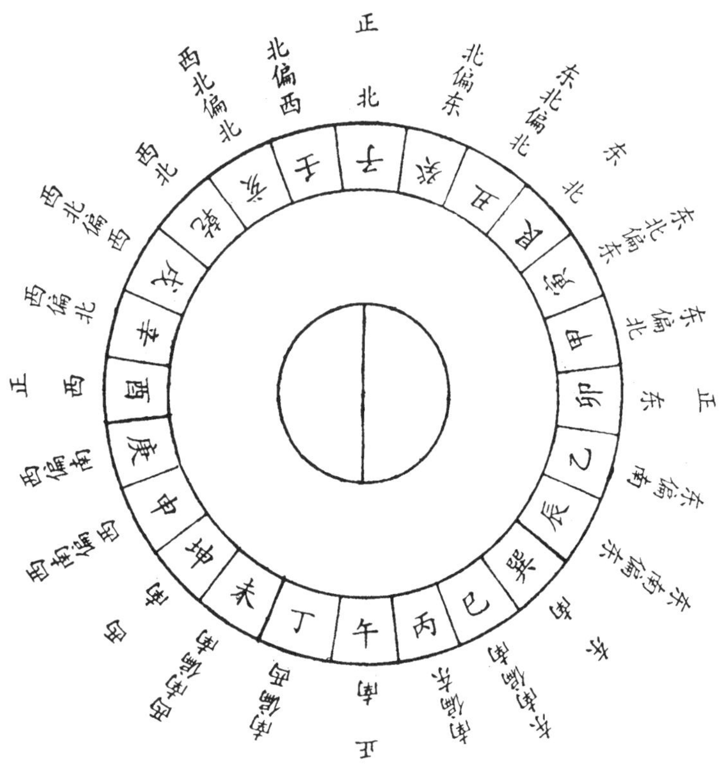

图 5–22　古代罗盘的二十四位定向示意图

（据章巽主编:《中国航海科技史》改绘,北京: 海洋出版社,1991 年,第 232~234 页）

入海门，便是海洋，茫无畔岸，其势诚险，盖神龙怪蜃之所宅。风雨晦冥时，唯凭针盘而行，乃火长掌之，毫厘不敢差误，盖一舟人命所系也。……但海洋近山礁则水浅，撞礁必坏船。全凭南针，或有少差，即葬鱼腹。”[1] 这里明确提到了“针盘”，即罗盘，其上带有指南针及书（刻）二十四个方位的底盘（图 5–22），“斫木为盘，书刻干支之字，浮针于水，指向行舟”[2]，当然盘不限于木质，还有铜、瓷等为之，如新加坡 Fort Canning Hill 遗址出土一件带有刻度的元代青花瓷器（图 5–23），疑似为罗盘残座[3]。而“其司针者名火长，波路壮阔，悉听指挥”[4]，火长的责任重大[5]，全船性命皆系其手。明清时代的航海罗盘与之变化不大，可见于文献（图 5–24）和实物（图 5–25）。根据明、清文献记载，海上航向的确定比较复杂，尚须其他经验和特征如沙漏、海底泥等为证，“海舶上司罗盘者曰伙长。置一瓮，下铺细砂，安盘于上，取平。周回置灯。伙长昼夜视之，较之以刻漏而定方向焉。其水之浅深，泥之颜色臭味，皆知之，验之毛发不爽。一见山，则事在舵工，伙长之任卸矣”[6]。

宋代以来，测深以验海底地貌，也是航海技术的进步。“或以十丈绳钩，取海底泥嗅之，便知所至”[7]；“舟人每以过沙尾为难，当数用铅硾时其深浅，不可不谨也”[8]，为避搁浅，“常以绳垂铅锤试之”[9]。“凡测水之时，必视其底，知是何等泥沙，所以知近山有港。”[10] 明清时期沿用此法，又称“打水”，如明郑若曾《郑开阳杂著 · 日本图纂》引《渡海方程》所记的往日本针路：“宝

[1]（宋）吴自牧：《梦粱录》卷十二，“江海船舰”，《东京梦华录》（外四种），上海：古典文学出版社，1956 年，第 235、236 页。

[2]（明）巩珍著，向达校注：《西洋番国志 · 自序》，北京：中华书局，2000 年，第 5 页。

[3] Chery-Ann Low Mei Gek, Singapore from the 14th to 19th Century, John N. Miksic & Cheryl-Ann Low Mei Gek ed. *Early Singapore 1300s-1819: Evidence in Maps, Text and Artefacts*, Singapore: Singapore History Museum, p21, 2005.

[4]（明）张燮著，谢方点校：《东西洋考》卷九《舟师考》，北京：中华书局，2000 年，第 171 页。

[5] 关于掌“针盘”之“火长”，可参阅刘义杰：《“火长”辨正》，《海交史研究》2013 年第 1 期，第 56~78 页。

[6]（清）刘献廷：《广阳杂记》卷五，北京：中华书局，2007 年，第 240 页。

[7]（宋）朱彧：《萍洲可谈》卷二，李伟国校点本，北京：中华书局，2007 年，第 133 页。

[8]（宋）徐兢：《宣和奉使高丽图经》卷三十四《海道一》，“黄水洋”条，据《知不足斋丛书》本排印，《丛书集成初编》本，上海：商务印书馆，1937 年，第 121 页。

[9]（宋）徐兢：《宣和奉使高丽图经》卷三十四《海道一》，“客舟”条，据《知不足斋丛书》本排印，《丛书集成初编》本，上海：商务印书馆，1937 年，第 117 页。

[10]（宋）吴自牧：《梦粱录》卷十二，“江海船舰”，《东京梦华录》（外四种），上海：古典文学出版社，1956 年，第 236 页。

图 5–23　新加坡福康宁山遗址出土元代青花瓷器

（引自 John N. Miksic & Cheryl-Ann Low Mei Gek ed. *Early Singapore 1300s-1819: Evidence in Maps, Text and Artefacts*, p21）

图 5–24　《中山传信录》载绘的针盘

（引自清代徐葆光：《中山传信录》卷一，《四库全书存目丛书·史部》第 256 册，济南：齐鲁书社，1996 年，第 381 页）

山到南汇嘴，用乙辰针出港口，打水六七丈，沙泥地，是正路。”[1] 其用法，“所至地方……如无岛屿可望，则用绵纱为绳，长六七十丈，系铅锤，涂以牛油，坠入海底，粘起泥沙，辨其土色，可知舟至某处；其洋中寄碇候风，亦依此法。尚铅锤粘不起泥沙，非甚深，即石底，不可寄泊矣”[2]。

在长期航海经验的不断积累的基础上，出现了一些记录一条或数条航线的导航手册，即“更路簿（水路簿）”和“针经”[3]，如明人编纂的《渡海方程》与《海道针经》[4]、向达抄录并整理的《两种海道针经》[5]——《顺风相送》、《指南正法》等；还根据海上地貌等绘制的形势图、航海图等，如《武备志》所载的航海图，即《郑和航海图》[6]；明代晚期的塞尔登中国地图，即《明代东西洋航

图 5–25　清代的航海罗盘

（海洋出版社刘义杰先生提供照片）

［1］（明）郑若曾：《郑开阳杂著·日本图纂》，文渊阁《四库全书》本。

［2］（清）李元春：《台湾志略》卷一《台湾文献丛刊》第 18 种，台北：台湾银行，1958 年。另参《台湾方志集成》第一辑，清代篇 35，清嘉庆十四年（1809 年）刊刻本，台北：宗青图书出版有限公司，1995 年。

［3］陈佳荣、朱鉴秋主编：《中国历代海路针经》，广州：广东科技出版社，2016 年；周伟民、唐玲玲编著：《南海天书——海南渔民“更路簿”文化诠释》，北京：昆仑出版社，2015 年。

［4］陈佳荣、朱建秋编著：《渡海方程辑注》，上海：中西书局，2013 年。

［5］向达校注：《两种海道针经》，北京：中华书局，2000 年。

［6］向达整理：《郑和航海图》，北京：中华书局，2000 年。

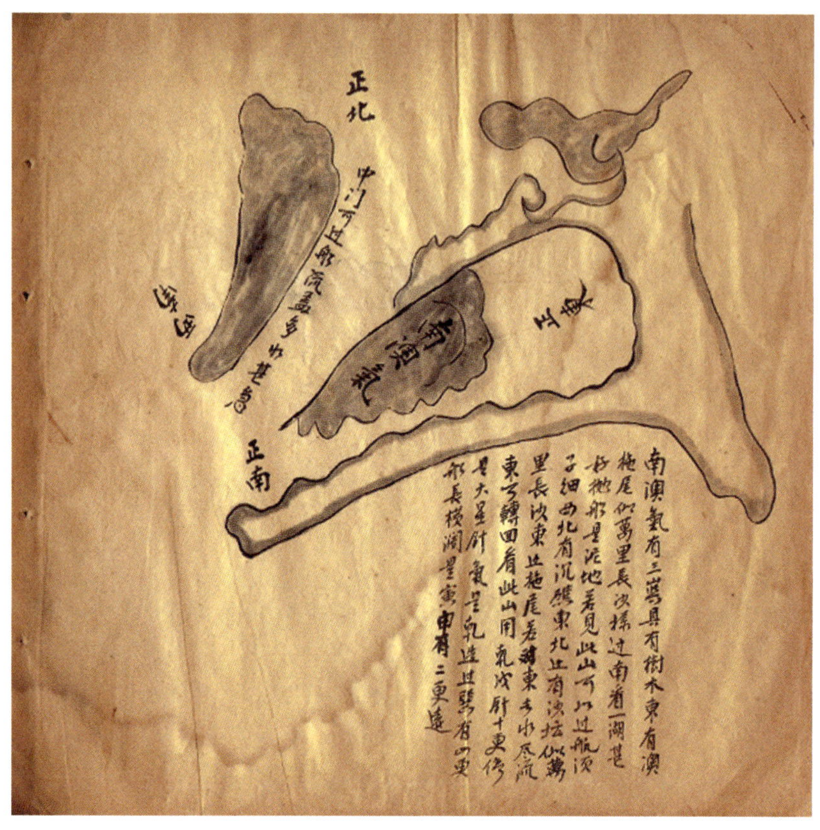

图 5–26　耶鲁大学藏清代古航海图之一

（引自钱江、陈佳荣：《牛津藏〈明代东西洋航海图〉姐妹作——耶鲁藏〈清代东南洋航海图〉推介》，《海交史研究》2013 年第 2 期，图 78，第 79 页）

海图》[1]；耶鲁大学图书馆藏清代古航海图，即航海中的山形水势图（图 5–26）[2]。

这些航海经验和各种航海技术的发展，是古代航海的基本条件，对宋至清代海外贸易起着重要的作用。

3．季风气候的影响

帆船时代的航海，主要依赖冬、夏季风发舟而行，“船方正若一木斛，非风不能动也”[3]。南宋真德秀祈风祝文曰：“惟泉为州，所持以足公私之用者，蕃舶也。舶之至时与不时者，风也，而能使风之从律而不愆者，神也”[4]，宋代泉州的九日山祈风石刻即是明证（图 5–27）[5]。中国东部沿海地区信风规律，冬季多为东北季风，夏季则多为西南季风（图 5–28）；印度洋海域与此相似，每年 10 月至次年 3 月盛行东北季风，5 月至 9 月盛行西南季风[6]。根据泉州的祈风石刻，泉州“‘岁两祈风’，通常一为‘祷回舶南风’于夏四月；一为‘遣舶祈风’于冬十一月前后”[7]，这一点与通往南海各地“北风航海南风回”[8]、“船舶去以十一月、十二月，就北风，来以五月、六月，就南风”[9]是吻合的。而通往朝鲜半岛、日本列岛诸地船舶，

[1] 香港海事博物馆：《针路蓝缕》，香港：中华书局，2015 年；（加）卜正民著，刘丽洁译：《塞尔登的中国地图》，北京：中信出版社，2015 年。

[2] 李弘祺：《美国耶鲁大学图书馆珍藏的古中国航海图》，《中国史研究动态》1997 年第 8 期，第 23、24 页；钱江、陈佳荣：《牛津藏〈明代东西洋航海图〉姐妹作——耶鲁藏〈清代东南洋航海图〉推介》，《海交史研究》2013 年第 2 期，第 1~101 页；刘义杰：《〈耶鲁藏中国山形水势图〉初解》，李庆新、郑德华主编：《海洋史研究》第六辑，北京：社会科学文献出版社，2014 年，第 18~32 页；朱鉴秋：《耶鲁藏中国古航海图的绘制特点》，《海交史研究》2014 年第 2 期，第 44、55 页；章巽：《古航海图考释》，北京：海洋出版社，1980 年。

[3]（宋）朱彧：《萍洲可谈》卷二，李伟国校点本，北京：中华书局，2007 年，第 133 页。

[4]（宋）真德秀：《西山先生真文忠公文集》卷五十《祈风文》，明嘉靖元年刻本，《宋集珍本丛刊》第 76 册，北京：线装书局，2004 年，第 574 页。

[5] 黄柏龄编著：《九日山志》（修订本）卷二，上海：上海辞书出版社，2006 年，第 82~113 页。

[6] 张丕远主编：《中国历史气候变化》第十五章，施雅风总主编：《中国气候与海面变化及其趋势和影响》第①卷，济南：山东科学技术出版社，1996 年，第 468~483 页。

[7] 庄景辉：《泉州宋代祈风石刻考释》，《江西文物》1989 年第 2 期，第 89~95、58 页。

[8]（宋）王十朋：《梅溪后集》卷二十，“提舶生日”，《文渊阁四库全书》集部，第 1151 册，第 513 页。

[9]（宋）朱彧：《萍洲可谈》卷二，李伟国校点本，北京：中华书局，2007 年，第 133 页。

1. 九日山祈风石刻

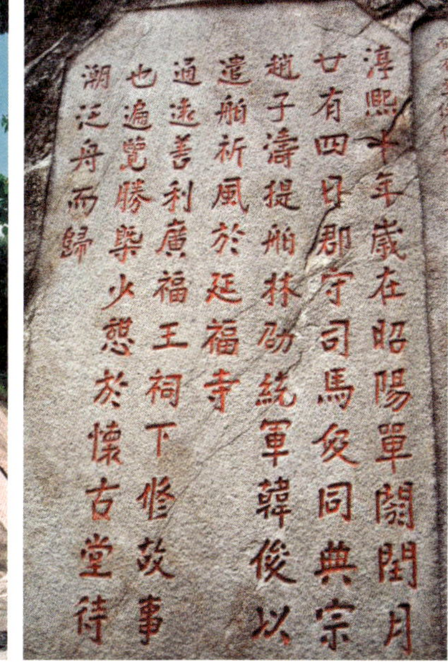

2. 淳熙十年（1183年）祈风刻石

图 5-27　泉州九日山祈风石刻

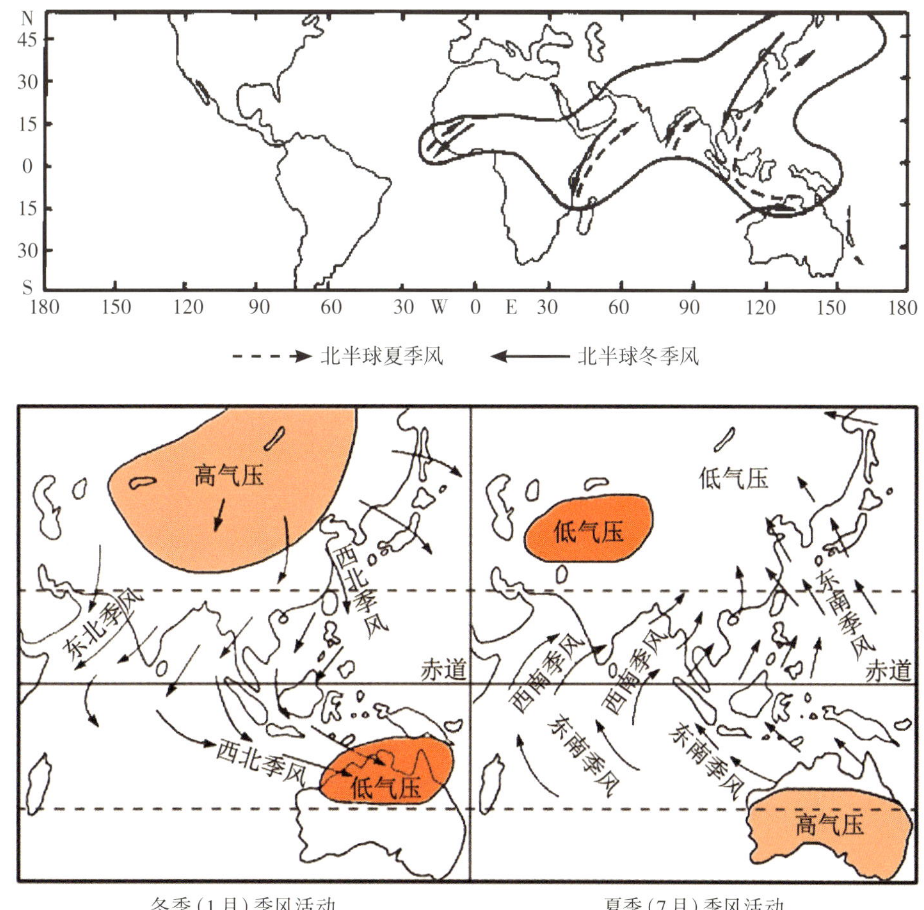

图 5-28　东部沿海地区冬夏季风示意图

往返时间则恰好与此相反，北宋徐兢奉使高丽即是宣和五年（1123年）五月“神州发明州”[1]。

古之海上航行，多取决于风向，比如至安南，风信“如宜会安则会安，宜顺化则顺化！固无所择也”，但操舟者对此也可有所控制，“风正满帆”便行，而“风渐横逆”时则可“卸帆不行”[2]。帆船利用风力航行，船员根据风向随时调整帆面与受风的角度，从而使船只按照预定航线行驶，而不至于因风向变化而偏离航向。如是顺风或偏顺风，则航行畅捷；若遇到横风或逆风，则将航向、风向、帆面三者调整到最佳角度，以达到逆风航行[3]。明代宋应星《天工开物》对这种逆风行驶已有明确记载：“凡风从横来，名曰抢风。顺水行舟，则挂篷之玄游走，或一抢向东，止寸平过，甚至却退数十丈；未及岸时，捩舵转篷，一抢向西，借贷水力，兼带风力轧下，则顷刻十余里。”[4]

航行往返的时间，便因此季风的影响而确定，且抵达各地具体的航程、航期依据航行经验也有不少记载，并成为每岁出海贸易的重要参考。例如，宋代自泉州至占城国“顺风舟行二十余程”[5]，至真腊国“舟行顺风月余日可到”[6]，三佛齐“在泉之正南，冬月顺风月余方至凌牙门”[7]，自马来半岛单马令（洛坤）至凌牙斯加（北大年）“风帆六昼夜可到”[8]，再至佛啰安（马来半岛中部西岸之董里、帕里安等港）“四日可到”[9]，而监篦国则“从三佛齐风帆半月可到”[10]，再经“五日水路到蓝无里国（今之亚齐）”[11]，“北风二十余日到南毗管下细兰国（锡兰，今之斯里兰卡）”[12]；爪哇岛阇婆国“于泉州为丙巳方，率以冬月发船，盖藉北风之便，顺风昼夜月余可到”[13]；“渤泥（今之加里曼丹）在泉之东南，去阇婆四十五日程，去三佛齐四十日程，去占城与麻逸各三十日程，皆以顺风为则”[14]。南毗国“自三佛齐便风月余可到”[15]，自此舟行“顺风五日可到”故临国，而“泉舶四十余日到蓝里住冬，至次年再发，一月始达”[16]；而注辇国，“自古不通商，水行至泉州约四十一万一千四百余里。欲往其国，当自故临易舟而行”[17]。“大食在泉之西北，去泉州最远。番舶艰于直达，自泉发船四十余日，至蓝里博易住冬，次年再发，顺风六十余日方至其国”[18]。一般而言，“诸蕃国之入中国，一岁可以往返，唯大食必二年而后可。大抵蕃舶风便而行，一日千里，

[1]（宋）徐兢：《宣和奉使高丽图经》卷三十四《海道一》，“招宝山”条，据《知不足斋丛书》本排印，《丛书集成初编》本，上海：商务印书馆，1937年，第118页。

[2]（清）释大汕：《海外纪事》卷一，影印清康熙年间宝镜堂刻本，《四库全书存目丛书》史部，第256册，济南：齐鲁书社，1996年，第161、162页。

[3]席龙飞、杨熺、唐锡仁主编：《中国科学技术史·交通卷》第十章第一节，北京：科学出版社，2004年，第361~364页。

[4]（明）宋应星：《天工开物》卷中《舟车》第九卷，上海：商务印书馆，1954年重印，第172、173页。

[5]（宋）赵汝适撰，杨博文校释：《诸蕃志校释》卷上《志国》，“占城国”条，北京：中华书局，2000年，第8页。

[6]（宋）赵汝适撰，杨博文校释：《诸蕃志校释》卷上《志国》，“真腊国”条，北京：中华书局，2000年，第18页。

[7]（宋）赵汝适撰，杨博文校释：《诸蕃志校释》卷上《志国》，“三佛齐国”条，北京：中华书局，2000年，第34页。

[8]（宋）赵汝适撰，杨博文校释：《诸蕃志校释》卷上《志国》，“凌牙斯加国”条，北京：中华书局，2000年，第45页。

[9]（宋）赵汝适撰，杨博文校释：《诸蕃志校释》卷上《志国》，“佛啰安国”条，北京：中华书局，2000年，第47页。

[10]（宋）赵汝适撰，杨博文校释：《诸蕃志校释》卷上《志国》，“监篦国”条，北京：中华书局，2000年，第49页。

[11]（宋）赵汝适撰，杨博文校释：《诸蕃志校释》卷上《志国》，“监篦国”条，北京：中华书局，2000年，第50页。

[12]（宋）赵汝适撰，杨博文校释：《诸蕃志校释》卷上《志国》，“蓝无里国细兰国”条，北京：中华书局，2000年，第51页。

[13]（宋）赵汝适撰，杨博文校释：《诸蕃志校释》卷上《志国》，“阇婆国”条，北京：中华书局，2000年，第54页。

[14]（宋）赵汝适撰，杨博文校释：《诸蕃志校释》卷上《志国》，“渤泥国”条，北京：中华书局，2000年，第135页。宋代以一日（一昼夜）为三程，与前文对照，此处“日”当为衍。

[15]（宋）赵汝适撰，杨博文校释：《诸蕃志校释》卷上《志国》，“南毗国故临国”条，北京：中华书局，2000年，第66页。

[16]（宋）赵汝适撰，杨博文校释：《诸蕃志校释》卷上《志国》，“南毗国故临国”条，北京：中华书局，2000年，第68页。

[17]（宋）赵汝适撰，杨博文校释：《诸蕃志校释》卷上《志国》，“注辇国鹏茄啰国南尼华啰国”条，北京：中华书局，2000年，第74、75页。

[18]（宋）赵汝适撰，杨博文校释：《诸蕃志校释》卷上《志国》，“大食国”条，北京：中华书局，2000年，第89页。

一遇朔风，为祸不测。”[1]大抵东南亚、南亚、中东以及非洲东海岸各国，均已有了明确记录。元代汪大渊记“舶由岱屿门，挂四帆，乘风破浪，海上若飞。至西洋或百日之外。以一日一夜行百里计之，万里曾不足”[2]。明、清时期，航行时间、航程等的记载更为详尽。除此之外，张燮《东西洋考·舟师考》还记述了“祭祀”舟神、气象“占验”、“水醒水忌”、“逐月定日恶风”、“潮汐”规律等与航海息息相关的诸多信息[3]，很有参考价值。

4. 航海的风险因素

尽管造船技术、航海技术不断进步，而且人们对各类风险和问题的应对也在不断完善，但航行过程中仍有着诸多不确定的风险因素，其中最主要的仍是迷失方向、朔风、沉沙、暗礁及由此而来的其他破坏因素。这一点，可从水下考古发现得以印证，例如，福建连江定海白礁一号沉船[4]、平潭大练岛元代沉船[5]、广东台山海域的南海Ⅰ号宋代沉船、西沙群岛华光礁一号宋代沉船、石屿二号元代沉船，辽宁绥中三道岗元代沉船[6]，以及朝鲜半岛海域的新安沉船[7]。

“自入海门，便是海洋，茫无畔岸，其势诚险。”[8]茫茫大海，渺无边际，最易迷失方向。因此，航海时要结合海洋地貌特征，综合判定船舶位置与航行方向。风浪对船舶航行的负面影响也较大，“一遇朔风，为祸不测”[9]，明代郑开阳《海运图说》亦曰：“东洋有山可依，有港可泊，非若南洋、西洋一望无际，舟行遇风不可止也。”[10]

沉沙、暗礁是船舶航行中的大隐患，因其不可明视而增加了风险程度，“海洋近山礁则水浅，撞礁必坏船，全凭南针，或有少差，即葬鱼腹”[11]。这一点在东南沿海一带比较明显，“福建沿海多暗礁，广东沿海多暗礁沉沙”[12]；南海“钦廉海中有砂碛，长数百里……隐在波中，深不数尺，海舶遇之辄碎”，“尝闻之舶商曰：‘自广州以东，其海易行；自广州以西，其海难行；自钦廉而西，则尤为难行。’盖福建、两浙滨海多港，忽遇恶风，则急投近港。若广西海岸皆砂土，无多港澳，风暴卒起，无所逃匿。至于钦廉之西南，海多巨石，尤为难行”[13]；“海洋泛无涯，中匿石塘，孰得而明之？避之则吉，遇之则凶，故子午针人之命脉所系”[14]。于是，“海中不畏风涛，唯惧靠阁，谓之凑浅，则不复可脱”[15]，或“海行不畏深，惟惧浅搁。以舟底不平，若潮落，则倾覆不可救，

[1]（宋）周去非著，杨武泉校注：《岭外代答校注》卷三《外国门下》，“航海外夷”条，北京：中华书局，1999年，第126、127页。

[2]（元）汪大渊撰，苏继庼校释：《岛夷志略校释》，“万里石塘”条，北京：中华书局，1981年，第318页。

[3]（明）张燮著，谢方点校：《东西洋考》卷九《舟师考》，北京：中华书局，2000年，第170~191页。

[4]中国国家博物馆水下考古研究中心等编著：《福建连江定海湾沉船考古》，北京：科学出版社，2011年。

[5]中国国家博物馆水下考古研究中心等编著：《福建平潭大练岛元代沉船遗址》，北京：科学出版社，2014年。

[6]张威主编：《绥中三道岗元代沉船》，北京：科学出版社，2001年。

[7]（韩）文化公报部、文化财管理局编：《新安海底遗物（资料编Ⅰ）》，1983年；《新安海底遗物（资料编Ⅱ）》，三星文化印刷社，1984年；《新安海底遗物（资料编Ⅲ）》，1985年；《新安海底遗物（综合编）》，高丽书籍株式会社印刷，1988年；（韩）文化财厅国立海洋遗物展示馆：《新安船》Ⅰ、Ⅱ、Ⅲ，2006年。

[8]（宋）吴自牧：《梦粱录》卷十二，“江海船舰”，《东京梦华录》（外四种），上海：古典文学出版社，1956年，第235页。

[9]（宋）周去非著，杨武泉校注：《岭外代答校注》卷三《外国门下》，“航海外夷”条，北京：中华书局，1999年，第126、127页。

[10]（明）郑若曾：《郑开阳杂著》卷九《海运图说》，《文渊阁四库全书》史部，第584册，第631页。

[11]（宋）吴自牧：《梦粱录》卷十二，“江海船舰”，《东京梦华录》（外四种），上海：古典文学出版社，1956年，第236页。

[12]（清）朱逢甲：《沿海形势论》，（清）王锡祺辑：《小方壶斋舆地丛钞》第九帙，影印清光绪年间刊刻本，杭州：杭州古籍书店，1985年，第43页（另影印收录于《中国南海诸群岛文献汇编》之五《中国史学丛书续编》，台北：台湾学生书局，1975年）。

[13]（宋）周去非著，杨武泉校注：《岭外代答校注》卷一《地理门》，“象鼻砂”条，北京：中华书局，1999年，第37、38页。

[14]（元）汪大渊撰，苏继庼校释：《岛夷志略校释》，“万里石塘”条，北京：中华书局，1981年，第318页。

[15]（宋）朱彧：《萍洲可谈》卷二，李伟国校点本，北京：中华书局，2007年，第133页。

故常以绳垂铅锤试之”[1]。一些东南沿海一带及南海海域的宋至清代商船，可能即是因此遇险沉没的[2]，如福建连江定海白礁一号沉船附近就有数块礁石。

值得一提的是，南海海域的西沙、南沙诸岛因其地貌特征而被称为“石塘（床）”和“长沙”，有“千里石塘”、“万里长沙”或““千里长沙”、万里石塘”之名[3]。南宋赵汝适论之曰：“至吉阳，迺海之极，亡复陆涂。外有洲，曰乌里，曰苏吉浪。南对占城，西望真腊，东则千里长沙、万里石床，渺茫无际，天水一色。舟舶来往，惟以指南针为则，昼夜守视唯谨，毫厘不差，生死系焉”[4]，可知其凶险。古人航海，“去怕七洲，回怕昆仑”[5]，其地貌复杂，不易航行。20 世纪末以来，水下考古工作者在西沙群岛海域进行了多次考古调查，特别是 2007~2015 年的水下文物普查和执法巡查，先后发现了 100 多处水下沉船遗址或水下文化遗存地点[6]，其中以北礁、永乐环礁分布最为密集（图 5-29）；

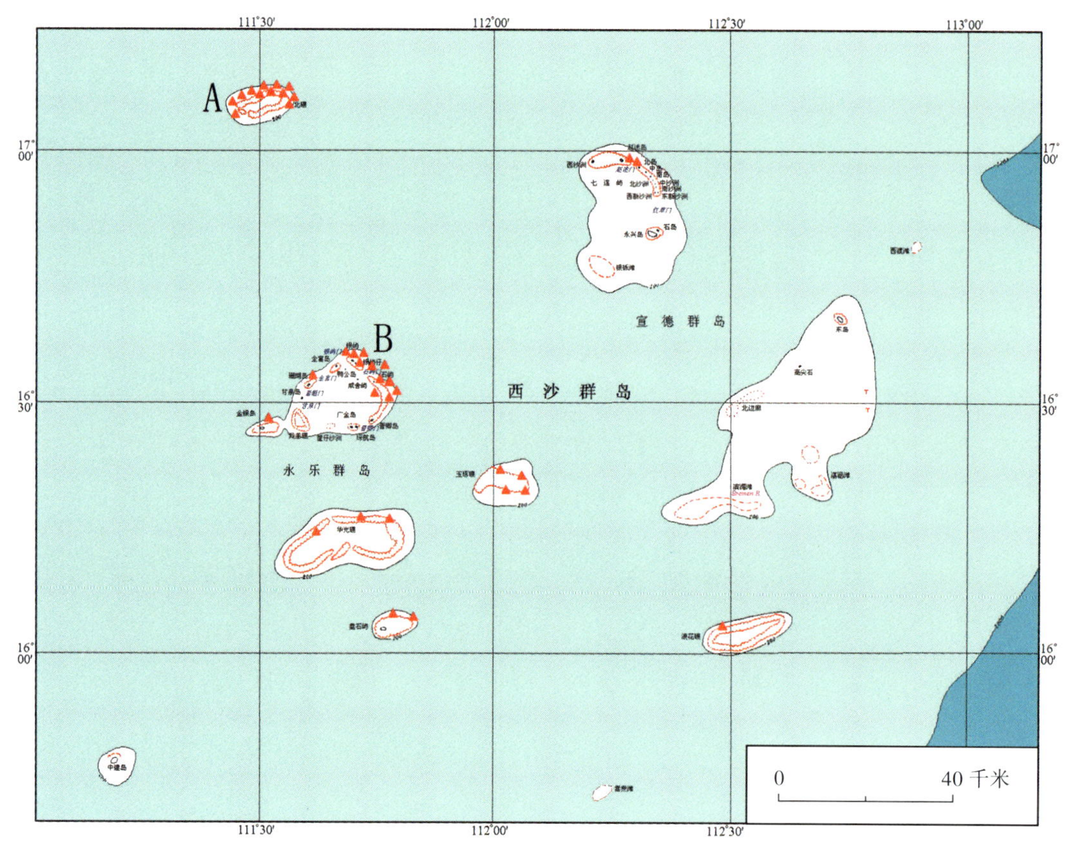

图 5-29　西沙群岛海域岛礁与水下文化遗存分布示意图

水下文化遗存分布最为密集的区域有：A. 北礁　B. 永乐环礁　（图中▲仅为示意）

[1]（宋）徐兢：《宣和奉使高丽图经》卷三十四《海道一》，“客舟”条，据《知不足斋丛书》本排印，《丛书集成初编》本，上海：商务印书馆，1937 年，第 117 页。

[2] 吴春明：《环中国海沉船——古代帆船、船技与船货》第四章，第 189~307 页。

[3] 周运中：《南澳气、万里长沙与万里石塘新考》，《海交史研究》2013 年第 1 期，第 35~43 页。

[4]（宋）赵汝适撰，杨博文校释：《诸蕃志校释》卷下《志物》，“海南”条，北京：中华书局，2000 年，第 216 页。

[5]（宋）吴自牧：《梦粱录》卷十二，“江海船舰”，《东京梦华录》（外四种），上海：古典文学出版社，1956 年，第 236 页。七洲，其地说法不一，有认为在今西沙群岛周围海域，也有今海南岛东北部的七洲列岛之说；昆仑，即昆仑洋，指今越南南端昆仑岛周围海域。

[6] 中国国家博物馆水下考古研究中心等编著：《西沙水下考古（1998~1999）》，北京：科学出版社，2006 年；赵嘉斌：《2009~2010 年西沙群岛水下考古调查主要收获》，吴春明主编：《海洋遗产与考古》，北京：科学出版社，2012 年，第 178~190 页；吕章申主编：《中国国家博物馆水下考古成果》，合肥：安徽美术出版社，2015 年。

东南亚地区，也发现、打捞了一批沉船[1]，可知这一带海域古人航行之凶险。

此外，因各地民风、民俗的不同，也有一些人为的风险，“海外多盗贼，且掠非诣其国者，……则尽没其舶货，缚北人卖之”[2]，故有“为祸不测”的蕃舶“幸泊于吾境，犹有保甲之法，苟泊外国，则人货俱没”之说[3]。例如，蒲哩噜（今之马尼拉）即因“人多猛悍，好攻劫”而“舟过其侧，预曲折以避之”[4]。明、清时期，海盗、海寇也为祸甚深，欧洲殖民者商船之间也多有抢掠、战事发生，有些东南沿海及南海、印度洋海域商船因此而沉没[5]。

通过上述分析可知，与海外贸易和运输相关的因素颇多，既有航海技术不断进步的优势，又有航行过程中的诸多风险。水下考古发现的大量沉船遗址，不仅是研究当时航海技术与海外贸易的珍贵资料，而且船只沉没原因的探讨也侧面反映了这一时期的航海风险因素。这里仅列举一二，以窥知其复杂多样。

总之，根据国外遗址及海域沉船中闽南地区瓷器的发现可知，其是当时中国外销瓷器的重要组成部分，是海外贸易的重要商品之一，并主要是经由海上运输而销往海外地区的。也就是说，在这一运输过程中，闽南地区的瓷器沿着海上航线，凭依航海技术，乘风破浪，历经风险，才到达海外各地，然而也有一些则中途沉没，消失于茫茫大海。

第三节　瓷器与当地社会生活

闽南地区宋至清代瓷器的使用范围广泛，仍是以日常生活用器为主，还包括了一些陈设器和供器。这一点不仅满足了本地区及国内其他地区的社会生活需要；而又随着海外贸易的发展，因中国瓷器“既多且美”，又“购价甚贱”[6]，而颇受欢迎，使用十分广泛，甚至受到其他地区的仿造，如故临城“制造陶瓷器皿”[7]。这些瓷器的使用，具有一定的地域性差别，甚至有的器类是专供海外某些地区使用者的，并进一步影响或改变了当地的社会生活习惯[8]。

一　瓷器使用概况

根据考古调查、发掘资料，并结合仍在使用的瓷器流布情况，因国内地区、海外地区的使用不太相同，而分别对其进行讨论。

[1] James P. Delgado, *Encyclopedia of Underwater and Maritime Archaeology*, Yale University Press, 1997.

[2]（宋）朱彧：《萍洲可谈》卷二，李伟国校点本，北京：中华书局，2007 年，第 133 页。

[3]（宋）周去非著，杨武泉校注：《岭外代答校注》卷三《外国门下》，“航海外夷”条，北京：中华书局，1999 年，第 126、127 页。

[4]（宋）赵汝适撰，杨博文校释：《诸蕃志校释》卷上《志国》，“三屿蒲哩噜”条，北京：中华书局，2000 年，第 144 页。

[5] 吴春明：《环中国海沉船——古代帆船、船技与船货》第四章，南昌：江西高校出版社，2003 年，第 232~307 页；王涛：《明清海盗（海商）的兴衰：基于全球经济发展的视角》，北京：社会科学文献出版社，2016 年。

[6]（法）沙海昂注，冯承钧译：《马可波罗行记》，北京：中华书局，2004 年新 1 版，第 609 页。

[7] 雅库特（1179~1229 年），《地名辞典》（成书于 1224 年），“阿布·杜拉夫·米萨尔·本·麦哈黑尔游记”条：“在整个印度，除该（故临）城外，均没有医学。这里制造陶瓷器皿，销售给我们国家，声称是中国货，其实不然。因为中国的黏土比这里的黏土要坚实得多，耐火性也好。用该城的黏土制造与中国器皿相同的器皿，点火焙烧三日，而耐火性超不过三日，然而中国黏土可在炉中连续焙烧十日。故临瓷器呈黑色，而来自中国的瓷器无论透明与否均为白色或其它彩色。这种瓷器在波斯制造（原文如此），是用碎石、城堡石灰和一种透明物质搅拌为糊状，用钳子操作，像吹玻璃器皿一样吹成水杯状或其它形状。”但其所仿造显然达不到中国瓷器的质量，收录于（法）费琅编，耿昇、穆根来译：《阿拉伯波斯突厥人东方文献辑注》，北京：中华书局，1989 年，第 246 页。

[8]（美）罗伯特·芬雷著，郑明萱译：《青花瓷的故事：中国瓷的时代》，海口：海南出版社，2015 年。

1．国内地区

根据前文瓷器行销区域的分析，可知闽南地区宋至清代瓷器的国内市场主要是当地，这在城市遗址、一般居址中均有发现。其中，考古工作较多、出土瓷器数量最多的是泉州、厦门等地居住遗址，器类则多为碗、盏、盘、碟、杯、罐等日常生活用器，且多为本地区的窑场烧造。通过与该地区遗址中出土的外地窑场瓷器数量的对比，如泉州府后山遗址[1]、德济门遗址[2]，闽南地区德化窑、磁灶窑、汀溪窑、泉州东门窑、安溪窑等窑场产品占有明显的优势。由此可知，当地窑场是闽南地区生活用瓷的主要来源，且广泛用于饮食、文房、装饰、娱乐（如白瓷笛箫）等诸多方面。从产品质量来看，这些瓷器的制作相对较为精细，属于闽南瓷器中较好的产品。

闽南地区宋至清代的墓葬中也出土一些当地窑场烧造的瓷器，但每座墓出土的数量并不多[3]，如晋江铁灶山明墓即出土 7 件磁灶窑瓷器[4]，这也是该地区瓷器使用的一个重要方面。明、清时期，德化窑瓷器有的还作为棺垫、墓志铭等使用，如南明隆武元年（1645 年）张九娘墓[5]。这类瓷器大多非实用，制作较为草率，明清时期则不少属墓内供器，如炉、瓶、香插或烛台座等。

值得注意的是，漳浦的几座明清墓十分特殊，其中湖西明代许氏墓为并列三室墓，墓室封土中整齐地排列着三层青花碗、盘（图 5–30），共计可达 1500 余件，湖西下梧村明墓、南山清代黄性震墓和石榴后埔清墓分别采集到几十件青花瓷碗、盘；厦门万石植物园清墓也采用了以青花和五彩

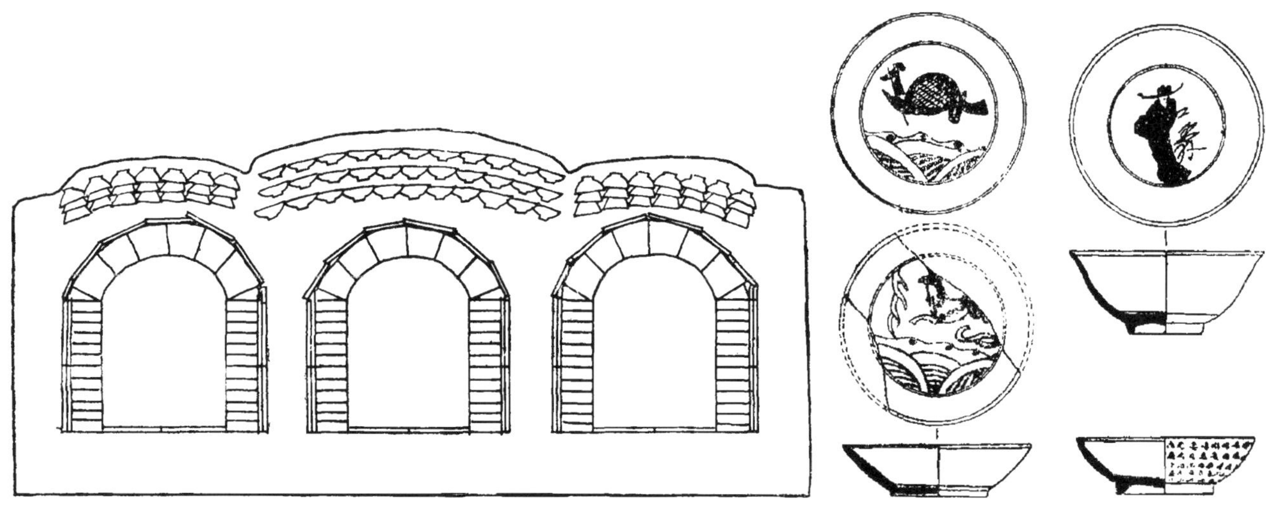

1. 墓葬立面图　　2. 出土青花瓷碗和盘

图 5–30　漳浦湖西明代许氏墓及出土瓷器

（引自王文径：《福建漳浦明墓出土的青花瓷器》，《江西文物》1990 年第 4 期，第 71、72 页）

---

［1］陈鹏、曾庆生：《泉州府后山出土的江西瓷器》，《江西历史文物》1983 年第 4 期，第 73~77 页。该遗址所出土瓷器“以本地窑的产品为多，外地窑的产品也不在少数”，主要有本地的德化窑、晋江的磁灶窑、同安汀溪窑、泉州东门窑、安溪窑等，外地的福建建阳水吉窑、浙江龙泉窑、河北磁州窑、江西吉州窑、景德镇窑等，十分丰富；明、清时期则以青花瓷器为主，安溪窑、德化窑产品居多。

［2］福建博物院、泉州市文物局：《泉州德济门遗址发掘报告》，《福建文博》2003 年第 2 期，第 14~40 页。

［3］具体可参考前文行销区域的国内地区部分。

［4］泉州市博物馆、晋江市博物馆：《晋江市紫帽镇铁灶山明墓清理简报》，《福建文博》2007 年第 1 期，第 17~20 页。此墓年代为明末崇祯十年（1637 年），出有酱釉盖罐 2 件、三足炉 1 件、双耳瓶 2 件、狮座灯 2 件，均为明代磁灶窑产品。

［5］叶文程、林忠干、陈建中：《德化窑瓷鉴定与鉴赏》，南昌：江西美术出版社，2001 年。

碗、盘作为墓圹[1]。在这些瓷器中，有的属于残次品，其制作多比较粗糙，并不适合使用，尤其是与墓主人身份并不相称。因此，其用途并非简单的随葬品，且是分层排放，用作墓室的“封土材料”，从而形成了小范围内的一种特殊丧葬习俗[2]，这在其他地区也是很少见的。

除此之外，闽南地区的瓷器，尤其是明清时期的德化窑白釉和青花瓷器，还在各类寺院、庙宇等地作为供器使用，有的器物还明确带有“供养”之类的铭文，这类器物包括炉、瓶、香插、烛台等，观音、达摩、文昌君、关羽等佛、道人物塑像亦属此类，不少器物一直沿用至今[3]。

闽南地区的瓷器流传到国内其他地区时代较晚，多为明清时期，数量并不多，其使用与闽南本地是一致的，一些精品还供宫廷使用[4]。

总体来看，闽南地区宋至清代瓷器的使用是相当普遍的，各地大多以本地窑场产品为主，且多见于生活居址，而著名窑场产品的国内市场则比较广泛，这以明清时期的德化窑最为突出。因瓷器有精粗之别，而其使用群体也是有一定差别的，这与其身份地位、经济实力等因素紧密相连。

2．海外地区

宋至清代，中国瓷器大量输往海外地区，且主要用作这些地区的日常生活用器，使得其器用方式发生了变化，这在一些古代文献中已有记载。例如，位于苏门答腊岛的南海之波斯国“食饼、肉、饭，盛以甆器，掬而啗之”[5]，真腊盛饭用“中国瓦盘”[6]。有的还以此作为奢侈品，如麻呵斯离以瓷器贮“甘露，调汤而饮”[7]，作为“香精香料”的原料[8]，等等，可谓用途广泛。这些地区均发现有闽南所产瓷器，因而也可作为其使用的佐证。

从海外地区瓷器的使用和发现来看，闽南地区瓷器的数量是相当多的。宋元时期，尤其是南宋至元代，以日本列岛、东南亚各地居多；明代中期以后，尤其是明代晚期至清代早期，还大量销往欧洲各国，尤以青花瓷器为最。这些瓷器主要见于当时的城市遗址、一般居址中，产品以日常生活器类为主，用于饮食、盛储等，其中以饮食器居多，包括餐具、茶具、咖啡具等（图 5–31）；也有的用于装饰和陈设，包括一些销往欧洲地区的富有东方色彩的德化窑白瓷动物、瑞兽、佛道仙人、人物雕塑外[9]，还有一些颇具西方特色的西洋人物和生活场景塑像（图 5–32），不少造型和装饰带有浓郁的欧洲风格[10]。

在菲律宾、印度尼西亚等东南亚地区，闽南地区瓷器还是墓葬中比较常见的随葬品，这类器物

---

[1] 厦门市文管会、厦门市博物馆：《厦门万石植物园发现清代碗圹墓》，《福建文博》1999 年增刊总第 35 期，第 129~132 页。

[2] 王文径：《福建漳浦明墓出土的青花瓷器》，《江西文物》1990 年第 4 期，第 71~73 页。

[3] 这部分瓷器以德化窑白瓷为主，参考刘幼铮：《中国德化白瓷研究》第四章，《纪年器及标本数据统计》，北京：科学出版社，2007 年，第 53~65 页。

[4] 吕成龙：《故宫博物院藏明代德化窑瓷器选介》，《福建文博》2004 年第 4 期，第 44、45 页。

[5]（宋）赵汝适撰，杨博文校释：《诸蕃志校释》卷上《志国》，“海上杂国”条，北京：中华书局，2000 年，第 132 页。此波斯国非西亚之波斯也，冯承钧、杨博文均有考释，今从之。

[6]（元）周达观著，夏鼐校注：《真腊风土记校注》，北京：中华书局，2000 年，第 165 页。

[7]（元）汪大渊撰，苏继庼校释：《岛夷志略校释》，北京：中华书局，1981 年，第 369 页。麻呵斯离，藤田丰八、柔克义、苏继庼均以其为：《诸蕃志》之“勿厮离”，今之摩苏尔（Mosul），在美索不达米亚北部，伊拉克西北部。

[8] 阿拉伯人吉奥巴里（1225 年左右），《关于泄露机密的著作选》，其中记载有“泄露香精香料商人的机密”：“为了调治氧化锌，……再取一大块白瓷碎片磨碎后，随即取一根糊有黏土的短棍在这种细粉中搅动，使短棍粘满了瓷粉。……一直这样重复三次，等第三次完毕之后，便将此短棍在瓷器末中滚动。”收录于《阿拉伯波斯突厥人东方文献辑注》，北京：中华书局，1989 年，第 695 页。

[9] S. Marchant & Son, *Exhibition of Blanc de Chine*, London, June 1994.

[10]（英）唐·纳利著，吴龙清、陈建中译：《中国白——福建德化瓷》第十章，福州：福建美术出版社，2006 年，第 97~110 页。

图 5–31　东南亚海域泰兴号沉船出水成套餐饮用具

（约 1822 年；引自 Fritz Nagel, *Nagel Auctions: Tek Sing Treasures*, Stuttgart, 2000）

大多制作较为草率，有磁灶窑瓷器、白釉、青釉、青花瓷器等[1]。有些瓷器则与宗教活动或信仰密切相关，这类器物往往是专门给海外地区烧造的，在国内极少使用，包括佛教中所用的净水瓶（即

[1] The Oriental Ceramic Society of the Philippines: *Chinese and South-East Asian White Ware Found in the Philippines*, Oxford University Press, Singapore, 1993; Sumarah Adhyatman, *Zhangzhou (Swatow) Ceramics Sixteenth to Seventeenth Centuries Found in Indonesia*, Jakarta, 1999;（菲）庄良有（Rita Ching Tan）: Song Wares Found in the Philippines（在菲律宾发现的宋瓷），陈康顺编：《中国古代贸易瓷国际学术研讨会论文集》，台北：历史博物馆，1994 年，第 317~344 页。

1. 骑马人物

2. 家庭人物

图 5–32　销往欧洲的德化窑白瓷西洋人物雕塑

（约 1690 年；引自 S. Marchant & Son, *Exhibition of Blanc de Chine*, London, June 1994, 图 33、34）

军持）[1]、带有基督教相关纹样的大盘、罐等[2]。在东南亚、欧洲一些地区，有些瓷器还可用作当地庆典仪式活动或馈赠的礼物[3]。在东南亚的印度尼西亚、泰国等地，有的瓷器还作为饰件用以装饰房屋或宫殿[4]，或用以室内陈设[5]。在非洲，一些宫殿或普通居址建筑以及穆斯林清真寺等，还流行以瓷器或瓷片镶嵌于壁上作为建筑装饰；东非地区还有使用瓷器来装饰穆斯林的墓柱[6]。19 世纪以来，闽南地区的德化窑瓷器等逐渐作为工艺品或古董收藏品，入藏宫殿或各地的公私博物馆，这也就使得瓷器的实用功能发生了重大转变[7]。

［1］李知宴、黄宝玲：《关于军持的几个问题》，《古陶瓷研究》第一辑，1982 年，第 148~156 页；徐本章、叶文程：《略谈德化窑的古外销“军持”》，《古陶瓷研究》第一辑，1982 年，第 157~162 页；L. Katherine Lane, Chinese Kendi Produced for the South East Asian Market（为东南亚市场生产的中国军持器皿），郭景坤主编：《古陶瓷科学技术 5——2002 年国际讨论会论文集（ISAC'02）》，上海：上海科学技术文献出版社，2002 年，第 472~477 页。

［2］陈擎光：《从宗教性纹饰探讨十七至十八世纪中国贸易瓷供需之问题》，陈康顺编：《中国古代贸易瓷国际学术研讨会论文集》，台北：历史博物馆，1994 年，第 273~296 页。

［3］Sumarah Adhyatman: The Usage of Ancient Chinese Ceramics in Indonesia（中国古代贸易瓷在印尼的用途），陈康顺编：《中国古代贸易瓷国际学术研讨会论文集》，台北：历史博物馆，1994 年，第 501~512 页。

［4］Sumarah Adhyatman: *Antique Ceramics found in Indonesia, Various Uses and Origins*, Second Edition (First Published 1981), Jakarta, Ceramic Society of Indonesia, 1990; Bhujjong Chandavij: Thai Architecture with Chinese Ceramic Decoration（中国陶瓷对泰国建筑装饰之影响），陈康顺编：《中国古代贸易瓷国际学术研讨会论文集》，台北：历史博物馆，1994 年，第 297~316 页；Bhujjong Chandavij 著，李培俊译：《中国陶瓷在泰国》，《中国古陶瓷研究——'82 第一届中国古代陶瓷科学技术国际讨论会论文集》，北京：科学出版社，1987 年，第 303~305 页。

［5］朱培初编著：《明清陶瓷和世界文化的交流》，北京：轻工业出版社，1984 年；（德）埃娃·施特勒伯：《德累斯顿奥古斯都大帝藏品中的德化瓷器和宜兴紫砂器》，上海博物馆编：《中国古代白瓷国际学术研讨会论文集》，上海：上海书画出版社，2005 年，第 519~536 页；（英）唐·纳利著，吴龙清、陈建中译：《中国白——福建德化瓷》附录三，《德累斯顿藏品清单》，福州：福建美术出版社，2006 年，第 175~184 页。

［6］马文宽、孟凡人：《中国古瓷在非洲的发现》，北京：紫禁城出版社，1987 年，第 58~62 页。

［7］Jessica Harrison-Hall, The History of the Chinese Export Porcelain Collection in the British Museum（大英博物馆收藏中国贸易瓷的历史变迁），陈康顺编：《中国古代贸易瓷国际学术研讨会论文集》，台北：历史博物馆，1994 年，第 413~434 页。

需要指出的是，闽南地区瓷器在海外各地的使用情况是并不相同，这主要体现于其在各地的分布、数量和品类方面略有差异（表5-2）。日本、朝鲜半岛出土有磁灶窑粗瓷系统瓷器、仿龙泉窑青瓷、仿景德镇窑青白瓷、漳州窑青花瓷、五彩瓷、素三彩瓷、德化窑白瓷等，尤其以篦点划花青瓷、青花瓷居多，器类有碗、盘、执壶、罐等，绝大多数为日常生活用器；其中闽南地区瓷器与其他名窑瓷器相比，二者均占有一定比例，且前者并不占数量上的优势。东南亚地区则以磁灶窑瓷器居多，其中军持、大罐、小罐、净瓶等属于这些地区富有特色的典型外销瓷器类；而青釉、青白、青花瓷器也不少；但是，同一遗址中发现的其他窑场瓷器则较少，闽南地区窑址是其主要的瓷器来源。伊拉克、伊朗等中东国家以及非洲东海岸的埃及等地，也有闽南地区瓷器的发现，但数量并不多，与同一遗址发现的其他窑场的产品相比，如越窑、景德镇窑、龙泉窑等，明显不占主要地位。明代中晚期以后，闽南地区瓷器逐渐销往欧美地区，以德化窑白釉瓷器和漳州窑青花瓷器为主，德化窑白釉瓷器分日常生活用器和陈设用器两大类，而青花瓷器则多为碗、盘类日常生活用器，其与景德镇民窑青花、五彩瓷器等，共同构成了这些地区用瓷的主要来源。

表5-2 闽南地区瓷器海外市场的地域差异简表

海外地区	瓷器品种	器类	数量比例
日本与朝鲜半岛	磁灶窑瓷器、青瓷、青白瓷、青花瓷、五彩瓷、素三彩瓷、德化窑白瓷等	碗、盘、执壶、罐等，绝大多数为日常生活用器	闽南地区瓷器占一定比例，但并无数量优势
东南亚地区	以磁灶窑瓷器居多，而青釉、青白、青花瓷器也不少	日常生活用器，还有军持、大罐、小罐、净瓶等该地区富有特色的典型外销瓷器	所占比例较大，是该地区用瓷的主要来源
中东与非洲	青瓷、青白瓷、白瓷、青花、五彩等	日常生活用器为主	所占比例较小
欧美地区	青花、五彩、白瓷为主	日常生活用器和陈设类用器	占一定比例

二 使用个案举例

自唐宋以来，瓷器的使用十分广泛，满足了古人各方面的社会生活需求。闽南地区宋至清代制瓷手工业的发展，反映了当时人们对瓷器的需要，这不仅体现在国内地区，还表现在海外地区。根据前文分析可知，这些瓷器的使用范围很广，涉及到各类社会生活，如饮食、起居、宗教、建筑等多个方面。下面选取几类较为常见或比较特殊的器物，简要分析其与当时社会生活的关系。

1．茶具与饮茶

唐代以来，饮茶风尚渐趋盛行，以煎茶法、煮茶法为主，瓷器是重要的饮茶之器，陆羽《茶经》对其已有详述[1]。宋代则盛行饼茶，其饮茶方式有了较大变化[2]，以点茶为主，而作为吃茶用器

[1]（唐）陆羽：《茶经》卷中《四之器》，“盌”条，参看（唐）陆羽撰，沈冬梅校注：《茶经校注》，北京：中国农业出版社，2006年，第24页。

[2] 冯先铭：《从文献看唐宋以来饮茶风尚及陶瓷茶具的演变》，《文物》1963年第1期，第8~14页；方秀珍：《从茶具文物谈到唐宋时期的茶文化风俗》，《江汉考古》1998年第4期，第78~79、84页。

的瓷器也随之变化[1]。其中，最为突出的是崇尚适宜“斗茶”的建窑黑釉盏[2]，据北宋蔡襄《茶录》“茶盏”条记载：“茶色白，宜黑盏。建安新造者绀黑，纹如兔毫。其坯微厚，熁之久热难冷，最为要用。出他处者，或薄或色紫，皆不及也。”[3]这种风尚也影响到了闽南地区，其中德化窑即有黑釉盏的烧造[4]。同时，南安窑、德化窑、同安窑、漳浦窑等窑场烧造的青白釉、青釉盏也用作饮茶之用，如斗笠状碗；磁灶窑的盏托、盏也是配套使用的茶具。该地区生产的仿龙泉窑青釉篦划纹碗（盏）则还是日本地区颇为流行茶碗，后因村田珠光引入日本“茶道”而被称为“珠光青瓷”[5]。磁灶窑的酱黑釉罐、盏、瓶、注壶、急须等也是日本茶道文化中的重要器具[6]，这也是闽南地区瓷器销往日本的一组较为特殊的器类，而其在海外其他地区则较为少见，与国内的饮茶之风差异颇大[7]。

明代以后，因散茶饮用方便而十分流行，饮茶方式也渐由直接冲泡取代了点茶[8]，茶具也随之而变，则以茶壶、茶杯为代表。闽南地区德化窑白釉和青花瓷器、漳州窑青花瓷器等均生产有大量的饮茶器具，其中德化甲杯山窑杯子的数量和种类最多。德化窑的白瓷茶壶、茶杯，不仅形制多样，而且大小有别，适应不同人群的喜好与习惯，有些茶杯上还刻有文雅的行草诗文或词句，如“茶以新为贵”等，这也明确了杯子的用途。青花瓷器中茶杯的种类也较多，安溪、德化、漳州等地均有烧造。这类茶具除了本地和邻近地区使用之外，明代末期至清代还大量销往欧美各地[9]，颇受喜爱，这主要是因为中国茶叶这一时期逐渐传入欧美地区[10]，尤其是18世纪、19世纪初期以来，“西洋贾舶来华，所需之物，亦惟茶是急”[11]，西方国家开始兴起了饮茶之风[12]。

此外，明清时期的白釉或青花瓷壶、杯等，还可以用作饮酒和咖啡的器具，德化窑的各类瓷杯最具代表性，在国内和欧洲等地均有使用[13]。

---

[1] 廖宝秀：《宋代吃茶法与茶器之研究》，台北：台北故宫博物院，1996年。

[2] 中国社会科学院考古研究所、福建省博物馆建窑考古队：《福建建阳县水吉北宋建窑发掘简报》，《考古》1990年第12期，第1095~1099、1089页；中国社会科学院考古研究所、福建省博物馆建窑考古队：《福建建阳县水吉建窑遗址1991~1992年度发掘简报》，《考古》1995年第2期，第148~154、159页。

[3]（宋）蔡襄：《茶录》，（元）陶宗仪：《说郛》卷八十一，上海：商务印书馆，1927年。宋徽宗对此亦有类似论述，见（宋）赵佶：《大观茶论》，（元）陶宗仪：《说郛》卷五十二，上海：商务印书馆，1927年。

[4] 陈建中：《浅谈德化碗坪仑窑的黑釉器》，《福建文博》1996年第2期，第67~69页。

[5]（日）稻垣正宏著，新保辰夫、丰田裕章译：《两种珠光茶碗》，《海交史研究》1997年第1期，第110~113页；（日）冈仓天心著，张唤民译：《说茶》第三章《道和禅》，天津：百花文艺出版社，2003年，第44~70页。

[6] 栗建安：《福州地区薄胎酱釉器的初步研究》，《陈昌蔚纪念论文集·陶瓷》第二辑，台北：财团法人陈昌蔚文教基金会，2003年，第27~72页；滕军：《日本茶道文化概论》第五、六章，北京：东方出版社，1992年。

[7] 孙机：《中国茶文化与日本茶道》，《中国历史博物馆馆刊》1996年第1期，第62~69页。

[8] 丁以寿：《中国饮茶法流变考》，《农业考古》2003年第2期，第120~125页。

[9] 朱培初编著：《明清陶瓷和世界文化的交流》，北京：轻工业出版社，1984年；（英）唐·纳利著，吴龙清、陈建中译：《中国白——福建德化瓷》第十章，福州：福建美术出版社，2006年，第101~103页。

[10] 张燕清：《垄断政策下的东印度公司对华茶叶贸易》，《浙江学刊》2006年第6期，第73~76页；胡赤军：《近代中国与西方的茶叶贸易》，《东北师大学报》（哲学社会科学版）1994年第1期，第25~31页；张燕清：《英国东印度公司对华茶叶贸易方式探析》，《中国社会经济史研究》2006年第3期，第54~60页；兰日旭：《英国东印度公司从事华茶出口贸易发展的阶段与特点》，《农业考古》2006年第2期，第223~228页。

[11]（清）徐珂编撰：《清稗类钞》第五册《农商类·茶叶大黄之互市》，北京：中华书局，1984年，第2353页。

[12] 陶德臣：《西方早期饮茶风习的兴起》，《农业考古》2008年第5期，第298~302、307页。

[13]（英）唐·纳利著，吴龙清、陈建中译：《中国白——福建德化瓷》第五章、第十章，福州：福建美术出版社，2006年，第40~49、101~103页；刘幼铮：《中国德化白瓷研究》附录二《中外德化瓷收藏目录》，北京：科学出版社，2007年，第204~241页。

2．香炉与用香

闽南地区的瓷炉类别也较多，且时代特征较为明显。宋元时期多为青白釉，器形多是杯形身、高圈足，以南安窑最具代表性；元代的磁灶窑也烧造黑釉或低温釉彩的鼎式三足香炉。明代以后，德化窑白釉炉的种类、数量最为丰富，有鼎式三足炉、盆形炉、圈足簋式炉、三足筒形奁式炉等，器物大小序列明显；明清时期的漳州窑和漳州窑等还烧造青花炉，多为鼎式三足炉，与景德镇窑青花香炉相类[1]。

宋代以来，上层社会香料的使用十分盛行，并出现了一些介绍和品评香料的香谱，如洪刍的《香谱》[2]；而香料贸易在《诸蕃志》、《岛夷志略》等诸多文献中也多次提及。香炉的使用即与古人用香息息相关，这类器物以国内居多，一般为熏香，属家居生活的组成部分[3]。

明清时期，香炉还作为一种重要的供器，用以焚香，与瓶、烛台各一对配合使用，常见于各类寺院、庙宇的供桌之上，有的甚至沿用至今。此外，香炉也作为墓葬中的随葬品或祭器，如晋江紫帽明墓出土磁灶窑酱黑釉炉[4]、安溪湖头明清墓出土安溪窑青花炉[5]等即属此类。

3．盒子及其功用

闽南地区宋至清代瓷盒的生产数量大，种类多，尤以德化窑、南安窑、漳州窑产品类型最为丰富。宋代尤其是南宋时期，以青白釉瓷盒为主，大小差异较大，泉州内陆地区的德化窑与沿海地区的南安窑为其两大产地，两者在形制、装饰等方面均不相同[6]。德化窑常见印花装饰的多瓣形盒，器身较浅，这类盒与景德镇湖田窑址[7]、江西一些纪年墓葬[8]出土的青白釉瓷盒颇为相似；南安窑则多为素面圆形盒，且器身较高。此外，南安窑还有少量子母盒，盒内有三个浅盅，连为一体，与景德镇窑青白釉子母盒是相同的[9]。元代的德化窑大量烧造白釉瓷盒，器形变得矮扁，盒盖中心隆起成弧形，器物仍多为印花装饰，纹样丰富多样。这些瓷盒除了本地使用外，大量销往了日本、东南亚各地。明代晚期以后，漳州平和五寨洞口窑的产品以青花瓷盒所占比例较大，此类产品在东南亚、日本等地均有发现；而平和田坑窑则以烧造低温素三彩瓷盒为主，这类产品大多销往日本；而德化窑白釉瓷盒则多为菊瓣形，器形矮扁，且大小不一，并开始销往欧洲地区。

瓷盒的用途很多，可以作为盛装各类化妆品的粉盒、油盒，可用作盛放药物的药盒，也可用作首饰盒等，这在古诗文及瓷盒标记铭文中均有体现[10]。宋代以来，与东南亚之间香料贸易比较发达[11]，

---

[1] 赵明璟：《明代青花瓷香炉综述》，《南方文物》1993 年第 4 期，第 81~85 页。

[2]（宋）洪刍撰：《香谱》，《文渊阁四库全书》子部，第 844 册，台北：台湾商务印书馆，1986 年。

[3] 扬之水：《两宋香炉源流》，《中国典籍与文化》2004 年第 1 期，第 46~68 页。

[4] 泉州市博物馆、晋江市博物馆：《晋江市紫帽镇铁灶山明墓清理简报》，《福建文博》2007 年第 1 期，第 17~20 页；福建博物院、泉州市博物馆、晋江市博物馆：《福建晋江紫帽明墓发掘报告》，《东南文化》2007 年第 5 期，第 33~38 页。

[5] 福建博物院、安溪县博物馆：《安溪湖头明清墓葬》，《福建文博》2003 年第 1 期，第 61~77 页。

[6] 具体形制与特征可参考前文的考古学类型分析。

[7] 江西省文物考古研究所、景德镇民窑博物馆：《景德镇湖田窑址——1988~1999 年考古发掘报告》，北京：文物出版社，2007 年。

[8] 范凤妹：《江西出土的宋代瓷盒》，《江西历史文物》1986 年第 1 期，第 98~105、85 页。

[9] 严钊周：《青白瓷粉盒》，《东南文化》2000 年第 8 期，第 94、95 页。

[10] 中国硅酸盐学会主编：《中国陶瓷史》第六章，北京：文物出版社，1982 年，第 268、269 页。

[11] 李玉昆：《宋元时期泉州的香料贸易》，《海交史研究》1998 年第 1 期，第 58~67 页；林天蔚：《宋代香药贸易史》，台北：中国文化大学出版部印行，1986 年。

瓷盒最广的用途是用作盛放各种香料的香盒[1]。根据考古发现情况，闽南地区香盒的最大市场则是日本、东南亚地区，尤其是日本，因其香道盛行而广泛使用，如平和田坑窑的素三彩香盒[2]。

4．军持及其功用

闽南地区的瓷器中，军持是一类特殊的器物，其中磁灶窑烧造有黑釉、绿釉、黄釉军持，德化窑则以青白釉居多，明清时期多白釉、青花[3]。这类器物在国内除了窑址以外的其他遗址中很少见到，而主要发现于东南亚各地以及近东一些地区。由此可知，军持是专门销往东南亚等地的独特产品[4]。东南亚地区的军持多用作宗教生活中的净水器[5]，流行于爪哇、婆罗洲、苏门答腊及中南半岛。其早期多为陶质，除了各地遗址发现外，还见于沉船，如大约10世纪的印度尼西亚井里汶沉船[6]。北宋晚期以来，闽南地区烧造的瓷军持流入这些地区，尤以磁灶窑的酱黑釉、低温黄绿釉军持最为多见，作为一类特殊意义的器物，融入了当地的宗教生活。

5．塑像及其功用

明代晚期以来，德化窑以白瓷塑像著称于世，造型丰富多样，题材主要有佛道以及西洋人物等[7]，满足了社会各阶层人士的不同需求，上至宫廷贵族、下至平民百姓均有体现，行销海内外，如西洋人物即主要销往欧洲各地[8]。佛教的观音、达摩以及妈祖、关公、文昌君等最为常见，形象生动逼真，神态各异。

这些塑像不仅出现于佛寺道观、文庙祠堂的供桌或神龛中，而且作为民间十分喜爱的家庭供养逐渐步入了“寻常百姓家”。一方面，德化窑白瓷塑像的胎土细腻、釉色莹白，易于模制、堆塑成型，并且以何朝宗为代表的制瓷艺人技法娴熟，所制塑像造型精巧，灵活多样，独具特点。另一方面，南宋以来，尤其是明代晚期以后，江南地区宗教信仰日趋世俗化[9]，各种民间信仰十分活跃[10]，这类造像具有广泛的社会需求。因而，明代晚期以来，德化窑白瓷塑像遂成为其最具特色的产品之一。

6．大盘及其功用

明代晚期至清代初期，漳州窑大量烧造青花、五彩大盘[11]，这类盘器形较大，口径一般在25

[1] 扬之水：《说香盒》，《文史知识》2003年第10期，第50~57页。

[2]（日）茶道资料馆编辑：《交趾香盒——福建省出土文物与日本的传世品》（特别展），京都：茶道博物馆，MOA美术馆，福建省博物馆，朝日新闻社，1998年。

[3] 李知宴、黄宝玲：《关于军持的几个问题》，第148~156页；徐本章、叶文程：《略谈德化窑的古外销“军持”》，第157~162页，均载《古陶瓷研究》第一辑，1982年。

[4] L. Katherine Lane，Chinese Kendi Produced for the South East Asian Market（为东南亚市场生产的中国军持器皿），郭景坤主编：《古陶瓷科学技术5——2002年国际讨论会论文集（ISAC'02）》，上海：上海科学技术文献出版社，2002年，第472~477页。

[5] 陈擎光：《从宗教性纹饰探讨十七至十八世纪中国贸易瓷供需之问题》，陈康顺编：《中国古代贸易瓷国际学术研讨会论文集》，台北：历史博物馆，1994年，第273~296页。

[6]（新加坡）约翰·M.米希：《井里汶沉船的精致陶器——始发地、目的地和意义》，《故宫博物馆院刊》2007年第6期，第107~114页。

[7] 刘幼铮：《中国德化白瓷研究》第七章，北京：科学出版社，2007年，第163~179页。

[8]（英）唐·纳利著，吴龙清、陈建中译：《中国白——福建德化瓷》第七~十章，福州：福建美术出版社，2006年，第65~110页。

[9] 严耀中：《中国东南佛教史》，上海：上海人民出版社，2005年；（加）卜正民著，张华译：《为权利祈祷：佛教与晚明中国士绅社会的形成》，南京：江苏人民出版社，2005年。

[10]（美）杨庆堃著，范丽珠等译：《中国社会中的宗教：宗教的现代社会功能及其历史因素之研究》，上海：上海人民出版社，2007年。

[11] 傅宋良：《福建平和发现的克拉克瓷大盘》，《文物》2001年第11期，第85~92页。

厘米以上，内壁多带有开光图案，纹饰以花鸟为主，其多为东印度公司来华贸易的重要货物[1]，当时的欧洲人将其称为“克拉克瓷”或“汕头器”[2]。这类器物在国内发现的数量极少[3]，而主要见于东南亚、非洲、欧美地区，尤以欧洲各国居多[4]。这种大盘一般用作餐具，与其他器物如碗、盘、碟、杯等配套使用。大盘内壁纹样繁缛复杂，多具西方特色，因而也是欧洲当时颇为流行的陈设品，贴或挂于墙壁上，反映了当地的生活习惯与社会时尚，并逐渐进入了收藏领域[5]。

第四节　小结：外向型生产及其地位

闽南地区宋至清代的瓷器不仅满足了当地人们的社会生活需要，还大量销往海外地区。瓷器在国内由窑场到市镇和港口的运输主要依靠江河船运，而输往国外则由沿海港口，特别是泉州、漳州、厦门、福州等，经海上运输分散到日本、朝鲜半岛、东南亚、南亚、中东、东非各国，以至欧美地区，其行销区域不断扩大。闽南地区瓷器颇受海外人们的喜爱，适应了海外地区的生活习俗或方式。下面从消费市场、外销原因方面进行扼要的总结。

一　外向型生产

晚唐、五代以来，中国瓷器开始以商品形式大量销往国外地区[6]，并逐步形成了海上贸易的“陶瓷之路”[7]。闽南地区宋至清代瓷器的市场一直受到广泛关注，并且对此有了瓷器外销的判断[8]。通过古代文献的记载、海外遗址和水下考古的发现，并结合窑址出土遗物，从中可知闽南地区瓷器主要是外销的，具体可以从以下三个方面来说明。

其一，古代文献的记载表明，该地区瓷器大量“过洋”，销往海外地区。这一点在当时外国人的游记以及时人在东南亚等地见闻中均有体现[9]，有的还明确指出是泉州所产瓷器。这就表明，闽

[1] T. Volker, *Porcelain and the Dutch East India Company (1602-1682)*, Leiden, Holland: Rijksmuseum voor Volkenkunde, 1954；冯先铭、冯小琦：《荷兰东印度公司与中国明清瓷器》，《江西文物》1990 年第 2 期，第 101~104、117 页；熊寰：《克拉克瓷研究》，《故宫博物院院刊》2006 年第 3 期，第 113~122 页。

[2] 肖发标：《克拉克瓷刍议》，《南方文物》2000 年第 2 期，第 62~64 页；（法）莫尼克·科里克著，王芳译，楼建龙校：《界定“汕头器”的年代——1600 年 11 月 4 日，“圣迭戈”号大帆船》，《福建文博》2001 年第 1 期，第 46~52 页。

[3] 江西少数明清墓葬中发现有这类青花大盘的残次品，为景德镇窑产品；而闽南地区则未发现这种情况。参看薛翘、刘劲峰：《江西出土的明万历外销青花瓷盘》，《江西历史文物》1985 年第 1 期，第 93~98 页；陈立立：《克拉克瓷盘与葬俗》，《民俗研究》2004 年第 4 期，第 88~99 页。

[4] 朱杰勤：《十七、八世纪华瓷传入欧洲的经过及其相互影响》，《中国史研究》1980 年第 4 期，第 109~121 页；莫拉·瑞纳尔迪著，曹建文、罗易扉译：《克拉克瓷器的历史与分期》，《南方文物》2005 年第 3 期，第 83~85 页。

[5] 李金明：《明清时期中国瓷器文化在欧洲的传播与影响》，《中国社会经济史研究》1999 年第 2 期，第 42~49 页。

[6] 这涉及到“外销陶瓷”的概念问题。中国陶瓷的外传可以上溯到汉晋时期；但一般来说，学者们大多认为外销陶瓷是指批量销往海外的具有商品性质的陶瓷，始自唐代。参看唐星煌：《汉晋间中国陶瓷的外传》，《厦门大学学报》（哲学社会科学版）1988 年第 3 期，第 106~110 页；唐星煌：《汉唐陶瓷的传出和外销》，吴锦吉、吴春明主编：《东南考古研究》第一辑，厦门：厦门大学出版社，1996 年，第 137~148 页；苏垂昌：《唐五代中国古陶瓷的输出》，《厦门大学学报》（哲学社会科学版）1986 年第 2 期，第 93~101 页；李知宴：《从唐代陶瓷的发展看中国和亚非国家的关系》，《中国历史博物馆馆刊》1985 年总第 7 期，第 53~61 页。

[7]（日）三上次男著，李锡经、高喜美译：《陶瓷之路》，北京：文物出版社，1984 年。

[8] 许清泉：《宋元泉州陶瓷生产与外销》，《古陶瓷研究》第一辑，1982 年，第 80~87 页；陈鹏：《宋元时期泉州陶瓷业与产品外销》，陈世兴主编：《泉州学研究》，福州：福建教育出版社，2002 年，第 359~375 页；孟原召：《宋元时期泉州沿海地区瓷器的外销》，《边疆考古研究》第 5 辑，北京：科学出版社，2006 年，第 137~156 页。

[9] 具体记载参看本文研究史中的《马可波罗行纪》、《诸蕃志》、《岛夷志略》等有关古代文献记载部分。

南地区所产瓷器存在着海外市场。

其二，除了窑址废弃物及独具特色的德化窑产品之外，国内地区的考古发现资料较少，与该地区宋至清代制瓷手工业的生产规模有较大差距。根据目前的国内考古及使用情况可知，闽南地区瓷器多是限于当地使用，明清时期的德化窑白釉瓷器则广销至国内其他地区，甚至还供御用，然而该地区普通瓷器的产量与其国内使用情况并不相符。由此判断，国内市场并不是闽南地区瓷器的主要市场。

其三，日本、朝鲜半岛、东南亚、南亚、中东、非洲、欧美等海外地区的大量发现和使用，沿海地区及各海域水下考古发现的沉船遗迹也有大批闽南瓷器的发现，这不仅表明闽南地区瓷器外销的事实，也是其海外市场及其贸易航线的有力证据。

由此可知，闽南地区瓷器的主要销售市场不是国内地区，而是海外地区。也就是说，闽南地区宋至清代的瓷器以外销为主要目的，从而形成了一个面向国外市场的外向型瓷器生产区域。

二 外向型生产区域形成的条件

汉晋时期，中国瓷器已传入国外[1]，到了唐代晚期逐渐出现了作为商品而大规模销往海外地区的外销瓷器[2]，宋元时期瓷器的外销到达了新的高峰，明代晚期以来还大量输往欧美地区[3]。一方面，这是由于中国瓷器普遍受到国外人们的欢迎，是瓷器的自身优势所决定的[4]；另一方面，与国外当时的社会生活背景、海外贸易的发达等有很大关系。闽南地区制瓷手工业的兴盛与瓷器的外销，还与闽南地区泉州、漳州、厦门诸港口的便利与更迭繁荣是密不可分的。根据前文瓷器行销及使用情况的分析，下面从三个方面阐述闽南地区外向型生产区域形成的条件。

第一，中国瓷器丰富了当时国外地区的社会生活。

瓷器的普遍流行，不仅改善了中国的社会生活用器，而且对国外的社会生活也有较大的影响。晚唐、五代时期，越窑、长沙窑、巩县窑等南北方瓷器已远销海外[5]。这类物美价廉的瓷器逐渐取代了国外地区使用的陶器、竹木器、金属器皿等，在当地人们的生活中起到了重要作用。大批瓷器的输出，刺激了宋元时期这些地区乃至更多地区对中国瓷器的需求。

[1] 唐星煌：《汉晋间中国陶瓷的外传》，《厦门大学学报》（哲学社会科学版）1988 年第 3 期，第 106~110 页；唐星煌：《汉唐陶瓷的传出和外销》，吴锦吉、吴春明主编：《东南考古研究》第一辑，厦门：厦门大学出版社，1996 年，第 137~148 页。

[2] 苏垂昌：《唐五代中国古陶瓷的输出》，《厦门大学学报》（哲学社会科学版）1986 年第 2 期，第 93~101 页；李知宴：《从唐代陶瓷的发展看中国和亚非国家的关系》，《中国历史博物馆馆刊》1985 年总第 7 期，第 53~61 页。

[3] 陈万里：《宋末——清初中国对外贸易中的瓷器》，《文物》1963 年第 1 期，第 20~24 页；冯先铭：《元以前我国瓷器销行亚洲的考察》，《文物》1981 年第 6 期，第 65~74 页；李知宴：《十二至十四世纪中国瓷器的发展和外销》，《中国历史博物馆馆刊》1992 年总第 17 期，第 30~36 页；（日）三上次男著，李锡经、高喜美译：《陶瓷之路》，北京：文物出版社，1984 年；叶文程：《试论中国古外销陶瓷的国家和地区》，《福建文博》1989 年第 1、2 期，第 104~110、113 页；曾玲玲：《瓷话中国——走向世界的中国外销瓷》，北京：商务印书馆，2014 年；刘森、胡舒扬：《沉船、瓷器与海上丝绸之路》，北京：社会科学文献出版社，2017 年。

[4] 叶文程、丁炯淳：《中国古陶瓷畅销国外的原因》，《福建文博》1991 年第 1、2 期，第 91~96 页。

[5] 谢明良：《记黑石号（Batu Hitam）沉船中的中国陶瓷器》，（台湾大学），《美术史研究集刊》第十三期，台北：台湾大学美术史研究所，2002 年，第 1~60 页；李知宴：《从唐代陶瓷的发展看中国和亚非国家的关系》，《中国历史博物馆馆刊》1985 年总第 7 期，第 53~61 页。

宋元时期，东亚[1]、东南亚[2]、南亚、中东、非洲[3]等地，社会生产力相对比较落后，生活习俗也有较大差异[4]。这些地区（除高丽外）尚没有制瓷手工业，即使是制陶工艺水平较高的中东、日本[5]，也尚未掌握成熟的烧瓷技术[6]，与宋元时期发达的制瓷手工业根本无法相比[7]。明清时期，日本、朝鲜、泰国等地区能够烧造瓷器，18世纪以后欧洲受中国影响也逐渐掌握了瓷器的烧成技术，一定程度上刺激了中国瓷器在国际市场上的竞争力。由于受到产量、质量、价格等多种因素制约，明清时期的瓷器依然大量销往国外地区。中国瓷器美观实用、价格低廉，而闽南地区仿烧当时名窑的瓷器，大多质量相对要差一些，但有些也制作精致，且独具特色，如德化窑白釉瓷器，这就满足了海外地区的生活需要，且因沿海而又具交通成本较低的优势[8]。在此情况下，中国瓷器便极大地适应了国外人们的生活需要，也为瓷器的大批输出提供了广阔的市场。这是中国瓷器包括闽南地区瓷器外销的社会背景和外部因素。

第二，闽南地区本身具有制瓷传统，宋至清代制瓷手工业以仿烧名窑为主要特征，并具有独特的产品类别。

宋代以来，与海外地区之间的瓷器贸易十分发达。宋元时期，一些著名窑场的瓷器都存在着广阔的海外市场[9]，主要有北方的磁州窑、定窑、耀州窑等，南方的越窑、龙泉窑、景德镇窑等。在这些主要窑场的影响下，各地还有许多生产类似瓷器的小型窑场，共同构成了宋元时期制瓷手工业生产格局[10]，也是外销瓷生产体系的基础。明清时期，景德镇民窑有了新的发展与繁荣，以烧造青花瓷器为主，并影响到周边其他地区[11]。

---

[1] 郑学稼：《日本史》，台北：黎明文化出版社，1977年。

[2]（英）霍尔著，中山大学东南亚历史研究所译：《东南亚史》（上），北京：商务印书馆，1982年；何平：《东南亚的封建—奴隶制结构与古代东方社会》，昆明：云南大学出版社，1999年；贺圣达：《东南亚文化发展史》，昆明：云南人民出版社，1996年；王任叔：《印度尼西亚古代史》（下），北京：中国社会科学出版社，1987年。

[3] 埃尔·法西主编：《非洲通史》第3卷（七世纪至十一世纪的非洲），北京：中国对外翻译出版公司，1993年；尼昂主编：《非洲通史》第4卷（十二世纪至十六世纪的非洲），北京：中国对外翻译出版公司，1992年。

[4] 这些资料可参考宋、元人对海外国家的认识，宋代赵汝适《诸蕃志》、周去非《岭外代答》、元代汪大渊《岛夷志略》、周达观《真腊风土记》、明代马欢《瀛涯胜览》、费信《星槎胜览》等都作了描述，包括其地、其居、其俗、其用等各方面所见所闻，是我们研究当时这些地区社会历史的重要资料。当时外国人到中国的游记中对所经过地区的生活习俗、社会状况等也作了记载，包括：《马可波罗行记》（意大利人）、《伊本·白图泰游记》（摩洛哥人）、《鄂多立克东游录》（意大利人，何高济译，北京：中华书局，2002年，第27~96页）等。还可参阅：Sumarah Adhyatman, *Antique Ceramics found in Indonesia, Various Uses and Origins*, The Ceramic Society of Indonesia, Second Edition (First Published 1981), Ceramic Society of Indonesia, Jakarta, 1990，本书在介绍陶瓷之前，书中谈论了印度尼西亚相关的历史背景和生活习俗。

[5]（日）后藤茂树编集：《世界陶磁全集2·日本古代》，东京：小学馆，1979年；（日）相贺彻夫编集：《世界陶磁全集3·日本中世》，东京：小学馆，1977年。

[6] 制瓷技术需要窑炉、窑具、温度火候的控制等方面综合考虑，参阅熊海堂：《东亚窑业技术发展与交流史研究》，南京：南京大学出版社，1995年。日本、中东地区所产属于陶器，并不是以瓷土作胎、未经过1200℃以上的高温焙烧，因而尚不属瓷器，陶、瓷之间的区别参考权奎山、孟原召：《古代陶瓷》，北京：文物出版社，2008年。

[7]（日）三上次男编集：《世界陶磁全集16·南海》，东京：小学馆，1984年；（日）三上次男编集：《世界陶磁全集21·世界（二）》，东京：小学馆，1986年。

[8] 瓷器本身是商品，其产销符合市场规律。一方面，泉州瓷器多为仿烧，相比较粗糙，成本较低；另一方面，因泉州本身为海外贸易港口，这就节省了一笔由较远窑场运输到港口的运费。因而，据此可以推测，闽南地区瓷器的成本较低，具有一定的市场竞争力。

[9] 陈万里：《宋末——清初中国对外贸易中的瓷器》，《文物》1963年第1期，第20~24页；冯先铭：《元以前我国瓷器销行亚洲的考察》，《文物》1981年第6期，第65~74页；李知宴：《十二至十四世纪中国瓷器的发展和外销》，《中国历史博物馆馆刊》1992年总第17期，第30~36页；（日）三上次男著，李锡经、高喜美译：《陶瓷之路》，北京：文物出版社，1984年；马文宽、孟凡人：《中国古瓷在非洲的发现》，北京：紫禁城出版社，1987年。

[10] 中国硅酸盐学会编：《中国陶瓷史》第六～八章，北京：文物出版社，1982年，第227~356页。

[11] 中国硅酸盐学会编：《中国陶瓷史》第九、十章，北京：文物出版社，1982年，第357~454页。

通过前文对闽南地区宋至清代制瓷手工业的分析，可知其产品特征以仿烧名窑为主，并且有其独具特色的德化窑白瓷产品。一方面，名窑瓷器开辟了国外市场，但又供不应求或成本高，也为闽南地区仿烧名窑瓷器并销往海外提供了机会。因而，闽南地区的瓷器生产，从器物类型、装饰特征等方面对越窑、龙泉窑、景德镇窑、磁州窑等进行较多的模仿。另一方面，德化窑白釉瓷器因其特殊性而具有广阔的海外市场。因此，在一般的器物品种和器类上，该地所产瓷器适应了国外的具体要求，这是闽南瓷器能够成为外销产品的一个内在因素。

此外，闽南地区还生产一些器形比较特殊的瓷器，如磁灶窑的军持、龙纹大罐，德化窑的军持、盒子、小罐和西洋人物雕塑，漳州窑的大盘，以及清代以来西方社会生活中比较常见的成套成组的餐具、茶具、咖啡具等。这类器物明显带有异域特色，是闽南地区为迎合海外市场需求而生产的专门用于外销的一类瓷器，这也是外部需求对内部生产具有较大影响的反映。

第三，宋至清代，闽南沿海地区的泉、漳、厦诸港口更迭兴盛，以此为中心的海外贸易迅速发展并相继繁荣，这就为闽南瓷器的外销提供了十分便利的海上运输条件。

海外贸易是以商品为纽带的，瓷器无疑是中国对外输出的重要手工业商品，而闽南地区宋至清代窑场大多靠近贸易兴旺的港口，这为瓷器的外销节省了生产和运输成本。因此，在造船和航海技术成熟的基础上，以闽南地区诸海港为中心的海外贸易的繁盛是这一时期瓷器外销的重要前提和客观条件。

三　闽南地区外销瓷的地位

通过前述沿海港口和码头遗迹、海外地区瓷器的使用与发现，以及贸易航线上一批沉船中大量闽南地区瓷器的出水等方面分析，可知，闽南地区宋至清代的制瓷手工业是以外向型生产为主要特征的，其产品以海外市场为主体。因而，它是古代外销瓷的重要组成部分。同时，闽南地区瓷器也是当时重要的海外贸易货物。

宋元时期的海外贸易十分繁荣，瓷器与茶叶、丝绸等是对外输出的主要商品[1]，连同输入的香料[2]、珠宝[3]等共同发展和繁荣了与陆上“丝绸之路”相呼应的海上“丝绸之路”[4]。明清时期的海外贸易时开时禁而缓慢发展，尤其是明末清初有了较大扩展，欧洲各国相继来华，而瓷器、丝绸、茶叶仍是其主要的贸易商品[5]，这些产品随之大量输入欧美地区，从而进一步延长了这条海上“丝绸之路”的航线，扩大了海外贸易的区域。

---

[1] 陈高华、吴泰：《宋元时期的海外贸易》，天津：天津人民出版社，1981年。

[2] 李玉昆：《宋元时期泉州的香料贸易》，《海交史研究》1998年第1期，第58~67页；林天蔚：《宋代香药贸易史》，台北：中国文化大学出版部，1986年。

[3] 李玉昆：《宋元时期泉州的珠宝贸易》，陈世兴主编：《泉州学研究》，福州：福建教育出版社，2002年，第347~358页。

[4] 陈高华、吴泰、郭松义：《海上丝绸之路》，北京：海洋出版社，1991年；刘迎胜：《丝路文化·海上卷》，杭州：浙江人民出版社，1995年；陈炎：《海上丝绸之路与中外文化交流》，北京：北京大学出版社，2002年第2版；（日）三杉隆敏著，白英译：《探索海上丝绸之路的中国瓷器》，《中国古外销陶瓷研究资料》第三辑，1983年，第92~109页；朱非素：《南海“丝绸之路”考古发现浅析》，北京大学考古学系编：《“迎接二十一世纪的中国考古学”国际学术讨论会论文集》，北京：科学出版社，1998年，第499~512页；广东省文物管理委员会、广东省博物馆、广东省文物考古研究所、广州市文物管理委员会编：《南海丝绸之路文物图集》，广州：广东科技出版社，1991年；国家文物局编：《海上丝绸之路》，北京：文物出版社，2014年。

[5]（美）马士著，区宗华译：《东印度公司对华贸易编年史：1635~1834》（一、二、三），广州：中山大学出版社，1991年。

在这些海外贸易往来的众多商品中，瓷器的数量大、普及范围广，又因其重量大而在海上航运中还可作压舱之用，地位十分重要。因此，有学者称之为“陶瓷之路”[1]或“海上陶瓷之路”[2]。闽南地区宋至清代制瓷手工业的繁荣和发展，与发达的海外贸易和广阔的国外市场有着密切关系，而且还影响到了产品的类别与特征等。因而，闽南地区宋至清代的瓷器，尤以磁灶窑、南安窑、同安窑、德化窑、安溪窑、漳州窑为代表，在这条悠久而长远的“陶瓷之路”上占有颇为重要的地位。

[1]（日）三上次男著，李锡经、高喜美译：《陶瓷之路》，北京：文物出版社，1984年。

[2] 马文宽：《论海上陶瓷之路》，《辽海文物学刊》1989年第2期，第89~98页。

第六章 结语

闽南地区地处东南沿海，地理环境特征明显，海上交通发达。南朝以来，随着不断开发，区域经济得到了迅速发展[1]。在此背景下，其制瓷手工业也得以发展，并在晚唐、五代时期有了很大提高。宋元明清时代，藉由本地丰富的制瓷原料、烧窑燃料和便利的交通条件，制瓷手工业和制瓷规模也经历了一个从兴盛、繁荣到收缩、衰落的发展过程，并形成了独具特色的瓷业生产格局。根据前面对典型遗存的考古学分期研究、窑场分布与变迁的探讨、制瓷技术与交流的分析、瓷器的市场与使用的论述，揭示了该地区宋至清代制瓷手工业的发展脉络及其面貌特征，对瓷器的生产与流通诸方面有了较为清晰而全面的认识。

一 制瓷手工业的兴衰

闽南地区的制瓷手工业，晚唐、五代时期已有了较大的发展，入宋以后，窑场数量明显增多，生产规模逐渐扩大，特别是经北宋晚期至南宋早期的迅速发展，到南宋中晚期达到了鼎盛阶段。元代基本上维持了南宋的生产规模，但总体而言，产品质量下降。值得注意的是，这一时期，泉州内陆地区的德化窑渐以烧造白釉瓷器为主，独具风格。明代前期，闽南地区制瓷手工业基本处于低落阶段，至明代中期以后则再次崛起，并且窑场由沿海地区渐向内陆地区转移，以德化窑、漳州窑的发展最为突出。清代中期以后，除德化窑有了新的发展外，漳州窑则由平和向华安、南靖的东溪一带转移，其余各地窑场进一步收缩，遂走向衰落。

闽南地区宋至清代制瓷手工业的发展，与该地区的自然资源和地理环境是密不可分的。“地理环境决定着不同的生产资料和生活资料、劳动方式和生活方式、劳动率、劳动力结构、劳动时间分配、产品等，从而形成最基本的社会分工。”[2]作为商品生产的闽南地区瓷器，其生产、消费亦是如此。一方面，其窑场的选建、分布多在靠近河流的低山丘陵地区，原料丰富、燃料充足、交通便利；另一方面，这一时期的工商业发达，城市经济繁荣，这就促动了以泉州、漳州、厦门等港口为中心的海外贸易的兴盛。闽南地区制瓷手工业生产格局的形成，也正是该地区地理环境为基础的外向型经济发展的结果和反映[3]，其“具有一般商品生产所没有的活力”[4]，经济优势明显。在此基础上，

[1] Hugh R. Clark, *Community, Trade, and Networks: Southern Fujian Province from the Third to the Thirteenth Century*, Cambridge: Cambridge University Press, 1991; 苏基朗著，李润强译：《刺桐梦华录》，杭州：浙江大学出版社，2012 年。

[2] 程民生：《宋代地域经济》，开封：河南大学出版社，1992 年，第 2 页。

[3] 唐文基主编：《福建古代经济史》，福州：福建教育出版社，1995 年；郑学檬：《中国古代经济重心南移和唐宋江南经济研究》，长沙：岳麓书社，2003 年。

[4] 郑学檬：《宋代福建沿海对外贸易的发展对社会经济结构变化的影响》，《中国社会经济史研究》1996 年第 2 期，第 45~50 页，引文出自第 50 页。

这与福建沿海其他地区[1]，乃至浙江地区明州、温州以及广东地区的潮州、广州沿海地区连为一体，形成了一个面向海外市场的外向型华南沿海瓷器生产体系[2]。

闽南地区制瓷手工业由兴起到衰落的发展过程中，出现了两次生产的高峰：南宋中晚期和明代晚期至清代早期。这与当时海外贸易政策和闽南地区瓷器的市场需求息息相关，海外地区是其产品的主要行销区域，并形成了逐渐扩大的以东南亚、日本、非洲直至欧美各地的海外消费市场体系。因此，在制瓷原料充足、技术成熟的条件下，其兴衰则受到各时期海外贸易政策的影响。南宋中晚期及明代晚期制瓷手工业的兴盛阶段，很大程度上受到了政府鼓励海外贸易或开海禁政策的影响；而这两个阶段瓷业的兴盛又恰是海外贸易发达的反映，是受到海外市场需求的刺激而发展起来的。这是瓷器作为商品的性质所决定的，闽南地区生产和市场之间“生产贸易模式”的形成正是这一环节影响的结果[3]。

二　制瓷手工业的总体特征

根据前文分析，并结合瓷窑遗址、沉船遗迹以及国内外城市遗址等资料，闽南地区的瓷器，产品类别极为丰富，既包括了独具风格的德化窑白瓷，又有仿烧名窑产品的青白瓷、青瓷、青花瓷等。除了白瓷及部分青白瓷、青花瓷等较为精细以外，大都制作比较粗糙，属于粗瓷系统[4]，包括磁灶窑瓷、仿龙泉窑青瓷、青花瓷等，是一个以仿烧为主要特征、以海外为市场导向的外向型瓷器生产体系。这一特点可从以下两个方面来理解。

1．区域性与阶段性

闽南地区宋至清代的制瓷手工业，从瓷器特点到制瓷技术，包括器物造型、釉色、纹饰，以及装饰技法、烧成技术等方面，均存在着明显的区域性与阶段性特征。

总体而言，可分为泉州沿海、泉州内陆、漳州地区三个小区，各区之间的产品类别、制瓷技术具有一定的差异，从而形成了该地区制瓷手工业分布格局。泉州沿海地区宋元时期最为发达，以仿景德镇窑青白瓷、仿龙泉窑青瓷最为兴盛，而临近泉州港的晋江磁灶窑颇为独特，产品以粗制的青釉、黑釉、黄绿釉瓷器为主；元代以后，发展缓慢，并迅速衰落；窑炉均为龙窑。泉州内陆地区以德化窑为代表，在仿景德镇窑青白瓷的基础上，利用原料优势逐渐烧造白釉瓷器，器类多样，尤其是白瓷雕塑，特征鲜明，行销海内外，并直至清末延烧不断；明代中期以后，安溪窑、德化窑兴烧了青花瓷器，清代中晚期依然较为发达；元代德化窑出现了分室龙窑，一直延续至明清之际，清代中晚期受到漳州窑的影响则采用了横室阶级窑。漳州地区的制瓷业在宋元时期并不发达，窑场主要集中

[1] 福建沿海其他地区也有很多类似瓷器的生产，莆田、连江、福州等均有着发达的制瓷手工业。参看曾凡：《福建陶瓷考古概论》，福州：福建省地图出版社，2001年；栗建安：《从水下考古的发现看福建古代瓷器的外销》，《海交史研究》2001年第1期，第98~106页。

[2] 这个体系既是空间概念，主要是华南沿海的浙江、福建、广东地区；又具时间范畴，从晚唐、五代的兴起，到宋元时期的逐渐繁荣，至明清时期的缩小、再次兴盛与转移。

[3] 苏基朗：《两宋闽南广东外贸瓷产业的空间：一个比较分析》，张炎宪主编：《中国海洋发展史论文集》第六辑，台北：“中央”研究院中山人文社会科学研究所专书，1997年，第125~172页；苏基朗：《两宋闽南、广东、浙东外贸瓷产业空间模式的一个比较分析》，李伯重、周生春主编：《江南城市工业化与地方文化（960~1850）》，北京：清华大学出版社，2004年，第141~192页。

[4] 这与制作精细的景德镇湖田窑青白瓷、龙泉窑青瓷、北方定窑细白瓷、耀州窑青瓷等形成了鲜明的对比，一定程度上反映了使用者的不同身份。

于沿海地区；明代中期以后，漳州窑兴起，以平和窑为代表，至清代中叶以后烧造中心逐渐由平和转移到了华安、南靖的东溪窑一带，主要烧造青花瓷器，尤以盘、大盘为代表，兼烧五彩、素三彩、青釉、米黄釉瓷器等；窑炉在龙窑的基础上，明清时期发展改进为阶梯式龙窑、一般阶级窑和横室阶级窑。

具体来说，各区的制瓷面貌又有着阶段性变化，尤其是宋元、明清两个时期的区别最为明显。北宋早中期，因越窑自唐、五代以来的深远影响，其风格受到各地模仿，闽南地区主要是磁灶窑青釉瓷器，包括同种类型的酱黑釉瓷器。这一阶段，所受的影响方向主要来自于浙江沿海地区，其影响以器物仿制为主，烧成技术则延续本地区传统。北宋晚期至南宋早期，这是闽南地区制瓷手工业的快速发展阶段，其所接受的影响主要有越窑、景德镇窑，晚段逐渐受到龙泉窑的影响。因此，其仿烧主要是基于这三类窑场，不仅包括瓷器本身器形、釉色、纹饰的模仿，而且逐渐深入到技术领域，装饰技法和装烧方法也可看到其他窑场的特点。到了南宋中晚期，该地区制瓷业的空前繁荣，进入鼎盛期。越窑青瓷、景德镇窑青白瓷的影响逐渐衰微，而龙泉窑青瓷的影响力剧增，成为各地生产的主流产品。此外，北方磁州窑瓷器生产风格也逐渐向南辐射，影响到磁灶窑的胎釉和装饰。这显然受到了海外市场需求的刺激。德化窑则逐渐开始烧造白釉瓷器，奠定了元代以后成就的基础。元代，各地窑场略有收缩，并渐趋衰落，而德化窑依然处于上升阶段。产品主要有受磁州窑影响的磁灶窑瓷器、仿龙泉窑的篦点划花青瓷、仿景德镇窑的青白瓷，但已经很明显的看出制作十分粗糙，包括胎料、釉呈色、花纹装饰等。装烧技术上则采用了支圈叠烧、涩圈叠烧等方法，并出现了分室龙窑，这是闽南地区龙窑窑炉结构变革的开端。明代早中期，各地窑场依然低迷，至中期偏晚阶段开始，逐渐恢复、转移，到了明代晚期再次兴盛，以德化窑、漳州窑最具代表性，前者的白釉瓷器自身特征明显，独具一格，以支钉叠烧、漏斗形和平底匣钵装烧为主，多采用分室龙窑和阶级窑；后者则以仿烧景德镇窑青花、五彩瓷器为主，烧成技术上以M形匣钵摞烧为主，窑炉则为横室阶级窑。清代中晚期，泉州内陆地区仍然保持了良好的发展态势，德化窑白瓷趋于衰落，但其青花瓷器兴起，与安溪窑以及漳州地区华安、南靖的东溪窑一起，维持着这一时期闽南地区制瓷手工业的发展。

2．外向型生产

闽南地区宋至清代的瓷器主要是面对海外市场的，属于外向型生产。这一点是该地区瓷器的主要消费群体所决定的，其使用者宋元时期以东南亚、日本为主体，明清时期则在此基础上扩大到欧美地区。

闽南地区的外向型市场是逐渐发展和完善的。从目前国内外发现的考古资料看，北宋早中期外销瓷器所占比重尚比较小。从北宋晚期开始，到南宋晚期，这种外销的趋势逐渐突出，成为主要的市场。元代的海外市场，基本保持了南宋时期的规模，并出现了收缩的趋势。明清时期，海外市场上最为常见的闽南地区瓷器则是德化窑白瓷、漳州窑青花瓷，并随着新航线的开辟，海上贸易逐渐被葡萄牙、西班牙、荷兰、英国、法国、瑞典、美国等西方国家所控制，大量销往欧洲各地。

这一外向型生产的特征，进一步体现在以下三个方面：

第一，生产区域的变动。因制瓷原料和制瓷传统的差异，三个区域之间及内部的产品不尽相同。随着市场需求的变化，白瓷和青花瓷器逐渐取代了青白瓷、青瓷。因此，元代以后，窑场也由沿海地区逐渐向内陆地区宜于烧造此类瓷器的德化、安溪、平和、华安和南靖一带转移。

第二，生产的规模随之而变。闽南地区宋至清代七个不同发展阶段的规模变化，尤其是南宋中晚期和明代晚期至清代早期两个生产高峰的出现，显然深受海外市场的影响；而其衰落则与闽南地区瓷器国外市场的收缩和其他地区包括17~18世纪以后日本、欧洲各地产品的竞争有着莫大关系。

第三，器物的造型与装饰也体现了海外市场的需求。闽南地区瓷器品种、形制、装饰等方面，体现了各时代的特点，仿烧其他名窑产品本身即是证明。值得注意的是，磁灶窑酱黑釉、黄绿釉瓷器，包括各类瓶、罐、军持等即适应了东南亚市场的特殊需求；德化窑白釉西洋人物雕塑、摆件、杯等也反映了西方市场的审美和需求；漳州窑青花、五彩瓷器也是欧洲各国对中国瓷器的特殊需求，平和素三彩盒类器物则主要是为日本烧造的。

三　生产组织形式

闽南地区制瓷手工业的生产组织形式，与同时期其他民间窑场大体相同[1]。一方面，蒋祈《陶记》记载："陶甿食工，不受艺佣，埽赁窑家，以相附和，谓之𥡴。"[2]从中可知，窑场中有着窑户、坯户之分[3]，这与销售瓷器的"商户"是分离的[4]。另一方面，德化"农居山谷专事稼穑，妇女辟绩之外无他业"[5]，在此传统的"农本"经济思想影响下，瓷器生产多是农闲兼营的，即便到了民国时期，依然如此："德化业磁者有数百家，专业者居少数，余皆多于农隙兼营。"[6]闽南其他地区的制瓷手工业生产亦大体如此，这也是制瓷手工业发展中值得考虑的问题。

四　瓷器的生产与贸易

闽南地区的制瓷手工业属于典型的商品生产，是宋至清代手工业生产的重要方面。瓷器从生产到贸易是一个不可分割的完整过程。生产本身具有一定的独立性，这主要表现为烧成技术在本地传统的基础上，自成体系，并影响到了周边其他地区，甚至海外地区，如朝鲜半岛和日本地区的窑炉与装烧、欧洲仿德化窑白瓷的创烧。然而，生产的目的是为了使用，其特征自然受到使用者需求的影响。这体现在闽南地区宋至清代制瓷手工业兴盛、衰落发展历程的各个阶段，包含了窑场分布、生产规模、产品的器形与装饰特征等，进而决定了该地区瓷器模仿性与创新性的结合。产品的多样性，也满足了不同使用群体的需求，各阶段的差异反映了人们对瓷器实用性的不同要求和审美情趣的时代变化。因此，通过闽南地区宋至清代制瓷手工业生产和贸易两个环节的分析，可知建立在一定技术基础之上的生产是以市场为导向的，市场在一定程度上又激励着生产的发展。

瓷器的贸易，即从生产者到使用者的流通过程，是商品经济下制瓷手工业的重要组成部分。闽

---

[1]（美）何翠媚：《试论宋元时期闽南陶瓷之工业发展及组织》，《福建文博》1999年第1期，第51~57页。

[2]（宋）蒋祈：《陶记》，参看清康熙二十一年（1682年）《浮梁县志》刻本，另可参考白焜：《宋·蒋祈〈陶记〉校注》，《景德镇陶瓷》1981年《陶记》研究专刊，第36~52页，引文出自第38页。

[3]漆侠：《中国经济通史·宋代经济卷》（下），北京：经济日报出版社，1999年，第780~785页。

[4]李建毛：《中国古陶瓷的经济》，长沙：湖南人民出版社，2001年。

[5]（清）鲁鼎梅主修，王必昌主纂：《德化县志》卷之三《疆域志·风俗附》，乾隆十二年（1747年）刊本，福建省德化县地方志编纂委员会整理，1987年，第80页。

[6]陈文涛编：《福建近代民生地理志》，福州：远东印书局，1929年。

南地区瓷器是以外销为主要目的，从窑场到海外各地则要经历内河运输、沿海航运和海上运输，大多经由码头、港口，有的还需转运，这便形成了该地区宋至清代复杂的外销瓷器贸易体系。这一体系，也是宋至清代海外贸易中不可或缺的组成部分。换句话说，闽南地区宋至清代的制瓷手工业，作为当时海外贸易体系的“腹地”经济支撑之一，其与纺织手工业、茶叶种植业等经济门类一起，共同构成了古代“海上丝绸之路”的重要贸易商品来源。

综上所述，闽南地区宋至清代制瓷手工业的发展历程，是一个生产与市场之间相互作用的过程，而连接生产与市场的中间环节——贸易则是这一过程得以完成的重要条件。据此分析，以南安窑、磁灶窑、德化窑、漳州窑等为代表的制瓷手工业遗存，海域沉船与海外地区闽南瓷器的发现和使用，以泉州、月港、厦门以及福州、广州等港口和航海技术为依托的海外贸易，三个方面共同反映了闽南地区宋至清代制瓷手工业的面貌，从而构成了作为商品的瓷器从生产到贸易、再至消费的完整过程，形成了该地区独特的经济生产模式。

参考文献

一　古代文献

（梁）沈约撰：《宋书》，北京：中华书局，1974 年。

（唐）房玄龄等撰：《晋书》，北京：中华书局，1974 年。

（唐）魏征、令狐德芬撰：《隋书》，北京：中华书局，1973 年。

（唐）陆羽：《茶经》，参看（唐）陆羽撰，沈冬梅校注：《茶经校注》，北京：中国农业出版社，2006 年。

（后晋）刘昫等撰：《旧唐书》，北京：中华书局，1975 年。

（宋）欧阳修、宋祁撰：《新唐书》，北京：中华书局，1975 年。

（宋）欧阳忞撰：《舆地广记》，李勇先、王小红校注本，以台湾文海出版社“曝书亭藏宋刻初本、吴门士礼居重雕”本为底本校注，成都：四川大学出版社，2003 年。

（宋）乐史撰：《太平寰宇记》，日本国宫内厅书陵部藏宋本，北京：中华书局，2000 年。

（宋）王存等撰：《元丰九域志》，王文楚、魏嵩山点校本，北京：中华书局，1984 年。

（宋）王象之撰：《舆地纪胜》，文选楼影宋抄本（道光二十九年秋八月刊），北京：中华书局，1992 年。

（宋）祝穆撰、祝洙增订：《方舆胜览》，施和金点校本，北京：中华书局，2003 年。

（宋）朱彧：《萍洲可谈》，李伟国校点本，北京：中华书局，2007 年。

（宋）吴自牧：《梦粱录》，《东京梦华录》（外四种），上海：古典文学出版社，1956 年。

（宋）赵彦卫撰：《云麓漫钞》，傅根清点校本，北京：中华书局，1996 年。

（宋）沈括：《梦溪笔谈》（《元刊梦溪笔谈》），影印古迂陈氏家藏本，北京：文物出版社，1975 年。

（宋）赵汝适撰，杨博文校释：《诸蕃志校释》，北京：中华书局，2000 年。

（宋）徐兢：《宣和奉使高丽图经》，据《知不足斋丛书》本排印，《丛书集成初编》本，上海：商务印书馆，1937 年。

（宋）周去非著，杨武泉校注：《岭外代答校注》，北京：中华书局，1999 年。

（宋）李焘撰：《续资治通鉴长编》，北京：中华书局，2004 年第 2 版。

（宋）朱长文：《吴郡图经续记》，《文渊阁四库全书》史部，第 484 册，台北：台湾商务印书馆，1986 年。

（宋）欧阳修：《文忠集》，《文渊阁四库全书》集部，第 1102 册。

（宋）吕颐浩：《忠穆集》，《文渊阁四库全书》集部，第 1131 册。

（宋）谢履：《泉南歌》，《双峰诗集》，曾平晖编：《晋江历代山水名胜诗选》，厦门：厦门大学出版社，2005 年。

（宋）谢履：《泉南歌》，（宋）王象之：《舆地纪胜》卷一百三十引。

（宋）真德秀：《西山先生真文忠公文集》，明嘉靖元年刻本，《宋集珍本丛刊》第 76 册，北京：线装书局，2004 年。

（宋）王十朋：《梅溪后集》，《文渊阁四库全书》集部，第 1151 册。

（宋）蔡襄述：《荔枝谱》，据《百川学海》本排印，《丛书集成初编》，北京：中华书局，1985 年新 1 版。

（宋）蔡襄：《茶录》，（宋）左圭：《百川学海》本，1927 年武进陶氏景刊本。

（宋）蔡襄：《茶录》，（元）陶宗仪：《说郛》本，上海：商务印书馆，1927 年。

（宋）赵佶：《大观茶论》，（元）陶宗仪：《说郛》卷五十二，上海：商务印书馆，1927 年。

（宋）洪刍撰：《香谱》，《文渊阁四库全书》子部，第 844 册，台北：台湾商务印书馆，1986 年。

（宋）蒋祈撰：《陶记》，清康熙二十一年（1682 年）《浮梁县志》刻本，另可参考白焜：《宋·蒋祈〈陶记〉校注》，《景德镇陶瓷》1981 年《陶记》研究专刊，第 36~52 页。

（元）脱脱等撰：《宋史》，北京：中华书局，1977 年。

（元）汪大渊撰：《岛夷志略校释》，苏继庼校释，北京：中华书局，1981 年。

（元）周达观著，夏鼐校注：《真腊风土记校注》，北京：中华书局，2000 年。

（元）许有壬：《至正集》，《文渊阁四库全书》集部，第 1211 册。

（元）吴澄：《吴文正集》，《文渊阁四库全书》集部，第 1197 册。

（明）徐阶、张居正等纂修：《明世宗实录》卷一百〇六，嘉靖八年十月己巳，《明实录》第 41 册，台北："中央"研究院历史语言研究所，1962 年。

（明）郑若曾：《郑开阳杂著》，《文渊阁四库全书》史部，第 584 册。

（明）胡宗宪：《筹海图编》，《文渊阁四库全书》史部，第 584 册。

（明）巩珍：《西洋番国志》，向达校注本，北京：中华书局，2004 年。

（明）费信著：《星槎胜览》，冯承钧校注本，北京：中华书局，1954 年。

（明）马欢著，万明校注：《明钞本〈瀛涯胜览〉校注》，北京：海洋出版社，2005 年。

（明）严从简：《殊域周咨录》，余思黎点校本，北京：中华书局，1993 年。

（明）张燮：《东西洋考》，首刊于万历四十五年（1617 年），谢方点校本，北京：中华书局，2000 年。

（明）萧崇业、谢杰撰：《使琉球录》，影印明万历年间刻本，《续修四库全书》史部，第 742 册，上海：上海古籍出版社，1995 年。

（明）李言恭、郝杰著：《日本考》，汪向荣、严大中校注本，成书于明代万历年间，北京：中华书局，2004 年。

向达校注：《两种海道针经》，北京：中华书局，2000 年。

向达校注：《两种海道针经·顺风相送》，北京：中华书局，2000 年。

向达校注：《两种海道针经·指南正法》，北京：中华书局，2000 年。

向达整理：《郑和航海图》，北京：中华书局，2000 年。

（明）曹昭撰：《格古要论·古窑器论》，《文渊阁四库全书》子部，第 871 册。

（明）曹昭撰：《格古要论》，（明）周履靖辑刊：《夷门广牍》，明万历刻本，上海涵芬楼影印，台北：台湾商务印书馆，1969 年。

（明）曹昭撰，（明）舒敏、王佐增：《新增格古要论》，影印明刊本，北京：中国书店，1987 年。

（明）宋应星：《天工开物》，上海：商务印书馆，1954 年重印。

（明）茅元仪：《武备志》，影印明天启年间刻本，《续修四库全书》子部，第 964 册。

（明）沈德符撰：《万历野获编》，北京：中华书局，1959 年。

（明）王在晋：《越镌》，《四库禁毁书丛刊》集部，第 104 册，北京：北京出版社，1998 年。

（明）俞大猷撰：《正气堂续集》，《正气堂全集》，廖渊泉、张吉昌整理点校，福州：福建人民出版社，2007 年。

（明）董谷：《碧里杂存》，《丛书集成初编》（2911），北京：中华书局，1985 年新 1 版。

（明）王士性：《广志绎》，周振鹤点校本，北京：中华书局，2006 年。

（明）陈懋仁：《泉南杂志》，影印明万历绣水沈氏刻宝颜堂秘笈本，《四库全书存目丛书》史部，第 247 册，济南：齐鲁书社，1996 年。

（明）何乔远编撰：《闽书》，福州：福建人民出版社，1994 年。

（明）黄仲昭修纂：《八闽通志》，据弘治庚戌（1490 年）刊本整理，福州：福建人民出版社，2006 年第 2 版。

（明）黄仲昭撰：《弘治八闽通志》，影印明弘治四年（1491 年）刊本，台北：台湾学生书局印行，1987 年。

（明）阳思谦修，（明）黄凤翔纂，徐敏学、伍维新纂：《万历重修泉州府志》，明万历四〇年（壬子，1612 年）刊本，刘兆祐主编：《中国史学丛书三编》（第四辑），台北：台湾学生书局印行，1987 年。

（明）汪瑀修：《嘉靖安溪县志》，据嘉靖三十一年（1552）刻本影印，《天一阁藏明代方志丛刊》，上海：上海古籍出版社，1963 年。

（明）罗青霄等修：《漳州府志》，《中国史学丛书》，台北：台湾学生书局，1965 年。

（清）张廷玉等撰：《明史》，北京：中华书局，1974 年。

（清）徐松辑：《宋会要辑稿》，用前北平图书馆影印本复制复印，北京：中华书局，1957 年。

（清）《宫中档雍正朝奏折》第八辑（《硃批谕旨》第 46 册），雍正五年九月初九日，广东巡抚杨文乾、福建总督高其倬、福建巡抚常赉“奏报访查留居外国之人民折”，台北：台北故宫博物院，1967 年。

（清）顾祖禹撰：《读史方舆纪要》，贺次君、施和金点校，北京：中华书局，2005 年。

（清）方鼎等修，（清）朱升元等纂：《晋江县志》，乾隆三十年年（乙酉，1765 年）刊本，奎阁藏版，台北：成文出版社，1977 年。

（清）胡之锃修，（清）周学曾等纂修：《晋江县志》，道光十年（1830 年）修纂，据福建省博物馆藏本点校，福建地方志丛刊，福州：福建人民出版社，1990 年。

（清）谢宸荃总辑，（清）洪龙见纂：《安溪县志》，康熙十三年（1674 年），1987 年安溪县志编委会据北京图书馆藏清康熙刻本影印。

（清）庄成修，（清）沈钟、李畴纂修：《安溪县志》，乾隆二十二年（1757 年），据复旦大学图书馆藏清乾隆二十二年重修本影印；另有福建省安溪县地方志编纂委员会整理本，厦门：厦门大学出版社，2012 年第 2 版。

（清）鲁鼎梅主修，（清）王必昌主纂：《德化县志》，乾隆十二年（1747 年）刊本，福建省德化县地方志编纂委员会整理，1987 年。

（清）郑一崧修，（清）颜璹等纂：《永春州志》，影印康熙五十二年（1713 年）刊本，《中国方志丛书》华南地方第 222 号，台北：成文出版社，1974 年。

（清）柯琮璜纂修：《诒经堂重修安平志》，清道光十五年（1835 年）纂修，据福建省图书馆藏抄本影印，《中国地方志集成·乡镇志专辑》26，上海：上海书店，1992 年。

（清）周凯修，（清）凌翰等纂：《厦门志》，清道光十九年（1839 年）刊本，《中国方志丛书》第 80 号，台北：成文出版社，1967 年。

（清）周亮工：《闽小记》，影印乾隆年间刊刻本，《中国方志丛书》华南地方第 241 号，台北：成文出版社，1975 年。

（清）施琅：《靖海纪事》，《续修四库全书》史部，第 390 册，影印清康熙年间刻本。

（清）徐葆光：《中山传信录》，影印天津图书馆藏清康熙六十年刻本，《四库全书存目丛书》史部，第 256 册，济南：齐鲁书社，1996 年，第 374~522 页。

（清）陈伦炯：《海国闻见录》，《文渊阁四库全书》史部，第 594 册；另见台北《中国史学丛书续编》影印《小方壶斋舆地丛抄》刊本，第 35 册《中国南海诸群岛文献汇编》，台北：台湾学生书局，1984 年。

（清）陈伦炯撰，李长傅校注：《〈海国闻见录〉校注》，郑州：中州古籍出版社，1985 年。

（清）谢清高口述，（清）杨炳南笔录，安京校释：《海录校释》，北京：商务印书馆，2002 年。

（清）王之春著，赵春晨点校：《清朝柔远记》，北京：中华书局，1989 年。

（清）李元春：《台湾志略》卷一，《台湾文献丛刊》第18种，台北：台湾银行，1958年；另参看《台湾方志集成》第一辑，清代篇35，清嘉庆十四年（1809年）刊刻本，台北：宗青图书出版有限公司，1995年。

（清）释大汕：《海外纪事》，影印清康熙年间宝镜堂刻本，《四库全书存目丛书》史部，第256册，济南：齐鲁书社，1996年。

（清）朱逢甲：《沿海形势论》，（清）王锡祺辑：《小方壶斋舆地丛钞》第九帙，影印清光绪年间刊刻本，杭州：杭州古籍书店，1985年。

（清）刘献廷：《广阳杂记》，北京：中华书局，2007年。

（清）陆廷灿：《南村随笔》，影印雍正十三年陆氏寿椿堂刻本，《四库全书存目丛书》子部，第116册，济南：齐鲁书社，1995年。

（清）叶梦珠：《阅世编》，来新夏点校本，北京：中华书局，2007年。

（清）王棠：《燕在阁知新录》，影印清康熙五十六年（1717年）刻本，《续修四库全书》子部，第1147册，上海：上海古籍出版社，1995年。

（清）张金鉴辑：《礼塔龛考古偶编》，清光绪三年（1877年）刻本，长洲张氏出版。

（清）郭柏苍：《闽产异录》，光绪十二年（1886年）刻本。

（清）程哲：《窑器说》，《蓉槎蠡说》卷十一，清康熙五十年（1711年）刊本，《美术丛书初集》（第三辑），台北：台北艺文印书馆，1975年。

（清）朱琰：《陶说》，首刊于乾隆三十九年（1774年），傅振伦译注本，北京：轻工业出版社，1984年。

（清）梁同书：《古窑器考·古今诸窑》，《古铜瓷器考·古窑器考》，铅印本，邓实等编，黄宾虹续编：《美术丛书》第四集三十四辑，第19册，上海：神州国光社，1928年。

（清）蓝浦撰、郑廷桂补：《景德镇陶录》，嘉庆二十年（1815年）刊，同治九年（1870年）刻本影印，《中国陶瓷名著汇编》，北京：中国书店，1991年。

（清）佚名辑：《历代磁器谱》，影印国家图书馆藏本，《中国古陶瓷文献集成》第1册，全国图书馆文献微缩复制中心，2003年。

（清）魏源著：《魏源集》，北京：中华书局，1976年。

（清）徐珂编撰：《清稗类钞》第五册，北京：中华书局，1984年。

齐思和等整理：《筹办夷务始末·道光朝》，北京：中华书局，1964年。

赵尔巽等撰：《清史稿》，北京：中华书局，1977年。

寂园叟：《匋雅》，清宣统二年（1910年）书贵山房重刻本，《中国陶瓷名著汇编》，北京：中国书店，1991年。

（法）费瑯编，耿昇、穆根来译：《阿拉伯波斯突厥人东方文献辑注》，北京：中华书局，1989年。

（阿拉伯）伊本·胡尔达兹比赫著，宋岘译注、郅溥浩校订：《道里邦国志》，北京：中华书局，1991年。

（法）沙海昂注，冯承钧译：《马可波罗行纪》，北京：中华书局，2004年新1版。

（摩洛哥）伊本·白图泰著，马金鹏译：《伊本·白图泰游记》（校订本），银川：宁夏人民出版社，2000年。

（意大利）鄂多立克著，何高济译：《鄂多立克东游录》，北京：中华书局，2002年。

二　今人著作

（一）中文

A

（日）阿部百里子：《从越南Buntau沉船打捞出的中国陶瓷器》，《福建文博》1999年增刊总第35期，第90~92页。

（英）J·M·艾迪斯著，曹今予译：《在菲律宾出土的中国陶瓷》，《中国古外销陶瓷研究资料》第一辑，1981年，第35~48页。

安溪县文化馆：《福建安溪古窑址调查》，《文物》1977年第7期，第58~67页。

鄂杰、赵嘉斌：《2004年东山冬古湾沉船遗址A区发掘简报》，《福建文博》2005年增刊，第118~123、77页。

B

（荷）包乐史、庄国土：《〈荷使初访中国记〉研究》，厦门：厦门大学出版社，1989年。

北京大学考古学系、河北省文物研究所、邯郸地区文物保管所：《观台磁州窑址》，北京：文物出版社，1997年。

北京市文物管理处：《近年来北京发现的几座辽墓》，《考古》1972年第3期，第35~40页。

（加）卜正明著，方骏、王秀丽、罗天佑译：《纵乐的困惑：明代的商业与文化》，北京：生活·读书·新知三联书店，2004年。

（加）卜正民著，张华译：《为权利祈祷：佛教与晚明中国士绅社会的形成》，南京：江苏人民出版社，2005年。

（加）卜正民著，刘丽洁译：《塞尔登的中国地图》，北京：中信出版社，2015年。

（英）布谢尔著，戴岳译：《中国美术》，上海：商务印书馆，1923年。

C

蔡毅、刘伟：《从福建地区青花发展看景德镇青花影响》，《中国古陶瓷研究》第13辑，北京：紫禁城出版社，2007年，第279~285页。

蔡奕芝：《广东省博物馆藏德化瓷器》，《福建文博》2004年第4期，第48~61页。

曹树基：《中国移民史》第五卷《明时期》，福州：福建人民出版社，1997年。

曹树基：《中国移民史》第六卷《清和民国时期》，福州：福建人民出版社，1997年。

Bhujjong Chandavij著，李培俊译：《中国陶瓷在泰国》，中国科学院上海硅酸盐研究所编：《中国古陶瓷研究——'82第一届中国古代陶瓷科学技术国际讨论会论文集》，北京：科学出版社，1987年，第303~305页。

长岚：《7~14世纪中日文化交流的考古学研究》，北京：中国社会科学出版社，2001年。

晁中辰：《明代海禁与海外贸易》，北京：人民出版社，2005年。

陈长根：《福建尤溪县城关镇埔头村发现北宋纪年壁画墓》，《考古》1995年第7期，第668~671页。

陈定荣：《江西金溪宋孙大郎墓》，《文物》1990年第9期，第14~18、21页。

陈高华、史卫民：《中国经济通史·元代经济卷》，北京：经济日报出版社，2000年。

陈高华、吴泰：《宋元时期的海外贸易》，天津：天津人民出版社，1981年。

陈高华、吴泰、郭松义：《海上丝绸之路》，北京：海洋出版社，1991年。

陈家楫：《福建省南安潘山乡发现元代骨灰墓葬》，《文物参考资料》1954年第12期，第183页。

陈佳荣、朱鉴秋编著：《渡海方程辑注》，北京：中西书局，2013年。

陈佳荣、朱鉴秋主编：《中国历代海路针经》，广州：广东科技出版社，2016年。

陈建标：《闽南清代陶瓷生产与厦门港对外贸易》，《厦门博物馆建馆十周年成果文集》，福州：福建教育出版社，1998年，第145~150页。

陈建标：《漳浦窑“珠光青瓷”与同安汀溪窑的关系及相关问题》，《福建文博》1999年增刊总第35期，第142、143、195页。

陈建标：《明末清初厦门港的崛起与陶瓷贸易》，《南方文物》2004年第2期，第77~79页。

陈建标：《浅析宋元时期同安瓷业的成因》，《南方文物》2004年第4期，第67~69页。

陈建中编著：《德化民窑青花》，北京：文物出版社，1999年。

陈建中：《浅谈德化碗坪仑窑的黑釉器》，《福建文博》1996年第2期，第67~69页。

陈建中：《德化窑始烧年代考》，《福建文博》1999年增刊总第35期，第133、134、141页。

陈建中:《泉州的陶瓷贸易与东西方文化互动:以德化窑外销瓷为例》,《海交史研究》2004年第1期,第94~104页。

陈建中、陈丽华：《中国古陶瓷标本·福建德化窑》，广州：岭南美术出版社，2003年。

陈建中、陈丽芳:《德化佳春岭窑纪年器的最新发现》,《中国古陶瓷研究》第9辑,北京:紫禁城出版社,2003年,第273~278页。

陈建中、陈丽芳：《福建德化佳春岭窑出土的陶瓷器》，《文物》2005年第12期，第82~88页。

陈建中、陈丽芳、陈仁杰：《纪年德化瓷珍品鉴赏》，《福建文博》2004年第4期，第68~74页。

陈建中、陈丽华：《中国古陶瓷标本·福建德化窑》，广州：岭南美术出版社，2003年。

陈建中、陈丽华、陈丽芳：《中国德化瓷史》，上海：上海交通大学出版社，2011年。

陈建中、曾萍莎：《福建泉州窑青花瓷及相关问题的探讨》，《中国古陶瓷研究》第13辑，北京：紫禁城出版社，2007年，第207~219页。

陈娟英:《隋唐、五代闽南地区瓷业》,厦门市博物馆编:《闽南古陶瓷研究》,福州:福建美术出版社,2002年,第88~96页。

陈娟英:《福建漳州窑素三彩瓷初探》,《中国古陶瓷研究》第10辑,北京:紫禁城出版社,2004年,第301~314页;

陈娟英、苏维真：《闽南隋唐墓葬与其制瓷业——兼谈隋唐、五代闽南的开发》，《中国古陶瓷研究》第5辑，北京：紫禁城出版社，1999年，第141~147页。

陈进海编著：《世界陶瓷艺术史》，哈尔滨：黑龙江美术出版社，1995年。

陈康顺编：《中国古代贸易瓷国际学术研讨会论文集》，台北：历史博物馆，1994年。

陈立立：《克拉克瓷盘与葬俗》，《民俗研究》2004年第4期，第88~99页。

陈立群：《东山岛冬古沉船遗址初探》，《福建文博》2001年第1期，第33~39页。

陈丽芳、陈默之：《清末日本对德化窑业的调查报告——〈清国窑业调查报告书〉及其他》，《福建文博》2014年第2期，第36~39页。

陈龙：《福建平和田坑窑素三彩造型和装饰艺术》，《南方文物》1998年第3期，第82~89页。

陈鹏：《宋元时期泉州陶瓷业与产品外销》，陈世兴主编：《泉州学研究》，福州：福建教育出版社，2002年，第359~375页。

陈鹏、黄天柱、黄宝玲：《福建晋江磁灶古窑址》，《考古》1982年第5期，第490~498、489页。

陈鹏、曾庆生：《泉州府后山出土的江西瓷器》，《江西历史文物》1983年第4期，第73~77页。

陈鹏鹏:《十二至十五世纪泉州陶瓷贸易》,《十二至十五世纪中国外销瓷与海外贸易国际研讨会论文集》,香港:中华书局，2005年，第47~57页。

陈擎光：《从宗教性纹饰探讨十七至十八世纪中国贸易瓷供需之问题》，陈康顺编：《中国古代贸易瓷国际学术研讨会论文集》，台北：历史博物馆，1994年，第273~296页。

陈台民：《菲律宾出土的中国瓷器及其他》，《中国古外销陶瓷研究资料》第一辑，1981年，第31~34页。

陈万里：《中国青瓷史略》，上海：上海人民出版社，1956年。

陈万里：《陈万里陶瓷考古文集》，北京：紫禁城出版社，1997年第2版。

陈万里：《调查闽南古代窑址小记》，《文物参考资料》1957年第9期，第56~59页。

陈万里：《宋末——清初中国对外贸易中的瓷器》，《文物》1963年第1期，第20~24页。

陈万里：《再谈明清两代我国瓷器的输出》，《文物》1964年第10期，第33~36页。

陈万里、冯先铭：《故宫博物院十年来对古窑址的调查》，《故宫博物院院刊》1960年总第2期，第123页。

陈文:《闽南古代瓷窑的类型学考察》,厦门市博物馆编:《闽南古陶瓷研究》,福州:福建美术出版社,2002年,第 81~87 页。

陈文：《试论闽南古代烧瓷技术成就》，《福建文博》2003 年第 1 期，第 92~97 页。

陈文涛编：《福建近代民生地理志》，福州：远东印书局，1929 年。

陈小波：《广西桂平古窑址调查》，《中国古代窑址调查发掘报告集》，北京：文物出版社，1984 年，第 195~200 页。

陈信雄：《澎湖宋元陶瓷研究概况》，澎湖：澎湖县立文化中心，1985 年。

陈信雄：《宋元海外发展史研究》，台南：甲乙出版社，1992 年。

陈信雄：《遗留在澎湖的宋元和五代外销陶瓷》，陈康顺编：《中国古代贸易瓷国际学术研讨会论文集》，台北：历史博物馆，1994 年，第 253~272 页。

陈炎：《海上丝绸之路与中外文化交流》，北京：北京大学出版社，2002 年第 2 版。

陈寅龙、傅宋良：《闽北大口窑及釉下彩新探》，《福建文博》1991 年第 1、2 期，第 63~66 页。

陈寅龙、傅宋良、桑子文：《福建浦城出土的明代青花瓷器》，《福建文博》1993 年第 1、2 期，第 122~125 页。

陈梓生、付子夜：《德化窑瓷器的文字装饰》，《福建文博》2008 年第 1 期，第 62~65、20 页。

成耆仁：《越窑青瓷在韩国康津地区扎根、开花与演变》，《浙江省文物考古研究所学刊》第五辑（2002 越窑国际学术讨论会专辑），杭州：杭州出版社，2002 年，第 226~232 页。

程民生著：《宋代地域经济》，开封：河南大学出版社，1992 年，第 2 页。

程应麟、彭适凡：《江西抚州发现元代合葬墓》，《考古》1964 年第 7 期，第 370~372 页。

慈溪市博物馆编：《上林湖越窑》，北京：科学出版社，2002 年。

磁县文化馆：《河北磁县南开河村元代木船发掘简报》，《考古》1978 年第 6 期，第 388~399 页。

（韩）崔淳雨著，故宫博物院研究室编译：《南朝鲜出土的宋元瓷器》，《中国古外销陶瓷研究资料》第一辑，1981 年，第 10、11 页。

崔勇：《广东水下考古回顾与展望》，《福建文博》1997 年第 2 期，第 23~27 页。

崔勇：《广东南澳 I 号明代沉船发掘收获》，《中国文物报》2011 年 3 月 25 日第 4 版。

D

戴鸿文：《日本收藏漳州窑五彩瓷器选介——兼谈漳州窑五彩器对日本瓷器风格的影响》，《福建文博》1999 年增刊总第 35 期，第 23~28 页。

（日）稻垣正宏著，新保辰夫、丰田裕章译：《两种珠光茶碗》，《海交史研究》1997 年第 1 期，第 110~113 页。

德化古瓷窑址考古发掘工作队：《福建德化屈斗宫窑址发掘简报》，《文物》1979 年第 5 期，第 51~61 页。

德化县葛坑公社文物普查小组：《普查工作报告（初稿）》，《德化瓷器史料汇编》（上册），第 99~105 页。

德化县地方志编纂委员会编纂：《德化陶瓷志》，北京：方志出版社，2004 年。

德化县文物管理委员会编：《德化县文物志》，德化县文物志编纂委员会编印，1996 年。

德化县志编纂委员会编：《德化县志》，北京：新华出版社，1992 年。

邓杰昌：《广东省海康地区陶瓷》，Ho Chuimei ed. *Ancient Ceramic Kiln Technology in Asia*, Hong Kong: The Centre of Asian Studies, the University of Hong Kong, 1990, pp.14-21。

丁炯淳：《同安汀溪窑址调查的新收获》，《福建文博》1987 年 2 期，第 56~60 页。

丁以寿：《中国饮茶法流变考》，《农业考古》2003 年第 2 期，第 120~125 页。

丁雨、秦大树：《肯尼亚乌瓜纳遗址出土的中国瓷器》，《考古与文物》2016 年第 6 期，第 26~46 页。

董忠耿：《论唐宋时期越窑青瓷的对外输出》，《南方文物》1994 年第 4 期，第 115~118 页。

杜秀荣、唐建军主编：《中国地图集》，北京：中国地图出版社，2004 年。

F

（摩洛哥）M·埃尔·法西主编：《非洲通史》第3卷（七世纪至十一世纪的非洲），北京：中国对外翻译出版公司，1993年。

范凤妹：《江西出土的宋代瓷盒》，《江西历史文物》1986年第1期，第98~105、85页。

范伊然编著：《南海考古资料整理与述评》，北京：科学出版社，2013年。

方行、经君健、魏金玉主编：《中国经济通史·清代经济卷》，北京：经济日报出版社，2000年。

方秀珍：《从茶具文物谈到唐宋时期的茶文化风俗》，《江汉考古》1998年第4期，第78、79、84页。

（美）罗伯特·芬雷著，郑明萱译：《青花瓷的故事：中国瓷的时代》，海口：海南出版社，2015年。

冯和法：《中国陶瓷业之现状及其贸易状况》，《国际贸易导报》第三卷，第二、三、四号合刊，实业部上海商品检验局出版，1932年4月10日。

冯先铭主编：《中国古陶瓷图典》，北京：文物出版社，1998年。

冯先铭：《从文献看唐宋以来饮茶风尚及陶瓷茶具的演变》，《文物》1963年第1期，第8~14页。

冯先铭：《新中国陶瓷考古的主要收获》，《文物》1965年第9期，第38页。

冯先铭：《我国宋元时期的青白瓷》，《故宫博物院院刊》1979年第3期，第30~38页。

冯先铭：《三十年来我国陶瓷考古的收获》，《故宫博物院院刊》1980年第1期，第3~27、50页。

冯先铭：《元以前我国瓷器销行亚洲的考察》，《文物》1981年第6期，第65~74页。

冯先铭、冯小琦：《荷兰东印度公司与中国明清瓷器》，《江西文物》1990年第2期，第101~104、117页。

佛山市博物馆：《广东石湾古窑址调查》，《考古》1978年第3期，第195~199页。

福建博物院：《晋江磁灶金交椅山窑址发掘简报》，《福建文博》2005年第2期，第26~46页。

福建博物院：《莆田古松柏山窑址发掘报告》，《福建文博》2007年第2期，第16~31页。

福建博物院、安溪县博物馆：《安溪湖头明清墓葬》，《福建文博》2003年第1期，第61~77页。

福建博物院、德化县文物管理委员会、德化陶瓷博物馆：《德化明代甲杯山窑址发掘简报》，《福建文博》2006年第2期，第1~15页。

福建博物院、福州市考古队：《1998年北大路华富花园工地发掘报告》，《福建文博》2003年第1期，第40~47页。

福建博物院、福州市文物考古工作队：《福州嘉华新城古遗址发掘简报》，《福建文博》2003年第3期，第53~67页。

福建博物院、福州市文物考古工作队：《福州冶山路省二建工地发掘简报》，《福建文博》2005年增刊，第13~25、63页。

福建博物院、福州市文物考古工作队：《福州鼓角楼遗址发掘简报》，《福建文博》2005年增刊，第26~43页。

福建博物院、福州市文物考古工作队：《福州湖东路省社院工地发掘简报》，《福建文博》2005年增刊，第44~56页。

福建博物院、华安县博物馆：《华安东溪窑2007年发掘简报》，《福建文博》2016年第2期，第2~13页。

福建博物院、晋江博物馆：《磁灶窑址：福建晋江磁灶窑址考古调查发掘报告》，北京：科学出版社，2011年。

福建博物院、南安市文管办、泉州市文保中心：《南安寮仔窑发掘简报》，《福建文博》2008年第4期，第1~11页。

福建博物院、南靖县文物保护中心：《南靖县东溪窑封门坑窑址2015年发掘简报》，《福建文博》2015年第3期，第2~15页。

福建博物院、泉州市博物馆：《德化县辽田尖山原始瓷窑址发掘简报》，《福建文博》2016年第1期，第2~7页。

福建博物院、泉州市博物馆、晋江市博物馆：《福建晋江紫帽明墓发掘报告》，《东南文化》2007年第5期，第33~38页。

福建博物院、泉州市文物局：《泉州德济门遗址发掘报告》，《福建文博》2003年第2期，第14~40页。

福建博物院、厦门市博物馆：《厦门集美后溪碗窑窑址发掘简报》，《福建文博》2004年第2期，第42~51页。

福建博物院、尤溪县博物馆：《福建尤溪梅仙宋代壁画墓》，《福建文博》2008年第1期，第3~14页。

福建博物院、漳州市文管办：《漳州松柏山唐宋墓葬》，《福建文博》2003 年第 2 期，第 8~13 页。

福建博物院、中国国家博物馆水下考古研究中心、福州市文物考古工作队：《长乐市东洛岛沉船遗址水下考古调查报告》，《福建文博》2014 年第 4 期，第 14~23 页。

福建省博物馆：《福州南宋黄昇墓》，北京：文物出版社，1982 年。

福建省博物馆：《德化窑》，北京：文物出版社，1990 年。

福建省博物馆：《漳州窑——福建漳州地区明清窑址调查发掘报告之一》，福州：福建人民出版社，1997 年。

福建省博物馆：《晋江磁灶古窑址调查、发掘工作简报》，《晋江地区陶瓷史料选编》（油印本），福建省晋江地区文物管理委员会编，1976 年，第 51~53 页。

福建省博物馆：《福州市北郊南宋墓清理简报》，《文物》1977 年第 7 期，第 1~17 页。

福建省博物馆：《福建松溪县垌场北宋窑址试掘简报》，《考古学集刊》第 2 集，北京：中国社会科学出版社，1982 年，第 167~170、202 页。

福建省博物馆：《福建福州郊区清理南宋朱著墓》，《考古》1987 年第 9 期，第 796~802 页。

福建省博物馆：《福建漳浦县古窑址调查》，《考古》1987 年第 2 期，第 119~123、108 页。

福建省博物馆：《福建惠安银厝尾古窑址发掘简报》，《考古》1993 年第 1 期，第 37~41 页。

福建省博物馆：《福州茶园山南宋许峻墓》，《文物》1995 年第 10 期，第 22~33 页。

福建省博物馆：《福建平和县南胜田坑窑址发掘报告》，《福建文博》1998 年第 1 期，第 4~30 页。

福建省博物馆：《平和五寨洞口窑址的发掘》，《福建文博》1998 年增刊总第 32 期，第 3~31 页。

福建省博物馆：《磁灶土尾庵窑发掘简报》，《福建文博》2000 年第 1 期，第 25~35 页。

福建省博物馆：《武夷山遇林亭窑址发掘报告》，《福建文博》2000 年第 2 期，第 20~49 页。

福建省博物馆：《南平茶洋窑址 1995 年 ~1996 年度发掘简报》，《福建文博》2000 年第 2 期，第 50~59 页。

福建省博物馆：《漳浦罗宛井窑抢救发掘的主要收获》，《福建文博》2001 年第 2 期，第 70~76 页。

福建省博物馆、将乐县文化局、将乐县博物馆：《福建将乐元代壁画墓》，《考古》1995 年第 1 期，第 32~36 页。

福建省博物馆、南平市文化馆：《福建南平宋元窑址调查简报》，《福建文博》1983 年第 1 期，第 56~71 页。

福建省博物馆、平和县博物馆：《福建平和县南胜、五寨古窑址 1993 年度调查简报》，《福建文博》1995 年第 1 期，第 74~82 页。

福建省博物馆、三明市文管会：《福建三明市岩前村宋代壁画墓》，《考古》1995 年第 10 期，第 909~914 页。

福建省博物馆、三明市文管会、三明市博物馆：《三明中村垌瑶元代窑址发掘简报》，《福建文博》1995 年第 2 期，第 21~30 页。

福建省博物馆、邵武市博物馆：《邵武四都宋墓清理简报》，《福建文博》1991 年第 1、2 期，第 67~71 页。

福建省博物馆、厦门大学人类学系：《福建诏安考古调查简报》，《福建文博》1987 年第 1 期，第 3~10 页。

福建省博物馆、尤溪县博物馆：《福建尤溪发现宋代壁画墓》，《考古》1991 年第 4 期，第 346~351 页。

福建省博物馆、尤溪县文管会、尤溪县博物馆：《福建尤溪城关宋代壁画墓》，《文物》1988 年第 4 期，第 71~75 页。

福建省博物馆、漳州市博物馆：《华安东溪窑 1999 年度调查》，《福建文博》2001 年第 2 期，第 50~69 页。

福建省博物馆、漳州市文管办、漳州市博物馆：《漳州银都大厦工地考古发掘简报》，《福建文博》2001 年第 1 期，第 23~32 页。

福建省博物馆考古部、平和县博物馆：《平和县明末清初青花瓷窑址调查》，《福建文博》1993 年第 1、2 期，第 162~167 页。

福建省晋江地区文物管理委员会编：《晋江地区陶瓷史料选编》，1976 年。

福建省晋江地区文物普查工作队：《德化县古瓷窑址普查工作简报（草稿）》，《德化瓷器史料汇编》（上册），127~204 页。

福建省龙海县地方志编纂委员会编：《龙海县志》，北京：东方出版社，1993年。

福建省南安县地方志编纂委员会编：《南安县志》，南昌：江西人民出版社，1993年。

福建省泉州海外交通史博物馆编：《泉州湾宋代海船发掘与研究》，北京：海洋出版社，1987年。

福建省泉州海外交通史博物馆调查组：《晋江县磁灶陶瓷史调查记》，《海交史研究》1980年总第2期，第29~34页。

福建省泉州市文管办、福建省晋江市博物馆：《福建晋江霞福南朝纪年墓》，《南方文物》2000年第2期，第1~4页。

福建省文管会：《漳浦县祖妈林水库古窑址调查记》，《福建省古窑址资料汇编》（油印本），1959年，第25、26页。

福建省文管会：《南安唐墓清理简报》，《福建省古墓资料汇编》（油印本），1959年。

福建省文物管理委员会：《同安县汀溪水库古瓷窑调查记》，《文物参考资料》1958年第2期，第32、33页。

福建省文物管理委员会编：《福建省古墓葬发掘资料汇编》（油印本），1959年。

福建省文物管理委员会：《福建南安丰州东晋、南朝唐墓清理简报》，《考古》1958年第6期，第18~28页。

福建省文物管理委员会考古队、泉州市丰泽区文化发展中心：《泉州文兴、美山古码头发掘报告》，《福建文博》2003年第2期，第41~59页。

福建沿海水下考古调查队：《福建沿海水下考古调查》，《文物》2014年第2期，第29~40页。

福州市博物馆、福州市考古队：《福清东张两处窑址调查》，《福建文博》1998年第2期，第66~68页。

福州市文物考古工作队：《1999年福州华林横巷古遗址发掘简报》，《福建文博》2003年第3期，第29~37页。

福州市文物考古工作队：《福州北大路外九彩巷古遗址发掘简报》，《福建文博》2003年第3期，第38~52页。

福州市文物考古工作队：《福州长柄窑遗址考古收获和认识》，《福建文博》2005年增刊，第57~63页。

福州市文物考古工作队：《福州大庙山宋墓发掘简报》，《福建文博》2005年增刊，第86、87页。

傅宋良：《闽南明代青花瓷器的生产与外销》，厦门博物馆编：《厦门博物馆建馆十周年成果文集》，福州：福建教育出版社，1998年，第128~144页。

傅宋良：《福建平和发现的克拉克瓷大盘》，《文物》2001年第11期，第85~92页。

傅宋良：《闽南陶瓷概述》，厦门市博物馆编：《闽南古陶瓷研究》，福州：福建美术出版社，2002年，第1~13页。

傅宋良：《福建漳窑米黄釉瓷研究》，《中国古陶瓷研究》第8辑，北京：紫禁城出版社，2002年，第57~68页。

傅宋良、陈娟英、郑东、彭景元：《厦门杏林晚唐、五代窑址及相关问题的初探》，厦门博物馆编：《厦门博物馆建馆十周年成果文集》，福州：福建教育出版社，1998年，第18~25页。

傅宋良、林元平：《中国古陶瓷标本·福建汀溪窑》，广州：岭南美术出版社，2002年。

傅宋良、林忠干：《福州发现的景德镇青花瓷》，《南方文物》1996年第4期，第76~82页。

傅宋良、孙艺灵：《论德化青花瓷的产生与发展》，《福建文博》1996年第2期，第139~142页。

傅宋良、王上：《邵武四都青云窑址调查简报》，《福建文博》1988年第1期，第19~22页。

傅宋良、朱高健、彭景元：《漳州窑青花与景德镇民窑青花》，《福建文博》1999年增刊总第35期，第29~33、123页。

傅宋良、朱高健、秦晓阳：《闽南明代青花瓷器的探讨》，《文物研究》第十期，合肥：黄山书社，1995年，第173~184页。

傅振伦：《中国伟大的发明——瓷器》，北京：生活·读书·新知三联书店，1955年。

傅宗文：《宋代草市镇研究》，福州：福建人民出版社，1989年。

傅宗文：《宋元时期的闽台交往与东洋航线》，《厦门大学学报》（哲学社会科学版）1991年第3期，第104~110页。

（菲律宾）富斯著，许其田译：《菲律宾发掘的中国陶瓷》，《中国古外销陶瓷研究资料》第一辑，1981年，第48~57页。

G

（英）甘淑美著，张玉洁译：《葡萄牙的漳州窑贸易》，《福建文博》2010 年第 3 期，第 63~69 页。

（英）甘淑美著：《西班牙的漳州窑贸易》，《福建文博》2010 年第 4 期，第 58~66、32 页。

（英）甘淑美著：《荷兰的漳州窑贸易》，《福建文博》2012 年第 1 期，第 12~22 页。

（英）甘淑美著，唐慧敏译：《17 世纪末 ~18 世纪初欧洲及新世界的德化白瓷贸易（第一部分）》，《福建文博》2010 年第 4 期，第 2~14 页。

（英）甘淑美、（墨西哥）Eladio Terreros Espinosa 著，唐慧敏译：《17 世纪末 ~18 世纪初欧洲及新世界的德化白瓷贸易（第二部分）》，《福建文博》2014 年第 3 期，第 2~15 页。

赣州市博物馆：《江西赣州窑址调查》，《考古》1993 年第 8 期，第 712~715、693 页。

（日）冈仓天心著，张唤民译：《说茶》，天津：百花文艺出版社，2003 年。

高秀静主编：《福建省地图册》，北京：中国地图出版社，2004 年。

高振西：《福建永春、德化、大田三县地质矿产》，福建省地质土壤调查所：《地质矿产报告》第三号，福建省地质土壤调查所出版，1941 年，第 37~41 页。

高振西、王宠：《福建安溪同安南安晋江等县地质矿产》，福建省地质土壤调查所：《地质矿产报告》第五号，福建省地质土壤调查所出版，1942 年。

（美）乔纳森・戈尔茨坦著，沈毓元译：《费城与中国贸易，1682~1846 年》，《中外关系史译丛》第四辑，上海：上海译文出版社，1988 年，第 250~273 页。

龚国强：《牙买加发现的德化“中国白”》，《中国古陶瓷研究》第 3 辑，北京：紫禁城出版社，1990 年，第 108~113 页。

龚缨晏：《哥德堡号沉船与 18 世纪中西关系史研究——读〈对华贸易的黄金时代〉》，《东西交流论谭》，上海：上海文艺出版社，1998 年，第 380~395 页。

故宫博物院等：《江西景德镇丽阳瓷器山明代窑址发掘简报》，《文物》2007 年第 3 期，第 17~33 页。

广东省博物馆编：《西沙文物——中国南海诸岛之一西沙群岛文物调查》，北京：文物出版社，1975 年。

广东省博物馆编：《潮州笔架山宋代窑址发掘报告》，北京：文物出版社，1981 年。

广东省博物馆：《广东省西沙群岛文物调查简报》，《文物》1974 年第 10 期，第 1~29 页。

广东省博物馆、高明县文物普查办公室：《广东高明唐代窑址发掘简报》，《考古》1993 年第 9 期，第 809~814 页。

广东省博物馆、广东省海南行政区文化局：《广东省西沙群岛第二次文物调查简报》，《文物》1976 年第 9 期，第 9~27 页。

广东省博物馆、广东省海南行政区文化局：《广东省西沙群岛北礁发现的古代陶瓷器——第二次文物调查简报续编》，《文物资料丛刊》（6），北京：文物出版社，1982 年，第 151~168 页。

广东省博物馆、汕头地区文管站、普宁县博物馆：《广东普宁虎头埔古窑发掘简报》，《文物》1984 年第 12 期。

广东省文管会：《广东惠州发现宋代瓷窑遗址》，《文物参考资料》1955 年第 2 期，第 157 页。

广东省文物管理委员会、广东省博物馆、广东省文物考古研究所、广州市文物管理委员会编：《南海丝绸之路文物图集》，广州：广东科技出版社，1991 年。

广东省文物管理委员会、广东师范学院历史系：《广东新会官冲古代窑址》，《考古》1963 年第 4 期，第 221~223、203 页。

广东省文物管理委员会、华南师范学院历史系：《广东惠阳新庵三村古瓷窑发掘简报》，《考古》1964 年第 4 期，第 196~199 页。

广东省文物考古研究所编著：《2011 年“南海Ⅰ号”的考古试掘》，北京：科学出版社，2011 年。

广东省文物考古研究所：《南澳Ⅰ号明代沉船 2007 年调查与试掘》，《文物》2011 年第 5 期，第 25~47 页。

广东省文物考古研究所、广东省博物馆、国家文物局水下文化遗产保护中心编著：《孤帆遗珍——“南澳Ⅰ号”出水精品文物图录》，北京：科学出版社，2014 年。

广东省文物考古研究所、国家水下文化遗产保护中心、广东省博物馆：《广东汕头市“南澳Ⅰ号”明代沉船》，《考古》2011 年第 7 期，第 39~46 页。

广东省文物考古研究所、新会市博物馆：《广东新会官冲古窑址》，《文物》2000 年第 6 期，第 25~43 页。

广西壮族自治区博物馆：《海上丝绸之路遗珍——越南出水陶瓷》，北京：科学出版社，2009 年。

广西壮族自治区博物馆：《广西桂平宋瓷窑》，《考古学报》1983 年第 4 期，第 501~519 页。

广西壮族自治区文物工作队：《广西藤县宋代中和窑》，《中国古代窑址调查发掘报告集》，北京：文物出版社，1984 年，第 179~194 页。

广西壮族自治区文物工作队：《广西永福窑田岭宋代窑址发掘简报》，《中国古代窑址调查发掘报告集》，北京：文物出版社，1984 年，第 201~212 页。

广州市文物管理委员会、香港中文大学文物馆合编:《广州西村窑》，香港：香港中文大学中国考古艺术研究中心，1987 年。

桂林博物馆：《广西桂州窑遗址》，《考古学报》1994 年第 4 期，第 499~526 页。

国家文物局主编：《中国文物地图集・福建分册》（上、下），福州：福建省地图出版社，2007 年。

国家文物局编：《海上丝绸之路》，北京：文物出版社，2014 年。

国家文物局水下文化遗产保护中心编：《水下考古学研究》第二卷，北京：科学出版社，2016 年。

国家文物局水下文化遗产保护中心、中国国家博物馆、福建博物院、福州市文物考古工作队编著：《福建沿海水下考古调查报告（1989~2010）》，北京：文物出版社，2017 年。

郭葆昌：《瓷器概说》，写于 1935 年，《中国古陶瓷文献集成》影印本第 6 册，全国图书馆文献微缩复制中心，2003 年。

（新加坡）郭勤逊著，吴毅慧译：《略论德化瓷塑的制作工艺》，《福建文博》2004 年第 4 期，第 11~13 页。

（新加坡）郭勤逊、陈海丽著，李惠玲译：《新加坡亚洲文明博物馆所藏漳州窑器》，《福建文博》2000 年第 2 期，第 65~74 页。

郭演仪、李国桢：《历代德化白瓷的研究》，《硅酸盐学报》1985 年第 13 卷第 2 期，第 198~207 页。

H

韩槐准：《南洋遗留的中国古外销陶瓷》，新加坡：青年书局，1960 年。

韩槐准：《谈我国明清时代的外销瓷器》，《文物》1965 年第 9 期，第 57~59 页。

郝思德编著：《南海考古》，广西师范大学出版社，2011 年。

郝思德、王大新、王明忠：《澄迈县福安元明清窑址》，《考古学年鉴》（2003），北京：文物出版社，2004 年，第 275、276 页。

（美）何翠媚：《试论宋元时期闽南陶瓷之工业发展及组织》，《福建文博》1999 年第 1 期，第 51~57 页。

何纪生：《遗留在西沙群岛的古代外销陶瓷器》，《古陶瓷研究》第一辑，1982 年，第 132~136 页。

何纪生、彭如策、邱立诚：《广东饶平九村青花窑址调查记》，《中国古代窑址调查发掘报告集》，北京：文物出版社，1984 年，第 155~161 页。

何平：《东南亚的封建—奴隶制结构与古代东方社会》，昆明：云南大学出版社，1999 年。

何振良：《略谈晋江出土的南朝隋唐青瓷器》，蔡耀平、张明、吴远鹏主编：《学术泉州》，北京：中央文献出版社，2003 年，第 437~455 页。

何振良：《德化窑青花瓷器上的诗情画意》，《中国古陶瓷研究》第 13 辑，北京：紫禁城出版社，2007 年，第 260~265 页。

贺圣达著：《东南亚文化发展史》，昆明：云南人民出版社，1996 年。

胡赤军：《近代中国与西方的茶叶贸易》，《东北师大学报》（哲学社会科学版）1994 年第 1 期，第 25~31 页。

黄炳元：《福建南安石壁水库古窑址试掘情况》，《文物参考资料》1957 年第 12 期，第 53~55 页。

黄炳元：《泉州河市公社发现唐墓》，《考古》1984 年第 12 期，第 1138~1138 页。

黄柏龄编著：《九日山志》（修订本），上海：上海辞书出版社，2006 年。

黄纯艳：《宋代海外贸易》，北京：社会科学文献出版社，2003 年。

黄汉杰：《同安宋代窑址》，福建省文物管理委员会：《福建省最近发现的古代窑址》，《文物》1959 年第 6 期，第 62~64 页。

黄汉杰、徐国芬、卢金钊：《德化古瓷装饰艺术》，《福建文博》1993 年第 1、2 期，第 108~121 页。

黄慧怡：《简介柬埔寨吴哥地区出土的福建宋元陶瓷》，栗建安主编：《考古学视野中的闽商》，北京：中华书局，2010 年，第 128~150 页。

黄瑞福等：《德化屈斗宫白瓷的研究》，《古陶瓷科学技术 5——国际讨论会论文集（ISAC'02）》，上海：上海科学技术文献出版社，2002 年，第 252~262 页。

黄时鉴：《从海底射出的中国瓷器之光——哈契尔的两次沉船打捞业绩》，《东西交流论谭》，上海：上海文艺出版社，1998 年，第 466~480 页。

黄世春：《晋江古代陶瓷业与海外交通》，《福建文博》2000 年第 1 期，第 78~81 页。

黄天琪：《南平市流水坑古瓷堆积遗址清理简报》，《福建文博》1993 年第 1、2 期，第 132~137 页。

黄天柱：《漫谈泉州古瓷窑的兴盛与变迁》，《福建文博》1987 年第 1 期，第 62~66 页。

黄天柱：《晋江磁灶古窑及其历史与外销概谈》，《福建文博》1999 年增刊总第 35 期，第 116~118 页。

黄卫文：《略论德化青花瓷兴起和发展的原因》，《中国古陶瓷研究》第 13 辑，北京：紫禁城出版社，2007 年，第 266~270 页。

黄颐寿：《江西清江出土的南宋青白瓷器》，《考古》1989 年第 7 期，第 669~672 页。

黄裔编：《瓷史》，1927 年刊，1930 年重刻本，《中国古陶瓷文献集成》影印本第 5 册，全国图书馆文献微缩复制中心，2003 年。

黄云鹏：《明代民间青花瓷的断代》，《景德镇陶瓷》1986 年第 3 期，第 28~45 页。

惠阳地区文化局、惠州市文化局、广东省博物馆：《广东惠州北宋窑址清理简报》，《文物》1977 年第 8 期，第 46~56 页。

（英）霍尔著，中山大学东南亚历史研究所译：《东南亚史》（上），北京：商务印书馆，1982 年。

（英）H. P. 霍尔德:《二百多年前英舰远航南海记》，朱杰勤译:《中外关系史译丛》，北京：海洋出版社，1984 年，第 310~321 页。

（英）霍吉淑著，王芳译：《谈明代德化窑瓷器》，《福建文博》2004 年第 4 期，第 14~25 页。

霍杰娜、林立：《福建东山岛宋元窑址调查报告》，《南方文物》2004 年第 1 期，第 11~15 页。

J

（英）哈里・加纳著，叶文程、罗立华译：《东方的青花瓷器》，上海：上海人民美术出版社，1992 年。

（墨）维・罗・加西亚著，郭冰肌译：《马尼拉帆船（1739~1745）》，《中外关系史译丛》第一辑，上海：上海译文出版社，1984 年，第 153~191 页。

建瓯市博物馆：《福建建瓯市迪口北宋纪年墓》，《考古》1997 年第 4 期，第 73~75 页。

建阳县文化馆：《福建建阳古瓷窑址调查简报》，《考古》1984 年第 7 期，第 636~648、614 页。

江建新：《景德镇窑业遗存考察述要》，《江西文物》1991 年第 3 期，第 44~50、79 页。

江锦明、郑国良、李国镇：《福建高岭土及其应用的研究》，《中国陶瓷》1990 年第 1 期，第 18~24 页。

江思清：《景德镇瓷业史》，上海：中华书局，1936 年。

江西广昌县博物馆：《明代布政使吴念虚夫妇合葬墓清理简报》，《文物》1993 年第 2 期，第 77~82 页。

江西省博物馆、香港中文大学文物馆：《江西元明青花瓷》，香港：香港中文大学，2002 年。

江西省轻工业厅景德镇陶瓷研究所编著：《中国的瓷器》，北京：中国财政经济出版社，1963 年。

江西省文物工作队：《江西景德镇柳家湾古瓷窑址调查》，《考古》1985 年第 4 期，第 365~370、359 页。

江西省文物工作队、南丰县文化馆：《江西南丰白舍窑调查纪实》，《考古》1985 年第 3 期，第 222~233 页。

江西省文物考古研究所、赣州地区博物馆、赣州市博物馆：《江西赣州七里镇窑址发掘简报》，《江西文物》1990 年第 4 期，第 3~23 页。

江西省文物考古研究所、吉安地区文物研究所、吉安市博物馆：《江西吉安市临江窑遗址》，《考古学报》1995 年第 2 期，第 243~274 页。

江西省文物考古研究所、景德镇民窑博物馆编著：《景德镇湖田窑址：1988~1999 年考古发掘报告》，北京：文物出版社，2007 年。

江西省文物考古研究所、景德镇湖田窑陈列馆：《江西湖田窑址 H 区发掘简报》，《考古》2000 年第 12 期，第 73~88 页。

江西省文物考古研究所、景德镇陶瓷历史博物馆：《景德镇湖田窑 H 区附属主干道发掘简报》，《文物》2001 年第 2 期，第 42~62 页。

江西省文物考古研究所、南丰县博物馆编：《江西南丰白舍窑——饶家山窑址》，北京：文物出版社，2008 年。

江莹：《论景德镇陶瓷包装方式的演变》，《景德镇陶瓷》2013 年第 4 期，第 32、33 页。

蒋迎春：《西沙群岛文物普查获丰硕成果》，《中国文物报》1996 年 7 月 14 日第 1 版。

焦天龙:《南海南部地区沉船考古的实践与问题》,《南海水下文化遗产》第一辑，南京: 江苏人民出版社，2015 年，第 32~40 页。

金国平、吴志良：《流散于葡萄牙的中国明清瓷器》，《故宫博物院院刊》2006 年第 3 期，第 98~159 页。

（韩）金英美：《越窑制瓷技术向高丽青瓷的传播与影响》，《浙江省文物考古研究所学刊》第五辑（2002 越窑国际学术讨论会专辑），杭州：杭州出版社，2002 年，第 201~225 页。

（日）金泽阳:《埃及出土的漳州窑瓷器——兼论漳州窑瓷器在西亚的传播》,《福建文博》1999 年增刊总第 35 期，第 38~40 页。

紧水滩工程考古队浙江组：《山头窑与大白岸——龙泉东区窑址发掘报告之一》，《浙江省文物考古所学刊》，北京：文物出版社，1981 年。

晋江地区文物普查队德化大铭、双汉组：《德化大铭、双汉公社文物普查报告（草稿）》，《德化瓷器史料汇编》（上册），第 108~110 页。

晋江地区文物普查队德化霞碧组：《德化县霞碧公社文物普查报告（草稿）》，《德化瓷器史料汇编》（上册），第 105~107 页。

晋江地区文物普查队三班组：《德化县三班公社古瓷窑址普查情况简报（草稿）》，《德化瓷器史料汇编》（上册），第 93~98 页。

晋江地区文物普查队上涌组：《德化县上涌公社古瓷窑址普查报告（初稿）》，《德化瓷器史料汇编》（上册），第 77~92 页。

晋江地区文物普查队汤头组:《德化汤头公社文物普查工作的简报》,《德化瓷器史料汇编》(上册)，第 65~68 页。

晋江地区文物普查队溪洋组：《德化县溪洋公社古瓷窑址普查报告（草稿）》，《德化瓷器史料汇编》（上册），第 69~77 页。

晋江地区文物普查队浔中组：《德化县浔中公社古瓷窑址调查简报》，《德化瓷器史料汇编》（上册），第 110~126 页。

晋江地区文物普查队杨梅组：《德化县杨梅公社古瓷窑址调查报告》，《德化瓷器史料汇编》（上册），第 58~65 页。

晋江市博物馆：《霞福南朝墓清理简报》，《福建文博》2000 年第 1 期，第 16~18 页。

晋江市博物馆：《池店平原南朝隋唐墓葬清理简报》，《福建文博》2000 年第 1 期，第 10~13 页。

（日）菊池诚一：《越南中部会安出土的陶瓷器》，《福建文博》1999 年增刊总第 35 期，第 93~96 页。

K

柯凤梅等：《福建莆田古窑址》，《考古》1995 年第 7 期，第 606~613 页。

（法）莫尼克・科里克著，王芳译，楼建龙校：《界定“汕头器”的年代——1600 年 11 月 4 日，“圣迭戈”号大帆船》，《福建文博》2001 年第 1 期，第 46~52 页。

（美）卡尔・罗伯特・奎梅兹著，彭维斌译：《北美太平洋海岸出土的中国瓷器》，厦门市博物馆编：《闽南古陶瓷研究》，福州：福建美术出版社，2002 年，第 189~191 页。

L

兰日旭：《英国东印度公司从事华茶出口贸易发展的阶段与特点》，《农业考古》2006 年第 2 期，第 223~228 页。

李宝平：《浙江龙泉宋元时期瓷器手工业遗存初步研究》，浙江省博物馆编：《东方博物》第七辑，杭州：浙江大学出版社，2002 年，第 56~65 页。

李滨、孙键：《2004 年东山冬古湾沉船遗址 B 区发掘简报》，《福建文博》2005 年增刊，第 124~131 页。

李大伟：《宋元泉州与印度洋文明》，北京：商务印书馆，2015 年。

李德金、蒋忠义、关甲堃：《朝鲜新安海底沉船中的中国瓷器》，《考古学报》1979 年第 2 期，第 245~254 页。

李东华：《泉州与我国中古的海上交通》（九世纪末——十五世纪初），台北：台湾学生书局，1986 年。

李国清、梁宝鎏、彭子成：《中世纪“陶瓷之路”上的德化瓷及其科技分析》，《海交史研究》1999 年第 2 期，第 60~73 页。

李国桢、郭演仪：《中国名瓷工艺基础》，上海：上海科学技术出版社，1986 年，第 61、62 页。

李弘祺：《美国耶鲁大学图书馆珍藏的古中国航海图》，《中国史研究动态》1997 年第 8 期，第 23、24 页。

李铧：《广西桂林窑的早期窑址及其匣钵装烧工艺》，《文物》1991 年第 12 期，第 83~86 页。

李辉柄：《福建省同安窑调查纪略》，《文物》1974 年第 11 期，第 80~84 页。

李辉柄：《关于德化屈斗宫窑的我见》，《文物》1979 年第 5 期，第 66~70 页。

李辉柄：《莆田窑址初探》，《文物》1979 年第 12 期，第 37~42 页。

李辉柄：《略谈中国陶瓷考古的主要收获》，《故宫博物院院刊》1989 年第 4 期，第 37~43 页。

李家和：《介绍江西出土的几件宋代瓷器》，《文物》1976 年第 6 期，第 91、92 页。

李家驹主编：《陶瓷工艺学》，北京：中国轻工业出版社，2001 年。

李家治主编：《中国科学技术史・陶瓷卷》，北京：科学出版社，1998 年。

李家治、邓泽群、吴瑞：《从工艺技术论越窑青釉瓷兴衰》，《陶瓷学报》2002 年第 3 期，第 201~204 页。

李家治、郭演仪：《中国历代南北方著名白瓷》，《中国古代陶瓷科学技术成就》，上海：上海科学技术出版社，1985 年。

李建毛：《中国古陶瓷的经济》，长沙：湖南人民出版社，2001 年。

李金明：《明代海外贸易史》，北京：中国社会科学出版社，1990 年。

李金明：《明清时期中国瓷器文化在欧洲的传播与影响》，《中国社会经济史研究》1999年第2期，第42~49页。

李民举：《建窑初论稿》，北京大学考古学系编：《“迎接二十一世纪的中国考古学”国际学术讨论会论文集》，北京：科学出版社，1998年，第327~342页。

李旻：《早期全球贸易与福建陶瓷考古：太平洋航线上的漳州窑陶瓷》，栗建安主编：《考古学视野中的闽商》，北京：中华书局，2010年，第68~99页。

李庆新：《明代海外贸易制度》，北京：社会科学文献出版社，2007年。

李硕卿：《泉州东门外碗窑乡古窑址调查研究情况》，《泉州海外交通史资料汇编》第6期，1960年。

李砚祖著：《造物之美——产品设计的艺术与文化》，北京：中国人民大学出版社，2000年。

李砚祖著：《装饰之道》，北京：中国人民大学出版社，1993年。

李毅华、陈定荣：《青白瓷说》，《中国古陶瓷研究》第2辑，北京：紫禁城出版社，1988年，第33~43页。

李玉昆：《宋元时期泉州的香料贸易》，《海交史研究》1998年第1期，第58~67页。

李玉昆：《宋元时期泉州的珠宝贸易》，陈世兴主编：《泉州学研究》，福州：福建教育出版社，2002年，第347~358页。

（英）李约瑟主编：《中国科学技术史》第四卷（物理学及相关技术）第三分册（土木工程与航海技术），北京：科学出版社，上海：上海古籍出版社，2008年。

李知宴：《浙江龙泉青瓷山头窑发掘的主要收获》，《文物》1981年第10期，第36~42页。

李知宴：《从唐代陶瓷的发展看中国和亚非国家的关系》，《中国历史博物馆馆刊》1985年总第7期，第53~61页。

李知宴：《十二至十四世纪中国瓷器的发展和外销》，《中国历史博物馆馆刊》1992年总第17期，第30~36页。

李知宴、陈鹏：《泉州的海外贸易和陶瓷输出》，《景德镇陶瓷》1983年总第21期（《中国古陶瓷研究专辑》第一辑），141~149页，引文见143页。

李知宴、陈鹏：《宋元时期泉州港的陶瓷输出》，《海交史研究》1984年总第6期，第39~48页。

李知宴、黄宝玲：《关于军持的几个问题》，《古陶瓷研究》第一辑，1982年，第148~156页。

栗建安：《东溪窑调查纪略》，《福建文博》1993年第1、2期，第138~150页。

栗建安：《福建古瓷窑考古概述》，福建省博物馆编：《福建历史文化与博物馆学研究——福建省博物馆成立四十周年纪念文集》，福州：福建教育出版社，1993年，第175~181页。

栗建安：《福建水下考古工作回顾》，《福建文博》1997年第2期，第19~22、46页。

栗建安：《漳州窑与东南亚》，《海交史研究》1997年第2期，第33~37页。

栗建安：《福建磁灶土尾垵窑址瓷器的装饰工艺》，《中国古陶瓷研究》第4辑，北京：紫禁城出版社，1997年，第109~115页。

栗建安：《福建仿龙泉青瓷的几个问题》，浙江省博物馆编：《东方博物》第三辑，杭州：浙江大学出版社，1999年，第82~83页。

栗建安：《明清福建漳州地区的窑业技术》，《福建文博》1999年增刊总第35期，第8~14页。

栗建安：《从水下考古的发现看福建古代瓷器的外销》，《海交史研究》2001年第1期，第98~106页。

栗建安：《宋元时期漳州地区的瓷业》，《福建文博》2001年第1期，第53~55页。

栗建安：《福建古窑址考古五十年》，《陈昌蔚纪念论文集·陶瓷》，台北：财团法人陈昌蔚文教基金会，2001年，第9~38页。

栗建安：《福建唐、五代的“越窑系”青瓷——以古窑址发掘的发现为中心》，浙江省文物考古研究所编：《浙江省文物考古研究所学刊》第五辑，杭州：杭州出版社，2002年，第188~192页。

栗建安：《福州地区薄胎酱釉器的初步研究》，《陈昌蔚纪念论文集·陶瓷》第二辑，台北：财团法人陈昌蔚文教基金会，2003年，第27~72页。

栗建安：《福建地区的宋元陶瓷器》，台北，《历史文物》第 13 卷第 11 期，2003 年，第 9~25 页。

栗建安：《德化甲杯山明代窑址的发掘与收获》，《福建文博》2004 年第 4 期，第 26~32 页。

栗建安：《福建陶瓷外销源流》，《文物天地》2004 年第 5 期，第 12~22 页。

栗建安：《德化清代窑址的发现及其意义》，《'05 古陶瓷科学技术 6——国际讨论会论文集》，上海：上海科学技术文献出版社，2005 年，第 461~463 页。

栗建安：《福建地区宋元时期外销瓷研究的若干问题》，《十二至十五世纪中国外销瓷与海外贸易国际研讨会论文集》，香港：中华书局，2005 年，第 30~46 页。

栗建安：《从考古发现看福建古代青花瓷的生产与流通》，《中国古陶瓷研究》第 13 辑，北京：紫禁城出版社，2007 年，第 196~206 页。

栗建安：《漳州窑的窑炉技术及相关问题》，饶宗颐主编：《华学》第九、十辑，上海：上海古籍出版社，2008 年，第 585~591 页。

栗建安：《华安东溪窑址的横室阶级窑》，罗宏杰、郑欣淼主编：《'09 古陶瓷科学技术 7：国际讨论会论文集（ISAC'09）》，中国科学院上海硅酸盐研究所，上海：上海科学技术出版社，2009 年，第 707~711 页。

栗建安：《漳州窑研究》，《陈昌蔚纪念论文集》第四辑，台北：财团法人陈昌蔚文教基金会，2009 年，第 17~68 页。

栗建安：《从山林到海洋——贸易全球化中的福建陶瓷生产与外销》，栗建安主编：《考古学视野中的闽商》，北京：中华书局，2010 年，第 1~67 页。

栗建安：《产自闽山 拾之南海——记西沙群岛水下考古调查发现的福建陶瓷》，中国古陶瓷学会编：《外销瓷器与颜色釉瓷器研究》，北京：故宫出版社，2012 年。

栗建安：《华安东溪窑遗址考古回顾与展望》，福建省华安县人民政府编：《华安东溪窑学术研究论文集》，北京：文物出版社，2016 年，第 13~21 页。

栗建安、陈恩、明勇：《连江县的几处古瓷窑址》，《福建文博》1994 年第 2 期，第 74~82 页。

栗建安、郑辉：《福建宋元考古概述》，《福建文博》2002 年第 2 期，第 75~93 页。

廖宝秀：《宋代吃茶法与茶器之研究》，台北：台北故宫博物院，1996 年。

廖大坷：《福建海外交通史》，福州：福建人民出版社，2002 年。

林长程：《谈德化窑青花瓷器》，《福建文博》2007 年第 4 期，第 27~31 页。

林存琪：《福建六朝青瓷略谈》，《福建文博》1993 年第 1、2 期，第 70~80 页。

林德民：《略谈泉州东门窑》，《福建文博》1996 年第 2 期，第 173~175 页。

林桂枝：《福建墓葬出土的龙泉窑瓷器》，《福建文博》2006 年第 4 期，第 53~55 页。

林惠祥：《一九五〇年厦门大学泉州考古队报告》，《厦门大学学报》（文史版）1954 年第 1 期，第 140~156 页。

林清哲：《福建晋江深沪湾明末清初古沉船遗址》，《东南文化》2013 年第 3 期，第 55~59 页。

林仁川：《明末清初私人海上贸易》，上海：华东师范大学出版社，1987 年。

林士民：《青瓷与越窑》，上海：上海古籍出版社，1999 年。

林士民：《试论越窑青瓷的外输》，浙江省文物考古研究所编：《浙江省文物考古研究所学刊》第五辑（2002 越窑国际学术讨论会专辑），杭州：杭州出版社，2002 年，第 60~71 页。

林焘、叶文程、唐杏煌、罗立华：《福建华安下东溪头窑址调查简报》，《东南文化》1993 年第 1 期，第 229~236 页。

林焘、曾五岳、王文径：《华安东溪头窑和漳瓷》，《漳州师院学报》1993 年第 1 期。

林天蔚：《宋代香药贸易史》，台北：中国文化大学出版部，1986 年。

林薇：《宋代将乐窑略探》，《福建文博》2014 年第 2 期，第 69~72 页。

林文明：《泉州陶瓷外销问题的探讨》，《古陶瓷研究》第一辑，1982 年，第 71~79 页。

林学增等修，吴锡璜纂：《同安县志》，1929 年铅印本，台北：成文出版社，1977 年。

林元平：《平和窑业兴衰原因探析》，《福建文博》1999 年增刊总第 35 期，第 68~71 页。

林钊：《福建省四年来古墓葬清理简况》，《文物参考资料》1957 年第 1 期，第 67~68、70 页。

林忠干：《福建五代至宋代墓葬出土明器神煞考》，《福建文博》1990 年第 1 期，第 50~54 页。

林忠干：《福建宋墓分期研究》，《考古》1992 年第 5 期，第 456~463、427 页。

林忠干：《论“中国白”——明清德化瓷器》，《东南文化》1993 年第 5 期，第 159~171。

林忠干:《月港兴衰时期的东西方贸易与闽南陶瓷》,《厦门博物馆建馆十周年成果文集》,福州: 福建教育出版社，1998 年，第 157~171 页。

林忠干、林存琪、陈子文：《福建六朝墓初论》，《福建文博》1987 年第 2 期，第 61~72 页。

林忠干、林存琪、陈子文：《福建隋唐墓葬的分期问题》，《福建文博》1989 年第 1、2 期，第 33~37、58 页。

林忠干、王治平、卢保康：《闽北宋元瓷器的生产与外销》，《海交史研究》1987 年第 2 期，第 12~19 页。

林忠干、张文崟：《同安窑系青瓷的初步研究》，《东南文化》1990 年第 5 期，第 391~397、390 页。

林忠干、张文崟：《宋元德化窑的分期断代》，《考古》1992 年第 6 期，第 559~566 页。

林忠干、赵洪章：《福建浦城的宋元瓷窑》，《福建文博》1984 年第 2 期，第 30~39 页。

（日）铃木巳代三著，刘可栋、谢宗辅合译：《窑炉》（陶瓷器、耐火材料、砖瓦、研磨材料等用），北京：建筑工程出版社，1959 年。

刘净贤：《福建仿龙泉青瓷及其外销状况初探》，《故宫博物院院刊》2013 年第 5 期，第 50~56 页。

刘兰华：《宋代陶瓷与对日贸易》，《中国古陶瓷研究》第 5 辑，北京：紫禁城出版社，1999 年，第 155~172 页。

刘良佑：《从台澎出土之部分贸易瓷标本探讨其相关窑口的几个问题》，陈康顺编：《中国古代贸易瓷国际学术研讨会论文集》，台北：历史博物馆，1994 年，第 225~252 页。

刘良佑：《从澎湖出土之瓷器残片探讨其年代及起源诸问题》，李家治、陈显求主编：《古陶瓷科学技术 1——1989 年国际讨论会论文集（ISAC’89）》，上海科学技术文献出版社，1992 年，第 462~468 页。

刘淼、胡舒扬：《沉船、瓷器与海上丝绸之路》，北京：社会科学文献出版社，2017 年。

刘淼、羊泽林：《明清华南瓷业的生产及外销》，《考古与文物》2016 年第 6 期，第 146~157 页。

刘未：《中国东南沿海及东南亚地区沉船所见宋元贸易陶瓷》，《考古与文物》2016 年第 6 期，第 65~75 页。

刘新园：《景德镇湖田窑各期典型碗类的造型特征及其成因考》，《文物》1980 年第 11 期，第 50~60 页。

刘新园、白焜：《景德镇湖田窑考察纪要》，《文物》1980 年第 11 期，第 39~49 页。

刘新园、白焜：《景德镇湖田窑各期碗类装烧工艺考》，《文物》1982 年第 5 期，第 85~93 页。

刘岩、秦大树、齐里亚马・赫曼：《肯尼亚滨海省格迪古城遗址出土中国瓷器》，《文物》2012 年第 11 期，第 37~60 页。

刘毅：《论“窑系”》，《中国古陶瓷研究》第 8 辑，北京：紫禁城出版社，2002 年，第 155~166 页。

刘义杰：《“火长”辨正》，《海交史研究》2013 年第 1 期，第 56~78 页。

刘义杰：《〈耶鲁藏中国山形水势图〉初解》，李庆新、郑德华主编：《海洋史研究》第六辑，北京：社会科学文献出版社，2014 年，第 18~32 页。

刘迎胜著：《丝路文化・海上卷》，杭州：浙江人民出版社，1995 年。

刘幼铮：《中国德化白瓷研究》，北京：科学出版社，2007 年。

刘朝晖：《越南平顺沉船出土的漳州窑青花瓷器》，《中国古陶瓷研究》第 13 辑，北京：紫禁城出版社，2007 年，第 247~259 页。

刘振群：《中国龙窑及阶级窑的热工研究》，《华南化工学院学报》1958 年第 1 期。

刘振群：《窑炉的改进和我国古陶瓷发展的关系》，《中国古陶瓷论文集》，北京：文物出版社，1982 年，第 162~172 页。

刘振群：《闽粤古陶瓷与烧成窑炉的关系》，Ho Chuimei ed., *Ancient Ceramic Kiln Technology in Asia*, Centre of Asian Studies, University of Hong Kong, 1990, pp99-102.

刘振群：《陶瓷窑炉与热工研究》，广州：华南理工大学出版社，1992 年。

龙登高：《宋代东南市场研究》，昆明：云南大学出版社，1994 年。

龙登高：《江南市场史——十一至十九世纪的变迁》，北京：清华大学出版社，2003 年。

楼建龙：《福建明清考古的主要收获》，《福建文博》2002 年第 2 期，第 94~112 页。

卢泰康：《宋元陶瓷篦纹装饰研究——兼论台澎地区的篦划纹陶瓷》，《陈昌蔚纪念论文集・陶瓷》，台北：财团法人陈昌蔚文教基金会，2001 年，第 125~173 页。

陆志刚等著：《中国东南大陆火山地质及矿产》，北京：地质出版社，1997 年。

路菁：《中国南方地区元明民窑青花瓷器研究》，北京大学硕士研究生学位论文，2000 年。

罗宏杰编著：《中国古陶瓷与多元统计分析》，北京：中国轻工业出版社，1997 年。

罗立华：《福建青花瓷器的初步研究》，吴绵吉、吴春明主编：《东南考古研究》第一辑，厦门：厦门大学出版社，1996 年，第 92~122 页。

罗立华：《浅论闽南明清青花瓷器断代依据》，《福建文博》1999 年增刊总第 35 期，第 124~125 页。

吕成龙：《故宫博物院藏明代德化窑瓷器选介》，《福建文博》2004 年第 4 期，第 44~45 页。

吕章申主编：《中国国家博物馆水下考古成果》，合肥：安徽美术出版社，2015 年。

M

（美）马润潮著，马德程译：《宋代的商业与城市》，台北：中国文化大学出版部，1985 年。

（美）马士著，区宗华译：《东印度公司对华贸易编年史：1635~1834》（一、二、三），广州：中山大学出版社，1991 年。

马文宽：《非洲出土的中国瓷器及其意义》，《考古学集刊》第 5 集，北京：文物出版社，1987 年。

马文宽：《论海上陶瓷之路》，《辽海文物学刊》1989 年第 2 期，第 89~98 页。

马文宽：《中国古瓷考古与研究五十年》，《考古》1999 年第 9 期，第 83~89 页。

马文宽：《桂林博物馆藏色釉泥浆彩瓷瓶初探》，《文物春秋》2001 年第 6 期，第 7~10 页。

马文宽：《中国瓷器与土耳其陶器的相互影响》，《故宫博物院院刊》2004 年第 5 期，第 78~96 页。

马文宽、孟凡人：《中国古瓷在非洲的发现》，北京：紫禁城出版社，1987 年。

马争鸣：《高丽青瓷与浙江青瓷比较研究》，《东方博物》2006 年第 2 期，第 35~42 页。

梅华全：《德化窑考古发掘的新收获》，《福建文博》1979 年第 1 期，第 7~9 页。

梅华全：《漳浦县古窑址考察》，《福建文博》1987 年第 1 期，第 56~61 页。

梅华全：《福建平和田坑窑素三彩瓷器的工艺特色与来源》，《福建文博》1999 年第 2 期，第 55~60 页。

孟原召：《泉州沿海地区宋元时期制瓷手工业遗存研究》，北京大学硕士研究生学位论文，2005 年。

孟原召：《宋元时期泉州沿海地区瓷器的外销》，《边疆考古研究》第 5 辑，北京：科学出版社，2006 年，第 137~156 页。

孟原召：《宋元时期泉州沿海地区制瓷业的兴盛与技术来源试探》，《海交史研究》2007 年第 2 期，第 75~89 页。

孟原召：《试析闽南地区宋元时期陶瓷器的装饰工艺》，《福建文博》2010 年第 2 期，第 36~46 页。

孟原召：《西沙群岛海域出水元代青花瓷器初探》，《中国国家博物馆馆刊》2011 年第 11 期，第 69~82 页。

孟原召：《试析闽南地区宋至清代窑炉形制及其演变》，吕章申主编：《纪念国博百年考古文集》（中国国家博物馆百年纪念），北京：科学出版社，2012 年，第 304~321 页，彩版三四。

孟原召：《论闽南地区宋至清代瓷器的海外市场》，中国国家博物馆水下考古研究中心编：《水下考古学研究》

第一卷，北京：科学出版社，2012 年，第 271~300 页。

孟原召：《中国境内古代沉船的考古发现》，《中国文化遗产》2013 年第 4 期，第 54~65 页。

孟原召：《中国水下考古发现的陶瓷器概述》，吕章申主编：《中国国家博物馆水下考古成果》，合肥：安徽美术出版社，2015 年，第 317~339 页。

孟原召：《浅谈宋元时期航海技术与风险的几个问题》，《海洋遗产与考古（第二辑）》，北京：科学出版社，2015 年，第 454~460 页。

（新加坡）约翰·M·米希：《井里汶沉船的精致陶器——始发地、目的地和意义》，《故宫博物院院刊》2007 年第 6 期，第 107~114 页。

闽清县文化局、厦门大学人类学系考古专业：《闽清县义窑和青窑调查报告》，《福建文博》1993 年第 1、2 期，第 151~161 页。

莫鹏编：《广彩瓷器》，北京：文物出版社，2001 年。

N

（英）唐·纳利著，吴龙清、陈建中译：《中国白——福建德化瓷》，福州：福建美术出版社，2006 年。

南平市博物馆：《福建南平市西芹镇宋墓》，《考古》1991 年第 8 期，第 722~726 页。

内蒙古自治区文物考古研究所、哲里木盟博物馆：《辽陈国公主墓》，北京：文物出版社，1993 年。

（塞内加尔）D·T·尼昂主编：《非洲通史》第 4 卷（十二世纪至十六世纪的非洲），北京：中国对外翻译出版公司，1992 年。

O

区家发：《广东阳江石湾村发现古代窑址》，《文物参考资料》1955 年第 3 期。

区家发等：《香港大埔碗窑青花瓷窑址——调查及研究》，香港：香港区域市政局，1997 年。

欧志培：《中国古代陶瓷在西亚》，《文物资料丛刊》第 2 辑，北京：文物出版社，1978 年，第 229~243 页。

P

裴亚静：《简论景德镇宋元时期青白瓷器》，《中国古陶瓷研究》第 5 辑，北京：紫禁城出版社，1999 年，第 209~221 页。

裴亚静：《宋元景德镇窑系青白釉瓷器的分期》，《陈昌蔚纪念论文集·陶瓷》，台北：财团法人陈昌蔚文教基金会，2001 年，第 39~84 页。

彭善国：《高丽青瓷初探》，《北方文物》1997 年第 3 期，第 37~38、49 页。

彭适凡主编：《宋元纪年青白瓷》，香港：庄万里文化基金会，1998 年。

平和县博物馆：《平和官峰窑址调查报告》，《福建文博》1998 年增刊总第 32 期，第 32~35 页。

平和县博物馆、福建省博物馆：《福建平和县田坑素三彩窑址调查》，《福建文博》1997 年第 1 期，第 11~18 页。

莆田市地方志编纂委员会：《莆田市志》，北京：方志出版社，2001 年。

Q

漆侠：《中国经济通史·宋代经济卷》，北京：经济日报出版社，1999 年。

钱江、陈佳荣：《牛津藏〈明代东西洋航海图〉姐妹作——耶鲁藏〈清代东南洋航海图〉推介》，《海交史研究》2013 年第 2 期，第 1~101 页。

轻工业部陶瓷工业科学研究所编著：《中国的瓷器》（修订版），北京：轻工业出版社，1983 年。

秦大树：《宋元明考古》，北京：文物出版社，2004 年。

秦大树：《论“窑系”概念的形成、意义及其局限性》，《文物》2007 年第 5 期，第 60~66 页。

秦大树：《中国古代陶瓷外销的第一个高峰——9~10 世纪陶瓷外销的规模和特点》，《故宫博物院院刊》2013 年第 5 期，第 32~49 页。

秦大树、徐华烽、（肯尼亚）默罕默德·玛初拉：《肯尼亚蒙巴萨塔纳号沉船出水的中国瓷器》，《故宫博物院院刊》2014 年第 2 期，第 6~24 页。

权奎山：《试论南方古代名窑中心区域移动》，《考古学集刊》第 11 集，北京：中国大百科全书出版社，1997 年，第 276~288 页。

权奎山：《从洪州窑遗址出土资料看匣钵的起源》，北京大学中国传统文化研究中心编：《文化的馈赠——汉学研究国际会议论文集》（考古学卷），北京大学出版社，2000 年，第 199~204 页。

权奎山、孟原召：《古代陶瓷》，北京：文物出版社，2008 年。

泉州港与古代海外交通编写组：《泉州港与古代海外交通》，北京：文物出版社，1982 年。

泉州海外交通史博物馆：《福建南安四都发现新石器时代遗址和宋瓷窑窑址》，《文物》1973 年第 1 期，第 63 页。

泉州海外交通史博物馆、泉州市文物管理委员会：《福建泉州市西南郊唐墓清理简报》，《考古》1961 年第 12 期，第 684~688 页。

泉州市博物馆：《晋江铁灶山宋墓清理简报》，《福建文博》2007 年第 3 期，第 42~44 页。

泉州市博物馆、晋江市博物馆：《晋江市紫帽镇铁灶山明墓清理简报》，《福建文博》2007 年第 1 期，第 17~20 页。

泉州市文管办、泉州市博物馆：《泉州法石古渡口遗址清理》，《福建文博》2003 年第 1 期，第 58~60 页。

泉州市文管会、泉州市海外交通史博物馆：《泉州、南安发现宋代火葬墓》，《文物》1975 年第 3 期，第 77~78 页。

泉州湾宋代海船发掘报告编写组：《泉州湾宋代海船发掘简报》，《文物》1975 年第 10 期，第 1~18 页。

R

任世龙：《论“越窑”和“越窑体系”》，《东南文化》1994 年增刊 1（《中国古陶瓷研究会 ’94 年会论文集》），第 58~64 页。

任世龙：《龙泉青瓷的类型与分期试论》，《中国考古学会第三次年会论文集》（1981），北京：文物出版社，1984 年，第 121~127 页。

任卫和：《广东台山宋元沉船文物简介》，《福建文博》2001 年第 2 期，第 80~84 页。

（越）阮庭战：《越南海域沉船出水的中国古陶瓷》，《中国古陶瓷研究》第 14 辑，北京：紫禁城出版社，2008 年，第 60~83 页。

莫拉·瑞纳尔迪著，曹建文、罗易扉译：《克拉克瓷器的历史与分期》，《南方文物》2005 年第 3 期，第 83~85 页。

S

萨嘉榘：《建窑考》，影印稿本，《中国古陶瓷文献集成》影印本第 8 册，全国图书馆文献微缩复制中心，2003 年。

（日）三杉隆敏著，白英译：《探索海上丝绸之路的中国瓷器》，《中国古外销陶瓷研究资料》第三辑，1983 年，第 92~109 页。

（日）三上次男著，宋念慈译：《陶磁路》，台北：艺术家出版社，1980 年。

（日）三上次男著，庄景辉、胡金定、黄东毅译：《陶瓷之路——访东西文明的接点》，《中国古外销陶瓷研究资料》第二辑，1981 年。

（日）三上次男著，胡德芬译：《陶瓷之路——东西文明接触点的探索》，天津：天津人民出版社，1983 年。

（日）三上次男著，李锡经、高喜美译：《陶瓷之路》，北京：文物出版社，1984 年。

（日）三上次男著，奚国胜译：《斯里兰卡发现中国瓷器和伊斯兰国家陶瓷——斯里兰卡出土的中国瓷器调查纪实》，《江西历史文物》1986 年第 1 期，第 143~144 页。

（日）三上次男著，郑国珍译：《冲绳出土的中世纪中国陶瓷——求证中世纪冲绳与中国陶瓷贸易的接点》，《海交史研究》1988 年第 2 期，第 45~53 页。

（日）三上次男著，秦大树译：《中国陶瓷在埃及中世纪遗址中的发现》，《中国古陶瓷研究》第 5 辑，北京：紫禁城出版社，1999 年，第 173~178 页。

（日）森本朝子著，何连译：《探索迷宫：对博多考古学资料的观察》，《福建文博》1999 年第 1 期，第 66~76、85 页。

（日）森村健一著，曹建南译：《福建省漳州窑系青花、五彩、琉璃地的编年和贸易——明末清初的汕头器》，《福建文博》1996 年第 2 期，第 136~138 页。

（日）森村健一著，曹建南译：《志野陶器源于对漳州窑白瓷、青花的模仿》，《福建文博》1999 年增刊总第 35 期，第 41~43 页。

（日）森达也：《从出土陶瓷来看宋元时期福建和日本的贸易路线》，栗建安主编：《考古学视野中的闽商》，北京：中华书局，2010 年，第 173~187 页。

（日）森达也：《宋元外销瓷的窑口与输出港口》，《考古与文物》2016 年第 6 期，第 56~64 页。

陕西省考古研究所、耀州窑博物馆：《宋代耀州窑址》，北京：文物出版社，1998 年。

上海博物馆考古部：《浙江龙泉安仁口古瓷窑址发掘报告》，上海博物馆编：《上海博物馆集刊》第三期，上海：上海古籍出版社，1986 年，第 102~132 页。

邵蛰民辑、余戟门增补：《增补古今瓷器源流考》，1921 年排印，1931 年重印本，《中国古陶瓷文献集成》影印本第 8 册，全国图书馆文献微缩复制中心，2003 年。

申浚：《非洲地区发现的元明龙泉窑瓷器》，《考古与文物》2016 年第 6 期，第 110~117 页。

沈作霖：《介绍一件宋咸平元年粮罂瓶》，浙江省文物考古所编：《浙江省文物考古所学刊》（1981），北京：文物出版社，1981 年，第 197 页。

施景琛撰：《泉山古物编》，1924 年铅印本。

（德）埃娃·施特勒伯：《德累斯顿奥古斯都大帝藏品中的德化瓷器和宜兴紫砂器》，上海博物馆编：《中国古代白瓷国际学术研讨会论文集》，上海：上海书画出版社，2005 年，第 519~536 页。

水既生：《山西古代陶瓷装饰技法及其应用》，《河北陶瓷》1980 年第 4 期，第 37~49 页。

（日）斯波义信著，庄景辉译：《宋代商业史研究》，台北：稻禾出版社，1997 年。

四川省文物管理委员会：《四川简阳东溪园艺场元墓》，《文物》1987 年第 2 期，第 70~87 页。

（日）松浦章著，赵家骏译：《清代前期中英海运贸易》，《中外关系史译丛》第三辑，上海：上海译文出版社，1986 年，第 228~248 页。

宋伯胤：《华东文物工作队福建组调查晋江、德化等处古窑址》，《文物参考资料》1954 年第 5 期，第 98~99 页。

宋伯胤：《谈德化窑》，《文物参考资料》1955 年第 4 期，第 55~71 页。

宋伯胤：《连江县的两个古瓷窑》，《文物参考资料》1958 年第 2 期，第 27~31 页。

宋中雷、黎飞艳：《南澳Ⅰ号明代沉船 2010 年出水陶瓷器》，《文物》2012 年第 3 期，第 60~78 页。

苏垂昌：《唐五代中国古陶瓷的输出》，《厦门大学学报》（哲学社会科学版）1986 年第 2 期，第 93~101 页。

苏基朗：《唐宋时代闽南泉州史地论稿》，台北：台湾商务印书馆，1991 年。

苏基朗：《两宋闽南广东外贸瓷产业的空间：一个比较分析》，张炎宪主编：《中国海洋发展史论文集》第六辑，台北："中央"研究院中山人文社会科学研究所专书（40），1997 年，第 125~172 页。

苏基朗：《两宋闽南、广东、浙东外贸瓷产业空间模式的一个比较分析》，李伯重、周生春主编：《江南城市工业化与地方文化（960 — 1850）》，北京：清华大学出版社，2004 年，第 141~192 页。

苏基朗著，李润强译：《刺桐梦华录》，杭州：浙江大学出版社，2012 年。

苏来曼著，傅振伦译：《东南亚出土的中国外销瓷器》，《中国古外销陶瓷研究资料》第一辑，1981 年，第 68~75 页。

遂宁市博物馆、遂宁市文物管理所：《四川遂宁金鱼村南宋窖藏》，《文物》1994 年第 4 期，第 4~28 页。

孙光圻：《古代中国通向阿拉伯的海上航路及其沿革》，《中国航海》1987 年第 1 期，第 55~65 页。

孙机：《中国茶文化与日本茶道》，《中国历史博物馆馆刊》1996 年第 1 期，第 62~69 页。

孙键：《南海沉船与宋代瓷器外销》，《中国文化遗产》2007 年第 4 期，第 32~45 页。

孙以刚：《江西德兴流口北宋墓》，《南方文物》1994 年第 3 期，第 34~36 页。

孙艺灵：《谈德化窑与欧洲制瓷业的交流》，《收藏家》2006 年第 5 期，第 69~70 页。

T

台北历史博物馆历史考古小组：《澎湖内埯、中屯历史考古研究成果报告》，台北：历史博物馆，2003 年。

台北历史博物馆历史考古小组：《金门地区历史考古研究成果报告》，台北：历史博物馆，2002 年。

谭其骧主编：《中国历史地图集》第五（隋唐五代）、六（宋辽金）、七（元明）、八册（清），北京：中国地图出版社，1982 年。

（印）谭中著，袁传伟、袁放生译：《英国—中国—印度三角贸易（1771~1840）》，《中外关系史译丛》第二辑，上海：上海译文出版社，1985 年，第 187~206 页。

汤毓贤：《福建云霄火田水头窑调查》，《福建文博》1999 年增刊总第 35 期，第 144~148 页。

唐文基主编：《福建古代经济史》，福州：福建教育出版社，1995 年。

唐星煌：《汉晋间中国陶瓷的外传》，《厦门大学学报》（哲学社会科学版）1988 年第 3 期，第 106~110 页。

唐星煌：《汉唐陶瓷的传出和外销》，吴锦吉、吴春明主编：《东南考古研究》第一辑，厦门：厦门大学出版社，1996 年，第 137~148 页。

陶德臣：《西方早期饮茶风习的兴起》，《农业考古》2008 年第 5 期，第 298~302、307 页。

滕军：《日本茶道文化概论》，北京：东方出版社，1992 年。

天津市文物管理处：《天津静海元蒙口宋船的发掘》，《文物》1983 年第 7 期，第 54~58、67 页。

（日）田中克子著，黄建秋译：《鸿胪馆遗址出土的初期贸易陶瓷初论》，《福建文博》1998 年第 1 期，第 31~39 页。

（日）田中克子：《日本博多（Hakata）遗址群出土的贸易陶瓷器及其历史背景——九世纪至十七世纪早期》，栗建安主编：《考古学视野中的闽商》，北京：中华书局，2010 年，第 151~172 页。

同安县地方志编纂委员会编：《同安县志》，北京：中华书局，2000 年。

童歆：《9~14 世纪南海及周边海域沉船的发现与研究》，《水下考古学研究》第 2 卷，北京：科学出版社，2016 年，第 45~102 页。

W

碗礁一号水下考古队编著：《东海平潭碗礁一号出水瓷器》，北京：科学出版社，2006 年。

汪宗耀：《蕲春出土的明代瓷器》，《文物》1993 年第 5 期，第 95~96 页。

王登其：《福建龙岩土在日用细瓷坯料中的应用》，《中国陶瓷》1996 年第 2 期，第 22~24 页。

王铭铭：《逝去的繁荣——一座老城的历史人类学考察》，杭州：浙江人民出版社，1999 年。

王任叔著：《印度尼西亚古代史》（下），北京：中国社会科学出版社，1987 年。

王日根：《明清海疆政策与中国社会发展》，福州：福建人民出版社，2006 年。

王涛：《明清海盗（海商）的兴衰：基于全球经济发展的视角》，北京：社会科学文献出版社，2016 年。

王文径：《漳浦出土的明清瓷器》，《福建文博》2001 年第 1 期，第 56~58 页。

王文径：《福建漳浦明墓出土的青花瓷器》，《江西文物》1990 年第 4 期，第 71~73 页。

王文径：《漳浦县湖西畲族乡五代墓》，《福建文博》1988 年第 1 期，第 29~32 页。

王文径：《福建漳浦宋、元窑址》，《中国古代陶瓷的外销——1987 年晋江年会论文集》，北京：紫禁城出版社，1988 年，第 106~110 页。

王文径：《福建漳浦县赤土古窑址调查》，《考古》1993 年第 3 期，第 248~253 页。

王文强：《德化窑兴起与发展的原因探析》，《中国古陶瓷研究》第 5 辑，北京：紫禁城出版社，1999 年，第 136~140 页。

王新天、吴春明：《论明清青花瓷业海洋性的成长——以“漳州窑”的兴起为例》，《厦门大学学报》（哲学社会科学版）2006 年第 6 期，第 61~68 页。

王永平：《闽西北宋元青白瓷考》，《福建文博》1999 年增刊总第 35 期，第 224~228 页。

王毓铨主编：《中国经济通史·明代经济卷》，北京：经济日报出版社，2000 年。

王曾瑜：《谈宋代的造船业》，《文物》1975 年第 10 期，第 24~27、8 页。

王振民等编著：《福建省矿物志》，福建省地质矿产勘查开发局，福州：福建省地图出版社，2001 年。

王振镛：《宋元德化窑考古的收获》，《福建文博》1993 年第 1、2 期，第 88~94 页。

文物编辑委员会：《中国古代窑址调查发掘报告集》，北京：文物出版社，1984 年。

吴春明：《古代东南海洋性瓷业格局的发展与变化》，《中国社会经济史研究》2003 年第 3 期，第 33~41 页。

吴春明：《环中国海沉船——古代帆船、船技与船货》，南昌：江西高校出版社，2003 年。

吴海山：《景德镇窑结构及其热工工艺》，《陶瓷研究》1999 年第 1 期，第 16~21 页。

吴金鹏：《晋江溥济庵遗址出土的瓷器及相关问题》，《福建文博》2000 年第 1 期，第 36~41 页。

吴其生：《明清时期漳州五彩瓷器调查》，厦门市博物馆编：《闽南古陶瓷研究》，福州：福建美术出版社，2002 年，第 141~150 页。

吴其生：《中国古陶瓷标本·福建漳窑》，广州：岭南美术出版社，2002 年。

吴其生：《中国福建古陶瓷标本大系·南靖窑》，福州：福建美术出版社，2005 年。

吴其生、李和安：《中国福建古陶瓷标本大系·华安窑》，福州：福建美术出版社，2005 年。

吴仁敬、辛安潮著：《中国陶瓷史》，北京：商务印书馆，1998 年影印 1936 年第 1 版。

吴诗池：《厦门文物考古的回顾与思考》，《福建文博》1997 年第 1 期，第 86~87、64 页。

吴松弟：《中国移民史》第四卷（辽宋金元时期），福州：福建人民出版社，1997 年。

吴艺娟：《泉州发现元墓》，《福建文博》2005 年第 2 期，第 62~63 页。

吴震霖、金志伟、刘文锁：《香港九龙圣山遗址考古发掘简报》，《考古与文物》2016 年第 6 期，第 3~25 页。

武夷山市博物馆：《福建武夷山遇林亭窑址再考察》，《福建文博》1996 年第 2 期，第 53~55 页。

X

西安市文物保护考古所编著：《西安韩森寨元代壁画墓》，北京：文物出版社，2004 年。

西北轻工业学院等编：《陶瓷工艺学》，北京：中国轻工业出版社，1980 年。

席龙飞、杨熺、唐锡仁主编：《中国科学技术史·交通卷》，北京：科学出版社，2004 年。

厦门大学人类博物馆：《德化屈斗宫窑址的调查发现》，《文物》1965 年第 2 期，第 26~35 页。

厦门大学历史系考古专业、德化县文化馆：《德化新近发现的一批古瓷窑址》，《德化瓷器史料汇编》（上册），1980 年，第 37~58 页。

厦门市地方志编纂委员会编：《厦门市志》北京：方志出版社，2004 年。

厦门市文物管理委员会：《厦门海沧宋代窑址发掘简报》，《南方文物》1999 年第 2 期，第 11~22 页。

厦门市文物管理委员会、厦门市文化局编：《厦门文物志》，北京：文物出版社，2003 年。

厦门市文管会、厦门市博物馆：《厦门万石植物园发现清代碗圹墓》，《福建文博》1999 年增刊总第 35 期，第 129~132 页。

香港大学冯平山博物馆编：《石湾陶展》，香港：香港大学冯平山博物馆，1979 年。

香港海事博物馆：《针路蓝缕》，香港：中华书局，2015 年。

香港文化博物馆：《香港大埔碗窑青花瓷窑址——发掘及研究》，香港：康乐及文化事务署出版，2000 年。

肖发标：《中葡早期贸易与漳州窑的兴烧》，《福建文博》1999 年增刊总第 35 期，第 50~53 页。

肖发标：《克拉克瓷刍议》，《南方文物》2000 年第 2 期，第 62~64 页。

谢必震：《明清中琉航海贸易研究》，北京：海洋出版社，2004 年。

谢明良：《记黑石号（Batu Hitam）沉船中的中国陶瓷器》，（台湾大学）《美术史研究集刊》第十三期，台北：台湾大学美术史研究所，2002 年，第 1~60 页。

辛光灿：《浅谈满者伯夷与德罗乌兰遗址发现的中国陶瓷》，《考古与文物》2016 年第 6 期，第 100~109 页。

辛元欧：《瑞典的航海船舶博物馆与水下考古事业》，《船史研究》1997 年总第 11~12 期，第 200~214 页。

熊海堂：《文化、技术交流史研究的理论与实践——兼论东亚窑业技术史比较研究问题点》，《东南文化》1991 年第 3、4 期，第 32~39 页。

熊海堂：《中国古代的窑具与装烧技术研究》（前编），《东南文化》1991 年第 6 期，第 85~113 页。

熊海堂：《中国古代的窑具与装烧技术研究》（后编），《东南文化》1992 年第 1 期，第 222~238 页。

熊海堂：《华南沿海对外陶瓷技术的交流和福建漳州窑发现的意义》，《福建文博》1995 年第 1 期，第 9~21、43 页。

熊海堂著：《东亚窑业技术发展与交流史研究》，南京：南京大学出版社，1995 年。

熊寰：《克拉克瓷研究》，《故宫博物院院刊》2006 年第 3 期，第 113~122 页。

徐本章：《试谈德化窑青花瓷器装饰艺术及其影响》，《东方文化》1985 年第 2 期，香港大学亚洲研究中心刊行。

徐本章：《试谈澎湖航线与中非陶瓷贸易》，《中国古代陶瓷的外销——1987 年晋江年会论文集》，北京：紫禁城出版社，1988 年，第 126~130 页。

徐本章、苏光耀、叶文程：《略谈德化窑的古外销瓷器》，《考古》1979 年第 2 期。

徐本章、叶文程：《再谈德化窑的古外销瓷器》，《古陶瓷研究》第一辑，1982 年，第 88~99 页。

徐本章、叶文程：《略谈德化窑的古外销"军持"》，《古陶瓷研究》第一辑，1982 年，第 157~162 页。

徐本章、叶文程：《德化瓷史与德化窑》，香港：华星出版社，1993 年。

徐海滨、朱滨：《福建东山东门屿沉船水下考古调查报告》，《福建文博》2005 年增刊，第 113~117 页。

徐菁、刘慧中：《江西与平和窑青花瓷关系探微》，《福建文博》1999 年增刊总第 35 期，第 44~46 页。

徐苹芳：《中国历史考古学分区问题的思考》，《考古》2000 年第 7 期，第 81~87 页。

许清泉：《宋元泉州陶瓷生产与外销》，《古陶瓷研究》第一辑，1982 年，第 80~87 页。

许之衡：《饮流斋说瓷》，《中国陶瓷名著汇编》，北京：中国书店，1991 年。

薛翘、刘劲峰：《江西出土的明万历外销青花瓷盘》，《江西历史文物》1985 年第 1 期，第 93~98 页。

薛翘、刘劲峰：《抚州市郊元代纪年墓出土的芒口瓷》，《江西历史文物》1987 年第 2 期，第 62~64 页。

薛翘、刘劲峰：《江西抚州元墓出土瓷器》，《文物》1992 年第 2 期，第 34~36 页。

Y

（印尼）苏玛拉・亚德阿曼著，陈丽华编译：《印度尼西亚发现若干德化窑青花瓷盘》，《海交史研究》1994

年第 1 期，第 107~109 页。

鄢明才、迟清华：《中国东部地壳与岩石的化学组成》，北京：科学出版社，1997 年。

严耀中：《中国东南佛教史》，上海：上海人民出版社，2005 年。

严钊周：《青白瓷粉盒》，《东南文化》2000 年第 8 期，第 94~95 页。

颜清滥编辑：《福建德化泗滨志》，福建省德化县泗滨志编纂董事会编，2000 年。

Othman B. M. Yatim 著，李培俊译：《马来西亚发现的商业陶瓷》，中国科学院上海硅酸盐研究所编：《中国古陶瓷研究——'82 第一届中国古代陶瓷科学技术国际讨论会论文集》，北京：科学出版社，1987 年，第 409~411 页。

羊泽林：《福建永春苦寨坑发现原始青瓷窑址》，《中国文物报》2017 年 3 月 10 日第 8 版。

羊泽林：《东溪窑考古调查与发掘》，"海丝 · 东溪窑学术研讨会"论文，南靖，2017 年 3 月 18 日。

杨琮：《福建宋元壁画墓初步研究》，《考古》1996 年第 1 期，第 75~81 页。

杨琮、林玉芯、王祥堆、朱世武：《尤溪宋代壁画墓综述》，《福建文博》1991 年第 1、2 期，第 84~90 页。

（德）杨恩霖：《十七、十八世纪中国输出欧洲的外销瓷》，《福建文博》1999 年第 1 期，第 58~65 页。

杨国桢：《闽在海中——追寻福建海洋发展史》，南昌：江西高校出版社，1998 年。

杨后礼：《新建县樵舍南宋墓》，《江西历史文物》1983 年第 2 期，第 20~21 页。

（美）杨庆堃著，范丽珠等译：《中国社会中的宗教：宗教的现代社会功能及其历史因素之研究》，上海：上海人民出版社，2007 年。

杨少祥：《广东梅县市唐宋窑址》，《考古》1994 年第 3 期，第 231~238 页。

杨少祥：《广东青花瓷器初探》，Ho Chuimei ed. *Ancient Ceramic Kiln Technology in Asia*, Hong Kong: The Centre of Asian Studies, the University of Hong Kong, 1990, pp.1-13.

杨小川：《南安市篦点划花青瓷介述》，《福建文博》1996 年第 2 期，第 169~172 页。

扬之水：《两宋香炉源流》，《中国典籍与文化》2004 年第 1 期，第 46~68 页。

扬之水：《说香盒》，《文史知识》2003 年第 10 期，第 50~57 页。

姚祖涛、赵洪章：《闽北古瓷窑址的发现和研究》，《福建文博》1990 年第 2 期，第 11~16、102 页。

叶碧峰：《论明代德化瓷雕艺术》，《福建文博》2004 年第 4 期，第 75~78 页。

叶麟趾：《古今中外陶瓷汇编》，北平：文奎堂，1934 年。

叶清琳：《安溪古代瓷业与外销初探》，《古陶瓷研究》第一辑，1982 年，第 109~112 页。

叶清琳：《安溪青花瓷器的初步研究》，《东方文化》1985 年第 2 期，香港大学亚洲研究中心刊行。

叶清琳：《安溪青花瓷器的初步研究》，Ho Chuimei ed. *Ancient Ceramic Kiln Technology in Asia*, Hong Kong: The Centre of Asian Studies, the University of Hong Kong, 1990, pp.74-87.

叶清琳：《略述安溪纪年墓和带款识几件外销瓷器》，《福建文博》1993 年第 1、2 期，第 129~131 页。

叶文程：《厦门岛首次发现宋代火葬遗物》，《文物参考资料》1958 年第 1 期，第 82 页。

叶文程：《晋江泉州古外销陶瓷初探》，《厦门大学学报》（哲学社会科学版）1979 年第 1 期，第 105~111 页。

叶文程：《宋元时期中国东南沿海地区陶瓷的外销》，《海交史研究》1984 年总第 6 期，第 32~38 页。

叶文程：《从澎湖发现的宋元陶瓷看宋元时期福建陶瓷器的发现与外销》，《福建文博》1987 年第 2 期，第 43 页。

叶文程：《福建晋江县古外销陶瓷探讨》，《中国古陶瓷研究》创刊号，北京：紫禁城出版社，1987 年，第 84~89 页。

叶文程：《略谈福建古代陶瓷窑炉类型的发展》，《厦门大学学报》（哲学社会科学版）1988 年第 1 期，第 124~128 页。

叶文程：《中国古外销瓷研究论文集》，北京：紫禁城出版社，1988 年。

叶文程：《试论中国古外销陶瓷的国家和地区》，《福建文博》1989 年第 1、2 期，第 104~110、113 页。

叶文程：《福建闽清义窑青窑的调查与外销瓷问题》，Ho Chuimei ed. *Ancient Ceramic Kiln Technology in Asia*,

Hong Kong: The Centre of Asian Studies, the University of Hong Kong, 1990, pp.60-73.

叶文程:《试论明代德化的白釉瓷器》,《东南考古研究》第一辑，厦门：厦门大学出版社，1996年，第123~131页。

叶文程：《闽南古代陶瓷的工艺及外销初探》，《福建文博》1999年第1期，第43~50页。

叶文程：《在马来西亚见到的一些漳州窑瓷器》，《福建文博》2000年第2期，第78~83页。

叶文程：《闽南地区古代陶瓷的生产与外销》，厦门博物馆编：《闽南古陶瓷研究》，福州：福建美术出版社，2002年，第14~24页。

叶文程：《略论德化古代陶瓷的生产与外销》，《福建文博》2004年第4期，第1~9页。

叶文程：《福建地区青花瓷的生产与外销》，《中国古陶瓷研究》第13辑，北京：紫禁城出版社，2007年，第182~195页。

叶文程、丁炯淳：《中国古陶瓷畅销国外的原因》，《福建文博》1991年第1、2期，第91~96页。

叶文程、丁炯淳、芮国耀：《福建南部的几处青瓷窑址》，《中国考古学会第三次年会论文集》(1981)，北京：文物出版社，1984年，第165~169页。

叶文程、林忠干：《福建陶瓷》，福州：福建人民出版社，1993年。

叶文程、林忠干、陈建中：《德化窑瓷鉴定与鉴赏》，南昌：江西美术出版社，2001年。

叶文程、罗立华：《关于"漳州窑"命名的讨论》，《福建文博》1996年第2期，第133~135页。

叶文程、罗立华:《德化窑青花瓷器几个问题的探讨》,《中国古陶瓷研究》第5辑，北京：紫禁城出版社，1999年，第199~206页。

叶文程、欧阳宗俊：《试论"珠光青瓷"及外销》，《河北陶瓷》1991年第4期，第41~45页。

叶文程、苏垂昌、黄世春:《晋江磁灶窑的发展及其外销》,《中国古代陶瓷的外销——1987年晋江年会论文集》,北京：紫禁城出版社，1988年，第61~65页。

叶文程、徐本章编:《德化瓷器史料汇编》(上、下册),厦门大学历史系、德化县科学技术协会、德化县文化馆印，1980年。

叶喆民：《中国古陶瓷科学浅说》，北京：轻工业出版社，1960年，第47~48页。

叶喆民：《中国陶瓷史》，北京：生活·读书·新知三联书店，2006年，第597~598页。

尹青兰：《江西省博物馆藏德化白瓷》，《福建文博》2004年第4期，第62~64页。

尤溪县博物馆：《尤溪半山窑址调查简报》，《福建文博》1995年第2期，第31~35页。

(日)楢崎彰一著，杨琮、范培松译：《日本出土的宋元陶瓷和日本陶瓷》，《江西文物》1990年第3期，第109~115页。

(日)楢崎彰一著，曹建南译：《漳州窑陶瓷和美浓桃山陶瓷》，《福建文博》1999年增刊总第35期，第15~22、14页。

余生富：《三明莘口宋墓》，《福建文博》2001年第2期，第77~79页。

俞伟超：《十年来中国水下考古学的主要成果》，《福建文博》1997年第2期，第6~11页。

虞浩旭：《试论唐宋元时期明州港的瓷器外销及地位》，《景德镇陶瓷》1999年第4期，第51~54页。

虞浩旭：《唐五代宋初上林湖瓷业发达原因探析》，《景德镇陶瓷》1994年第4期，第43~46页。

袁随善译:《关于在南中国海发现的四艘明代沉船的消息披露》,《船史研究》1997年总第11~12期，第291~299页。

袁宣萍：《十七至十八世纪欧洲的中国风设计》，北京：文物出版社，2006年。

(荷)C. J. A. 约尔格著，任荣康译：《荷兰东印度公司对华贸易》，《中外关系史译丛》第三辑，上海：上海译文出版社，1986年，第304~334页。

(菲律宾)费·兰达·约卡诺著，韩振华译：《中菲贸易关系上的中国外销瓷》，《中国古外销陶瓷研究资料》第一辑，1981年，第58~61页。

Z

曾凡著：《福建陶瓷考古概论》，福州：福建省地图出版社，2001年。

曾凡：《光泽茅店宋代瓷窑址》，《文物参考资料》1958年第2期，第36~37页。

曾凡：《关于德化屈斗宫窑的几个问题》，《文物》1979年第5期，第62~65页。

曾凡：《关于德化窑的几个问题》，中国硅酸盐学会：《中国古陶瓷论文集》，北京：文物出版社，1982年，第245~262页。

曾凡：《再谈关于德化窑的问题》，《德化窑》附录一，北京：文物出版社，1990年，第136~152页。

曾广亿：《广东惠阳白马山古瓷窑调查记》，《考古》1962年第8期，第414~415页。

曾广亿：《海南岛汀迈古瓷窑调查记》，《考古》1963年第6期，第345~346页。

曾广亿：《广东潮安北郊唐代窑址》，《考古》1964年第4期，第194~195。

曾广亿：《广东博罗、揭阳、澄迈古瓷窑调查》，《文物》1965年第2期，第19~25页。

曾广亿：《广东古陶瓷窑炉及有关问题初探》，《中国考古学会第二次年会论文集》(1980)，北京：文物出版社，1982年，第206~215页。

曾广亿：《广东明代仿龙泉窑青瓷初探》，Ho Chuimei ed. *Ancient Ceramic Kiln Technology in Asia*, Hong Kong: The Centre of Asian Studies, the University of Hong Kong, 1990, pp.30-42.

曾广亿：《广东瓷窑遗址考古概要》，《江西文物》1991年第4期，第105~108、84页。

曾玲玲：《瓷话中国——走向世界的中国外销瓷》，北京：商务印书馆，2014年。

曾伟希：《福建博物院藏德化瓷器》，《福建文博》2004年第4期，第65~67页。

曾秀秀：《简述三明古窑址及古陶瓷》，《福建文博》2016年第1期，第90~93页。

湛江市博物馆等：《雷州窑瓷器》，广州：岭南美术出版社，2003年。

张柏主编：《中国出土瓷器全集》第1、7、10、16卷，北京：科学出版社，2008年。

张福康、张浦生、何文权、熊樱菲：《白瓷和青白瓷》，上海博物馆编：《中国古代白瓷国际学术研讨会论文集》，上海：上海书画出版社，2005年，第576~584页。

张海英：《明清江南商品流通与市场体系》，上海：华东师范大学出版社，2002年。

张红兴：《近年来从中国海域出水的17~19世纪德化陶瓷》，《海交史研究》2012年第2期，第84~91、127~132页。

张家、徐冰：《福建建瓯县水南宋元墓葬》，《考古》1995年第2期，第188~190页。

张铠：《中国与西班牙关系史》，郑州：大象出版社，2003年。

张乐发：《湖北宜城市出土元代人物堆塑罐》，《考古》1996年第6期，第93~94页。

张丕远主编：《中国历史气候变化》，施雅风总主编：《中国气候与海面变化及其趋势和影响》第①卷，济南：山东科学技术出版社，1996年。

张廷茂：《明清时期澳门海上贸易史》，澳门：澳亚周刊出版有限公司，2004年。

张威：《南海沉船的发现与预备调查》，《福建文博》1997年第2期，第28~31页。

张威主编：《绥中三道岗元代沉船》，北京：科学出版社，2001年。

张维华：《明清之际中西关系简史》，济南：齐鲁书社，1987年。

张文江、赖金明：《宋代景德镇窑青白釉瓷器》，《文物天地》2004年第12期，第64~73页。

张文崟：《南平大凤店口宋墓》，《福建文博》1989年第1、2期，第18~22页。

张文崟：《南平茶洋窑几个问题的探讨》，《福建文博》1990年第2期，第17~22页。

张文崟：《福建南平店口宋墓》，《考古》1992年第5期，第428~430页。

张文崟：《福建南平宋代壁画墓》，《文物》1998年第12期，第33~37页。

张文崟：《南平茶洋宋元窑址》，《福建文博》2008年第1期，第26~31页。

张文崟、林蔚起：《福建南平市三官堂元代纪年墓的清理》，《考古》1996年第6期，第48~51、81页。

张锡秋、胡立勋：《福建省陶瓷原料考察纪实及对其发展的探讨》，《中国陶瓷》1987年第4期，第10~18页。

张翔：《龙泉金村古瓷窑址调查发掘报告》，浙江省轻工业厅编：《龙泉青瓷研究》，北京：文物出版社，1989年，第69~91页。

张云芳：《浅谈清代景德镇民窑青花瓷器》，《南方文物》1996年第4期，第99~101页。

张燕清：《英国东印度公司对华茶叶贸易方式探析》，《中国社会经济史研究》2006年第3期，第54~60页。

张燕清：《垄断政策下的东印度公司对华茶叶贸易》，《浙江学刊》2006年第6期，第73~76页。

张子高编著：《中国化学史稿（古代之部）》，北京：科学出版社，1964年。

张仲淳：《福建莆田庄边古瓷窑调查》，《福建文博》1987年第2期，第51~55、38页。

张仲淳：《明清时期的福建安溪青花瓷器》，《考古》1989年第7期，第617~623页。

张仲淳：《漳州窑系瓷器的特征、年代及对日本的影响》，厦门博物馆编：《厦门博物馆建馆十周年成果文集》，福州：福建教育出版社，1998年，第151~156页。

张仲淳：《明末清初漳州窑瓷器的装饰艺术》，《福建文博》2005年第3期，第91~96页。

张仲淳：《日本博物馆藏明末清初漳州窑瓷器的分类与断代》，《中国古陶瓷研究》第13辑，北京：紫禁城出版社，2007年，第220~231页。

章巽：《古航海图考释》，北京：海洋出版社，1980年。

章巽：《我国古代的海上交通》，北京：商务印书馆，1986年。

章巽：《章巽文集》，北京：海洋出版社，1986年。

章巽：《明初我国通使日本的主要针路——〈使倭针经图说〉考释》，《章巽文集》，北京：海洋出版社，1986年，第107~117页。

章巽主编：《中国航海科技史》，北京：海洋出版社，1991年。

漳浦县博物馆：《漳浦唐五代墓》，《福建文博》2001年第1期，第40~45页。

漳州市博物馆：《2006年度漳州市古窑址调查报告》，《福建文博》2007年第4期，第18~21页。

漳州市地方志编纂委员会编：《漳州市志》，北京：中国社会科学出版社，1999年。

漳州市文管办：《漳州文物考古工作的主要收获》，《福建文博》2001年第1期，第2~6页。

赵嘉斌：《海上丝绸之路上的中国古代外销瓷——中国水下考古的工作与发现》，《中国古陶瓷研究》第14辑，北京：紫禁城出版社，2008年，第1~10页。

赵嘉斌：《2009~2010年西沙群岛水下考古调查主要收获》，吴春明主编：《海洋遗产与考古》，北京：科学出版社，2012年，第178~190页。

赵嘉斌：《南海海域水下考古工作概况——以西沙群岛水下考古调查与文物巡查为重点》，《南海水下文化遗产》第一辑，南京：江苏人民出版社，2015年，第47~58页。

赵嘉斌、刘淼：《“马尼拉帆船”与明清华南陶瓷的海洋贸易》，《东南考古研究》第四辑，厦门：厦门大学出版社，2010年，第418~429页。

赵嘉斌、孙键、林果：《十五期间福建沿海水下考古调查项目执行计划》，《福建文博》2005年增刊，第95~107页。

赵明璟：《明代青花瓷香炉综述》，《南方文物》1993年第4期，第81~85页。

赵伟、李荔：《南京博物院藏德化窑白瓷一瞥》，《福建文博》2004年第4期，第46~47页。

浙江省博物馆编：《浙江纪年瓷》，北京：文物出版社，2000年。

浙江省轻工业厅编：《龙泉青瓷研究》，北京：文物出版社，1989年。

浙江省文物考古研究所：《龙泉东区窑址发掘报告》，北京：文物出版社，2005年。

浙江省文物考古研究所、北京大学考古文博学院、慈溪市文物管理委员会编著：《寺龙口越窑址》，北京：文物出版社，2002 年。

浙江省文物考古研究所、北京大学考古文博院、慈溪市文物管理委员会：《浙江越窑寺龙口窑址发掘简报》，《文物》2001 年第 11 期，第 23~42 页。

周丽丽：《明末清初漳州窑青花瓷器刍议》，《中国古陶瓷研究》第 13 辑，北京：紫禁城出版社，2007 年，第 232~246 页。

周仁：《陶瓷试验场工作报告》，原刊于 1930 年中研院工程研究所专刊，参周仁等著：《中国古陶瓷研究论文集》，北京：轻工业出版社，1982 年，第 1~21 页。

周仁等：《景德镇瓷器的研究》，北京：科学出版社，1958 年。

周仁等：《中国古陶瓷研究论文集》，北京：轻工业出版社，1982 年。

周仁、李家治：《中国历代名窑陶瓷工艺的初步科学总结》，《考古学报》1960 年第 1 期，第 89~104 页；另参看：《中国古陶瓷论文集》，北京：文物出版社，1982 年，第 287~306 页。

周仁沾、陈培源、杨锡光：《福建龙岩宁洋两县地质矿产》，福建省地质土壤调查所：《地质矿产报告》第十三号，福建省地质土壤调查所印行，1950 年，第 1~48 页。

周伟民、唐玲玲编著：《南海天书——海南渔民“更路簿”文化诠释》，北京：昆仑出版社，2015 年。

周运中：《南澳气、万里长沙与万里石塘新考》，《海交史研究》2013 年第 1 期，第 35~43 页。

周运中：《中国南洋古代交通史》，厦门：厦门大学出版社，2015 年。

朱滨、孙键：《2001~2002 年东山海域水下文物调查报告》，《福建文博》2005 年增刊，第 108~112、107 页。

朱伯谦：《试论我国古代的龙窑》，《文物》1984 年第 3 期，第 57~62 页。

朱伯谦、王士伦：《浙江省龙泉青瓷窑址调查发掘的主要收获》，《文物》1963 年第 1 期，第 27~42 页。

朱非素：《南海“丝绸之路”考古发现浅析》，北京大学考古学系编：《“迎接二十一世纪的中国考古学”国际学术讨论会论文集》，北京：科学出版社，1998 年，第 499~512 页。

朱高健、李和安：《平和南胜窑调查报告》，《福建文博》1996 年第 2 期，第 152~155、89 页。

朱鉴秋：《耶鲁藏中国古航海图的绘制特点》，《海交史研究》2014 年第 2 期，第 44~55 页。

朱杰勤：《十七、八世纪华瓷传入欧洲的经过及其相互影响》，《中国史研究》1980 年第 4 期，第 109~121 页。

朱培初：《明清陶瓷和世界文化的交流》，北京：轻工业出版社，1984 年。

庄景辉：《泉州子城址考》，《福建文博》1987 年第 2 期，第 159~164 页。

庄景辉：《泉州宋代祈风石刻考释》，《江西文物》1989 年第 2 期，第 89~95、58 页。

庄景辉：《泉州罗城址考》，庄景辉：《海外交通史迹研究》，厦门：厦门大学出版社，1996 年，第 19~36 页。

庄景辉、刘小艳：《明清泉州青花瓷论略》，《福建文博》1993 年第 1、2 期，第 126~128 页。

（菲律宾）庄良有著，游学华译：《菲律宾出土的十四至十五世纪中国青花瓷》，江西省博物馆、香港中文大学文物馆：《江西元明青花瓷》，香港：香港中文大学，2002 年，第 50~57 页。

庄为玑：《宋元明泉州港的中外交通史迹》，《厦门大学学报》（社会科学版）1956 年第 1 期，第 96~124 页。

庄为玑：《谈最近发现的泉州中外交通的史迹》，《考古通讯》1956 年第 3 期，第 43~48 页。

庄为玑：《续谈泉州港新发现的中外交通史迹》，《考古通讯》1958 年第 8 期，第 62~64 页。

庄为玑：《泉州历代城址的探索》，《中国考古学会第一次年会论文集》（1979），北京：文物出版社，1980 年，第 367~379 页。

庄为玑：《浙江龙泉与福建的土龙泉》，《中国考古学会第三次年会论文集》（1981），北京：文物出版社，1984 年，第 177~181 页。

郑德坤著，李宁译：《沙捞越考古》，邓聪、吴春明主编：《东南考古研究》第二辑，厦门：厦门大学出版社，1999 年。

郑东：《厦门宋元窑址调查及研究》，《东南文化》1999 年第 3 期，第 35~43 页。

郑东：《厦门古陶瓷生产兴衰原因探析》，《南方文物》2001 年第 1 期，第 74~80 页。

郑东：《福建闽南地区古代陶瓷生产概况》，《东南文化》2002 年第 5 期，第 56~62 页。

郑东：《试论闽南古代彩瓷的生产与外销》，《南方文物》2004 年第 1 期，第 56~64 页。

郑东:《试析闽南古代瓷器装饰技法》,《中国古陶瓷研究》第 11 辑，北京：紫禁城出版社，2005 年，第 355~366 页。

郑东、蔡鸿涌：《厦门古代瓷业及其年代分期》，《福建文博》1999 年增刊总第 35 期，第 156~161 页。

郑东、石钦：《厦门港——闽南古陶瓷外销的重要锚地》，《南方文物》2005 年第 3 期，第 90~94 页。

郑东、周翠蓉：《福建厦门发现宋代纪年墓》，《南方文物》2000 年第 2 期，第 6~8 页。

郑炯鑫：《从"泰兴号"沉船看清代德化青花瓷器的生产与外销》，《文博》2001 年第 6 期，第 49~50 页。

郑炯鑫:《17~18 世纪德化窑生产的西洋瓷器及其对欧洲瓷业的影响》,《福建文博》2016 年第 3 期，第 39~44 页。

（韩）郑良谟著，程晓中译：《新安海底发现的陶瓷器的分类与有关问题》，《海交史研究》1989 年第 1 期，第 94~98 页。

（韩）郑良谟著，（韩）金英美译、金光烈校：《高丽青瓷》，北京：文物出版社，2000 年。

郑培凯主编：《陶瓷下西洋：十二至十五世纪中国外销瓷》，香港：香港城市大学中国文化中心，2003 年。

郑晓君：《宋元时期环九龙江口的窑业》，《福建文博》2006 年第 4 期，第 48~52、62 页。

郑晓君、苏维真：《浅谈德化窑宋元青白瓷器》，厦门博物馆编：《闽南古陶瓷研究》，福州：福建美术出版社，2002 年，第 97~104 页。

郑学稼：《日本史》，台北：黎明文化出版社，1977 年。

郑学檬：《中国古代经济重心南移和唐宋江南经济研究》，长沙：岳麓书社，2003 年。

郑学檬：《宋代福建沿海对外贸易的发展对社会经济结构变化的影响》，《中国社会经济史研究》1996 年第 2 期，第 45~50 页。

郑有国：《中国市舶制度研究》，福州：福建教育出版社，2004 年。

中国古陶瓷研究会、中国古外销陶瓷研究会编：《古陶瓷研究》第一辑，1982 年。

中国古陶瓷研究会、中国古外销陶瓷研究会编：《中国古外销陶瓷研究资料》第三辑，1983 年。

中国古外销陶瓷研究会编印：《中国古外销陶瓷研究资料》第一辑，1981 年。

中国硅酸盐学会编：《中国陶瓷史》，北京：文物出版社，1982 年。

中国国家博物馆：《宋韵——四川窖藏文物辑粹》，北京：中国社会科学出版社，2006 年。

中国国家博物馆水下考古研究中心、福建博物院、福州市文物考古工作队编著:《福建平潭大练岛元代沉船遗址》，北京：科学出版社，2014 年。

中国国家博物馆水下考古研究中心、海南省文物保护管理办公室编著：《西沙水下考古（1998~1999）》，北京：科学出版社，2006 年。

中国国家博物馆水下考古研究中心、海南省文物局：《西沙群岛石屿二号沉船遗址调查简报》，《中国国家博物馆馆刊》2011 年第 11 期，第 26~46 页。

中国国家博物馆水下考古研究中心、肯尼亚国立博物馆沿海考古部：《2010 年度中肯合作肯尼亚沿海水下考古调查主要收获》，《中国国家博物馆馆刊》2012 年第 8 期，第 88~99 页。

中国国家博物馆水下考古研究中心、宁波市文物考古研究所:《浙江宁波渔山小白礁一号沉船遗址调查与试掘》，《中国国家博物馆馆刊》2011 年第 11 期，第 54~68 页。

中国国家博物馆水下考古研究中心、厦门大学海洋考古学研究中心、福建博物院等编著：《福建连江定海湾沉船考古》，北京：科学出版社，2011 年。

中国航海学会、泉州市人民政府编：《泉州港与海上丝绸之路》，北京：中国社会科学出版社，2002 年。

中国航海学会、泉州市人民政府编：《泉州港与海上丝绸之路》（二），北京：中国社会科学出版社，2003年。

中国航海学会、泉州市人民政府编：《泉州港与海上丝绸之路》（三），北京：中国社会科学出版社，2005年。

中国嘉德四季拍卖会：《明万历号、清迪沙如号海捞陶瓷》，《嘉德四季》2005年第4期，2005年12月10日。

中国嘉德四季拍卖会：《南海瓷珍》，《嘉德四季》2006年第4期，2006年12月16日。

中国科学院自然科学史研究所、福建省泉州海外交通史博物馆联合试掘组：《泉州法石古船试掘简报和初步探讨》，《自然科学史研究》1983年第2卷第2期，第164~172页。

中国历史博物馆考古部：《浙江龙泉青瓷上严儿村窑址发掘报告》，《中国历史博物馆馆刊》1986年总第8期，第43~72页。

中国社会科学院考古研究所、定陵博物馆、北京市文物工作队：《定陵》，北京：文物出版社，1990年。

中国社会科学院考古研究所、福建省博物馆建窑考古队：《福建建阳县水吉北宋建窑发掘简报》，《考古》1990年第12期，第1095~1099、1089页。

中国社会科学院考古研究所、福建省博物馆建窑考古队：《福建建阳县水吉建窑遗址1991~1992年度发掘简报》，《考古》1995年第2期，第148~154、159页。

中国水下考古研究中心、福建博物院、东山县博物馆：《东山县古窑址调查报告》，《福建文博》2007年第4期，第8~17页。

（日）佐佐木达夫著，李天送译：《日本海的陶瓷贸易》，《中国古外销陶瓷研究资料》第三辑，1983年，第114~137页。

（二）日文

（日）阪井隆夫：《遺品に基づく：貿易古陶磁史概要》，京都：株式会社京都书院，1989年。

（日）坂井隆：《东南アジア群岛部の陶磁器消费者》，《国立历史民俗博物馆研究报告》第94集，2002年，第159-249页。

（日）北村弥一郎：《清國窯業調査報告書》，东京：农商务省商工局，明治四十一年（1908）印刷发行。

（韩）崔淳雨、（日）长谷部乐尔编集：《世界陶磁全集18・高丽》，东京：小学馆，1978年。

（日）长谷部乐尔编集：《世界陶磁全集12・宋》，东京：小学馆，1977年。

（日）长谷部乐尔、今井敦编著：《日本出土の中国陶磁》，《中国の陶磁》第12卷，东京：平凡社，1995年。

（日）茶道资料馆编辑：《交趾香盒——福建省出土文物与日本的传世品》（特别展），京都：茶道博物馆，MOA美术馆，福建省博物馆，朝日新闻社，1998年。

（日）大阪市文化财协会：《大阪城迹Ⅲ》，1988年。

（日）大村市文化财：《土井浦的古窑迹》，《大村市文化财调查报告》第16集，1991年。

（日）东京国立博物馆编：《日本出土の中国陶磁》，东京，1975年。

（日）根津美术馆学芸部编集：《甦る镰仓——遗迹発掘の成果と伝世の名品》，东京：根津美术馆発行，1996年。

（日）龟井明德：《福建省古窑迹出土陶瓷器の研究》，东京：文明堂，1995年。

（日）龟井明德、矢部良明：《宋代の输出陶磁》，（日）长谷部乐尔编集：《世界陶磁全集12・宋》，东京：小学馆，1977年，第266~292、294~296页。

（日）龟井明德译：《东南アジアの陶磁遗迹出土地名》（第一稿），《贸易陶磁の研究》第9集，1989年，第161~192页。

（日）后藤茂树编集：《世界陶磁全集2・日本古代》，东京：小学馆，1979年。

（日）堺市博物馆编集：《博多と堺》，大阪：堺市博物馆発行，1993年。

（日）堺市教育委员会：《堺环濠都市遗迹发掘调查报告书》，1987年。

（日）濑户市历史民俗资料馆：《濑户市历史民俗资料馆研究纪要》（Ⅵ），1987年。

（日）林屋晴三、（韩）郑良谟编集：《世界陶磁全集19·李朝》，东京：小学馆，1980年。

（日）林屋晴三编集：《世界陶磁全集5·桃山（二）》，东京：小学馆，1976年。

（日）林屋晴三编集：《世界陶磁全集7·江户（二）》，东京：小学馆，1980年。

（日）满冈忠成编集：《世界陶磁全集6·江户（一）》，东京：小学馆，1975年。

（日）满冈忠成、奥田直荣编集：《世界陶磁全集4·桃山（一）》，东京：小学馆，1977年。

（日）三上次男：《有田天狗谷古窑调查报告》，中央公论美术出版，1972年。

（日）三上次男编集：《世界陶磁全集16·南海》，东京：小学馆，1984年。

（日）三上次男编集：《世界陶磁全集21·世界（二）》，东京：小学馆，1986年。

（日）三上次男、林屋晴三编集：《世界陶磁全集9·江户（四）》，东京：小学馆，1983年。

（日）山口县教育委员会：《萩长门深川古窑西窑发掘调查报告》，1988年。

（日）上田恭辅：《支那陶磁の时代的研究》，东京：大阪屋号书店，昭和四年（1929年）五月印刷发行，后昭和十五年（1940年）4月再版。

（日）斯波义信：《宋代商业史研究》，东京：风间书房，1979年。

（日）松浦章：《清代海外贸易史の研究》，京都：朋友书店，2002年。

（日）土歧市教育委员会：《窑根古窑址》，1970年。

（日）土歧市教育委员会：《土歧市中央自动车道关连遗迹》，1971年。

（日）熊本县教育委员会：《生产遗迹基本调查报告书》（Ⅱ），1980年。

（日）相贺彻夫编集：《世界陶磁全集3·日本中世》，东京：小学馆，1977年。

（日）永竹威、林屋晴三编集：《世界陶磁全集8·江户（三）》，东京：小学馆，1978年。

（日）友部直编集：《世界陶磁全集22·世界（三）》，东京：小学馆，1986年。

（日）有田町教育委员会：《佐贺县有田町山边田古窑址群调查·遗构编》，1972年。

（日）有田町教育委员会：《佐贺县有田町天神森古窑址郡调查概报》，1975年。

中國·南海沉船文物を中心とする：《はるかなる陶磁の海路展——アジアの大航海時代》（圖錄），東京：朝日新聞社文化企畫局東京企畫第一部編集発行，1993年。

（日）佐贺县西有田町教育委员会：《原明古窑迹》，1981年。

（三）韩文

（韩）崔淳雨：《韩国青瓷陶窑址》，韩国精神文化研究院，1982年。

（韩）国立中央博物馆：《康津龙云里青磁窑址发掘调查报告书》，韩国国立中央博物馆印行，1997年。

（韩）国立海洋文化财研究所、广东省博物馆：《明代贸易船，南澳1号》（*Nanao No.1, A Trade Ship of the Ming Dynasty*），木浦：国立海洋文化财研究所，2016年。

（韩）海刚陶磁美术馆等：《康津之青磁窑址》（《康津青磁窑址地表调查报告书》第一卷），韩国京畿道利川，海刚陶磁美术馆、全罗南道康津郡印行，1992年。

（韩）姜敬淑：《韩国陶瓷史》，一志社，1989年。

（韩）姜敬淑：《韩国陶瓷器窑址的研究》，时空社，2005年。

（韩）文化财厅、国立海洋遗物展示馆：《新安船》Ⅰ、Ⅱ、Ⅲ，木浦：国立海洋遗物展示馆，2006年。

（韩）文化公报部、文化财管理局编：《新安海底遗物（资料编Ⅰ）》，1983年。

（韩）文化公报部、文化财管理局编：《新安海底遗物（资料编Ⅱ）》，三星文化印刷社，1984年。

（韩）文化公报部、文化财管理局编：《新安海底遗物（资料编Ⅲ）》，1985年。

（韩）文化公报部、文化财管理局编：《新安海底遗物（综合编）》，高丽书籍株式会社印刷，1988 年。

（四）西文

Sumarah Adhyatman, *Antique Ceramics found in Indonesia, Various Uses and Origins*, The Ceramic Society of Indonesia, Second Edition（First Published 1981）, Ceramic Society of Indonesia,Jakarta,1990.

Sumarah Adhyatman, The Usage of Ancient Chinese Ceramics in Indonesia（中国古代贸易瓷在印尼的用途），陈康顺编：《中国古代贸易瓷国际学术研讨会论文集》，台北：历史博物馆，1994 年，第 501~512 页。

Sumarah Adhyatman, *Zhangzhou (Swatow) Ceramics Sixteenth to Seventeenth Centuries Found in Indonesia*, Jakarta, 1999.

John Ayers & Yuan Binglin, *Blanc de Chine: Divine Images in Porcelain*, New York: China Institute, 2002.

Warren Blake and Michael Flecker, A Preliminary Survey of a South-East Asian Wreck, Phu Quoc Island, Vietnam, *IJNA*, Vol.23(2), pp.73-91, 1994.

Robert H. Blumenfied, *Blanc de Chine: The Great Porcelain of Dehua*, California: The Speed Press, 2002.

Roxanna Brown, Ming Ban-Ming Gap: Southeast Asian Shipwreck Evidence for Shortages of Chinese Trade Ceramics, 《十二至十五世纪中国外销瓷与海外贸易国际研讨会论文集》，香港：中华书局，2005 年，第 78~104 页。

Roxanna Maude Brown, *The Ming Gap and Shipwreck Ceramics in Southeast Asia*, Ph.D. dissertation, University of California, Los Angeles, 2004.

Roxanna Brown and Sten Sjostrand, *Maritime Archaeology and Shipwreck Ceramics in Malaysia*, Kuala Lumpur: Department of Museums and Antiquities, 2002.

Stephen Wootton Bushell, *Chinese art*, London : Printed for H.M. Stationery Off. by Wyman, 1905-1906; 2nd ed. London : Printed For H.M. Stationery off. by Eyre and Spottiswoode, Limited, 1909; New Delhi : Cosmo Publications, 1985.

Bhujjong Chandavij, Thai Architecture with Chinese Ceramic Decoration（中国陶瓷对泰国建筑装饰之影响），陈康顺编：《中国古代贸易瓷国际学术研讨会论文集》，台北：历史博物馆，1994 年，第 297~316 页。

Christie's, *Fine and Important Late Ming and Transitional Porcelain, Recently Recovered from an Asian Vessel in the South China Sea, The Property of Captain Michael Hatcher*, Amsterdam: Christie's, 14 March 1984; 12-13 June 1984.

Hugh R. Clark, *Community, Trade, and Networks: Southern Fujian Province from the Third to the Thirteenth Century*, Cambridge: Cambridge University Press, 1991.

Paul Clark, Eduardo Conese, Norman Nicolas, Jeremy Green, Philippines Archaeological site survey, February 1988, *IJNA*, 1989, vol.18 (3).

Monique Crick, The First Chinese Trade Ceramics Made to Order for the Portuguese Market（葡萄牙市场订购的中国最早贸易瓷），陈康顺编：《中国古代贸易瓷国际学术研讨会论文集》，台北：历史博物馆，1994 年，第 81~94 页。

C. Dagget, E. Jay, F. Osada, The Griffin, An English East Indiaman Lost in the Philippines in 1761, *IJNA*, 1990, vol.19 (1), pp.35-41.

James P. Delgado, *Encyclopedia of Underwater and Maritime Archaeology*, Yale University Press, 1997.

Allison I. Diem, Relics of a lost Kingdom: ceramics from the Asian maritime trade, *The Pearl Road, Tales of Treasure ships in the Philippines*, Christophe Loviny, 1996.

Eusebio Z. Dizon, Anatomy of a shipwreck: archaeology of the 15th century pandanan shipwreck, *The Pearl Road, Tales of Treasure ships in the Philippines*, Christophe Loviny, 1996.

Eusebio Z. Dizon, Underwater and Maritime Archaeology in the Philippines, *Philippine Quarterly of Culture and Society*, Vol. 31, pp. 1-25, 2003.

Atma Djuana and Edmund Edwards McKinnon, The Jepara Wreck, *Proceedings of the International Conference: Chinese Export Ceramics and Maritime Trade, 12th-15th Centuries*, ed. Cheng Pei-Kai, Hong Kong: Chungwa Publishing, 2005, pp. 126-134.

P. J. Donnelly, *Blanc de Chine*, London: Faber & Faber, 1969.

Marie-France Dupoizat, The Ceramic Cargo of a Song Dynasty Junk Found in the Philippines and its Significance in the China-South East Asia Trade, *South East Asia and China: Art, Interaction and Commerce*, eds. Rosemary Scott and John Guy, Percival David Foundation of Chinese Art, 1995.

Marie-France Dupoizat, The Ceramics of the Investigator Shipwreck, Paper presented at *the Symposium on Chinese Export Ceramics Trade in Southeast Asia*, organized by Asian Research Institute, National University of Singapore, 12th-14th, March, 2007.

Marie-France Dupoizat, La céramique importée à Angkor: étude préliminaire, *Arts Asiatiques*, tome 54-1999, pp.103-116.

Hugh Edwards and Michael Hatcher, *Treasures of the Deep, The Extraordinary Life and Times of Captain Mike Hatcher*, Australia: Harper Collins, 2000.

Michael Flecker, Excavation of an oriental vessel of c. 1690 off Con Dao, Vietnam, *IJNA*, Vol.21(3),pp.221-244, 1992.

Michael Flecker, Magnetomter Survey of Malacca Reclamation site, *IJNA*, Vol. 25(2), pp.122-134, 1996.

Michael Flecker, The Thirteenth-Century Java Sea Wreck: A Chinese Cargo in an Indonesian Ship. *The Mariner's Mirror*, Vol.89 No.4, November 2003, pp. 388-404.

Michael Flecker, The China-Borneo Ceramics Trade Around the 13th Century: The Story of Two Wrecks. 秦大树、袁旔主编:《古丝绸之路: 2011 亚洲跨文化交流与文化遗产国际学术研讨会论文集》, 新加坡: 世纪科技出版公司, 2013 年, 第 177~184 页。

Roberto Gardellin, Shipwrecks around Indonesia, *The Oriental Ceramic Society Newsletter*, No.21, 2013.

Chery-Ann Low Mei Gek, Singapore from the 14th to 19th Century, John N. Miksic & Cheryl-Ann Low Mei Gek ed. *Early Singapore 1300s-1819: Evidence in Maps, Text and Artefacts*, Singapore: Singapore History Museum, pp.14-40, 2005.

Franck Goddio, *Discovery and Archaeological excavation of a 16th century trading vessel in the Philippines*, World Wide First, 1988.

Franck Goddio, *Treasures of the San Diego*, Paris, 1996.

Frank Goddio *et al. Weisses Gold*, Göttingen: Steidl Verlag, 1997.

Jeremy Green and Rosemary Harper, *The Maritime Archaeology of Shipwrecks and Ceramics in Southeast Asia*, Australian Institute for Maritime Archaeology Special Publication No.4, pp.1-37, 1987.

Jeremy Green and Rosemary Harper, *The excavation of the Pattaya Wreck site and survey of three other sites, Thailand*, Australian Institute for Maritime Archaeology Special Publication, No.1, 1983.

Jeremy Green and Vidya Intakosai, The Pattaya wreck site excavation, Thailand, An interim report, *The International Journal of Nautical Archaeology (IJNA)*, 1983, vol.12 (1), pp.3-13.

Jeremy Green etc., The Kosichang one shipwreck excavation 1983-1985, A progress report, *IJNA*, 1986, vol.15 (2).

Kwa Chong Guan, 16th-Century Underglazed Blue Porcelain Sherds from the Kallang Estuary, John N. Miksic & Cheryl-Ann Low Mei Gek ed. *Early Singapore 1300s-1819: Evidence in Maps, Text and Artefacts*, Singapore: Singapore History Museum, pp.86-94, 2005.

John S. Guy, Ceramics Excavation Sites in Southeast Asia, A Preliminary Gazetteer, *Trade Ceramics Studies*, No.9, pp.161-192,1989.

John S. Guy, *Oriental Trade Ceramics in South-East Asia Ninth to Sixteenth Centuries: With a Catalogue of Chinese, Vietnamese and Thai Wares in Australian Collections*, Singapore, Oxford University Press, 1986.

Cheryl Haldane, Sadana Island Shipwreck, Egypt: Preliminary report, *IJNA*, 1996, vol.25 (2), pp.83-94.

Jessica Harrison-Hall, The History of the Chinese Export Porcelain Collection in the British Museum （大英博物馆收藏中国贸易瓷的历史变迁），陈康顺编：《中国古代贸易瓷国际学术研讨会论文集》，台北：历史博物馆，1994 年，第 413~434 页。

Ho Chuimei, The Ceramic Boom in Minnan during Song and Yuan Times, Angela Schottenhammer ed., *The Emporium of The World: Maritime Quanzhou,1000-1400*, Koninklijke Brill NV, Leiden, The Netherlands, 2001, pp.237-282.

Ho Chuimei ed., *New Light on Chinese Yue and Longquan Wares: Archaeological Ceramics Found in Eastern and Southern Asia, A.D. 800-1400*, Centre of Asian Studies the University of Hong Kong, 1994.

Ho Chuimei ed., *Ancient Ceramic Kiln Technology in Asia*, Centre of Asian Studies, University of Hong Kong, 1990.

Alya B. Honasan, The Pandanan Junk: The wreck of a Fifteenth-century junk is found by chance in a pearl farm off Pandanan island, *The Pearl Road, Tales of Treasure ships in the Philippines*, Christophe Loviny, 1996.

M. L'Hour and F. Richez, An 18th century French East Indiaman: the Prince de Conty (1746), *IJNA*, 1990, vol.19 (1), pp.75-79.

M. L'Hour and L. Long, The wreck of an 'experimental' ship of the 'Oost-Indische Companie': The Mauritius (1609), *IJNA*, 1990, vol.19 (1), pp.63-67.

Christiaan J. A. Jörg & Michael Flecher, Porcelains from the Vung Tau Wreck, *Oriental Art*, XLV, 1, 1999.

Christiaan J. A. Jörg & Michael Flecher, *Porcelain from the Vung Tau Wreck*, New York: Oriental Art Publications, 2001.

Rose Kerr & John Ayers ed., *Blanc de Chine: Porcelain from Dehua*, Stanford: Curzon Press, 2002.

James Kirkman, *Fort Jesus: A Portuguese Fortress on the East African Coast*, Oxford University Press, 1974.

L. Katherine Lane，Chinese Kendi Produced for the South East Asian Market（为东南亚市场生产的中国军持器皿），郭景坤主编：《古陶瓷科学技术 5——2002 年国际讨论会论文集（ISAC'02）》，上海：上海科学技术文献出版社，2002 年，第 472~477 页。

Robert Allan Lightley, an 18th century Dutch East Indiaman, Found at Cape Town, 1971, *IJNA*, 1976, vol.5 (4), pp.201-219.

S. Marchant & Son, *Exhibition of Blanc de Chine*, London, June 1994.

William M. Mathers and Michael Flecker, *Archaeological Recovery of the Java Sea Wreck*, Pacific Sea Resources, 1997, pp. 1-94.

John N. Miksic & Cheryl-Ann Low Mei Gek ed., *Early Singapore 1300s-1819: Evidence in Maps, Text and Artefacts*, Singapore: Singapore History Museum, 2005.

Fritz Nagel, *Nagel Auctions: Tek Sing Treasures*, Stuttgart: Stuttgarter Kunstauktionshaus, 2000.

The Oriental Ceramic Society of the Philippines, *Chinese and South-East Asian White Ware Found in the Philippines*, Oxford University Press, Singapore, 1993.

Nigel Pickford and Michael Hatcher, *The Legacy of the Tek Sing*, Cambridge: Granta Editions, 2000.

C. L. Van der Piji-Ketel editor, *The Ceramic Load of the Witte Leeuw 1613*, Amsterdam: Rijksmuseum, 1982.

Robin C. M. Piercy, Mombasa wreck excavation: Third preliminary report, 1979, *The International Journal of Nautical Archaeology and Underwater Exploration* (1979), Vol.8 (4), pp.303-309.

Qiu Guodong, Kaolin Deposits in Eastern Fujian, China, Ho Chuimei ed., *Ancient Ceramic Kiln Technology in Asia,* Centre of Asian Studies, University of Hong Kong, 1990, pp103-109.

A. Raban, The Shipwreck off Sharm el-Sheikh, *Archaeology*, 1971, vol.24 (2), pp.146-155.

Hamo Sassoom, Ceramics from the wreck of a Portuguese ship at Mombasa, *AZANIA (The Journal of the British Institute in Eastern Africa)*, Volume 16, 1981, pp.97-130.

Angela Schottenhammer ed., *The Emporium of The World: Maritime Quanzhou,1000-1400*, Koninklijke Brill NV, Leiden, The Netherlands, 2001.

So Kee-long, The trade ceramics industry in Southern Fukien during the Sung, *Journal of Song Yuan Studies*, No.24, 1994, pp.1-19.

Billy K.L. So, *Prosperity, Region, and Institutions in Maritime China: The South Fukien Pattern, 946-1368*, Published by the Harvard University Asia Center and distributed by Harvard University Press, Cambridge (Massachusetts) and London, 2000.

Robert Stenuit, Les Porcelains du Witte Leeuw, *Taoci Revue Annuelle de la Societe Francaise d'Etuide de la Ceramique Orientale*, 2 (Decmber), 2001, pp.27-34.

T. Volker, *Porcelain and the Dutch East India Company (1602-1682)*, Leiden, Holland: Rijksmuseum voor Volkenkunde, 1954.

Cynthia Ongpin Valdes, Allison I. Diem, *Saga of the San Diego (AD1600)*, National Museum, Inc. Philippines, 1993.

Berit Wastfelt, Bo Gyllenevard, Jorgen Weibull, *Porcelain from the East Indiamen Gotheborg*, Forlags AB Denmark, 1991.

Bruno Werz, *The shipwrecks of the 'Oosterland' and 'Waddinxveen', 1697, Table Bay,* Johannesburg: Zulu Planet Publishers, 2009.

Jan Wirgin, Chinese Trade Ceramics for the Swedish Market（瑞典市场的中国贸易瓷），陈康顺编：《中国古代贸易瓷国际学术研讨会论文集》，台北：历史博物馆，1994 年，第 31~58 页。

Ye Wencheng, A Preliminary Discussion of Fujian Wares Made in Imitation of Zhejiang Green Glazed Wares, Ho Chuimei ed., *New Light on Chinese Yue and Longquan Wares: Archaeological Ceramics Found in Eastern and Southern Asia, A.D. 800-1400*, Centre of Asian Studies the University of Hong Kong, 1994, pp.120-128.

（菲律宾）庄良有（Rita Ching Tan），Song Wares Found in the Philippines（在菲律宾发现的宋瓷），陈康顺编：《中国古代贸易瓷国际学术研讨会论文集》，台北：历史博物馆，1994 年，第 317~344 页。

（菲律宾）庄良有（Rita Ching Tan）, Prosperity in Quanzhou During the 12th-14th Centuries and Its Impact on the Ceramic Industry of Fujian with Reference to Philippine Finds，《十二至十五世纪中国外销瓷与海外贸易国际研讨会论文集》，香港：中华书局，2005 年，第 230~252 页。

后　记

本书是在我博士论文《闽南地区宋至清代制瓷手工业遗存研究》的基础上补充、修改而成的。距离2009年6月论文答辩已经整整八年了，每当念及修改论文，心中总有一丝怵意，以致迟迟未能完成。令人欣慰的是，虽说新材料不断增加，我对一些问题也有了新的认识，但本文的研究思路和基本观点仍是经得住时间考验的。闽南地区的制瓷手工业是我研究生以来一直关注的课题，倾注精力也最多，本书的出版算是对这段学术经历的一个交代。

我于1998年考入北京大学考古文博学院，当时也不曾想会一待十一年，直至博士毕业。回眸北大求学生涯，我很庆幸这段青春和成长的岁月，是在这个美丽的园子里度过的，北大自由活跃的学术氛围和厚重的人文底蕴，深深地影响了我。在此，我真诚感谢在我求学路上和工作中遇到的每一位良师益友。

首先我要感谢已故的授业恩师权奎山教授。若从大四撰写毕业论文亲聆先生教诲算起，到2012年4月先生不幸患病离世，跟随先生从学亦是十一载。十一年来，权老师在学习和生活上都给予了我莫大的鼓励和支持，从课程选择到读书解惑，特别是2003年在景德镇御窑遗址发掘期间，我得以现场求教先生窑址发掘方法。这篇论文的完成，更是离不开权老师的悉心指导，并多次安排我赴福建进行田野考古实习和发掘资料的整理。从论文选题到提纲拟定，从内容讨论到修改成文，都凝结着先生大量心血和精力，每一遍的审校除了时晰思路与方法，权老师还字斟句酌的圈点修改，标点符号也不例外，这种一丝不苟的态度和严谨认真的学风使我终生受益。先生品格高尚、待人真诚、勤恳敬业，言传身教，令我如沐春风，敬意愈增。工作以后，先生继续在学术研究上予以指点，并数次鼓励我将博士论文出版。先生和师母对我生活上也十分关照。不幸的是，先生五年前猝然长逝，我再也无法聆听先生教诲了。不过，我想本书的出版是对恩师多年教导最好的纪念，也以此深切缅怀先生。

感谢福建博物院栗建安先生。自从2003年夏入闽调研以来，栗老师亲自安排和指导我瓷窑遗址的发掘与整理，并慷慨允许我在论文中使用尚未发表的资料。在闽期间，栗老师为我耐心讲解福建窑址考古，提供海内外相关资料，令我深受启发。栗老师为本文提出了许多宝贵的指导意见，还远赴千里参加我的论文答辩。我与水下考古结缘，并走上这一工作岗位，也离不开栗老师的热情推荐。栗先生及夫人李榕青阿姨在生活上对我的关照，使我在陌生的远方有了家的温暖，这份深厚的感情，令我终生难忘。

读书期间，秦大树老师为我课业学习和论文写作提出了很多中肯意见，并担任论文答辩委员会主席，给了我很大的帮助。考古文博学院老师们的精彩课程，使我开阔了视野、拓宽了思路，令我受益匪浅。论文写作期间，我有幸得到学院杭侃先生、吴小红先生、林梅村先生、齐东方先生、沈睿文先生和中国社会科学院考古研究所马文宽先生、故宫博物院王光尧先生、中国科学院高能物理研究所冯松林先生的指点，他们为论文提出了许多意见和建议。毕业以后，各位老师特别是杭侃老师和王光尧老师继续关心、鼓励和支持我的学术研究，令我深为感动。

我在读书期间曾数次赴闽参加调查、发掘和整理，毕业后又多次到福建开展水下考古和外销瓷窑址调查工作，福建博物院的楼建龙老师、羊泽林兄、王芳师姐和宋蓬勃、栗洁、陈浩诸友为我论文和生活提供了很大帮助，平素的工作、闲谈之中，使我受益良多，尤其是整理工作期间与泽林兄、蓬勃兄的畅谈，每每深受启发，犹记数次与泽林兄把酒欢谈聊至深夜的情景。感谢泉州博物馆陈建中、张红兴、范佳平、陈国珠、陈容凤、吕睿、泉州市文保中心唐宏杰、泉州府文庙文物保护管理处何振良、泉州海外交通史博物馆陈丽华、晋江博物馆吴金鹏、南安市文管所杨小川、刘振钟、陈奕执、德化陶瓷博物馆郑炯鑫、陈丽芳、德化县文管办陈仁杰、厦门市博物馆陈文、南靖县文保中心简荣伟、南靖县博物馆张立丽、将乐县博物馆部骅、谢尚红等诸位先生和朋友的热心帮助。

感谢浙江省文物考古研究所沈岳明、郑嘉励、江西省文物考古研究院张文江、王上海、李育远、景德镇市陶瓷考古研究所李一平、江建新、江小民、邬书荣、吉林大学彭善国、南开大学袁胜文、日本学者森达也等诸位老师和朋友在陶瓷考古方面给予我的启发和帮助。

毕业以后，水下考古工作为我开启了一扇崭新的大门，指引我将在校园所学知识和技能与考古工作实践有机结合起来，使我得以继续开展中国古外销陶瓷和海上丝绸之路方面的研究，拓宽了研究视野，提高了学术认识，并获取了新的动力。在此，我要感谢毕业后先后供职的中国国家博物馆和国家文物局水下文化遗产保护中心，给予了我开展这一学术研究的机会和支持。感谢张威先生、赵嘉斌先生，他们积极促成我在2007年博士期间参加国家文物局组织的水下考古培训班，使我在苦熬论文之余，除却了就业工作的后顾之忧。2009年7月入职中国国家博物馆以后，他们更是大力支持我的学术研究，并在国内外考古工作和学术交流中寄予厚望。感谢我的同事们和水下考古的兄弟姐妹们，他们的真诚与执着，让我觉得这宛如一个快乐的大家庭。

感谢黄慧怡师姐、李宝平师兄、马锦强先生、崔剑锋老师、刘未师兄、翟杨先生提供的资料与帮助。感谢施文博师妹为我论文用图和答辩付出的辛劳。感谢申浚、陈冲、曹周妍、宋东林、高美京、牛健哲等诸位学友的帮助。感谢考古文博学院资料室赵景楠老师、秘密女士提供的诸多方便和帮助。

我还要感谢一起度过读书生活的诸位同学、朋友，从人家身上我学到了很多，学习、做事、做人。尤其是论文最后写作阶段，我们互相鼓励和支持，共同熬过了那段艰难的码字生活。难忘燕生东老师风趣幽默而又精辟入理的寥寥数语，舒缓了我们紧张不堪的心境；难忘马赛、曲彤丽我们结伴穿行畅春新园天桥奔赴学一、农园吃饭的日子；也难忘与诸友深夜欢饮畅谈的那份洒脱和豪情，以及与诸友恬然品茗中侃侃而谈的那份淡定和清幽。这，业已成为我人生经历中最美好的回忆。

感谢曲彤丽女士翻译了本书的英文摘要和目录，感谢中国国家博物馆夏美芳女士的英文审校。

感谢中国国家博物馆2014年度水下考古专项经费资助本书的出版。

感谢本书责任编辑秦彧师兄，为文稿、插图的编辑和审校做了大量认真细致的工作。

最后，我要感谢我的父母、妻子，对离家求学、四处奔波的我，一直默默的理解和支持。尤其是小儿的出生，虽多了不少家务与牵挂，但使家庭生活增添了许多乐趣，看着他渐渐长大，心中甚是欢欣宽慰。这本书的最终出版也有他们辛勤的付出。

“流光容易把人抛，红了樱桃，绿了芭蕉。”这是一个阶段的结束，但也将是一个新的起点，是另一段旅程的开始。

是为记。

孟原召

2017年6月21日时值夏至